绍兴市社会科学界联合会
绍兴市社会科学院 编

绍兴数字经济跃升与高质量发展

第十届绍兴社科智库研讨会文集

群言出版社
QUNYAN PRESS
·北京·

图书在版编目（CIP）数据

绍兴数字经济跃升与高质量发展 ： 第十届绍兴社科智库研讨会文集 / 绍兴市社会科学院， 绍兴市社会科学界联合会编 . -- 北京 ： 群言出版社， 2023.11
ISBN 978-7-5193-0875-9

Ⅰ . ①绍… Ⅱ . ①绍… ②绍… Ⅲ . ①信息经济－经济发展－绍兴－文集 Ⅳ . ① F492.3-53

中国国家版本馆 CIP 数据核字（2023）第 208291 号

责任编辑： 孙平平
封面设计： 浙江越生文化创意有限公司

出版发行： 群言出版社
地　　址： 北京市东城区东厂胡同北巷1号（100006）
网　　址： www.qypublish.com（官网书城）
电子信箱： qunyancbs@126.com
联系电话： 010-65267783　65263836
法律顾问： 北京法政安邦律师事务所
经　　销： 全国新华书店

印　刷： 绍兴市越生彩印有限公司
版　次： 2023年11月第1版
印　次： 2023年11月第1次印刷
开　本： 787mm×1092mm　1/16
印　张： 26.5
字　数： 549千字
书　号： ISBN 978-7-5193-0875-9
定　价： 80.00元

编委会

序一

在“绍兴数字经济跃升与高质量发展”研讨会开幕上的讲话

浙江省社科联副主席　陈先春

马主任、汪书记、各位朋友：

大家上午好!

习近平总书记在党的二十大报告中明确指出要加快发展数字中国，促进数字经济和实体经济的深度融合，打造具有国际竞争力的数据产业集群。当前，世界百年未有之大变局持续深化，新一轮科技变革方兴未艾，全球产业链趋向本土化重构，作为以数据为核心要素，以数字技术为主要手段，以互联网为重要载体的新型经济形态，数字经济正在全面融入人类生活的各个领域。

数字经济时代，海量数据的网络效应大幅度提升了对市场需求的预测能力；数字平台同时在需求端和供给端降低交易成本，促进创新发展；数字技术提升全要素的生产率，实现产业结构升级的领速效应正在日益凸显。数字经济已经成为支撑我国经济高质量发展，构建新发展格局的关键引擎和核心动能。当前数字经济正呈现出以下特点：第一，总体规模不断扩大。我国数字经济规模稳居全球第二，电子商务平台得益于庞大的市场和消费潜力的驱动，在全球具有竞争优势。第二，数据、算力、算法等三大核心要素日益成熟。在国家战略与市场需求的双重驱动之下，我国政府和数字平台已经累积了海量数据资源，5G 等数字化基础设施基本实现全面铺设，数据智能在企业数字化转型中的作用凸显。第三，数字经济红利正在从消费端转向供给端。驱动经济高质量发展的核心抓手开始转向通过关键核心数字技术攻关、供给端创新平台和工业互联网普及、数据治理与数据要素流动以及产业链数据共享来实现产业链升级，确保产业链安全。第四,数字贸易规则从跟随“美式”“欧式”模板转向制定“中式”模板。我国正在积极参与数字贸易国际规则制定，重塑全球数字贸易治理体系。

近年来，绍兴主动拥抱数字技术，从“一号工程”1.0版到“一号工程”2.0版，城市发展各领域都迎来诸多深层次变化。产业数字化和数字产业化双轮驱动，“产业大脑＋未来工厂”不断丰富。作为传统产业改造提升唯一省级综合性试点，近年来，绍兴市立足块状产业特色和智能化改造雄厚基础，不断完善以“产业大脑＋未来工厂”为核心的数字经济系统。随着织造印染、电机、轴承、厨具、袜业、化工、生物医药等7个行业“产业大脑”入选全省试点，特色产业跃变升级加速到来。

时代是思想之母，实践是理论之源。近年来，我国数字经济已经取得突飞猛进的发展，在特定的细分领域实现从“跟跑”到“并跑”乃至“领跑”。目前数字经济的研究还相对滞后于实践发展。随着数据技术应用越来越广，更需要哲学社会科学家发挥作用，从自然科学和哲学社会科学理论结合的层面深化研究，概括起来，数字经济推动高质量发展的主要研究问题有：系统分析数据要素与传统生产要素的差异，解答数字经济发展的基础；分析数字经济中企业决策对数字产业组织带来的变化，是找准数字经济发展与治理矛盾的关键；基于数字企业决策和数字产业组织的研究，从宏观制度建设的高度，准确把握数据要素市场建设的重点，则是兑现数字经济潜在红利、推动经济高质量发展的着力点。

最后，预祝本次论坛取得丰硕的理论成果。谢谢大家!

2023年6月

（根据录音整理）

序二

在“绍兴数字经济跃升与高质量发展”研讨会上的讲话

绍兴市人大常委会副主任　马国灿

尊敬的陈主席、汪书记，各位嘉宾，朋友们：

大家上午好!

很高兴能与大家一起参加“绍兴数字经济跃升与高质量发展”研讨会。今天会议的主题选得非常准，非常契合绍兴的实际。通过这几年的努力，绍兴数字经济发展呈现出高质量跃升的态势，特别是在集成电路、新能源、智能数据识别这几方面。围绕数字经济的发展，绍兴在产业的转型升级方面取得突破性的进展，已经在正确的赛道上快速前行。首先，对研讨会的召开表示热烈的祝贺，向出席研讨会的各位专家学者和支持绍兴社科事业发展的各界人士表示诚挚的欢迎。

习近平总书记指出发展数字经济意义重大，是把握新一轮科技革命和产业变革新机遇的战略选择。2023 年 3 月份省委易炼红书记在全省数字经济创新提质“一号工程”上强调，要加快构建以数字经济为核心的现代化经济体系，加快建设数字经济高质量发展强省。绍兴市坚决贯彻落实中央、省委决策部署，主动拥抱数字技术，加快产业转型升级，在集成电路、生物医药、新能源，智能视觉等领域集中发力，积极助推全市高质量发展。

今天，大家围绕“数字经济跃升与高质量发展”这一主题开展研讨非常及时，也很有必要。借此机会与大家交流三点想法：

1. 强化系统思维，在服务中心方面展现新作为。数字经济是新一轮产业革命和技术迭代的重要内容，可以说既是新产物也是混血儿，它包含了产业生态、数据要素，技术创新，平台企业创新等多方面内容，已经涌现出大量的新情况，新问题，新考验与新挑战。面对复杂情况，创新提质数字经济要运用好系统思维，利用数据要素推动数字产业化和产业数字化，加快绍兴数字经济和实体经济深度融合，推进产业大脑+未来工厂建设，重塑传统产业新优势，壮大新型产业新集群，全力打造“腾笼换鸟、凤凰涅磐”的绍兴样板。

2. 坚持问题导向，在破题方面实现新突破。按照总书记提出的大兴调查研究之风的要求，聚焦全省数字经济创新提质“一号工程”大会宣传片当中提出的浙江数字经济“六问”：如何在数字关键核心技术上再突破、如何在数字产业竞争实力上再突破、如何对推动数实深度融合上再突破、如何在激活数据要素价值上再突破、如何在平台经济健康发展上再突破、如何在优化数字经济生态上再突破，深入开展大学习、大讨论、大调研活动，扎根绍兴大地，贴近绍兴实践，以问题导向引领调研方向，真正发现问题，找准问题，深挖问题的根源，形成科学论述，有针对性的提好建议，开好良方妙药。

3. 加强合作交流，在凝神聚力方面开启新篇章。今天参会的既有专家学者，也有企业家代表，还有机关工作的同志，大家都是推动绍兴经济社会发展的重要力量，希望与会各方加强交流协作，增进互学互鉴，围绕绍兴数字经济跃升与高质量发展这一主题开展深入研讨，积极探索数字经济发展新路径，不断拓展数字经济应用的广度和深度，为下一步数字经济发挥更好的牵引带动作用打好基础。特别是全市各类企业，作为经济发展主引擎和生力军，期待你们通过今天的研讨会加强与高校院所专家、政府部门联系沟通，紧抓数字经济重大机遇，积极引进人才，加强科研公关，不断提升核心竞争力，拓展市场份额，为绍兴发展做出更大贡献。

最后，真诚希望大家能畅所欲言，各抒己见，为推动绍兴数字经济跃升与高质量发展积极建言献策，添砖加瓦。

祝各位专家、各位来宾，工作顺利，阖家幸福。谢谢大家！

2023 年 6 月

（根据录音整理）

Contents

目 录

数字普惠金融驱动乡村产业高质量发展的内在机理及实证检验

中共绍兴市委党校　罗振军

基于全国30个省份面板数据，深入探讨了数字普惠金融对乡村产业高质量发展的影响及作用机制。理论上，数字普惠金融不仅能够直接作用于乡村产业高质量发展，还能通过创业活跃度间接驱动乡村产业高质量发展。实证上，本文测度了2011—2020年乡村产业高质量发展的综合指数，并以乡村个体和私营就业人数占比刻画乡村创业活跃度，在此基础上进行实证分析。结果表明，数字普惠金融能够显著促进乡村产业高质量发展，这一结论在选取互联网普及程度作为工具变量检验后仍然成立；作用机制检验表明，创业活跃度是数字普惠金融释放乡村产业高质量发展红利的重要机制；最后，通过门槛模型和空间模型研究发现，数字普惠金融的积极影响还存在非线性边际递增和空间溢出效应。本文研究揭示了乡村产业高质量发展的动因及数字普惠金融驱动乡村产业高质量发展的效应和机制。

一、引言及文献综述

党的二十大报告中强调："扎实推动乡村产业，全面推进乡村振兴"，乡村振兴战略总要求中首句提到："产业兴旺"，2021年农业农村部发布《关于拓展农业多种功能促进乡村产业高质量发展的指导意见》文件中重点提及促进农业高质量发展。由此可见，推进乡村产业，实现产业兴旺，关键和重点是依托乡村产业高质量发展。近年来，我国乡村产业发展取得显著成效，但问题和短板也较为突出。在农业提质增效方面，我国农民整体教育水平偏低，难以支撑乡村产业转型升级（郑有贵，2016），导致农业资源要素利用率低，农业生产效率不高（刘同山等，2021）。在农民增收致富方面，由于农业生产成本高，农产品竞争力优势不足，导致农业生产经营利润率下降（万宝瑞，

2016），严重制约农民收入的提高（田野等，2022）。在农村宜居宜业方面，我国乡村产业整体水平不高（李玉双和邓彬，2018），产业结构不够完善（郭芸芸等，2019），产业发展内生动力不足（杨亚东等，2020），严重阻碍推进乡村建设的进程。因此，找准驱动乡村产业高质量发展的有效路径，是破解当前乡村产业发展困局的关键。

普惠金融提出以来，大致经历了“小微金融→互联网金融→数字普惠金融”的发展阶段，为全球经济乃至农业经济发展做出重要贡献。数字普惠金融作为新兴的普惠金融模式，将数字技术与金融服务有机结合，同时又兼具普惠性和包容性，有效降低金融服务门槛，大大提高金融可获性，为我国乡村产业高质量发展提供强劲动力和有力支持。

2005 年普惠金融提出以来，国内外学者展开了普惠金融对农业经济增长的深入研究。认为普惠金融通过优化资源配置，实现包容性增长（武丽娟和徐璋勇，2018），对经济发展产生显著促进作用（Giuliano and Ruiz，2009；Anzoategui et al，2014）。健全的普惠金融体系，可以缓解农村借贷主体的信贷约束（何学涛和孔荣，2017），能够刺激农村地区的经济活力（谢琳，2020），对农村经济增长具有显著的促进作用（赵洪丹，2011；丁志国等，2016）。

2016 年随着数字普惠金融的提出，学者们开始把研究重心转移到数字普惠金融对农业经济增长上来。研究认为，数字普惠金融能够促进农村产业融合（焦青霞和刘岳泽，2022），提升农村产业发展水平（覃朝晖和潘昱辰，2022），拉动农村经济增长（连俊华，2022），并且区域制度环境越好，数字普惠金融的作用效果越明显（孙倩，2021）。

我国进入经济高质量发展阶段，部分学者开始围绕数字普惠金融对乡村产业高质量发展展开研究。覃朝晖和潘昱辰（2022）研究认为，数字普惠金融能够显著促进农业高质量发展，并且这种促进作用存在边际溢出效应，并表现出空间差异性，呈现西高东低的特点（王森和陈宇斌，2022）。

综上所述，已有文献更多聚焦于普惠金融、数字普惠金融对农业经济增长的研究，而关于数字普惠金融对乡村产业高质量发展的研究相对较少，在少有的代表性文献中，乡村产业高质量发展综合指标的构建尚有待于探讨，更是缺乏深入研究数字普惠金融对乡村产业高质量发展作用机制的文献。

有鉴于此，本文基于 2011—2020 年我国 30 个省份的面板数据，构建包括 3 个一级指标、5 个二级指标、16 个三级指标的乡村产业高质量发展评价体系，在理论分析基础上，从创业活跃度的中介变量角度出发，深入探究数字普惠金融对乡村产业高质量发展的影响及作用机理。

本文可能的边际贡献体现在以下三个方面：（1）构建相对健全的乡村产业高质量发展指标体系，本文着重从农业提质增效、农民增收致富、农村宜居宜业三个方面入手，运用熵值法测度各地区乡村产业高质量发展的综合指数，研究数字普惠金融对乡村产业高质量发展的影响。（2）构建数字普惠金融、创业活跃度、乡村产业高质量发展的理论分析框架，理清三者之间的逻辑关系。（3）阐明数字普惠金融对乡村产业高质量发展的作用机制，从创业活跃度视角进行经济学解释。

二、理论分析与研究假设

（一）数字普惠金融对乡村产业高质量发展的直接影响

数字普惠金融通过缓解农业农村领域信贷约束，直接影响乡村产业高质量发展，具体表现为数字普惠金融对农业提质增效、农民增收致富、农村宜居宜业的作用。（1）在农业提质增效方面，数字普惠金融能够促进产业融合（张林和温涛，2022；陈一明，2021），显著提升农业产出（方观富和蔡莉，2022），并且这种作用效应在数字普惠金融不同维度上存在明显差异（曾小艳和祁华清，2020）。（2）在农民增收致富方面，数字普惠金融通过促进经济包容性增长，改善农村居民的创业行为（张勋等，2019），有利于减缓农村贫困（黄倩等，2019），提升农村居民人均可支配收入，且这种作用效果存在区域差异（杨林和赵洪波，2022）。（3）在农村宜居宜业方面。数字普惠金融发展能够显著促进乡村振兴（李季刚和马俊，2021），改善乡村人居环境（李冬青等，2021），提升生态宜居水平（谭燕芝等，2021），提高农村家庭的幸福感（尹振涛等，2021）。总体而言，数字普惠金融通过农业提质增效、农民增收致富、农村宜居宜业直接作用于乡村产业高质量发展。基于以上分析，本文提出假设 1。

假设 1：数字普惠金融能够直接推进乡村产业高质量发展。

（二）数字普惠金融对乡村产业高质量发展的中介效应

数字普惠金融通过对市场、知识和要素等影响来培育更多的创业机会，还可以通过信息及时获取、思想知识有效传播丰富创业的信息资源，从而提升乡村创业活跃度。第一，数字普惠金融发展能够催生出客户多样化的金融产品需求，促进金融产品创新和服务质量提升（周雨晴和何广文，2020），成为农业农村领域创业活动开展的金融基础。第二，数字普惠金融发展能够提供更为高效便捷的金融信息交流服务平台（万佳彧等，2020），满足农村创业者的信息获取需求，对于农村创业者进行创业决策以及把握创业机会具有重要推动作用（李晓园，刘雨濛，2021）。第三，数字普惠金融发展能够优化金融服务，加速金融供需的匹配（赵晓鸽等，2021），为农村创业活动提供坚实的后盾和支撑，促进社会资本积累，提高创业成功率（周广肃和樊纲，2018）。

与此同时，创业活跃度的提升有助于推进乡村产业高质量发展。创业活动是经济增长的动力和引擎，对经济发展、结构转型、产业升级等高质量发展内容具有强劲的推动力（Noseleit，2013），有助于改善传统经济增长模式（毛中根和孙豪，2015），推进农村经济结构转型升级（罗光华，2017），农村产业融合发展（苏毅清等，2016），农业产出显著提升（张凤兵和王会宗，2021），农民收入不断提高（温涛等，2005），为乡村产业高质量发展提供新动能（赵涛等，2020），以此推动乡村产业高质量发展。基于以上分析，本文提出假设 2。

假设 2：数字普惠金融通过提升创业活跃度间接推动乡村产业高质量发展。

（三）数字普惠金融对乡村产业高质量发展的非线性溢出效应

随着数字经济的发展，越来越淡化部门间经济活动的边际，降低活动主体的信息成本，使得更多的创业创新主体参与到乡村产业高质量发展中来，让他们在更大的时空范围享受数字普惠金融发展带来的红利，形成真正的大众创业、万众创新的良好局面，引发产业高质量发展的溢出效应（冯伟和李嘉佳，2019）。随着数字普惠金融的广泛应用，既能提高农村经济部门间的运行效率，又能为客户提供便捷、高效、优质的金融服务和金融产品，还能有效降低部门间联动的边际成本，使得参与者获益呈几何式增长（董晓林和张晔，2021）。并且这种效果会随着创业活跃度的提升而不断增加，即“梅特卡夫法则”在乡村产业高质量发展中得以验证。基于以上分析，本文提出假设 3。

假设 3：数字普惠金融对乡村产业高质量发展的影响具有非线性溢出效应。

（四）数字普惠金融对乡村产业高质量发展的空间溢出效应

数字普惠金融的显著特征是通过高效信息传递缩短时空距离，增强区域间经济活动主体的空间关联度，对彼此间的经济活动产生较强的空间溢出效应。（Yilmaz 等，2002）通过对美国面板数据的研究，认为信息化可以带来空间溢出效应。（Keller，2002）认为技术和知识的传播，也可以带来空间溢出效应。基于中国数据的研究同样支持空间溢出效应的结论（刘自强和张天，2021），研究证实，数字普惠金融具有空间正相关性，对创业活跃度具有显著促进作用（黄漫宇和曾凡惠，2021），而且这种作用具有空间溢出效应（刘丹等，2019）。那么，数字普惠金融对乡村产业高质量发展的影响也应存在空间溢出效应。基于以上分析，本文提出假设 4。

假设 4：数字普惠金融对乡村产业高质量发展的影响具有空间溢出效应。

三、乡村产业高质量发展水平测度

（一）乡村产业高质量发展评价指标体系构建

根据前文理论分析，乡村产业高质量发展不是单一指标的发展，体现的是综合指数的衡量。依据《关于拓展农业多种功能 促进乡村产业高质量发展的指导意见》文件中关于乡村产业高质量发展的界定，借鉴田野等（2022）、覃朝晖和潘昱辰（2022）、李玏（2022）关于乡村产业高质量发展指标体系的构建，按照数据指标的可获性、科学性、可比性的原则，充分尊重乡村产业发展实际规律，本文从农业提质增效、农民增收致富、农村宜居宜业三个方面衡量乡村产业高质量发展。构建包括 3 个一级指标、5 个二级指标、16 个三级指标的乡村产业高质量发展评价体系，如表 1 所示。

表 1　乡村产业高质量发展评价指标体系

一级指标	二级指标	三级指标	单位	属性
农业提质增效	农业增产	经济作物单位产量	吨 / 公顷	+
		粮食作物单位产量	吨 / 公顷	+
	农业增值	农业人均增加值	元 / 人	+
		第一产业人均总产值	元 / 人	+
农民增收致富	收入增值	农村居民人均可支配收入	元 / 人	+
		农村居民家庭纯收入	元 / 人	+
		农户储蓄	亿元	+
		城乡居民收入比	%	−
农村宜居宜业	居住条件	农村道路密度	平方公里	+
		人均住宅面积	平方米	+
		厕所普及率	%	+
		天然气做燃料家庭占总家庭比例	%	+
	生活环境	单位面积耕地农药施用量	千克 / 公顷	−
		单位面积耕地化肥施用量	千克 / 公顷	−
		对生活垃圾处理的行政村比例	%	+
		对生活污水处理的行政村比例	%	+

注 :+ 为正向，— 为负向。

（二）乡村产业高质量发展水平测度方法

以往研究中一些学者采用主观赋权法对指标评价体系进行测度，但这种方法测度结果会受到主观因素的干扰，为了避免主观的影响，并提高测度结果的精准度，本文借贷梁盛凯等（2023）的做法，选取熵值法进行测度。

首先，进行数据标准处理 :

正向指标 :

$$Z_{aij}=\frac{X_{aij}-X_{\min}}{X_{\max}-X_{\min}} \tag{1}$$

负向指标 :

$$Z_{aij}=\frac{X_{\max}-X_{aij}}{X_{\max}-X_{\min}} \tag{2}$$

其中，$X_{\min}$表示第 j 项指标的最小值，$X_{\max}$表示第 j 项指标的最大值，X_{aij}表示第 j 项指标处理前的数据，Z_{aij}表示第 j 项指标处理后的数据。

其次，计算第 j 项指标中第 i 省占该指标比重：

$$p_{aij}=\frac{Z_{aij}}{\sum_{a=1}^{m}\sum_{i=1}^{k}Z_{aij}} \tag{3}$$

计算熵值：

$$E_j=-K_I\sum_{k=1}^{m}\sum_{i=1}^{k}P_{aij}LN(P_{aij}) \tag{4}$$

$$K_I=\frac{1}{LN(m\times k)} \tag{5}$$

最后，计算各个指标冗余度：

$$D_j=1-E_j \tag{6}$$

计算各个指标权重：

$$W_j=\frac{D_j}{\sum_{i=1}^{n}D_j} \tag{7}$$

计算各省份乡村产业高质量发展水平的综合指数。

（三）乡村产业高质量发展水平测度结果

表 2 测度了全国 30 个省份乡村产业高质量发展综合指数，得到 2020 年得分和 2011—2020 年全国乡村产业高质量发展历年均值和排名。从历年得分均值来看，北京市排名第一位，平均值为 0.2806，宁夏排在最后一位，平均值为 0.0863，二者乡村产业高质量发展水平相差 3.25 倍，表明两个省份之间的倍差较大。全国乡村产业高质量发展水平前十位的省份中有 7 个省份为东部省份，另外 3 个省份在中部地区；而全国乡村产业高质量发展水平后十位的省份中，西部地区占了 5 席，中部地区占 2 席，东北地区占 2 席，分别为吉林和辽宁。从乡村产业高质量发展水平 2020 年得分来看，发展态势基本与历年均值的表现形式相同。以上分析表明，我国乡村产业高质量发展存在明显的区域差异，并且表现为东部区域相对较高，西部和东北区域相对较低，中部区域处于中间的发展态势。

表 2　全国 30 个省份 2011—2020 年乡村产业高质量发展综合指数与排名

区　域	省份	2020 年得分	2011—2020 年均值	评价得分排名
东部	北京	0.421	0.282	1
	上海	0.457	0.278	2
	浙江	0.310	0.209	3
	广东	0.301	0.198	4
	江苏	0.297	0.172	10
	山东	0.280	0.197	5
	福建	0.293	0.197	6

续 表

区 域	省份	2020 年得分	2011—2020 年均值	评价得分排名
东部	天津	0.266	0.160	13
	河北	0.195	0.157	14
	海南	0.163	0.127	23
东北	黑龙江	0.260	0.161	12
	吉林	0.178	0.125	25
	辽宁	0.173	0.128	21
中部	湖北	0.218	0.169	11
	湖南	0.278	0.188	9
	安徽	0.176	0.127	22
	江西	0.187	0.131	20
	河南	0.187	0.136	17
	四川	0.291	0.192	8
	山西	0.137	0.091	28
	云南	0.310	0.196	7
	广西	0.252	0.152	15
	新疆	0.189	0.133	19
西部	贵州	0.196	0.137	16
	陕西	0.182	0.135	18
	内蒙古	0.162	0.126	24
	甘肃	0.148	0.102	27
	重庆	0.168	0.121	26
	青海	0.148	0.090	29
	宁夏	0.134	0.086	30

四、研究设计

（一）模型构建

为检验上述研究假设，针对直接影响构建实证模型如下：

$$Hdr_{i,t} = \alpha_0 + \alpha_1 Duf_{i,t} + \alpha_c Z_{i,t} + \mu_i + \delta_t + \varepsilon_{i,t} \quad (8)$$

公式（8）中，$Hdr_{i,t}$为省份 i 在 t 时期乡村产业高质量发展水平，$Duf_{i,t}$为省份 i 在 t 时期数字普惠金融发展指数，$Z_{i,t}$表示控制变量，省份 i 不随时间变化的个体固定效应用 μ_i 表示，控制时间固定效应用 δ_t 表示，随机扰动项用 $\varepsilon_{i,t}$ 表示。

以创业活跃度*Entrep*为中介变量，验证数字普惠金融对乡村产业高质量发展的作用机制，具体操作步骤如下：

在数字普惠金融发展指数*Duf*对乡村产业高质量发展指数*H*dr通过显著性检验基础上，分别构建*Duf*对创业活跃度*Entrep*线性回归模型，及*Entrep*与创业活跃度*Entrep*对*H*dr的回归方程，通过系数的显著性判断中介效应存在与否。模型具体形式如下：

$$Entrep_{i,t} = \beta_0 + \beta_1 Duf + \beta_c Z_{i,t} + \mu_i + \delta_t + \varepsilon_{i,t} \tag{9}$$

$$H\mathrm{dr}_{i,t} = \gamma_0 + \gamma_1 Duf_{i,t} + \gamma_2 Entrep_{i,t} + \gamma_c Z_{i,t} + \mu_i + \delta_t + \varepsilon_{i,t} \tag{10}$$

对于数字普惠金融和创业活跃度可能对乡村产业高质量发展的非线性溢出效应的检验，使用面板门槛模型，模型具体形式如下：

$$H\mathrm{dr}_{i,t} = \varphi_0 + \varphi_1 Duf_{i,t} \times I\ (A\mathrm{d}j_{i,t} \le \theta) + \varphi_2 Duf_{i,t} \times I\ (A\mathrm{d}j_{i,t} \succ \theta) + \varphi_c Z_{i,t} + \mu_i + \varepsilon_{i,t} \tag{11}$$

公式（11）中，$A\mathrm{d}j_{i,t}$为门槛变量，$I(\cdot)$为指数函数，满足括号内条件取值为 1，否则为 0。

最后，为检验数字普惠金融乡村产业高质量发展的空间溢出效应，在公式（1）中加入二者及控制变量的空间交互项，拓展为空间面板模型：

$$H\mathrm{dr}_{i,t} = \alpha_0 + \rho W H\mathrm{dr}_{i,t} + \phi_1 W Duf_{i,t} + \alpha_1 Duf_{i,t} + \phi_\mathrm{c} WZ + \alpha_c Z_{i,t} + \mu_i + \delta_t + \varepsilon_{i,t} \tag{12}$$

公式（12）中，用ρ表示空间自回归 W 系数，空间权重矩阵用W表示，空间交互项的弹性系数用ϕ_1和ϕ_c表示。为增强结果的稳健性，本文同时使用地理距离矩阵、经济距离矩阵和邻接矩阵三种方法进行验证。

（二）变量选取

1. 被解释变量

本文的被解释变量是乡村产业高质量发展。用前文构建的乡村产业高质量发展指标体系并由熵值法测算的结果来表示，数字越大表示乡村产业高质量发展水平越高。

2. 解释变量

本文的解释变量是数字普惠金融，相关数据使用的是北京大学数字普惠金融指数（郭峰等，2020）。本文还同时使用数字普惠金融覆盖广度、使用深度、数字化程度，分维度检验数字普惠金融对乡村产业高质量发展差异影响。

3. 控制变量

对于农业产业高质量发展的影响因素除数字普惠金融外，现实生活中还受其他因素影响，本文在借鉴覃朝晖和潘昱辰（2022）、田野等（2022）、王森和陈宇斌（2022）研究基础上，选取农业机械化水平、农业生产环境、产业结构、农业技术投入、农村教育投资及城市化水平作为控制变量，其中农业机械化水平用农业机械总动力除以万千瓦时表示，农业生产环境用农业受灾害面积除以农作物播种的总面积，产业结构用第一产业产值占 GDP 比重表示，农业技术投入用农药等科技投入金额表示，农村教育投资用农村居民受教育水平表示，城市化水平用城镇化率表示。

4. 中介变量

考虑到数字普惠金融对乡村产业高质量发展的作用可能受中介变量的调节，结合前文理论分析和借鉴马亚明和周璐（2022）、孟维福等（2023）处理办法，本文选取创业活跃度作为中介变量，用乡村个体和私营就业人数占乡村总人口比重作为替代变量。

5. 工具变量

在工具变量选取上，本文借鉴张岳和周应恒（2021）处理办法，选取互联网普及程度作为工具变量，用农村宽带接入用户数表示。

（三）数据来源

本文所有使用数字主要由两部分构成：数字普惠金融数据来自蚂蚁金服集团共同编制的《北京大学数字普惠金融指数（ 2011—2020 ）》和北京大学数字金融研究中心；其他数据主要来自《中国统计年鉴》《中国农村统计年鉴》《中国农业机械工业年鉴》、各省份统计年鉴等。由于港澳台及西藏地区数据存在缺失，故没有纳入研究范围，将以上数据整理匹配，并采用对数方法进行清洗，形成 2011—2020 年我国 30 个省份的面板数据。

（四）数字描述性统计

表 3　变量描述性统计

变量	样本量	均值	标准差	最小值	最大值
乡村产业高质量发展	310	0.157	0.031	0.086	0.281
数字普惠金融指数	310	215.354	95.175	16.220	431.930
金融覆盖广度	310	197.465	96.665	1.960	397.001
金融使用深度	310	210.153	97.186	6.760	488.683
金融数字化程度	310	287.264	116.761	7.581	462.226
农业机械化水平	310	3320.764	2875.106	94.075	13353.001
农业生产环境	310	7.725	6.574	0.000	2976.031
产业结构	310	9.975	5.382	0.300	27.745
农业技术投入	310	11.856	1.493	7.154	13.214
农村教育投资	310	8.132	0.695	5.316	10.726
城市化水平	310	58.264	12.853	33.791	96.745
创业活跃度	310	0.218	0.287	0.017	1.894
互联网普及程度	310	901.764	782.741	12.841	3974.351

五、实证检验

（一）基准回归结果

表4报告了数字普惠金融影响乡村产业高质量发展的线性估计结果。在模型（1）估计结果中，解释变量数字普惠金融对乡村产业高质量发展影响的估计系数显著为正；在模型（2）加入控制变量后，数字普惠金融对乡村产业高质量发展影响估计结果中仍显著为正，说明数字普惠金融发展能够促进乡村产业高质量发展，同时前文假设1得到验证。在控制变量中，各地产业结构、农业技术投入对乡村产业高质量发展影响的显著程度最高，说明当地产业机构优化、农业技术投入对乡村产业高质量发展具有显著提升作用；农业生产环境、农村教育投资、城市化水平都在5%统计水平上通过显著性检验，表明以上三个变量对乡村产业高质量发展也具有较强促进作用；虽然农业机械化水平也通过显著性检验，但显著程度最低，说明各地农业机械化水平高低对乡村产业高质量发展具有一定影响，但总体促进作用有限。

表4　数字普惠金融影响乡村产业高质量发展的基准回归结果

变量	乡村产业高质量发展	
	（1）	（2）
数字普惠金融	0.194***（0.042）	0.203***（0.050）
农业机械化水平		0.071*（0.002）
农业生产环境		0.673**（0.195）
产业结构		0.582***（0.184）
农业技术投入		0.375***（0.087）
农村教育投资		0.053**（0.016）
城市化水平		0.176**（0.013）
常数项	0.175***（0.003）	0.684***（0.178）
省份固定	YES	YES
年份固定	YES	YES
时期数	10	10
N	310	310
R^2	0.294	0.314

注：***、**、和*分别表示在1%、5%和10%统计水平上通过显著性检验，表中括号内容为稳健标准误，下表同。

（二）影响机制分析

前文理论分析部分从创业活跃度角度，解释了数字普惠金融对乡村产业高质量发展的传导机制。为了验证该作用机制的假设，本文通过中介效应模型进行实证检验，具体估计结果详见表5。模型（1）证实了数字普惠金融对乡村产业高质量发展具有促进作用，在此基础上；模型（2）进一步验证数字普惠金融对创业活跃度的影响，通过实证结果可以看出，回归系数在1%的统计水平上通过显著检验，说明数字普惠金融对创业活跃度具有显著的正向作用。最后，再将创业活跃度纳入到数字普惠金融对乡村产业高质量发展的回归方程模型（3）中，通过观察变量的检验结果可以判断，回归系数在1%的统计水平上通过显著检验，说明创业活跃度调节数字普惠金融对乡村产业高质量发展的作用机制的假设得以证实，即支持前文假设2。

表5　数字普惠金融影响乡村产业高质量发展作用机制检验结果

变量	乡村产业高质量发展	创业活跃度	乡村产业高质量发展
	（1）	（2）	（3）
数字普惠金融	0.203*** (0.050)	0.826*** (0.136)	0.0842 (0.047)
创业活跃度			0.0468*** (0.013)
控制变量	YES	YES	YES
省份固定	YES	YES	YES
年份固定	YES	YES	YES
时期数	10	10	10
N	310	310	310
R^2	0.346	0.527	0.177

（三）非线性溢出效应分析

考虑到数字普惠金融对乡村产业高质量发展影响可能存在非线性边际递增的梅特卡夫法则效应，前文理论部分进行了相应阐述。为了验证前文提出的假设3，本部分采用面板门槛模型进行实证检验。首先，进行面板门槛存在性检验，采用自助法进行1000次反复抽样，结果发现数字普惠金融门槛变量通过单一门槛检验，创业活跃度通过双重门槛检验。在此基础上设定相应门槛模型进行实证估计。从模型（1）实证估计结果来看，随着数字普惠金融指数的增加，对乡村产业高质量发展表现出显著正向非线性边际递增的溢出效应，表明数字普惠金融对乡村产业高质量发展影响的梅特卡夫法则效应存在；以创业活跃度作为门槛变量，从模型（2）估计结果来看，数字普惠金融对乡村产业高质量发展的作用在持续增强，且数字普惠金融显著正向的梅特卡夫法则效应依然存在，说明数字普惠金融对乡村产业高质量发展的动态影响，不仅受自身因素作用，还受到创业活跃度的调节。以上结论证实前文理论分析，同时假设 3 也得到支持。

表 6 数字普惠金融影响乡村产业高质量发展非线性溢出效应检验结果

<table>
<tr><th colspan="2" rowspan="2">变量</th><th colspan="2">调节变量</th></tr>
<tr><th>（1）Duf</th><th>（2）Entrep</th></tr>
<tr><td>门槛值</td><td>q_1</td><td rowspan="2">−1.157</td><td>0.852</td></tr>
<tr><td></td><td>q_2</td><td>2.187</td></tr>
<tr><td colspan="2">$Duf \times I(Th \le q_1)$</td><td>0.217** (0.049)</td><td>0.205 (0.046)</td></tr>
<tr><td colspan="2">$Duf \times I(q_1 \prec Th \prec q_2)$</td><td>0.341*** (0.050)</td><td>0.358*** (0.051)</td></tr>
<tr><td colspan="2">$Duf \times I(Th \ge q_2)$</td><td></td><td>0.372*** (0.055)</td></tr>
<tr><td colspan="2">控制变量</td><td>YES</td><td>YES</td></tr>
<tr><td colspan="2">时期数</td><td>10</td><td>10</td></tr>
<tr><td colspan="2">N</td><td>310</td><td>310</td></tr>
<tr><td colspan="2">R^2</td><td>0.326</td><td>0.301</td></tr>
</table>

（四）空间溢出效应分析

首先，在进行实证检验之前，要确定研究对象间是否存在空间效应，需要对数字普惠金融和乡村产业高质量发展进行空间自相关检验。本部分使用 Moran'I 指数法进行检验，采用地理矩阵计算各年度的空间效应，具体详见表 7。从表 7 的检验结果来看，2011—2020 年数字普惠金融和乡村产业高质量发展均在 1% 统计水平上通过显著性检验，说明 2011—2020 年我国各省份的数字普惠金融和乡村产业高质量发展具有显著空间自相关性，即二者分布具有空间聚集效应。

表 7 空间自相关性检验

年份	乡村产业高质量发展		数字普惠金融	
	Moran' s I	Z 值	Moran' s I	Z 值
2011	0.752***	14.831	0.503***	10.826
2012	0.715***	14.105	0.485***	9.318
2013	0.654***	13.267	0.567***	11.954
2014	0.637***	13.186	0.531***	11.136
2015	0.618***	13.077	0.578***	12.109
2016	0.634***	13.163	0.545***	11.193

续 表

年份	乡村产业高质量发展		数字普惠金融	
	Moran' s I	Z 值	Moran' s I	Z 值
2017	0.667***	13.408	0.561***	11.865
2018	0.651***	13.262	0.538***	11.217
2019	0.693***	13.765	0.574***	12.103
2020	0.660***	13.261	0.542***	11.208

其次，在确定数字普惠金融和乡村产业高质量发展具有空间自相关性之后，本文采用三种不同空间权重矩阵，实证检验数字普惠金融对乡村产业高质量发展的空间效应。为了确定哪种模型效果最优，本文分别进行 Hausman 检验、SDM 模型固定效应、LM 检验、SDM 模型简化检验，最终确定时空双重固定效应 SDM 模型最优。为了比较实证结果稳健性，本文还列出空间滞后 SAR 模型的估计结果。从表 8 的实证结果可以看出，SDM 模型中乡村产业高质量发展的空间系数通过显著性检验，且具有正向影响；而数字普惠金融空间交互项系数也显著为正，说明样本中各个省份在空间上不仅存在外生的数字普惠金融交换效应，还存在乡村产业高质量发展的内生交换效应。因为交互项回归系数不能直接反映数字普惠金融对乡村产业高质量发展的边际影响，需要使用偏微分进行解释，即要通过直接效应和间接效应检验数字普惠金融对乡村产业高质量发展的影响。从表 8 的估计结果可以看出，数字普惠金融对乡村产业高质量发展影响的间接效应显著存在。由此可知，前文假设 4 成立。

表 8　数字普惠金融影响乡村产业高质量发展空间模型的回归结果

模型设定	SAR			SDM		
矩阵类型	地理距离	经济距离	邻接矩阵	地理距离	经济距离	邻接矩阵
变量	(1)	(2)	(3)	(4)	(5)	(6)
ρ	0.391*** (0.041)	0.287*** (0.052)	0.293*** (0.038)	0.372*** (0.043)	0.263*** (0.061)	0.297*** (0.013)
Duf	0.212*** (0.028)	0.226*** (0.029)	0.104*** (0.010)	0.157*** (0.052)	0.172*** (0.051)	0.269*** (0.036)
$W \times Duf$				0.054 (0.103)	0.063 (0.105)	0.072*** (0.014)
控制变量	YES	YES	YES	YES	YES	YES
直接效应	0.252*** (0.038)	0.257*** (0.039)	0.215*** (0.041)	0.225*** (0.047)	0.229*** (0.048)	0.273*** (0.052)

续 表

模型设定	SAR			SDM		
矩阵类型	地理距离	经济距离	邻接矩阵	地理距离	经济距离	邻接矩阵
溢出效应	0.078*** （0.017）	0.075*** （0.021）	0.085*** （0.031）	0.117*** （0.064）	0.128*** （0.046）	0.084*** （0.042）
总效应	0.341*** （0.052）	0.345*** （0.053）	0.301*** （0.061）	0.347*** （0.062）	0.356*** （0.072）	0.364*** （0.065）
LogL	−688.642	−696.452	−1047.433	−683.343	−691.325	−1058.391
R^2	0.126	0.127	0.118	0.124	0.139	0.085

（五）异质性分析

为深化研究数字普惠金融对乡村产业高质量发展异质性影响，本文分别使用面板分位数模型和系统 GMM，探究数字普惠金融对乡村产业高质量发展影响的不同分位点和不同区域的差异。

从不同分位点估计结果来看，数字普惠金融对不同分位点的乡村产业高质量发展均通过显著性检验，但从对各个分位的具体表现来看，影响存在有所不同，主要表现为对低分位点乡村产业高质量发展的作用效应更为明显。这说明数字普惠金融对落后区域的乡村产业高质量发展的促进作用更大。

从不同区域的估计结果来看，数字普惠金融对不同区域的乡村产业高质量发展均通过显著性检验，但从对不同区域的具体表现来看，影响存在差异，主要表现为对东部和中部地区乡村产业高质量影响效果没有对西部和东北地区大。可能的原因是，东部地区相对西部地区数字普惠金融和农业发展条件相对成熟，较早通过数字普惠金融推进乡村产业高质量发展，而西部区域下沉速度相对缓慢。

表 9　数字普惠金融影响乡村产业高质量发展的异质性检验

变量	分布异质性					区位异质性			
	0.1	0.25	0.5	0.75	0.9	东部	中部	东北	西部
*L.H*dr						0.335*** （0.038）	−0.107*** （0.038）	0.015 （0.113）	0.051 （0.023）
Duf	0.173*** （0.021）	0.178*** （0.022）	0.085*** （0.007）	0.081*** （0.006）	0.074*** （0.007）	0.167*** （0.050）	0.206*** （0.037）	0.275*** （0.037）	0.283*** （0.052）
控制变量	YES	YES	YES	YES	YES	YES	YES	YES	YES
R^2	0.213	0.195	0.204	0.197	0.192	0.237	0.226	0.198	0.217
N	310	310	310	310	310	310	310	310	310

（六）稳健性检验

表 10　数字普惠金融影响乡村产业高质量发展的稳健性检验

变量	覆盖广度	使用深度	数字化程度	因变量测量调整
乡村产业高质量发展	0.035（0.115）	0.519***（0.051）	0.134（0.073）	0.196***（0.074）
覆盖广度	0.217***（0.024）			
使用深度		0.027***（0.013）		
数字化程度			0.158***（0.011）	
数字普惠金融				0.173***（0.007）
控制变量	YES	YES	YES	YES
N	275	275	275	275

解释变量不同维度检验。从表 10 实证检验结果可知，数字普惠金融不同维度对乡村产业高质量发展影响都在 1% 统计水平上通过显著性检验；从不同维度的作用效果看，覆盖广度的作用效果最为明显，使用深度对乡村产业高质量发展影响相对较弱。总之，以上实证结果充分说明数字普惠金融不同维度对乡村产业高质量发展都具有显著的促进作用，这一结论也说明前文基准回归结果的可信性。

被解释变量测量调整检验。考虑到熵值法测算乡村产业高质量发展指数可能存在误差，因此本文在前文乡村产业高质量发展指标体系构建基础上，采用主成分分析方法对被解释变量重新进行测量。通过初步分析发现，指标间相关系数均大于 0.3，说明采用主成分分析方法测量可行。将测量的乡村产业高质量发展指标重新进行估计，具体实证结果详见表 10 最后一列。通过重新测量的实证结果可以发现，数字普惠金融对乡村产业高质量发展影响系数为 0.173，并且在 1% 统计水平上通过显著性检验，即数字普惠金融对乡村产业高质量发展显著促进作用仍然成立，说明前文基准回归结果的稳健性。

（七）内生性检验

本文重在讨论数字普惠金融对乡村产业高质量发展影响，但基于理论分析与现实研判，二者之间影响可能存在内生性。一方面，数字普惠金融与乡村产业高质量发展可能存在反向因果，即二者存在相关作用的关系；另一方面，可能忽视影响乡村产业高质量发展的重要变量，引起模型设定偏差。因此，本文在前文基准回归基础上，采用工具变量法进行识别和检验。

为了确保检验结果稳定性，本文分别采用两阶段最小二乘（2SLS）和广义矩（GMM）工具变量法进行估计，具体估计结果详见表11。通过实证结果发现，两个工具变量的估计结果相同。无论是在未考虑控制变量模型（1）和模型（3），还是考虑控制变量模型（2）和模型（4）的情况下，数字普惠金融对乡村产业高质量发展的影响均在1%统计水平上通过显著性检验，即采用工具变量法估计结果与基准模型的估计结果一致。为了进一步确定工具变量结果的稳健性，需要排除“弱工具变量”影响。因此，本文进行Wald检验，由表11的检验结果可知，两种实证模型下，均在1%统计水平上显著拒绝“弱工具变量”的存在，故而本文认为工具变量估计结论可靠。因此，数字普惠金融对乡村产业高质量发展促进作用的结论是可靠的。

表11　互联网普及程度影响乡村产业高质量发展的工具变量检验

变量	IV-2SLS（1）	IV-2SLS（2）	IV-GMM（3）	IV-GMM（4）
数字普惠金融	0.331***（0.045）	0.264***（0.051）	0.331***（0.045）	0.264***（0.051）
控制变量	YES	YES	YES	YES
Wald 检验	25.32***	11.24***	25.32***	11.24***
R^2	0.382	0.241	0.238	0.365
N	310	310	310	310

六、结论与政策建议

本文基于2011—2020年中国30个省份面板数据，在构建乡村产业高质量发展指标体系基础上，运用面板固定效应模型、门槛模型和中介效应模型，多维度实证检验数字普惠金融对乡村产业高质量发展的影响及内在机制。主要结论如下：第一，数字普惠金融显著促进乡村产业高质量发展，其已成为新时代推动中国农村产业高质量发展的重要力量；通过稳健性和工具变量检验，该结论仍然成立。第二，数字普惠金融对乡村产业高质量发展影响具有显著的溢出效应，主要表现为非线性边际递增的溢出效应和空间溢出效应。第三，创业活跃度是数字普惠金融驱动乡村产业高质量发展的作用机制，表明数字普惠金融和农村创业双轮驱动对于中国农业提质增效、农民增收致富、农村宜居宜业具有重要意义。

依据上述研究结论，本文政策建议如下：

第一，数字普惠金融已经成为推动乡村产业高质量发展的新动能，因此，要加大对中国农村互联网投入力度，推进数字乡村建设与发展，加大5G、大数据、人工智能等建设与应用，打造并完善农村数字普惠金融服务平台，持续巩固数字普惠金融给乡村产业高质量发展带来的红利。

第二，考虑到数字普惠金融对西部和东北区域乡村产业高质量发展的效应还有待深入挖掘，这要求要分区域实施差异化、动态性的数字普惠金融发展战略，让数字普惠金融成为有效缩小区域发展不平衡的重要力量。

第三,创业活跃度是数字普惠金融驱动乡村产业高质量发展的作用机制,证明了“大众创业、万众创新”对于中国乡村产业高质量发展的重要性，要求通过有效激活农村创业活力、加强农村创业支持力度、创造浓郁的创业创新氛围，以此激发乡村产业高质量发展的活力。

第四，数字普惠金融具有空间溢出效应的结论表明，应不断加大各个区域间数字普惠金融新型基础设施建设的协调力度，充分释放数字普惠金融对乡村产业高质量发展的空间贡献价值。

参考文献

[1] 郑有贵. 农业转型升级对政府强依赖的原因及其对策——兼论农业组织化实现形式的优化和转型［J］. 农业经济问题，2016，37(10)：4-8.

[2] 刘同山,韩国莹.要素盘活:乡村振兴的内在要求[J]. 华南师范大学学报(社会科学版)，2021(05):123-136.

[3] 万宝瑞. 加快提高我国农业竞争力的思考［J］. 农业经济问题，2016，37(04)：4-8.

[4] 田野，叶依婷，黄进，刘勤. 数字经济驱动乡村产业振兴的内在机理及实证检验——基于城乡融合发展的中介效应［J］. 农业经济问题，2022(10)：84-96.

[5] 李玉双，邓彬. 我国乡村产业发展面临的困境与对策［J］. 湖湘论坛，2018，31(06)：159-165.

[6] 郭芸芸，杨久栋，曹斌.新中国成立以来我国乡村产业结构演进历程、特点、问题与对策［J］. 农业经济问题，2019(10)：24-35.

[7] 杨亚东，罗其友，伦闰琪，张晴，程长林. 乡村优势特色产业发展动力机制研究——基于系统分析的视角［J］. 农业经济问题，2020(12)：61-73.

[8] 武丽娟，徐璋勇. 我国农村普惠金融的减贫增收效应研究——基于4023户农户微观数据的断点回归［J］. 南方经济，2018(05)：104-127.

[9] Giuliano，P. and M. Ruiz-Arranz，Remittances，financial development，and growth [J]，Journal of Development Economics，2009,90(1): 144-152.

[10] Anzoategui,D,.A. Demirg ü -Kunt and M. S. M. Per í a,Remittances and Financial Inclusion:

Evidence from El Salvador[J], World Development, 2014,54(1): 338-349.

[11] 何学松，孔荣. 普惠金融减缓农村贫困的机理分析与实证检验［J］. 西北农林科技大学学报（社会科学版），2017，17(03)：76-83.

[12] 谢琳. 乡村振兴战略下农村普惠金融对农村经济的功能性分析［J］. 湖北社会科学，2020(08)：84-89.

[13] 赵洪丹. 中国农村金融发展与农村经济发展的关系——基于1978—2009年数据的实证研究［J］. 经济学家，2011(11)：58-63.

[14] 丁志国,张洋,覃朝晖. 中国农村金融发展的路径选择与政策效果［J］. 农业经济问题，2016，37(01)：68-75.

[15] 焦青霞,刘岳泽. 数字普惠金融、农业科技创新与农村产业融合发展［J］. 统计与决策，2022，38(18)：77-81.

[16] 覃朝晖，潘昱辰. 数字普惠金融促进乡村产业高质量发展的效应分析［J］. 华南农业大学学报（社会科学版），2022，21(05)：23-33.

[17] 连俊华. 数字金融发展、农村普惠金融与农业经济增长——来自中国县域数据的经验证据［J］. 中国软科学，2022(05)：134-146.

[18] 孙倩. 数字普惠金融与农业发展：基于相对贫困县的实证［J］. 统计与决策，2021，37(12)：154-157.

[19] 王森，陈宇斌. 数字普惠金融如何推动农业高质量发展？——兼论中介与门槛作用机制［J］. 管理学刊，2022，35(03)：72-87.

[20] 张林，温涛. 数字普惠金融如何影响农村产业融合发展［J］. 中国农村经济，2022(07)：59-80.

[21] 陈一明. 数字经济与乡村产业融合发展的机制创新［J］. 农业经济问题，2021(12)：81-91.

[22] 方观富，蔡莉. 数字普惠金融如何影响农业产出：事实、机制和政策含义［J］. 农业经济问题，2022(10)：97-112.

[23] 曾小艳,祁华清. 数字金融发展对农业产出的影响机理及结构效应［J］. 贵州社会科学，2020(11)：162-168.

[24] 张勋，万广华，张佳佳，何宗樾. 数字经济、普惠金融与包容性增长［J］. 经济研究，2019，54(08)：71-86.

[25] 黄倩，李政，熊德平. 数字普惠金融的减贫效应及其传导机制［J］. 改革，2019(11)：90-101.

[26] 杨林,赵洪波. 数字普惠金融助力农民增收的理论逻辑与现实检验［J］. 山东社会科学，2022(04)：149-155.

[27] 李季刚，马俊. 数字普惠金融发展与乡村振兴关系的实证［J］. 统计与决策，2021,

37(10)：138−141.

[28] 李冬青，侯玲玲，闵师，黄季焜. 农村人居环境整治效果评估——基于全国 7 省农户面板数据的实证研究［J］. 管理世界，2021，37(10)：182−195.

[29] 谭燕芝，李云仲，叶程芳. 省域数字普惠金融与乡村振兴评价及其耦合协同分析［J］. 经济地理，2021，41(12)：187−195.

[30] 尹振涛，李俊成，杨璐. 金融科技发展能提高农村家庭幸福感吗？——基于幸福经济学的研究视角［J］. 中国农村经济，2021(08)：63−79.

[31] 周雨晴，何广文. 数字普惠金融发展对农户家庭金融资产配置的影响［J］. 当代经济科学，2020，42(03)：92−105.

[32] 万佳彧，周勤，肖义. 数字金融、融资约束与企业创新［J］. 经济评论，2020(01)：71−83.

[33] 李晓园，刘雨濛. 数字普惠金融如何促进农村创业？［J］. 经济管理，2021，43(12)：24−40.

[34] 赵晓鸽，钟世虎，郭晓欣. 数字普惠金融发展、金融错配缓解与企业创新［J］. 科研管理，2021，42(04)：158−169.

[35] 周广肃，樊纲. 互联网使用与家庭创业选择——来自 CFPS 数据的验证［J］. 经济评论，2018(05)：134−147.

[36] Noseleit F.,Entrepreneurship,Structural Change,and Economic Growth[J],Journal of Evolutionary Economics，2013，23(4):735−766.

[37] 毛中根，孙豪. 中国省域经济增长模式评价：基于消费主导型指标体系的分析［J］. 统计研究，2015，32(09)：68−75.

[38] 罗光华. 十三五视角下的农村经济结构性分析［J］. 农业经济，2017(10)：33−35.

[39] 苏毅清，游玉婷，王志刚. 农村一二三产业融合发展：理论探讨、现状分析与对策建议［J］. 中国软科学，2016(08)：17−28.

[40] 张凤兵，王会宗. 劳动力返乡、要素配置和农业生产率［J］. 华南农业大学学报（社会科学版），2021，20(03)：73−84.

[41] 温涛，冉光和，熊德平. 中国金融发展与农民收入增长［J］. 经济研究，2005(09)：30−43.

[42] 赵涛，张智，梁上坤. 数字经济、创业活跃度与高质量发展——来自中国城市的经验证据［J］. 管理世界，2020，36(10)：65−76.

[43] 冯伟，李嘉佳. 企业家精神与产业升级：基于经济增长原动力的视角［J］. 外国经济与管理，2019，41(06)：29−42.

[44] 董晓林，张晔. 自然资源依赖、政府干预与数字普惠金融发展——基于中国 273 个地市级面板数据的实证分析［J］. 农业技术经济，2021(01)：117−128.

[45] Yilmaz S.，Haynes K. E.，Dinc M.，Geographic and Network Neighbors：Spillover Effects of Telecommunications Infrastruc-ture[J]，Journal of Regional Science，2002,42(2):339-360.

[46] Keller W.，Trade and the Transmission of Technology[J]，Journal of Economic Growth，2002,7(1):5-24.

[47] 刘自强,张天. 数字普惠金融对农民收入的影响及其空间溢出效应[J]. 当代经济研究，2021(12)：93-102.

[48] 黄漫宇，曾凡惠. 数字普惠金融对创业活跃度的空间溢出效应分析［J］. 软科学，2021，35(02)：14-18.

[49] 刘丹，方锐，汤颖梅. 数字普惠金融发展对农民非农收入的空间溢出效应［J］. 金融经济学研究，2019，34(03)：57-66.

[50] 李玏. 中国乡村宜居宜业水平评价体系及测度研究［J］. 山西农业大学学报(社会科学版)，2022，21(04)：94-103.

[51] 梁盛凯，陈池波，田云，潘经韬. 中国乡村产业振兴：时空分异、动态演进及共富效应［J］. 农业技术经济，2023(03)：1-21.

[52] 郭峰，王靖一，王芳，等. 测度中国数字普惠金融发展：指数编制与空间特征 [J]. 经济学(季刊)，2020(4)：1401-1418.

[53] 马亚明，周璐. 基于双创视角的数字普惠金融促进乡村振兴路径与机制研究［J］. 现代财经(天津财经大学学报)，2022，42(02)：3-20.

[54] 孟维福,李莎,刘婧涵,等. 数字普惠金融促进乡村振兴的影响机制研究[J]. 经济问题，2023，523(03)：102-111.

[55] 张岳，周应恒. 数字普惠金融、传统金融竞争与农村产业融合［J］. 农业技术经济，2021，317(09)：68-82.

数字金融发展与“专精特新”企业创新投入

中共绍兴市上虞区委党校 魏 杰

“专精特新”企业高质量发展对推动经济高质量发展具有重要的战略意义，而数字金融的发展为“专精特新”企业获取技术创新资源带来了新的机遇。本文利用2016—2021年沪深A股上市“专精特新”企业数据，考察数字金融发展对企业创新投入的影响及其内在机制。研究发现,数字金融发展能够显著促进“专精特新”企业的创新投入，这一结论在经过一系列稳健性检验后依旧成立。进一步地，数字金融的广度发展对“专精特新”企业创新投入的促进效果在较长一个时间序列上都稳健成立。异质性分析表明，数字金融发展对非国有企业创新投入的促进作用更为显著。机制分析表明，数字金融发展能够有效缓解“专精特新”企业的融资约束问题，但数字金融只能通过帮助“专精特新”企业去杠杆、稳定财务风险这一渠道来促进企业创新投入。本文的研究结论为数字金融的发展优化、实现“专精特新”企业创新驱动提供了新的重要启示。

一、引言

技术创新是推动经济持续增长的重要引擎，尤其是在后疫情时代全球经济不确定性加大、中国经济发展步入高质量发展阶段的国内外新形势下，以技术创新驱动经济内涵式增长，已成为破解制约经济发展难题的关键[1]。党的二十大报告指出，要“加快实施创新驱动发展战略，加快实现高水平科技自立自强”。加快实施创新驱动战略，其核心的任务在于能否有效激发市场中微观企业主体的创新意愿和能力[2]，而贡献了70%以上技术创新的中小企业无疑是创新驱动战略实施的焦点。2018年，我国开始实施专精特新“小巨人”企业培育政策，开始重点培育具有“专业化、精细化、特色化、新颖化”特征的中小企业。2021年，中央政治局会议将发展“专精特新”企业提升至国家战略层面。2022年的政府工作报告提出要在资金、人才、孵化平台搭建等方面给予“专精特新”企业大力支持。不难发现，培育和发展“专精特新”企业已经成为经济高质量发展阶段我国提高自主创新能力的关键手段之一。

值得注意的是，目前我国的自主创新能力仍然不足[3]，企业创新活动中还存在着“寻补贴投资”[4]“研发操纵”[5]“策略性创新”[6]等行为，制约着我国技术创新朝全球技术链的高端化发展。事实上，技术创新活动本身就具有资源投入大、生产周期长、不确定性大等特点，加上市场上固有的信息不对称性带来的逆向选择和道德风险等问题[7]，使得企业在进行创新活动时往往需要面临高调整成本和高融资成本的“双高”难题。因此，如何获得稳定充足的金融资源保障对于企业持续开展创新活动至关重要[8]。特别是对于创新活动频繁、资源禀赋少的“专精特新”企业来说，获得高效低价的金融支持方式是企业持续进行创新投入、开展创新活动的关键要素。

然而，金融作为一种稀缺性资源，其在服务实体经济的过程中并不能总是得到充分高效的配置，即流向实体经济的高效率部门（企业）。由于传统金融体系存在着融资模式（间接融资比重过大）与金融供求（供给不足）的不平衡问题，导致金融资源配置出现结构与效率不匹配的金融错配现象。金融资源的错配问题，在很大程度上制约了市场创新主体特别是本身缺乏资源禀赋的微观创新主体在创新发展上的潜在驱动力，成为当前金融改革发展的痛点[3]。近年来，在以 5G 技术、云计算、大数据等为代表的新一代数字化技术的驱动下，金融实现了与数字技术的融合，催生出了数字金融这种新型的惠普金融模式[9]。数字金融可以通过数字技术对用户进行精准画像、对业务进行流程再造、对风险进行精细评估，相比于传统金融拥有服务更加便捷、交易成本更低等优势。那么数字金融的发展，是否能够驱动微观企业特别是“专精特新”企业进行技术创新？

现有文献对于数字金融发展带来的影响与作用进行了研究，特别是在 2018 年北京大学数字金融研究中心课题组发布了“数字普惠金融指数”之后，数字金融定量化相关研究逐渐增多，如探讨数字金融发展如何影响全要素生产率[10]、促进创业[11]、促进包容性增长[12]等。也有部分文献从融资约束[13]、金融错配[2]等视角探讨了数字金融与企业创新的关系。上述研究为本文研究数字金融发展与企业创新关系提供了有效的理论支撑与方法指导，但从文献数量来看，数字金融与企业创新的关系研究还处于起步阶段，少有的几篇文献也大都集中于研究数字金融与企业创新产出的关系，鲜有文献探讨数字金融发展对企业创新投入的影响。鉴于“专精特新”企业在解决我国关键核心技术“卡脖子”问题、推动经济高质量发展中的重要作用[14]，同时在我国数字金融快速发展的大趋势下，研究数字金融发展与“专精特新”企业创新投入关系，不仅对拓展数字金融、企业创新驱动因素相关研究有一定的理论价值，而且对数字金融的优化发展、实现“专精特新”企业创新驱动有着重要的现实意义。

基于此，本文以“专精特新”企业为研究对象，考察数字金融发展对企业创新投入的影响及其内在机制。本文的研究发现，数字金融发展能够显著促进“专精特新”企业的创新投入，且数字金融可以通过帮助“专精特新”企业去杠杆、稳定财务风险这一渠道来促进企业创新投入。此外，数字金融的不同维度对“专精特新”企业创新投入具有不同的促进效果，数字金融对不同股权属性的“专精特新”企业的创新投入的促进作用也不尽相同。

与已有研究相比，本文可能的贡献在于三个方面：第一，研究数字金融发展促进企业创新投入的效果，不仅丰富了有关数字金融研究的文献，而且基于企业创新投入的角度进一步拓展了对企业创新驱动因素的研究，为促进数字金融发展以及完善创新政策提供了新的理论依据；第二，基于不同的传导路径识别数字金融发展对企业创新投入的不同传导效果，有助于厘清数字金融影响企业创新投入的具体机制，弥补了现有相关研究的不足；第三，以“专精特新”企业为研究对象，对影响其创新投入的相关因素和影响机制进行实证检验，可以为“专精特新”企业的高质量发展提供理论指导和实践依据。

二、理论分析与研究假设

创新投入是企业进行创新活动的基础，是对未来成长的投资[15]，对正处于转型升级过程中的中国制造业特别是“专精特新”企业而言意义更为重大。现有文献对企业创新投入的影响因素已经做出了较为丰富的研究。微观层面，已有文献研究了股权结构[16]、高管激励[17,18]、管理者特征[19,20]、对外担保[21]、股权质押[22,23]等对企业创新投入的影响。宏观层面，学者们研究了财税及产业政策[24-26]、环境不确定性[27,28]、消费者权益保护[29]等对企业创新投入的影响。上述研究从“宏观—微观”视角为理解企业创新投入的动因和机制提供了经验借鉴和方法启示，但关于宏观因素对创新投入影响的分析，更多地集中于政策、环境不确定性等，缺乏关于数字金融发展与企业创新投入之间关系的研究。

面对日益激烈的市场竞争，技术创新是“专精特新”企业实现高质量发展的必由之路。

企业技术创新是一项系统工程，需要资金、人员等多种资源要素的投入，而金融作为企业创新环境的重要组成部分，其有效供给将直接影响到技术创新活动的开展[30]。值得注意的是，我国传统金融体系还存在许多不完善之处[31]，传统金融市场存在的信息不对称、金融有效供给不足等问题[32]，已经严重阻碍了我国经济结构的转型和高质量发展。数字金融通过运用 5G 技术、云计算、大数据等新兴技术，可以极大地改善传统金融市场中的信息不对称问题[33]，并通过扩展金融的服务渠道和范围增加金融的有效供给，在降低金融市场交易成本的同时释放更多有效的金融资源，为企业获取更多技术创新资源带来了新的机遇。

从信息不对称的视角来看，数字金融可借助大数据和云计算等信息技术构建数字金融生态，降低“金融供给部门—企业主体”的信息不对称程度。一方面，数字金融发展显著增强了金融供给部门信息收集与处理能力，帮助其精准识别优秀的创新项目和创新企业，从而实现金融资源与创新项目的最佳匹配，打破传统金融的边界约束[12]，规避逆向选择和道德风险问题[34]，提高金融供给的效率和质量，这不仅有效提升了金融资源配置效率[35]，缓解金融资源错配问题，而且也在一定程度上缓解了企业的融资约束、降低了企业融资过程中的交易成本。另一方面，数字金融发展显著增强了金融供给部门决策能力，通过对市场信息的精准搜寻和把握，建立科学的预测模型，进而制定稳妥的金融供给计划，不仅可以帮助金融供给部门规避投资风险，提升风险管理能力[36]，而且也帮助企业提升了经营过程中的财务风险控制水平[33]。

从融资渠道的视角来看，数字金融的发展为企业带来了更多的融资渠道。在金融市场中，分布着大量的小规模投资者，传统的金融市场受制于成本、技术等因素，这部分金融资源被束之高阁，没有被很好地利用起来。数字金融通过大数据、区块链等先进技术，可以低成本低风险地对各类金融服务主体进行全面的分析梳理，弥补传统金融服务的短板，降低金融服务的准入门槛，扩大金融服务覆盖面[37]，从而丰富金融市场中的金融资源和融资渠道。除此之外，数字金融还催生出了诸如供应链金融、科创金融等新的融资方式，这些新融资方式的产生，一方面能为企业节省更多的金融资源以便更好地进行创新投入，另一方面也为企业提供了更多的直接融资及间接融资渠道。

由此可见，无论是从信息不对称视角还是从融资渠道视角来看，数字金融的发展都有助于增加金融供给，实现金融供给与需求的有效结合，从而促使企业获得更多的金融资源，增加创新投入。具体来看，数字金融的发展能够降低信息不对称程度、拓展企业融资渠道，帮助缓解企业融资约束、降低交易费用，同时也能够在一定程度上帮助优化企业内部的财务行为，降低杠杆水平，提升财务稳定性，进而让企业更加便捷、高效、低价地获得更多融资，在很大程度上减轻了企业开展创新活动的“后顾之忧”，从而促进企业增加创新投入。基于以上分析，本文提出如下研究假设。

假设：数字金融将显著促进企业的创新投入。

三、研究设计

（一）样本与数据

本文选取沪深 A 股上市“专精特新”企业 2016—2021 年的相关数据作为研究样本来进行实证分析。“专精特新”企业认定根据工业和信息化部发布的相关通知中得到。为了使样本数据更具代表性，本文剔除了 ST 或 ST* 企业，并对数据中的连续变量进行 1% 和 99% 的缩尾处理，最终得到 139 家企业的数据样本。企业的财务数据和创新投入数据来自于国泰安数据库，数字金融指数则来自北京大学的《数字金融普惠金融指数》。

（二）变量测量

1. 被解释变量

本文的被解释变量是企业创新投入。对于企业创新投入，现有文献多用研发投入强度（研发支出总额 / 总资产（营业收入））来衡量 [21,24,29,38]，该指标主要考虑了创新资金方面的投入。为使创新投入指标衡量更加全面，本文选择研发资金投入强度（RD1）和研发人员投入强度（RD2）两个指标来衡量，综合考虑了资金（研发投入总额）与人力资源（研发人员数量）两方面因素的影响。

2. 核心解释变量

本文的核心解释变量是数字金融（DIF）。目前较多文献都采用北京大学互联网金融研究中心编制的《数字金融普惠金融指数》[39] 作为衡量指标 [2,3,40,41]。本文在基准回归部分采用省一级层面的数字金融发展指数作为代理变量，在稳健性检验中，则选取了市一级层面的数字金融发展指数，并对该项指数进行归一化处理。

3. 中介变量

本文的中介变量有两大类四个指标，即“融资约束与财务费用”和“杠杆与风险稳定”两类，包含企业融资约束、财务费用、企业杠杆和财务风险四个指标。参考相关研究 [3]，企业融资约束（KZ-Index）用 KZ 指数来衡量，该指数越大，则企业所面临的融资约束程度越大，反之，则越小。用企业财务费用占营业收入的比重来衡量财务费用率（Financial-rate）。选取资产负债率来衡量企业杠杆（Lev）。用 Z 值法测算财务风险水平（Z-Score），Z 值越小，企业财务风险越大，Z 值越大，企业的财务风险越低。

4. 控制变量

本文主要分析数字金融对企业创新投入的影响，因此需设定对企业创新投入可能产生影响的控制变量，参考以往研究 [21,24,29]，本文的控制变量包括企业年龄（Age）、资产规模（LnTA）、股权集中度（Equity）、两职合一（Merge）、盈利能力（ROA）、现金流量（Cf）、营运效率（Laz）、固定资产比例（Fix）、企业成长性（Grow）和审计意见（Opin）。其中，企业年龄（AGE）用企业成立的年数来表示；资产规模（LnTA）用企业总资产（取自然对数）来度量；股权集中度（Equity）用第一大股东持股比例来进行度量；两职合一（Merge）采用虚拟变量，当董事长与总经理兼任时取 1，否则为 0；盈利能力（ROA）用净利润和总资产的比值来衡量；经营现金流（Cf）用经营活动产生的现金流量净额与总资产的比值来衡量；营运效率（Laz）用流动资产与营业收入的比值来表示；固定资产比例（Fix）用固定资产与总资产的比值来衡量；企业成长性（Grow）用营业总收入增长率来度量；审计意见（Opin）采用虚拟变量，审计单位出具标准无保留意见取 0，否则为 1。

表 1　主要变量定义

变量	定义
创新投入水平 1（RD1）	企业研发投入占营业收入比例（%）
创新投入水平 2（RD2）	企业研发人员数量占总人数比例（%）
数字金融（DIF）	北京大学互联网金融研究中心编制数字金融普惠金融指数，并进行归一化处理
企业融资约束（KZ-Index）	借鉴 Kaplan 和 Zingales（1997），计算出相应的 KZ 指数
财务费用率（Financial-rate）	企业财务费用占营业收入的比重
企业杠杆（Lev）	企业的资产负债率
财务风险（Z-Score）	借鉴 Altman（1968）的风险 Z 值法进行测算
企业年龄（Age）	企业成立的年数
资产规模（LnTA）	企业总资产的自然对数
股权集中度（Equity）	第一大股东持股比例（%）
两职合一（Merge）	两职合一时取 1，否则为 0
盈利能力（ROA）	净利润 / 总资产
经营现金流（Cf）	经营活动产生的现金流量净额 / 总资产
营运效率（Laz）	流动资产 / 营业收入
固定资产比例（Fix）	固定资产 / 总资产
企业成长性（Grow）	营业总收入增长率
审计意见（Opin）	审计单位出具标准无保留意见取 0，否则为 1
行业（Ind）	行业虚拟变量，对制造业大类进行了细分
年度（Year）	年度虚拟变量

（三）模型构建

本文通过构建多元回归模型来探讨数字金融与企业创新投入的相互关系，根据研究假设和研究设计，本文构建的模型如下：

$$RD_{i,t}=a+\beta_1 DIF_{i,t-1}+\sum\varphi CV+\sum Year+\sum Ind+\varepsilon \quad (1)$$

在回归方程（1）中，被解释变量为企业的创新投入水平，以企业研发投入占营业收入比例与研发人员数量占比作为代理变量（*RD1*、*RD2*），核心解释变量为数字金融指数（DIF，省级层面）；控制变量 *CV* 则包含了前述控制变量；ε 为模型随机误差项。为提升回归结果可靠性，本文进行了如下处理：第一，考虑到数字金融影响企业的技术创新投入需要一定时滞，因此本文对数字金融指数进行滞后 1 期处理。第二，在所有回归方程中，默认采用了聚类稳健标准误；第三，为吸收相关的固定效应，本文运用了“双向固定效应模型”，即同时控制了时间（Year）和行业（Ind）的虚拟变量。

（四）模型选择

本文在进行面板数据回归分析之前，首先通过 Hausman 检验来判断应采用固定效应还是随机效应模型。Hausman 检验的步骤如下：（1）使用固定效应模型，存储回归结果；（2）使用随机效应模型，存储回归计结果；（3）进行 Hausman 检验，对比两种模型的回归结果；（4）根据回归结果进行判断，若 p 值为 0 则拒绝原假设选择固定效应模型，反之则选择随机效应模型。Hausman 检验对应的 p 值都等于 0（Prob>chi2 = 0.0000），检验结果拒绝原假设，因此本文选择固定效应模型。

四、实证结果及经济解释

（一）描述性统计和相关系数矩阵分析

表 2 给出了本文研究所涉及主要变量的描述性统计分析结果以及 Pearson 相关系数矩阵。从表 2 可以看出，企业研发投入占营业收入比例的均值为 6.94874，标准差为 4.64950，不同企业的研发投入比差别较大，而企业研发人员数量占比均值为 21.59414 ，标准差为 13.35582，不同企业的研发人员投入比差别很大。样本企业所在省份的数字金融发展水平综合指数标准差为 0.26959，省域间数字金融发展水平差距不大。表 3 是 Pearson 相关系数矩阵，从变量相关系数矩阵可知数字金融对企业研发投入、研发人员投入都产生了直接影响作用。表 2 最后一列给出了方差膨胀因子计算结果，从该结果看，回归方程的方差膨胀因子（VIF）均小于 5，主要变量均小于 5，这表明本文的数据不存在多重共线性问题。

表 2　描述性统计

变量	样本量	均值	标准差	极小值	极大值	VIF
RD1	830	6.94874	4.64950	1.18	38.98	
RD2	822	21.59414	13.35582	4.86	85.04	
DIF	834	0.53905	0.26959	0	1	1.16
KZ-Index	786	0.45979	2.10244	−10.3578	5.35625	3.53
Financial-rate	804	0.00523	0.02176	−0.21623	0.20801	1.66
Lev	834	0.29787	0.14698	0.04412	0.72828	2.95
Z-Score	791	8.65283	15.31466	0.54839	284.4084	1.97
Age	834	2.82111	0.29034	1.60943	3.49651	1.07
LnTA	804	21.26911	0.74228	19.54491	23.98605	1.36
Equity	804	31.9967	12.72676	6.93	70	1.09
Merge	802	0.41147	0.49241	0	1	1.13
ROA	834	0.06772	0.06557	−0.27824	0.40649	2.43
Cf	804	0.04971	0.06356	−0.19997	0.34852	2.28
Laz	804	1.56005	0.86503	0.22039	11.01818	1.44
Fix	834	0.18095	0.11661	0.00336	0.67529	1.19
Grow	834	0.23179	0.37014	−0.80714	4.87381	1.24
Opin	834	0.00599	0.07724	0	1	1.02

表 3　主要变量相关系数矩阵

变量	1	2	3	4	5	6	7
RD1							
RD2	0.5813***						
DIF	0.2060***	0.1147***					
KZ-Index	0.0163	0.0452	−0.1348***				
Financial rate	−0.1847***	−0.1388***	−0.0046	0.3406***			
Lev	−0.2010***	−0.0810**	−0.1258***	0.5697***	0.5076***		
Z-Score	0.1593***	0.0531	0.1139***	−0.1672***	−0.2503***	−0.3919***	

（二）基准回归分析

表 4 报告了“数字金融—企业创新投入”关系的基准实证检验结果。在模型 M（1）和 M（2）中，仅控制了时间和行业固定效应。结果发现，数字金融发展（DIF）对企业创新资金投入水平（RD1）和创新人员投入水平（RD2）的回归系数均为正值，且均通过了 1% 的统计显著性检验，说明数字金融的发展有助于促进“专精特新”企业增加研发金额投入和研发人员投入。在模型 M（3）和 M（4）中纳入了控制变量集，相关的回归系数有所缩小，这可能是因为在纳入了控制变量后，部分影响企业创新投入的因素被吸收所致,但显著性依旧保持不变（均通过了 1% 的统计显著性检验）,这意味着，数字金融的发展扩大了“专精特新”企业在创新资金和人员上的投入,进一步激发了“专精特新”企业的创新活力，这有助于突破和填补我国产业链中细分领域的短板和不足，从供给侧为国内大循环奠定基础。由此，本文的假设得到了经验证据支持。

表 4　数字金融发展对“专精特新”企业创新投入的影响：基准回归

	M（1）	M（2）	M（3）	M（4）
	RD1	RD2	RD1	RD2
L.DIF	3.68478*** （6.88）	6.24327*** （3.99）	3.47596*** （6.77）	4.88853*** （3.48）
Age			−2.45434*** （−3.97）	−3.51714** （−2.04）
LnTA			−1.21540*** （−5.75）	−1.90075*** （−3.20）
Equity			−0.03169*** （−3.25）	0.04075 （1.26）
Merge			0.11007 （0.40）	0.31625 （0.4）
ROA			−1.71473 （−0.65）	26.089*** （3.01）
Cf			1.43131 （0.58）	−29.77015*** （−3.70）
Laz			2.20127*** （7.58）	2.37601*** （2.84）
Fix			−0.80832 （−0.75）	−18.58028*** （−5.80）
Grow			0.83526 （1.38）	1.674311 （1.05）
Opin			3.31876 （1.36）	−4.93363*** （−2.72）
常数项	4.52935*** （11.91）	17.67503*** （15.24）	33.7807*** （6.71）	64.12906*** （4.53）

续 表

	M（1）	M（2）	M（3）	M（4）
	RD1	RD2	RD1	RD2
时间、行业固定效应	YES	YES	YES	YES
N	830	822	802	800
adj.R^2	0.2626	0.3251	0.4148	0.4018

注：***：P<0.01；**：P<0.05；*：P<0.1，括号内是经过聚类稳健标准误调整t值，下同。

为了更精确地刻画数字金融发展对企业创新投入的影响，本文进一步将数字金融指数分解降维至两个维度：数字金融覆盖广度和数字金融使用深度，并将指标分别滞后2期、3期、4期进行检验，基于此来分析数字金融哪个维度在促进企业创新资金和人员的投入上有着更显著的效果。

表5报告了“数字金融—企业创新投入”关系的指标降维（广度—深度）实证检验结果。研究发现，数字金融广度指标（DIF-B）和数字金融深度指标（DIF-D）都对企业创新资金投入（RD1）产生了显著的影响，但是随时间推移数字金融广度指标（L2.DIF-B、L3.DIF-B、L4.DIF-B）的显著性并未明显降低（t值随时间推移并未明显改变）而数字金融深度指标（L2.DIF-B、L3.DIF-B、L4.DIF-B）的显著性逐渐衰减（t值随时间推移逐渐减小）。同样的，数字金融广度指标（DIF-B）和数字金融深度指标（DIF-D）都对企业创新人员投入（RD2）产生了显著的影响，但是随时间推移数字金融广度指标（L2.DIF-B、L3.DIF-B、L4.DIF-B）的显著性并未降低（系数为正且均通过了1%的统计性显著性检验）而数字金融深度指标（L2.DIF-B、L3.DIF-B、L4.DIF-B）的显著性明显降低，具体来看，滞后2期的数字金融深度指标（L2.DIF-B）对企业创新人员投入呈正向驱动作用（系数为正且通过了10%的统计显著性检验），而滞后3期和滞后4期的深度指标在模型M（4）和M（6）中均未通过10%的统计显著性检验。从数字金融广度和深度对企业创新资金和人员投入的不同影响来看，数字金融广度和深度能够在较长的一个时间序列内对企业创新资金投入形成具有叠加特征的促进作用，而对企业创新人员投入的影响则具有短期性。从数字金融广度和数字金融深度的不同影响效果来看，数字金融广度能够在较长的一个时间序列内对企业创新投入形成具有叠加特征的促进作用，而数字金融深度对企业创新投入的影响则具有短期性。表5的实证检验结果表明，数字金融对“专精特新”企业创新投入的助推效应存在结构性差异，在大部分企业并没有进行数字化转型的前提下，推动数字金融惠及更多地区，营造良好的金融环境，拓宽融资渠道，仍是当前

数字金融发展的重点方向。

表 5　数字金融发展对“专精特新”企业创新投入的影响：指标降维（广度—深度）

Panel A	M（1）	M（2）	M（3）	M（4）	M（5）	M（6）
数字金融广度指标	RD1	RD2	RD1	RD2	RD1	RD2
L2.DIF-B	3.28243*** （7.20）	5.61267*** （4.43）				
L3.DIF-B			3.30303*** （7.34）	5.67292*** （4.29）		
L4.DIF-B					3.33113*** （7.37）	5.51051*** （4.32）
控制变量	YES	YES	YES	YES	YES	YES
时间、行业固定效应	YSS	YSS	YSS	YSS	YSS	YSS
N	802	800	802	800	802	800
adj.R^2	0.4167	0.4065	0.4174	0.4062	0.4176	0.4059
Panel B	M（1）	M（2）	M（3）	M（4）	M（5）	M（6）
数字金融深度指标	RD1	RD2	RD1	RD2	RD1	RD2
L2.DIF-D	3.58076*** （5.92）	2.92075* （1.71）				
L3.DIF-D			3.35021*** （5.54）	2.50126 （1.46）		
L4.DIF-D					3.17417*** （5.11）	1.98027 （1.13）
控制变量	YES	YES	YES	YES	YES	YES
时间、行业固定效应	YSS	YSS	YSS	YSS	YSS	YSS
N	802	800	802	800	802	800
adj.R^2	0.4068	0.3956	0.4035	0.3950	0.4003	0.3943

（三）稳健性检验

为确保研究结果的稳定性和普遍性，本文借鉴唐松等的研究，使用多种方法对基本模型进行稳健性检验。首先，进行回归模型更替。控制时间和行业的双向固定效应模型是一种常规的方法，本文进一步采用“时间 × 行业”的高阶联合固定效应方法进行回归分析来控制内生性。其次，剔除部分影响因素的干扰。2015 年中国股票市场暴跌，发生了较为严重的股灾。从现有研究来看，对于这类因素难以通过构建变量的方式来消除其影响。考虑到股灾的波及面和深度，为排除股灾的后效性特征，本文删除了后续 2016 年、2017 年 2 年的样本数据，将数据年限限定在 2018—2021 年。最后，替换核心解释变量的计算口径。在基准回归模型中，本文使用省一级的数字金融发展指数来衡量企业所在地区的数字金融发展水平，在稳健性检验时，本文采用城市一级的数字金融发展指数来衡量企业所在地区的数字金融发展水平。

从表 6 可以看出，在模型 M（1）—M（6）中，无论是进行固定效应模型的调整还是剔除部分影响因素还是解释变量口径变换，数字金融与企业创新投入的回归系数都为正，且都达到了 1% 的显著性水平，并且有些回归系数比原有基准回归还有了一定幅度的提高。以上的稳健性检验结果表明，本文的核心结论是稳健可信的。

表 6　稳健性检验：固定效应调整 + 剔除部分影响因素 + 解释变量口径变换

	M（1）	M（2）	M（3）	M（4）	M（5）	M（6）
	RD1	RD2	RD1	RD2	RD1	RD2
L.DIF	3.42973*** （6.34）	4.83930*** （4.22）	3.87412*** （5.68）	5.27797*** （2.88）	4.22747*** （8.37）	10.10119*** （6.85）
稳健性检验方法	固定效应调整		剔除部分影响因素		解释变量口径变换	
控制变量	YES	YES	YES	YES	YES	YES
时间、行业固定效应	NO	NO	YES	YES	YES	YES
时间 × 行业联合固定效应	YES	YES	NO	NO	NO	NO
N	802	800	554	552	802	800
adj.R^2			0.4161	0.3709	0.4312	0.4285

（四）异质性检验

在上述检验中，本文基于全样本视角考察了数字金融对企业创新投入的影响，并经过多重稳健性检验确证了二者间的影响效应。但值得注意的是，在不同企业属性差异下，数字金融对企业创新投入的影响可能存在非对称效果，对这类情况的探讨有助于形成差异化的政策导向。为实现上述目的，本文按照产权属性（国有和非国有）和科技属性（高技术和非高技术）[①] 进行分组回归，重复上述模型的分析。

① 按照国家统计局《高技术产业（制造业）分类（2017）》进行分类。

表7中Panel A的分组（产权属性）回归发现，在国有企业组别中（模型M（1）—M（2）），数字金融对企业创新资金投入的回归系数为正值，但没有通过显著性检验，数字金融对企业创新人员投入的回归系数虽为正但无法通过统计显著性检验；而在非国有企业组别中（模型M（3）—M（4）），数字金融对企业创新资金投入和创新人员投入的回归系数均为正值且均通过了1%的统计显著性检验。本文认为，国有企业拥有国家信誉优势，更容易在传统金融市场中获得更多的资源，因此数字金融发展对国有企业创新投入的影响相对有限。相比之下，非国有企业在传统金融市场中没有优势，难以较容易地获得融资资源，再加上它们面临着较大的市场竞争压力，为了占有更多的市场份额，有着更强烈的主观意愿从事创新活动，如果数字金融发展满足了它们的融资资源需要，它们在创新投入上就会有较大提升。因而，数字金融对于非国有企业的创新投入驱动作用会更加明显。表7中Panel B的模型M（1）—M（4）对企业科技属性特征差异进行了检验。研究发现，无论是高技术企业还是非高技术企业，数字金融都带来了显著的创新投入提升效果（系数均为正且均通过了5%以上的统计显著性检验），这表明数字金融对高科技企业和非高科技企业的创新投入没有差异化的驱动效果。这可能是因为，“专精特新”企业本身在其生产经营领域有一定的核心竞争能力，无论是高技术企业还是非高技术企业，为了维持领域的核心地位其在创新投入上的意愿都很强烈，数字金融的发展带来了多元化的融资渠道和信息流传匹配，进一步促进了企业增加创新投入。

表7　数字金融发展对“专精特新”企业创新投入的影响：企业类型异质性检验

Panel A	M（1）	M（2）	M（3）	M（4）
	RD1	RD2	RD1	RD2
L.DIF	4.39986 （1.50）	4.53620 （0.79）	4.15160 （7.61）	6.46191*** （4.43）
产权属性	国有企业		非国有企业	
控制变量	YES	YES	YES	YES
时间、行业固定效应	YSS	YSS	YSS	YSS
N	108	108	694	692
adj.R^2	0.6182	0.7030	0.4393	0.4540

续 表

Panel B	M（1）	M（2）	M（3）	M（4）
	RD1	RD2	RD1	RD2
L.DIF	3.25676*** （4.25）	5.49368** （2.30）	3.15721*** （5.23）	3.25077** （2.36）
科技属性	高技术企业		非高技术企业	
控制变量	YES	YES	YES	YES
时间、行业固定效应	YSS	YSS	YSS	YSS
N	394	394	518	516
adj.R^2	0.3767	0.3824	0.3510	0.3210

五、机制路径的识别检验

前述研究表明，数字金融发展水平越高，“专精特新”企业的创新投入就越多。从数字金融的不同维度来看，数字金融的覆盖广度和服务深度都有助于促进“专精特新”企业增加创新投入，但扩大覆盖广度是促进“专精特新”企业创新投入的重点路径。前文为我们深刻理解数字金融的效应差异提供了丰富的实证数据支撑。但前文仅针对“数字金融—企业创新投入”关系进行了整体性刻画，其中的机制黑箱尚未打开。因此，有必要对数字金融影响“专精特新”企业创新投入的具体机制路径进行进一步研究。对此，本文选取了“融资约束与财务费用”和“杠杆与风险稳定”两类渠道进行验证。为了刻画数字金融影响“专精特新”企业创新投入的具体机制路径，本文构建了中介效应模型（方程 2-4）开展研究。

$$RD_{i,t}=a+a_1DIF_{i,t-1}+\sum\varphi CV+\sum Year+\sum Ind+\varepsilon \quad (2)$$

$$Mediator_{i,t}=\beta+\beta 1DIF_{i,t-1}+\sum\varphi CV+\sum Year+\sum Ind+\gamma \quad (3)$$

$$RD_{i,t}=a'+a'_1Mediator_{i,t}+a'_2DIF_{i,t-1}+\sum\varphi CV+\sum Year+\sum Ind+\delta \quad (4)$$

本文选取了 2 组中介变量，第一组是“融资约束与财务费用”，用融资约束（KZ-Index）、和财务费用率（Financial-rate）来衡量，第二组是“杠杆与风险稳定”，用企业杠杆（Lev）、和财务风险（Z-Score）来衡量。选择这两类为中介变量的原因是：其一，数字金融的发展，一方面通过拓宽企业融资渠道缓解了企业的融资约束问题，另一方面通过更加精准的信息匹配降低了企业的融资费用，从而有助于促进企业进行技术创新活动；其二，数字金融带来的大数据分析能力，提高了对借贷资金的管理效率，进一步帮助企业降低了财务风险，同时，融资约束的改善和融资费用的降低，也在一定程度上可以帮助企业优化财务行为，从而降低财务风险，随着财务风险的降低，企业为了生存和发展势必会进一步增加创新投入。

表 8 数字金融发展影响“专精特新”企业创新投入的机制识别：融资约束与财务费用

Panel A	M（1）	M（2）	M（3）	M（4）	M（5）
	RD1	KZ-Index	RD1	RD2	RD2
L.DIF	3.47596*** （6.77）	−0.38055* （−1.91）	3.54090*** （6.67）	4.88853*** （3.48）	5.02378*** （3.48）
KZ-Index			0.18759* （1.89）		0.34896 （0.99）
机制识别	机制无效			机制中断	
控制变量	YES	YES	YES	YES	YES
时间、行业固定效应	YES	YES	YES	YES	YES
N	802	784	784	800	782
adj.R^2	0.4148	0.6292	0.4198	0.4018	0.3935
Panel B	M（1）	M（2）	M（3）	M（4）	M（5）
	RD1	Financial-rate	RD1	RD2	RD2
L.DIF	3.47596*** （6.77）	−0.000728 （−0.32）	3.47063*** （6.78）	4.88853*** （3.48）	4.89131*** （3.48）
Financial-rate			−7.31474 （−0.76）		3.87300 （0.14）
机制识别	机制中断			机制中断	
控制变量	YES	YES	YES	YES	YES
时间、行业固定效应	YES	YES	YES	YES	YES
N	802	802	802	800	800
adj.R^2	0.4148	0.3420	0.4147	0.4018	0.4010

表 9　数字金融发展影响“专精特新”企业创新投入的机制识别：杠杆与风险稳定

Panel A	M（1）	M（2）	M（3）	M（4）	M（5）
	RD1	Lev	RD1	RD2	RD2
L.DIF	3.47596*** （6.77）	−0.04291** （−2.35）	3.328628*** （6.60）	4.88853*** （3.48）	4.89764*** （3.50）
Lev			−3.43308*** （−3.10）		0.21305 （0.07）
机制识别	机制有效—正向传导			机制中断	
控制变量	YES	YES	YES	YES	YES
时间、行业固定效应	YES	YES	YES	YES	YES
N	802	802	802	800	800
adj.R^2	0.4148	0.4670	0.4212	0.4018	0.4010
Panel B	M（1）	M（2）	M（3）	M（4）	M（5）
	RD1	Z-Score	RD1	RD2	RD2
L.DIF	3.47596*** （6.77）	5.08971*** （4.20）	2.93889*** （5.69）	4.88853*** （3.48）	4.43371*** （3.09）
Z-Score			0.08756*** （5.72）		0.07307 （1.06）
机制识别	机制有效—正向传导			机制中断	
控制变量	YES	YES	YES	YES	YES
时间、行业固定效应	YES	YES	YES	YES	YES
N	802	789	789	800	787
adj.R^2	0.4148	0.3905	0.4408	0.4018	0.3938

数字金融发展的一个重要特征，就在于其能够有效增加资本供给，更加精准满足企业融资需求。机制检验的结果如表 8 所示，在表 8 的 Panel A 模型 M（2）中，数字金融变量（L.DIF ）对企业融资约束变量（KZ-Index）的回归系数显著为负且通过

了 10% 的统计显著性检验，这表明数字金融的发展为企业带来了更多的资本供给，更好地满足了企业的融资需求，缓解了企业的融资约束。进一步地，在 Panel A 模型 M（3）中，数字金融变量（L.DIF ）对企业创新资金投入变量（RD1）的回归系数显著为正且通过了 1% 的统计显著性检验，但企业融资约束变量（KZ-Index）对企业创新资金投入变量（RD1）的回归系数显著为正且通过了 10% 的统计显著性检验，这表明，企业融资约束并不是数字金融影响“专精特新”企业创新资金投入的有效正向传导渠道。在 Panel A 模型 M（5）中，数字金融变量（L.DIF ）对企业创新资金投入变量（RD1）的回归系数显著为正且通过了 1% 的统计显著性检验，企业融资约束变量（KZ-Index）对企业创新人员投入变量（RD2）的回归系数为正但没有通过显著性检验，这表明传导机制中断，企业融资约束也不是数字金融影响“专精特新”企业创新资金投入的传导渠道。表 8 的 Panel B 对财务费用是否是数字金融和“专精特新”企业创新投入的传导机制进行了显著性检验，由模型 M（2）可以看出，数字金融变量（L.DIF）对企业财务费用变量（Financial-rate）的回归系数为负但没有通过显著性检验，这表明数字金融的发展并没有降低“专精特新”企业的财务费用，且在模型（3）和模型（5）中，企业财务费用变量（Financial-rate）对“专精特新”企业创新资金和人员投入的回归系数均不显著，这意味着财务费用也不是数字金融影响“专精特新”企业创新资金投入的传导渠道。表 8 的实证结果表明，数字金融发展有效缓解了“专精特新”企业融资难问题，但数字金融并不能通过缓解企业融资约束与降低财务费用来促进企业增加创新投入。

在表 9 中，本文转向了“杠杆与风险稳定”的机制识别检验。回归结果表明，数字金融发展在很大程度上对“专精特新”企业发挥了“去杠杆”的作用（L.DIF 在模型 M（2）中的回归系数为负且通过了 5% 的统计显著性检验）。由此可见，数字金融发展扩宽了“专精特新”企业的融资渠道，加速了资金流转速度，使得企业降低了预防性融资需求从而降低了杠杆。在 Panel A 模型 M（3）中，数字金融变量（L.DIF）对企业创新资金投入变量（RD1）的回归系数显著为正且通过了 1% 的统计显著性检验，且企业杠杆变量（Lev）对企业创新资金投入变量（RD1）的回归系数显著为负且通过了 1% 的统计显著性检验，这表明，数字金融发展对“专精特新”企业具有明显的“去杠杆”的效果，而这种“去杠杆”的效果促进了企业增加创新资金投入。在 Panel A 模型 M（5）中，数字金融变量（L.DIF）对企业创新资金投入变量（RD1）的回归系数显著为正且通过了 1% 的统计显著性检验，而企业杠杆变量（Lev）对企业创新资金投入变量（RD2）的回归系数并未通过显著性检验，这表明，数字金融不能通过“去杠杆”促进“专精特新”企业增加创新人员投入。表 9 的 Panel B 对财务风险是否是数字金融和“专精特新”企业创新投入的传导机制进行了显著性检验，回归结果表明，数字金融发展对“专精特新”企业财务风险稳定（Z- Score）具有明显的助益（L.DIF 在模型 M（2）中的回归系数为正且通过了 1% 的统计显著性检验）。同时,在 Panel B 模型 M（3）中，数字金融变量（L.DIF）对企业创新资金投入变量（RD1）的回归系数显著为正且通过了 1% 的统计显著性检验，且企业财务风险变量（Z-Score）对企业创新资金投入变量（RD1）的回归系数显著为正且通过了 1% 的统计显著性检验，表明数字金融发展促进了“专精特新”企业财务风险的稳定，而企业财务风险稳定又为企业增加创新资金投入提供了重要保障。在 Panel B 模型 M（5）中，数字金融变量（L.DIF）对企业创新资金投入变量（RD1）的回归系数显著为正且通过了 1% 的统计显著性检验，而企业财务风险变量（Z-Score）对企业创新资金投入变量（RD2）的回归系数显著为正但并未通过显著性检验，这表明，数字金融不能通过稳定财务风险促进“专精特新”企业增加创新人员投入。

综合上述讨论，数字金融发展能改善“专精特新”企业融资约束、达到去杠杆的效果以及降低财务风险，但是缓解企业的融资约束并不能促进企业增加创新投入，而数字金融带来的“去杠杆”效应和财务风险稳定则会促使企业增加创新投入。由此可见，对于“专精特新”企业而言,“数字金融→（缓解）融资约束与（降低）财务费用→（增加）企业创新投入”的传导路径并不成立，而“数字金融→（去）杠杆与（保障）风险稳定→（增加）企业创新投入”的传导路径是有效的。

六、研究结论与政策启示

以数字技术为代表的新兴科学技术与金融相融合，催生出了数字金融这种新的金融业态，给企业的创新发展带来了新的机遇，特别是对以创新为灵魂、需要大量创新投入的“专精特新”企业而言影响尤为深远。本文就数字金融驱动“专精特新”企业创新投入问题展开研究,利用 2016—2021 年沪深两市 A 股上市“专精特新”企业数据，实证检验数字金融对企业创新投入的影响和作用机制问题，主要结论如下：

第一，数字金融发展对“专精特新”企业创新投入具有显著的促进作用，并且这种作用具有“结构性”特征，扩大数字金融覆盖广度对“专精特新”企业创新投入的在较长的时间序列里增益更为明显。第二，相比于国有企业，数字金融发展对非国有企业的创新投入促进作用更为显著，这很好地校正了传统金融中存在的“属性错配”问题，能够更具靶向性地支持企业进行技术创新活动。第三，数字金融发展能够有效缓解“专精特新”企业融资约束问题，并带动企业去杠杆和提升财务稳定性，财务杠杆水平的降低和财务稳定性的增加有助于企业增加创新投入，赋能企业技术创新活动。

除了为数字金融与“专精特新”企业创新投入关系提供经验证据，本文的研究结论还具有以下政策启示：首先，继续扩大对数字金融发展的支持力度。一方面，顺应数字化快速发展的趋势，大力发展大数据、人工智能等数字核心技术，为数字金融的不断升级迭代提供更为完善的技术基础。另一方面，对金融科技企业给予足够的支持政策，鼓励构建多元化金融服务业态，持续扩大数字金融的业务覆盖范围，推动更多企业特别是“专精特新”企业以更为便捷的方式、更为合理的价格获取金融服务，更好发挥数字金融赋能企业创新活动、引领释放经济增长新动能的作用。其次，引导传统金融机构积极融入数字金融发展浪潮。深化金融供给侧结构性改革，推动完善数字金融体系建设，支持传统金融机构加快数字化转型，将数字技术贯穿事前、事中、事后金融服务全流程，持续创新金融产品和服务，通过服务效率与精准度的提升，助力“专精特新”企业获得数量更多、成本更低的资金。最后，鼓励企业开展数字化转型。在扶持和发展“专精特新”企业的过程中，在政策导向上应注重推动企业进行数字化转型，增强数据源头供给，促进数字技术与企业生产经营深度融合，以便更好地利用数字金融手段来防范化解财务风险，提升企业的资源利用效率，从而赋能企业的创新活动。

参考文献

[1] Romer P. Endogenous Technological Change[J]. Journal of Political Economy, 1990,98:S71-S102.

[2] 赵晓鸽，钟世虎，郭晓欣. 数字普惠金融发展、金融错配缓解与企业创新［J］. 科研管理，2021，42（04）：158-169.

[3] 唐松，伍旭川，祝佳. 数字金融与企业技术创新——结构特征、机制识别与金融监管下的效应差异［J］. 管理世界，2020，36（05）：52-66.

[4] 毛其淋，许家云. 政府补贴对企业新产品创新的影响——基于补贴强度“适度区间”的视角［J］. 中国工业经济，2015（06）：94-107.

[5] 杨国超，刘静，廉鹏，等. 减税激励、研发操纵与研发绩效［J］. 经济研究，2017，52（08）：110-124.

[6] 黎文靖，郑曼妮. 实质性创新还是策略性创新？——宏观产业政策对微观企业创新的影响［J］. 经济研究，2016，51（04）：60-73.

[7] Berger A N,Udell G F. Collateral,Loan Quality,and Bank Risk［J］. Journal of Monetary Economics,1990,25(1):21-42.

[8] 王玉泽，罗能生，刘文彬. 什么样的杠杆率有利于企业创新［J］. 中国工业经济，2019，03：138-155.

[9] 郭峰，孔涛，王靖一. 互联网金融空间集聚效应分析——来自互联网金融发展指数的证据［J］. 国际金融研究，2017（08）：75-85.

[10] 侯层，李北伟. 金融科技是否提高了全要素生产率——来自北京大学数字普惠金融指

数的经验证据［J］. 财经科学，2020（12）：1-12.
[11] 谢绚丽，沈艳，张皓星，等. 数字金融能促进创业吗？——来自中国的证据［J］. 经济学（季刊），2018，17（04）：1557-1580.
[12] 张勋，万广华，张佳佳，等. 数字经济、普惠金融与包容性增长［J］. 经济研究，2019，54（8）：71-86.
[13] 万佳彧，周勤，肖义. 数字金融、融资约束与企业创新［J］. 经济评论，2020（01）：71-83.
[14] 王瑶，曾德明，李健，等. 桥接科学家创始人与企业技术创新绩效——基于专精特新"小巨人"企业的分析［J］. 科学学研究，2022：1-17.
[15] Ettlie E J.R&D and Global Manufacturing Performance[J]. Management Science,1998,44:1-11.
[16] 杨建君，盛锁. 股权结构对企业技术创新投入影响的实证研究［J］. 科学学研究，2007（04）：787-792.
[17] 尹美群，盛磊，李文博. 高管激励、创新投入与公司绩效——基于内生性视角的分行业实证研究［J］. 南开管理评论，2018，21（01）：109-117.
[18] 朱琪，关希如. 高管团队薪酬激励影响创新投入的实证分析［J］. 科研管理，2019，40（08）：253-262.
[19] 郝盼盼，白茹. 民营企业家多元文化经历、企业家创新精神与企业创新投入［J］. 软科学，2022，36（12）：81-88.
[20] 高勇强，聂雨朦，何晓斌. 企业家出身背景与创新投入的关系研究［J］. 科研管理，2023，44（03）：158-166.
[21] 陈泽艺，李常青，李宇坤. 对外担保与企业创新投入［J］. 金融研究，2022（04）：133-150.
[22] 李常青，李宇坤，李茂良. 控股股东股权质押与企业创新投入［J］. 金融研究，2018（07）：143-157.
[23] 李宇坤，任海云，祝丹枫. 数字金融、股权质押与企业创新投入［J］. 科研管理，2021，42（08）：102-110.
[24] 熊凯军. 研发补贴、非研发补贴如何影响企业创新投入［J］. 科学学研究，2023，41（01）：181-192.
[25] 储德银，杨姗，宋根苗. 财政补贴、税收优惠与战略性新兴产业创新投入［J］. 财贸研究，2016，27（05）：83-89.
[26] 邵悦心，陈守明，王健. "营改增"政策对企业创新投入的影响研究——基于倾向得分匹配的双重差分方法［J］. 科研管理，2019，40（06）：77-85.
[27] 刘婧，罗福凯，王京. 环境不确定性与企业创新投入——政府补助与产融结合的调节

作用［J］. 经济管理，2019，41（08）：21−39.

[28] 严若森，华小丽. 环境不确定性、连锁董事网络位置与企业创新投入［J］. 管理学报，2017，14（03）：373−381.

[29] 周洲，张艺骞，冉戎. 消费者权益保护与企业创新投入［J］. 科研管理，2023，44（01）：66−78.

[30] 贾俊生，伦晓波，林树. 金融发展、微观企业创新产出与经济增长——基于上市公司专利视角的实证分析［J］. 金融研究，2017（01）：99−113.

[31] 黄益平，黄卓. 中国的数字金融发展：现在与未来［J］. 经济学（季刊），2018，17（04）：1489−1502.

[32] 陈斌开，林毅夫. 金融抑制、产业结构与收入分配［J］. 世界经济，2012，35（01）：3−23.

[33] 黄浩. 数字金融生态系统的形成与挑战——来自中国的经验［J］. 经济学家，2018（04）：80−85.

[34] M D,S M,B W G.Capital Markets Union and the Fintech Opportunity[J]. Journal of Financial Regulation，2018，04:157−165.

[35] 唐松，赖晓冰，黄锐. 金融科技创新如何影响全要素生产率：促进还是抑制？——理论分析框架与区域实践［J］. 中国软科学，2019（07）：134−144.

[36] Norden L,Buston C S,Wagner W.Financial Innovation and Bank Behavior:Evidence from Credit Markets[J]. Journal of Economic Dynamics and Control,2014,43：130−145.

[37] 李春涛，闫续文，宋敏，等. 金融科技与企业创新——新三板上市公司的证据［J］. 中国工业经济，2020（01）：81−98.

[38] 朱沆，Kushins Eric，周影辉. 社会情感财富抑制了中国家族企业的创新投入吗？［J］. 管理世界，2016（03）：99−114.

[39] 郭峰，王靖一，王芳，等. 测度中国数字普惠金融发展：指数编制与空间特征［J］. 经济学（季刊），2020，19（04）：1401−1418.

[40] 金祥义，张文菲. 数字金融发展促进了中国企业出口吗？——理论机制和中国证据［J］. 南开经济研究，2022（04）：81−99.

[41] 田鸽，张勋. 数字经济、非农就业与社会分工［J］. 管理世界，2022，38（05）：72−84.

数字经济对绍兴纺织产业升级影响的实证分析

绍兴职业技术学院　王瑞荣

以 2005—2019 年绍兴地级市数据为研究对象，实证考察了数字经济对纺织产业升级的影响。结果发现，从行业整体上看，数字经济对纺织产业升级具有显著正向促进作用；从细分行业看，数字经济对化学纤维制造业和纺织业正向促进作用显著优于服装业、皮革和制鞋业。此外，经济发展水平对纺织产业升级具有显著正向促进作用，人力资本和政策环境则呈现负向抑制作用，而外商直接投资对纺织产业升级的影响整体上不显著。最后基于研究结论，提出了相应的政策建议。

纺织产业一直是绍兴传统支柱产业，其在繁荣市场、扩大就业、技术创新、品牌创建等诸领域做出了卓越贡献，是绍兴经济高质量发展的重中之重。2019 年绍兴规上工业企业中，纺织行业产值约达到了 3746.91 亿元，占比 53.3%，同比增长 5.9%；纺织行业利润总额 99.71 亿元，同比增长 10.5%。2020 年 7 月，绍兴现代纺织产业集群入选国家先进制造业集群，为绍兴纺织产业转型升级、高质量发展提供了新的发展契机。然而，在新冠肺炎疫情全球蔓延、中美贸易摩擦加剧、传统低成本要素优势逐步丧失等多重挤压下，绍兴纺织产业爆冷。据绍兴市统计信息网统计数据显示，2020 年，绍兴规模以上纺织行业增加值达到 450.09 亿元人民币，同比下降 0.3 个百分点，纺织品服装等劳动密集型产品出口同比下降 8.7 个百分点。与此同时，绍兴数字经济核心产业增加值达到 97.79 亿元人民币，同比增长 10.2 个百分点。由此可见，数字经济增长速度远远高于纺织行业增长速度。为了更好的应对环境困境，以数字经济赋能纺织行业全链条，加速纺织产业升级改造，实现高质量发展，已经成为学界、业界乃至政府决策关注的热点问题之一。

目前，数字经济赋能制造业升级已经成为国内学者关注的热点内容之一。如沈运红等 [1] 基于浙江省 2008—2017 年面板数据，探寻数字经济对传统制造业产业结构优化升级的具体影响，发现数字经济可以优化制造业产业结构。马中东等[2]利用中介效应模型实证分析了数字经济对制造业质量升级的影响效应。焦勇[3]认为数字经济为制造业转型提供了全新思路并赋能制造业转型。何文彬[4]基于全球价值链视角对数字化推动中国制造业价值链高端化的效应进行了实证分析。李晓钟等[5]认为通过推进数字化、智能化制造，加速纺织企业生产制造信息化建设进程，可以提升纺织产业的先进制造能力和节能减排能力。熊兴等[6]认为通过供应链的数字化改造，依托智能化、服务化转型，纺织服装业正在向产业链上游及高端环节升级发展。缪顾贤等[7]在对长三角地区纺织服装产业数字化建设现状分析的基础上，提出了纺织服装产业数字化提升路径。

综上所述，现有研究成果主要集中在数字经济驱动制造业转型升级方面，研究数字经济对纺织产业升级影响的成果相对较少，基于地级市研究数字经济对纺织产业升级影响的成果更是不多。因此，本文将立足绍兴纺织产业，探究数字经济对纺织产业升级的影响，据此提出促进绍兴纺织产业升级的应对策略。

一、绍兴纺织产业与数字经济发展现状

（一）绍兴纺织产业发展的现状分析

改革开放四十多年来，绍兴已经形成了涵盖上游（PTA、聚酯、纺丝、纺纱等）、中游（织造、染整）、下游（服装服饰、家纺和产业用纺织品，以及轻纺城市场和纺织机械、染料助剂、物流配送、服务金融、创意设计等生产性服务业）较为完整的产业链。拥有化纤布生产与销售基地(以柯桥区和越城区为主)、领带生产基地(以嵊州为主)、袜子生产基地（以诸暨为主）和纺织品集散中心（绍兴轻纺城）[8]。据绍兴统计局统计数据显示，2019 年，绍兴拥有大小纺织企业及家庭工业单位近 7 万家，占绍兴全部工业企业单位数半数以上。其中，规上纺织企业 2091 家，其主营业务收入达到 1930.58 亿元、利税总额 169.25 亿元。印染行业发展迅猛，2019 年，绍兴仅规上纺织企业年产染料 56.91 万吨，占全国产量的 72.04%；规上纺织企业年产印染布 203.99 亿米，占全国产量的 37.94%。近年来，绍兴市政府一直致力于纺织产业“高新化、智能化、绿色化”的升级改造，提升纺织产业数字化水平，随着升级改造的持续推进，将进一步助力纺织产业升级。

（二）绍兴数字经济发展的现状分析

近年来，绍兴网民规模和互联网普及率逐年上升，互联网用户数由 2005 年的 74.66 万户增长到 2019 年的 765.91 万户，其年均增长率比 GDP 年均增长率高出 7.78 个百分点；互联网普及率由 2005 年的 7.17%，增长到 2019 年的 42.91%，年均增长率为 13.63%；移动电话交换机容量由 2005 年的 295.1 万门，增长到 2019 年的 1636 万门，

年均增长率为 13.01%。通信设备、计算机及其他电子设备制造业作为数字经济核心产业之一，其工业总产值由 2005 年的 24.66 亿元人民币，增加到 2019 年的 114.68 亿元人民币，年均增长率为 11.60%；主营业务收入由 2005 年的 24.07 亿元人民币，增加到 2019 年的 111.57 亿元人民币，年均增长率为 11.58%，均高于同期 GDP 年均增长率 1 ～ 2 个百分点。

二、研究设计

（一）变量选择

1. 被解释变量

对于纺织产业升级的刻画，学界尚未形成普遍共识，通过梳理文献发现主要有 Kaplinsky 产品升级指数 [9]、全要素生产率 [10]、劳动生产率 [11] 等指标衡量。由于利税总额可以较好的反应纺织产业盈利效果及数字化转型潜力，因此选取绍兴规上纺织企业利税总额表征纺织产业升级水平。此外，为了检验估算结果的稳定性，选择绍兴规上纺织企业主营业务收入、工业增加值和本年度应交增值税作为稳定性检验的替代变量。

2. 核心解释变量

基于数据的可获得性，借鉴李晓钟等 [12]、丛屹等 [13] 的评价方法，采用数字基础设施、数字业务规模、数字产业发展三个维度衡量绍兴数字经济发展水平。其中，数字基础设施选取互联网普及率、固定电话交换机容量和移动电话交换机容量衡量；数字业务规模选取电信业务收入、函件总数、包件衡量；数字产业发展选取数字经济核心产业：选取国有及规模以上非国有工业企业中通信设备、计算机及其他电子设备制造业（以下简称通信设备制造业）的主营业务收入和工业总产值衡量。具体见表 1。

表 1 数字经济发展评价指标体系

主指标	二级指标	权重	三级指标	权重	指标单位	指标属性
数字经济综合指数	数字基础设施指数	0.1937	互联网普及率	0.0623	%	正向
			固定电话交换机容量	0.0819	万户	正向
			移动电话交换机容量	0.0495	万户	正向
	数字业务规模指数	0.7422	电信业务收入	0.0074	万元	正向
			函件总数	0.0779	万件	正向
			包件	0.6569	万件	正向
	数字产业发展指数	0.0641	通信设备制造业主营业务收入	0.0322	万元	正向
			通信设备制造业工业总产值	0.0319	万元	正向

由于表 1 中各个指标量纲不同，借鉴张雪玲等 [14-15] 的评价方法测算绍兴数字经济发展水平。具体评价过程如下所示：

第一步，对原始数据进行初值化转换，具体转换方法如下所示：

$$X_{ij}^{'} = \frac{x_{ij,}}{x_{i1}}, i = 1,2,\cdots 8;\ j = 1,2\cdots 15 \tag{1}$$

式（1）中：$X_{ij}^{'}$表示第 i 项指标第 j 年初值化后的数据，X_{ij}表示原始数据，X_{i1}表示第 i 个指标第 1 年（即 2005 年为基年）的数值。

利用式（1）计算可以得到各指标的初值化变化矩阵 A。

$$A = \begin{pmatrix} X_{1,1}^{'} & X_{1,2}^{'}\cdots & X_{1,15}^{'} \\ \vdots & & \vdots \\ X_{8,1}^{'} & X_{8,2}^{'}\cdots & X_{8,15}^{'} \end{pmatrix}，其中，i = 1,2,\ldots,8; j = 1,2,\ldots,15 \tag{2}$$

第二步，利用熵值法测算各个指标权重，具体测算过程如下所示：

首先，依据式（3）与式（4）测算各个指标的$x_{ij}^{'}$的信息熵。

$$P_{ij} = \frac{x_{ij}^{'}}{\sum_{j=1}^{n} x_{ij}^{'}} \tag{3}$$

$$H_i = -k \times \sum_{j=1}^{n} P_{ij} \times \ln P_{ij} \tag{4}$$

式（3）-（4）中：n=1,2⋯,15，表示年份数；i=1,2,⋯,8，i 表示指标数；P_{ij} 表示第 i 项指标第 j 年数值在该指标总值中所占比重；H_i 表示第 i 个指标的信息熵；$k = \frac{1}{\ln(n)} = \frac{1}{\ln 15} \approx 0.3693$。

其次，依据式（5）测算各个指标的权重。

$$W_i = \frac{g_i}{\sum_{i=1}^{m} g_i} \tag{5}$$

式（5）中，i=1,2，⋯,8；m=8 表示指标的数量；W_i 表示第 i 个指标的熵权；g_i 表示第 i 个指标的差异系数，g_i=1-H_i。绍兴 2005—2019 年数字经济发展水平测算结果见表 2。

表 2　绍兴 2005—2019 年数字经济发展水平估算结果

年份	数字经济发展综合指数	数字基础设施指数	数字业务规模指数	数字产业发展指数
2005	1.0000	1.0000	1.0000	1.0000
2006	1.1513	1.1316	1.0159	1.1614
2007	1.6825	1.3331	1.0062	1.8375
2008	1.9723	1.4639	0.8231	2.1831

续 表

年份	数字经济发展综合指数	数字基础设施指数	数字业务规模指数	数字产业发展指数
2009	2.6857	1.6866	0.7634	3.1277
2010	2.8926	2.1081	0.8082	3.3432
2011	3.0270	2.3670	0.8756	3.4583
2012	3.4636	2.5288	0.8845	3.9372
2013	3.6971	2.6950	0.9463	4.3059
2014	3.2465	2.8057	0.7972	3.6301
2015	3.8345	2.8835	4.9215	4.4139
2016	4.0160	2.9657	21.2830	4.7391
2017	3.0205	3.1277	58.7154	3.3151
2018	3.6587	3.4643	93.1896	4.1965
2019	4.3136	3.4498	207.6901	5.0397

由表 2 可知，从整体来看，绍兴数字经济从 2005 年 1.000 增长到 2019 年的 4.3136，呈波浪式上升趋势。就分项指标来看，数字基础设施和数字产业发展呈现稳步上升趋势，而数字业务规模在 2005—2014 年间，呈缓慢下降趋势，而 2015 年出现拐点，呈快速上升趋势，到 2019 年达到 207.6901。究其原因可能是由于绍兴市电信业务收入、函件总数和包件三个指标近几年增速迅猛，显著提升了数字业务规模。

3. 控制变量

选取经济发展水平（EDL）、人力资本水平（HCL）、外商直接投资（FDI）、政策环境（PE）4 个指标作为控制变量。其中经济发展水平选取绍兴人均 GDP 表征；人力资本水平选取绍兴市普通高等学校在校生人数和中职在校生人数之和与绍兴人口总数比值表征；外商直接投资选取绍兴外国和港澳台地区直接投资实际使用外资金额占 GDP 的比重表证；政策环境选取绍兴一般公共预算支出占 GDP 的比重表征。

（二）模型构建

构建的计量分析模型如式（6）所示：

$$TIU_{it} = C + \alpha_t DED + \beta_t Control_t + \mu_{it} \tag{6}$$

式（6）中：TIU 表示纺织产业升级指标；i 为纺织产业整体及其细分行业。根据 GB/T 4754—2017《中国 2017 年国民经济行业分类标准》，借鉴贺志鹏等 [16]、赵君丽等 [10] 方法，将纺织产业细分行业分为纺织业；纺织服装、服饰业（简称服装业）；皮革、毛皮、羽毛及其制品和制鞋业（简称皮革和制鞋业）；化学纤维制造业四个细分行业，即 i=1，2，3，4，5；t 表示年份（t=2005，2006，…，2019）；C 表示常数项；DED 表示数字经济指标；Control 表示一系列控制变量（经济发展水平、人力资本水平、外商直接投资和政策环境）；α 和 β 分别表示数字经济和一系列控制变量的待估参数；μ 表示随机扰动项。

（三）数据来源与描述性统计

样本区间选择 2005—2019 年，由于在考察期内纺织产业细分行业分类有些许不同，将 2005—2011 年的“纺织服装、鞋、帽制造业”与“皮革、毛皮、羽毛（绒）及其制品业”分别和 2012—2019 年的“纺织服装、服饰业”与“皮革、毛皮、羽毛及其制品和制鞋业”相对应。鉴于数据的可获得性，纺织产业升级水平使用规上纺织企业来表征，相关原始数据均来自历年《绍兴统计年鉴》《浙江统计年鉴》、中国区域数据库、中国城市数据库和浙江县市统计数据库。同时，为了消除物价变动影响，以 2004 年为基期，利税总额、主营业务收入、工业总产值、本年应交增值税使用工业生产者出厂价格指数进行平减；人均生产总值、电信业务收入使用居民消费价格指数进行平减；外商直接投资依据中国人民银行历年人民币对美元汇率（当年中间汇价）折算后使用固定资产投资价格指数进行平减；生产总值选取绍兴地区生产总值指数进行平减；一般公共预算支出采用商品零售价格指数进行平减。此外，对利税总额、经济发展水平取对数。各变量的描述性统计结果如表 3 所示。

表 3　各变量的描述性统计结果

变量	均值	最大值	最小值	标准差	观测值
TIU	12.5393	14.9582	8.0538	1.9172	75
DED	2.9108	4.3136	1.0000	1.0017	75
EDL	1.9786	2.4482	1.2278	0.3983	75
HCL	0.0265	0.0300	0.0241	0.0019	75
FDI	0.0220	0.0505	0.0078	0.0131	75
PE	0.0752	0.1027	0.0547	0.0150	75

三、数字经济对绍兴纺织产业升级影响的实证分析

（一）单位根检验与协整检验

利用 Eviews10.0 计量分析软件中 LLC、IPS、ADF 和 PP　4 种检验方法对面板数据进行了单位根检验，具体检验结果见表 4。由表 4 可以发现，经过一阶差分转化后，

各变量均通过在 1% 或 5% 的置信水平检验，均为一阶差分平稳序列，符合协整模型检验要求，可以进行协整检验。

表 4　面板数据的单位根检验结果

变量	LLC	IPS	ADF	PP	结果
ΔTIU	−5.3339***	−3.7766***	31.3160***	31.2009***	平稳
ΔDED	−9.3762***	−4.5211***	38.0476***	54.0926***	平稳
ΔEDL	−4.0765***	−1.3977**	30.5610***	30.5610***	平稳
ΔHCL	−10.7625***	−7.6588***	60.2027***	74.1236***	平稳
ΔFDI	−5.8263***	−3.8185***	31.3388***	31.3216***	平稳
ΔPE	−8.8555***	−6.3460***	52.9109***	60.3764***	平稳

注：***、** 和 * 分别表示 1%、5% 和 10% 的显著性水平。

利用 Eviews10.0 计量分析软件中 Kao 检验方法、Pedroni 检验方法对面板数据进行了协整检验，具体检验结果见表 5。由表 5 可知，各变量间存在着长期的协整关系，即数字经济与纺织产业升级之间具有联动性，可以进行回归检验分析。

表 5　面板数据协整检验结果

检验方法	统计名	T 统计量	P 值
Kao 检验	ADF	−3.6552	0.0001
Pedroni 检验	Panel PP-Statistic	−2.7369	0.0031
	Panel ADF-Statistic	−1.9029	0.0089

（二）基准回归结果分析

使用 Eviews10.0 计量分析软件中的最小二乘法（OLS），采取逐一加入控制变量的方法对面板数据进行回归分析。面板数据经过 Hausman 检验，发现其适用于固定效应模型。因此，选用固定效应模型进行基准模型回归分析，具体检验结果如表 6 所示。由表 6 可知，数字经济发展水平对绍兴纺织产业升级具有显著正向影响。在没有加入控制变量前，数字经济发展水平每提升 1%，可以促进纺织产业升级 27.87%；随着控制变量的逐一加入，促进作用有所下降，但是也达到 20.95 个百分点。就控制变量而言，经济发展水平（EDL）可以显著促进纺织产业升级，而人力资本水平（HCL）在模型

（3）、模型（4）中呈现显著负向作用，而模型（5）中虽然是负值，但不显著，这说明人力资本发展对纺织产业升级具有反向作用，究其原因可能是因为绍兴大学生存量不高，且进入纺织产业就职的数量更是不多，纺织产业职工中大学生比例偏低所致；外商直接投资在模型 4 中为负值（-0.7873），而模型 5 中则为正值（10.8504），但均未通过显著性检验，究其原因可能是由于绍兴纺织产业利用外商直接投资水平较低，且多为低附加值的纺织产品；政策环境对纺织产业升级则呈现显著负向影响，即意味着一般公共预算支出的增加并不能促进纺织产业升级。

表 6　基准模型的估算结果

变量	模型（1）	模型（2）	模型（3）	模型（4）	模型（5）
DED	0.2787***	0.0611*	0.0041*	0.0129*	0.2095*
	(8.9543)	(1.5974)	(1.4143)	(1.1126)	(1.7462)
EDL		0.5759**	1.0227***	1.0184***	1.3993*
		(2.2394)	(3.5660)	(3.0904)	(4.3757)
HCL			−77.6420***	−75.8099***	−26.9477
			(−3.0824)	(−.27059)	(−0.9316)
FDI				−0.7873	10.8504
				(−0.9915)	(1.3632)
PE					−21.7267***
					(6.0859)
常数	11.7282	11.2221***	12.5762***	12.5890***	11.2701***
	(122.5076)	(45.8228)	(26.1540)	(21.2809)	(16.9381)
R^2	0.9623	0.9662	0.9687	0.9689	0.9742
F−statistic	352.5391	323.5079	296.1454	257.0336	272.1718
Prob(F−statistic)	0.0000	0.0000	0.0000	0.0000	0.0000
样本量	75	75	75	75	75

注：***、** 和 * 分别表示 1%、5% 和 10% 的显著性水平，括号内为 t 值。表 7—表 9 相同。

（三）内生性检验结果分析

数字经济与纺织产业升级可能存在内生性问题进而造成估算结果的偏差，采用工具变量法（即被解释变量滞后一期），使用 2SLS（两阶段最小二乘法）进行面板数据的内生性检验。具体估算结果见表 7。由表 7 观察可知，其与基准模型回归结果基本一致，且内生性检验的估算结果依然稳健。

表 7　内生性检验的估算结果

变量	工具变量：被解释变量制造业高质量发展（TIU）滞后一期				
	模型（6）	模型（7）	模型（8）	模型（9）	模型（10）
DED	0.2740***	0.0527*	0.0101*	0.0309*	0.1956**
	(7.4412)	(1.5036)	(1.1017)	(1.2680)	(1.6207)
EDL		0.5967**	1.16233***	1.1191***	1.5104***
			(3.8062)	(3.2221)	(4.6547)
HCL			−.91.7623***	−88.4244***	−37.6630
			(−3.2805)	(−0.3371)	(−1.2444)
FDI				−.2.7512	9.3854
				(−0.3371)	(1.1544)
PE					−22.2083***
					(−6.6498)
常数	11.7380***	11.1998***	12.6823***	12.7999	11.4240***
	(100.4648)	(42.7758)	(25.4450)	(20.4802)	(16.5478)
R^2	0.9650	0.9690	0.9719	0.9720	0.9777
F−statistic	352.4252	328.4785	305.8719	264.6433	292.3349
Prob(F−statistic)	0.0000	0.0000	0.0000	0.0000	0.0000
样本量	70	70	70	70	70

（四）稳定性检验结果分析

为了进一步检验基本模型回归结果的稳健性，使用主营业务收入（取对数）、工业增加值（取对数）和本年度应交增值税（取对数）替代利税总额进行稳定性检验，具体见表 8。其中模型（11）、模型（13）、模型（15）为单独列入核心解释变量（数字经济综合指数 DED）的估算结果；模型（12）、模型（14）、模型（16）为加入全部变量后的估算结果。由表 8 可知，估算结果仍然稳健、可靠。

表 8　稳定性检验的估算结果

变量	模型（11）	模型（12）	模型（13）	模型（14）	模型（15）	模型（16）
DED	01943***	0.2281**	0.2334***	0.1400*	0.2274***	0.1917*
	(6.5161)	(2.1191)	(9.2387)	(1.4890)	(7.4592)	(1.5936)
EDL		1.0727***		1.07831***		1.3841***
		(3.7388)		(4.3018)		(4.3168)
HCL		−35.1129***		−10.4132*		−9.5044
		(−1.3531)		(−1.4593)		(−0.3277)
FDI		6.4118		5.2193		13.3679
		(0.8979)		(0.8366)		(0.6752)
PE		−23.6377***		−17.4923***		−23.0438***
		(−4.3293)		(−3.6669)		(−3.7767)
常数	14.7124***	15.0588***	10.7492***	10.3641***	14.1764***	13.2322***
	(160.4038)	(25.2267)	(138.2956)	(19.8720)	(151.1749)	(19.8356)
R^2	0.9778	0.9859	0.9704	0.9794	0.9670	0.9764
F-statistic	608.3559	505.2354	452.5150	343.1974	404.8504	298.3692
Prob(F-statistic)	0.0000	0.0000	0.0000	0.0000	0.0000	0.0000
样本量	75	75	75	75	75	75

（五）行业异质性检验结果分析

前文是从整体上分析了数字经济对绍兴纺织产业升级的影响，未区分不同细分行业。下文将从行业异质性角度，分析数字经济对纺织产业内部不同细分行业升级的影响效应。限于篇幅，表 9 仅报告了加入全部变量的回归结果。由表 9 可知，数字经济对纺织产业细分行业升级具有显著正向影响，但其对化学纤维制造业（34.56%）和纺织业（25.48%）的正向促进作用显著大于服装业（3.89%）与皮革和制鞋业（5.37%）。就控制变量而言，经济发展水平对纺织产业细分行业升级均具有显著正向影响，人力资本发展则呈现负向作用，外商直接投资对服装业与皮革和制鞋业呈现显著正向促进作用，而对化学纤维制造业和纺织业虽然呈现正向作用，但不显著，而政策环境对四个细分行业均呈现显著负向作用。

表 9 行业异质性检验的估算结果

变量	模型（17）	模型（18）	模型（19）	模型（20）
DED	0.2548***	0.0389*	0.0537*	0.3456***
	(3.3661)	(1.3131)	(1.3208)	(3.9794)
EDL	0.9672***	1.8513***	3.3568***	1.8708***
	(4.7934)	(5.5776)	(7.5216)	(8.0808)
HCL	−30.7901*	−6.1617	111.6093***	−78.3782***
	(−1.6870)	(−0.2052)	(2.7649)	(−3.7430)
FDI	4.2725	21.3383**	61.9320***	7.0232
	(0.8507)	(2.5829)	(5.5755)	(1.2189)
PE	−21.4095***	−14.5563**	−56.0369***	−23.9342***
	(−5.5753)	(−2.3044)	(−6.5978)	(−5.4325)
常数	13.7871***	9.1810***	2.3326**	11.7345***
	(32.8394)	(13.2940)	(2.5120)	(24.3615)
R^2	0.8152	0.6793	0.5900	0.9351
F−statistic	31.8509	15.2978	10.3944	104.0723
Prob(F−statistic)	0.0000	0.0000	0.0000	0.0000
样本量	75	75	75	75

四、研究结论与政策建议

（一）研究结论

首先分析了绍兴纺织产业和数字经济的发展现状，然后基于 2005—2019 年面板数据，实证考察了数字经济对绍兴纺织产业升级的影响。通过实证分析得出以下结论：一是数字经济发展可以显著促进绍兴市纺织产业升级。数字经济凭借其强大的后发优势（尤其是数据优势）快速嵌入纺织产业链，通过智能化改造、数字化生产、平台化交易驱动纺织产业升级；二是就行业异质性而言，数字经济发展对绍兴市纺织业，服装业，皮革和制鞋业，化学纤维制造业的产业升级均呈现正向促进作用，但其对化学纤维制造业与纺织业的正向促进作用显著优于服装业与皮革和制鞋业；三是就控制变量而言，经济发展水平对绍兴纺织产业升级具有显著正向作用，人力资本发展和政策环境则呈现负向作用，而外商直接投资对纺织产业升级的影响整体上不显著。

（二）政策建议

一是加速推进以5G、工业互联、数据中心为代表的新型数字基础设施建设进程，借助大数据技术，搭建纺织全产业链信息服务平台，联通纺织上中下游之间的数据孤岛，激活数据价值，实现纺织产业信息资源的互联互通互享互融，加快推进数字经济嵌入绍兴纺织产业链的深度和广度，助推绍兴纺织产业升级。二是针对不同细分行业特征和数字经济嵌入程度不同，持续优化数字经济发展的营商环境，依托绍兴现代纺织产业集群磁场效应，进一步优化产业布局，分行业分重点推进数字化改造，如重点推进数字化研发、柔性化生产、“线上＋线上”一体化销售、智能化供应、数字化服务，实现数字经济与纺织产业全方位融合。三是要加快出台优化数字化人才引进、留住政策，尤其是吸引其进入纺织产业；加强与浙江理工大学、东华大学等高校、科研院所的合作力度，每年定期开展纺织“企业家（领军人才）＋高层次经营管理（高技能人才）”数字化技术及应用培训活动，并给予企业培训补贴，为绍兴纺织产业数字化改造升级提供智力支撑。同时，要持续优化纺织产业投资环境，借助云平台创新招商方式、拓宽利用外资形式，进一步扩大引资规模，引导外资投向纺织产业“机器换人”智能化改造、数字化融合、绿色化改造相关领域，实现利用外资稳中提质。此外，要根据国内外经济环境的变化，增强纺织企业在数字化改造、研发创新、金融扶持、平台支撑、自主品牌建设提速等方面给予全方位的扶持力度，加大一般财政支出对纺织产业数字化改造的投入力度，开通“绿色通道”、简化办事程序，提高工作效率，促进纺织产业升级。

参考文献

[1] 沈运红，黄桁．数字经济水平对制造业产业结构优化升级的影响研究——基于浙江省2008—2017年面板数据［J］．科技管理研究，2020(3)：147-154.

[2] 马中东，宁朝山．数字经济、要素配置与制造业质量升级［J］．经济体制改革，2020(3)：24-30.

[3] 焦勇．数字经济赋能制造业转型：从价值重塑到价值创造［J］．经济学家，2020(6)87-94.

[4] 何文彬．数字化推动中国制造业价值链高端化效应解析——基于全球价值链视角［J］．华东经济管理，2020(12)29-38.

[5] 李晓钟，黄蓉．工业4．0背景下我国纺织产业竞争力提升研究——基于纺织产业与电子信息产业融合视角［J］．中国软科学，2018(2)：21-31.

[6] 熊兴，王婧倩，陈文晖．新形势下我国纺织服装产业转型升级研究［J］．理论探索，

2020(6)：97−101.
[7] 缪顾贤，徐和平，冯定忠. 数字经济驱动下长三角纺织服装产业数字化提升路径研究［J］. 染整技术，2020，42(3)：18−23.
[8] 胡红钱,高奇峰,杨路华. 绍兴纺织产业转型升级中智能装备的作用研究［J］. 针织工业，2016(1)：85−88.
[9] 李晓钟，胡珊. 中国纺织产业在全球价值链的地位及升级研究［J］. 国际经济合作，2018(3)：44−49.
[10] 赵君丽，王芳芳. 环境规制对中国纺织产业升级的影响研究［J］. 生态经济，2017(6)：78−84.
[11] 朱勤，于斌斌. 中国纺织工业的区域关联与空间溢出效应［J］. 纺织学报，2015，36(3)：161−168.
[12] 李晓钟，吴甲戌. 数字经济驱动产业结构转型升级的区域差异［J］. 国际经济合作，2020(4)：81−89.
[13] 丛屹，俞伯阳. 数字经济对中国劳动力资源配置效率的影响［J］. 财经理论与实践，2020(2)：108−114.
[14] 张雪玲，焦月霞. 中国数字经济发展指数及其应用初探［J］. 浙江社会科学，2017(04)：32−40，157.
[15] 张雪玲，吴恬恬. 中国省域数字经济发展空间分化格局研究［J］. 调研世界，2019(10)：34−40.
[16] 贺志鹏杨萍，伏广伟. 辽宁省近年纺织业发展情况分析［J］. 国际纺织导报，2019，47(7)：1−2，4−6.

数字经济、非农就业和城乡收入差距
——来自浙江省 55 个县级城市的经验证据

中共绍兴市上虞区委党校　王一云　魏　杰

数字经济正在成为中国经济高质量发展的重要引擎，而在数字经济发展的过程中深入研究数字经济对共同富裕的影响具有重要意义。本文采用 2014—2019 年浙江省 55 个县级城市相关数据，实证分析数字经济对城乡收入差距的影响以及非农就业对两者关系的调节作用。研究发现，数字经济显著扩大了城乡收入差距，这一结论在进行更换关键变量测量方式和“宽带中国”试点作为替代变量等稳健性检验后仍然成立。分城市规模看，在小城市中，数字经济对城乡收入差距的扩大作用更为显著。进一步研究发现，扩大非农就业比例可以显著缩小城乡收入差距，且非农就业对数字经济与城乡收入差距的关系存在负向调节作用。本文的研究不仅有助于厘清数字经济、非农就业和城乡收入差距的作用机理，也为数字经济时代如何缩小城乡收入差距、实现共同富裕提供了新的启示。

一、引言

随着以 5G 技术、云计算、大数据等为代表的新一代数字化技术的迅猛发展，数字经济正与经济社会各领域各层面进行深度融合，逐渐成为全球经济增长的新动能和引领经济社会发展的重要力量。近年来，我国数字经济快速发展，成为我国经济发展中最为活跃的领域 [1]。根据中国信通院（2022）数据显示，2012 年以来我国数字经济年均增速高达 15.9%，显著高于同期 GDP 平均增速。2021 年，我国数字经济规模达到 45.5 万亿元，同比名义增长 16.2%，占 GDP 比重达到 39.8%。国务院发布的《“十四五”数字经济发展规划》，从优化升级数字基础设施、充分发挥数据要素作用、大力推进产业数字化转型、加快推动数字产业化等方面部署了进一步推动数字经济发展的主要任务。党的二十大报告也明确提出，“加快发展数字经济，促进数字经济和实体经济深度融合”。在当今互联网革命浪潮中，数字经济的发展事关我国能否抓住新一轮技术革命与产业革命的决胜点[2]，发展数字经济也已经成为一项国家战略。

然而，数字经济在带来一系列新业态、新组织、新模式的同时也可能给传统经济和人们的生活带来全方位的冲击[3]。从经济学视角来看，冲击的影响可以归结为效率（或增长）和公平（或收入分配）两个方面[4]。不同于传统产业，数字经济可以依托先进的数字化技术以更少的成本更好地满足消费者多样化、个性化的需求[5]。由于数字经济特有的优势，使得大量消费者迅速由传统经济转向数字经济。一方面，传统经济由于效率不及数字经济，其产品竞争力急剧下降，面临被边缘化和被挤出市场的危机，引发传统产业萎缩、传统经济与数字经济就业者之间形成显著的收入差距等社会隐患[6]；另一方面，由于数字经济带来了如“机器换人”之类的要素重组模式，而要素资源重组本质上是收入分配的重组[2]，这也就意味着数字经济发展势必会带来收入分配的变化。那么，数字经济在拉动经济增长的同时，是否会通过效率变革、要素重组等导致城乡收入差距的扩大？

现有研究对数字经济和城乡收入差距的关系进行了探讨，但是得出的结论并不一致。概括而言存在三种观点，即正向扩大、负向缩小和非线性关系。持“正向扩大”的观点认为，由于数字经济时代农村居民收入增长速度远低于城市居民的收入增长，因此数字经济的发展会扩大城乡收入差距[7,8]。而持“负向缩小”的观点则认为，数字经济可以帮助农村居民获得更为广泛的就业机会[9]，增加农民收入，因而数字经济的发展会缩小城乡收入差距[10,11]。还有一种观点认为数字经济与城乡收入差距是一种非线性的关系[12-16]。

经验研究结果的不一致，可能源于研究样本、制度环境、指标选取等因素的差异。通过对现有研究的梳理发现，目前对于数字经济的刻画上，大多文献采用单一的互联网普及率或者普惠金融等指标，难以较为全面、综合性地分析数字经济对城乡收入差距的直接影响。其次，在数据的选取上，现有研究数字经济与城乡收入差距关系的文献大都利用省级、市级层面的数据进行分析，以县级城市层面数据为样本分析的实证研究较为少见。事实上，县级城市的数据才更加贴近城乡发展的实际。此外，现有研究在探讨数字经济与城乡收入差距的关系时忽略了就业结构的因素，数字经济发展势必会带来经济结构的转型，而就业结构转型是经济结构转型的重要体现和重要支撑[17]，就业结构的转型也会直接影响居民的收入。基于此，为使研究结果更具针对性和准确性，本文选取数字经济较为发达同时也是全国共同富裕建设示范区的浙江省的县级城市作为研究样本，并从互联网发展和数字金融发展两方面全面综合测度数字经济发展水平，在更加细致的空间尺度和更加全面的测量指标上对数字经济与城乡收入差距的关系进行研究，同时将非农就业纳入数字经济与城乡收入差距关系分析框架内，系统分析数字经济对城乡收入差距的影响以及非农就业对两者关系的调节作用。

具体来讲，本文结合数字经济特有的属性，构建数字经济、非农就业与城乡收入差距关系的理论分析框架，在此基础上，测度了 2014—2019 年浙江省 55 个县级城市的数字经济发展水平，并运用固定效应模型实证检验数字经济对城乡收入差距的影响及非农就业对二者关系的调节作用。研究结果显示,数字经济显著扩大了城乡收入差距，但提升非农就业比例可以缩小城乡收入差距，且非农就业对数字经济与城乡收入差距的关系存在负向调节作用。这些结论在进行更换关键变量测量方式和“宽带中国”试点作为替代变量等稳健性检验后仍然成立。

与已有研究相比，本文可能的贡献在于三个方面：第一，本文借鉴现有文献，从县级城市层面对数字经济和城乡收入差距的关系进行了分析，可以从更加细微的尺度讨论二者的影响关系。第二，本文通过考察非农就业在数字经济与城乡收入差距之间的作用机理，发现了在数字经济时代提高非农就业比例对于缩小城乡收入差距的重要作用，补充了数字经济与共同富裕研究的相关文献。第三，本文通过分析数字经济、非农就业和城乡收入差距的相互作用机理，可以为决策界提供更加明确的数字经济发展方向的政策建议。

二、理论分析与研究假设

缩小城乡收入差距对于实现共同富裕具有至关重要的作用[18]。随着互联网革命的发展,数字经济越来越被认为是影响城乡收入差距的一个重要因素。大量学者研究发现，数字经济发展很可能扩大了原有的城乡收入差距[19]。根据中国社会科学院农村发展研究所中国乡村振兴综合调查（CRRS）数据，在农民的收入来源中，工资性收入与家庭经营性净收入是两大主要来源。数字经济可以通过影响农村居民的工资性收入与家庭经营性净收入对城乡收入差距产生影响。

从数字经济所引致的效率变革视角来看，大量研究认为数字经济带来的工业智能化的发展正在重塑传统的生产模式，在资本上加速了资本的积累速度和提高了资本积累的效率,但与此同时也加速物化劳动替代活劳动过程[20],典型的表现就是“机器换人”,以“机器换人”为代表的生产技术升级扩大了高技能劳动的需求并挤出部分低技能劳动[21]，导致大量的“传统简单劳动者”失业[22, 23]。值得注意的是，目前我国农村居民的整体素质、技能水平普遍低于城市居民，相较于城市劳动力，农村劳动力较难掌握和运用工业智能化的产品和服务，因而农村的劳动力很难满足数字经济时代的人才需求[15]。再加上数字经济带来的就业大多是知识和技术密集型的生产性服务业和高端服务业[24]，因而属于低技能劳动者的农村进城务工人员们很难在数字经济时代中获得更多的就业机会，进而很难获得更多的工资性收入。可以预见的是，数字经济发展特别是工业智能化的发展将会挤占低技能劳动者的相对收入权[25]，降低主要人口为农业转移人口的低技能劳动者的工资收入与工作稳定性[26]，从而进一步扩大城乡收入差距。

从城乡要素禀赋视角来看，由于城乡要素禀赋差异较大，数字经济发展具有明显的城镇偏向，这无疑也会扩大城乡收入差距[14]。数字经济起源于城市，因而无论是在数字化基础设施的建设上还是数字化技术普及率上城市的水平要远高于农村。城市居民第一时间通过数字技术创造更多的回报，而农村地区互联网普及率更低、网速更慢且连接不稳定，降低了数字技术作为工具的有效性[7]。有研究显示，互联网的使用能够给城市居民带来 20% 的收入回报，而对农村居民的收入回报并不显著[27]。虽然近年来我国大力推进农村数字化基础设施建设，各个地方政府争相提出数字经济投资规划，农业生产经营数字化进程不断加快，农村居民的数字化基础设施可及性得到了极大的改善，但是农村居民相比于城市居民在对数字技术的使用技能和应用上面仍存在较大障碍。这些障碍更深层次地导致了农村居民和城市居民在数字技术实践中获得的经营性经济成果和效用差距。因此，由于人力资本差距的存在，导致城乡居民在应用数字技术的能力上截然不同，城市居民经营性收入增长更快，城乡居民收入差距进一步拉大。

在上述讨论之后，似乎数字经济时代城乡收入差距的扩大会成为一种必然的结果，其实不然，一旦适当考虑非农就业的作用，数字经济发展对城乡收入差距的不利影响就可以在更广泛的一般概念框架内加以调和。非农就业是农村居民获得工资性收入的重要形式，能够促进农民收入多样化[28]。在数字经济发展过程中促进非农就业进而缩小城乡收入差距可能能够发挥重要作用。中国宏观经济研究院相关研究显示，目前产业数字化贡献的就业数量占全社会就业总量的比重接近 1/3①，是吸纳就业的主体。这意味着在数字经济时代或许可以通过促进非农就业进而缩小城乡收入差距。因此，本文试图从非农就业的角度，探讨数字经济发展对城乡收入差距的影响。

早期研究农村居民就业选择的文献认为，在一定的约束条件下（如土地、资本、技术、时间等），农村居民会将从事农业劳动与非农劳动的收益进行对比，如果从事非农劳动的风险较低且回报较高，则他们就会将更多的时间花在非农劳动上[29]。近年来的研究认为，农村居民在进行就业时会规避单一收入来源的风险，从事多样化的就业活动，即在从事农业劳动的同时从事非农劳动[30]。

数字经济的发展给了农村居民更多从事非农劳动的机会。现有文献普遍认为，数字经济发展带来的新的企业、产品、消费模式的出现，可以提供大量的自由工作机会[31,32]、

① 数据来源于国家发展和改革委员会网站：https://www.ndrc.gov.cn/xxgk/jd/wsdwhfz/202104/t20210402_1271690_ext.html

催生“网络红人”等新的职业类型[33]、促进贫困地区劳动力就业[34]（如电商扶贫）等等。不仅如此，数字经济的发展也可以促使劳动报酬提升[35]。如果农村居民可以利用数字经济发展带来的大量就业机会实现非农就业，获得更多的工资性的收入，城乡收入差距就会进一步缩小。

与此同时，数字经济时代带来的非农就业比例的提升也意味着大量农村劳动力从农业生产中释放出来，为剩余从事农业生产的农民拥有更多耕地、灌溉用水和其他农业资源创造了有利条件[36]，从而促进高附加值农业发展和提升农业劳动生产率，进而提升农村居民农业经营收入。有文献研究表明，提高非农就业程度有助于调整农业种植结构[37]，具体而言，非农就业会显著地降低粮食作物的种植比例而提高经济作物的种植比例[38]。非农就业增加也可以通过改变农业生产方式（由传统小农经营向农业规模经营转变）来显著提高农地的生产效率[39]。此外，还有研究表明，非农就业显著提高了农村家庭的教育投资，并进一步缩小了城乡教育投资差距[40]。城乡教育投资差距的缩小将会促进城乡人力资本差距的缩小，进而缩小城乡收入差距。

基于上述文献分析和概念框架，本文提出以下研究假设。首先，根据数字经济发展给农村居民收入带来的负面作用的认识，本文预期数字经济发展与城乡收入差距之间存在正相关关系，即数字经济会显著扩大城乡收入差距。其次，考虑到非农就业对农村居民工资性收入和家庭经营收入的直接影响，本文预计在数字经济时代，随着非农就业比例的提高，城乡收入差距将会进一步缩小。具体研究假设如下：

H1：数字经济会显著扩大城乡收入差距。

H2：非农就业对数字经济与城乡收入差距的关系存在负向调节作用。

三、研究设计

（一）样本与数据

本文选取浙江省 55 个县（市、区）级城市 2014—2019 年的相关数据作为研究样本来进行实证分析。之所以选择浙江省的县级城市为样本，首先，2021 年 6 月，中共中央和国务院联合印发《关于支持浙江高质量发展建设共同富裕示范区的意见》，支持浙江率先建设共同富裕示范区，这说明浙江的共同富裕走在全国前列，开展基于浙江经验的共同富裕相关研究可以为其他地区分梯次推进、逐步实现全体人民共同富裕作出示范；其次，浙江省数字经济起步早、增速快、规模大，数字经济发展已经走在全国前列，2021 年，浙江省数字经济占 GDP 比重达 48.6%，居全国各省（区）第一①，数字经济已成为浙江经济社会高质量发展的“金名片”，可见，其对居民收入也必然产

① 数据来源于《浙江省数字经济发展白皮书（2022 年）》。

生了非常重要的影响。本文所使用的数据主要从《浙江统计年鉴》、浙江各地市统计年鉴、各区县（市）统计公报、各区县（市）政府工作报告公开资料等多渠道搜集整理获取。

（二）变量测量

1. 因变量

本文的因变量是城乡收入差距。对于城乡收入差距，现有文献多用城乡居民收入比（城镇居民人均可支配收入 / 农民人均纯收入）来衡量[41-43]。由于 2013 年之后，国家统计局使用农村人均可支配收入替代农村人均纯收入来衡量农村居民收入水平，故本文使用城镇居民人均可支配收入与农村居民人均可支配收入的比值作为城乡收入比来衡量各地区城乡收入差距。

2. 自变量

本文的自变量是数字经济发展水平。目前，涉及数字经济具体测度的相关文献大都来自于省级层面和地级市层面，县级城市层面的研究较少。本文借鉴黄慧群等[44]、刘军等[45]、赵涛等[1]的研究，结合县级城市层面相关数据可获得性，从互联网发展和数字金融发展两方面对数字经济综合发展水平进行测度。其中，互联网发展的具体测度指标包括互联网普及率、相关从业人员情况、相关产出情况和移动电话普及率四个方面的指标（具体表征指标见表 2）；数字金融发展指标则采用郭峰等[46]测算出的中国数字普惠金融指数来衡量。运用主成分分析法，把上述数据标准化后再进行降维处理，最终得到数字经济发展水平综合指数。其中，部分城市部分年份缺失数据采用插值法进行处理。

3. 调节变量

本文的调节变量是非农就业。非农工作主要包括第二产业的工作和第三产业的工作[17]。现有文献大都基于调查问卷数据来衡量非农就业[17,47]；考虑数据可得性和结合非农工作含义，本文采用非农就业比例来衡量非农就业即第二、三产业就业人数占全社会就业人员数的比重来衡量。

4. 控制变量

本文主要分析数字经济对城乡收入差距的影响，因此需设定对城乡收入差距可能产生影响的控制变量，参考以往研究[15,43,48,49]，本文的控制变量包括经济发展水平、金融发展水平、财政水平、公路基础设施、对外开放水平、产业结构和科技创新水平。其中，经济发展水平用人均 GDP 来表示；金融发展用年末金融机构贷款余额占 GDP 比重来测量；财政水平用财政支出占财政总收入的比重来进行测量；公路基础设施用境内公路里程与土地面积的比值来衡量；对外开放水用进出口额占 GDP 比重来测度；产业结构用产业结构高级化来衡量即第三产业和第二产业的产值之比；科技创新水平用专利申请数量（取对数）来表示。

表 1　主要变量定义

变量	定义
数字经济综合发展指数（DE）	互联网普及率（每百人互联网用户数）
	互联网相关从业人员数（信息传输、软件和信息技术服务业从业人员占比）
	互联网相关产出（人均电信业务总量）
	移动互联网用户数（每百人移动电话用户数）
	数字金融普惠发展（中国数字普惠金融指数）
非农就业（NFP）	第二、三产业就业人员占比
城乡收入差距（GAP）	城乡收入比（城镇人均可支配收入 与农村人均可支配收入之比）
经济发展水平（GDP）	人均 GDP
金融发展水平（FIN）	年末金融机构贷款余额占 GDP 比重
财政水平（REV）	财政支出 / 财政总收入
公路基础设施（HIG）	境内公路里程 / 土地面积
对外开放（OPEN）	进出口额占 GDP 比重
产业结构（IS）	产业结构高级化（第三产业和第二产业的产值之比）
科技创新水平（PAT）	当年专利申请数量（取对数）

四、实证分析

（一）模型构建

本文通过构建多元回归模型来探讨数字经济、非农就业和城乡收入差距之间的相互关系，根据研究假设和研究设计，参考数字经济与城乡收入差距关系的相关研究[14]，本文构建的模型如下：

$$GAP_{i,t}=a+\beta DE_{i,t}+\gamma Control\ variables+\delta_i+\varepsilon_{i,t} \quad (1)$$

$$GAP_{i,t}=a+\beta DE_{i,t}+\mu DE_{i,t}NFP_{i,t}+\gamma Control\ variables+\delta_i+\varepsilon_{i,t} \quad (2)$$

其中，*GAP*表示城乡居民收入比；*DE* 表示数字经济发展水平综合指数；*NFP* 表示非农就业比例；Control variables 表示控制变量，即经济发展水平、金融发展水平、财政水平、公路基础设施、对外开放水平、产业结构和科技创新水平。

（二）描述性统计和相关系数矩阵分析

表 2 给出了本文研究所涉及主要变量的描述性统计分析结果以及 Pearson 相关系数矩阵。从表 2 可以看出，城乡居民收入比的年度均值为 1.9151，标准差为 0.2048，不同城市的城乡居民收入比差别不大。样本城市的数字经济发展水平综合指数标准差为 1.6798，城市间数字经济发展水平有一定的差距。非农就业比例的均值为 0.7741，标准差为 0.1248，城市间非农就业比例的差距不大。表 3 是 Pearson 相关系数矩阵，从变量相关系数矩阵可知数字经济、非农就业对城乡收入差距都产生了直接影响作用。表 4 是方差膨胀因子计算结果，从该结果看，回归方程的方差膨胀因子（VIF）均小于 5，这表明本文的数据不存在多重共线性问题。

表 2　描述性统计

变量	样本量	均值	标准差	极小值	极大值
GAP	328	1.9151	0.2048	1.4785	2.4386
DE	330	−3.61e−10	1.6798	−2.6336	6.5764
NFP	330	0.7741	0.1248	0.4475	0.9713
GDP	330	11.1403	0.4396	9.7192	12.1241
REV	330	9.3369	0.4333	8.3695	10.6667
OPEN	328	0.3590	0.2924	0.0195	2.0883
FIN	328	1.2646	0.3777	0.3622	4.5506
HIG	330	1.1918	0.4498	0.4415	2.8047
IS	330	1.1255	0.5761	0.5425	4.2358
PAT	330	7.6730	1.2263	3.7612	10.1985

表 3　相关系数矩阵

变量	1	2	3	4	5	6	7	8	9
URB									
DE	−0.4568***								
NFP	−0.6475***	0.7664***							
GDP	−0.7172***	0.6339***	0.7069***						
REV	−0.0387	−0.1480***	−0.1759***	0.2920***					

续表

变量	1	2	3	4	5	6	7	8	9
OPEN	-0.2849***	0.6812***	0.5564***	0.4869***	-0.0439				
FIN	0.1299**	0.3231***	0.1524***	-0.0297	-0.0868	0.3296***			
HIG	-0.5739***	0.4741***	0.5625***	0.5619***	0.0243	0.3481***	-0.0584		
IS	0.0770	-0.0048	-0.2023***	-0.0298	0.4962***	0.0245***	-0.0330	0.0174	
PAT	-0.4272***	0.7052***	0.7511***	0.5629***	-0.2716***	0.3666***	0.2879***	0.3657***	-0.3369***

表 4　各影响因素的方差膨胀因子计算结果

变量	DE	NFP	GDP	REV	OPEN	FIN	HIG	IS	PAT
VIF	4.45	4.40	4.61	2.55	2.20	1.54	1.67	1.77	1.84

（三）模型选择

本文在进行面板数据回归分析之前，首先通过 Hausman 检验来判断应采用固定效应还是随机效应模型。Hausman 检验的步骤如下：(1) 使用固定效应模型，存储回归结果；(2) 使用随机效应模型，存储回归计结果；(3) 进行 Hausman 检验，对比两种模型的回归结果；(4) 根据回归结果进行判断，若 p 值为 0 则拒绝原假设选择固定效应模型，反之则选择随机效应模型。Hausman 检验结果如表 5 所示。从表 5 的结果可知，模型 1 至模型 3 中 Hausman 检验对应的 p 值都等于 0，检验结果拒绝原假设，因此本文选择固定效应模型。

表 5　Hausman 检验结果

变量	模型 1				模型 2				模型 3			
	fe	re	Difference	S.E.	fe	re	Difference	S.E.	fe	re	Difference	S.E.
GDP	-0.0257	-0.0427	0.0169	0.0025	-0.0183	-0.0318	0.0134	0.0022	-0.0176	-0.0309	0.0133	0.0021
REV	-0.0383	-0.0258	-0.0124	0.0020	-0.0385	-0.0271	-0.0114	0.0020	-0.0413	-0.0297	-0.0117	0.0020
OPEN	0.0139	0.0045	0.0094	0.0041	0.0209	0.0150	0.0059	0.0039	0.0193	0.0141	0.0052	0.0038
FIN	-0.0080	-0.0072	-0.0008	0.0007	-0.0082	-0.0074	-.0008	0.0007	-0.0085	-0.0076	-0.0008	0.0006
HIG	-0.0259	-0.0386	0.0127	0.0027	-0.0232	-0.0344	0.0111	0.0026	-0.0215	-0.0327	0.0112	0.0025
IS	-0.0090	-0.0073	-0.0017	0.0013	-0.0062	-0.0041	-0.0021	0.0014	-0.0026	-0.0012	-0.0015	0.0014
PAT	-.0108	-0.0133	0.0025	0.0007	-0.0098	-0.0114	0.0016	0.0006	-0.0095	-0.0112	0.0017	0.0006
DE	0.0048	0.0032	0.0016	0.0004	0.0047	0.0032	0.0014	0.0005	0.0392	0.0323	0.0070	0.0024
NPF					-0.1425	-0.1893	0.0468	0.0103	-0.1816	-0.2213	0.0396	0.0099
DE*NPF									-0.0403	-0.0338	-0.0065	0.0028
chi2(9)	51.83				51.47				52.00			
Prob>chi2	0.0000				0.0000				0.0000			

（四）回归分析

回归的结果如表 6 所示。第 1 列的模型 1 是控制变量和城乡收入差距的回归模型，回归结果表明，各地区经济发展水平与城乡收入差距之间具有显著的负相关关系，说明经济总量增长的同时有效缩小了城乡收入差距；财政水平的系数值为负且显著，说明加大财政支出有利于缩小城乡收入差距；公路基础设施与城乡收入差距具有显著的负相关关系，表明加强各地区的公路基础设施的建设能够有效缩小城乡收入差距；而对于科技创新水平，则与城乡收入差距存在负相关关系，且在 1% 水平下保持显著，说明加强地区科技创新对于缩小地区城乡收入差距的重要性。而金融发展水平、对外开放水平和产业结构的系数值均未通过 10% 水平显著性检验，说明这些因素与城乡收入差距均不存在显著相关性。在此基础上，表 4 的第 2 列模型 2 中加入了数字经济综合发展指数（DE），回归结果表明，数字经济综合发展指数的系数为正且在 10%（$p<0.1$）的显著性水平下显著，说明地区数字经济的发展扩大了城乡收入差距，假设 1 得到验证。

表 6 的第 3 列模型 3 显示了加入非农就业后的回归结果。结果表明，非农就业比例具有负向且显著性为 1%（$p<0.01$）的系数，说明提高非农就业的比例可以有效地缩小城乡收入差距。第 4 列模型 4 加入了数字经济综合发展指数和非农就业比例的交互项。结果表明，数字经济综合发展指数和非农就业比例的交互项和城乡居民收入比的回归系数为负，且通过了 5%（$p<0.05$）的显著性检验，说明扩大非农就业的比例可以缓解数字经济对城乡收入差距的扩大作用，即非农就业对数字经济与城乡收入差距的正向关系具有负向调节作用。这意味着，虽然数字经济会扩大城乡收入差距，但是在发展数字经济的同时提高非农就业的比例，使更多的人尤其是农民从事非农劳动，就可以缩小城乡收入差距，假设 2 得到验证。

表 6　回归分析结果

变量	模型 1	模型 2	模型 3	模型 4
	URB	URB	URB	URB
GDP	−0.0229**	−0.0257**	−0.0183*	−0.0176
	(−2.11)	(−2.37)	(−1.68)	(−1.63)
REV	−0.0403***	−0.0382***	−0.0385***	−0.0413***
	(−5.09)	(−4.82)	(−4.94)	(−5.27)
OPEN	0.0160	0.0139	0.0209	0.0193
	(0.97)	(0.85)	(1.29)	(1.19)
FIN	−0.0069	−0.0080	−0.0082	−0.0085
	(−1.18)	(−1.36)	(−1.43)	(−1.49)
HIG	−0.0260**	−0.0259**	−0.0232**	−0.0215***
	(−2.48)	(−2.48)	(−2.26)	(−2.10)

续 表

变量	模型 1	模型 2	模型 3	模型 4
	URB	URB	URB	URB
IS	−0.0082 (−1.32)	−0.0090 (−1.45)	−0.0062 (−1.01)	−0.0026 (−0.42)
PAT	−0.0106*** (−3.61)	−0.0108*** (−3.69)	−0.0098*** (−3.35)	−0.0095*** (−3.29)
DE		0.0048* (1.96)	0.0047* (1.93)	0.0392** (2.49)
NFP			−0.1425*** (−3.28)	−0.1816*** (−3.90)
DE*NFP				−0.0403** (−2.22)
常数项	2.6706***	2.6875***	2.7010***	2.7484***
WithinR2	0.6041	0.6099	0.6254	0.6324
BetweenR2	0.3955	0.3611	0.5129	0.4492
OverallR2	0.3057	0.2586	0.4143	0.3682
F 值	57.12***	51.01***	48.23***	44.55***
N	324	324	324	324

注：***：P<0.01；**：P<0.05；*：P<0.1，括号内为 t 值，下同。

（五）异质性检验

由于不同区域拥有不同的资源禀赋，为进一步研究数字经济发展水平对城乡收入差距在不同区域的不同作用效果，本文按照城市人口规模划分进行分组回归，重复模型 2—4 的分析。城市规模划分按照国务院《关于调整城市规模划分标准的通知》，将 50 万人以下的城市划分为小城市，50 万人以上的城市划分为大中城市。结果见表 7。表 7 的结果表明，在大中城市组，城市数字经济发展水平综合指数、非农就业比例以及二者的交互项系数均未通过显著性检验，这说明，在大中城市，数字经济的发展对城乡收入差距的作用并不显著。在小城市组，城市数字经济发展水平综合指数和城乡收入比的回归系数显著为正，且通过了 1%（p<0.01）的显著性检验，相比于全样本时的显著性明显增强，并且，引入非农就业比例和数字经济发展水平综合指数与非农就业比例的交互项后，非农就业比例的系数为负且通过了 1%（p<0.01）的显著性检验，数字经济发展水平综合指数与非农就业比例的交互项系数为负，且在 1%（p<0.01）的显著性水平下显著，显著性相较于全样本也有所提高。这意味着，相对于大中城市，数字经济发展对小城市的城乡收入差距影响更大。

表 7　城市规模异质性检验结果

变量	大中城市			小城市		
	模型 2a	模型 3a	模型 4a	模型 2b	模型 3b	模型 4b
GDP	−0.0211 (−1.25)	−0.0211 (−1.25)	−0.0211 (−1.24)	−0.0339** (−2.42)	−0.0206 (−1.50)	−0.0158 (−1.18)
REV	−0.0444*** (−3.87)	−0.0444*** (−3.84)	−0.0462*** (−3.92)	−0.0270*** (−2.65)	−0.0295*** (−3.03)	−0.0343*** (−3.58)
OPEN	−0.0086 (−0.29)	−0.0082 (−0.26)	−0.0055 (−0.17)	0.0095 (0.50)	0.0126 (0.70)	0.0061 (0.35)
FIN	−0.0011 (−0.15)	−0.0011 (−0.15)	−0.0017 (−0.23)	−0.0546*** (−3.80)	−0.0505*** (−3.69)	−0.0533*** (−3.99)
HIG	−0.0330** (−2.60)	−0.0330** (−2.54)	−0.0318** (−2.43)	−0.0054 (−0.30)	−0.0046 (−0.26)	−0.0039 (−0.23)
IS	0.0060 (0.72)	0.0060 (0.71)	0.0081 (0.91)	−0.0340*** (−3.37)	−0.0281*** (−2.89)	−0.0239** (−2.50)
PAT	−0.0104*** (−3.07)	−0.0103*** (−3.03)	−0.0100*** (−2.89)	−0.0076 (−1.45)	−0.0056 (−1.11)	−0.0066 (−1.35)
DE	−0.0015 (−0.50)	−0.0015 (−0.50)	0.0172 (0.72)	0.0108*** (2.70)	0.0111*** (2.92)	0.0676*** (3.40)
NFP		−0.0023 (−0.03)	−0.0181 (−0.25)		−0.1988*** (−3.91)	−0.2782*** (−4.92)
DE*NFP			−0.0214 (−0.79)			−0.0692*** (−2.90)
常数项	2.6523***	2.6534***	2.6779***	2.7507***	2.7446***	2.8173***
WithinR^2	0.6242	0.6242	0.6261	0.6890	0.7215	0.7384
BetweenR^2	0.4920	0.4942	0.4580	0.0106	0.3453	0.1850
OverallR^2	0.4296	0.4319	0.3986	0.0198	0.2378	0.1588
F 值	26.16***	23.07***	20.77***	36.56***	37.71***	36.69***
N	162	162	162	168	168	168

（六）稳健性检验

为确保研究结果的稳定性和普遍性，借鉴田国强和李双建[50]进行稳健性检验的方法，本文将重要的自变量数字经济更换测量指标和测量方式进行稳健性检验。首先，更换测量指标，用“宽带中国”政策来测度数字经济发展水平。2013 年 8 月，国务院印发《国务院关于印发“宽带中国”战略及实施方案的通知》。此通知指出，将于 2014 年、2015 年和 2016 年分三批选出 120 个城市（群）作为“宽带中国”示范点。现有研究已经证实，“宽带中国”政策能够有效代表整体数字经济的发展[17]。具体而言，如该县级城市所在地级市当年被列入“宽带中国”试点名单，则取 1，否则取 0。其次，更换测量方式。之前运用主成分分析法对数字经济的 5 个指标进行降维处理，在稳健性检验时，采用熵值法对 5 个指标进行降维处理，同样得到一个综合指标。稳健性检验结果如表 7 所示。从表 7 可以看出，在模型 1 和模型 2 中，无论是更换测量指标还是测量方式，数字经济发展水平综合指数与城乡收入差距的回归系数都为正，且都达到了 1% 的显著性水平；在模型 3 和模型 4 中，用熵值法计算出的数字经济发展水平综合指数与非农就业比例的交互项系数仍显著为负。关键自变量和调节变量的显著性基本一致，即本研究的回归结果是稳健可信的。

表 8　稳健性检验

变量	模型 1	模型 2	模型 3	模型 4
	URB	URB	URB	URB
GDP	−0.0256** （−2.40）	−0.0211** （−2.05）	−0.0150 （−1.44）	−0.0125 （−1.20）
REV	−0.0381*** （−4.89）	−0.0316*** （−4.09）	−0.0322*** （−4.23）	−0.0326*** （−4.29）
OPEN	0.0167 （1.04）	0.0055 （0.35）	0.0122 （0.77）	0.0119 （0.76）
FIN	−0.0060 （−1.04）	−0.0075 （−1.35）	−0.0078 （−1.41）	−0.0076 （−1.39）
HIG	−0.0272*** （−2.65）	−0.0250** （−2.49）	−0.0227** （−2.30）	−0.0219** （−2.22）
IS	−0.0079 （−1.30）	−0.0091 （−1.53）	−0.0066 （−1.13）	−0.0037 （−0.62）
PAT	−0.0097*** （−3.36）	−0.0094*** （−3.33）	−0.0085*** （−3.05）	−0.0084*** （−3.00）
DE（宽带中国）	0.0142*** （3.36）			
DE（熵值法）		0.0790*** （5.21）	0.0745*** （4.96）	0.2259** （2.48）

续 表

变量	模型 1	模型 2	模型 3	模型 4
	URB	URB	URB	URB
NFP			−0.1230*** (−2.93)	−0.0846* (−1.78)
DE*NFP				−0.1854* (−1.68)
常数项	2.6719***	2.5403***	2.5599***	2.5014***
WithinR^2	0.6208	0.6415	0.6529	0.6567
BetweenR^2	0.4113	0.2765	0.4866	0.4644
OverallR^2	0.3162	0.1810	0.3515	0.3365
F 值	53.41***	58.37***	54.34***	49.53***
N	324	324	324	324

五、研究结论与政策启示

2020 年 4 月 1 日习近平总书记在浙江考察时曾强调，要抓住产业数字化、数字产业化赋予的机遇，加快 5G 网络、数据中心等新型基础设施建设，抓紧布局数字经济、生命健康、新材料等战略性新兴产业、未来产业，大力推进科技创新，着力壮大新增长点、形成发展新动能。本文立足于数字经济极大影响了我国社会经济发展这一典型事实，基于浙江省 2014—2019 年的县级城市层面数据，在构建数字经济综合发展水平指数的基础上，运用面板固定效应模型，实证检验了数字经济对城乡收入差距的影响。主要结论如下：

第一，数字经济会对城乡收入差距产生显著作用，并且数字经济的发展会显著扩大县级城市的城乡收入差距，通过更换重要变量测量指标和测量方式等稳健性检验，该结论仍然成立。第二，提高非农就业比例能够显著缩小城乡收入差距，且非农就业对数字经济与城乡收入差距的关系具有负向调节作用，这表明，虽然数字经济的发展会扩大城乡收入差距，但如果在发展数字经济的过程中能够加大非农就业的比例的话就可以缩小城乡收入差距。第三，进一步对城市分组分析发现，在大中城市中，数字经济、非农就业对城乡收入差距的作用并不显著，在小城市中，数字经济对城乡收入差距的扩大作用和非农就业对数字经济与城乡收入差距关系税务负向调节作用均会更加显著。

除了为数字经济与城乡收入差距关系提供经验证据，本文的研究结论还具有以下政策启示：首先，发展数字经济是我国把握新一轮科技革命和产业变革新机遇的战略选择，是推动实现高质量发展的重要内容，应当坚定不移加快发展，但是与此同时也应该特别关注其对收入分配的重要影响，数字经济会扩大不同劳动技能水平劳动力的收入差距，特别是可能对低技能劳动者带来巨大的负面影响，进而扩大城乡收入差距。其次，为削弱数字经济发展对城乡收入差距的扩大作用，在数字经济的发展过程中，要不断提高非农就业比例，一方面要推动产业数字化、数字产业化发展，尽可能创造更多的数字化非农就业岗位，从而进一步加大非农就业岗位数量，另一方面要促进更多农村劳动力从事非农工作,通过“数字 + 农业”等方式来催生农业新产业和新业态,提高农业劳动生产率,以释放更多农村劳动力进城务工，同时加大农村地区教育、人力资本投入，提升农村劳动力的劳动技能水平，特别是数字化技能水平，以更好地推动农村劳动力的非农转移。

参考文献

[1] 赵涛，张智，梁上坤. 数字经济、创业活跃度与高质量发展——来自中国城市的经验证据［J］. 管理世界，2020，36（10）：65−76.

[2] 柏培文，张云. 数字经济、人口红利下降与中低技能劳动者权益［J］. 经济研究，2021，56（05）：91−108.

[3] 江小涓. 网络空间服务业：效率、约束及发展前景——以体育和文化产业为例［J］. 经济研究，2018，53（04）：4−17.

[4] 张勋，万广华，张佳佳，等. 数字经济、普惠金融与包容性增长［J］. 经济研究，2019，54（8）：71−86.

[5] 许恒,张一林,曹雨佳. 数字经济、技术溢出与动态竞合政策[J]. 管理世界,2020,36(11):63−84.

[6] Rochet J C, Tirole J. Tying in two-sided markets and the honor all cards rule[Z]. 2008: 26, 1333−1347.

[7] 李怡，柯杰升. 三级数字鸿沟：农村数字经济的收入增长和收入分配效应［J］. 农业技术经济，2021（08）：119−132.

[8] 余小燕. 数字经济与城乡收入差距：“数字红利”还是“数字鸿沟”［J］. 商业研究，2022（05）：123−131.

[9] 何宗樾，宋旭光. 数字经济促进就业的机理与启示——疫情发生之后的思考［J］. 经济学家，2020（05）：58−68.

[10] 郑国楠，李长治. 数字鸿沟影响了数字红利的均衡分配吗？——基于中国省级城乡收入差距的实证检验［J］. 宏观经济研究，2022（09）：33−50.

[11] 金殿臣，邓国琴. 数字经济与共同富裕：基于城乡收入差距的视角［J］. 贵州社会科学，2022（09）：121−128.

[12] 米嘉伟，屈小娥. 数字经济发展如何影响城乡收入差距［J］. 现代经济探讨，2022（06）:

80-91.

[13] 王军，肖华堂. 数字经济发展缩小了城乡居民收入差距吗？[J]. 经济体制改革，2021(06)：56-61.

[14] 樊轶侠，徐昊，马丽君. 数字经济影响城乡居民收入差距的特征与机制[J]. 中国软科学，2022（06）：181-192.

[15] 陈文，吴赢. 数字经济发展、数字鸿沟与城乡居民收入差距［J］. 南方经济，2021（11）：1-17.

[16] 李晓钟，李俊雨. 数字经济发展对城乡收入差距的影响研究[J]. 农业技术经济，2022(02)：77-93.

[17] 田鸽，张勋. 数字经济、非农就业与社会分工［J］. 管理世界，2022，38（05）：72-84.

[18] 李实. 共同富裕的目标和实现路径选择［J］. 经济研究，2021，56（11）：4-13.

[19] 邱泽奇，张樹沁，刘世定，等. 从数字鸿沟到红利差异——互联网资本的视角［J］. 中国社会科学，2016（10）：93-115.

[20] 王梦菲，张昕蔚. 数字经济时代技术变革对生产过程的影响机制研究［J］. 经济学家，2020（01）：52-58.

[21] 肖土盛，孙瑞琦，袁淳，等. 企业数字化转型、人力资本结构调整与劳动收入份额［J］. 管理世界，2022，38（12）：220-237.

[22] 王林辉，胡晟明，董直庆. 人工智能技术会诱致劳动收入不平等吗？——模型推演与分类评估［J］. 中国工业经济，2020（04）：97-115.

[23] Acemoglu D, Restrepo P. Robots and Jobs- Evidence from US Labor Markets[J]. Journal of Political Economy, 2020,128(6):2188-2244.

[24] 王文. 数字经济时代下工业智能化促进了高质量就业吗？［J］. 经济学家，2020（04）：89-98.

[25] 柏培文，张云. 数字经济、人口红利下降与中低技能劳动者权益［J］. 经济研究，2021，56（05）：91-108.

[26] 刘欢. 工业智能化如何影响城乡收入差距——来自农业转移劳动力就业视角的解释［J］. 中国农村经济，2020（05）：55-75.

[27] 谭燕芝，李云仲，胡万俊. 数字鸿沟还是信息红利：信息化对城乡收入回报率的差异研究［J］. 现代经济探讨，2017（10）：88-95.

[28] Gibson J, Olivia S. The Effect of Infrastructure Access and Quality__on Non-Farm Enterprises in Rural Indonesia[J]. World Development, 2008,38(5):717-726.

[29] Inderjit S, Lyn S, John S. A Survey of Agricultural Household Models_ Recent Findings and Policy Implications[J]. The World Bank Economic Review, 1986,1(1):149-179.

[30] Reardon T, Berdegu é J, Barrett C, et al. Household Income Diversification into Rural

Nonfarm Activities[J]. Social Science Electronic Publishing, 2011,25(9):2885−2904.

[31] 刘皓琰,李明. 网络生产力下经济模式的劳动关系变化探析 [J]. 经济学家,2017(12):33−41.

[32] 莫怡青，李力行. 零工经济对创业的影响——以外卖平台的兴起为例 [J]. 管理世界，2022，38(02)：31−45.

[33] 江小涓. 高度联通社会中的资源重组与服务业增长 [J]. 经济研究，2017，52(03)：4−17.

[34] 邢小强，汤新慧，王珏，等. 数字平台履责与共享价值创造——基于字节跳动扶贫的案例研究 [J]. 管理世界，2021，37(12)：152−176.

[35] 戚聿东,刘翠花,丁述磊. 数字经济发展、就业结构优化与就业质量提升[J]. 经济学动态,2020(11)：17−35.

[36] 黄季焜. 加快农村经济转型,促进农民增收和实现共同富裕[J]. 农业经济问题,2022(07):4−15.

[37] 张琛，彭超，毛学峰. 非农就业、农业机械化与农业种植结构调整 [J]. 中国软科学，2022(06)：62−71.

[38] 杨进，钟甫宁，陈志钢，等. 农村劳动力价格、人口结构变化对粮食种植结构的影响 [J]. 管理世界，2016(01)：78−87.

[39] 孙学涛. 促进还是抑制？——非农就业对农地效率的影响研究 [J]. 经济与管理研究，2021，42(01)：133−144.

[40] 孙大鹏，于滨铜，侯云潇. 非农就业缩小城乡教育差距了吗？——基于人力资本投资视角 [J]. 经济问题，2023(02)：102−109.

[41] 陆铭陈钊. 城市化、城市倾向的经济政策与城乡收入差距 [J]. 经济研究，2004(06):50−58.

[42] 骆永民，樊丽明. 宏观税负约束下的间接税比重与城乡收入差距 [J]. 经济研究，2019，54(11)：37−53.

[43] 李永友，王超. 集权式财政改革能够缩小城乡差距吗？——基于“乡财县管”准自然实验的证据 [J]. 管理世界，2020，36(04)：113−130.

[44] 黄群慧，余泳泽，张松林. 互联网发展与制造业生产率提升：内在机制与中国经验 [J]. 中国工业经济，2019(08)：5−23.

[45] 刘军,杨渊鋆,张三峰. 中国数字经济测度与驱动因素研究[J]. 上海经济研究,2020(06):81−96.

[46] 郭峰，王靖一，王芳，等. 测度中国数字普惠金融发展：指数编制与空间特征 [J]. 经济学(季刊)，2020，19(04)：1401−1418.

[47] 骆永民，骆熙，汪卢俊. 农村基础设施、工农业劳动生产率差距与非农就业 [J]. 管理世界，2020，36(12)：91−121.

[48] 程名望，张家平. 互联网普及与城乡收入差距：理论与实证［J］. 中国农村经济，2019（02）：19–41.

[49] 闫东升，孙伟，陈东，等. 长江三角洲城镇化率与城乡收入差距的关系研究［J］. 中国人口·资源与环境，2021，31（05）：28–36.

[50] 田国强，李双建. 经济政策不确定性与银行流动性创造：来自中国的经验证据［J］. 经济研究，2020，55（11）：19–35.

卡—梅分析框架视角下的数据赋权以及保护路径的研究

绍兴文理学院　徐顺鑫

数据作为新时代的新生生产要素，在日益展现出其所蕴含的巨大价值的同时，问题也随之凸显。本文基于卡—梅分析框架这一主导范式，对数据法治问题进行剖析，发现数据的财产权配置的必要性极大。而与数据赋权有关的利益冲突凝聚于用户，以及数据平台之间。如何协调各方合理期待以及构建合理构架保护相关法益成为了急需解决的问题。基于现实的利益冲突形态，在权力架构上以给予企业完整产权，同时确立个人信息权益优先的合理限制。从而协调各方合理期待。对于通过何种路径保护数据相关法益的问题，引入公共哲学中比例原则、以及法律经济学的概念构造均衡模式架构，以此来弹性处理不同的法律纠纷。

引言

随着信息技术的发展，数据日益成为蕴含巨大价值的无形资产，但另一方面数据泄露与非法侵害隐私事件也日益增多,数据法治问题逐渐凸显。为了探究数据法治问题，本文基于对三十余起互联网司法典型案例的整理，发现在这三十余起互联网司法典型案例中，大数据侵权的案件在互联网侵权案件中占比为 86.6%，而在数据侵权案件中，平台之间就数据权属的争议占比高达 46.1%，主要体现为原数据企业以不正当竞争为由对第三方数据企业提起诉讼，其次为用户与企业间就数据权属产生的争议，占比为 42.3%。主要表现为大众用户因企业的数据处理行为侵犯到个人隐私权和个人信息权益而提起诉讼。而剩下的案例主要为区块链、互联网知识产权侵权等相关内容。除此之外，法院的依据不一，涉及《民法总则》《刑法修正案（七）》《个人信息保护法》《反不正当竞争法》《著作权法》等诸多法条。

这里事实上存在着两个问题，用户数据权归属于数据企业还是用户抑或是在社会自由流通？法院应当通过何种方式保护正当权益？归根究底即基于卡—梅分析框架主导范式[①]，数据法治问题实际上存在的两个层面的内容。第一阶问题是赋权（Entitlement）问题，即数据相关当事人的利益期待存在冲突时，何者的利益优先？[②]数据作为一种逐步展现出价值的无形资产，在事实上成为当今互联网企业的核心竞争力，给予企业数据适当的保护，有利于数据流通共享，促进中国数字经济的蓬勃发展。而自然人个人数据作为企业数据的重要来源，为防止企业对个人数据的侵犯，个人数据信息需要得到充分地保护。同时，对公共数据的保护与数据安全、网络安全以及国家治理现代化也密切相关。那么如何把握好公共、个人、企业之间的利益期待平衡，实现合理的赋权结构？第二阶问题是相关法益应当选择何种路径去保护的问题，即作为新生的生产要素——数据应该采取何种范式保护？是权利范式中的知识产权角度还是从财产权角度？抑或是行为范式？基于此，本文将以“数据法治问题”为研究对象，聚焦卡—梅分析框架视角下的“数据赋权问题”、“通过何种路径保护相关法益的问题”。综合分析各问题深层次结构，并提出相应的解决方式。

一、数据的赋权问题

（一）数据产权配置的必要性

产权（property right）是经济所有制关系的法律表现形式，产权通常指财产权，原为经济学概念，后在法学领域得到泛用。它实际上是对民事权利的泛指，包含物权以及相关新型财产权。[③]

数据实际本非产权，但当数据作为一种生产要素发挥着其独特的价值的时候，便有了财产化趋势。《民法典》第 127 条清楚的将数据划入财产性权益，体现了国家对数据具备财产属性的认可。数据的财产属性决定了数据存在数据财产的初始权利归属和权利架构形式等一系列的基础性问题[④]，关于数据权利的归属，目前存在用户所有说[⑤]、平台所有说[⑥]、国家所有说[⑦]和公共所有说[⑧]四种不同立场。虽说《民法典》保持着对新

① 凌斌：《法律救济的规制选择：财产规则、责任规制与卡梅框架的法律经济学重构》，载《中国法学》2012 年第 6 期，第 5 页。
② 包晓丽：《二阶序列式数据确权规则》，载《清华法学》2022 年第三期第 62 页。
③ 田洪鋆：《科斯定理中产权概念的法学解析》，载《东北师大学报（哲学社会科学版）》2011 年第 2 期，第 211 页。
④ 沈健州：《从概念到规则：网络虚拟财产权利的解释选择》，载《现代法学）》2018 年第 6 期，第 43 页。
⑤ 参见申卫星：《论数据用益权》，载《中国社会科学》2020 年第 11 期，第 121 页。
⑥ 参见程啸：《论大数据时代的个人数据权利》，载《中国社会科学》2018 年第 3 期，第 111 页。
⑦ 参见张玉洁：《国家所有：数据资源权属的中国方案与制度展开》，载《政治与法律》2020 年第 8 期，第 17 页。
⑧ 参见梅夏英：《在分享和控制之间：数据保护的私法局限和公共秩序构建》载《中外法学》2019 年第 4 期，第 861 页。公共所有说认为数据应当作为公共品由公众共享，即否认作为私权的数据财产权。

生物的理性谦抑，但伴随互联网经济的日益壮大，与赋权相关的三方——用户、数据企业、数据企业的竞争者之间的利益冲突日益凸显。于用户而言，部分企业的非法数据爬取严重的侵害个人信息安全。因此当数据承载个人信息的情况下，如何妥善的实现对个人信息的保护是首要亟待解决的。对于数据企业们而言，倘若过度的注重保护个人信息，强调数据爬取的边界，对于企业的数据爬取行为进行严格的规制。一方面将会违背互联网精神："开放、平等、协作、快速、分享"中的开放精神。而互联网精神中开放是首要的。倘若没有开放也就谈不上平等、协作、分享，进一步的来讲，这将扼制互联网产业的自由发展。另一方面，对数据的严厉限制将会危及数据的底层逻辑——数据的自由流动，以及影响数据的二次利用，而由于数据的价值就源于数据的二次利用，对数据的严格规制将会极大的损害数据的价值。当数据的价值下降，并且开放数据极其容易触碰到法律的边界的情况下。数据企业开发数据的意愿将急剧下降。这将不利于数字经济的发展。

因此，合理的协调用户、平台、平台同行竞业者三方之间的利益冲突就显得尤为重要。而只有实现合理的数据产权配置，处理好数据赋权问题，才能使得数据搭载个人信息的情况下，妥善兼顾个人信息权益，以及企业对财产的二次利用。从而达到用户、平台、平台同行竞业者三者之间的平衡。

（二）单一赋权加外在限制

1. 底层逻辑：给予数据企业完整的数据财产权

面对用户，数据企业以及其竞业者三方之间对数据的利益期待，无论将数据赋予何方，都要充分考虑到其他双方对正当利益的诉求而对数据财产权进行合理的规制。从对数据利益冲突的考察来看，数据生命周期的诸多环节体现了数据企业的利益期待，在发生逻辑上，也正是数据企业对数据的一系列利用，才使得数据成为生产要素，最终催生数字经济。[①] 相对的，用户的利益期待更多局限于部分场合。且较为简单。因此，从简化逻辑构造角度考虑，可将数据财产权赋予数据企业，并以此作为底层逻辑。[②]

数据财产权归属于绝对权，而绝对权具备着排他效力。因此有观点认为，其可能会阻塞数据的自由流通以及其他人对数据价值的挖掘。但事实上，排他效力仅仅阻碍对原物的开发，而不阻碍他人对同类其他客体的开发。例如，甲捕猎了一只貂，并制成了貂皮大衣，此时貂皮大衣的排他效力可以阻止他人对貂皮大衣的干涉，但不能阻止他人捕猎貂，并制成貂皮大衣的权利。类似的，知识产权法体系中，知识产权的专有性通常也无法排斥他人的平行开发。对于著作权、专利权的侵害，其侵权构成要件

① 海舰、赵丽：《数据成为生产要素：特征、机制与价值形态演进》，载《上海经济研究》2021 年第 8 期，第 54 页。

② 沈健州：《数据财产的权利架构与规则展开》，载《中国法学》2022 年第 4 期，第 103 页。

之一是“接触十实质性相似”，即除要求被控侵权作品或技术与在先作品或技术有实质相似性之外，还要求侵权行为人接触了享有知识产权的在先作品或技术。[①] 换言之，无接触的平行开发并不构成侵权，这是排他性效力所不能规制的。综上所述，在数据上设置绝对权，并不影响他人的平行开发。相反地，当他人希望通过平行开发的角度来为侵权作抗辩之时。数据之上绝对权的排他效力还可为“接触十实质性相似”标准的适用提供逻辑基础。

2. 数据财产权的外在限制：个人信息利益优先

在信息时代，数据往往承载着个人数据，而此时个人数据极有可能与企业的数据财产权发生争执。但个人信息权益是数据经济发展中必须要恪守的底线，用户的人格权益应当优先于数据的财产利益而实现。[②] 同时由于这一限制并非来自于其本身的规定，在这种情况下，个人信息权便成为了数据财产权的合理外在限制。

这样的逻辑早有先例，如购买音乐CD，CD归于用户，音乐CD所有权属绝对权无疑，权利人对音乐CD享有完全支配权，但对播放音乐，公共场合使用却受限于音乐CD的著作权。此时，即便受制于著作权，物的所有权和绝对权性质也未曾发生变化，仍归于所有权人。无独有偶，当数据搭载个人信息的时候，数据财产权受到个人信息权的规制，但不影响数据的所有权和绝对权性质。

需要做出特殊说明的是，这一外在限制是基于《民法典》和《个人信息保护法》中对个人信息处理者的法定限制，这一法定规制的外在情形也须法定。换言之，数据只要附带着用户切身相关的个人信息时候，其的个人信息权益便成为数据财产权的外在限制，只有数据的使用处于合理利用的情况下，才不受限。

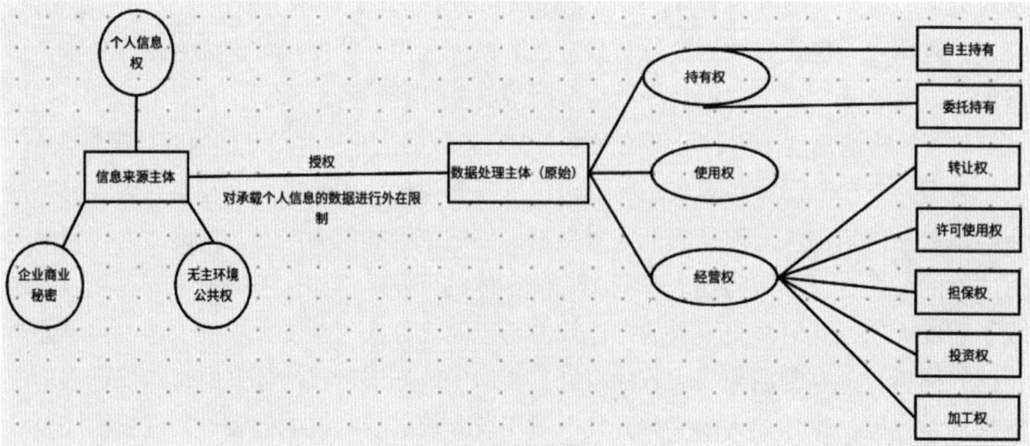

单一赋权＋外在限制流程图

① 参见吴汉东：《试论“实质性相似＋接触”的侵权认定规则》，载《法学》2015年第8期，第66页。
② 参见张新宝：《论个人信息权益的构造》，载《中外法学》2021年第5期，第1161-1162页。

二、数据保护的路径

在实践中，数据纠纷案件日益增多，数据在实际运用中展现出人格属性、财产属性、知识产权属性等复合特性，学界基于数据的复合特性，开始集中讨论针对数据保护的具体设计制度。在具体制度设计上，以是否以数据权属分配为基础，分为权利范式和行为范式。[①] 权利范式主要以现行物权法、知识产权法和人格权法律规范为制度蓝本。例如，在《民法典物权编》上设置财产流转制度，并构造数据开发者和使用者用益权分立的二元制结构。[②] 行为范式主要基于实操性出发，以“数据使用权”代替个人或企业的数据财产权，并利用《侵权责任法》、《反不正当法》、公法、诚信原则给予法律供给。但无论权利范式抑或者是行为范式都存在一定的缺陷。而引用法律经济学概念，编制一套权益权衡的分析框架，通过权衡模式路径来保护数据则相较之更为稳妥。

（一）权利范式

1. 通过人格权路径保护

对个人数据采取人格权路径进行保护是目前比较主流的观点，学者主张对个人数据采取人格权保护的路径，并以《民法典》第六章“隐私权和个人信息保护”的规定作为实定法依据。[③] 理由包括：个人数据的最主要特征在于人格权方面而非财产权方面，个人数据的可识别性主要体现了数据的人格特征。而对于人格权路径无法保护数据的财产属性的争议，首先，人格利益与自然人并非密不可分，而是可以分离的民事权利客体。再者，实际上已经有法律承认人格权的财产属性：无论是美国法上的公开权，还是我国法上为肖像付费的法律实践都证明了，人格权也有一定的财产价值。[④] 再次，欧盟《一般数据保护条例》的第 9 条、第 22 条都展现出对数据隐私的保护，该法与时俱进的给予数据足够的保护，并不断丰富其权利内容。但人格权路径也存在自己的弊端，即其界限是模糊的，因此其法律不可预估性强。

2. 通过财产权路径保护及其评析

财产权路径是指通过商业行为进行数据置换的模式，该学说支持者认为，明确数据的财产权，可以加强利益冲突时用户的话语权，更好地保护个人权益。理由如下：第一，财产权的交易规则可以根据个人对隐私的判断不同，满足不同主体差异化的隐私需要[⑤]。第二，财产权路径可以增加用户的议价能力，一旦数据财产化，那

---

① 宁立志、傅显扬：《论数据的法律规制模式选择》，载《知识产权》2019 年第 12 期，第 27 页。
② 申卫星：《论数据用益权》，载《中国社会科学》2020 年第 11 期，第 131 页。
③ 包晓丽：《数据产权保护的法律路径》，载《中国政法大学学报》2021 年第 3 期，第 119 页。
④ 刘德良：《个人信息的财产权保护》，载《法学研究》2007 年第 3 期，第 90 页。
⑤ 龙卫球：《数据新型财产权构建及其体系研究》，载《政法论坛》2017 年第 4 期，第 71 页。

么企业必须就数据收集、开发以及运用与用户进行谈判，这有利于扭转用户的弱势地位。第三，从数据企业角度来看，明晰健全的市场体制有利于保护企业衍生数据的安全，确保其的正当性。从而有利于企业在合法的范围内，专注投入对数据的生产、使用。有益于促进数字经济的蓬勃发展。第四，新技术的引入：如隐私参数平台协议，有利于降低用户与企业之间协商的沟通成本，使得财产权路径下的数据适用的范围更大。但同时基于数据财产权路径出发也存在诸多缺陷。一是用户的"同意"究竟是一种不得已的妥协还是出于真实意愿的一种表达？因为信息的传达存在滞后性，用户往往难以及时、合理的评估"出卖"个人数据的风险及收益。二是在数据挖掘等能产生更多收益的场景下，用户无法得到补偿。三是随着数据企业开发个人数据，用户隐私泄露将随之上升，此时无法及时进行协商，在这种情景下，对数据的保护重要于协商。

3. 通过知识产权路径保护及其评析

数据与知识产权两者都具备了复制性以及无形性，除此之外一旦数据进行整合整理便具备了知识产权中的"独创性"这一原则。从这一角度，不少人将数据划入著作权保护的范畴。同时在实际运用中，通过知识产权路径对数据进行保护的案例在各层法院屡见不鲜。法院可以运用现有的法律对数据侵权案件进行救济。以陈力等侵犯著作权罪案[①]为例：人民法院在判决中对复制影视数据，进行"信息网络传播行为"、引用了《著作权法》第四十八条第一项规定。[②]但同时，在实际中，知识产权保护路径和数据保护的目标存在一定程度的错位。知识产权法的目的是鼓励和奖励创造性贡献。而数据保护法律制度的目的在于保护各方合理期待。对于个人数据侵权都生搬硬套的引用知识产权有关法律规则，将有损达到数据保护的本身目标。事实上在2016年7月5日公布的《民法总则（一审稿草案）》中，"数据信息"被列入知识产权体系中，但是却受到了国内知识产权相关学者的反对，因为知识产权本质上来说是人的智慧成果，而数据并不符合该定义。数据本身属于对事物的记载。因此倘若将数据贸然的融入知识产权体系中，就会造成体系出现混乱的风险。于是最终稿中删除了这一条文。

（二）行为范式

1. 主张侵权法路径保护及其评析

主张对个人数据采取侵权法进行保护的学者认为，采取财产权路径保护数据有着明显的劣势：数据本身所具备的巨大价值，会滋生违法行为。因为财产权有关的规则

① 上海市第三中级人民法院（2019）沪03刑初127号。
② 未经著作权人许可，复制、发行、表演、放映、广播、汇编、通过信息网络向公众传播其作品的，应当根据情况，承担停止侵害、消除影响、赔礼道歉、赔偿损失等民事责任。

偏向于促进鼓励市场中数据的自由生产、传输、运用。不是限制它。数据主体易于弃权与数据易转让的特点，将使数据主体丧失对数据的控制，数据事实上由企业掌控。受制于信息的非对称性和数据规模效应，数据的事前定价和补偿机制并不能有效发挥作用。[①] 据此，学者们主张以修正的责任原则来客服财产权路径的难以进行事先协商的缺陷。具体到规则设计上，构成要件方面建议确立三元归责原则体系，且不必拘泥于“实际经济损失”和“严重精神损害”的限制。[②] 在责任主体上，对于复数行为致人损害的，若不能确定具体的侵权人，由各行为人承担连带责任。

相对的，该路径也有一定的弊端，首先。采取侵权法路径进行保护将会抑制数据的自由流动，不利于数字经济的自由发展。并且阻碍数据主体自由使用其合法权利。其次，侵权法路径往往是事后防御，无法对数据进行贯彻始终的保护。

2. 采取反不正当法路径保护及其评析

由于现行法律未对数据权属问题作出回应，我国的司法审判实践往往采取反不正当法对非法使用他人数据行为进行规制。法律需要合理平衡其他市场主体及数据开发之间的利益均衡。具体地，进行数据的反不正当竞争法保护主要有两种途径。

一是商业秘密保护，对于构成重大商业利益且企业以一定手段进行保密的数据，不少学者认为此时可以适用法律对商业秘密的保护。但对于企业数据构成商业秘密的判定应当严苛，特别是不为大众所知且采取了一定有效的数据保护措施这一点应当严格把控，对于大众易于得到且处于公开领域的数据：如抖音、新浪微博数据，其大多应当不予认定为商业秘密，因为其不符合数据的保密性条件。除此之外，将数据定位为商业秘密，将面临与《民法典》对数据定位的冲突，且该定位可能导致保护不足。[③]

二是一般条款保护，如新浪微博诉脉脉不正当竞争案中就运用了《反不正当竞争法》一般条款，但一般条款保护模式具有较强的不确定性和个案性，采取一般条款往往是次优选择。且运用一般条款时，法院应当综合考虑，秉持谦抑的司法态度。认定构成侵犯商业秘密时应当满足三要件（1）该种竞争行为确实损害消费权益。（2）该种竞争行为会破坏市场秩序，导致恶性竞争。（3）对于采取新模式、新技术的竞争行为应当判定其的正当性。即综合考虑诸多因素：数据性质以及数量、开发难度、开发成本、该数据和竞争对手数据产品的相似性程度等。

① Ignacio N. Cofone, “The Dynamic Effect of Information Privacy Law”, Minnesota Journal of Law Science and Technology, Vol.18, No.2 (June 2017), p.545-546.
② 叶名怡：《个人信息的侵权法保护》，载《法学研究》2018 年第 4 期，第 93 页。
③ 许可：《数据保护的三重进路——评新浪微博诉脉脉不正当竞争案》，载《上海大学学报（社会科学版）》2017 年第 6 期，第 19-20 页。

（三）通过权衡模式进行保护

1. 权衡模式

法律如何化解数据爬取权益和拒绝数据爬取权益的冲突？从法律经济学的角度来看，答案至简，即权益的配置当以社会福祉最大化为鹄的。而社会福祉有两种判断标准可供选择：一为“帕累托效率”，即若采取某项措施可以增加一些人的福祉，却没有人的福扯因而减损，质言之，有人受益但无人受害，就是有效率的；二为“卡尔多－希克斯效率”，即若采取某项措施会导致有人受益而某些人受害，但只要总社会利益（或边际利益）高于总社会成本（或边际成本），就是有效率的。[①]但在权益冲突的框架下，企业竞争者之间的利益冲突往往是不可缓和的。双方往往是零和博弈。因此不太可能出现帕累托效率的局面。由此，综合考虑多方收益的“卡尔多－希克斯效率”便成为数据权益权衡的基准。

而要实现社会福祉最大化，无外乎走收益最大化的波斯纳进路和成本最小化的科斯进路[②]，但事实上，由于人失去的痛苦感往往大于得到感，对比于得到什么，人们往往更害怕失去。前者关系到社会稳定与安全，后者则仅仅是奢侈利益的增长。因此导致波斯纳之路难以走通，于是我们只能转向科斯进路。科斯进路与比例原则的子原则最小侵害原则十分吻合。虽然说该原则属于公共哲学范畴，在理论渊源上用于限制国家权利，但放宽视野来看，最小侵害是普世理性的体现。正因此，在当由于任何程序都无法完美的满足任何人偏好和利益的时候，适用最小侵害原则，走科斯近路，可以在尽可能满足多数人的利益的情况下，对受损者的损害降至最低，从而使得分配尽可能和谐公正。

因此，权衡模式可以表现为：在某一特定条件下，不能实现或侵害一种权益的程度越大，则实现另一种权益的重要性必须越高[③]。而在处理数据纠纷的场景下，利用权衡模式应当分为两个阶段，第一阶段，对一方数据权益不被侵害的可能性判断；第二阶段是基于数据权益已经受到侵害的情况下，通过对比双方权益，确定是否有必要实现与之相冲突的数据权益。

2. 权衡模式的具体表现：引入卡—梅框架，实现财产规则和责任规则并济

在实践中，侵权法路径以及财产法路径在数据纠纷案件中起着举足轻重的作用，在数据受到侵犯的时候，侵权法路径无论被定义为何种形态，都可以受到《民法典》第一百一十一条的救济。而从财产权路径来讲，美国学界将其类比为“野生动物”，收

① 许可：《数据爬取的正当性及其边界》，载《中国法学》2021 年第二期，第 167 页。

② 关于两者的分歧，可参见罗纳德 · H · 科斯：《科斯论波斯纳论科斯：评论》，艾佳慧译，《法律和社会科学》2013 年第 2 期。

③ 参见罗伯特 · 阿历克西：《论宪法权利的构造》，载《法学家》2009 年第 5 期，第 32 页。

集前的数据好比之未被捕捉的“野生兔子”,并未属于财产的范畴。但倘若被捕捉、先占,就可以对其主张权利。即对比数据的最先开发和收集,倘若数据被开发和收集,便可以对这宗数据主张权利。

实际上,针对不同的行为类型,卡—梅框架因时制宜的采取不同的法律规则——财产规则、责任规则和禁易规则。对于一种同宗数据,保护路径并非唯一的,而是基于数据运用的不同情景和利益类型,相应的运用不同法律规则。放在微观层面来讲,我们应当首先确定对象是否是权利主体不可让渡的权利(如携带个人信息,涉及个人信息权)。如果是,那么便处于禁易规则调整的范围。而与之相对应的,可让渡的数据权利,进行让渡时,会产生重大的负外部性。例如受害者人数众多,建立集体估价机制收效甚微,责任规则将发挥重要作用。而当交易双方协商达成一致并且订约成本较低的前提下,财产规则则为之首选。

选择财产权路径抑或者是侵权法路径主要综合考虑效率、利益类型、是否可以让渡等多种因素。但毫无疑问的是,效率是首要的,这一点在根本上与权衡模式不谋而合,因此如何实现效率最大化,便成为急需考虑的。财产权路径的学者认为有效协商,可以确定价值,协调各方利益,平衡各方期待。但是主张侵权法路径的学者认为对数据企业拷上“协商定价”的枷锁,会导致交易成本上升以及阻碍信息的自由流通。以致于数据无法达到效用的最大化。据此,侵权法路径的支持者主张背信原则更加具有现实可操作性。并提出了“资源占有人强制报价加第三方征税”的定价方式。

但事实上,两者并非相斥的,而是相得益彰,相辅相成的。运用财产规则可以促进当事人之间的自由协商,但有被“敲竹杠”的风险。而运用侵权法,责任规则则相反,在现行的数据市场还不够完善的情况下,运用责任规则,可以有效合理保护双方利益。综上所述,对于使用财产规则还是责任规则,应当因时制宜的分析,以期尽可能实现效率的最大化。

结语

随着数据成为新兴的生产要素,数据背后的法治问题引起人们的热议,本文基于数十份互联网经典案例管窥,可见数据法治问题层见叠出,而数据法治问题的复杂性根源于基于卡—梅分析框架这一主导范式下的两个层面:第一阶是数据赋权问题,第二阶是数据保护路径不明问题。因此如何协调用户、数据企业以及相关竞业者之间的利益纠纷。以及通过何种渠道去保护公民合法权益在事实上成为了学术的焦点。本文基于此背景下,以数据法治问题为基点循序渐进,从阐明财产权配置的必要性,到提出通过单一赋权 + 外在限制的角度来解决数据赋权问题。而对于数据保护路径不明问题,本文分别阐述了权利范式和行为范式的优缺点,并提出引入公共哲学中比例原则的概念以及法律经济学有关知识来构建权衡模式，并通过权衡模式的路径来解决数据保护路径的问题。

基于有限的分析，本文对数据赋权和数据保护路径的讨论也具有局限性。但笔者希冀能够为数据法治问题提出一些不同纬度的看法，从而为数据场景下的权利配置与利益冲突协调提供可能的策略和价值判断结论。对妥善解决数据法治问题，提出一些合乎法治，行之有效的方法。

参考文献

[1] 凌斌. 法律救济的规制选择：财产规则、责任规制与卡梅框架的法律经济学重构［J］. 中国法学，2012(6)：5−25.

[2] 包晓丽. 二阶序列式数据确权规则［J］. 清华法学，2022(3)：60−75.

[3] 田洪鋆. 科斯定理中产权概念的法学解析［J］. 东北师大学报（哲学社会科学版），2011(2)：209−211.

[4] 沈健州. 从概念到规则：网络虚拟财产权利的解释选择［J］. 现代法学，2018(6)：43−53.

[5] 申卫星. 论数据用益权［J］. 中国社会科学，2020(11)：110−131.

[6] 程啸. 论大数据时代的个人数据权利［J］. 中国社会科学，2018(3)：102−122.

[7] 张玉洁. 国家所有：数据资源权属的中国方案与制度展开［J］. 政治与法律，2020(8)：15−26.

[8] 梅夏英. 在分享和控制之间一数据保护的私法局限和公共秩序构建［J］. 中外法学，2019(4)：845−870.

[9] 海舰，赵丽. 数据成为生产要素：特征、机制与价值形态演进［J］. 上海经济研究，2021(8)：48−59.

[10] 沈健州. 数据财产的权利架构与规则展开［J］. 中国法学，2022(4)：92−113.

[11] 吴汉东. 试论"实质性相似＋接触"的侵权认定规则［J］. 法学，2015(8)：63−72.

[12] 张新宝. 论个人信息权益的构造［J］. 中外法学，2021(5)：1144−1166.

[13] 宁立志，傅显扬. 论数据的法律规制模式选择［J］. 知识产权，2019(12)：27−35.

[14] 申卫星. 论数据用益权［J］. 中国社会科学，2020(11)：110−131.

[15] 包晓丽. 数据产权保护的法律路径［J］. 中国政法大学学报，2021(3)：117−127.

[16] 刘德良. 个人信息的财产权保护［J］. 法学研究，2007(3)：80−91.

[17] 龙卫球. 数据新型财产权构建及其体系研究［J］. 政法论坛，2017(4)：63−77.

[18] Ignacio N. Cofone. The Dynamic Effect of Information Privacy [J]. , Minnesota Journal of Law,2017(2): p.545−546.

[19] 叶名怡. 个人信息的侵权法保护［J］. 法学研究，2018(4)：83−102.

[20] 许可. 数据保护的三重进路——评新浪微博诉脉脉不正当竞争案[J]. 上海大学学报(社会科学版), 2017(6): 15-27.

[21] 许可. 数据爬取的正当性及其边界[J]. 中国法学, 2021(2): 166-188.

[22] 罗纳德·H·科斯. 科斯论波斯纳论科斯: 评论[J]. 法律和社会科学, 2013(2): 247-251.

[23] 罗伯特·阿历克西. 论宪法权利的构造[J]. 法学家, 2009(5): 28-34.

数字治理法治化：现实基础、实践困境与路径优化
——基于浙江省 S 市数字治理实践为例

中共新昌县委党校　俞　策

数字治理在提升政府治理效能，满足人民群众现实需求和解决实际问题，赋能政府、社会和公众等多元主体的同时，也随之产生了数据权属争议、数据安全隐患、算法决策“失灵”、数字鸿沟、数据壁垒等治理风险问题，对现有法律制度与规范体系构成“破窗性”挑战。为回应新时代数字治理风险和数字善治的核心议题，需用治理法治化规范数字化，从技术、行为和组织等不同层面进一步完善相应的法律框架和制度体系，以法治思维和法治方式、完善的法治保障机制和监管制度解决数字治理风险，实现数字技术的工具理性和法治的价值理性融合。本文以 2021 年以来浙江省 S 市的数字化改革实践为研究背景和研究基础，以数字治理的实践困境问题为研究对象，探索优化数字治理法治化的路径，以期推动数字变革整体智治。

伴随着第四次工业革命地迅猛发展，以大数据、云计算、区块链、人工智能等为核心的数字技术不仅改变了人类的思维方式、社会关系、生产生活和行为方式，也深刻影响了经济社会发展和国家治理体系与治理能力现代化水平。在数字技术发挥重要作用的数字时代，数据逐渐成为推动社会发展的战略资源和新兴生产要素，基于数据、面向数据和经由数据的数字治理也成为驱动国家数字化转型的强劲动力。作为数字时代全新的治理范式，数字治理并非简单的技术与治理的结合，而是在不断变化的技术环境中以更开阔的视角来审视政府和社会的相互作用关系。[①] 其以满足人民群众现实需求和解决实际问题为导向，进一步统筹并推动数字经济、数字政府和数字社会等协同发展，包含对数据本身的治理、运用数字技术进行治理以及对线上数字融合空间的

---

① 郑磊．数字治理的效度、温度和尺度［J］．治理研究，2021（02）．

治理。

在利用数字技术解决各类复杂治理难题、提高治理效能和破解治理困局过程中，原有的治理理念、治理主体、治理方式、治理制度等均发生内生性变化，面临创新变革与深度转型。在实践中数字治理的广泛运用也随之产生了各种风险与挑战，数据权属争议、数据安全隐患、算法决策“失灵”、数字鸿沟、数据壁垒等问题日益突出，这些不仅限制了数字技术赋能治理的成效，影响了公众对数字治理的信任感和安全感，也容易引发法律风险，并对现有法律制度与规范体系构成“破窗性”挑战①。解决这些挑战无疑需要完善相应的法律制度框架和规范体系，以法治推动数字治理模式转型。

法律和技术的关系不仅仅是一方被动式的适应，而是要理解嵌入各种应用模式中的技术如何体现和再生产特定的法律关系。缘此，面对数字时代的风险挑战，如何以法治思维和法治方式推进数字治理，以完善的法治保障机制和监管制度解决数据治理过程中产生的关键问题，如何创新数字权利观、数字正义观和数字秩序观，实现数字技术的工具理性和法治的价值理性融合是新时代数字善治的核心议题，也回应了数字法治的逻辑要求和数字治理的新趋向。本文以浙江省数字化改革为背景，选取互联网经济和大数据产业发展迅速的浙江省 S 市的数字治理实践困境为研究对象，探索优化数字治理法治化的路径，以期为数字化改革的法治保障研究提供可资借鉴的方向和思路。

一、浙江省 S 市推进数字治理法治化的现实基础

习近平总书记在中央全面依法治国工作会议上强调，“坚定不移走中国特色社会主义法治道路，在法治轨道上推进国家治理体系和治理能力现代化”②，这是习近平法治思想的重要组成部分。党的二十大报告指出，“全面依法治国是国家治理的一场深刻革命”“全面推进国家各方面工作法治化”。国家治理现代化的过程也是法治化的过程，数字化作为现代化的重要手段，数字治理理应在法治化轨道上运行，法治为数字化改革提供合法性支撑。S 市以打造“全国数字治理第一城”为目标，在推进城市数字化转型和数字治理实践方面一直走在全国前列，相关成熟经验也上升转为制度化成果，为

① 破窗理论（Broken windows tSeory）是由詹姆士·威尔逊（James Q. Wilson）及乔治·凯林（George L. Kelling）提出，并刊 *TSe Atlantic MontSly*1982 年 3 月版的一篇题为 *Broken Windows* 的文章。此理论认为环境中的不良现象如果被放任存在，会诱使人们仿效，甚至变本加厉。“如果一栋建筑的一扇窗户破了且无人修理，其他的窗户很快也会被破坏……一扇未修补的窗户，代表那里无人在意，打破更多的窗户也无所谓。”［美］乔治·凯林、［美］凯瑟琳·科尔斯．破窗效应——失序世界的关键影响力［M］．陈智文译．北京：生活·读书·新知三联书店，2014.

② 习近平．论坚持全面依法治国［M］．北京：中央文献出版社，2020.

实现数字治理法治化奠定了良好的政治基础、实践基础和制度基础。

（一）政治基础：浙江省全面推进数字化改革的 S 市方案

“党的领导是推进全面依法治国的根本保证。”[①] 推进数字治理法治化，首要坚持政治引领，充分发挥党总揽全局、协调各方的领导核心作用。2021 年 2 月 18 日，浙江省委召开全省数字化改革大会，全面部署数字化改革工作。省委书记袁家军指出，数字化改革是数字浙江建设的新阶段，是政府数字化转型的一次拓展和升级，重点聚焦党政机关、数字政府、数字经济、数字社会、数字法治。[②] 同年 3 月 31 日，正值习近平总书记考察 S 市城市大脑一周年，根据浙江省委改革决策部署，浙江省 S 市召开数字化改革暨“数智 S 市”建设攻坚年推进大会，发布《关于“数智 S 市”建设的总体方案》（以下简称《方案》），明确五大重点任务[③]，成立 S 市数据安全联盟，全面落实“152”工作体系（2022 年迭代升级为“1612”体系架构[④]），提出到 2025 年底，全面形成党建统领的整体智治体系。《方案》指出，不断完善城市治理现代化数字系统解决方案，从整体上推动市域经济社会发展和治理能力的质量变革、效率变革、动力变革。数字法治系统建设子方案则进一步明确“十四五”期间重点推进风险闭环管控大平安体系、政法一体化办案体系和综合行政执法体系“三大体系”建设，完善预防性法律制度，提升数字赋能法治建设水平。

（二）实践基础：打造“全国数字治理第一城”的显著成效

数字治理法治化根植于大量以人民群众利益为出发点和落脚点的数字治理创新实践，运用数字技术、数据资源有效解决城市治理中的发展难题，并积极回应数字治理实践带来的安全困境和法律问题。继 2018 年打造“全国数字经济第一城”目标提出后，2019 年浙江省 S 市再次提出打造“全国数字治理第一城”。这是 S 市在城市数字化进程中由单一数字经济指数向综合数字治理指数优化的重要目标重塑。根据中国经济信息社、中国信息协会和中国城市规划设计研究院联合发布的《中国城市数字治理报告（2020）》显示，S 市数字治理指数位居全国第一，其中数字行政服务、公共服务和数字生活服务等单项指标全面领先。从“数字治堵”“数字治城”到“数字治疫”，S 市数字治理一直走在全国前列，不仅在全国最早实现扫码乘车、电子社保卡全流程就医，还诞生全国首个“城市大脑”、首个跨境电子商务综合试验区、首家互联网法院和

---

① 习近平. 论坚持全面依法治国［M］. 北京：中央文献出版社，2020.

② 这同国家“十四五”规划“数字中国”提出的打造数字经济新优势、加快数字社会建设步伐、提高数字政府建设水平、营造良好数字生态一脉相承。

③ 五大重点任务，包括推进“数智 S 市”总门户及一体化智能化公共数据平台建设、做强做优城市大脑、加快建设产业大脑、构建数字化改革理论体系、构建数字化改革制度体系。

④ “1612”体系构架：第一个“1”即一体化智能化公共数据平台，“6”即党建统领整体智治、数字政府、数字经济、数字社会、数字文化、数字法治六大系统，第二个“1”即基层治理系统，“2”即理论体系和制度规范体系。

首家互联网公证处。新冠疫情期间，率先开发和应用“健康码”“亲清在线”等数字平台，为数字抗疫提供了S市样本。深化“最多跑一次”改革，加快推进政府数字化转型。审理“全国首例大数据产品不正当竞争纠纷案”和“全国首例人脸识别案”，以数字司法保障良好数字生态。数字化改革成果上，打造了“刑事强制措施人员数字化监管”“网格疫管通”“一码解纠纷”等一大批具有辨识度和影响力的标志性数字法治多跨场景应用。群众对数字化牵引下的S市法治建设、平安建设的获得感、安全感和满意度持续提升。

（三）制度基础：开展富有地方特色的政策探索与创制性立法

法律是治国之重器，良法是善治之前提。基于数字治理的时代背景，浙江省S市依法有效行使设区市地方立法权和地方制度建设的资源优势以全面检视和解决数字治理领域具体瓶颈，开展富有地方特色的创制性立法探索，推动成熟经验上升为制度化成果，为数字治理法治化奠定制度基础。2019年12月出台的《中共浙江省S市委关于高水平推进S市城市治理现代化的决定》将“科技之治”和“良法之治”共同纳入“善治六策”，提出要让生活工作在S市的人们持续享受数字时代的红利，为全国乃至全球大城市治理数字化提供系统解决方案，并要把法治体系建设作为城市治理的骨干工程，构建完备的法律规范体系，全面提升法治实施水平，加快社会信用体系建设，创建市域社会治理现代化标杆城市。①2022年2月召开的浙江省S市第十三次党代会的大会报告中进一步提出未来五年S市“城市治理水平全国领先，努力建成善治之窗”的目标，打造良法善治的新天堂，并强调要加快建设新型智慧城市，“推动数字孪生城市建设取得重大突破，夯实城市治理数字‘底座’，构建城市运行数字体征体系”。

2020年11月，S市出台国内城市大脑领域的首部地方性法规《S市城市大脑赋能城市治理促进条例》（以下简称《条例》），在城市大脑要素界定、城市大脑协同治理中政府及部门职责、特殊群体权益保障、数据管理规则等方面开展了较为系统的创制性立法。《条例》的出台更好地引导、规范和促进城市大脑赋能科学决策、严格执法、社会治理、公正司法和全民守法，实现技术理性向制度理性的跨越，也是数字治理法治化在地方立法上迈出的坚实一步。此外，作为全国首部将小区人脸识别纳入物业管理的地方性法规，2022年3月新修订实施的《浙江省S市物业管理条例》在全国具有引领意义。其在鼓励运用数字化等新技术、新方法解决业主投票率低、决策难等问题的同时，明确物业服务人不得强制业主、非业主使用人通过提供人脸、指纹等生物信息

① 此外，2021年7月10日，浙江省S市委、浙江省S市政府印发的《S市争当浙江高质量发展建设共同富裕示范区城市范例的行动计划（2021—2025年）》中也明确提出要“率先构建促进共同富裕的地方法规规章政策体系，全面提升‘数字法治’水平”“实施全面共享数字红利行动，制定填补‘数字鸿沟’的政策机制”，以数字化改革驱动制度重塑，以“城市之窗”展示“中国之治”。

方式进入物业管理区域或者使用共有部分，不得泄露个人信息等侵害业主、非业主使用人人身权利的行为。

二、浙江省 S 市推进数字治理法治化的实践困境

数字化转型从某种程度上推动政府治理效能实现由量变向质变的跨越，数字治理在数字化转型中朝着更加智能、集成、系统、规范的方向发展。但技术终究只是优化治理的工具，治理数字化转型更重要的是实现依法治理，从而实现“更有效率的公平”，[①] 如何用法治原则调整治理工具的方向偏差，为数字技术的应用方式和适用场景中的权利义务分配提供方向性指引是关键问题。[②]《法治 S 市建设规划（2021—2025 年）》提出“到 2025 年，基本建成科学立法、严格执法、公正司法、全民守法的法治 S 市，营商环境、数字治理、生态治理、基层治理等各领域法治化水平全面提升”。在法治轨道上推进数字治理，需重点突破以下三大困境。

（一）数据的权属和安全问题

数据是数字治理的基础和条件，数据价值的发挥直接影响数字治理的成效。2020 年 4 月 9 日，中共中央、国务院发布《关于构建更加完善的要素市场化配置体制机制的意见》，首次将数据确立为五大生产要素之一。2022 年 4 月 10 日，《中共中央国务院关于加快建设全国统一大市场的意见》进一步提出“加快培育统一的技术和数据市场”。此外，《中共中央国务院关于支持浙江高质量发展建设共同富裕示范区的意见》明确支持浙江加快探索数据要素价值的实现形式，完善创新要素参与分配机制。实践中，数据权属问题和数据安全问题是影响数据价值发挥和数字化转型的两大制约因素。数据权属问题不是简单的归属问题，也与数据安全、公共安全和国家安全问题息息相关。

1. 解决数据权属问题

数据的权属关联着数据背后的利益分配和责任承担，数据权属不清，容易造成数据采集、共享、利用等过程中因权责不明引发的法律风险，个人数据被泄露和恶意利用的风险以及“数据霸权”的国家安全风险。只有在相关法律法规和制度设计中明确数据权属关系，明确公民的数据权利，明确国家对数据管辖的权力和管理范围，才能在数字世界与物理世界深度融合的进程中，实现数据的所有、使用、管理、分配等权利的有效运行，实现社会经济的可持续发展和更高水平的平安中国建设。2021 年 6 月出台的《深圳经济特区数据条例》率先在立法中探索数据相关权益范围和类型，明确自然人对个人数据依法享有人格权益，包括知情同意、补充更正、删除、查阅复制等权益；自然人、法人和非法人组织对其合法处理数据形成的数据产品和服务享有法律、

① 邱泽奇. 数字赋能：有效率的公平［J］. 浙江社会科学，2022（01）.
② 施伟东. 论市域社会治理数字化转型的法治推进［J］. 政治与法律，2022（03）.

行政法规及条例规定的财产权益，可以依法自主使用，取得收益，进行处分。《S市城市大脑赋能城市治理促进条例》相关条款也从协议角度尝试界定数据权属，并明确数据的公共属性。①

2. 破解数据安全困境

在“数据已成为国家基础性战略资源”的数字时代，数据泄露、数据过度采集和数据非法交易等数据安全风险与日俱增。近年来，个人信息保护、企业营商环境领域的数据安全事件层出不穷，如2021年“滴滴出行”APP被下架整改，即暴露出大平台在用户个人信息收集使用上严重的违法违规问题，甚至因数据跨境流动可能引发的国家安全问题。虽然，目前实施的《个人信息保护法》《数据安全法》《网络安全法》《浙江省公共数据条例》《S市城市大脑赋能城市治理促进条例》等法律法规围绕数据全生命周期对数据安全、个人信息保护作了较为详细的规定，但数据安全领域基本法律体系的形成并不等于法律体系的成熟，伴随着数字治理的纵深推进，数据安全治理一方面需要更高质量、更精细化的法律制定和法律适用；另一方面也需要有与之相适配的配套政策和相关规范性文件，为数据财产权益创设、互联网信息服务算法推荐等场景提供更具操作性的规范指引。此外，在数字化改革实践中，通过系统集成，打破现有数据壁垒、推进数据开放合理有效利用的同时，加强个人信息保护方面制度机制的建设，及时查漏补缺，避免数据安全事故和侵权行为的发生，也是数字治理的重中之重。

（二）决策的正义性和精准性问题

数字技术是数字治理的核心手段和方式，虽然数字技术本身是中性的，但技术的中立和理性是不完全的，技术因应用场景的差异、使用目的的差异、决策价值的差异而产生不同的影响后果和治理效能。典型的如大数据“杀熟”就是一种数字技术不当运用的非正义性行为，“甲和乙在同一时间段购买相同品牌的一件衣服，由于甲经常网购比较贵的商品，结果没有收到平台优惠信息，购买的最终价格比乙高出很多”②。由此，技术也是主观意志的体现，治理决策的正义性和精准性对治理效能的发挥至关重要。

1. 把握决策的正义性

合法、公平、正当是决策正义的价值取向，数字治理也应落脚于以正义为核心的算法决策和以公平为核心的数据治理中。③实践中，政府部门的数字系统开发和运维维

---

① 《S市城市大脑赋能城市治理促进条例》第十六条规定：公共管理和服务机构在建设城市大脑过程中，应当妥善处理国家秘密、商业秘密、个人隐私保护与数据利用的关系，确保数据的公共属性。公共管理和服务机构与他人合作开发城市大脑时，应当在开发协议中依法约定数据及其衍生数据等开发成果的权属。法律对数据及其衍生数据等开发成果的权属有规定的，从其规定。

② 《个人信息保护法》对大数据“杀熟”行为有了禁止性规范，该法第二十四条规定：个人信息处理者利用个人信息进行自动化决策，应当保证决策的透明度和结果公平、公正，不得对个人在交易价格等交易条件上实行不合理的差别待遇。

③ 孟庆国，崔萌. 数字政府治理的伦理探寻——基于马克思政治哲学的视角[J]. 中国行政管理，2020(06).

护多采用外包第三方、公私合作的模式，那么就需要考量相关决策正义问题。如在招投标过程中对技术方的资质和权利义务是否进行准确规范和明确说明，政府内部是否有相关制度机制和专业能力支撑对开发人员技术运维的监管，模型和算法是否会被开发者以知识产权或商业秘密为由不予提供从而规避人为因素造成的技术漏洞，如何确保算法透明公平、防止算法歧视等。因此，为实现决策正义，一方面要避免数据权力化，即防止决策者利用数字技术或大数据资源的先占、独占或垄断优势，不公平或不合理地行使数据资源，选择性治理、为数据治理而治理；另一方面要避免监管无序化，即防止技术人员由于素质能力等原因在平台系统开发中无法有效将决策转化为预期目的甚至出现算法黑箱的风险时，监管却无法到位的情况发生。

2. 探讨决策的精准性

精准性是数字治理区别于其他治理方式的重要特点和显著优势，基于大量数据和事实证据、运用数据思维的循证决策是实现决策科学性、精准性和可接受性的重要方式。[①] 决策的程序合法性与对决策技术的规制是实现数字治理决策精准的关键要素。在决策的形成程序上，基于决策的正义性需推动决策程序的合法化、规范化和科学化。2019 年 9 月实施的《重大行政决策程序暂行条例》把“公众参与、专家论证、风险评估、合法性审查、集体讨论决定”确定为重大行政决策的法定程序，数字治理决策也需进一步明确法定程序，如何将公众参与、专家论证、风险评估等方式纳入决策程序中以期提高数字治理决策的精准性值得进一步思考。在数字治理决策的技术规制中，依托数字工具对数字治理决策规则内容进行代码建模和算法设计时，如何评估代码的准确性、建模的科学性、规则投射至计算机程序和软件应用的精准性，如何规范算法设计的数据采集基础的全面真实和准确性，如何规制技术对决策规则转化的风险性都将影响数字治理决策最终能否精准落地。

（三）治理的协同性与规范性问题

数字治理的目标不仅在于提升政府治理效能、优化公共服务水平，还着眼于赋能社会公众等多元主体，扩大公众参与，重塑多元主体之间的关系。无论是坚持以人民为中心的治理理念，还是服务型政府打造、互联网用户思维的倒逼，都要求数字治理以公众需求为导向。由此，如何推动多元主体规范化、系统化地参与、互动与合作，形成技术与治理相融合的、以公众需求为导向的多元开放的数字治理体系，如何提升政府治理与社会协同能力，重塑政府与社会、政府与市场的关系[②]，如何应对数字鸿沟带来的数字弱势群体被“资源掠夺”等风险也是数字治理法治化需重点

① 邹东升，陈昶．“循证式”重大行政决策社会稳定风险评估建构［J］．电子政务，2019（12）．
② 吴朝晖．四元社会交互运行，亟须深化数字治理战略布局［J］．浙江大学学报（人文社会科学版），2020（02）；米加宁等．大数据能驱动地方政府机构改革吗？［J］．电子政务，2020（01）．

解决的问题。

1. 需强化治理的协同性

构建党委统一领导下“一核多元”的共治体系是新时代数字治理变革的趋势之一，核心是调动除党委、政府外其他社会主体参与治理的广度和深度。作为治理主体中的重要组成部分，数字技术对个人和组织发挥着显著的“赋权”功能，①一方面加强了社会组织和经济组织的资源动员和集体行动能力；另一方面也推动形成党委、政府、组织和个人多元协同共治的治理格局。在数字治理中，更重要的是应深度思考如何赋予与多元主体参与相适配的选择权、参与权和监督权以及构建相关责任体系。此外，在各级党委和政府部门之间，如何推动横向不同部门和纵向不同层级的治理主体协同，以法治思维和法治方式实现跨部门、跨层级、跨地域、跨系统和跨业务的数据统筹协调与资源整合也是重要问题。

2. 需提升治理的规范性

要实现以共治促共赢的局面，就需规范不同主体协同参与治理的程序与内容，将数字政府纳入法律规范体系中运行，以完备的法律明确监督和规范机制。重点是如何确定政府数字治理的权责边界以及政府与社会不同主体之间的分工和边界。权责边界是否清晰，直接影响到后续数据权属纠纷化解和侵权、违约事件的处理。就数字化改革目前进展来看，“数字赋能”并非“数字万能”，数据处理活动的标准化以及数据共享与现行法律法规的冲突、技术运用的合法性审查、数据资源垄断和不正当竞争、公民权益尤其是数字弱势群体权益保障、权利救济等的制度化、法制化均需进一步加强。

三、S 市经验对绍兴市数字治理法治化的路径优化建议

数字治理并非纯粹的技术事务治理或只遵从技术治理逻辑而忽视线下治理和实际运作的复杂性。其本质是基于数字技术的治理过程，需体现出公共性、开放性、多元性、回应性、程序正义性等规范价值，从“事本逻辑”转向“人本逻辑”。由此，数字治理不能只靠技术的单维度赋能，需依托理念、制度、组织、法治等多维度的协同支持与规范制约。法治作为数字治理的关键保障，是数字治理的制度优势转为治理效能的关键抓手。基于S市数字治理法治化的现实基础和实践困境，优化数字治理法治化的路径，应立足公众对数字化转型的现实需求，确立数字正义观和数字秩序观，突破改革中的重难点问题和实践困境，构建系统性、整体性、协同性的数字治理法治化体系，以法治推动数字治理模式转型。

① 孟天广. 政府数字化转型的要素、机制与路径——兼论“技术赋能”与“技术赋权”的双向驱动[J]. 治理研究，2021（01）.

（一）树立“三种理念”，拓展“数字善治”价值追求

一是正义理念。秉持数据正义观回应数据权力化、算法黑箱、监管缺位、数字鸿沟以及数据不公平不合理利用、数据权利救济不完善等数字治理问题，用制度正义强化对数字治理问题的规制和约束。当今社会物理世界和数字世界的边界正逐步消失，每个人的数字生活细节都将被放大，一旦“制度性反应缺失，行为成本和后果更加难以计算”①。立良法才能更好地促发展、保善治，因此针对主要问题需求及时开展立法调研，把行之有效的治理经验做法上升为制度规定，进一步健全市域社会治理法规规章体系。二是共建共治共享理念。这是对“数字治理依靠谁、数字治理如何开展、数字治理为了谁”的回应。数字治理是党委领导、政府负责、民主协商、社会协同、公众参与、法治保障、科技支撑的社会治理体系的重要内容和手段，每个组织和个人都是数字治理主人而非“数据的囚徒”。只有保持治理空间足够的开放性，通过制度重塑、流程再造、业务重构，推动数据充分共享、开发、利用，才能推动建设人人有责、人人尽责、人人享有的数字治理共同体。三是发展理念。数字赋能经济、社会、文化等各领域发展，也推动形成了虚拟的线上数字空间，拥有全新的经济结构、社会结构和文化结构。深入研究破解制约数字治理的瓶颈，借鉴深圳特区立法经验，进一步以立法形式明确数据作为生产要素在治理过程中的权属，平衡数据发展和数据安全，促进数据要素价值实现和市场公平竞争，让数字治理成果更多更公平惠及全体人民。

（二）围绕“三个层面”，构建数字治理法治化体系框架

理解把握“一体化、全方位、制度重塑、数字赋能、现代化”的数字化改革特征，从技术、行为、组织三个层面进行系统性构思，搭建数字治理法治化体系的基本框架。一是技术层面，主要是强化对数据、代码、算法规则及数字技术的监管，尤其是网络空间上数据，重点围绕数据全生命周期，对数据采集、归集、存储、共享、开放、利用、销毁的各节点进行安全管理和质量管理。二是行为层面，主要是加强对数字治理中多元主体的理念和行为的规范与引导，提高决策者、技术人员及社会组织、公众等的数字思维和法治思维素养，尽量避免数字化改革中人为因素导致的数字权力化、数字侵权等现象出现。三是组织层面，主要是对数字空间多元治理格局下政府治理模式、平台治理规则以及公众参与治理提出更高要求，重点坚持问题导向、需求导向、效果导向，以政府权力和责任为基础理清数字治理各方主体权责边界，梳理形成数字治理权责清单，不断健全完善权责清晰、流程规范、运作高效、执行有力的数字治理体制机制。

---

① ［美］伊森·凯什，［以色列］奥娜·拉比诺维奇·艾尼．数字正义——当纠纷解决遇见互联网科技［M］．赵蕾等译．北京：法律出版社，2019.

（三）增强“三种能力”，提升数字治理法治化水平

对应数字治理法治化体系框架的三个层面，重点加强数字治理的专业能力、规范能力和组织能力。一是专业能力上，核心是政府监管侧专业复合型人才的培养，解决“懂技术不懂法律，懂法律不懂技术”的问题，建立数字化改革中干部培养、选拔、任用的激励机制，通过理论教育与实践教育相结合，采取重点培养、联合培养等方式培养政府各行业领域的技术型法治人才。二是规范能力上，首先提升依法决策水平，建立数字治理依法决策机制，加大决策的跟踪反馈和评估力度；其次推进代码法律化，把行业的代码技术规则上升为法律化规则①，加强算法的制度刚性约束；再次推动数字法治系统多跨场景建构，以“一件事”综合集成改革为导向，强化系统应用间“牵一发而动全身”的制约监督；最后按“案例—解释—立法”三阶段推进数字治理领域立法工作，并探索开展数字治理的标准化研究。三是组织能力上，一方面加大合法性审查力度，将合法性审查作为数字治理领域重大行政决策作出、规范性文件制定、重大行政执法决定作出、行政机关合同签订的必经程序，充分发挥法律顾问、公职律师的作用；另一方面加大参与和协同力度，数字世界是一个去中心化的世界，每个人都是数字信息的原点和集合点，拓宽渠道，调动多元主体参与数字治理的积极性，加强合作，鼓励科研院所参与数据分析和治理价值挖掘，发展基于区块链技术的数据共享和数据信任架构（智能合约），推动各主体间监督制约。

（四）坚持“三个原则”，加强数据信息安全防护

一是坚持合法正当原则，规范数据采集行为并合理限制生物识别数据采集，保障采集对象的知情权、选择权、监督权；建立数据采集备案制度，按照数据种类、数量对采集活动进行备案，重要的数据要进行审批，同时确保采集数据自身的保密性、真实性、可用性。依据《个人信息保护法》和参考借鉴《深圳经济特区数据条例》的相关规定，处理个人数据应当具有明确、合理的目的，并应当限于实现处理目的所必要的最小范围、采取对个人权益影响最小的方式。二是坚持分级分类保护原则，加强数据安全管理，建立地区、部门及行业领域重要数据目录，依权责大小开放数据管理权限和按数据属性、安全保护等级开放数据共享范围。针对公开的敏感个人数据和国家规定的重要数据进行匿名化或去标识化处理，必要时进行合法性审查，定期开展数据安全检测和风险评估，建立风险预警和应急处置机制。三是坚持权责一致原则，建立数据安全问责机制，强化信用监管，加强执法监督和司法保护，加大对涉及侵害公民、法人或其他组织权益或利用数据信息从事违法犯罪活动的打击力度，加强跨境监管执法司法合作；依照 2020 年 9 月最高检出台的《关于积极

---

① 马长山. 智慧社会的治理难题及其消解［J］. 求是学刊，2019（05）.

稳妥拓展公益诉讼案件范围的指导意见》对“网络侵害（个人信息保护）领域案件的规范指导”，探索将因违规处理数据致使国家利益或社会公共利益受损的行为纳入公益诉讼范围。

（五）把握“三个平衡”，推动数字变革整体智治

一是区域治理的平衡。“一盘棋”推进市域数字治理，对信息化水平较低、人才资源相对匮乏地区加大政策倾斜支持，以全面推进乡村振兴、高质量发展建设共同富裕示范区为契机，加快乡村社会治理转型，实现技术和制度同步谋划。推动“城市大脑”深入村社末梢，未来乡村数字治理标准化示范先行，将数字治理写入村规民约，努力打破城乡数字壁垒。二是群体保护的平衡。保护老年人、残障人士、低文化水平人群、偏远地区居民等数字弱势群体的权益并实现法治化保障是弥合数字鸿沟引发的社会公平风险的有效途径，也是协调数字治理中技术创新与权利保护冲突的关键。《国家人权行动计划（2021—2025年）》提出要充分保障所有社会成员平等参与、平等发展的权利，同时还特别强调智慧推进人权事业发展，充分利用数字技术拓展所有人自由全面发展的空间。因此需加快普惠性数字社会基础设施建设，统筹推进公共法律服务，从个案救济到制度规范，以最大程度维护各群体的发展权。三是走向“智”理的平衡。区块链和人工智能的推广应用，使治理更加AI化，由数字治理走向数智治理是必然趋势，法律文本代码化，治理决策智能化，虚拟现实之间的规则会被逐步打破。数字化重构了人存在和交往的方式，当AI替代了人脑决策，不禁思考“如果人的所有认知、情感、行为都可以被量化成一组数据，那又该如何确保数据的正义？”。由此，加大制度性供给，权衡数字治理中的机遇和风险，嵌入风控机制，让法治全程护航数字变革和治理转型，是其中的必由之路。

四、结语

“当代中国正经历着我国历史上最为广泛而深刻的社会变革，也正在进行着人类历史上最为宏大而独特的实践创新。”[①] 数字化无疑是这场变革和创新的关键驱动力。浙江省S市大量数字治理的实践探索和理论研究均表明，数字技术赋能治理不能仅靠技术的单兵突击和刚性嵌入，需回应治理理念、治理组织、治理制度和法治规范的创新变革和深度转型，解决突出的技术风险、社会风险和法律风险，避免衍生“指尖上的形式主义”。在此过程中，数字治理须始终坚持以解决人民群众急难愁盼的问题和事关民生福祉的需求为目标导向，并应清醒认识到技术只是实现这一目标的手段，法治才是努力的方向。如何推动实现有效率的公平、权衡赋能与负责、构建秩序中的包容、把

① 习近平．论坚持全面依法治国［M］．北京：中央文献出版社，2020.

握工具理性与价值理性是数字治理法治化需要不断探索的核心问题，也有待未来理论和实务进一步探究。

参考文献

[1] 郑磊．数字治理的效度、温度和尺度［J］．治理研究，2021（02）．
[2] 习近平．论坚持全面依法治国［M］．北京：中央文献出版社，2020.
[3] 邱泽奇．数字赋能：有效率的公平［J］．浙江社会科学，2022（01）．
[4] 施伟东．论市域社会治理数字化转型的法治推进［J］．政治与法律，2022（03）．
[5] 孟庆国，崔萌．数字政府治理的伦理探寻——基于马克思政治哲学的视角［J］．中国行政管理，2020（06）．
[6] 邹东升，陈昶．"循证式"重大行政决策社会稳定风险评估建构［J］．电子政务，2019（12）．
[7] 吴朝晖．四元社会交互运行，亟须深化数字治理战略布局［J］．浙江大学学报（人文社会科学版），2020（02）；米加宁等．大数据能驱动地方政府机构改革吗？［J］．电子政务，2020（01）．
[8] 孟天广．政府数字化转型的要素、机制与路径——兼论"技术赋能"与"技术赋权"的双向驱动［J］．治理研究，2021（01）．
[9] [美]伊森·凯什，[以色列]奥娜·拉比诺维奇·艾尼．数字正义——当纠纷解决遇见互联网科技［M］．赵蕾等译．北京：法律出版社，2019.
[10] 马长山．智慧社会的治理难题及其消解［J］．求是学刊，2019（05）．

“八八战略”下基于直觉模糊的绍兴营商环境综合评价机制研究

绍兴文理学院　赵　江　吴　丹　蔡殳斌

本研究通过系统建模结合问卷调查了绍兴营商环境面临的困境，通过直觉模糊理论分析了绍兴同省内城市营商指标差距。本研究认为绍兴营商环境的核心问题在于：政务服务体系健全度有待提高，市场保障不足。“八八战略”下绍兴绍兴营商环境改革的核心是在推动绍兴有为政府和有效市场的动态平衡：一方面，绍兴政府应不断放权，创造良好的制度环境，健全政务服务体系，加快市场化运作，构建完备的市场体系，让“看不见的手”推进绍兴经济改革的发展；另一方面，绍兴政府运用法律手段而非行政手段调节经济、实施监管，加强对知识产权的保护，让“看得见的手”保障市场运作的有效性。

一、引言

改革开放以来，浙江经济发展一直位于国家的前列，从进入 21 世纪起，浙江就在全国率先加快工业化、城市化、信息化、市场化和国际化进程，全面推进社会主义现代化建设。在 2003 年 7 月的全省十一届四中全会上，习近平首次提出了“八八战略”这一指导浙江改革发展的总纲领、总方略[1-2]。从“八八战略”所体现的战略意义来看：其一，“八八战略”的思想核心是坚持以人民为中心，共同富裕的发展观。这一战略观点的提出具有划时代的意义。这一思想和习近平治国理政思想高度一致，同时也是习近平为主要代表的中国共产党人，顺应时代的发展，从理论和实践上系统回答了在新时代坚持和发展什么样的中国特色社会主义、怎样坚持和发展中国特色社会主义这个重大时代课题。其二，“八八战略”充分证明，习近平新时代中国特色社会主义思想是指引党和国家事业发展的强大思想武器和行动指南。“八八战略”思想布局具有典型的思想性、传承性和战略延续性[3]。"八八战略"的产生在于当时的浙江实际上已经提前进入了经济新常态，固有的资源高消耗、产业"低散乱"、体制性瓶颈显现，这些"成长的烦恼"让浙江发展面临历史关口，需要破解的问题同十八大前后全国各地普遍性面临的问题具有高度的相似性。"八八战略"犹如一把"金钥匙"，开启了深化经济转型升级、统筹城乡区域协调发展、优化发展环境和生态环境的通达道路。

经济转型升级一直是中国和浙江经济社会发展的一个主旋律。对如何破解"成长中的烦恼"、推进经济结构的战略性调整和发展方式的根本性转变这一时代难题，2005年，习近平在浙江工作期间就提出了基本蓝图和战略路径。2017 年 11 月中共浙江省委十四届二次会议再次指出，"全面贯彻新发展理念，坚持质量第一、效益优先，以供给侧结构性改革为主线，以提高创新力竞争力为导向，坚定不移打好转型升级系列组合拳"，转型升级仍是浙江未来相当长时期的一个重点任务[4]。"八八战略"下，强调要发挥浙江的块状特色产业优势，加快先进制造业基地建设，走新型工业化道路。这就为绍兴整体创新奠定了理论基础[5-6]。在现实层面，绍兴中小企业数字化转型加快，其中，2022 年绍兴全市 GDP 7351 亿元，按可比价格计算，比上年增长 4.4%，增速居全省第三位。绍兴的规上工业增加值 2119.5 亿元，其中，高新技术产业增加值比上年增长 10.4%；装备制造业增加值增长 13.1%[7]。数字经济核心产业制造业增加值达到181 亿元，增速达到 13.5%。然而规模以上工业利润总额 540 亿元，比上年下降 7.4%。这表明绍兴民营企业在"八八战略"引导下已经以共同创新为目标，构建起了具有相对稳定的、能激发或促进创新关系的、具有绍兴地域属性的交互式的创新网络。而绍兴企业高质量发展仍需要加强体制建设。

二、"八八战略"下企业技术创新的理论模型

在"八八战略"下，政府的核心要务则是通过最优的政务服务环境和相应的产业扶持政策推进了企业创新创业的进度，通过知识产权保护不断推动企业创新创业的外部环境优化。根据浙江省知识产权强省建设联席会议办公室于 2021 年 4 月发布的《2020 年浙江省知识产权保护与发展白皮书》(以下简称《白皮书》) 显示[8]，2020年浙江深入实施知识产权强省战略，持续深化知识产权领域改革，引领型知识产权强省建设成效显著，全年专利授权数量和增幅均创历史新高，"十三五"规划制定的"每万人发明专利拥有量"等 11 项约束性指标全部超额完成，对浙江区域创新能力和企业创新效率提升有深远影响。

八八战略下，浙江企业技术创新效率影响的研究，在科技创新指标选取上，主要从 R&D 投入和专利授权数量上进行表征[9]。关于科研效率的测算方法，主要包括数据包络分析法（DEA）和随机前沿分析（SFA），DEA 模型没有考虑到随机扰动因素对

企业创新效率的影响，缺乏一定的经济学解释[10]。SFA 模型则能有效区分技术无效率因素和随机误差，在随机误差的处理上具有独特优势[11]。随机前沿模型 SFA 在确定生产函数可能边界的基础上，将最大产出和厂商实际产出间的差异分解为技术无效率项和随机影响因素。假设某一企业的生产函数为$f(x)$，其含义为：在给定的投入 x 情况下的最大产出。但现实中任何一个企业 i 都可能达不到最大产出的前沿，假设企业 i 的产量为：

$$Y_i = \xi_i f(x_i)$$

其中，x_i为投入要素，ξ_i（$0 \le \xi_i \le 1$）表示企业 i 的技术效率水平。当$\xi_i = 1$时，企业 i 的研发效率处于前沿。同时，考虑该企业的生产函数可能受到外部环境的随机冲击，因此可以将方程改写为：

$$Y_i = \xi_i f(x_i) exp^{u_i} \tag{2}$$

其中，$e^{u_i} > 0$ 成为外部环境的随机冲击。根据上述模型，方程（1）和方程（2）意味着生产函数$Y_i = \xi_i f(x_i) e^{u_i}$也是随机的，故此类模型称之为“随机前沿模型”。根据 Battese 和 Coelli 的研究，在随机前沿分析中可以引入时变无效项，即考虑企业从研发实践经验中不断学习，企业技术效率也随时间系统性提升的可能性，将 ξ_i 设定为随时间变化的参数 $\xi_{it} = \exp(-u_{it})$ 。1995 年，Battese 和 Coelli 对模型进一步改进为[12]：

$$lnY_{it} = lnf(x_{it}, t) + (V_{it} - u_{it}) \qquad i = 1,2,\dots,N \quad t - 1,2,..T \tag{3}$$

根据柯布道格拉斯函数，本研究构建了如下的生产函数：

$$Y = AK_1^{\alpha_1} K_2^{\alpha_2} K_3^{\alpha_3} L^{\beta} \tag{4}$$

对于该式中，Y 为总产出，A 为技术效率，K 为资本投入，L 为劳动投入，α 为资本产出的弹性系数，β 为劳动产出的弹性系数。根据企业技术创新特点，其中将资本投入 K 细分为K_1、K_2、K_3，其中，K_1表示为企业固定资本投资，K_2表示信息资本投资，K_3表示品牌资本投资。基于上述生产函数构建如下 SFA 模型：

$$lnY_i = \beta_0 + \beta_1 lnL_i + \beta_2 lnK_{1i} + \beta_3 lnK_{2i} + \beta_4 lnK_{3i} + (V_i - u_i) \tag{5}$$

$$CIE_i = \exp(-u_i) \tag{6}$$

该式中，lnY_i表示为第i个企业创新的产品总量的对数。lnL_i表示第i个企业从事技术创新活动的对数，lnK_{1i}表示为第i个企业固定资本投资数额的对数，lnK_{2i}表示第i个企业投资信息技术相应的数额的投资，lnK_{3i}表示为第i个企业投资本品牌产品研发相应产品的投资。V_i表示随机噪声，表示不可预测的随机因素说带来的模型偏差，假设V_i服从正态分布且独立，u_i表示企业从事技术创新活动的无效率程度，CIE_i 表示企业创新效率。

根据上述理论模型：在“八八战略”下，社会对产品的市场需求趋于稳定，单纯依靠物质和劳动力投入对于企业运营效率尤其是研发效率的提升作用不大，随着行业竞争的日益加剧，一方面，“有为的政府”放权有利于提升企业的自主性，推动企业加快内部资源配置，加强企业间的交流，不断提升资源的配置效率；另一方面，有效的市场环境推动企业优化组织方式和业务流程，加快信息领域创新投入，加快品牌产品的创新研发，不断推进企业技术创新活动的发展。这就需要对“八八战略”下的浙江地区营商环境做系统性分析。

三、“八八战略”下浙江地区营商环境现状

营商环境是指市场主体在准入、生产经营、退出等过程中涉及到的政务环境、市场环境、法治环境、人文环境等有关外部因素和条件的总和。良好的营商环境是构建社会主义现代化经济体系，促进企业高质量发展的重要外部要素。2019 年 10 月 24 日，世界银行发布《2020 年营商环境报告》。中国的全球营商便利度排名继 2018 年大幅度提高 32 位后，2019 年又跃升 15 位，升至全球第 31 位。可见，营商环境涉及社会要素、经济要素、政治要素和法律要素等多个方面，是一项涉及经济社会改革和对外开放众多领域的系统工程。从内容层面，营商环境的核心是构建法治化的营商体系，构建一套行之有效、公平公正透明的具体法律、法规和监督程序。从环境层面，就是要构建适合企业发展的包含良好社会要素、经济要素、政治要素和法律要素相统一的宏观经济环境[13-14]。

目前国内外学者以营商环境为出发点做出了大量的研究，包括营商环境评价体系和评价方法、营商环境对社会经济的具体作用机制研究、营商环境内部要素关联机制研究、优化营商环境的创新举措研究等[15-16]。从城市发展来看，营商环境的关键是构建具有国际化视野的营商环境，建立符合国际通用规则的一整套环境指标。浙江自实施“八八战略”以来，始终坚持以供给侧结构性改革为主线，不断完善市场主体，优化市场需求。以深化“最多跑一次”改革为抓手，不断推进良好营商环境体系的构建。如针对市场主体问题，浙江省发展改革委、省市场监管局等 9 部门推出优化营商环境“10+N”便利化行动方案。浙江省始终坚持将营商环境的满意度和获得感作为营商环境评价的重要内容，不断优化营商环境评价指标体系，建立健全营商环境评价工作协同推进机制，加强省级部门和地方的责任落实、业务协同。

四、基于直觉模糊评价的浙江地区营商综合评价

根据浙江省发展和改革委员会印发的《浙江省营商环境评价实施方案（试行）》的具体规定：可以将浙江省的营商环境评价指标体系分为“服务企业全生命周期”“促进公平竞争”“体现公正监管”“优化服务供给”“激发创新活力”5 个维度，根据营商的

事权的差异性，形成设区市、县（市）2 套评价指标体系。

（一）指标体系构建

1. 设区市营商环境评价指标体系

“八八战略”下浙江省营商环境指标体系主要包含 21 项一级指标、90 项二级指标。其中，开办企业、办理建筑许可、获得电力、登记财产、纳税、办理破产、保护中小投资者、执行合同、获得信贷、跨境贸易、政府采购等 11 个一级指标，均为世界银行的评价指标。获得用水用气、注销企业、市场开放、公共资源交易、市场监管、信用体系和信用监管、政务服务、公共服务、知识产权保护、服务非公经济等 10 个一级指标，为我省特色指标。

2. 县（市）营商环境评价指标体系

县（市）的营商环境评价指标体系中主要包含 20 项一级指标、65 项二级指标。与设区市指标体系相比，主要是删减了事权基本不在县域事权的 1 项一级指标、25 项二级指标。根据相应的指标数据进行打分评价，从而作为营商环境评价的重要内容。本研究提出使用综合评价直觉模糊模型深入分析浙江营商环境。

（二）构建综合评价直觉模糊模型

1. 根据直觉模糊相关定义

定义 1：设 $X=\{X_1,X_2,X_3,\ldots,X_n\}$ 为非空有限集，则称 $A=\{<x,u_A(x),v_A(x)>|x\in X\}$ 是 X 上的一个直觉模糊集，其中 $u_A(x)$ 和 $v_A(x)$ 分别为元素 x 属于 X 的隶属度和非隶属度。显然存在：

$$u_A: X\to[0,1], x\in X\ \to u_A(x)\in[0,1] \tag{7}$$

$$v_A: X\to[0,1], x\in X\ \to v_A(x)\in[0,1] \tag{8}$$

且满足条件：$0\le u_A(x)+v_A(x)\le 1$，$x\in X$

此外，$\pi_A(x)=1-u_A(x)-v_A(x)$，$x\in X$ 表示元素 x 属于 A 的犹豫度或不确定度。如果 $\pi_A(x)=0$，则 $u_A(x)+v_A(x)=1$，此时集合 A 退化为 Zadeh 的模糊集（Scmidt and Kacprzyk.2000）。

2. 构建直觉模糊判断矩阵

定义 2：设评价指标集合为 A，$A=(a_1,a_2,\ldots,a_n)$，两两比较指标 $a_1,a_2,\ldots,a_n$ 的相对重要性程度，得到直觉判断矩阵 $E=(a_{ij}{}^{(k)})_{n\times n}$。其中，$a_{ij}=(u_{ij},v_{ij})$（$1,2,\cdots,n$）；$u_{ij},v_{ij}$ 分别表示专家将指标 a_i 和 a_j 两两对比时所给的相对重要性程度，$1-u_{ij}-v_{ij}$ 是专家决策的犹豫度。如果满足 $u_{ij}\in[0,1]$、$v_{ij}\in[0,1]$、$u_{ij}=v_{ji}$、$u_{ji}=v_{ij}$、$u_{ii}=v_{ii}=0.5$、$u_{ij}+v_{ij}\le 1\,(i,j=1,2,\ldots,n)$，则称 E 为直觉互补判断矩阵。为了表明指标的相对重要程度并进行定量的描述，定向指标的相对重要程度表示如表 1 所示：

表 1　指标相对重要性程度标度

指标重要性说明	直觉模糊度
因素 i 与因素 j 相比极端重要	(0.90,0.10,0.00)
因素 i 与因素 j 相比重要很多	(0.80,0.10,0.10)
因素 i 与因素 j 相比明显重要	(0.70,0.20,0.10)
因素 i 与因素 j 相比略微重要	(0.60,0.30,0.10)
因素 j 与因素 i 相比同等重要	(0.50,0.50,0.00)
因素 j 与因素 i 相比稍微重要	(0.30,0.60,0.10)
因素 j 与因素 i 相比明显重要	(0.20,0.70,0.10)
因素 j 与因素 i 相比重要很多	(0.10,0.80,0.10)
因素 j 与因素 i 相比极端重要	(0.10,0.90,0.00)

检验直觉模糊互补判断矩阵的一致性。本章提出运用直觉模糊层次分析法确定指标权重依然无法避免人为决策的主观性，为使决策更具民主性和科学性，本章采用群决策模型，即邀请多位专家对各指标关于上层目标层的重要性进行两两比较，从而建立直觉互补判断矩阵。综合各位专家的意见，对群决策下的直觉互补判断矩阵进行一致性检验。

定义 3：$\alpha_1=(\mu_{\alpha_1},v_{\alpha_1})$和$\alpha_2=(\mu_{\alpha_2},v_{\alpha_2})$是直觉模糊数，$\overline{\alpha}_2=(\mu_{\alpha_2},v_{\alpha_2})$是$\alpha_2$的补假，$\lambda$为大于等于零的实数，$\alpha_1$和$\alpha_2$的标准 Hamming 距离与相似度公式分别为：$d(\alpha_1,\alpha_2)=\frac{1}{2}(|\mu_{\alpha_1}-\mu_{\alpha_2}|+|v_{\alpha_1}-v_{\alpha_2}|)$

$$\eta(\alpha_1,\alpha_2)=\begin{cases}0.5 & \alpha_1=\alpha_2=\overline{\alpha}_2\\ \frac{d(\alpha_1,\overline{\alpha}_2)}{d(\alpha_1,\alpha_2)+d(\alpha_1,\overline{\alpha}_2)}, & \text{其他}\end{cases} \tag{9}$$

定义 4：设$Q_k=(q_{ij}{}^{(k)})_{n\times n}$$(k=1,2,\ldots,l)$为专家$e_k$$(1,2,\ldots,l)$给出的直觉模糊互补判断矩阵，其中$q_{ij}{}^{(k)}=(u_{ij}{}^{(k)},v_{ij}{}^{(k)})$$(i,j=1,2\ldots,n;k=1,2,\ldots,l)$，$\wr=(q_{ij}{}^{(k)})_{n\times n}$$(k=1,2,\ldots,l$的集成记作$Q=(q_{ij})_{n\times n}$。其中，$q_{ij}=(u_{ij},v_{ij})$；$u_{ij}=\sum_{k=1}^{l}\theta_k u_{ij}{}^{(k)}$；$v_{ij}=\sum_{k=1}^{l}\theta_k v_{ij}{}^{(k)}$)；$u_{ij}=v_{ji}=0.5$$(i, j=1,2,\cdots,n)$；$\theta_1,\theta_2,\cdots,\theta_k$为$k$个专家的评价权重。则$Q_k$与$Q$的相似度公式是：$\eta(Q_k,Q)=\frac{1}{n^2}\sum_{i=1}^{m}\sum_{j=1}^{m}\eta(q_{ij}{}^{k},q_{ij})$。若$\eta(Q_k,Q)>0.5$，则$Q_k$与$Q$符合一致性。

3. 确定指标的权重值

（1）一级指标权重的确定

定义 5：设$\alpha=(\mu_\alpha,v_\alpha)$是直觉模糊数，$\mu_\alpha\in[0,1],v_\alpha\in[0,1]$，$\mu_\alpha+v_\alpha\leq 1$。

为使权重的计算更加简便，可以把直觉模糊判断矩阵转换为直觉模糊数，转换公式为：

$$\left(\omega^{(l)}\right)^T=[\omega_1^k,\dots,\omega_n^k]=\left[\frac{\sum_{j=1}^n\alpha_{1j}^{(k)}}{\sum_{i=1}^n\sum_{j=1}^n\alpha_{ij}^{(k)}},\dots,\frac{\sum_{j=1}^n\alpha_{nj}^{(k)}}{\sum_{i=1}^n\sum_{j=1}^n\alpha_{ij}^{(k)}}\right]=$$

$$\left[\left(\frac{\sum_{j=1}^n u_{1j}^{(k)}}{\sum_{i=1}^n\sum_{j=1}^n u_{ij}^{(k)}},\frac{\sum_{j=1}^n v_{1j}^{(k)}}{\sum_{i=1}^n\sum_{j=1}^n v_{ij}^{(k)}}\right),\dots,\left(\frac{\sum_{j=1}^n u_{nj}^{(k)}}{\sum_{i=1}^n\sum_{j=1}^n u_{ij}^{(k)}},\frac{\sum_{j=1}^n v_{nj}^{(k)}}{\sum_{i=1}^n\sum_{j=1}^n v_{ij}^{(k)}}\right)\right]$$

定义 6：设ξ_1，ξ_2，…，ξ_k为s个专家评价权重，则加权直觉模糊数的公式为：

$$\theta^T=(\theta_1,\ \theta_2,\ \cdots,\ \theta_k)=(\xi_1,\ \xi_2,\ \cdots,\ \xi_s)\begin{bmatrix}\delta_1^{(1)}\delta_2^{(1)}, & \dots, & \delta_n^{(1)}\\ \delta_1^{(2)}\delta_2^{(2)}, & \dots, & \delta_n^{(2)}\\ \delta_1^{(s)}\delta_2^{(s)}, & \dots, & \delta_n^{(s)}\end{bmatrix}=\left[\sum_{k=1}^s\xi_s\delta_1^{(k)},\sum_{k=1}^s\xi_s\delta_2^{(k)},\dots,\sum_{k=1}^s\xi_s\delta_s^{(k)}\right]\quad(10)$$

即可计算一级指标权重，公式是：$H(\theta_i)=\frac{1-v_i}{2-u_i-v_i}$；经归一化得到：$\sigma_i=\frac{H(\theta_i)}{\sum_{j=1}^n H(\theta_i)},i=1,2,\dots,n$。

（2）二级指标权重的确定

定义 7：设专家 s_k（$1,2,\dots,l$）对二级指标 b_i 和 b_j 相对于一级指标 E（E=1, 2, ···, n）的直觉模糊判断矩阵是：$D_A^{(k)}=\left(b_{Eij}^{(k)}\right)_{m\times m}$，$b_{Eij}^{(k)}=\left(u_{Eij}^{(k)},v_{Eij}^{(k)}\right)$。

其中，$i,j=1,2,\dots,m;k=1,2,\dots,l;E=1,2,\dots,n$。$u_{Eij}^{(k)}$ 和 $v_{Eij}^{(k)}$ 分别表示专家 s_k（$1,2,\dots,l$）对二级指标b_i和b_j相互对比的重要程度，通过计算可以得到专家对二级指标的评价权重。对一级指标权重相对于的二级指标权重进行综合加权：$\delta^{(2)}=\left(\delta^{(1)}\right)^T\delta$，得到二级指标的综合权重。

4. 直觉模糊综合评价法

计算出每个营商环境因素的权重后，需要对营商环境情况做出最终评价，由于评价指标很多为定性指标，本节拟采用模糊综合评价法，其基本思想是运用模糊集理论对待评估对象进行综合评价。设其模型为：$\sum X=\delta\times M$。其中，X为综合评价向量；δ为根据直觉模糊层次分析法所求的指标权重向量；M为评价指标矩阵。具体评价过程表示为：

（1）确定评价等级集合，设置每个等级的相应得分值，分值表示该等级在质量评估中的重要性。

（2）确定评价矩阵，即专家确定各指标在各个评价等级中所占比重。记评估对象的评价矩阵为：$M=\begin{Bmatrix}e_{11}, & e_{12},\dots, & e_{1m}\\ e_{21}, & e_{22},\dots, & e_{2m}\\ e_{n1}, & e_{n2},\dots, & e_{nm}\end{Bmatrix}$。其中，$e_{kj}$（$j=1,2,\dots,m;k=1,2,\dots,n;$）表

示某一项营商环境情况在指标 m_i （$i=1,2,\ldots,n$）上隶属于第 m 等级所占比重，$\sum_{j=1}^{m} e_{kj}=1$。

（3）综合评价向量。运用公式 $X=\delta\times M=\{X_1,X_2,\ldots,X_m\}$ 得到综合评价向量 X。

（4）计算每一位专家对某一营商环境的最终综合得分：$S=V\times X^T$。

（5）综合各位专家对各个指标的子评分：$P=(\xi_1\xi_2,\ldots,\xi_l)(S_1S_2,\ldots,S_l)^T$。其中：$\xi_1$ 表示专家权重；S_i 表示对应专家的综合评分。

（三）直觉模糊分析结果

针对浙江省内不同城市的营商环境进行综合评价后显示评价较高的省内城市分别为杭州市（96.50）、绍兴市(94.58)、衢州市(93.21)、宁波市(93.15)、湖州市(92.35)。相对应的，这些城市的环境治理也在全省居于前列。这表明：八八战略下城市的环境治理直接影响到城市的营商环境。这就需要城市加强体制机制改革的深化问题，尤其是解决企业融资难、融资贵的问题，优化人才融资环境。针对民生基础设施不断加强基础设施建设，积极围绕城市建设、教育卫生、医疗体育等重点领域加强自己投入，不断提升城市品质。此外，营商环境的核心是构建良好的政务服务体系，不断推进“有为政府”和“有效市场”的动态平衡关系，让政府和市场各司其职，优化政府服务和管理模式，不断提升政府效率，将“最多跑一次改革”不断深化，切实营造良好发展环境。

五、绍兴与国内外先进城市的差距与改进对策

不同的学者、不同的国家对营商环境的认知和评价均有所不同，围绕相关的要素构建了不同的评价体系模型。从 2003 年起，世界银行营商环境数据库每年都会依据相关的指标对世界主要国家的营商环境进行系统研究，衡量的指标包括：开办企业、纳税、国际贸易、保护投资者等系列指标，根据相关的指标数据给各国的营商环境评分。根据世界银行的测评结果，“一带一路”沿线国家营商环境平均得分为 67.87 分，比全球营商环境平均分高了 4.83。为了加快打造市场化、法治化、国际化的营商环境，国家出台了许多优化营商环境的政策文件。在“八八战略”下，浙江省不断加快机制体制改革，以最多跑一次改革为核心撬动各方面改革，为企业创新和城市发展构建了良好的营商环境。浙江省发展改革委制定了《浙江省营商环境优化提升行动方案（征求意见稿）》（以下简称《行动方案》），希望以数字化改革引领优化营商环境，打造具有中国特色、浙江辨识度的国际一流营商环境。为此，本研究课题组深入了解了绍兴营商环境的情况，重点了解绍兴营商环境与国内外先进城市的差距与改进。

2023 年 3—4 月，课题组围绕“八八战略”下企业所在城市的创新环境向企业员工随机发放了 256 份调研问卷，并围绕企业创新政策支持、市场环境、人才制度、科

技与融资环境、信息和电子政务服务五个维度进行低（1分）到高（5分）打分。

（一）“八八战略”后绍兴城市创新环境的评价

实施“八八战略”后，绍兴不断优化城市的营商环境，在行政管理、社会治理、公共服务、市场领域等多个领域开展了许多卓有成效的工作。不断加强体制和机制改革，优化政府行政服务，强化对知识产权的保护。加强行政监管、法律监管，围绕人才建设不断推进知识产权公共服务平台等，探索新产业、新业态、新商业模式知识产权保护规则。通过一系列卓有成效工作提升了城市的创新环境。

表 2 “八八战略”后浙江城市的创新环境评价

企业所在城市的创新环境 / 频次	1 分	2 分	3 分	4 分	5 分
企业创新的政策支持	15	26	67	86	62
市场环境	26	47	98	70	15
人才制度	41	40	111	34	30
科技与融资环境	25	27	78	85	41
信息和电子政务服务	37	36	89	71	23

根据“八八战略”下绍兴营商环境影响调研问卷情况可以看出：“八八战略”对绍兴营商环境的影响都较为显著，特别是对企业创新政策支持达到 3.60，其次，对科技与融资环境的影响达到 3.35。其余包括对市场环境、信息和电子政务服务等的影响达到 3 以上，表明“八八战略”对绍兴营商环境的影响是多方面的也是深刻的，深入影响到绍兴经济发展的各个方面。绍兴营商环境的核心问题在于：政务服务体系健全度有待提高，市场保障包括人才资源、科技资源等存在不足。

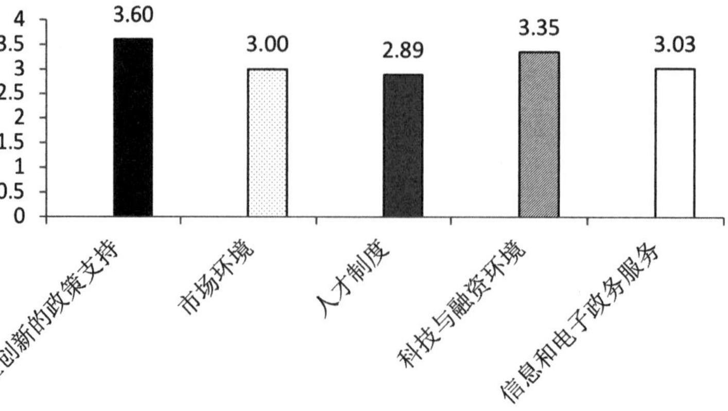

图 1 “八八战略”下绍兴营商环境具体的影响均值

（二）“八八战略”下绍兴与国内先进城市的营商环境比较

本研究从企业创新的政策支持、市场环境和人才制度、科技与融资环境、信息和电子政务服务等典型的营商环境要素出发，进行城市营商环境的数据比较。

1. 绍兴同国内超一线城市的营商环境比较

由于“八八战略”下，绍兴的营商环境仅次于省内城市杭州。故比较绍兴同国内公认的主要一线城市（北京、上海、广州、深圳）的营商环境如下表。

表 3　绍兴同各主要一线城市的营商环境比较

营商环境要素 / 均值	绍兴	杭州	北京	上海	广州	深圳
企业创新的政策支持	3.60	3.67	4.68	4.23	3.78	4.56
市场环境	3.00	3.05	4.32	4.56	3.65	4.78
人才制度	2.89	3.03	4.12	4.13	3.45	4.89
科技与融资环境	3.35	3.40	3.98	4.35	3.56	4.23
信息和电子政务服务	3.03	3.09	3.89	4.13	3.43	4.12

将城市的各个营商环境要素分别赋予一定的权重。其中，企业创新的政策支持（25%）、市场环境（15%）和人才制度（15%）、科技与融资环境（25%）、信息和电子政务服务（20%）。最终可得图 2。可以看出，国内主要一线城市营商环境排名是深圳（4.472 分），上海（4.275 分），北京（4.209 分），广州（3.586 分），杭州（3.298 分），绍兴（3.227 分）。在浙江省内，绍兴同杭州相比各项营商指数都有一定的差距，和超一线城市（北、上、广、深）的营商环境相比还存在着较大的差异。特别是同深圳相比，在创新政策支持力度、市场环境支持、人才制度等几乎所有要素都显著性落后。

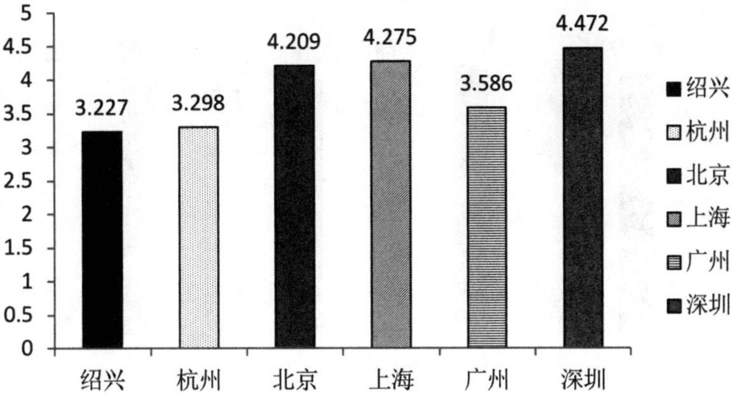

图 2　绍兴同国内超一线城市营商环境的综合比较

2. 绍兴同国内主要一线城市的营商环境的综合比较

由于绍兴营商环境在省内排第二，而在省外的排名不清楚，故比较绍兴同国内公认一线城市：重庆、天津、南京、武汉、青岛、厦门的营商环境。

表 4　绍兴同其他一线城市的营商环境比较

营商环境要素 / 均值	绍兴	重庆	天津	南京	武汉	青岛	厦门
企业创新的政策支持	3.60	3.98	3.54	3.45	3.23	3.15	3.21
市场环境	3.00	3.65	3.02	2.98	2.87	2.85	3.09
人才制度	2.89	3.01	3.02	2.97	3.11	2.89	3.12
科技与融资环境	3.35	3.23	3.32	3.56	3.45	3.12	3.31
信息和电子政务服务	3.03	3.07	3.56	3.02	2.98	3.04	3.13

将各个营商环境要素分别赋予一定的权重，其中，企业创新的政策支持（25%）、市场环境（15%）和人才制度（15%）、科技与融资环境（25%）、信息和电子政务服务（20%）。最终可得图 3。可以看出，营商环境排名是重庆（3.416 分），天津（3.333 分），南京（3.249 分），厦门（3.188 分），武汉（3.163 分），青岛（3.036 分）。绍兴（3.174 分）同这些城市的营商环境相比，差异都很小。与重庆相比，绍兴主要在创新的政策支持方面有差距，但在科技和融资环境方面分值略高。而同天津相比，在信息和电子政务服务方面略有不足。同南京、武汉、青岛、厦门相比，在创新政策支持力度、市场环境支持、人才制度等几乎所有要素差距都不大，仅在企业创新的政策支持方面显著领先。这表明：各个城市的竞争日益加剧，绍兴需要进一步深化体制改革，在市场环境和人才制度方面进一步落实到位以提升外部营商环境。

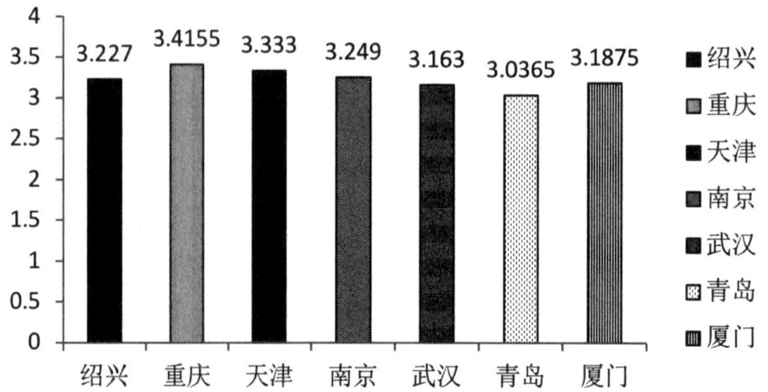

图 3　绍兴同国内准一线城市营商环境的综合比较

3.“八八战略”下绍兴与国外先进城市的营商环境指标比较

“八八战略”实施后，绍兴逐步走向国际化。为了进一步了解绍兴营商环境在国际中的指标，本研究比较绍兴同国外先进城市（纽约、伦敦、洛杉矶、东京、大阪、巴黎、柏林、新加坡、香港、首尔）的营商环境。

表 5　绍兴同各世界主要一流城市的营商环境比较

创新环境维度 / 指标均分	绍兴	纽约	伦敦	洛杉矶	东京	大阪	巴黎	柏林	新家坡	香港	首尔
企业创新的政策支持	3.60	4.89	4.34	4.89	4.76	4.67	4.91	4.78	4.82	4.67	4.71
市场环境	3.00	4.56	4.45	4.91	4.54	4.76	4.56	4.65	4.96	4.95	4.76
人才制度	2.89	4.78	4.89	4.78	4.67	4.65	4.78	4.63	4.88	4.90	4.83
科技与融资环境	3.35	4.67	4.67	4.82	4.63	4.77	4.82	4.54	4.96	4.86	4.74
信息和电子政务服务	3.03	4.56	4.75	4.55	4.53	4.65	4.67	4.88	4.86	4.89	4.67

在和世界一流城市做对比时，将各营商环境要素分别赋予一定的权重，其中，企业创新的政策支持（25%）、市场环境（15%）和人才制度（15%）、科技与融资环境（25%）、信息和电子政务服务（20%）。最终可得图 4。可以看出，新加坡（4.893）和香港 (4.838）位居世界前两位。绍兴同这些城市相比，综合分数相差近 1.5 分之多，同这些国际一流城市的营商环境存在显著性差异。特别是同这些城市相比，绍兴在创新政策支持力度、市场环境支持、人才制度等几乎所有要素方面都显著落后。尤其是作为以企业创新政策支持为特色的绍兴，在具体创新政策方面的差距仍然非常显著。这说明，绍兴的营商环境还有很大进步空间，尤其是在政策服务等方面还需要进一步提升。因此，这就需要绍兴进一步加快人才战略，提升科技和融资等，在营商环境各领域进一步深化改革。

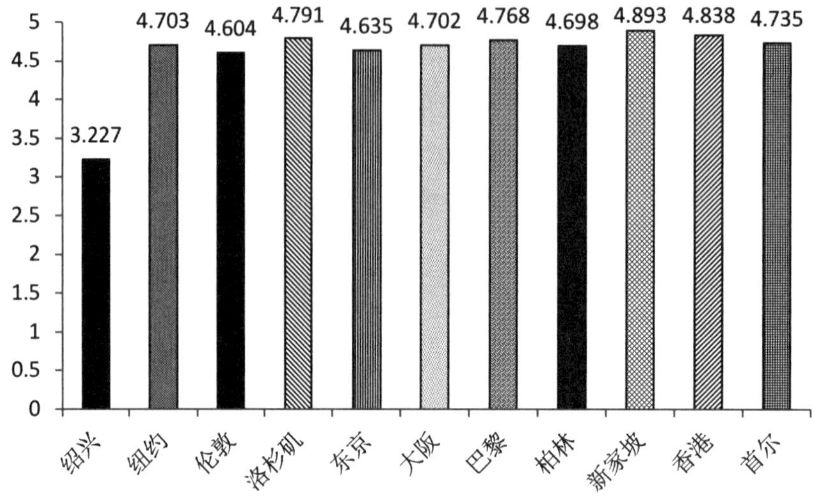

图 4　绍兴同国际一流城市营商环境的综合比较

总之，营商环境是一个城市不可替代的生产力，有利于推进社会整体发展。构建良好的营商环境不仅需要政府，还需要良好的市场环境和微观的市场主体。绍兴市在“八八战略”的引导下营商环境已经有了较大的提升。然而，同国内超一线城市以及国际一流营商环境城市相比，还存在许多的不足。为此，首先，绍兴应当在“八八战略”指引下，继续加强制度创新，对标省内外一线城市，构建有效的政务服务体系并扭转营商环境劣势，优化人力资源、物质资源、资金资源等的各类资源配置，通过加快体制和制度的改革，构建新型的经济体制和国内国际竞争有序的统一大市场。其次，充分提升和完善绍兴的市场保障体系，加大对创新活动的支持，积极布局跨境电商平台，构建出线上线下、国内国际双循环互促的贸易体系，加快商品和要素的流动，推进贸易自由化和投资便利化。最后，充分利用互联网平台，不断优化各类审批程序，提升监管效率和审批效率，进一步加强制度性改革，构建良好的融资环境，吸引外部资本流入，并保护投资者的利益。

六、研究结论

2003 年，习近平总书记提出了相关的“八八战略”举措，强调创新、协调、绿色、开放、共享等科学理念，极大地引领了浙江的经济和社会发展。在“八八战略”的引领下，无论是以小商品为特色的义务小商品对外贸易还是以电子信息为特色的跨境电商，对外开放的深度和广度都有所提升，绍兴的商业经营环境和外部市场结构都发生了重要变化。特别是在强调“一带一路”的过程中，浙江对国内外相关市场的开放发展直接给浙江的进出口、产品市场等带来了新优势和新局面。随着改革的深入发展，需要解决的重要问题是“有为政府”和“有效市场”的矛盾。如何充分发挥政府的职能，切实将政府职能的侧重点转向“经济调节、市场监管和社会服务”方面，这成为需要解决的首要问题[17]。

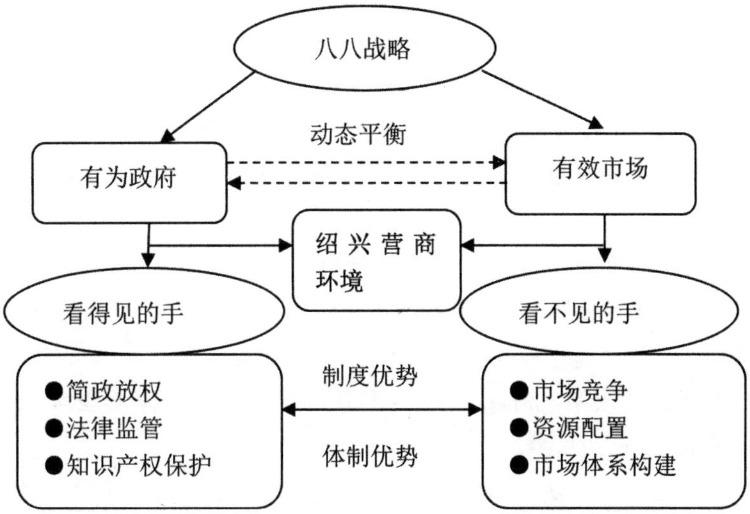

图 5　八八战略下绍兴营商环境的动态平衡关系

其次，绍兴作为一个以服装外贸和化工等为特色的工业城市，面对公有制经济和民营经济，如何衡量二者孰重孰轻成为社会体制改革的重要问题。通过将这一战略落地，真正构建“有为政府——服务型政府、法治型政府和有限政府”（图 5）。而这一改革的核心是在平衡政府和市场的内在关系：一方面，绍兴政府需要不断放权，创造良好的制度环境，不断加快市场化运作，构建完备的市场体系，通过市场这只“看不见的手”包括市场竞争、资源配置、市场体系构建等内在调节供需平衡；另一方面，在“八八战略”思想指引下，绍兴政府需要充分发挥制度优势和体制优势。运用法律手段而非行政手段调节经济、实施监管，加强对知识产权的保护，通过政府监管这只“看得见的手”包括简政放权、法律监管、知识产权保护等措施不断保障市场运作的有效性。最终，在有为政府和有效市场的双重效应下实现绍兴营商环境的不断提升。

参考文献

[1] 习近平．干在实处走在前列——推进浙江新发展的思考与实践［M］．中共中央党校出版社 2006.

[2] 浙江省社会科学院课题组，践行“八八战略”建设“六个浙江”［M］．浙江人民出版社. 2018．2.

[3] 袁家军．忠实践行“八八战略”奋力打造“重要窗口”扎实推动高质量发展建设共同富

裕示范区［J］. 政策瞭望，2021(06)：11–20.

[4] 本报特约评论员. 高水平推进省域治理现代化 要以“八八战略”为统领［N］. 浙江日报，2019–11–25(002).

[5] 陈家楠，何江锋，沈德胜，潘波. 绍兴：科技创新赋能绿色低碳转型助力经济高质量发展［J］. 今日科技，2022(09)：42–43.

[6] 尹加琪，李生校. 数字技术创新能力对中小企业供应链复原能力的影响研究——基于绍兴市 381 家企业数据的实证分析［J］. 绍兴文理学院学报（人文社会科学），2022，42(04)：106–111.

[7] 绍兴市 2022 年统计年鉴［M］. 绍兴市统计局，2022.

[8] 2020 年浙江省知识产权保护与发展白皮书［M］. 浙江省知识产权强省建设联席会议办公室，2021.

[9] 陈家楠，何江锋，沈德胜，潘波. 绍兴：科技创新赋能绿色低碳转型助力经济高质量发展［J］. 今日科技，2022(09)：42–43.

[10] 李美娟，陈国宏. 数据包络分析法 (DEA) 的研究与应用［J］. 中国工程科学，2003(06)：88–94.

[11] 张宗益，周勇，钱灿，赖德林. 基于 SFA 模型的我国区域技术创新效率的实证研究［J］. 软科学，2006(02)：125–128.

[12] Battese G E, Coelli T J. A model for technical inefficiency effects in a stochastic frontier production function for panel data［J］. Empirical economics, 1995, 20: 325–332.

[13] 夏后学，谭清美，白俊红. 营商环境、企业寻租与市场创新——来自中国企业营商环境调查的经验证据［J］. 经济研究，2019，54(04)：84–98.

[14] 董志强，魏下海，汤灿晴. 制度软环境与经济发展——基于 30 个大城市营商环境的经验研究［J］. 管理世界，2012(04)：9–20.

[15] 张三保，康璧成，张志学. 中国省份营商环境评价：指标体系与量化分析［J］. 经济管理，2020，42(04)：5–19.

[16] 李志军，张世国，李逸飞，单珊. 中国城市营商环境评价及有关建议［J］. 江苏社会科学，2019(02)：30–42+257.

[17] 任洁. 探究政府职能转变——以新公共服务为视角［J］. 国际公关，2022(14)：61–63.

产业融合对绍兴纺织业绩效影响的实证研究

——以纺织业与信息服务业融合为例

绍兴职业技术学院　高寿华

基于产业融合相关理论，利用耦合评价模型，分析了2010—2022年绍兴纺织业和信息服务业融合的变化趋势。构建了基于SCP分析框架的产业融合对产业绩效影响的估算模型，实证研究了产业融合对纺织业绩效的影响。研究结果表明，绍兴纺织业与信息服务业的融合度整体上表现为上升趋势；纺织业绩效水平与产业融合度显著正相关，产业融合是纺织业绩效提升的切入点；市场结构水平、市场开放度对纺织业绩效共同起推动作用，但是市场开放度与纺织业绩效的相关性尚不显著。据此，提出深化纺织业与信息服务业融合、提升纺织业绩效的政策建议。

改革开放以来，绍兴纺织业持续高速增长，成为目前全球规模最大、经营品种最多的纺织品集散中心。2022年绍兴出口纺织品1397.30亿元，同比增长17.7%，增速分别高出同期全省、全国纺织品出口增速8.1个百分点、12.8个百分点，占全市出口总值的41.0%。尽管绍兴纺织业发展取得了令人瞩目的成绩，但多年来始终固化在全球价值链“微笑曲线”中低端的加工制造环节，不少纺织企业只能利用“拼价格、拼规模”获取微薄的利润。当传统竞争优势逐步丧失，面对国外市场需求放缓、贸易环境更趋复杂、资源环境约束增强、综合成本持续提升等多重压力，绍兴纺织业迫切需要提升产业绩效，加快结构优化升级步伐，提升在全球价值链中的分工地位。

随着工业4.0时代的到来，工业互联网、云计算、大数据、人工智能等新兴技术快速发展，信息传输、软件和信息技术服务业（以下简称信息服务业）全面渗透到制造业的各个环节。信息服务业与制造业融合带来了制造模式、生产组织方式和产业形态的深刻变革，为传统制造业构筑了竞争新优势。然而，绍兴纺织业与信息服务业的融合水平如何？两大产业融合发展能否有效推动纺织业转型升级，进而提升纺织业绩效？这些问题有待进一步深入研究。

一、文献综述

Banker R.D.（1998）、Bally N.（2005）指出，技术革新是产业融合的内在动因，竞争合作压力和对范围经济的追求是产业融合的企业动因[1-2]。Frishammar J.（2005）等对 206 家中型制造企业的信息管理与创新绩效进行了关联性分析，发现二者之间具有很强的正向关联性[3]。Sang Cheol Han（2014）等通过对韩国信息产业与汽车、家电等五大传统制造业的融合展开实证研究，发现信息产业与传统制造业融合对传统制造业的产业绩效和产业竞争力提升具有积极影响[4]。

国内学者则较关注信息产业与制造业融合对制造业产业绩效和结构优化升级的影响。张捷和陈田（2016）、王鑫静等（2018）、李晓钟等（2019）利用投入产出法对不同时段中国信息产业与制造业的融合度进行估算，并构建了面板数据回归模型估算了产业融合对制造业产业绩效的影响，发现中国制造业与信息产业的融合度整体上呈上升趋势，产业融合对制造业产业绩效的正向作用明显[5-7]。李琳、罗瑶（2019）利用中国东中西部区域 2006—2015 年的数据，实证检验了制造业与信息产业融合对制造业产业绩效的拉动存在空间差异性[8]。周正平和冯德连（2013）在“中国制造”产业融合模式分析的基础上，提出产业融合是中国制造业绩效提升、转型升级的重要突破口[9]。

现有相关研究普遍认为制造业与信息产业融合有利于制造业绩效提升，但基于纺织业特性，研究纺织业与信息服务业融合对纺织业绩效影响的成果不多，定量分析更是鲜见。因此，文章将研究视角置于纺织业与信息服务业融合，实证分析两大产业间的融合度及其对纺织业绩效的影响效应，以期为各部门深化纺织业与信息服务业融合、促进纺织业绩效提升提供决策思路。

二、绍兴纺织业与信息服务业融合度的计量

（一）产业融合度计量方法的选择

目前国内外还没有形成一套被普遍认可的权威产业融合度计量指标体系和方法。

鉴于计量产业融合度的专利系数法、赫芬达尔指数法、投入产出法等存在一定弊端，文章借鉴已有研究成果[10-11]，采用耦合评价模型，对纺织业与信息服务业之间的融合度进行定量评价。耦合评价模型是基于系统论评价两个产业之间相互影响、良性互动的动态关联关系。

（二）耦合评价模型的构建

1. 功效函数与指标的标准化

文章以纺织业子系统和信息服务业子系统为耦合系统，设T为纺织业子系统的综合序参量，T_{ij}为纺织业子系统中第i个指标的第j个变量，对应的值为X_{ij}（（i=1，2，…，n；j=1，2，…，m）。设G为信息服务业子系统的综合序参量，G_{ij}为信息服务业子系统中第i个指标的第j个变量，对应的值为Y_{ij}（（i=1，2，…，n；j=1，2，…，m）。纺织业和信息服务业子系统的有序功效模型如下：

$$T_{ij}=\left(X_{ij}-\min X_{ij}\right)/\left(\max X_{ij}-\min X_{ij}\right) \qquad (1)$$

$$G_{ij}=\left(Y_{ij}-\min Y_{ij}\right)/\left(\max Y_{ij}-\min Y_{ij}\right) \qquad (2)$$

上式中，G_{ij}和T_{ij}的取值范围都是[0,1]，即把G_{ij}和T_{ij}标准化，G_{ij}和T_{ij}分别代表了X_{ij}和Y_{ij}对各自子系统的功效贡献程度，X_{ij}和Y_{ij}两个值越接近1，表明其对子系统的贡献度越大。

2. 指标权重的确定

以λ_i和λ_{ij}分别表征纺织业子系统中第i个指标和第i个指标第j个变量的权重。纺织业子系统中各指标的贡献值T_i和纺织产业子系统的综合贡献值T分别为：

$$T=\sum_{i=1}^{n}\lambda_i\times T_i \qquad (3)$$

$$T_i=\sum_{j=1}^{m}\lambda_{ij}\times T_{ij} \qquad (4)$$

同理，以δ_i和δ_{ij}分别表征信息服务业子系统中第i个指标和第i个指标第j个变量的权重。信息服务业子系统中各指标的贡献值G_i和信息服务业子系统的综合贡献值G分别为：

$$G_i=\sum_{j=1}^{m}\delta_{ij}\times G_{ij} \qquad (5)$$

$$G=\sum_{i=1}^{n}\delta_i\times G_i \qquad (6)$$

3. 耦合关联度和耦合协调度的估算

耦合关联度体现了两个子系统间相互依赖彼此匹配的程度。耦合协调度是确定耦合关联度的基础上，度量两个子系统之间良性交互程度的大小，体现了协调发展状况的好坏。借鉴已有研究成果，纺织业和信息服务业的耦合关联度C和耦合协调度D分别采用公式（7）和公式（8）估算。

$$C=2\left[\frac{T\times G}{(T+G)^2}\right]^{\frac{1}{2}} \qquad (7)$$

$$D=\sqrt{C\times U} \qquad (8)$$

公式（7）中，耦合关联度C的取值范围为[0,1]。如果C=0时，说明纺织业和信息服务业之间不存在耦合关系，C 的值越接近 1，说明两大产业间的耦合度越高。

公式（8）中，T 表示纺织业和信息服务业两个子系统整体协同效应的综合评价指数，$U=\alpha\times T+\beta\times G$，$\alpha+\beta=1$，$\alpha$、$\beta$ 为待定权重，分别表示两个子系统对系统耦合度的贡献系数。据统计，2010—2022 年期间，中国纺织业产值占 GDP 比重的平均值为 5.14%，信息服务业产值占比平均值为 16.16%。因此，将纺织业贡献系数 α 定为 0.25，将信息服务业贡献系数 β 定为 0.75。

耦合协调度 D 的取值范围是 [0,1]，学术界对耦合协调度十个等级的划分标准如表 1 所示。

表 1　耦合协调度等级划分标准

	耦合协调度	耦合协调等级
失调	（0，0.1］	极度失调
	（0.1，0.2］	严重失调
	（0.2，0.3］	中度失调
	（0.3，0.4］	轻度失调
	（0.4，0.5］	濒临失调
协调	（0.5，0.6］	勉强协调
	（0.6，0.7］	初级协调
	（0.7，0.8］	中级协调
	（0.8，0.9］	良好协调
	（0.9，1.0］	优质协调

（三）指标体系的构建与相关问题的说明

从产业规模、经济效益和发展潜力三个层面构建纺织业与信息服务业耦合评价指标体系，依据可有效量化、能真实客观反映产业现状的原则，筛选出二级指标，指标权重赋值采用熵值法计算得出，如表 2 所示。各指标值的数据来源于 2007—2019 年的《中国统计年鉴》《中国纺织工业年鉴》《中国电子信息产业统计年鉴》。

表 2　纺织业与信息服务业耦合评价指标体系

	一级指标	权重	二级指标	权重
纺织业	产业规模	0.35	纺织业增加值（亿元）	0.3405
			纺织业增加值占 GDP 的比重（%）	0.3310
			纺织业平均就业人数（万人）	0.3285

续 表

	一级指标	权重	二级指标	权重
纺织业	产业经济效益	0.35	纺织业利税总额（亿元）	0.3367
			纺织业劳动生产率（万元 / 人）	0.3332
			信息服务业成本费用利税率（%）	0.3301
	产业发展潜力	0.30	纺织业增加值增长率（%）	0.3542
			纺织业新产品产值率（%）	0.3240
			研发经费支出增长率（%）	0.3218
信息服务业	产业规模	0.35	信息服务业增加值（亿元）	0.3581
			信息服务业增加值占GDP的比重(%)	0.3235
			信息服务业平均就业人数（万人）	0.3184
	产业经济效益	0.35	信息服务业利税总额（亿元）	0.3425
			信息服务业劳动生产率（万元 / 人）	0.3370
			信息服务业成本费用利税率（%）	0.3205
	产业发展潜力	0.30	信息服务业增加值增长率（%）	0.3505
			信息服务业新产品产值率（%）	0.3242
			信息服务业研发经费支出增长率（%）	0.3253

（四）产业融合度的估算

根据公式估算 2010—2022 年纺织业综合贡献值 T 和信息服务业综合贡献值 G，以及两大产业的耦合关联度 C 和耦合协调度 D，并按表 1 确定纺织业与信息服务业的耦合协调等级。从表 3 的估算结果可知，2010 年到 2022 年，绍兴纺织业和信息服务业的耦合关联度都在 0.9—1 之间，说明两大产业之间存在高度耦合的关系，实现了良性互动发展态势。从耦合协调度来看，2010 年到 2014 年，两大产业间的耦合协调度在 0.4878—0.5889 之间，处于勉强协调阶段。2015 年到 2022 年，耦合协调度在 0.6380—0.7259 之间，由初级协调趋向中级协调。整体来看，绍兴纺织业和信息服务业的耦合协调度呈现波动上升的趋势，产业融合度不断提升。

表 3　2010—2022 年绍兴纺织业与信息服务业耦合协调度

年份	纺织业 综合贡献值 T	信息服务业 综合贡献值 G	耦合关联度 C	耦合协调度 D	协调等级
2010	0.3172	0.2526	0.9936	0.5167	勉强协调
2011	0.3013	0.2207	0.9880	0.4878	濒临失调

续 表

年份	纺织业综合贡献值 T	信息服务业综合贡献值 G	耦合关联度 C	耦合协调度 D	协调等级
2012	0.3242	0.3125	0.9998	0.5616	勉强协调
2013	0.3962	0.2794	0.9849	0.5513	勉强协调
2014	0.4023	0.3305	0.9952	0.5889	勉强协调
2015	0.4532	0.3931	0.9975	0.6380	初级协调
2016	0.5051	0.4686	0.9993	0.6909	初级协调
2017	0.4862	0.5022	0.9999	0.7058	中级协调
2018	0.4766	0.5320	0.9985	0.7193	中级协调
2019	0.5135	0.4725	0.9991	0.6945	初级协调
2020	0.4912	0.5102	0.9998	0.7109	中级协调
2021	0.5230	0.4966	0.9997	0.7092	中级协调
2022	0.5467	0.5205	0.9997	0.7259	中级协调

三、纺织业与信息服务业融合对纺织业绩效的影响

（一）变量的选取与模型的构建

构建纺织业与信息服务业融合对纺织业绩效影响的基本模型，如公式（9）所示。

$$TY_i = \partial + \beta_1 D_i + \beta_2 MS_i + \beta_3 MO_i + \mu_i \tag{9}$$

TY 表示纺织产业绩效，*D* 表示纺织业与信息服务业融合度，为随机误差项。考虑到除产业融合度外，影响产业绩效的因素还有很多，因此，基于 SCP（Structure-Conduct-Performance）模型，即市场结构决定了企业的市场行为，而企业行为又决定市场运行经济绩效的产业分析框架，将市场结构水平作为控制变量纳入回归模型。此外，绍兴作为全球最大纺织品集散中心，市场开放程度会对纺织业绩效产生重要影响。付韶军[12]（2016）、王明益[13]（2014）的研究也表明，出口和 FDI 对中国纺织业全要素生产率有显著提升作用。故此，将市场开放度也作为控制变量纳入回归模型。

根据以上分析，构建加入三个控制变量后的模型如公式（10）所示。

$$TY_i = \partial + \beta D_i + \mu_i \tag{10}$$

其中，MS 表示市场结构水平，MO 表示市场开放度。

（二）变量的度量和数据来源

纺织业绩效水平为 TY。以比较劳动生产率作为纺织业绩效的具体评价指标，数学表达式为：纺织业比较劳动生产率 = 纺织业产值占国民生产总值的相对比重 / 纺织业劳动力数量占劳动力总量的相对比重。

市场结构水平为 MS。借鉴徐盈之等（2009）的分析方法，以市场集中度反映市场结构水平，采用企业平均规模表征市场集中度[14]，数学表达式为：纺织业企业平均规模 = 纺织业总产值 / 规模以上纺织企业总数。

市场开放度为 MO。考虑到市场开放度越高的行业越能吸引 FDI，以纺织业 FDI 占纺织业实收资本的比重衡量纺织业市场开放度。

文章选取绍兴纺织业和信息服务业 2010—2022 年的数据作为研究对象，数据来源于历年《绍兴统计年鉴》《浙江统计年鉴》、中国区域数据库、中国城市数据库和浙江县市统计数据库。

（三）实证结果分析

考虑到回归模型中可能会存在异方差和序列相关，利用 Eviews 8.0 软件进行可行广义最小二乘法（FGLS）分析。模型 1 仅选用纺织业与信息服务业的融合度作为解释变量，模型 2 、模型 3 则逐次添加了市场结构水平、市场开放度作为控制变量。各模型的回归结果如表 4 所示，相关结论如下：

（1）纺织业与信息服务业融合对纺织业绩效有积极促进作用。四个模型中产业融合度系数都显著为正，且随着三个控制变量的加入，产业融合度系数和对应的 t 值都明显增高。从模型 3 的回归结果可知，纺织业与信息服务业的融合度每提高 1 个单位，纺织业绩效将提高 1.627 个单位。由此说明，从产业融合度单方面来看，纺织业与信息服务业融合对纺织业绩效的影响有限，但通过与市场结构水平和市场开放度协同，会给纺织业带来更大的复合经济效应，显著提升纺织业绩效水平。

（2）度量市场结构水平的企业平均规模与纺织业绩效正相关，这与理论预期相符。自 2014 年开始，中国纺织业开始呈现大企业通过并购重组实施加速扩张、小企业退出纺织主业竞争的发展格局，纺织行业的市场集中度不断提高，规模经济效应带动产业绩效提升。从模型 3 的回归结果可知，纺织业企业平均规模每提高 1 个单位，纺织业绩效会提高 0.234 个单位。

（3）度量市场开放度的 FDI 占实收资本的比重与纺织业绩效正相关，即纺织业的 FDI 占纺织业实收资本比重越大，纺织业绩效水平越高，但未通过显著性检验，与预期不符。究其原因可能有两点：一是 FDI 对纺织业绩效的影响具有时间滞后性。二是 FDI 通过技术外溢可以提升纺织业技术水平、组织效率和管理技能，但是核心技术外溢受到严格限制，甚至 FDI 会对内资产生一定的挤出效应，因此其对纺织业绩效的提升作用有限。

表 4　纺织业与信息服务业融合对纺织业绩效的影响

解释变量	模型 1	模型 2	模型 3
常数 C	0.586* (1.869)	1.402 (0.875)	2.572*** (6.821)
D	0.262* (1.627)	0.726** (2.964)	1.627*** (5.910)
MS		0.231** (2.150)	0.234** (2.436)
MO			0.128 (0.755)
R^2	0.872	0.929	0.978
调整后的 R^2	0.854	0.914	0.963
F 统计值	172.334	186.763	189.695
D.W 值	2.080	2.213	1.918

注：***、**、* 分别表示在 1%、5%、10% 水平下显著；括号内为 t 值。

四、政策建议

随着工业 4.0 的不断推进，纺织业与信息服务业正在构建新型的共生融合关系，产业融合发展将是纺织业优势重构、绩效提升的重要突破口。根据文章的实证结论，提出以下政策建议：

（一）加强纺织业信息基础设施建设和基础研究投入

信息基础设施和基础研究的投入与信息服务业向制造业渗透融合的程度成正比 [15]，因此需增强对纺织产业平台（园区）“云 + 网 + 端”投资建设的支持力度。同时要提高对电子信息骨干企业纺织基础研究项目的奖补力度，并采取有效措施促进各部门间基础研究开发合作，增进纺织企业信息化规划研究，夯实纺织业和信息服务业深度融合的战略基础。

（二）建立融合型纺织产业新体系

纺织业与信息服务业融合不仅意味着纺织生产环节的技术融合，更多体现在业务融合、市场融合和制度融合上。因此，要鼓励和支持纺织企业在纺织品研发设计、生产流程再造、企业经营决策和营销管理等环节全面融入信息化要素，将设备、生产线、工厂、供应商、产品和客户紧密连接融合起来，建立融合型纺织产业体系，全面推动纺织业智能化转型。

（三）推进融合型人才队伍建设

纺织业与信息服务业深度融合需要大量既熟悉纺织运营需求，又通晓信息技术的跨行业融合型人才。政府、高校和纺织企业要三方联动，建立科学的融合型人才培养体系和终身学习机制，同时要合理优化人才队伍结构和质量，逐步建成高、中、低端各层次人员相匹配的融合型人才队伍，为深化产业融合提供有力人才支撑。

（四）发挥纺织产业集聚优势

产业集聚是绍兴纺织业的重要特色，但是绍兴纺织产业集群内中小企业居多，产业关联度不强，缺乏龙头企业与中小企业间的分工协作，产业集聚优势未有效发挥，客观上还造成了集群内同质、低价竞争。因此政府要积极搭建平台，加快补链、强链、延链，构建大企业为中心、中小企业为外围的“网络式”特色纺织产业集群，推动集群精细化发展，充分释放专业化集聚对纺织业绩效的提升效应。

（五）合理有效利用外商直接投资

外商直接投资会通过示范模仿、竞争、产业关联和人员流动效应等产生技术知识溢出。政府要营造更好的纺织业投资环境，促进外商直接投资规模质量双提升。要为本土纺织企业创设有效的模仿吸收条件，加强其对外商直接投资技术知识溢出的吸收消化再创新能力，提高技术竞争能力，增强本土企业竞争优势，降低外商直接投资的技术挤出效应。

参考文献

[1] Banker R D, Chang H H, Majumdar S K. Economies of Scope in the US Telecommunications Industry[J]. Information Economics and Policy, 1998,10(2):253−272.

[2] Bally N. Deriving Managerial Implications from Technological Convergence along the Innovation Process: a Case Study on the Telecommunications Industry[J]. Creativity and Innovation Management,2005,(10):52−66.

[3] Frishammar J,HÖRTE SÅ. Managing External Information in Manufacturing Firms: The Impact on Innovation Performance[J]. Journal of Product Innovation Management,2005,(10):223−241.

[4] Sang Cheol Han. IT Convergence with Traditional Industries and short−term Research and Development Strategy in Korea[J]. Intelligent Automation &Soft Computing, 2014,(5):3−14.

[5] 张捷，陈田．产业融合对制造业绩效影响的实证研究——制造业与服务业双向融合的视角［J］．产经评论，2016，(2)：17−26.

[6] 王鑫静，程钰，王建．中国制造业与信息产业融合的绩效及影响因素研究［J］．企业经济，2018，(9)：73−80.

[7] 李晓钟，陈涵乐，张小蒂. 信息产业与制造业融合的绩效研究——基于浙江省的数据［J］. 中国软科学，2017，(1)：23–30.

[8] 李琳，罗瑶. 中国产业融合对制造业创新效率的影响研究［J］. 区域经济评论，2019，(1)：84–94.

[9] 周正平，冯德连. 产业融合：中国制造业优势创造探析[J]. 福建论坛（人文社会科学版），2013，(11)：49–53.

[10] 陶长琪，周旋. 产业融合下的产业结构优化升级效应分析基于信息业与制造业耦联的实证研究［J］. 产业经济研究，2015，(3)：21–31.

[11] 李晓钟，杨丹. 我国汽车产业与电子信息产业耦合发展研究［J］. 软科学，2016，(11)：19–23.

[12] 付韶军. 出口和 FDI 提升纺织服装业全要素生产率研究——基于随机前沿面板数据模型的分析［J］. 国际经济合作，2016，(2)：68–74.

[13] 王明益. 外资异质性、行业差异与东道国技术进步——基于制造业分行业的全参数与半参数估计比较［J］. 财经研究，2014，(9)：109–120.

[14] 徐盈之，孙剑. 信息产业与制造业的融合——基于绩效分析的研究[J]. 中国工业经济，2009，(7)：56–66.

[15] 纳格·汉纳. 信息战略与信息技术扩散：欧美及东亚国家和地区的历程［M］. 北京：中国对外翻译出版公司，2000：157–163.

县域数字政府建设的行为及其运作逻辑分析

——基于浙江省余杭区、德清县、诸暨市的实践

中共诸暨市委党校 何 花

数字政府是现代化政府转型的必然结果，当前我国治理的重点难点集中在县域层面，县域数字政府建设是国家治理现代化的重要和直观体现。在大数据驱动机制下，以县域数字政府建设的态度和省市级政府的权力两个维度推演出“学习型”“借力型”“表态型”“从众型”四种行为模式，并存在相互转化现象。县域数字政府建设中具备的要素占比是判定其行为模式的重要参数。根据县域政府角色和体制的特殊性，从思维、技术、组织、价值与职能等方面构建县域数字政府建设的要素结构框架。基于余杭区、德清县和诸暨市三个案例实践，从行为模式、技术合作、专设部门和扁平化的组织结构分析县域数字政府运作逻辑。在此基础上讨论县域数字政府建设遇到的困境及破解路径。

一、问题的提出

2015年以来，我国先后出台多部关于大数据发展与“互联网＋政务服务”的文件，十九届四中全会和五中全会提出推进和加强数字政府建设，浙江、广东、上海、贵州等地掀起了数字政府建设浪潮并取得显著成绩。党的二十大报告中提出到2035年，我国发展的总目标之一是基本实现国家治理体系和治理能力的现代化，而数字政府建设则是其中的必然要求。《史记》记载：“郡县制，天下安。”习近平强调，“在国家的政权结构中，县一级处在承上启下的关键环节，是发展经济、保障民生、维护稳定、促进国家长治久安的重要基础……并一直是我国国家结构的基本单元”。[1] 县域政府是最稳定的行政单位，是国家行政体系中观与微观的结合部，是宏观与微观政策的转化体，其数量庞大，是政府治理创新的基础性力量，县域政府的数字化治理是我国治理

体系和治理能力现代化的重要体现。数字时代，人们的诉求越来越多元化、高质化，对便捷化和高效化的服务和治理有了更高的要求，县域政府治理面临着治理场景网络化、思维理念变革、治理方式转型、组织变革、数字技术应用及数据安全等一系列挑战，同时，大数据驱动县域政府数字化转型过程中带来了各种数字资源和机遇。县域政府在推进数字政府建设中如何在大数据的驱动机制下清楚认知自我的数字化行为并适时调整,充分发挥县域体制优势将其转化为数字治理效能等问题变得至关重要。目前，学术界对县域数字政府建设集中在数字技术赋能和具体实践过程研究，对于县域数字政府建设的行为模式及其运作逻辑的研究还有很大的空间。浙江数字政府建设走在全国前列，形成了一系列丰富的地方经验。本研究选取浙江省三个县域政府作为典型案例探索县域数字政府建设的行为模式，从要素结构体系分析县域数字政府的运作逻辑，力图丰富县域政府研究，推动县域治理现代化。

二、文献述评

政府治理模式经历了从传统的官僚制、新公共管理到新公共治理，政府经历了“划桨人”“掌舵者”“服务者”“合作者”“整合者”角色演变。大数据时代，数字治理应运而生，是公共管理领域的一大创新，体现了数字时代政府治理的需求和特色，为数字政府建设提供了理论基础。

（一）数字政府的概念与内涵研究

目前学界对数字政府的概念与内涵尚无统一明确界定。主要代表性研究集中在以下四个视角：（1）治理的视角。数字政府建设是一次治理模式变革，并非技术替代，[2] 促进了政府行为、职能、体制、理念的全面转型，重构了政府与市场、社会的关系。[3]（2）比较的视角。数字政府建设是政府为适应和推动经济社会做出的数字化转型，与“电子政务”“智慧政府”在治理技术、主体、对象、范围和理念等层面存在明显区别，数字政府内涵更为丰富，[4] 从公共政策角度看数字政府与“电子政务”代表不同逻辑，含义相似,是政府治理实践的不同演进历程。[5]（3）社会形态的视角。人类社会经历的农业社会、工业社会和信息社会决定了政府治理由单向控制、代议互动到数字协商。[6]（4）政府形态的视角。数字政府是政府数字化转型的结果，旨在用数字技术创造公共价值，是一种全新的政府形态。[7] 第四次工业革命促进“物理空间”政府转变为大数据时代更加泛化的“数字空间”政府形态。[8]

（二）数字政府建设的规范性研究

从规范层面建构数字政府建设总体性的原则、框架、要素和关键任务，从而推动数字政府治理体系和治理能力建设。从技术、行为、组织三个维度推进数字治理体系和治理能力建设，[9] 数字政府建设主要包含三个要素：面向数据的治理、运用数字技术进行治理和治理场域的拓展，[10] 从战略规划、组织体系、能力与责任、技术与平台、数据安全与隐私保护等方面提出数字政府建设框架。[11]

（三）数字政府建设的实证性研究

基于各地区数字政府建设的具体实践情况，选取个案或多案例比较方法进行地方经验研究。（1）基于个案具体过程研究。浙江以“最多跑一次”改革为抓手，打造“以小前端 + 大平台 + 富生态 + 共治理”的多主体网络协同治理的数字政府模式[12]；上海打造“一网通办”政务服务模式。[13]（2）多案例比较研究。以浙江、江苏、广东和上海四地数字政府建设实践，从顶层设计、平台设计和政策环境优化等维度探讨数字政府建设的共性。[14] 从广东、浙江、贵州三省数字政府建设模式进行对比探讨彼此间的共性与差异。[15] 或以公私合作视角，选 10 个代表性省份和城市，以资源依赖和平台治理理论为分析框架，提炼出平台垄断、服务交付和内部管理等模式。[16]

（四）县域等基层政府数字治理研究

从学界研究情况看，对基层政府的界定包含了县域政府及其镇（街）政府等，针对基层政府的数字治理研究并不多，目前主要集中于剖析困境与路径等研究：（1）个案实践研究。基于某个县区个案，以政府赋能分析基层政府数字治理形成的制度、组织、机制、应用及其公民参与的内生动力，以数据约束分析其所面临的数据采集、保障、运用和计算等困境；[17] 或以信息生态理论概括基层政府数据治理特点，从数据文化、驱动力、治理架构与能力及其组织体制等方面分析基层数据治理的结构性要素。[18]（2）伦理学角度研究。从伦理学角度分析基层政府数字治理面临的行政政策、组织、制度和人员伦理方面困境，以道德视角寻找优化路径。[19]

上述研究对数字政府作了丰富和深入分析，其中对县域政府数字化转型中所遇到的困境和矛盾研究集中在技术和组织等方面，数字政府建设的要素结构研究也较为成熟，为本研究提供了重要的理论基础和思想来源。但仍存在一些可研究的空间，一是从研究具体对象层级看，以省市级政府较多，县域数字政府研究还有值得拓展研究空间。二是从研究的理论框架看，多是把数字政府放在特定视角下或从特定的要素结构探讨其建设模式，较少能从县域政府的行为模式或行为类型研究。三是从研究的具体实践看，基于县域数字政府实践情况的研究不多，较易忽视现实因素影响。四是从研究方法看，针对基层政府数字治理的研究也多基于某个案，多案例比较研究较少。鉴于此，本课题基于多个县市区案例实践情况，以县域数字政府行为模式及其建设要素的生命周期为分析框架，研究县域数字政府行为及其运作逻辑具有较大的研究价值。

三、分析框架

（一）大数据驱动的县域政府行为模式分析框架

政府行为是一个国家经济社会发展的关键性推动力量，是公共管理学界研究的核心内容，主要是指政府作为行政机关，依法运用公共权力通过各种手段方法对经济、社会、文化和生态等各方面进行调节与管理的系统性、动态化的过程。过往学界对政府行为的研究主要集中在政策扩散、转移与趋同的过程视角和府际学习的视角。大数据驱动下，政府角色不断演变，当前处于数字时代，移动互联网、5G、物联网、AI、大数据、区块链、云计算等一系列新一轮信息科技技术快速发展，正在撬动经济、政治与社会等各领域发生深刻变革，大数据正驱动政府角色从“管控者”“封闭型政府”走向“整体型政府”“伙伴型政府”“科学决策型政府”“精准服务型政府”“智慧型政府”等一系列新角色。[20] 政府行为愈加复杂和多元，数字化改革浪潮中，地方政府彼此间行为模仿愈加突出。对此，本文选取唐曼等教授提出来的一种新的地方政府行为分析框架——“地方政府行为模仿模式”作为理论分析根据，即从中央政府权力是否在场和地方政府态度是否主动两个维度，推演出地方政府“表态型、从众型、借力型和学习型”四种行为模仿模式。[21]

县域政府是地方政府中的重要力量，县域政府行为是指县域政府在中央、省市级政府的领导下，运用公共权力对本县域的经济、社会、文化与生态等各方面进行管理与服务的行为过程，其行为表现形式主要包括县域层面的战略规划、政策制定与修订、组织机构设置与调整、制度安排、督查与考核等。大数据时代下，县域政府为了更快适应数字时代，加快自身数字转型，其行为同样出现了不同程度的行为模仿现象。以省市级政府权力和县域政府态度两个维度，省市级政府权力是否在场是指省市级政府是否通过政策规划、制度安排等指导参与县域政府数字治理过程，对其行为产生直接或非直接影响。县域政府态度是否主动是指县域政府在管理和服务县域经济社会的过程中是否主动，其行为是具有自觉能动性还是被动适应性。

大数据时代下在推进数字政府建设方面，可以说从中央政府权力都是一直处于“在场”状态，是一个控制变量。党的十八大以来，习近平多次就网络强国战略、大数据战略和数字政府建设发表一系列重要讲话并作出重要部署。党的十九届四中全会和五中全会均明确指出加强数字政府建设，《中华人民共和国国民经济和社会发展第十四个五年规划和 2035 年远景目标纲要》中以“加强公共数据开放共享”“推动政务信息化共建共用”“提高数字化政务服务效能”三个方面对提高数字政府建设提出了明确要求。[22]2022 年 4 月 19 日，在中央深改委第 25 次会议上，习近平提出“以数字化改革助力政府职能转变”，这既是对地方政府数字政府建设的最大肯定和激励，也为地方政府深入推进数字政府提供了根本遵循，指明了方向。近年来，全国各地方政府运用新兴信息技术，推进地方政府自身数字化转型，成果显著。如浙江省“最多跑一次”改革和“浙里办”“浙政钉”、上海“一网通办”、广东“粤省事”、贵州“云上贵州”，等等。大数据在推进政府向数字政府转型过程中形成了强大的“驱动机制”——即大数据是一张网，推动形成多元共治格局；大数据是一部“整合机器”，倒逼政府走向整体性治理；大数据是一种万物互联，提升政府决策的科学性；大数据是一种现代技术，促进政府治理精细化和智能化。[23] 县域政府正是大数据驱动机制下，其推行数字政府建设的态度与省市上级政府权力变量形成了四种行为模式：“表态型—从众型—学习型—借力型”四种行为模式（如图 1 所示）。

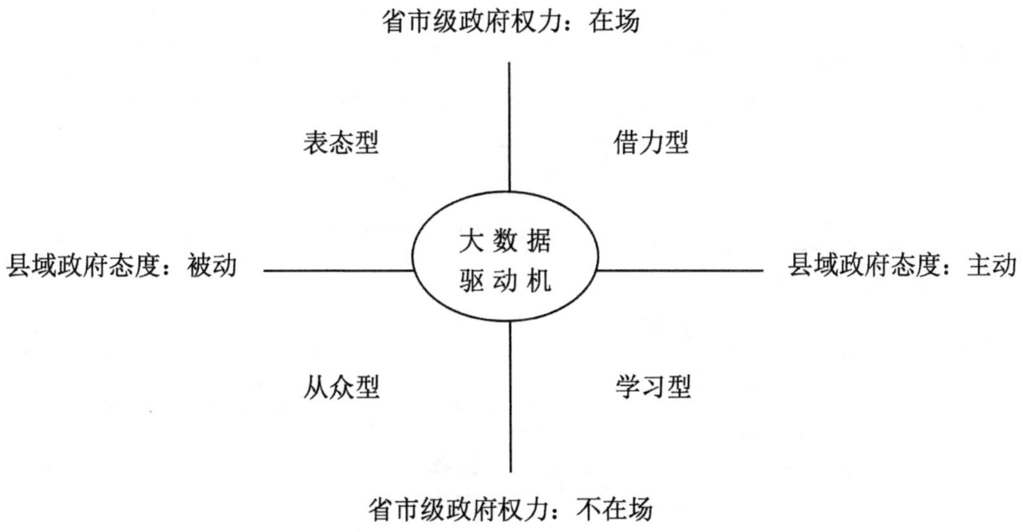

图 1　大数据驱动的县域政府行为分析框架

资料来源：作者改编自唐曼，王刚：《行为模仿：地方政府行为的一个分析框架》中地方政府行为模仿模式图。

在大数据的驱动下，县域政府“表态型”行为是指在省市级政府权力在场，如浙江省推行“最多跑一次”改革得到中央肯定，并在全国推广，一些省市级政府积极响应打造试点或示范县区，部分县区积极性欠缺，会作出“表态型”行为。县域政府“从众型”行为是指一些省市或因信息技术、数据能力等因素影响做出权力不在场行为，这时县域政府也抱着“只要不掉队”心理，导致其推行数字政府建设自觉性和能动性欠缺。县域政府“学习型”行为是指中央权力在场，省市级政府尚未深入介入数字政府建设，但县域政府主动推行数字化改革，向先进县区学习、借鉴和模仿其数字治理经验。县域政府“借力型”行为是指省市级政府权力在场，大力鼓励和支持县域数字政府建设，县域政府在上级政府的支持和引导下，积极主动与新兴信息技术企业合作，同时借助“上级的政治动员契机和大量的政策资源供给”[24]来实现自身数字化转型。如浙江省数字政府建设在全国排前列，2021年初省政府召开数字化改革誓师大会，提出“1+5+2”建设，下面11个地级市政府均纷纷出台本市数字政府建设具体文件，县域政府对此出台相应的县域数字政府建设方案并快速成立相关专班推进。

（二）县域数字政府建设要素结构分析框架

县域政府在大数据系统性的驱动机制下，其态度与上级政府的权力互动下形成了不同类型的行为模式。对于县域数字政府建设的讨论，本文旨在讨论中央、省市级政府权力在场的情况下县域数字政府建设研究。在具体推行数字政府建设过程中，从普遍性角度看，思维、技术、组织、价值、职能等是县域数字政府建设的重要维度和要素，同时，县域政府作为“上传下达”的“过渡型政府”重要角色，其数字政府建设又与其他地方政府也有所区别。因此，本文基于县域政府的特殊性和县域政府推行数字政府建设的因素两个方面，构建出了一套县域数字政府建设的分析框架（见图2）。

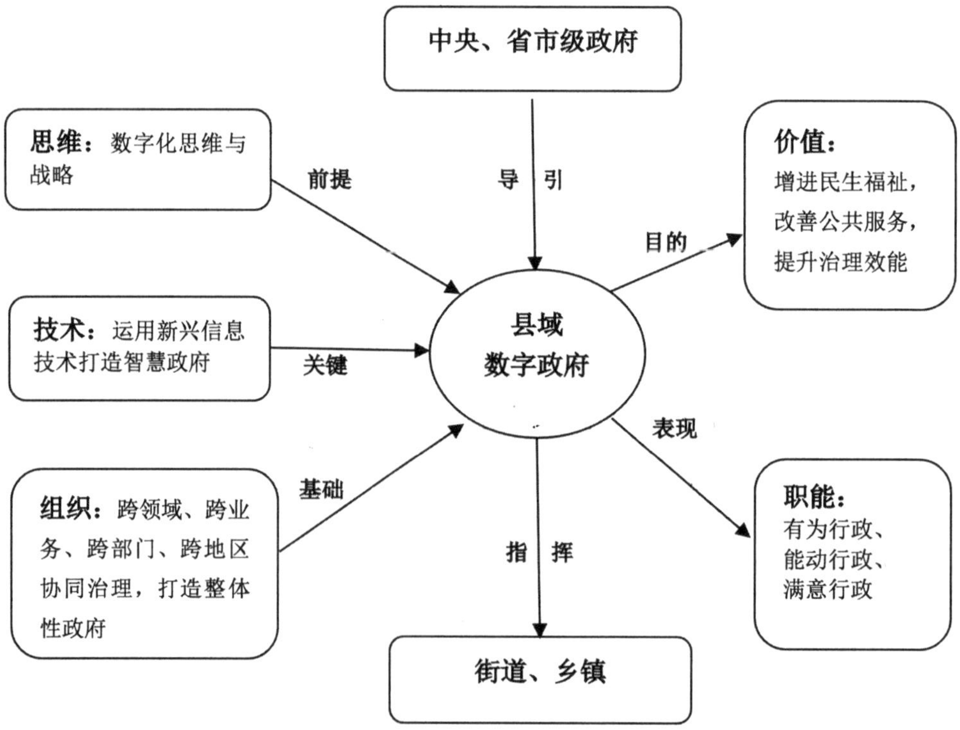

图2　县域数字政府建设的要素结构分析框架

资料来源：作者自制。

1. 县域数字政府角色的特殊性

县制最早出现在春秋战国时期，是我国的一级行政建制。县域政府是我国行政体制里最基本的行政单元，在国家行政体制中扮演“承上启下”重要角色，是宏观政策的具体执行者，是与群众密切接触和联系的“当事人”。县域政府对县域经济社会等各方面的发展起着主导性作用，是其直接“组织者”，可以说县域强而国强，县域稳而国稳。近年来，随着大数据等新兴信息技术的崛起，县域政府面临更加广阔、复杂和多变的治理场域，数字政府是县域政府在大数据时代必然经历的一次深刻变革，也是县域政府进行数字化改革的最终走向。在大数据驱动机制下，中央明确提出数字政府建设,“十四五”规划用专篇写建设数字中国,数字政府是数字中国的重要组成部分，其中专章写提升数字政府建设水平。十九届六中全会强调国家治理体系和治理能力现代化水平不断提高，社会治理智能化、专业化水平大幅度提升。数字政府是国家治理体系和治理能力现代化的重中之重。随之，各省政府均纷纷出台相应的数字政府建设相关战略规划，对县域政府推行数字政府建设指明了方向，在数字政府具体建设的总体思路、战略目标、建设内容、方法路径、工作机制、重点任务与保障措施等方面作出明确要求和引导。对此，市级政府以省级政府对数字政府建设的总方案为指导，根据所在地市区的基本情况，提出本市数字政府系统建设方案，从而对下面各县域数字政府建设提出具体要求和指导。县域政府再随之将数字政府建设相关方案具体化和细化，指挥落实到县域政府内部各个相关部门以及镇（街）政府，在“执行”和“下达”过程中，县域政府拥有极大的自主性。

县域治理中有其独特的治理体制——“党政体制”与“条块体制”[25]，这是一种典型的“政行合一”体制。县域政府可将党政体制和条块体制的相关优势转化为治理效能，推动县域数字政府建设。一方面，党政体制可以借助党的总揽和核心领导地位推进县域数字政府建设。“县委是我们党执政兴国的‘一线指挥部’。”[26] 在县域政府推进数字政府建设过程中，党组织以其“最高权威性”“最高的创制权”“最高的组织动员力”[27] 等优势，有助于县域政府以“中心工作运行模式”[28] 大力推动数字政府建设。另一方面，条块体制即双重领导体制，“块块”指县乡两级党委政府，“条条”指党政职能部门。因此县域数字政府建设过程中，政府职能部门要接受县党委县政府领导的同时，还需受上级对口部门领导，如其中建设数字政府综合应用模块，县域层面的大数据相关部门在受到县党委政府领导，可以借用党委的“最高权威”“最高动员力”推动工作有效快速开展，同时也受到市级大数据发展局和省大数据局领导，可以在具体数字政府应用建设专业领域，借用上级大数据部门的政策资源解决县域数字政府应用建设问题。

2. 县域数字政府建设的要素框架

县域政府基于其自身角色的特殊性，在推进县域数字政府建设中也相应呈现出一定的特殊性。在中央、省市级政府关于如何推进数字政府建设的相关领导和指引下，县域政府其态度是否主动表现出“表态型”和“借力型”两种数字政府行为模式。同时，县域政府作为“条”“块”资源整合者和矛盾协调者的角色，相对于其他层级政府，县域政府在推进数字政府建设过程中具有极大的行为自主性，对下面的各街道、乡镇级政府推进数字政府进行直接指导和管理。针对县域数字政府建设，本文试图从县域数字政府建设始末所涉及的重要要素入手，从县域数字政府建设的前提、关键要素、基础要素以及最终的目的和表现等方面构建县域数字政府建设的要素结构分析框架。

一是战略思维上，坚持数字化思维与战略，这是县域数字政府建设的前提。Deloitte 提出一个组织的数字化应用程度即数字化成熟度，数字成熟机构的特征包括战略、领导力、员工技能发展、用户专注度、数字文化。[29]（40-41，46-49）战略被列为首要特征，战略规划直接且长期影响了县域政府的领导力及其数字政府建设的方向，若一个县域政府具有明确的数字政府建设的战略规划，那该县域数字政府建设会更加成熟，更有能力应对数字化转型中遇到的挑战与困境。同时，一定的数字思维是县域数字政府建设的必要因素，共享、开放、包容、协同、精准、敏捷等是数字思维主要内容，拥有系统性的数字思维，县域数字政府才会建设得更优，发展得更远。

二是技术应用上，运用新兴信息技术打造智慧型政府，这是县域数字政府建设的关键。追根溯源，县域数字政府是基于大数据的驱动机制下而出现的一个产物，在县域政府治理内容和形式实现“数字化”的同时，以云计算、AI 等技术实现县域政府对数据分析评判、最优决策以及科学考评等一系列的治理过程的“智能化”。大数据、物联网、云计算、AI、区块链、5G、VR/AR 等一系列新兴信息技术为县域数字政府建设提供了关键的技术支撑，促使政府自我角色革命，从传统的机械化走向互联网化、数字化再到智能化政府的升级转型。

三是组织结构上，通过跨领域、跨部门、跨业务、跨地区的协同治理，打造整体性政府，这是县域数字政府建设的基础。县域政府的组织结构直接决定了其治理方式。大数据等新兴信息技术的开放、包容和数据的爆炸性增长和错综复杂等特质倒逼县域政府走向开放型政府，其中前提是县域政府内部须是开放的，即基于市场和社会需求，重新梳理业务，实行机构改革，整合部门，打造“政府即平台”，建立统一的涉及多个服务项目的行政中心，通过“多跨协同”实现县域政府的整体性治理。

四是价值取向上，追寻和创造“增进民生福祉、改善公共服务、提升治理效能”[30]的公共价值，打造满意型政府，这是县域数字政府建设的目的。首先，相比其他层级政府，县域政府与民众接触最为直接和频繁，无疑县域数字政府建设的公共价值中最为突出的即以人民为中心，随着社会主要矛盾的变化，县域数字政府建设过程中坚持人民主体地位，最终目的是不断满足民众对美好生活的需求。其次，县域数字政府以数字化技术为关键支撑，通过协同治理、“一站式”服务等整体性治理方式为市场主体和社会民众提供更为精准化、个性化的优质服务。最后，从县域政府自身角度出发，县域数字政府建设最终的价值追寻和目的是提升县域政府的治理效能，以大数据、AI等新兴信息技术进行科学决策、智能化治理、全方位客观公正考评，实现高效、高质、敏捷的现代化治理价值。

五是职能实现上，以信息技术为支撑，以民主高效优质的现代化治理价值为导向，实现“有为行政”“能动行政”“满意行政”[31]，这是县域数字政府建设的最终表现。首先，县域政府对全县域的经济社会进行直接管理，容易出现大包大揽、过度干预的管控行政，县域数字政府则一改传统职能定位，梳理职能清单，以大数据为手段实现“有所为有所不为”职能。其次，在“技术— 数据”双重赋能机制下，县域数字政府能够积极主动不断自我调整适应数字时代，同时做到精准高效回应市场和社会需求，实现了能动性行政职能。最后，以本县域内的“用户需求”为导向，不断升级数字治理和服务效能，形成了治理从“理想设想—实践—反馈—优化改进”[32]的一套良性循环，最终实现县域数字政府的“满意行政”。

（三）县域数字政府建设的行为模式框架与要素结构框架的关系

县域数字政府行为模式与县域数字政府建设的要素息息相关，不同行为模式背后的要素占比不同，我们可根据要素占比多少来判定其行为模式类型。最完美的县域数字政府建设是省市级政府权力在场，又对县域有明确详细的导引，县域数字政府在思维、技术、组织、价值和职能等各要素条件方面都具备，同时对下属的镇（街）政府积极指导，促进镇村范围内的数字化治理。当县域数字政府建设过程中省市级政府权力在场，也对县域数字政府建设作了明确细化的导引，县域政府态度积极主动推进数字政府建设，此时县域政府极大的自主性发挥了强大的推动力，对下属镇街级数字化治理作出要求并给予支持，这样就形成了县域范围内上下一体的数字化治理。同时，在思维、技术、组织、价值和职能等要素上满足条件，那该县域数字政府建设就属于“完美”的“借力型”模式。

然而，现实中很难完全达到满足所有条件，县域数字政府建设中各类要素占比不同，我们可以将其行为判定为某种类型的行为模式，其中，思维要素是判定县域政府行为是否主动的关键标准。具体主要有如下几种情况：（1）当在省市级政府明确导引，县域政府积极指导镇（街）等全县域数字政府建设，并拥有了满足了数字化思维、先进的新信息技术和彼此协同的整体性组织等三种必备及以上要素的县域数字政府，便可认定其行为属于“借力型”模式；（2）当拥有思维、技术、价值三种要素，但省市级政府导引不够明确，但县域对下属镇（街）积极指导，可判定为“学习型”模式；（3）当仅拥有组织和价值两种要素，省市级政府也有明确导引，但县域政府缺乏数字化思维和理念，同时也无信息技术支撑，不论从主观和客观上都受到了限制和挑战，从而对镇（街）范围指导也不足，但因为上级政府权威，较为“被动”推进数字政府建设，则可判定为“表态型”模式；(4) 当仅拥有一定程度的一种要素，只是随“大流”要表现出一种服务型政府，同时，省市级政府导引不足或不明确，存在一定程度上的权力不在场，县域不论在主观思维和目的价值上都缺乏数字化，技术上也因经济等原因受到巨大限制，组织结构上仍维持原有的不可跨越的层级制组织结构，相应地对镇（街）范围数字化转型也缺乏指导，则可判定为“从众型”模式。

表 1　县域数字政府建设要素结构与其行为模式的关系

序号	县域数字政府建设的要素结构		县域数字政府建设行为模式
1	省市级政府详细导引，县域政府积极要求和指导镇（街）	思维、技术、组织、价值、职能	完美“借力型”
2	省市级政府详细导引，县域政府积极要求和指导镇（街）	思维、技术、组织	“借力型”
3	省市级政府导引不明确，县域政府积极要求和指导镇（街）	思维、技术、价值	“学习型”
4	省市级政府详细导引，县域政府对镇（街）要求和指导不够	组织、价值	“表态型”
5	省市级政府导引不明确，县域政府对镇（街）要求和指导不够	职能	“从众型”

资料来源：作者自制。

四、县域数字政府建设的实践内容与运作逻辑

全国各地区在大数据信息技术的驱动下，以及中央政府的指导和重视下，数字政府建设如火如荼，其中浙江省数字政府建设成果显著，浙江是全国首个信息经济示范区，也是国内唯一同时承担数字政府领域三个国家级试点任务的省份——国家电子政务综合试点、公共信息资源开放试点、政务信息系统整合共享试点。《省级政府和重点城市网上政务服务能力调查评估报告（2020）》显示，浙江在省级政府网上政务服务能力测评中排名第一，杭州市在重点城市网上政务服务能力测评中排名第 2。为了更好地分析县域数字政府建设，本文从浙江省选取杭州余杭区、湖州德清县、绍兴诸暨市等三个县域为对象分析县域数字政府的实践内容与运作逻辑。

（一）县域数字政府建设的实践内容

第一，杭州余杭区数字政府建设。(1) 以 CT 智能应用聚焦多跨场景，做好城市安全卫士。CT 应用聚焦道路、管线、桥梁、危房、山体和堤坝 6 大安全风险重点领域，

已归集共16余万条基础数据，以及遥感监测、物联传感、人工检测等1500余万条监测数据，形成城市安全数据专题库，让群众收获稳稳的安心。通过“全面体检＋重点复诊”，生成全区风险态势“体检报告”，如预警事件该平台可“一键派单”至相关部门快速处置反馈。（2）以一体化公共数据平台为依托，打造全面动态的数字政府综合应用。余杭区数字政府门户是以政府工作报告板块为核心，搭建“1+6”框架，设置“政府工作报告”“数字经济核心产业增加值”“R&D经费支出”等22个模块，数字政府科与政府各部门协同更新和监测全区重要数据指标。[33]（3）以部门协同和资源整合为基础，实现县域范围内“一码通行”。余杭区数据资源管理局牵头协调卫生健康局、退役军人事务局、审管办、民政局等23个部门，打通26个“码”，实现对数字资源的物理整合。此外，余杭区还核减了“数智政协”（委员码）、“家政一键通”（家政码）、“舒心养老”（老龄码）等7个项目中相关赋码建设计划。截至2022年2月，杭已归集8类54项约710万条数据，聚焦一码出行、一码通办、一码核验、一码入园、一码就医、一码缴费、一码助残、健康申报等24个应用场景。[34]

第二，湖州德清县数字政府建设。在数字政府领域，德清县位列浙江省县（市、区）纵队领跑榜第一名。（1）以城市大脑平台助力“打造全国县域第一智城”。2018年建成德清城市大脑。截止2020年3月，德清城市大脑已归集全县58个部门近10亿条数据，实现70多个智慧应用，为数字乡村建设以及政府数字化转型、智慧城市建设、数字产业开拓等提供数据、安全、计算、存储、网络等全方位的支撑，初步实现“四个一体化”，即数字化基础设施一体化建设、智慧应用一体化建管、公共数据一体化共享开放、数据和网络安全一体化防护。（2）重视基础信息设施建设与技术应用能力提升。推进5G基础设施部署和建设，编制完成德清城区支持自动驾驶的LTE-V车联网专网和5G试点网络部署方案。建设并通过验收的“智慧德清时空信息云平台”，完成各类时空大数据的统一标准，提升了技术应用支撑能力。（3）建立县域（数字）治理中心。集成矛盾调解、社会治理、应急管理、环境保护等治理领域线上线下平台，实现多部门联动管理。规范县、镇（街）、村社区等多层级县域数字治理联动响应处置流程，实施分级感知、分级监测、分级智治。建立多部门协同的信息化项目管理机制。[35]

第三，绍兴诸暨市数字政府建设。（1）“一证办”升级3.0版，走向“刷脸办”“无证办”。2017年诸暨市在全省首创推行“一证通办一生事”，即以“身份证”为索引，把部门数据仓整合建成公共数据平台，市民凭一张身份证，就能办理从出生至死亡的绝大部分涉民事项，无须提供其他证明材料。同时，“一证通办”信息系统与政务服务网电脑端、“浙里办APP”移动端、综合自助机服务端全面打通，实现数据实时交换、信息无缝对接。2020年，刷脸办”功能与“一证通办”系统的对接。政务服务中心大厅所有窗口以及镇村便民服务中心均可同步‘刷脸办’应用，全县域324个“一证通办”事项也可在市、镇、村三级“无证办”。（2）突出“小切口、大场景、快应用”，探索构建多部门协同处警场景应用。开发并上线数字政府门户上的“一键通”系统，靶向聚焦高频次、高关注度和高获得感的紧急救助事件处置领域，根据职能确定公安、卫健、消防、保险等第一批高频协同部门。在构建评价体系上，形成“接报、处置、反馈、整改”的全周期业务闭环。通过一条短信，着力打造“群众点单、系统定单、指挥派单、部门接单、后台跟单”的系统运作模式，最终以“微联动”推动“大循环”，实现了多部门高效协同。

表 2　县域数字政府建设的实践内容

<table>
<tr><th>典型案例</th><th>数字政府建设内容</th><th>组织机构与领导</th><th>制度保障</th><th>行为模式</th></tr>
<tr><td rowspan="3">杭州余杭区</td><td>CT 智能应用</td><td rowspan="3">1. 区数据资源管理局
2. 区数字化改革领导小组
3. 数字政府科
4. 数字化应急管理工作领导小组</td><td rowspan="3">1.《关于推进全面数字化转型推动“数字余杭”高质量发展的实施意见》</td><td rowspan="3">“借力型”</td></tr>
<tr><td>全面动态的数字政府综合应用</td></tr>
<tr><td>“一码通行”</td></tr>
<tr><td rowspan="3">湖州德清县</td><td>城市大脑平台</td><td rowspan="3">1. 县大数据发展管理局
2. 县数字化改革领导小组
3. 县数字政府系统建设工作专班</td><td rowspan="3">1.《德清县数字政府建设“十四五”规划》
2.《德清县党政数字化项目管理办法》《德清县数字化项目绩效评价实施细则（试行）》
3.《德清县数字化改革“景益求精”计划》
4.《德清县公共数据管理办法》</td><td rowspan="3">“借力型”</td></tr>
<tr><td>提升基础信息设施建设与技术应用能力</td></tr>
<tr><td>县域（数字）治理中心</td></tr>
<tr><td rowspan="2">绍兴诸暨市</td><td>“一证办”升级3.0版，走向“刷脸办”</td><td rowspan="2">1. 市大数据发展管理中心
2. 市数字化改革领导小组
3. 市数字政府系统建设小组</td><td rowspan="2">1.《诸暨市深化“最多跑一次”改革推进政府数字化转型工作实施方案》
2.《诸暨市数字政府系统建设方案》
3.《关于加快数字诸暨建设的实施意见（2020—2022 年）》</td><td>首创“一证通办”阶段：“学习型”</td></tr>
<tr><td>构建多部门协同处警场景应用</td><td>数字化改革阶段表现出一定程度的“表态型”</td></tr>
</table>

资料来源：作者自制。

（二）县域数字政府建设的运作逻辑

第一，行为方式上，县域政府呈现出“学习型”“借力型”“表态型”三种行为模式，并出现从“学习型”向“表态型”转换现象。县域政府在数字政府建设上的总体框架和战略目标根据省市级数字政府建设指标分解任务，2021 年浙江省发布《浙江省数字化改革总体方案》，其中提出了对数字政府建设的系统性方案，在具体建设中的思路与目标、“四横四纵”构建架构、12 个方面的主要任务以及聚焦任务所形成的多场景多业务协同应用、以 V 字模型和业务协同模型与数据共享模型为核心的方法路径、从组织、安全、督查以及项目管理上的保障措施等方面做了明确指示。地市级政府纷纷以此为指导，基于自身情况定出地市级数字政府建设的系统性方案，县域政府再以省市级建设方案为指导，结合县域实际，制定出本县域数字政府建设的系统性方案，全面明确本县域数字政府建设的工作思路、工作目标、主要任务、总体框架和保障措施。如诸暨市数字政府系统框架为“1+12+13+X”①。德清县政府出台关于《德清县数字政府建设“十四五”规划》，对德清数字政府建设的总体思路以及通过专栏设定的主要任务及其具体保障措施等进行了详细部署。诸暨市在最初的“一证通办”过程中表现出是较强的“学习型”行为模式，在近两年的数字化改革中由于自身技术因素不足、重视度不够等原因，进入到了“瓶颈期”，但又因前期“一证通办”改革所积累的一定的组织要素做基础，表现出了一定程度的“表态型”行为模式，反观余杭区数字政府建设可以说是“借力型”模式，余杭区具有如阿里巴巴集团等信息技术优势，在县域政府层面较早推进数字化治理，正需要借“上级之力”更快推进数字政府建设。德清县数字政府建设也属于“借力型”模式，特别在城市大脑建设上，上级政府处于“在场”状态，即湖州市政府推行的“城市数字大脑”是浙江省首个基于政府数字化转型“四横三纵”架构的城市大脑。德清县态度积极主动，立即“借力”启动县域城市大脑并成果显著。

第二，技术应用上，县域政府采取“合作”方式，引进相关信息技术企业或研究机构并签订协议，为县域数字政府建设提供了强有力的技术支撑。如余杭区与阿里巴巴集团合作较早开发城市大脑，2020 年 9 月，余杭区拥有了全球规模最大的全浸没式液冷数据中心、阿里巴巴在杭州的首座云计算数据中心——阿里巴巴浙江云计算仁和数据中心。阿里云智能总裁张建锋提出：“阿里巴巴浙江云计算仁和数据中心是目前杭州地区已建成的规模最大、技术最先进的绿色数据中心，它的建成投运将打响浙江省百万台服务器建设攻坚战的第一枪，将成为阿里巴巴集团以浙江为核心的长三角智能

① “1+12+13+X”。“1”：是建设数字政府综合应用，是数字政府协同总支撑；“12”：是实现省、绍重大任务应用落地贯通，包括：打造常态化疫情防控、科技创新、产业发展、双循环、营商环境市场活力、新型城镇化、乡村振兴、区域协调发展、生态文明、民生保障、安全生产、政府效能管理等 12 项重点应用。“13”：是配合完成绍兴市确定的科创大走廊、制造业园区全域治理、宅基地改革试点、生态环境保护、涉外信息共享、“1+9”政策兑现监管应用等 13 个方面重大任务和场景应用。“X”：是按照“先行先试、逐步推进、精品精致”要求，有计划打造一批市级特色任务和场景应用。

数据中心建设的起点和标志。”[36] 德清县和浙江数字化发展与治理研究中心[①] 合作共建“德清中心”，从具体案例、顶层设计和治理体系三个方面与县委政研室等单位开展合作课题研究，为德清县域数字政府建设提供理论依据和实践路径参考。县域政府开启创新数字化项目政企合作模式，以民众需求为核心，主体划分中政府为主导，企业为关键，明确彼此合作关系与责任边界，提高民众的满意度。

第三，组织设立上，通过新设立数字政府机构，从组织体制和机制上，统筹并合力系统性推进县域数字政府建设。在省市级数字政府建设的机构设置导引下，县域政府纷纷成立大数据发展局或大数据发展中心，主要负责一体化公共数据平台建设，综合各场景应用数据，建立健全数据全生命周期治理机制。同时，建立数字政府建设主要领导责任制，在省市级政府成立数字政府建设领导小组的导引下，各县域政府也成立县域数字政府领导小组，县长担任小组长，负责做好顶层设计相关工作，领导县域数字政府建设。如德清县在数字化改革领导小组领导下，组建深化数字政府系统建设工作专班，推行“项目化实施 + 专班化推进”[37] 方式。领导小组本质上是政府治理中的一种协调机制，更容易做好领导和统筹工作，但存在持续性不够、部门“路径依赖严重”“因高层频繁担任各小组长而产生的资源分散效应”[38] 等短板，在此基础上不少县域政府组建数字政府专班，更为具体地统筹县域数字政府建设，更有县域政府设立专门科室具体负责数字政府建设，相对比“专班”，“科室”更为固定，使得数字政府建设成为一种常态化的重点工作。如余杭区 2021 年首创成立“数字政府科”，长期主抓数字政府建设工作。

第四，组织结构上，突破科层制组织结构，整合同类部门或业务，通过开发多场景应用，实现多跨协同治理，以整体性治理推动县域数字政府建设。县域数字政府在大数据信息技术的倒逼下，为了实现高效精准快速的服务与治理，突破已有的科层制惯有的在纵向上的等级制，实现跨层级、跨地区治理，同时亦突破科层制在横向上的彼此孤立性，实现跨部门、跨业务、跨系统治理。诸暨的“一证通办”和“一键通”系统背后的关键支撑就是不同系统不同部门之间相互打通，通过数据共享、部门协同治理方式得以让群众共享数据红利，高效迅速处理紧急预警事件，增强群众安全感。德清“城市大脑”是一个集智慧交警、交通、教育以及旅游于一身的云平台，成为德清数字政府建设的基础，同时，县域数字治理中心更是彻底超越科层制组织结构，集中了基层治理、城市管理、矛盾调解、应急指挥等各种功能，以大数据技术消除了“自上而下”与“部门壁垒”问题。通过数据融合与部门协同建立了数字化决策、执行、预警、

① 浙江数字化发展与治理研究中心：研究中心为浙江省新型重点专业智库，由浙江省委政策研究室、阿里巴巴（中国）有限公司、浙江大学共建。以助力浙江省数字经济“一号工程”发展和国家数字经济示范省建设进程为目标，聚焦浙江数字化转型实践，深入开展数字技术进步引发社会生产方式和生活方式深刻变革的相关理论、实证和政策研究，做好支撑省委省政府数字经济发展的决策智库服务。

监管、服务、督查、评价、反馈的闭环管理执行链，推动实现整体智治的现代化政府。

五、结论与讨论

（一）结论

县级数字政府建设是国家治理现代化的重要和直观体现。本文围绕“县域数字政府建设”核心问题，首先，基于大数据驱动机制，根据县域数字政府建设的态度和省市等上级政府权力两个变量构建县域数字政府建设行为分析模式，并认为我国县域数字政府呈现出“学习型”“借力型”“表态型”“从众型”四种行为模式。其次，基于县域政府“上传下达”的特殊角色与“党政体制 + 条块体制”的特殊体制，将该体制优势转化为县域数字政府的建设效能是关键。同时，以县域数字政府建设始末所涉及的重要要素入手，从县域数字政府建设的前提、关键要素、基础要素以及最终的目的和表现等方面构建县域数字政府建设的生命周期框架：数字化的战略和思维是前提，新兴信息技术应用能力是关键，部门协同治理的组织结构是基础，公共利益最大化、服务最优化、治理最高效的现代化治理的公共价值是目的，有为、能动、满意的行政是表现结果。县域数字政府行为模式与其数字政府建设的要素相关联，不同行为模式背后的要素占比不同，我们可根据要素占比多少来判定其行为模式类型。浙江省作为全国数字政务相关的三个示范点（区），数字政府建设在全国领先，本文从浙江省区域内选取余杭区、德清县、诸暨市等三个地区为对象分析县域数字政府的实践内容，并从县域数字政府的行为模式、技术合作型政府、组织上的新设机构和扁平化整体性的组织结构分析县域数字政府运作逻辑。

（二）存在的困境与建议

从浙江省余杭区、德清县和诸暨市三个县市区数字政府建设情况来看，县域数字政府建设均在不同方面取得了不同程度上的成效，如治理和服务的精准化、敏捷化，协同办公的高效化，县域治理现代化整体水平有了质的提升，但在行为方式、技术配套以及组织结构上仍存在一些问题与困境，需要上级政府加强和细化指导，县域政府结合自身县域实际，调整自身行为态度，增强与数字技术企业合作，敢于以数字政府突破组织存在的障碍。

一是对于“学习型”和“表态型”的县域数字政府，其建设过程以上级指导为核心，但出现省市级政府对县域政府的指导不够明确和具体，同时因县域数字政府因受到各种客观因素限制，政府数字化转型遇到了挑战，需承担的风险较大，影响其数字化改革的积极性，从而出现了“完全模仿式”建设。如诸暨等一些县市区在推行新的一轮数字政府建设过程中表现出“表态型”行为模式，在推动县域数字政府系统建设过程中遇到最多也是最大的困扰就是不明确“怎么干”，省市级数字政府系统建设也尚在摸索推进，出现县域政府与上级政府对接未能得到明确回复，条线上也未开展总体设计、系统架构、业务分解梳理托等工作的培训指导。加之“表态型”县域数字政府的积极性不足，以“学习”“模仿”式行为展开推进工作，缺乏了有效主动的对接。对此，建议一方面，省市级数字政府指导更加具体细化、相关推进文件资料表述更为简洁易懂，方便一些发展不足的县市区“学习、运用和任务分解”；另一方面县域政府应该更为深刻认识大数据对政府的驱动与倒逼机制，调整自我行为态度，积极主动加强与上级政府部门的对接工作，组织相关操作人员赴上级政府学习交流，了解掌握系统任务驱动工作机制，开始先行任务分解调试，并积极保持与上级系统开发商联系，不断迭代升级数字政府后台任务管理系统。建立定时对接、按点汇报的常态化对接机制。

二是技术等设施配套水平不足，导致县域政府态度偏“被动”，缺乏与数字技术企业的合作。从上述三个分析对象看，其中余杭区基于其优势的地理位，拥有阿里巴巴等多家信息技术企业，同时较强的经济发展水平，加之“主动态度”，其数字政府建设成果显著，但像德清和诸暨这类县域在地理位置和经济发展上均不如前者，也导致县域政府态度不同，如诸暨数字政府建设上主动性不足，在引进大数据等新兴信息技术企业上存在困难，与其合作数量较少或合理程度不够充分。对此，一方面，建议市级部门对市域内经济发展不足的县市区给予数字技术方面的支撑，助力其引进数字技术企业；另一方面，县域政府领导需强化数字理念，从等层设计上加强数字化战略，增强开放机制，积极主动与数字技术企业沟通合作，数字政府建设是系统性工作，政府需要一改传统的“封闭式管控机构”定位，向“合作型政府”转型。

三是组织结构上协同度和专业性不高，治理仍有碎片化现象。首先，从组织结构视角看科层制目前仍是现代政府运行的组织基础，科层制与我国县域政府特有的“党政体制”和“条块体制”相结合，致使县域数字政府建设中部门协同较为困难，机构调整阻力较大，县域“条块”体制更为突出。其次，大部分县域缺乏专设机构，数字政府推进工作较为零散，统筹度不高。从三个分析对象看，余杭区专门设立了“数字政府科”，其他甚至浙江更多的县域政府并无专有的数字政府建设对应科室，大多只是包含在了党政机关、数字政府、数字经济、数字社会和数字法治等综合数字化改革领导小组，或设立数字化改革专班，其中只是临时调取几名相关部门人员负责数字政府模块，缺乏专门的、持续性的数字政府推进机构和团队。对此，一方面，要充分发挥县域党委政府的权威性以及县域政府行为极大的自主性等优势，进一步推动和深化县域政府机构改革，以整体性治理替代碎片化治理，以数字真正赋能政府，实现“以数字政府建设突围科层制政府治理短板”[39]；另一方面，强化数字政府建设在县域推进工作体系中的重要性，因为在大数据时代，数字政府建设的水平直接影响了全县域经济社会的发展，影响了老百姓在数字化改革浪潮中的获得感。强化和凸显其重要性的最直接方式就是成立专有的推进数字政府建设的部门机构，更好地做好持续性的统筹推进工作。

（三）不足与未来的研究方向

县域数字政府是数字技术与县域政府治理相互深度融合的产物，鉴于县域政府自身的特殊性角色和体制机制，县域数字政府建设是一项长期性、系统性、深刻性、复杂化的历程，需要自身加强建设的同时也需上级政府与下属镇（街）合力共促推动数字政府建设。县域政府在我国行政体制里中占有极大比重，“上传下达”的过渡型政府角色在推进治理现代化过程中至关重要，县域数字政府建设具有重要意义，是国家治理能力和治理体制现代化的重要体现。鉴于笔者自身学术功底有限，调研数据资料不深，本文在分析过程中仍存在一些不足和可待进一步研究的空间。

一是县域数字政府建设行为类型还可扩充，框架建构不够深入，如大数据驱动下省级政府权力是否在场、市级政府态度是否主动，与县级态度是否主动理应形成六种不同类型，可更为全面深入剖析县域数字政府行为。

二是县域数字政府建设的四种行为模式之间相互转换的条件要素可进一步研究。文章中仅描述了“学习型”转向“表态型”，对于其他类型之间相互转换，特别是县域数字政府建设如何从“学习型”转向“借力型”，从“从众型”转向“学习型”等在理论和实践上均具有相当大的学术价值和实践意义，可针对县域政府具体实践中表现的动态形态进一步展开实证研究。

三是县域数字政府的四种行为模式背后的内在根源、每种模式所呈现的外部特征以及对应的绩效情况等问题还可进一步深入分析和提炼。文章中仅对县域数字政府建设的要素结构与行为模式之间关系作了简单说明，缺乏深度剖析，相应的各种行为模式背后的根源、特征与产生的效果表现等研究特别具有现实意义，对县域政府数字化转型的具体实践具有很大的参考价值。

四是样本选取上的局限性。选取的样本数较少，因疫情影响，均是来自同一省份，有一定的区域限制性，且实地调研有所中断，案例分析不够深入，对中西部地区县域数字政府建设借鉴意义不强，如果能增加中西部地区某些县区案例，可能会出现“从众型”行为模式，也较能完整分析县域数字政府行为模式。因此，需要更多的学者用更多视角、更全面的理论、用更多的不同地区的具体案例进一步深化和推进县域数字政府建设研究。

参考文献

[1] 习近平：做焦裕禄式的县委书记 [EB/OL].[2015-09-07].http://cpc.people.com.cn/n/2015/0907/c64094-27551147.html

[2] 黄璜，孙学智．中国地方政府数据治理机构的初步研究：现状与模式［J］．中国行政管理．2018(12)：31-36.

[3] 孟天广．政府数字化转型的要素、机制与路径——兼论“技术赋能”与“技术赋权”的

双向驱动［J］．治理研究，2021(1)：5−14+2.
[4] 鲍静，范梓腾，贾开．数字政府治理形态研究：概念辨析与层次框架［J］．电子政务，2020(11)：2−13.
[5] 黄璜．数字政府：政策、特征与概念［J］．治理研究．2020(03)：6−15+2.
[6] 戴长征，鲍静．数字政府治理——基于社会形态演变进程的考察［J］．中国行政管理，2017(9)：21−27.
[7] 张成福，谢侃侃．数字化时代的政府转型与数字政府［J］．行政论坛，2020(6)：34−41.
[8] 米加宁，章昌平，李大宇，徐磊．“数字空间”政府及其研究纲领——第四次工业革命引致的政府形态变革［J］．公共管理学报，2020(1)：1−17+168.
[9] 鲍静，贾开．数字治理体系和治理能力现代化研究：原则、框架与要素［J］．政治学研究．2019(03)：23−32+125−126.
[10] 孟天广．政府数字化转型的要素、机制与路径——兼论“技术赋能”与“技术赋权”的双向驱动［J］．治理研究，2021(1)：5−14+2.
[11] 蒋敏娟，黄璜．数字政府：概念界说、价值蕴含与治理框架——基于西方国家的文献与经验［J］．当代世界与社会主义，2020(6)：175−182.
[12] 何圣东，杨大鹏．数字政府建设的内涵及路径——基于浙江“最多跑一次”改革的经验分析［J］．浙江学刊，2018(5)：45−53.
[13] 谭必勇，刘芮．数字政府建设的理论逻辑与结构要素——基于上海市“一网通办”的实践与探索［J］．电子政务，2020(8)：60−70.
[14] 翟云．整体政府视角下政府治理模式变革研究——以浙、粤、苏、沪等省级“互联网+政务服务”为例［J］．电子政务．2019(10)：34−45.
[15] 蒋敏娟．地方数字政府建设模式比较——以广东、浙江、贵州三省为例［J］．行政管理改革，2021(6)：51−60.
[16] 郑跃平，杨学敏，甘泉，刘佳怡．我国数字政府建设的主要模式：基于公私合作视角的对比研究［J］．治理研究，2021(7)：38−52.
[17] 沈费伟，叶温馨．政府赋能与数据约束：基层政府数字治理的实践逻辑与路径建构——基于“龙游通”数字治理的案例考察［J］．河南社会科学，2021(4)：86−93.
[18] 夏义堃．试论基层政府数据治理模式的选择：吴中模式的建构与启示［J］．电子政务，2019(1)：17−26.
[19] 黄建伟，陈玲玲．中国基层政府数字治理的伦理困境及其优化路径［J］．哈尔滨工业大学学报(社会科学版)，2019(2)：14−19.
[20] 何花，卢福营．基于大数据驱动下的政府治理与角色转型［J］．贵州省党校学报，2020(6)：46−54.
[21] 唐曼，王刚．行为模仿：地方政府行为的一个分析框架［J］．公共政策评论，2021(3)：158−175.

[22] 中华人民共和国国民经济和社会发展第十四个五年规划和 2035 年远景目标纲要 [EB/OL].[2021-03-13].http://www.gov.cn/xinwen/2021-03/13/content_5592681.htm
[23] 何花，卢福营．基于大数据驱动下的政府治理与角色转型［J］．贵州省党校学报，2020(6)：46-54.
[24] 唐曼，王刚．行为模仿：地方政府行为的一个分析框架［J］．公共政策评论，2021(3)：158-175.
[25] 杨华．治理机制创新：县域体制优势转化为治理效能的路径［J］．探索，2021(5)：63-77.
[26] 习近平“治县观”：建好“一线指挥部”县委书记“四有”[EB/OL].[2015-04-08].http://www.xinhuanet.com//politics/2015-04/08/c_127668408.htm
[27] 杨华．治理机制创新：县域体制优势转化为治理效能的路径［J］．探索，2021(5)：63-77.
[28] 贺华丽，何显明，潘宇峰．县域治理及其创新实践的制度逻辑：基于地方政府自主性的视角［J］．浙江社会科学，2021(12)：32-34+157.
[29] 王益民．数字政府［M］．北京：中共中央党校出版社，2020.
[30] 刘银喜，赵森．公共价值创造：数字政府治理研究新视角——理论框架与路径选择［J］．电子政务，2022(02)：65-74.
[31] 陈水生．政府职能现代化的整体性建构：一个三维分析框架［J］．探索，2021(2)：37-49.
[32] 江文路，张小劲．以数字政府图为科层制政府——比较视野下的数字政府建设与演化图景［J］．经济社会体制比较，2021(6)：102-112+130.
[33] 部分数据资料整理来源于：余杭区人民政府“数字化改革成果”专题相关资料 .http://www.yuhang.gov.cn/col/col1229574972/index.html
[34] 方敏 . 一“码”当先推动数字化改革［N］．人民日报，2022-03-28(05).
[35] 部分资料根据德清县人民政府网站相关资料整理 .http://www.deqing.gov.cn/hzgov/front/s134/zfxxgk/ghjh/sswgh/zxgh/20210923/i3045741.html
[36] 阿里巴巴浙江云计算仁和数据中心正式开服 [EB/OL].[2020-09-17].http://www.yuhang.gov.cn/art/2020/9/17/art_1532128_57705067.html
[37] 德清县人民政府 .《德清县数字政府建设“十四五”规划的通知》[EB/OL].[2021-09-10].http://www.deqing.gov.cn/hzgov/front/s134/zfxxgk/ghjh/sswgh/zxgh/20210923/i3045741.html
[38] 周望．超越议事协调：领导小组的运行逻辑及模式分化［J］．中国行政管理，2018(3)：113-117.
[39] 江文路，张小劲．以数字政府突围科层制政府——比较视野下的数字政府建设与演化图景［J］．经济社会体制比较，2021(6)：102-112+130.

从“重复叠加”到“协同嵌入”：社会治理创新中五社联动的内在逻辑及优化路径研究

中共新昌县委党校　丁赛姮

五社联动是对社区服务和基层社会治理的机制创新，也是对社会治理现代化的积极探索。针对“五社”角色不清、发展失衡、信息隔阂等问题导致的联动不畅甚至重复叠加的问题，基于协同理论建立“场域—需求—机制—行为”的分析框架，并结合G社区的具体实践，从微观层面对五社联动内在逻辑和运行机制进行深入分析，提炼出五社联动主体协同嵌入的实现过程，进而提出优化路径，以期为该模式的地方性探索实践提供可行性借鉴。

“五社联动”是指社区、社会工作者、社会组织、社区志愿者、社区公益慈善资源（简称“五社”）五者相互协同，实现联动的一种新型社区服务与基层社会治理机制。2021年，党中央、国务院印发《关于支持浙江高质量发展建设共同富裕示范区的意见》，随之，民政部将五社联动纳入支持浙江高质量发展建设共同富裕示范区的工作中。五社联动成为浙江先行先试，探索高质量发展促进共同富裕的新方法和新路径。党的二十大报告中提出，“要完善社会治理体系，健全共建共治共享的社会治理制度，提升社会治理效能”，五社联动作为一种社区多元主体横向合作和社会多重力量相互整合的现代基层治理行动框架，是对“建设人人有责、人人尽责、人人享有的社会治理共同体”新要求的积极回应，也是在中国式现代化视阈中对国家治理现代化的重要实践。

然而，五社联动并不是“五社”主体的简单并列和重复叠加，它们之间存在怎样的相互协调合作的内在逻辑？如何促使五社联动协同共治体系的形成，为政府、社会、市场力量在社会治理现代化过程中形成良性协同的体制机制提供可行路径？这些问题值得深思。对于激发社区活力，解决社区建设中的结构性难题与公共性困境，探索五社联动社区治理模式，构建协同嵌入的运行框架，提出该机制优化路径的重要性不可小觑。

一、研究背景与问题提出

从“社区”的提出，到“社区治理”取代“社区管理”，随着我国经济社会改革与发展的深入，社区治理引起了多学科、多领域学者的重视与关注。有关治理主体、治理过程、治理结构、治理模式等方面的研究，通过不断与社会发展与时代背景相结合，使社区治理相关研究步入了新的阶段。“五社联动”便是国家治理现代化背景下对社区治理模式的积极创新和探索实践。

（一）“五社联动”：社区多元主体共治的应然状态

十六届六中全会提出“建设宏大的社会工作人才队伍”，由此，社会工作、社会工作者、社工等术语逐渐被广泛运用，在相关的理论与实践探索中，提出了“两工联动”、“三社互动”等概念。最初的“三社互动”指的是社区、社团与社工间的互动，之后逐步转变为社区、社会组织与社工之间的互动。2015 年，在经历了一系列的探索实践之后,在全国社区社会工作暨“三社联动”推进会上,民政部长李立国总结了各地有关“三社联动”政策、机制、路径等方面的创新探索。[①] 王思斌（2015）将“三社联动”的实质概括为社区居委会、社会组织与社会工作者在社区领域围绕社区居民需求开展的社区治理活动。[②] “三社联动”在学界引起了关注，成为民政工作、社区建设、社会治理、社会工作等领域的一个主导用语。

在之后的具体实践中，随着社区发展环境的日益改变和新治理主体的融入，又逐步衍生出了“五社联动”，在原有“三社”的基础上增加了社区志愿者和社区公益慈善资源，以更好地适应治理需求。尤其是 2020 年突发新冠肺炎疫情危机事件以来，社区志愿者与社区公益慈善资源在社区治理中的作用得以凸显。“五社联动”作为“三社联动”的发展和升级，衍生出了社区志愿者和社区公益慈善资源，不仅强化了对社区需求的效用性,也是对“三社联动”存在缺陷的一次有效回应。在治理主体数量增加的基础上，明确治理主体间的内在逻辑，实现多元主体的资源共享与联动发展，是共建共治共享社会治理格局打造过程中的应然状态。

（二）运行机制与协同路径：五社联动的实践之困

从已有文献来看，“五社联动”治理模式在我国多地开展了具体的实践。湖北省民政厅在民政部支持下，于 2020 年 5 月起，开展“五社联动”项目，在抚平疫情给武汉

① 顾东辉．“三社联动”的内涵解构与逻辑演绎［J］．学海 ,2016(03):104-110.
② 王思斌．“三社联动”实践与社会治理创新和社区建设［J］．清华社会学评论 ,2017(01)：184-189.

留下伤痛的同时,积极探索联动机制,实现公共生活"善治"。[①]湖北省民政厅课题组(2021)也对"五社联动"的内涵、行动框架、联动机制及实践模式进行了探讨，认为"五社联动"在推动多方治理体系建立的同时，构建起了良好的社区秩序，更好地满足了社区居民的服务需求,真正实现"共建共治共享"。[②]张健(2017)[③],刘翠芳(2020)[④]基于安徽合肥的具体实践探讨了"五社联动"模式的优化与创新。自安徽合肥较早提出"五社联动"创新治理模式以来，广州、珠海、杭州、上海等地也均已开展了"五社联动"治理模式的实践探索，各地根据自身实际，合理分配"五社"主体，取得了一定的成效。

然而，"五社"主体间应该如何协同，通过怎样的"联动"方式与运行机制才能发挥五社联动的最大效益，仍然是学术界关注的焦点。虽然无论是在理论还是实践方面，"五社联动"已在不断的创新探索中总结出了一些经验成果，但是受地域社区发展水平和现实条件的限制，五社联动的社区治理模式仍处于初步探索阶段。从现有的地方实践来看，五社在如何"联"与"动"上存在着诸多实践之困：

一是"五社"角色不清，运行机制不够优化。五社联动运行过程中社区治理主体的能动性并未能很好地发挥，更多地仍是依赖政府。各个主体之间由于没有清晰的职责划分和权力界定，缺乏足够优化的分工机制，容易造成主体之间的工作冲突和任务重叠，甚至出现责任推卸的情况，这会导致五社联动运行机制之间的紧密联系被削弱，在协作中出现负面效应。二是"五社"发展失衡，主体关系不够平等。"五社"主体发展程度的相衡和关系的平等是实现协同联动的保障，然而从目前发展来看，社会工作人才扩容速度跟不上社区相应服务项目规模的扩大速度，[⑤]社区居民参与意识不强，社会组织的发展不够成熟、社区公益慈善资源的供给延续性和稳定性不够，这些因素都直接导致了"五社"主体存在某些短板。三是"五社"信息隔阂,协同路径不够畅通。"五社"主体之间缺乏信息共享和沟通，导致信息孤岛、沟通难度大，无法形成合力，难以实现高效协作。一方面，信息沟通渠道不畅，信息传递缺乏透明度和及时性，导致信息失真或传达不到位，影响了五社联动的效果；另一方面，信息交流存在壁垒，如社区组织或社会工作者缺乏对社区居民的深入了解，居民对社区服务的期待也未能得到有效的反馈和表达，直接影响了五社联动目标的达成。

---

① 王玉明. 深耕基层治理"试验田"——"五社联动"社会工作理论与实务研讨会侧记[J]. 中国民政, 2021(19)：43-45.

② 湖北省民政厅课题组，孟志强. "五社联动"助推基层治理体系和治理能力现代化[J]. 中国民政, 2021(17)：37-40.

③ 张健，陈轶喆，吴曼曼. 合肥探索基层社会治理创新的"五社联动"模式[J]. 中国社会组织, 2017(07)：27-30.

④ 刘翠芳. 困境与应对：城市社区"五社联动"治理模式研究——以合肥市Q社区为例[J]. 社会与公益, 2020,11(09)：39-43.

⑤ 田舒，迪丽孜巴·图尔荪. 社区治理"五社联动"：内涵、机制与困境[J]. 湖南行政学院学报, 2022(04)：101-108.

由此可见，作为基于地方实践的创新机制，五社联动治理模式尚处于创新探索阶段且各具地方特色，“五社”主体的联动机制也存在明显的地域差异性。因而，在具体的实践中，需要及时总结经验解决相关问题，不断创新“五社”如何实现“联动”的机制。同时，也需要更多不同区域与层级的相关治理经验进行填补，不断丰富五社联动的理论研究，使该治理模式更好地发挥治理效能。

二、理论基础和分析框架

（一）协同理论：社区治理多主体相互联动的理论基础

20 世纪 70 年代德国理论物理学家哈肯（B.Haken）创立的协同学学科中最早提出“协同”的概念，倡导系统要素或者各个子系统之间的配合与合作。之后，这一理念被逐渐引入经济学、管理学、社会学等学科，强调社会各个主体间的合作与相互配合。从治理理论提出至今，“多主体”治理普遍被认为更强调平等、互动、协商与博弈。基于协同理论，从参与主体、主体关系、体制机制等方面，探索“五社联动”科学合理的协同治理方式，提炼具有普适意义的联动和协同方式。

1. 联动：基于五社主体各自优势特点的“自组织”结构

联动意味着协调配合、分工协作、取长补短、求同存异、综合集成。五社联动的核心在于通过何种方式实现五大社区治理主体的有效联动方式。随着经济的发展，信息化、智能化快速发展，社区除了传统意义的地域、人口等特征外，还承担着经济、文化、社会参与等职能。改革开放以来，我国经济和政治体制经历了大变革，政府职能也发生了很大的转变，也对社区所需承担的职能有了新要求。协同学之父哈肯提出的协同概念与五社联动的内在逻辑不谋而合。他指出，真正的协同并非不同主体间或者不同系统间的机械合作，而是在各自正常功能发挥基础上的进一步促进与合作，进而形成稳定的“自组织”结构。[①] 五社联动的本质是便是通过各主体的正常职能发挥，基于各自优势和特点，协同合作来推进社区治理工作的进行，在协同作用的推动下产生协同效应，从而形成的一个稳定的“自组织”结构。

具体来说，社区、社会组织、社会工作者、社区志愿者和社会公益慈善资源五者作为主体，各自发挥作用，协同完成社区治理工作的不同方面。社区负责提供基本服务，社会组织负责开展公益活动和社会服务，社会工作者负责提供专业技术支持，社区志愿者负责帮助社区居民解决实际问题，社会公益慈善资源负责提供资金和物资支持等。通过这些不同主体的职能发挥，协同合作来实现社区治理工作的有机衔接和协调推进。在这个过程中，需要建立起有效的沟通渠道和协作机制，以便各主体之间的信息共享、

① 赫尔曼·哈肯. 协同学［M］. 凌复华译，上海：上海译文出版社，2001.

资源整合和协同合作。同时要避免重复叠加，避免资源浪费和冲突。这种协同作用可以使整个系统产生协同效应，形成系统的自组织现象，进一步提升社区治理工作的效率和质量。

2. 协同方式：参与主体之间紧密高效的协同网络构建

在五社联动中，治理主体之间的相互合作和协同作用是这一自组织的基础，体现在互补性、协同性、相互依赖性等方面。社区作为社会治理的直接主体，由于其资源和能力有限，需要与社会组织、社会工作者、社区志愿者和社区公益慈善资源形成资源互补和相互支持，他们直接存在着相互依赖的关系。一方面，社区离不开其他几个主体的资源支持，反过来，这些主体也需要社区提供平台和机会来实现自身目标。因此，五社联动的各主体之间形成了一种相互依存的关系，共同推进社区治理的发展。此外，五社联动中的各主体之间具有协同创新的特点，社会组织、社会工作者、社区志愿者和社区公益慈善资源都具有不同的专业知识和技能，通过与社区的协同作用，动员更广泛的社区参与和支持，共同创新并实现治理目标，促使协同作用在治理过程中产生更大的效果。在这样的一种相互作用下，以五社联动参与主体为节点构成了一个协同网络，各个节点间的关系可被视为协同网络中的连接关系，其强弱影响着协同网络的整体效果，我们称之为协同效应。这种协同效应是协同网络中的“增量”，即通过参与主体之间的协同作用，实现社区治理的发展和提升。

基于不同主体间的合作与协调，为了共同实现社区建设和发展的目标，五社联动的协同方式主要包括合作协同、互补协同、交流协同和联动协同。在合作协同的过程中，五社主体各自发挥职责与功能，有效整合各方资源和力量，提高社区发展的效率和质量，共同完成社区发展中的各项任务。同时，由于五社之间拥有不同的资源和能力，需要以互补协同的方式，使各方资源得到最大化利用，实现优势互补、协同共赢的效果。各个主体通过共同探讨社区发展的问题和解决方案，以交流协同的方式促进各方思想的碰撞、共同学习，为社区建设提供更好的思路和方法。而联动协同是指共同应对社区发展中的重大问题和挑战，通过这种方式共同促进社区的综合治理，提高社区居民的安全感和满意度。这些协同方式具有互补性、协同性和可持续性，是推进社区治理和服务的重要途径。

3. 互构协同：五社联动的关系建构

互构协同是指不同主体在一定条件下通过协商、合作、交流等方式建立起的相互依存、相互影响、共同发展的协同关系。五社联动可以被视作这样一种互构协同关系。在五社联动中，多元主体通过合作、互补、交流、联动等方式建立起协同关系，实现共同的目标和利益。主体关系则在协调机制、沟通机制、合作机制和激励机制的共同作用下，保障联动的协同效能，促进各个主体协同合作，实现共同的治理目标。五社联动的协调机制主要解决五社间资源的配置问题，确保各主体资源得到合理分配和利用；沟通机制旨在促进五社间信息的交流，使各主体共享信息和知识；合作机制通过政社关系的正确处理，确保五社联动过程中各主体的行为符合联动目标和规范；激励机制通过激发五社的积极性和主动性，提高联动的执行力和效果。

在打造共建共治共享社会治理共同体的大协同环境下，五社在联动过程中，每个组织和个体都应该充分发挥自身优势，并充分考虑其他成员的需求和利益，以达到协同效应的最大化。

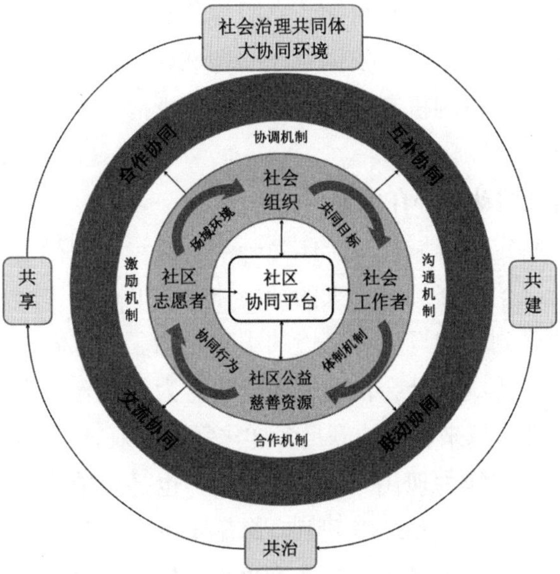

图 1　五社联动的关系建构图

如图 1 所示，五社联动构建起的互构协同关系包含的五个主要参与主体在其中发挥着不同的作用：社区作为协同平台，扮演着组织者和协调者的角色，它既是信息和资源的集散地，也是各个参与主体之间联系的纽带，其自身资源的整合和协调能力是联动的关键因素；社会组织作为社区外部的重要力量，具有专业的服务能力和丰富的社会资源，也是开展社区服务、促进邻里互助、反应利益诉求的协同载体；社会工作者作为从事社区工作的专业人员，具有丰富的社区工作经验和技能，可以提供必要的支持和帮助，在各主体间形成沟通桥梁，为协同关系提供有力支撑；社区志愿者作为社区居民的代表，是社区的重要组成部分，具有强烈的社区归属感和责任感，能够带动更多的居民参与到社区治理与社会服务中，助力协同关系的形成；社区内部的公益慈善组织、基金会、企业等，提供了必要的资金支持和物资捐赠，使五社联动具备具体、可持续的服务保障。社区、社会组织、社会工作者、社区志愿者和社区公益慈善资源作为五个节点，彼此相互连接，构成一个协同网络。通过节点之间的相互作用和建立协同关系，实现了社区治理目标的协同效应，推进了基层社区治理的发展和提升。由此可见，在五社联动的互构协同关系中，参与主体之间的联系和互动受到场域环境、共同目标、体制机制、协同行为等多种因素的影响。

（二）"场域—需求—机制—行为"：五社联动协同嵌入的一个分析框架

五社联动不是不同的行动者各自主体职能的单独发挥，甚至"重复叠加"，而是一个社区治理主体如何嵌入另一个治理主体关系网络中发挥作用，进而相互协同，形成1+1>2的治理效能。五社联动多元主体的协同嵌入是一个受多方面因素影响的复杂过程，既需要参与主体找准共同需求目标，克服体制机制的局限，也需要基于中国基层治理的国情，准确定位主体角色，依据所在的场域环境，提高嵌入协同的执行力。基于场域环境、需求目标、体制机制、协同行为的分析框架，五社联动主体间的协同嵌入实现过程表现为：

1. 场域环境：五社联动的外在推力与支撑

五社联动依赖于特定的场域环境。作为一个基层治理的行动框架，五社联动是在打造共建共治共享社会治理格局这一大的社会体系中形成的，因此，五社联动主体间的协同合作也必然会受到特定场域和环境的影响制约。一方面，场域和环境是五社联动提出的背景和动因。传统的社会治理模式以政府为行政管理本位，单一主体导致治理缺乏自主性和民主性，越来越无法满足多样化需求和复杂性问题。五社联动的提出，既是基层治理体系和治理能力现代化的内在要求，也是由单一主体向多元主体协同共治转变的选择。另一方面，场域和环境也影响着五社联动主体间协同嵌入的效果和成效。社区内部的文化背景和社会关系的稳定性、政策法规的完善程度和执行力、经济发展水平和技术创新程度，这些都影响和塑造着五社主体的信任关系和合作积极性，使其产生不同的协同成效。在中国特有的场域环境下，结合五社联动的主体责任、资源分配、服务供给等因素来看，党委领导、政府主导已融入社区治理和社会建设之中，党建引领着社区自治共治，对五社联动各主体在场域环境中的参与状况有着特殊影响，直接影响着五社联动的效果。因此，应该充分考虑到党政要素的重要性。

2. 需求目标：五社联动的内在动力与关键

社区需求和共同的价值目标是五社联动参与主体产生协同合作的意愿并实现嵌入协同的重要动力和关键因素。社区作为五社联动的平台，是社区居民和组织的聚集地，也是社区服务和治理的重要空间。五社主体在协同嵌入的过程中，需要共同关注社区发展问题，深入了解社区居民的需求，在共同价值目标的指引下建立起彼此间的信任关系。首先，各参与者需要关注社区发展问题，了解社区的发展状况、发展趋势和存在问题，从而明确五社联动在社区中所能发挥的作用和需要解决的问题。通过充分了解社区情况，五社联动的参与者可以更好地制定具体的目标和计划，为社区居民提供更加实际和有效的服务。其次，五社联动的参与主体需要与社区居民进行沟通交流，了解他们的需求和期望，以此制定更加贴近实际的计划和方案，更好地为他们提供服务和支持。最后，五社主体需要注重于社区居民的互动合作，增强利益相关者之间的协商沟通。因为五社联动不是单向的服务提供者，而是与社区居民共同合作，建立起的双向信任和合作关系，以此更多地获得居民的支持和信任，调动社区居民的参与性。与此同时，还需要注重社区文化的传承，维护社区共同价值观和生活方式，促进社区居民的归属感和凝聚力，增强社区的活力和生命力。

3. 体制机制：五社联动的实现渠道与根本

五社联动的实现根本上需要依靠顶层的制度设计，体制机制是五社联动参与主体嵌入协同的实现渠道。首先，日益完善的国家制度和社会治理体系为五社联动的实现提供了一个可靠、有利且稳定的外部环境。五社联动的过程中，参与主体的协同合作很大程度上取决于现有的相关制度的协调性和整体性。通过顶层设计的优化，利用制度规范和创新来协调多元主体的相关职责、权限和资源，促进协同、均衡的主体关系形成，实现利益相关主体基于共同价值目标的利益最大化。其次，在相关政策制定与制度建设加强的基础上，五社联动实现有效联动的必要条件是要进行体制机制的设计。通过五社联动协调机制、沟通机制、合作机制、激励机制等长效机制的建立，厘清各主体的相关职责，实现五社联动多元主体的协同嵌入关系建成。良好沟通机制的建立有助于实现共享信息和资源，包括定期的会议、交流平台和信息共享机制。五社主体之间可以及时了解彼此的工作进展、资源需求以及存在问题，从而进行有效的协调和配合。协调机制的建立有助于共同完成一些复杂的任务和项目，包括建立联合工作组、共同策划项目和共享资源等。五社主体可以相互补充，发挥各自优势，提高工作效率和成果。合作和激励机制的建立保障了五社联动主体协同合作过程中的问责、评估和调适。通过及时评估、反馈、分析调整，不断规范主体行为，明晰责任，明确问题，增强合作的透明度和互信度，找出优化空间和方式，提高协同的效果和成果。

4. 协同行为：五社联动的具体执行与途径

五社联动在具体的执行过程中，需要通过参与主体合理定位各自角色，具备协同合作的能力，利用彼此相互之间产生专业化、科学化的协同合作行为实现共同目标。首先，五社联动涉及多元主体的协同合作，协同行为是实现相应主体之间有效沟通、协商和合作的重要方式。通过协同行为，不同主体通过发挥各自的优势和资源，共同发现和解决问题，提高主体之间的互信和团结，达成共同的目标价值。其次，协同行为促使实现多元主体力量的整合。通过各个主体间的资源共享、信息互通、责任共担，形成社区治理的合力，共同提升社区服务和基础治理能力。面对社区多元化、个性化的服务需求，协同行为是实现社区服务精准化、差异化、专业化的具体途径。协同行为的具体方式包括联合开展社区服务、共同发起社会公益活动、协调社区共同问题、项目化运作等。协同行为需要同时考虑个体、组织和社区三个层面的因素。个体层面的协同行为强调各参与者的相互交流、协商和协调，需要具备个人的沟通能力和协同思维；组织层面的协同行为强调资源共享、工作协调和角色分工，要注重矛盾冲突的化解、参与意愿与积极性的调动；社区层面的协同行为则强调行动共同体的建立，要重点关注主体、文化、价值观、利益的多元性。

三、案例引入：G 社区五社联动的模式构建与实践分析

（一）案例简介

X 县 G 社区成立于 2002 年 11 月，位于浙江省 X 县县城的中西部，辖区面积 0.47 平方公里，社区划分为 5 个居民小区，现有住户 3321 户，总人口 7883 人。G 社区党委下设 6 个党支部，其中 5 个小区党支部，1 个社区社会组织联合会党支部，也是 X 县首个社会组织联合支部，共有在册党员 122 名。G 社区在健全共建共治共享社会治理制度、完善社会治理体系的大背景下，积极探索县域五社联动的协同嵌入，积极发挥党建引领五社联动在治理中的重要作用，通过对“五社”主体节点内在逻辑的梳理构建起协同网络，探索五社联动的模式构建，社区管理和服务水平得到了极大提升。从微观层面进行的有关五社联动内在逻辑和运行机制的深入分析，对发挥五社联动的整体优势和综合效能提供了可行思路，进而也为该模式的地方性探索实践提供了可行性借鉴。

（二）基于“场域—需求—机制—行为”框架下 G 社区的五社联动模式

1.“1+3+N”工作模式：符合本土场域特征协同运转体系的营造

G 社区是典型的开放性老小区，物业管理缺失、人口结构复杂，社区治理和公共服务供给存在很大的难度。从十八届三中全会《决定》中提出“要坚持系统治理，加强党委领导，发挥政府主导作用”，到十八大报告提出的“加快形成党委领导、政府负责、社会协同、公众参与、法治保障的社会管理体制”，党建引领是五社联动主体实现有效联动必须要考虑的中国本土化场域特征。鉴于此思路，为了解决社区面临的种种难题，G 社区通过结合其他区域一些好的经验做法，摸索出了以“1+3+N”为主要内容的符合中国特色社会治理要求的社区工作新模式，营造了一个社区、社会组织、社会工作者、社区志愿者和社区公益慈善资源等多元主体共生的协同运转体系。主要内容为：“1”：一个社区党组织为核心，强调了党的领导地位，党组织在社区治理中发挥重要的引领和协调作用，构建更加和谐的社区环境。“3”：三大平台为依托，包括社区居民委员会（居民自治平台），旨在更好地反映社区居民需求和意见，促进居民自治和参与社区治理的意识；社区服务中心（公共服务平台），旨在提供各种便民服务和公共服务，方便居民的生活和工作；社区社会组织联合会（社会组织活动平台），旨在为社区各类社会组织

提供交流、合作和共享资源的平台，进而增强社区组织的凝聚力和影响力。“N”：若干个社会服务管理活动载体，包括社区公益慈善基金、社区文化艺术活动中心、社区志愿者义工服务队等，旨在提供更多元化的社区服务和管理，为社区居民提供更多样化的福利和支持。

在G社区，政府主导、党委领导融入了社区治理和社会建设中，这为五社联动的实现提供了较好的外在推力和支撑。同时，作为社区志愿活动主要领导、参与者的共产党员和社区干部，也深入了解和关注社区居民的需求和意愿，积极探索多种方式促进社区发展和居民福祉，使社区居民的满意度得到了提升，并进而对共建共治共享的社会治理格局持有积极态度，更加愿意信任和配合，为五社联动提供了有利的内在动力。

2.“五微”服务格局：促进共同治理目标与需求结合的有效方式

G社区基于社区居民的需求和诉求，结合社区治理的实践和实际情况，转化为“微心愿、微项目、微慈善、微智慧、微活动”等五个方面的具体实践方案。这样的一种服务格局很好地满足了社区居民的不同需求，并将社区居民的需求纳入社区治理的框架之中，实现了需求和目标的有机结合，成为五社主体协同嵌入的工作抓手和方法。具体来说，通过微心愿的形式，收集居民的意见和建议，比如需要在社区增加某些公共场所、改善照明等，将这些微心愿进行汇总，成为社区治理的参考和指导，在整合社会资源、动员社区力量的基础上，为社区居民提供更好的服务和支持。微项目是指社区中小型公益项目，社区居民委员会、社区服务中心和社会组织联合会等主体通过这些项目的共同策划和推进，满足社区居民的实际需求。以社区“爱上门”项目为例，在经过走访调研了解到社区中居住着几十名高龄独居老人的情况下，为减轻社区干部的定期走访负担，策划出“爱上门”项目，通过爱心邻居结对的方式，以工时核定累积志愿服务时间为激励，定期对这些老人上门走访，每次的服务时间为半小时。随着走访次数的积累和情感培养，走访者与独居老人逐渐成为朋友，每次服务时间都会超过原先规定的半小时。社区书记在访谈中提到：“现在很多时候对独居老人的关注会采用智慧化的手段，通过对自来水表、电表的监控来判断独居老人的居家情况。但这些大数据是冰冷的，没有温度的。”这一项目在运行后收到了一面家属送来的锦旗，表示社区对家中老人的关心程度远远超过了自己。在微慈善方面，G社区社会组织联合会发起成立了社区爱心公益基金，可以发起众筹拥有公募权，资金用于社区治理、志愿服务、扶贫帮困、关爱弱势群体、垃圾分类和环境保护等公益活动。社区居民可以通过社区平台了解和参与社区慈善活动，社区社会组织联合会也通过一些关爱项目，帮助有需要的居民和社区组织。微慈善活动的开展有利于增强社区居民的公民意识和社会责任感，促进了社区公益事业的发展。微智慧是指将社区信息化建设与居民日常生活相结合，通过社区居民委员会、社区服务中心等主体的协同，利用智慧技术、信息技术等手段，为社区居民提供服务，例如线上咨询、智能家居等，这些服务的提供不仅方便了社区居民的生活，也提高了社区服务的质量。与此同时，G 社区未来社区项目也入选了浙江省第四批未来社区旧改类创建项目，智慧社区的建成和应用将极大地提高问题解决的效率，增加居民的幸福感。社区开展的各类文化、体育、科技、公益等微活动，则推动了社区文化建设，促进了居民之间的交流与合作。G 社区除了在传统节日固定开展猜灯谜、包粽子、做月饼、春节文艺汇演等常态化活动之外，还不断创设居民互助、学习交流、户外采风、公益服务等新载体，推出家长读书会、公共自行车清洗、关爱留守儿童、天姥山骑行等活动。通过各类形式微活动的组织，提供了有效的参与渠道，让社区居民对社区治理和社区建设情况有了深入了解。

“五微”服务格局涵盖了社区居民的生活、工作、娱乐等各方面要求，也让社区居民有更多的渠道和机会表达自己的需求和诉求，并通过社区、社会工作者、社会组织、社区志愿者、社区公益慈善资源等联动主体的协作将其转化为具体的实践方案，社区居民在参与社区建设和发展过程中获得了实际利益和成就感，这种参与感和获得感的提升，不仅增进了居民的积极参与和自我管理，也增强了五社主体间的互信与协作意愿，如此形成一个更为广泛的社区治理生态系统，增强了社区的凝聚力和发展潜力，推动社区治理目标的实现。

3.“三联”工作机制：参与主体实现长效合作与协同的重要载体

五社联动的实现需要依靠有效的体制机制设计和制度保障，G 社区的成功实践得益于其“联席议事、联动服务、联合发展”（“三联”）工作机制的设立。通过建立一套完善的沟通机制、合作机制和协调机制，促进五社联动主体之间的长效合作与协同，实现五社联动的高效运行和可持续发展。首先，联席议事是有效的沟通机制。通过定期召开联席会议，旨在沟通信息、交流心得、协商问题。在联席会议中，主体间可以分享各自的工作进展和情况，评估社区治理工作的效果，提出改进意见和建议，促进各方合作共赢。由此五社主体得以及时沟通交流，了解彼此工作内容和状况，加深相互信任，协商解决问题，推动社区共同发展。其次，联动服务是有效的合作机制。政府与社会组织、社区等非政府力量之间的合作，是现代社区治理的重要组成部分，也是推动五社联动的关键要素之一。G 社区通过“党建 + 公益 + 治理”、社区网化管理、社区志愿者库建立等多种方式的联动服务，促进政府、社会组织、志愿者和居民之间的紧密合作和互动，建立起了一个协同合作的社区治理体系。在这个体系中，一方面，借助政府在资源配置方面的相对优势，推动五社主体实现资源共享，提高了服务水平和效率；另一方面，政府通过出台有利于社会组织、社区发展的政策法规，引导和促进五社主体参与社区治理和公共事务。同时，通过对五社主体服务水平、成果和效率的监督和评估，提高服务质量和效果。再次，联合发展是有效的协调机制。一方面，社区服务中心、居民委员会、社区社会组织联合会等组织形成联合工作机制，一站式服务大厅的建成实现了社区服务的集约化和优质化，且通过社区组织联合会的成立实现组织联合；另一方面，深化“契约化”共建，建立社区“大党委”制度，制定了相关的合作协议和工作计划，共同协商、实施共建项目，明确五社主体的责任和任务，充分调动各主体优势。同时在网格化基础上开展组团式服务，把居民小组长组团成立小组自治管理委员会，以网格化管理模式解决传统垂直式管理模式下造成的资源交换受阻、信息交流受限等问题，有效缓解了部际之间条块分割的状态。

联席议事、联动服务、联合发展等工作机制，通过积极引导和规范社区自治，促进社区居民共同参与和共治，建立合作机制和项目对接机制，共同出谋划策、整合资源，提高社区治理效能。“三联”机制强调了合作和共赢，让各个主体的利益得到最大化的体现，增强了五社主体合作的积极性和主动性。

4. 行动赋能注重参与：促进五社联动主体协同行为的关键要素

加大对五社联动参与主体行动的赋权增能，注重组织与个体的参与，是提高五社联动主体的行为能力和积极性，促进五社联动参与主体协同行为的关键。具体而言，行动赋能通过提高参与主体的行动能力和资源获取能力，有利于激发参与主体的主动性和创造性，鼓励其通过自主协调、合作和创新推动五社联动的发展；对组织和个体参与行为的关注，有助于参与主体更好地了解自身定位和职责，明确五社联动过程中的角色定位，从而更好地发挥自身优势，实现协同合作和共同目标的达成。G 社区在实践中注重对社会工作者、社区志愿者等主体的专业培训和技能提升，并且建立了多种激励机制，包括先进典型评选、表彰奖励、积分累计等。此外，建立了线上平台和现场服务站，便于提供信息发布、互动交流、协同合作等功能，促进五社联动主体之间的协作和共同发展。

社区志愿者队伍的打造和“五有”社工的培养是 G 社区在促进五社联动参与主体的协同行为过程中最突出的做法。社区志愿者是社区建设的重要力量，他们具有广泛的社会资源和较高的社区认同感，在为社区提供有效服务和支持的同时，作为桥梁和纽带，促进五社联动各参与主体之间的沟通和合作，协同解决社区问题。“五有”社工是指具备“衷心、爱心、耐心、信心、恒心”的专业社工，他们为社区居民提供专业化、科学化的服务和支持，在五社联动过程中，也是重要的专业技术支持和服务提供者。注重对“五有”社工的培养，提升了社工的专业素养，增强了社工对社区、对居民的认同感和责任感，促进了社工与居民的良好互动和沟通，提高了组织和个体的参与意识和能力，进而促进五社的联动。

五社联动的参与主体之间在资源、专业、能力等方面存在差异，需要通过赋权增能来提高参与主体的责任感和行动力，激发其积极性和创造力，促进参与主体之间的协同行动，同时，参与主体的参与程度越高，就越容易发挥各自优势，形成协同合作，从而更好地实现联动的目标。因此，行动赋能和注重组织与个体的参与是实现五社联动的关键要素，通过提高参与主体的行动能力、资源获取能力和参与度，增强其对联动目标的认同和责任感，促进参与主体之间的互信和协同行为，最终实现五社联动的共同目标。

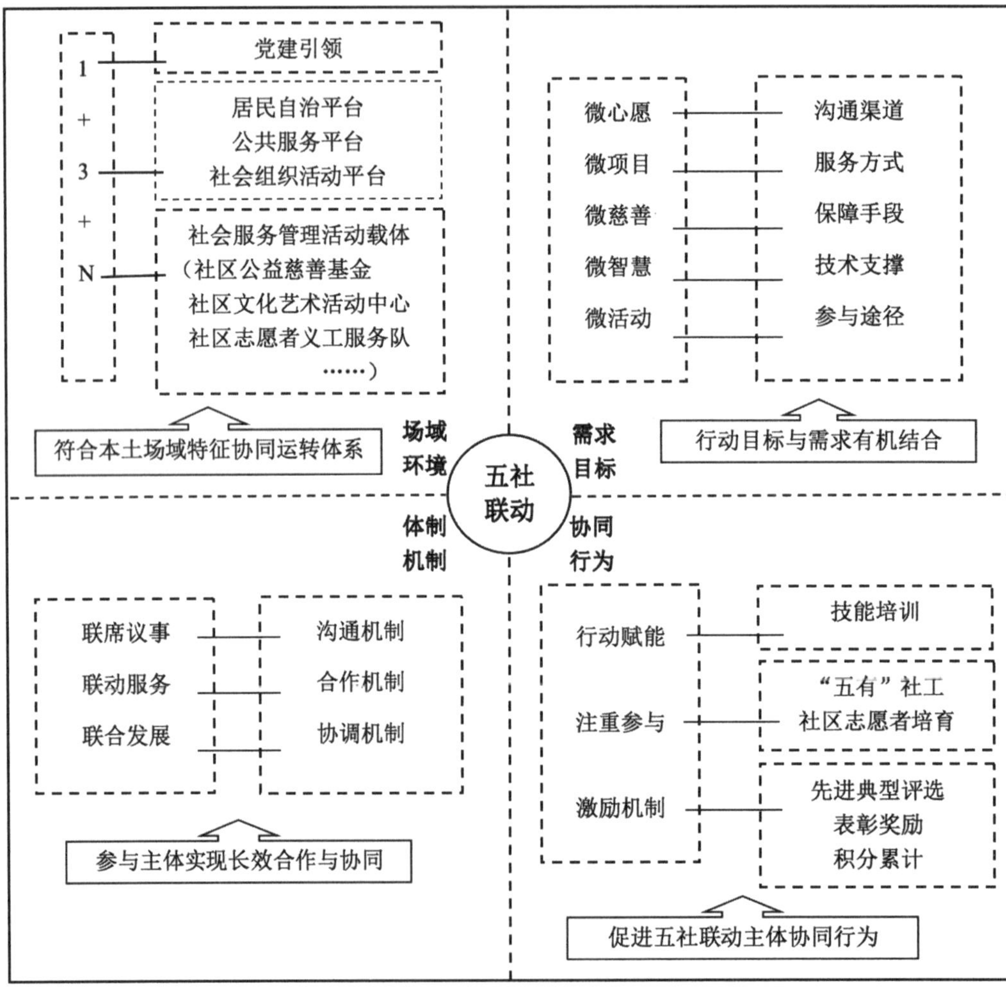

图 2 基于“场域—需求—机制—行为”框架下 G 社区的五社联动模式图

四、五社联动的优化路径探索

从党的十八届三中全会提出“创新社会治理体制”“改进社会治理方式”，到 2021 年中共中央、国务院联合印发的《关于加强基层治理体系和治理能力现代化建设的意见》中明确提出“完善社会力量参与基层治理激励政策，创新社区与社会组织、社会工作者、社区志愿者、社会慈善资源的联动机制”，再到党的二十大报告中提出“完善社会治理体系，健全共建共治共享的社会治理制度，提升社会治理效能”。在这样一个推动基层治理体系和治理能力现代化建设的大背景下，各地也从实际出发，对社会治理体制机制创新展开了积极的实践探索。因此，五社联动是在基层治理现代化、公共服务创新和引导社会力量参与场域环境下的一次实践探索深化和公共政策升级。五社联动机制虽然通过引入专业、活跃的社会力量，丰富了治理主体，但也唯有避免五社参与主体的简单重复叠加，通过需求和共同价值目标的有机结合，不断完善主体间嵌入融合的体制机制，提高主体间的互信和团结通过协同行为实现多元主体力量的整合，才能真正实现五社“联”与“动”，打造共建共治共享的社会治理格局。

（一）加强顶层设计，建立有效的组织架构和协作机制

五社联动的参与主体往往有着各自的利益诉求和价值取向，如何在运行过程中找寻到各方的平衡，是五社实现联动的关键也是难点，这就需要构建一个容纳不同参与主体的协同运行体系，并且必须有一个相对权威并被各个主体所接纳的领导者。结合我国本土的场域环境，社区党组织承担了这一角色。因此，党建和党的领导在五社联动建立有效的组织架构和协作机制过程中是一个至关重要的因素，为五社联动的发展提供了强有力的保障和支持。

第一，要加强党建工作。五社联动作为社区治理的重要组成部分，必须牢固树立正确的政治方向，加强社区党组织的领导，发挥党组织的政治优势和组织优势，把党的领导贯穿于五社联动的始终，确保五社联动的工作始终沿着正确的方向前进。

第二，要建立领导和协调机制。在建立五社联动的组织架构和协作机制时，必须建立一套科学的领导机制，包括领导人员的选拔、培养和管理。要求领导干部具备较高的政治素质、丰富的社区管理经验和协调能力。要通过严格的选拔、考核和监督，确保社区干部能够履行好自己的职责。同时，在组织架构中，设置负责统筹协调五社联动各项工作的协调机构和专业的管理团队，负责协调、管理和监督各方的工作，确保协作达成预期目标。

第三，要设立明确的组织结构和职责分工。应该根据五社联动的目标和需求，确定组织结构和各参与主体的职责，明确工作范围，建立起清晰的工作体系和流程，避免重复劳动和不必要的资源浪费。通过制定具体的工作计划和目标，将其细化到具体的任务和时间节点，并向参与主体明确传达，确保五社联动的工作按照既定计划有序推行。

总之，五社联动目标的实现需要把握顶层设计，要注重针对特定场域环境的制度化设计，加强党建工作和建立科学的领导机制和协调机制，为五社联动的发展提供强有力的支持和保证。

（二）拓宽沟通渠道，确保需求与价值目标的有机结合

五社联动的实现需要依靠各参与主体之间的协同合作，而如何实现这种协同合作，则需要考虑如何使得各参与主体之间的目标和利益相互融合，同时与社区的需求实现有机结合。这是建立五社联动参与主体之间信任关系的前提。同时，也只有通过充分的沟通和交流，五社联动的参与者才能建立起与居民之间的信任关系，并以此为基础，实现更好的协同合作。

第一，要建立联动平台和资源共享机制。一方面，利用信息技术和社交媒体等现代工具建立起一个联动平台，促进五社联动各个主体之间的沟通和交流，为社区提供更好的服务；另一方面，各个主体通过平台可以分享资源，共同制定社区发展规划和工作方案，并相互协调，共同推动社区的发展。由此建立起的资源共享机制，可以让各方的资源得到更加合理和有效的配置，实现资源的最大化利用。

第二，要设计符合社区需求和价值目标的项目方案。在推行项目前，充分调研和分析社区需求和共同价值目标，通过对社区需求的深入调研和分析，包括采用问卷调查、座谈会等方式，了解社区居民对于公共服务和社区建设的需求、社区的状况和存在的问题。并且从社区中各参与主体的需求和期望中，找寻到共有的目标愿景。在方案设计中，也应当充分考虑各方的需求和利益，协商达成一致，可以采用多种方式来获取社区反馈，如开展听证会、举办公众开放日、在社交媒体平台上征集意见等，以确保项目方案的科学性和实效性。在项目实施过程中，加强社区的参与机制，确保各方能够及时了解项目的进展情况，能够及时提出自己的意见和建议，不断优化方案，确保项目在顺利实施的同时实现社区需求和价值目标的有机结合。

第三，要建立诉求反馈机制。五社联动的过程中应该建立一个有效的诉求反馈机制，为社区居民提供渠道，让他们的需求得到及时的反馈和处理。将社区居民的需求和社区治理的目标结合起来。社区居民可以通过微信、微博等社交媒体平台参与到社区治理中，提高参与度和满意度。同时，对于反馈的问题和诉求，各个主体应该及时响应和解决，建立良好的服务信誉，增强社区居民的参与性和信任感。此外，应该定期进行社区调研和满意度调查，以便更好地了解社区居民的需求和期望，并根据反馈结果进行相关的调整和改进。

总之，五社联动的参与主体需要深入了解社区居民的需求，并与其进行充分沟通交流，建立起双向信任与合作关系。同时，注重社区文化传承，维护共同价值观和生活方式，增强社区居民的归属感和凝聚理论，促进社区发展和生命力的提升。

（三）优化发展环境，建立科学合理的管理体制和机制

在五社联动的运作中，发展环境是关键的因素，一个健康发展的社会、经济、政治、文化等综合环境，有利于五社主体在良好的环境中更好地发挥作用，实现协同。科学合理的管理体制和机制为五社联动的发展提供了制度保障和规范，实现参与主体更好地协同合作，有效整合资源和力量，提高五社联动的运作效率和质量。

第一，建立多层次、全方位的五社联动协调机制。五社联动的实现需要建立一套可靠、高效的协调机制，以协调五社参与主体各自的职责、权利、资源等关系。协调机制应该包括政策沟通、资源整合、协同合作等多个方面，在五社联动的过程中，通过定期的会议和交流、项目合作机制、信息共享机制等实现五社之间的信息、资源共享，了解彼此的工作进展和资源需求，及时有效地协调和配合，达成共同目标。

第二，制定透明、规范的管理制度和程序。包括制定各项规章制度、建立工作流程、明确工作职责等，确保五社联动中的各项工作得以规范化、有序化运行。比如，可以建立五社联动的协调机制，通过定期的联席会议、信息共享平台等形式，促进各个主体之间的沟通交流，确保参与主体的权益得到充分的尊重和保障。同时，建立信息化的管理平台，实现五社联动工作的数字化、网络化管理和服务，提高管理效率和精确度。

第三，建立完善的监督和激励机制。有效的监督和评估机制有利于五社实现联动的高效性和有序性，在建立的过程中，需要考虑到五社联动的复杂性和多样性。不同社区的特点和需求不同，因此，要针对性地制定相应的监督和评估体系，并根据实际情况灵活调整。定期举行五社联动参与主体的交流会议，分享经验和探讨问题，加强五社联动参与主体之间的合作与沟通。同时，建立激励机制，对表现优秀的五社联动参与主体进行奖励，包括荣誉奖励、专项资金支持、积分制度等，以及通过制定明确的目标考核体系，激发参与主体的积极性和创造性。

总之，建立多层次、全方位的协调机制、信息共享和交流机制、激励机制和监督机制，可以进一步提高五社联动的协同效率和成果，规范五社联动参与主体的行为，强化对共同利益的认识，增强互信度和参与意愿。

（四）平衡主体地位，拓展多元化的五社主体协同行为

五社参与主体有其自身的资源、职责、利益和优势，平衡参与主体的地位和权利，是促进五社联动有效协调和合作的前提条件。要避免五社主体的各自为政，积极拓展五社主体的参与机制，实现协同行为的多元化。

第一，制定灵活多样的协同机制和合作模式。为了实现五社联动主体之间的互联互动互促，要针对不同的工作任务和项目，采取灵活的合作模式，例如联合工作组、共同策划项目等，使各个主体在项目中发挥自己的专长和优势，提高协同效率。对于一些简单、单一的项目，可以通过采用委托代理、服务外包等方式，让专业机构或组织来完成；对于一些复杂、综合的项目，则可采用联合体、联合开发等方式，共同参与项目的策划、实施、管理等环节。通过建立合理的利益分配机制和责任分担机制，激励五社主体积极参与协同合作，平衡各方利益和责任，推动协同合作取得良好的成果。

第二，提高参与主体的行动能力。参与主体的行动能力和水平直接影响着五社联动的实现效果，通过联合开展职业培训、技能培训、专业知识普及等，加强人才培训和管理，提高其专业素养和能力水平，为五社联动的协同行为提供专业保障。同时，建立五社联动的人才库，收集和整理成员的工作经验和能力，完善人才管理体系，为五社联动的成员提供更好的发展机会和更广阔的发展空间，注重引入和留住具备相关背景和经验的专业人才，为五社联动的运营和发展提供更好的支持和保障。

第三，加强参与主体的设施与权益融合。通过制定包括设施建设、资金分配、权益分配等方面的共同发展规划，明确各主体的权益和责任，制定共同的发展规划，丰富五社联动的融合方式。同时建立起共享设施，降低设施建设和运营成本，提高设施利用率，促进五社间的合作与交流。与此同时，为了确保设施的长期有效利用，建立统一的管理机制，包括设施使用规定、维护和保养等方面的内容。从权益分配、权益调整等方面，建立起五社联动主体的权益保障机制，不断丰富协商形式，提升五社联动的整体效益。

总之，通过保障五社联动各个参与主体的合法权益，促进五社主体之间的交流与互动，促进资源共享、风险共担，丰富协同行为，对于增强合作的稳定性和可持续性，促进五社联动的可持续发展有着重要的意义。

参考文献

[1] 卢腾，涂敏．探究“五社联动”视角下构建社区治理共同体［J］．就业与保障，2022（04）：61-65.

[2] 王玉明．深耕基层治理“试验田”——“五社联动”社会工作理论与实务研讨会侧记［J］．中国民政，2021（19）：43-45.

[3] 湖北省民政厅课题组，孟志强．“五社联动”助推基层治理体系和治理能力现代化［J］．中国民政，2021（17）：37-40.

[4] 赵东海，魏霞．“五社联动”参与城市多民族互嵌社区治理：框架选择、实施路径与逻辑创新［J］．北华大学学报（社会科学版），2021，22（04）：101-107+153-154.

[5] 任敏，胡鹏辉，郑先令．“五社联动”的背景、内涵及优势探析［J］．中国社会工作，2021（03）：15-17.

[6] 刘翠芳．困境与应对：城市社区“五社联动”治理模式研究——以合肥市Q社区为例［J］．社会与公益，2020，11（09）：39-43.

[7] 闫臻．共生型社区治理的制度框架与模式建构——以天津KC社区三社联动为例［J］．中国行政管理，2019（07）：62-66.

[8] 金志，戴琬莹．共享发展视阈下“五社联动”的逻辑思维与实现路径［J］．厦门特区党校学报，2018（04）：58-62.

[9] 曹海军，吴兆飞．社区治理和服务视野下的三社联动：生成逻辑、运行机制与路径优化［J］．华南师范大学学报（社会科学版），2017（06）：30-37+189.

[10] 徐选国，徐永祥．基层社会治理中的“三社联动”：内涵、机制及其实践逻辑——基于深圳市H社区的探索［J］．社会科学，2016（07）：87-96.

绍兴市工业碳排放效率测算及其影响因素分析
——基于超效率 SBM-Malquist-Tobit 模型的实证

浙江工业职业技术学院 王 珂
绍兴市发展规划研究院 魏鹏鹏

工业碳排放效率提升是工业绿色转型升级高质量发展的关键。研究采用超效率SBM 模型与 Malquist 指数模型对绍兴市各辖区的工业碳排放效率进行测算和分解，并运用 Tobit 模型研究其影响因素。结果表明 :（1）绍兴市工业碳排放效率波动式上升，历经弱有效—接近有效—弱有效阶段。（2）绍兴市各辖区工业碳排放效率差距较大且部分辖区工业碳排放效率较为不稳定。（3）绍兴市工业碳排放效率的 Malquist 指数呈现不稳定波动，其中技术效率指数和全要素生产率指数提升不明显，技术进步指数呈现技术衰退；同时绍兴市各辖区技术效率指数和全要素生产率指数均优于技术进步指数。（4）影响因素中，与绍兴市工业碳排放效率显著正相关的有工业集聚水平和工业环境规制，负相关的有工业能源消费结构，未形成显著影响的有工业所有制结构。最后提出绍兴市工业在制定目标、技术创新、环境规制、能源供给和产业集聚等方面的碳排放效率提升建议。

引言

我国是世界上最大的碳排放国家之一，其中工业碳排放量占比超过 85%，工业节能减排促进碳排放效率提升成为推进碳达峰、碳中和战略的核心。党的二十大提出积极稳妥推进碳达峰碳中和的要求，浙江省在做好碳达峰、碳中和工作的实施意见中提出构建绿色低碳的现代能源体系和高质量的低碳工业体系等，工业绿色转型变革已成为工业发展的要点。绍兴市地处经济实力强劲且高能耗密集的长三角区域，原有的纺织、化工等工业支柱能耗比重大，经济强劲发展带来的能源消耗增长与双碳战略带来的碳排放约束矛盾突出，在新兴工业产业与传统工业产业并存的状态下，如何高效推进工业碳排放效率提升成为绍兴市工业贯彻新理念、构建新格局和高质量发展亟待解决的重要问题。

关于碳排放效率的研究主要聚焦以下方面：（1）碳排放效率测算指标：碳排放效率具有全要素特点，是能源消费、经济发展等多要素共同作用的结果，应综合考虑相关要素[1]。顺延上述思路，学者在构建工业碳排放效率测算体系时，综合考虑了固定资本、劳动力、能源消耗、GDP、碳排放等指标[2-3]。（2）碳排放效率测算视角：研究主要集中于区域与行业。区域上，学者选定国家[4]、区域[5]、省域[6]和城市[7]进行碳排放效率测算。随着双碳战略推进，各行业碳排放效率研究丰富，涉及渔业[8]、建筑业[9]、农业[10]和旅游业[11]等。关于工业碳排放效率，诸多学者对其进行测算与分析，同时工业碳减排措施可概括为加强传统工业绿色化升级、加大环境规制力度、培育壮大战略性新兴产业、加大工业环保技术研发投入、扩大外资利用外溢效应等[12-16]。（3）碳排放效率测算方法：学者常用 DEA 模型和 SBM 模型。DEA 模型测算碳排放效率中，传统 DEA 模型[17]、超效率 DEA 模型[18]和三阶段 DEA 模型[19]均有使用。SBM 模型中，学者较多使用非期望产出超效率 SBM 模型进行碳排放效率测算[20-21]。此外，学者还引入了随机前沿方法[22]与 Luenberger 生产率指数方法[23]等。（4）碳排放效率影响因素：除关注区域发展条件对工业碳排放效率的影响外，学者亦开始关注工业发展自身的特性因素，研究工业规模、重工业水平、工业技术创新、工业集聚水平、工业所有制结构、工业对外开放、工业能源消费结构等对工业碳排放效率的影响[24-25]。

可以看出，学者对碳排放效率的研究取得了一定的成果，而细分至工业碳排放效率，整体对城市尺度的深入分析相对较少。基于此，研究构建工业碳排放效率测算体系，采用非期望产出超效率 SBM 模型与 Malquist 指数模型对绍兴市各辖区的工业碳排放效率进行测算和分解，并运用 Tobit 模型研究绍兴市工业碳排放效率的影响因素，以期为绍兴市提升工业碳排放效率提供建议。

一、研究设计

（一）研究方法

1. 超效率 SBM 模型

非期望产出 SBM 模型考虑期望产出和非期望产出，效率测算结果的准确性、实用性、时代性更强。工业高质量发展需以较少的资源消耗和环境污染实现同等的经济价值，在进行工业碳排放效率测算时需考虑期望产出和非期望产出，因此适用非期望产出 SBM 模型进行效率评价。但当决策单元效率同为 1 时，非期望产出 SBM 模型不利于其比较，因此引入非期望产出超效率 SBM 模型。非期望产出超效率 SBM 模型既考虑了非期望产出，又能够实现决策单元效率的排序，其数学表达式如下：

$$min\rho=\frac{\frac{1}{m}\sum_{i=1}^{m}(\bar{x}/x_{ik})}{\frac{1}{r_1+r_2}\left[\sum_{s=1}^{r_1}\overline{y^d}/y_{sk}^d+\sum_{q=1}^{r_2}\overline{y^u}/y_{qk}^u\right]}$$

$$st\begin{cases}\bar{x}\ge\sum\limits_{j=1,\ne k}^{n}x_{ij}\lambda_j\,;\overline{y^d}\le\sum\limits_{j=1,\ne k}^{n}y_{sj}^d\lambda_j\\ \overline{y^d}\ge\sum\limits_{j=1,\ne k}^{n}y_{qj}^d\lambda_j\,;\bar{x}\ge x_k\\ \overline{y^d}\le y_k^d;\overline{y^u}\ge y_k^u\\ \lambda_j\ge0,i=1,2,\cdots,m;j=1,2,\cdots,n;\\ s=1,2,\cdots,r_1;q=1,2,\cdots,r_2\end{cases}\tag{1}$$

公式（1）中，m为投入，x为投入矩阵中元素；r_1和r_2分别为期望产出和非期望产出；y_d和y_u分别为期望产出和非期望产出矩阵元素；ρ为工业碳排放效率，其数值越大，则决策单元效率越高，同时将工业碳排放效率分为无效（$0\le\rho<0.5$）、弱有效（$0.5\le\rho<1$）和有效（$\rho\ge1$）[21]。

2.Malquist 指数模型

为了更好地观察绍兴市工业碳排放效率在t期至$t+1$期的动态变化情况，引入 Malquist 指数模型，其数学表达式如下：

$$TFPC=EFFCH\times TECH=\frac{D_0^t(x^{t+1},y^{t+1})}{D_0^t(x^t,y^t)}\times\left[\frac{D_0^t(x^{t+1},y^{t+1})}{D_0^{t+1}(x^{t+1},y^{t+1})}\times\frac{D_0^t(x^t,y^t)}{D_0^{t+1}(x^t,y^t)}\right]^{1/2}\tag{2}$$

公式（2）中，$TFPC$表示全要素生产率指数，$EFFCH$表示技术效率指数，$TECH$表示技术进步指数，$D_0^t(x^t,y^t)$和$D_0^t(x^{t+1},y^{t+1})$分别表示以t期为参照的t期和$t+1$期产出距离函数，$D_0^{t+1}(x^{t+1},y^{t+1})$和$D_0^t(x^{t+1},y^{t+1})$分别表示以$t+1$期为参照的$t$期和$t+1$期产出距离函数。当$TFPC$、$EFFCH$或$TECH$大于 1 时，说明其有所提升，等于 1 时无变化，小于 1 时则有所下降。

3.Tobit 模型

Tobit 模型常用于变量数值受限的回归分析，能够弥补最小二乘法参数估计不一致的情况。采用超效率 SBM 模型测算的工业碳排放效率数值为正，服从截断分布且以 0 为下限，因此采用 Tobit 模型进行回归。Tobit 面板数据回归模型如下：

$$Y_{ij}=\begin{cases}Y_{ij}^*=\alpha+\beta X_{ij}+\varepsilon_{ij},Y_{ij}^*>0\\0,\qquad\qquad\qquad\quad Y_{ij}^*\le0\end{cases}\tag{3}$$

公式（3）中，i代表绍兴市辖区，j代表时期，Y_{ij}代表被解释变量，Y_{ij}^*代表对应的潜在变量，X_{ij}代表解释变量，ε_{ij}代表随机误差项。

（二）指标选取及数据来源

1. 投入产出指标

在进行绍兴市工业碳排放效率测算时，综合借鉴相关学者的指标选取 [2，3，18]，同时根据数据的可获得性确定投入产出指标。投入指标以资本、劳动力和能源消费总量为代表，其中资本选取工业固定资产净值表示，劳动力选取工业企业年平均从业人员数表示，能源消费总量选取工业能源综合能耗表示。产出指标综合考虑期望产出与非期望产出，分别用工业总产值与工业 CO_2 排放量表示。除工业 CO_2 排放量外，上述指标数据来源于绍兴市统计年鉴。工业 CO_2 排放量则通过如下公式进行估算：

$$CO_2=\sum_{i=1}^{n}(CO_2)_i=\sum_{i=1}^{n}E_i\times NVC_i\times CEF_i\times COF_i\times(44/12) \tag{4}$$

公式（4）中，CO_2为工业CO_2排放量；i为能源种类，鉴于绍兴市统计年鉴工业能源消耗的统计，本次研究能源主要囊括煤炭、天然气、汽油、煤油、柴油、燃料油和液化石油气；E_i为各类能源的工业消耗实物量；NVC_i为各类能源的净发热值，CEF_i为各类能源的碳排放系数，数据来源于《2006 年 IPCC 国家温室气体清单指南》；COF_i为各类能源的碳氧化因子，考虑化石燃料燃烧氧化率较高，各类能源的碳氧化因子基本接近于 1，因此COF_i取值为 1；$(44/12)$为二氧化碳气化系数。

2. 影响因素指标

结合绍兴市工业发展的特征，确定工业碳排放效率的影响因素。最终选取工业集聚水平、工业所有制结构、工业能源消费结构和工业环境规制作为探究绍兴市工业碳排放效率的影响因素，具体说明如表 1 所示。

表 1　工业碳排放效率影响因素

影响因素	指标计算
工业集聚水平	工业增加值占工业总增加值的比重 [25]
工业所有制结构	国有及国有控股工业企业产值占工业总产值的比重 [25]
工业能源消费结构	煤炭类能源消耗占工业能源消耗总量的比重 [3]
工业环境规制	工业企业营业收入与能源消费总量的比值 [24]

二、结果与分析

（一）工业碳排放效率时序分析

根据选取的投入产出指标，运用非期望产出超效率 SBM 模型的公式（1）计算绍兴市工业碳排放效率，2014—2021 年绍兴市工业碳排放效率均值变化如图 1 所示，各辖区工业碳排放效率具体数值如表 2 所示。

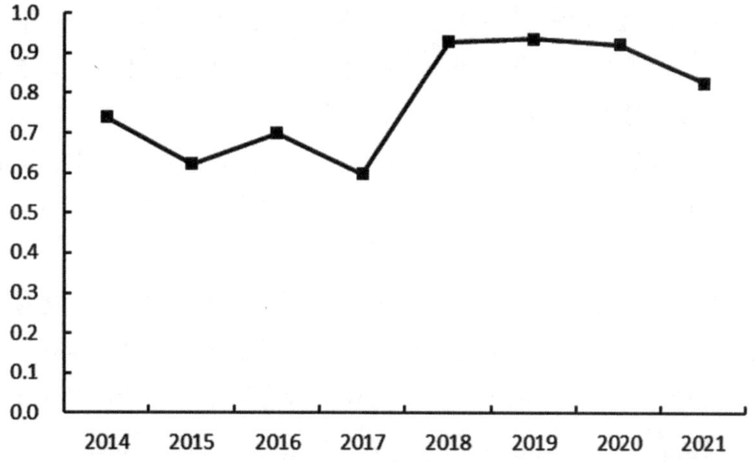

图 1　2014—2021 年绍兴市工业碳排放效率均值

时间演变趋势上，图 1 显示，2014—2021 年绍兴市工业碳排放效率整体呈现波动式上升，由 2014 年的 0.7389 上升为 2021 年的 0.8270，展现弱有效—接近有效—弱有效的变化。研究期间内可将绍兴市工业碳排放效率分为三个阶段：2014—2017 年工业碳排放效率在 0.5987—0.7389 间波动，呈现下降趋势，此阶段工业产能过剩与需求减少的矛盾突出，同时工业发展中煤炭为主的能源消费结构以及低碳关键技术支撑不足，综合造成工业碳排放效率波动下降；2018—2020 年工业碳排放效率在 0.93 上下小幅波动，其中 2018 年工业碳排放效率迅速提升为 0.9294，实现高达 55.23% 的增长率，而后 2019 年、2020 年保持相对稳定，此阶段注重经济高质量发展，绍兴市推动工业能源消耗转变、工业技术创新、工业结构优化、工业产业链完善与工业平台升级，整体带动工业碳排放效率的提升，并稳定地接近有效状态；2021 年随着疫情逐步稳固，经济复苏带来工业总产值上升，能源消耗增加与工业资本投入过剩造成工业碳排放效率下降为 0.8270，工业碳排放效率仍不稳定。

辖区水平差异上，表 2 显示，2014—2021 年绍兴市各辖区工业碳排放效率均值由大到小依次为诸暨市（1.1422）>新昌县（0.9487）>上虞区（0.8015）>越城区（0.6399）>柯桥区（0.6189）>嵊州市（0.5550),差值幅度较大。辖区水平变化上，2014—2021 年诸暨市工业碳排放效率在 1.0204—1.2539 间波动，效率值均大于 1，始终处于有效状态，为绍兴市工业碳排放效率较优辖区。新昌县和上虞区工业碳排放效率呈现相同的变化趋势，2014—2017 年逐年下降，基本处于弱有效状态；2018 年新昌县和上虞区工业碳排放效率迅速上升，增长率分别高达 113.20% 和 121.87%，数值突破 1，达到有效状态，并且 2018—2021 年持续处于有效状态；新昌县和上虞区工业碳排放效率最优值分别为 2021 年的 1.2779 和 1.0727，新昌县工业碳排放效率高于上虞区，同时在 2018—2021 年新昌县为绍兴市工业碳排放效率最优辖区。越城区工业碳排放效率 2014—2017 年处于无效状态，2018 年增长率高达 142.83%，跳过弱有效状态，直接跃升为有效状态；但与新昌县和上虞区不同，越城区工业碳排放效率有效状态仅持续在 2018—2020 年，2021 年又断崖式下降至 0.6005。柯桥区工业碳排放效率除 2014 与 2016 年达到有效状态外，其余年份基本在无效与弱有效临界值 0.5 上下小幅波动，且近三年又呈现下降趋势，工业碳排放效率较低。嵊州市工业碳排放效率 2014—2017 年基本处于无效状态，2018 年上升至 0.7288，转变为弱有效状态，但 2018—2021 年工业碳排放效率逐年下降，2021 年仅为 0.5388，降低至无效状态的风险增大。综合上述分析，绍兴市各辖区中，工业碳排放效率存在持续处于有效状态的诸暨市，存在弱有效转为有效状态且稳定的新昌县和上虞区，存在弱有效转为有效状态但不稳定的越城区，存在不稳定且弱有效降至无效风险较大的柯桥区和嵊州市，绍兴市各辖区工业碳排放效率差距较大且部分辖区工业碳排放效率较为不稳定。

表 2　绍兴市各辖区工业碳排放效率

年份	越城区	柯桥区	上虞区	诸暨市	嵊州市	新昌县
2014	0.3736	1.0083	0.6327	1.1796	0.5069	0.7320
2015	0.3487	0.5021	0.5525	1.1847	0.4661	0.6780
2016	0.3399	1.0078	0.5300	1.2539	0.4191	0.6432
2017	0.4193	0.4183	0.4697	1.2511	0.4719	0.5621
2018	1.0182	0.5199	1.0422	1.0690	0.7288	1.1984
2019	1.0142	0.5293	1.0568	1.0744	0.6982	1.2487
2020	1.0044	0.5138	1.0555	1.1044	0.6099	1.2491
2021	0.6005	0.4519	1.0727	1.0204	0.5388	1.2779
均值	0.6399	0.6189	0.8015	1.1422	0.5550	0.9487

（二）工业碳排放效率动态分析

运用 Malquist 指数模型公式（2）计算绍兴市工业碳排放效率从 t 期至 t+1 期的动态变化程度，技术效率指数、技术进步指数与全要素生产率指数的时序均值计算结果如表 3 所示，各辖区技术效率指数、技术进步指数与全要素生产率指数均值分布情况如表 4 所示。

时间序列上，表 3 显示，绍兴市工业碳排放效率的技术效率指数、技术进步指数与全要素生产率指数的均值在研究期间分别为 1.0138、0.9908 和 1.0038，技术整体呈现衰退状态，虽然技术效率指数和全要素生产率指数大于 1，但平均仅上升了 1.38%

和 0.38%，提升并不明显。同时技术效率指数、技术进步指数与全要素生产率指数三者均呈现不稳定的波动，仅在 2015—2016 和 2018—2019 期间三者均大于 1，其余年份均有指数降至 1 以下，说明绍兴市工业碳排放效率受众多不确定性因素影响较大。辖区分布上，表 4 显示，绍兴市各辖区的全要素生产率指数均值均大于 1，技术效率指数除柯桥区为 1，其余辖区均大于 1，而越城区、柯桥区、上虞区、诸暨市、嵊州市和新昌县的技术进步指数均值分别为 1.0064、1.0012、0.9985、0.9574、0.9883 和 0.9930，技术呈现衰退的辖区占比 66.67%，全要素生产率指数上升主要归功于技术效率指数提升，技术进步未能与工业高质量转型发展相协调，技术创新没有很好地促进绍兴市工业碳排放效率的提升。

表 3　绍兴市工业碳排放效率 Malquist 指数变化

期　间	*EFFCH*	*TECH*	*TFPC*
2014—2015	0.9985	0.9844	0.9810
2015—2016	1.0552	1.0295	1.0910
2016—2017	0.9505	0.9542	0.9091
2017—2018	1.0975	0.8901	0.9740
2018—2019	1.0000	1.0204	1.0204
2019—2020	1.0000	0.9906	0.9906
2020—2021	0.9950	1.0664	1.0608
均值	1.0138	0.9908	1.0038

表 4　绍兴市各辖区工业碳排放效率 Malquist 指数分布

<table>
<tr><th rowspan="2">指标</th><th colspan="3">EFFCH</th><th colspan="3">TECH</th><th colspan="3">TFPC</th></tr>
<tr><th>>1</th><th>=1</th><th><1</th><th>>1</th><th>=1</th><th><1</th><th>>1</th><th>=1</th><th><1</th></tr>
<tr><td>辖区</td><td>越城区
上虞区
诸暨市
嵊州市
新昌县</td><td>柯桥区</td><td>/</td><td>越城区
柯桥区</td><td>/</td><td>上虞区
诸暨市
嵊州市
新昌县</td><td>越城区
柯桥区
上虞区
诸暨市
嵊州市
新昌县</td><td>/</td><td>/</td></tr>
<tr><td>占比</td><td>83.33%</td><td>16.67%</td><td>0%</td><td>33.33%</td><td>0%</td><td>66.67%</td><td>100%</td><td>0%</td><td>0%</td></tr>
</table>

（三）工业碳排放效率影响因素分析

根据建立的公式（3）对绍兴市工业碳排放效率影响因素进行 Tobit 回归分析。以非期望产出超效率 SBM 模型计算出的工业碳排放效率作为被解释变量，以选取影响因素指标作为解释变量，Tobit 分析结果如表 5 所示。

表 5　绍兴市工业碳排放效率的影响因素 Tobit 分析结果

变　量	系数	z 统计量	概率 p 值
常数	0.585**	2.353	0.019
工业集聚水平	1.406***	3.477	0.001
工业所有制结构	0.488	0.986	0.324
工业能源消费结构	-0.779***	-2.708	0.007
工业环境规制	0.045***	5.238	0.000

注：**、*** 分别表示在 5% 和 1% 的水平上通过显著性检验。

表 5 显示，与绍兴市工业碳排放效率显著正相关的影响因素有工业集聚水平和工业环境规制。工业集聚水平与工业碳排放效率之间的相关系数为 1.406，且通过 1% 水平的显著性检验，工业集聚与工业碳排放效率显著正相关，工业集聚带来的规模效应，促进企业间技术外溢和知识共享，进而提升工业碳排放效率。工业环境规制与工业碳排放效率之间的相关系数为 0.045，且通过 1% 水平的显著性检验，工业环境规制与工业碳排放效率显著正相关，工业环境规制增强能够促进工业企业节能减排，加强污染治理，进而提高工业碳排放效率。工业能源消费结构与绍兴市工业碳排放效率显著负相关，其相关系数为 -0.779，且通过 1% 水平的显著性检验，煤炭作为碳排放量较高的资源，其在工业消耗中所占比重越高，则碳排放量越大，自然抑制工业碳排放效率提升，而绿色能源具有低碳排放且高效能的特点，替代煤炭在工业中的使用，将会提高工业碳排放效率。工业所有制结构与工业碳排放效率回归未通过显著性检验，这是因为降低工业碳排放与提升工业碳排放效率是绍兴市工业低碳转型的普遍要求，同时绍兴国有工业与民营工业均处于高效率运转与高质量转型发展的时期，两者差距不断缩小。

三、结论与建议

（一）结论

通过对绍兴市工业碳排放效率的超效率 SBM 模型测算、Malquist 指数模型分解和 Tobit 影响因素回归，得出如下结论：

（1）2014—2021 年绍兴市工业碳排放效率呈现波动式上升，仍相对不稳定。可划分为三个阶段：2014—2017 年工业碳排放效率波动下降，2018 年工业碳排放效率迅速提升且 2018—2020 年稳定地接近有效状态，2021 年工业碳排放效率再次小幅下降。

（2）绍兴市各辖区的工业碳排放效率中，诸暨市持续处于有效状态，新昌县和上虞区由弱有效转为稳定的有效状态，越城区由弱有效转为有效状态但不稳定，柯桥区和嵊州市较为不稳定且弱有效降至无效风险较大。绍兴市各辖区工业碳排放效率差距较大且部分辖区工业碳排放效率较为不稳定。

（3）2014—2021 年绍兴市工业碳排放效率的技术效率指数、技术进步指数与全要素生产率指数呈现不稳定的波动。技术效率指数和全要素生产率指数的均值大于 1，但提升不明显；技术进步指数小于 1，呈现技术衰退状态。绍兴市各辖区 Malquist 指数同样呈现技术效率指数和全要素生产率指数均优于技术进步指数。绍兴市工业碳排放效率的全要素生产率指数上升主要归功于技术效率指数。

（4）工业集聚水平和工业环境规制对绍兴市工业碳排放效率提升具有正向推动作用，工业能源消费结构与绍兴市工业碳排放效率显著负相关，工业所有制结构并未对绍兴市工业碳排放效率形成显著影响。

（二）建议

（1）差异设定目标，建立共享机制。一方面，从效率与公平角度设立工业碳排放效率提升目标。从效率原则出发，工业碳排放效率低的辖区需承担更多的工业碳减排；从公平原则出发，需考虑辖区的往期工业碳排放强度以及近期经济水平、产业结构、技术程度、人力资源等多方因素，往期工业碳排放大的辖区需承担更多的工业碳减排，近期经济发达、产业高级、技术先进、人才集聚的优势辖区应完成更高的工业碳排放效率提升目标。另一方面，辖区间应建立碳排放优化共享机制，实现工业产业优化共享、低碳技术共享、工匠人才共享，并将碳排放优化共享机制纳入辖区政府考核，带动碳排放效率缩小辖区差距。

（2）多举措齐攻关，推动技术创新。首先，持续加大工业绿色技术创新中心的研发投入，优先支持攻克具有共性的低碳关键技术，重点支持工业机器人、云端大数据计算等智能化技术在工业绿色转型应用中的研发。其次，提高校企合作协同创新体的市场化程度，通过竞争促使协同创新体的绿色技术研究真正为工业企业所需，同时实现绿色技术推广带来的经济效益又吸引工业企业真正参与协同创新体的研究，供需对接的良性循环提高工业绿色技术创新效率。最后，引导绿色技术在工业领域的应用，完善工业绿色技术应用激励机制，培育具有创新精神的工匠应用人才，落实应用环节的知识产权保护体系，构建工业技术生态系统。

（3）完善环境规制，落实项目管控。一方面，坚决遏制高资源消耗和高碳排放量的工业项目发展，建立工业新增项目低碳化水平科学评估机制，提高低碳化标准的准入条件，从严控制产能过剩及高消耗高排放的工业项目，同时加强新增工业项目多方审批交互监管，形成源头管控。另一方面，工业生产中实施工业企业全方位、全过程的绿色转型升级，融入产能和排放的数字化监测与预警体系，强化阶段调控，同时试点工业项目碳排放考核，并建立配套的奖惩机制，形成过程管控。

（4）利用低碳能源，匹配基建保障。首先，做好优化能源结构的政策支持、合理论证、财政补贴等前瞻性规划工作。其次，提高低碳能源利用，提倡天然气在工业中规模使用，因地制宜推进工业闲置区开展太阳能光伏发电、滨海工业园区外围开展风力发电、曹娥江沿岸的光伏 + 滩涂发电等，同时积极鼓励地热能、生物质能在绍兴工业发电中的适时新应用，积极争创低碳能源利用示范区。最后，鼓励政府和社会资本合作的模式参与低碳能源基建建设，尤其是能源数字化基建建设和储能基建建设，为低碳能源利用提供必要保障。

（5）发展新兴产业，打造产业集聚。一方面，以土地、厂房、人才、能耗、投融资等资源的倾斜，加大新兴产业招商引资力度；持续优化开办流程、审批效率、行政服务等营商环境，为新兴产业高效发展提供保障；精准做好绿色信贷、税收优惠、知识产权质押、财政专项拨款等经济举措，降低新兴产业经营成本，构建其发展的长效支持。另一方面，做好辖区现有工业发展的梳理工作，理清上下游产业链，在现有四项万亩千亿新兴产业平台基础上合理完善，通过增加新兴产业企业个数、扩大新兴产业企业规模、完善新兴产业企业链条、加强新兴产业企业合作，进一步强化产业集聚的纵向协同、技术外溢、市场渗透等优势。

参考文献

[1] Ramanathan R.Combining indicators of energy consumption and CO2 emissions:Across country comparison[J]. International Journal of Global Energy Issues,2002,17(3) :214–227.

[2] 周五七，聂鸣. 中国工业碳排放效率的区域差异研究——基于非参数前沿的实证分析［J］. 数量经济技术经济研究，2012，29（9）：58–70.

[3] 蔺雪芹，边宇，王岱. 京津冀地区工业碳排放效率时空演化特征及影响因素［J］. 经济地理，2021，41（6）：187–195.

[4] IFTIKHAR Y, HE W J, WANG Z H. Energy and CO2 emission efficiency of major economics: a non–parametric analysis[J]. Journal of Cleaner Production,2016,139(8): 779–787.

[5] 李建豹，黄贤金，揣小伟，孙树臣. 长三角地区碳排放效率时空特征及影响因素分析［J］. 长江流域资源与环境，2020，29（7）：1486–1496.

[6] 王兆峰，杜瑶瑶. 基于 SBM–DEA 模型湖南省碳排放效率时空差异及影响因素分析［J］. 地理科学，2019，39（5）：797–806.

[7] 张明斗，席胜杰. 资源型城市碳排放效率评价及其政策启示［J］. 自然资源学报，2023，38（1）：220–237.

[8] 曾冰. 长江经济带渔业经济碳排放效率空间格局及影响因素研究［J］. 当代经济管理，2019，41（2）：44–48.

[9] 宋金昭，郭芯羽，王晓平，胡振. 中国建筑业碳排放效率区域差异及收敛性分析——基

于 SBM 模型与面板单位根检验[J]. 西安建筑科技大学学报(自然科学版),2019,51(2): 301-308.

[10] 田云，林子娟. 中国省域农业碳排放效率与经济增长的耦合协调［J］. 中国人口·资源与环境，2022，32（4）: 13-22.

[11] 王凯，何静，甘畅，席建超. 中国旅游产业结构变迁对旅游业碳排放效率的空间溢出效应研究［J］. 中国软科学，2022，（12）: 50-60.

[12] 程云鹤，齐晓安，汪克亮，杨力. 区域技术差距视角下省际工业 CO2 排放效率［J］. 系统工程，2013，31（3）: 41-51.

[13] 袁鹏. 基于物质平衡原则的工业碳排放效率评估［J］. 管理学报，2015，12（4）: 609-618.

[14] 周杰琦，韩颖，林洪. FDI 对中国工业碳排放效率的影响机理及其效应——理论构建与经验分析［J］. 软科学，2016，30（1）: 76-80.

[15] 王惠，卞艺杰，王树乔. 出口贸易、工业碳排放效率动态演进与空间溢出［J］. 数量经济技术经济研究，2016，33（1）: 3-19.

[16] 洪倩倩，李石强. 市场分割对工业碳排放效率的空间影响研究［J］. 生态经济，2021，37（10）: 32-39.

[17] HAMPF B, RØDSETH K L. Carbon dioxide emission standards for U.S. power plants: an efficiency analysis perspective[J]. Energy Economics,2015,50 (4):140-153.

[18] 路正南，王志诚. 我国工业碳排放效率的行业差异及动态演进研究[J]. 科技管理研究，2015，35（6）: 230-235.

[19] 蒋自然，金环环，王成金，叶士琳，黄艳豪. 长江经济带交通碳排放测度及其效率格局（1985 ~ 2016 年）[J]. 环境科学，2020，41（6）: 2972-2980.

[20] 欧国立，许畅然. 京津冀货运碳排放效率分析——基于超效率 SBM 模型及 ML 指数［J］. 北京交通大学学报（社会科学版），2020，19（2）: 48-57.

[21] 宁论辰，郑雯，曾良恩. 2007—2016 年中国省域碳排放效率评价及影响因素分析——基于超效率 SBM-Tobit 模型的两阶段分析［J］. 北京大学学报（自然科学版），2021，57（1）: 181-188.

[22] 贾锐宁，邵帅，杜克锐，余燕团. 中国碳回弹效应的时空格局、动态演进及驱动因素——基于改进的碳排放随机前沿模型的实证考察［J］. 中国软科学，2022（12）: 23-34.

[23] 张强. "丝绸之路经济带"中国段交通运输业碳排放效率分析——基于 Luenberger 生产率指数法［J］. 湖南大学学报（社会科学版），2018，32（5）: 78-84.

[24] 郗永勤，吉星. 我国工业行业碳排放效率实证研究——考虑非期望产出 SBM 超效率模型与 DEA 视窗方法的应用［J］. 科技管理研究，2019，39（17）: 53-62.

[25] 米莹，蔺雪芹，王岱，崔惟佳. 中国东部沿海地区工业碳排放效率时空演化特征及影响因素［J］. 西安理工大学学报，2022，38（4）: 476-486.

论社区团购低价竞争行为的法律规制

绍兴文理学院　代　杰　钱欣雅

互联网电商“加持”下的社区团购利用持续性低价抢占市场份额，以其资金、流量等优势冲击传统市场生态。社区团购低价竞争行为受《价格法》规制。市场双边效应使得团购企业不被认为具有市场支配地位，故其低价竞争行为不在现行《反垄断法》的“射程”之内。依《价格法》对社区团购低价竞争的罚款、停业整顿等处罚难以实现预期效果，类似低价竞争行为仍在持续，市场秩序并未有效恢复。应当引入《反垄断法》实现对社区团购低价竞争规制，要点是对市场支配地位认定的动态化调整，强化《反垄断法》对团购低价的回填补偿、低价出售等判定机制。

习近平总书记在致第五届世界互联网大会的贺信中指出：“当今世界，正在经历一场更大范围、更深层次的科技革命和产业变革。互联网、大数据、人工智能等现代信息技术不断取得突破，数字经济蓬勃发展，各国利益更加紧密相连。为世界经济发展增添新动能，迫切需要我们加快数字经济发展，推动全球互联网治理体系向着更加公正合理的方向迈进。”新近以来，尤其是新冠疫情爆发，社区团购如火如荼地铺开。美团优选、多多买菜、橙心优选、盒马邻里等平台异军突起，凭借其互联网的双边性迅速席卷相关市场。数字经济对传统经济形态的冲击及其监管是数字法学的重要话题，对于社区团购低价竞争行为的法律规制，亦不乏研究成果[①]。本文运用法律方法，以分析社区团购平台的低价竞争行为法律规制之径路。

---

① 相关研究成果包括但不限于：王晓晔：《反垄断法与构建和谐社会》，载《中国经济时报》2013年7月31日，第6版。叶明：《互联网经济对反垄断法的挑战及对策》，法律出版社2019年版。张江莉：《反垄断法在互联网领域的实施》，中国法制出版社2020年版。刘权：《网络平台的公共性及其实现——以电商平台的法律规制为视角》，载《法学研究》2020年第2期。杨东：《论反垄断法的重构：应对数字经济的挑战》，载《中国法学》2020年第3期。孙晋：《数字平台的反垄断监管》，载《中国社会科学》2021年第5期。侯利阳：《数字经济对实体经济的冲击与因应：以社区团购的规制为视角》，载《政治与法律》2022年第10期。

一、问题的提出

社区团购在方便群众的同时，也带来了低价竞争、抢占市场等资本无序扩张现象，不仅数字电商领域内部激烈竞争，蔬果生鲜的实体经济领域也遭受打击。

（一）社区团购的交易模式与竞争机制

"数字经济的重要特征是以平台作为运营模式。"① 社区团购以平台是否参与交易为标准，主要分为两种模式：其一是平台仅充当交易媒介，并不参与商家与消费者的实质交易。此类社群电商包括多多旗下的"快团团""嗨团""微折购"等。该社群电商平台系促成交易的中介，按照平台入驻协定的规则对成交额按比例收取佣金。此种交易模式下，发布微信商品链接、利用社会链条展开接龙的"团长"被认定为经营者，社群平台则被认为是运营商。另一则是平台作为商品经营者、销售者。社区团购电商平台参与挑选供货商并与之签订协议，确定销售价格。此种模式以腾讯系的"美团优选""多多买菜"为代表。此类社区团购企业往往基于线下小范围地理区域，由供应链平台统一提供发货、仓储和售后，以社区团长通过抽佣方式作为二级代理节点。② 此种交易模式下，更倾向于将二级代理节点的团长认定为平台的代理商，平台则兼具经营者、销售者及运营商的三重身份。

平台直达使买卖之没有中间商赚取差价，交易参与主体的数量少也使得平台能够以低价供应，这成为社区团购的竞争优势之一。利用互联网"低价销售"宣传造势，为社区团购平台吸引流量，提升消费者对平台提供产品和服务的吸引力。"数字经济具有明显的网络效应，更早进入市场或因为通过颠覆性创新而获得更多资金、技术优势的数字平台，会因为先发优势而在竞争中占据更有利的位置。"③ 凭借消费者用户建立起来的平台声誉，由此进一步拓宽市场份额。从日均下单量来看，平台在 20 年至 21 年间订单量呈现飞越式增长，具体见表 1。

表 1　社区团购企业订单数量

公司	资本派系	2020 年	2021 年
兴盛优选	腾讯	800 万单每日	1200 万单每日
十荟团	阿里	>160 万单	1500 万单每日
橙心优选	腾讯	280 万单（2020.9 初）	1200 万单每日
美团优选	腾讯	400 万单（2020.11 初）	2300 万单每日
多多买菜	腾讯	>200 万单	1500 万单每日

数据来源：《关于互联网巨头介入社区团购的反垄断分析》，徐诗扬；王培丞；张梓萌，现代商业，2022-12-08。

① 仲春：《数字经济平台相关市场界定研究》，载《法治研究》2023 年第 2 期。
② 参见段蔚：《互联网背景下社区团购的经济法规制》，载《法商研究》2022 年第 4 期。
③ 参见叶明：《互联网经济对反垄断法的挑战及对策》，法律出版社 2019 年版，第 32 页。

除了龙头社团购电商“兴盛优选”外，其余社区团购平台发展势头更为迅猛。加之新冠疫情等因素，消费者受限于居家隔离等措施要求，社区团购用户规模持续上涨。社区团购企业视行业风向的转变，将资源倾斜性投入该产业领域。相较菜场小贩、社区便利店经营者，社区团购企业在资源整合、调控上更具优势，且在资本利益驱使下形成不同派系，逐渐形成“一大 N 强”的市场竞争格局。[①]

（二）社区团购的低价竞争

不少平台为进一步获客，竞相采取降价补贴、秒杀补贴等方式。例如“十荟团”在电商平台上销售商品时，销售“库尔勒香梨”约 250g，其实际进货成本为 3.89 元，平台补贴后销售价格为 0.99 元；销售“蓝天三晶加碘精制食用盐 500g”，进货成本为 0.57 元，平台补贴后销售价格为 0.1 元。[②]一些在日常生活团购宣传还包括“1 分钱一袋食盐”“9 毛钱一份青菜”“1 分钱一个橙子”等信息。社区团购电商平台利用其背后充分的融资渠道，融资成功后便转向“烧钱战”，以“秒杀特价”“最低一分钱”“首单超值”“大额优惠券”等形式开展的价格战刺激消费者购买欲望，实现订单量大幅度增长。“部分大型平台可能采取并购新兴平台或潜在竞争企业的方式以聚合创新服务形态，进而降低市场竞争的威胁，或采取控制市场进入必要资源的取得以提高市场进入的困难程度。”[③]平台通过初期的价格战略优势，提升用户黏性，强化品牌认可度。

头部企业凭借自身迅速聚集资源的优势，迅速投身于社区团购市场竞争。该类企业商品售价低，补贴额度大、范围广、频次多，业务量出现爆发式增长。社区团购行业发展促进市场经济总量增长，提供便捷利民选购服务和优质产品，帮助对接滞销农产品出口，提供就业岗位，一定程度上带来正面积极效应。[④]但在固定的市场环境下，一方的迅猛发展同时也意味着另一方之式微，两者间存在此消彼长的关联关系。资本的无序扩张展现着电商平台企业的挤压生鲜果蔬、米面粮油、日用品等生活必需品领域，原本占据市场份额的传统实体经济也会因过度低价竞争而随之挤出市场，市场生态亦不免萧条。

---

① 中国信息通信研究院：《中国数字经济发展研究报告（2023）》，载中国信息通信研究院官网：http://www.caict.ac.cn/kxyj/qwfb/bps/202304/P020230427572038320317.pdf，最后浏览时间：2023 年 5 月 2 日 15：30。

② 国家市场监督管理总局《行政处罚决定书》，国市监处〔2021〕38 号。

③ George J. Stigler Center for the Study of the Economy and the State & The University of Chicago Booth School of Business, Committee for the Study of Digital Platforms Market Structure and Antitrust Sub-committee Report, 2019, p.49–56.

④ 参见刘乃梁：《防止资本无序扩张：平台经济反垄断规制的体系因应》，载《现代法学》2022 年第 6 期。

二、社区团购低价竞争的法律规制

“除了要借助市场竞争机制和传统私法规范约束平台私权力，还有必要引入公法原理及其价值要求，对平台私权力进行适度干预。”[①] 竞争法所规制的经营者是为从事商品生产、经营或者提供服务的主体。以“快团团”为例的社群平台运营商不属于上述法律规制的主体范畴。第二类以“美团优选”为例，同时代表销售者身份的社区团购平台则属于本文强调的受竞争法规制的对象。

（一）社区团购低价竞争的法律规制实践

由于数字电商平台在运行初期往往会采取“大额补贴”“零元购”发展策略，社区团购也是以该运营模式进入大众的视野。政府为促进互联网电商平台在初期的发展，并不反对采取该模式，甚至主动鼓励用户接触新业态。此时，社区团购企业低价补贴行为不应当被认定为低价不正当竞争行为。新冠病毒疫情的助推作用加速了社区团购平台的发展，用户已然充分适应线上采购及自提的消费模式。此时，若社区团购平台采取掠夺式定价行为，则应当被认定为破坏市场结构、破坏市场竞争秩序的行为。法律、政策对该行业的态度也从初期的保护鼓励逐渐转变为抑制禁止。法律及政策的转变可参照用户数量稳定性、每日交易量等因素，判断阶段的划分标准，临界点之前社区团购平台的行为将会受到保护和鼓励，临界点之后的不正当竞争行为被责令改正，拒不改正后再依法作出处罚。

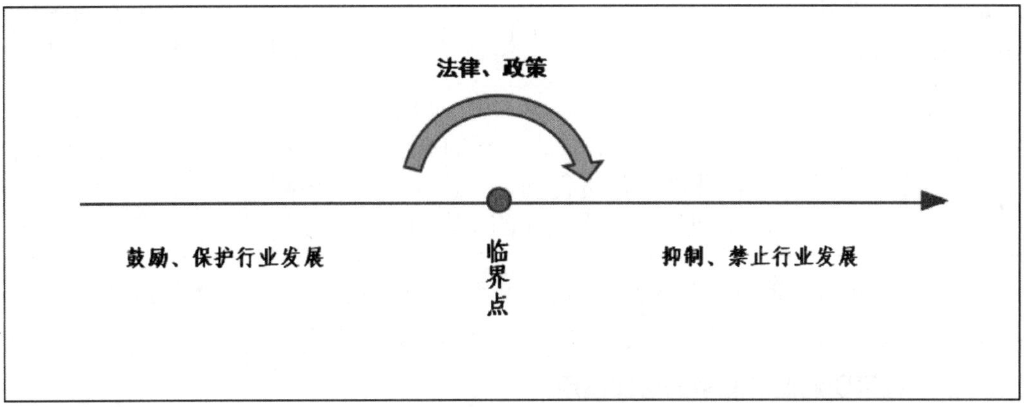

图 1　规制的法律与政策

“规制手段与规制目标的匹配程度直接决定公共规制的质量。因此，规制的选择在规制决策体系中处于关键地位。”[②] 国家市场监督管理总局对先前一批不正当价格竞争企

① 刘权：《网络平台的公共性及其实现——以电商平台的法律规制为视角》，载《法学研究》2020 年第 2 期。

② 应飞虎、涂永前：《公共规制中的信息工具》，载《中国社会科学》2010 年第 4 期。

业开出了 150 万元的顶格罚款，具体可见表 2。“十荟元”社区团购平台遭三月两次顶格处罚，共被处罚 300 万金额。[①] 从“十荟元”二次受罚不难看出，《价格法》的顶格处罚也未必能抑制低价销售。原因在于，社区团购企业权衡处罚受损较之预期盈利，认为此降价补贴获利依然十分可观。顶格处罚力度与行业发展趋势不相匹配，造成了头部社区团购企业低价销售的行动逻辑。

表 2　市场监督管理总局对 5 家头部企业的行政处罚

处罚对象	行政处罚依据	处罚结果
橙心优选（北京）科技发展有限公司（橙心优选）	因低价倾销、扰乱市场秩序，违反了《中华人民共和国价格法》第十四条第（二）项规定。利用虚假或使人误解的价格，诱骗消费者进行消费，违反了《中华人民共和国价格法》第十四条第（四）项规定	处以两项共 150 万元人民币顶格罚款
上海禹璨信息技术有限公司（多多买菜）	同上	处以两项共 150 万元人民币顶格罚款
深圳美团优选 科技有限公司(美团优选)	同上	处以两项共 150 万元人民币顶格罚款
北京十荟科技有限公司（十荟团）	同上	处以两项共 150 万元人民币顶格罚款，并责令“十荟团”平台江苏区域停业整顿 3 日
武汉七种美味科技有限公司（食享会）	利用虚假的或者使人误解的价格手段，诱骗消费者与其进行交易，违反了《中华人民共和国价格法》第十四条第（四）项规定	处以 50 万元人民币罚款的行政处罚

国家市场监督管理总局对 5 家头部企业的处罚，乃是依据《价格法》第 14 条第 2 款，社区团购企业的低价销售行为并未受到《反垄断法》的规制与处罚。

（二）社区团购低价竞争的法律适用

正如施塔姆勒（Statmmler）所言“一旦有人适用法典的一个条文，他就是在适用这个法典”。[②]《反不正当竞争法》修改前对经营者的低价倾销行为进行了规制，某种程度上对企业垄断预防产生独特意义，对企业实施垄断行为先行警告提示。“从法律适用的角度，若平台烧钱补贴构成不正当竞争行为，执法部门可依据该法第 2 条的一般条

① 刘夏村、赵文君：《市场监督管理总局对五家社区团购企业不正当价格行为做出行政处罚答记者问》，载《中国市场监管报》2021 年 3 月 4 日，第 2 版。

② 转引自［德］恩吉施：《法律思维导论》，郑永流译，法律出版社 2004 年版，第 73 页。

款进行兜底性规制。尽管最高人民法院在‘海带配额案’中明确了一般条款的适用条件，但是由于涉及‘商业道德’等抽象因素的认定，适用该款时需考虑论证的充分性，提高了规制难度。”[①] 由于《反不正当竞争法》删去了该条款，导致低价倾销的不正当竞争行为须转由反垄断法调整。

我国低价竞争的主要法律规范是《价格法》与《反垄断法》。《价格法》第 14 条第 2 项规定，经营者除了在依法降价处理鲜活商品、季节性商品、积压商品等商品外，不得为了排挤竞争对手或者独占市场，以低于成本的价格倾销，扰乱正常的生产经营秩序，损害国家利益或者其他经营者的合法权益。上述社区团购企业的低价竞争行为符合此规定之该当性，国家市场监督管理总局由是处罚之。

《反垄断法》第 22 条第 2 款规定，禁止具有市场支配地位的经营者，没有正当理由，以低于成本的价格销售商品。假设符合市场支配地位的条件，则该经营者成立垄断行为。《反垄断法》规定的“低价垄断行为”与《价格法》存在较大程度重叠。《反垄断法》和《价格法》旨在维护正常市场秩序，保障经营者不因资本力量被迫挤出相关市场，对“低价销售”行为依法进行规制。两法之别在于违法行为的构成要件及法律责任的承担，社区团购企业违反《反垄断法》规范的构成要件，前提须满足市场支配地位的条件。

国家市场监督管理总局的处罚并未认定上述头部社群电商平台享有市场支配地位。在法律适用上，其依据《价格法》的法律规制对电商平台予以处罚。可见，政府对于社区团购整体持审慎包容态度。数字电商经济尚处于新兴阶段，未来发展趋势方兴未艾。惩处力度过大会将新兴的产业扼杀于摇篮之中，迫使其不见萌芽即告消亡。[②]

三、社区团购低价竞争的法律规制困境

“‘法教义学’也允许批判，只不过这种批判是现有法秩序内的批判，不是超越现有法秩序的批判。”[③]《价格法》的规制力度不足，而《反垄断法》规定的市场支配地位又难以认定，构成了我国社区团购低价竞争法律规制的主要困境。

（一）依据《价格法》处罚难以实现预期效果

市场监管部门依据《价格法》执法行为很难实现预期效果。依据《价格法》所做之处罚的力度有限。如前案件所显示，即使定格处罚也不过为 150 万元。“十荟元”

① 吴太轩、杨婉琪：《互联网平台烧钱补贴行为法律规制的困境及对策》，载《重庆理工大学学报（社会科学）》2022 年第 7 期。
② 张守文：《数字经济发展的经济法理论因应》，载《政法论坛》2023 年第 2 期。
③ ［德］卡尔·拉伦茨：《法学方法论》，陈爱娥译，商务印书馆 2004 年版，引言 21 页。

对第一次处罚似乎并未感受到压力与威慑力，方才招致二次处罚。即使如此，社区团购中的低价竞争、价格欺诈等现象仍然普遍存在。[①] 市场监管执法行为对维持传统业态的效益也待考量。执法过程中对于社区团购平台和传统业态交易之间的关系间是否存在替代性关系，有待进一步分析。[②] 一些社区团购企业虽然没有被认定为具有市场支配地位，但低价倾销行为的确对传统业态产生了严重影响。市场监督管理总局虽然依据《价格法》已经对相关企业作出了行政处罚，但市场挤出效应在社区团购领域呈明显之势。部分企业被强势企业兼并甚至退出市场竞争，对社会秩序造成不可逆的严重损害。

（二）认定市场支配地位存在障碍

《反垄断法》对市场支配地位采取综合认定标准，如占据 50% 市场份额、享有独立定价的市场行为、营业收入的市场绩效等等。此外，还兼顾考虑控制市场的能力、进入市场的难易程度、交易依赖性、持续性不公平交易条件和超额利润等。然而，社区网络平台的双边特性增加了认定其具有市场支配地位的难度，使其较传统行业更突显规模效应。[③]

目前，团购市场规模达到 720 亿，预计 2022 年市场团购规模达 1020 亿。[④] 较之整个果蔬生鲜行业，社区团购目前所占份额尚且不高，难以被认定为具有市场支配地位。但随着规模预计扩大，极可能在较短时间内占领市场。最高人民法院指导案例 78 号“奇虎诉腾讯案”的裁判要旨认为：市场份额只是判断市场支配地位的一项比较粗糙且可能具有误导性的指标。互联网环境下的竞争存在高度动态的特征，相关市场的边界远不如传统领域那样清晰，在此情况下，更不能高估市场份额的指示作用，而应更多地关注市场进入、经营者的市场行为、对竞争的影响等有助于判断市场支配地位的具体事实和证据。[⑤]

（三）无法判定掠夺式定价

社区团购平台的掠夺性定价仍然以具有市场支配地位为前提。掠夺性定价是指企业在前期通过不正当竞争行为取得或维持市场支配地位，经营者在获得垄断地位后又大幅提高价格，回收前期损失并且获取高额垄断利润的行为。[⑥] 因此，掠夺性定价可以

① 参见侯利阳：《数字经济对实体经济的冲击与因应：以社区团购的规制为视角》，载《政治与法律》2022 年第 10 期。
② 参见刘诚：《数字经济监管的市场化取向分析》，载《中国特色社会主义研究》2020 年 5 期。
③ 参见叶明：《互联网行业市场支配地位的认定困境及其破解路径》，载《法商研究》2014 年第 4 期。
④ 参见艾媒咨询：《2020 上半年中国社区团购行业专题研究报告》，https://www.iimedia.cn/c400/74181.html，最后访问时间：2023 年 1 月 15 日 12：00。
⑤ 最高人民法院（2014）指导案例 78 号：北京奇虎科技有限公司诉腾讯科技（深圳）有限公司、深圳市腾讯计算机系统有限公司滥用市场支配地位纠纷案。
⑥ 参见游钰：《论反垄断法对掠夺性定价的规制》，载《法学评论》2004 年第 6 期。

被分解为两个阶段：前期通过压缩价格抢占市场，后期利用价格回弹收割利润。前期的大额补贴、低价秒杀系为后续的营收做铺垫准备。

掠夺性定价的衡量标准取决于前后二阶段的行为。可抓取前期价格是否低于成本作为判断因素之一，认定是否抢占了市场支配地位。对于后期而言，可视社区团购平台对定价及规则的调整认定。后期的价格回弹存在多种方式，包括较为常见的通过定价优势挤出竞争对手后，立即转向高价垄断。社区团购的多边性也会引发来自其他市场的补给，一方市场的亏空将会吸纳为另一方市场吸纳更多流量，企业也能够从中获取利润来源。包括利用横向垄断协议配合掠夺性定价行为进行损失回填。然则，低价倾销与掠夺性定价实际上泾渭分明。

（四）低价认定模式缺陷和模糊标准

"一直以来，反垄断法主要以价格作为衡量竞争的重要参数。"[①]《反垄断法》仅通过"成本—价格"模式来认定是否系构成垄断中低于成本销售价格的情形。实践中存有许多隐蔽性低价销售模式。法律允许互联网电商企业在平台运行期通过优惠券补贴吸引流量获客。然而，在设定售价未超出成本情况下，基于补贴范围的多少，例如社区团购平台还发放额外叠加优惠券，可在凑单后结算一并使用。补贴频率是否又会被纳入垄断构成因素，在何种情况下构成补贴定价，至何种程度又会被认为构成掠夺性定价。再如，平台持续性对首单用户进行大额优惠补贴。若只依据单一的成本定价模式，则不能约束社区团购企业的持续性低价补贴行为。

国务院反垄断委员会颁布的《关于平台经济领域反垄断指南》认定低于成本销售的因素有二：是否利用低价排挤其余竞争者；挤出市场后是否提价获取不当利益、损害公平竞争、侵犯消费者权益。但依然保留责任阻却的正当理由，包括在合理期限内促进新商品进入市场、吸纳新用户等等。该指南对促进社区团购平台的发展也预留了充足空间。

四、社区团购低价竞争法律规制的优化路径

"在从商品经济转向数字经济的过程中，法律规则体系也会发生深刻的转型。"[②]生鲜农产品电商将目光聚焦于城市社区用户群体，互联网巨头之间加快进军互联网行业的步伐。这就亟待法律对社区团购进行规制，优化行政监管，以实现有序、充分的竞争。

（一）引入《垄断法》对社区团购低价竞争的规制

"超级平台市场势力过于强大，已严重危及市场公平竞争和技术创新，而反垄断则

① 方翔：《论数字经济时代反垄断法的创新价值目标》，载《法学》2021 年第 12 期。
② 马平川：《数字经济的治理转型与秩序塑造》，载《法制与社会发展》2023 年第 1 期。

被广泛认为是监管超级平台最有效的武器。"[①] 法律允许平台运行初期采取降价补贴的策略，待其运行趋于稳定后，社区团购平台低价销售可能会被认定涉嫌低价倾销甚至垄断。若横向经营者之间出现因资金链断裂而被迫退出市场，则可能认定平台存在垄断相关市场的情况。经济法诞生于现代市场经济的无序竞争现象，以回应社会所期待的实质公平理性作为目标。市场机制的唯利性或近利性[②]，促使一些市场主体凭借自身聚集资源的优势，迅速抢占市场谋取利润。平台并非旨在持续供应"低价优质"商品，而是通过上述渠道为企业攫取不正当利益。此行为违背了市场竞争秩序下对市场主体"公平合理竞争"的期许，以法律允许限度内的低价倾销为名，行不正当竞争之实。

美国长期以芝加哥学派为理论基础鼓励自由经济发展，近年来对数字经济领域的监管也趋紧。联邦政府运用"双边市场理论"进行市场份额认定。[③] 如若双边市场中一边用户的需求与另一边的市场供给、价格、质量存在彼此关联的现象，则可能认定存在垄断。若平台用户方对市场供给方产生微弱的间接效应，则应综合两边来界定相关市场。"数字经济的诸多特征决定了传统反垄断分析方法具有局限性，特别是自'3Q 案'以来，学术界一直探索反垄断法进行重构的必要性。"[④] 社区团购平台的低价竞争行为有必要纳入《反垄断法》的规制射程。即使不具有传统市场支配地位的平台企业，也不能仅以此为由而豁免反垄断规制。

（二）市场支配地位的动态化调整

互联网平台的流量特点使迅速聚焦公众的吸引力成为可能，有望实现短时间内获得大量市场份额。随着社区团购平台经营策略的调整，平台用户的选择波动变化较大，市场份额的稳定性较差。如若仅依据市场份额作为享有市场支配地位的依据，则会因缺乏持续稳定的标准而欠缺说服力。"若单纯强调'守门人'数据垄断中相关市场界定、市场支配地位认定的特殊性可能导致反垄断法基本理论及价值目标的偏离。"[⑤] 社区团购平台之兴起有赖于资本的"加持"，双边市场对资本交叉补贴的需求更为迫切。若无资本对其交叉补贴，社区团购平台可能难以维系。其背后的资方、孵化企业、合资伙伴对其生存发展起到较大作用，但不能仅依据背后投资者占据的市场份额而认定新兴企业也具有市场支配地位。认定依据不足将会严重破坏市场生态。

"由于在工业革命时代所形成的反垄断规则已无法完全适应数字经济时代的发展

① 孙晋：《数字平台的反垄断监管》，《中国社会科学》2021 年第 5 期。
② 参见漆多俊：《转变中的法律》，法律出版社 2007 年版，第 30 页。
③ 参见熊鸿儒、韩伟：《全球数字经济反垄断的新动向及启示》，载《改革》2022 年第 7 期。
④ 杨东：《论反垄断法的重构：应对数字经济的挑战》，载《中国法学》2020 年第 3 期。
⑤ 许丽：《数字"守门人"滥用市场支配地位的理论问题与路径选择》，载《人大法律评论》2021 年第 1 辑。

要求，数字经济发展及市场经济活动的日益复杂化都需要加强反垄断规制。”[①] 市场支配地位的认定应该是动态化的，而非单一固定、静态的方法。通过对社区团购平台的发展趋势、增长速率、对双边市场的补偿收益、用户黏性、市场进入、竞争影响等要素多元考察，将上述要件纳入《反垄断法》认定市场支配地位的参考。“如果执法机关减少对市场份额的依赖性，更大程度考虑网络外部效应以及商家、消费者的多归属需求，这种分析可能易于调查和处理互联网市场形形色色的限制竞争。”[②] 同时，可借鉴欧盟法案，严格审查关注对不久的将来迅速扩张的创新型企业，以应对该行业的动态性特点。[③] 国家市场监督管理总局 2019 年发布的《禁止滥用市场支配地位行为暂行规定》在这方面有重大发展，其第 11 条指出："认定互联网等新经济业态经营者具有市场支配地位，可以考虑相关行业竞争特点、经营模式、用户数量、网络效应、锁定效应、技术特性、市场创新、掌握和处理相关数据的能力及经营者在关联市场的市场力量等因素。”

（三）强化《反垄断法》对团购低价的相关判定机制

关于回填补偿机制：《反垄断法》滥用市场支配地位中的“掠夺式定价”标准过于宽泛，不堪认定社区团购企业构成垄断。回填补偿从实质角度考量企业掠夺性定价的生发逻辑。掠夺性定价中存在与企业获得高额利润同等的隐性收益。由于社区团购平台的市场具有多边性，一边市场会带动其他市场发展。例如，拼多多的内部孵化企业“多多买菜”，在“多多买菜”平台大额优惠补贴等低价销售行为，虽然该社区团购平台未产生高额利润，却能给其孵化公司带去流量收益、竞争优势，此时也应认定为企业实施了回填补偿行为，构成掠夺性定价，应当适用《反垄断法》。

关于低价出售：《反垄断法》“成本低于售价”模式难以发掘企业的隐性低价补贴行为。需考虑的是临时性补贴抑或是常态化补贴，平台运行进入稳定阶段后，是否（将）持续性发放大额优惠券。因此，低价出售的认定条件应从补贴力度、补贴频率和补贴范围应当综合考察评价，不能仅看售价低于成本的单一角度。

关于《价格法》与《反垄断法》的衔接："反垄断法与价格法既冲突又协调，应明确各自价值取向，规定相衔接的价格违法行为界定标准、调整方式，可利用反垄断法豁免制度进行衔接。”[④] 对《价格法》与《反垄断法》的适用做好体系解释，对其内容重叠地带的法律适用进行界定和区分。加之数字经济未来发展趋势，借鉴电商互联网平台立法现状对条款进行修订。在《价格法》与《反垄断》之间引入过渡机制，对经营

① 张守文：《反垄断法的完善：定位、定向与定则》，载《华东政法大学学报》2020 年第 2 期。
② 王晓晔：《我国〈反垄断法〉修订的几点思考》，载《法学评论》2020 年第 2 期。
③ 参见叶明、李文博：《数字经济互联互通的实现方式——问题揭示、欧盟经验及调整方向》，载《科技与法律》2023 年第 2 期。
④ 郑翔：《协调反垄断法与价格法关系的探讨》，载《北京交通大学学报（社会科学版）》2007 年第 3 期。

者起到先行警告预防，使得经营者的社会秩序破坏结果和所受处罚相称，促进反垄断和反不正当竞争领域法律体系化建设。

（四）多方主体共促平台经济行稳致远、繁荣发展

“这只看不见的手，由政府和商务共同推动，正在构筑一种能够实现最佳控制并使高效规制成为可能的架构。”① 融资能力强、规模效益大的企业应承担起守门人的职责。一方面，以追求社会效益为己任，审慎实施过渡低价补贴行为，积极主动维护市场竞争秩序。另一方面，对实体经济下弱势市场主体向数字经济转化进行帮扶。社区团购企业可对传统经济从业者过渡期间进行帮助并促使其顺利转型。自我规制具有“规制负担更小，更有利于政府将稀缺资源用于更擅长的领域”，以及“能够利用累积性判断力和经验去解决政府较难处理的问题”的特点。② 传统菜贩能否成为社区团购环节的主体，加入团购企业的供货渠道。抑或是，通过各种规制手段激励社区团购中的互联网平台与菜市场合作，逐步把菜市场打造成为社区团购的物流周转地。③ 通过有效转型保障传统菜贩生存能力，实现企业在自身利益的同时也兼顾社会利益，与小微企业实现合作双赢，推动新时代下的社区团购业健康、充分的发展。

监管部门执法。监管部门需对社区团购平台所产生的“低价垄断”“平台杀熟”问题进行个案分析，避免“一刀切式”执法。可借鉴在欧盟执法过程中阶段性和灵活性的做法，对恶意价格战下达“禁止令”。④ 监管部门在搜证过程中往往容易获得第一手资料，依据该数据对社区团购企业作出分层处罚。监管部门的优秀执法案例可为立法提供指引。此外，还可以采用以财政补贴、税收优惠等直接的金钱给付方式、减轻或免除市场主体的金钱负担等常见激励性规制方式。⑤ 尤其重要的是，执法部门应当采取事前、事中、事后的全过程监管，在低价垄断产生一定规模效益和后果前执法治理，监管不及时可能会危及实体经济市场主体的发展权益以及消费者的生存保障需求。事前，垄断预警机制对企业可能触及垄断行为进行应急警告。事中，与社会中间层主体沟通交流，听取其对平台企业反垄断的反馈，依据其提供线索开展事实梳理。事后，监督团购平台落实整改情况。

为有效规制互联网平台烧钱补贴行为，实现良好互联网平台生态系统的可持续发

---

① [美] 劳伦斯·莱斯格：《代码 2.0：网络空间中的法律》，李旭等译，清华大学出版社 2018 年版，第 5 页。

② Robert Pitofsky, Self-Regulation and Antitrust, Prepared Remarks in the D.C. Bar Association Symposium,1998.

③ 侯利阳：《数字经济对实体经济的冲击与应因：以社区团购规制为视角》，载《政治与法律》，2022 第 10 期。

④ 参见张玫瑰：《互联网平台反垄断法律规制的范式转型——反垄断法事前干预范式的构建》，载《政治与法律》2023 年第 4 期。

⑤ 王首杰：《激励性规制：市场准入的策略？——对“专车”规制的一种理论回应》，载《法学评论》2017 年第 3 期。

展，在坚持政府科学精准监管的同时，也需要平台、消费者和经营者等利益相关者的共同参与。社区团购行业协会应当加强自律监督。行业协会以其分离于政府、独立于市场的特点，搭建起沟通企业与政府之间的桥梁。社会中间层主体可对社区团购中交易价格的合理性、交易行为的真实性审查核实，对可能触及垄断行为的企业进行提示告知，于社会秩序对其他市场主体、消费群体所受影响前，督促企业避免进行低价竞争行为。政府应加大民生保障力度。社区团购平台涉嫌垄断行为涉及民生。平台垄断会导致传统实体经济从业者遭遇市场困境，消费者日常蔬果生鲜供应无从保障等多重后果。民生问题应被置于首要位置，否则将会引发社会动荡。在疫情期间，居民纷纷采用社区团购渠道购置日常必需品，传统菜贩、便利店遭遇生存困境。针对其经营困境、微薄收入，政府对该行业从业者适当予以补贴，对其租金进行减免等。

结语

中共中央、国务院于 2020 年 3 月 30 日发布的《关于构建更加完善的要素市场化配置体制机制的意见》明确提出土地、劳动力、资本、技术和数据五大生产要素理论，提出要加快培育数据要素和市场化配置。在 2017 年《反不正当竞争法》修订后，取消了有关低价倾销的内容，转而通过《反垄断法》对相关不正当竞争行为进行规制。《反垄断法》的认定前提是具有市场支配地位。市场支配地位、掠夺性定价、低于成本销售行为的事实认定较为单一固定且标准模糊，需进一步借鉴域外法律中的认定优势以及监管方法，反思现有法律制度的不足之处。目前，市场监督管理总局以价格不正当竞争处置社区电商企业，源于国家对互联网等创新企业总体上采取包容审慎的态度。但随着发展社区团购平台发展势头迅猛，法律和监管也须依行业发展状况进行动态化调整，从而有效促进社区团购平台经济行稳致远、繁荣发展。

参考文献

[1] 习近平著作选读（第一卷）[M]. 北京：人民出版社，2023.
[2] 习近平著作选读（第二卷）[M]. 北京：人民出版社，2023.
[3] 仲春. 数字经济平台相关市场界定研究 [J]. 法治研究，2023(2).
[4] 段蔚. 互联网背景下社区团购的经济法规制 [J]. 法商研究，2022(4).
[5] 叶明. 互联网经济对反垄断法的挑战及对策 [M]. 北京：法律出版社，2019.
[6] 中国信息通信研究院. 中国数字经济发展研究报告（2023）[EB/OL].http://www.caict.ac.cn/kxyj/qwfb/bps/202304/P020230427572038320317.pdf，2023-04-28/2023-05-02.
[7] George J. Stigler Center for the Study of the Economy and the State & The University of

Chicago Booth School of Business, Committee for the Study of Digital Platforms Market Structure and Antitrust Subcommittee Report, 2019, p.49–56.
[8] 刘乃梁. 防止资本无序扩张：平台经济反垄断规制的体系因应［J］. 现代法学，2022（6）.
[9] 刘权. 网络平台的公共性及其实现——以电商平台的法律规制为视角［J］. 法学研究，2020（2）.
[10] 应飞虎，涂永前. 公共规制中的信息工具［J］. 中国社会科学，2010（4）.
[11] 刘夏村，赵文君. 市场监督管理总局对五家社区团购企业不正当价格行为做出行政处罚答记者问［N］. 中国市场监管报，2021-03-04（2）.
[12] [德] 恩吉施. 法律思维导论［M］. 郑永流译，北京：法律出版社，2004.
[13] 吴太轩，杨婉琪. 互联网平台烧钱补贴行为法律规制的困境及对策［J］. 重庆理工大学学报（社会科学），2022（7）.
[14] 张守文. 数字经济发展的经济法理论因应［J］. 政法论坛，2023（2）.
[15][德] 卡尔·拉伦茨. 法学方法论［M］. 陈爱娥译，北京：商务印书馆，2004.
[16] 侯利阳. 数字经济对实体经济的冲击与因应：以社区团购的规制为视角［J］. 政治与法律，2022（10）.
[17] 刘诚. 数字经济监管的市场化取向分析［J］. 中国特色社会主义研究，2020（5）.
[18] 叶明. 互联网行业市场支配地位的认定困境及其破解路径［J］. 法商研究，2014（4）.
[19] 艾媒咨询 .2020 上半年中国社区团购行业专题研究报告 [EB/OL].https://www.iimedia.cn/c400/74181.html,2020-09-11/2023-01-15.
[20] 游钰. 论反垄断法对掠夺性定价的规制［J］. 法学评论，2004（6）.
[21] [美] 理查德·波斯纳. 反托拉斯法（第二版）［M］. 孙秋宁译，北京：中国政法大学出版社，2003.
[22] 方翔. 论数字经济时代反垄断法的创新价值目标［J］. 法学，2021（12）.
[23] 马平川. 数字经济的治理转型与秩序塑造［J］. 法制与社会发展，2023（1）.
[24] 孙晋. 数字平台的反垄断监管［J］. 中国社会科学，2021（5）.
[25] 漆多俊. 转变中的法律［M］. 北京：法律出版社，2007.
[26] 熊鸿儒，韩伟. 全球数字经济反垄断的新动向及启示［J］. 改革，2022（7）.
[27] 杨东. 论反垄断法的重构：应对数字经济的挑战［J］. 中国法学，2020（3）.
[28] 许丽. 数字“守门人”滥用市场支配地位的理论问题与路径选择［J］. 人大法律评论，2021（1）.
[29] 张守文. 反垄断法的完善：定位、定向与定则［J］. 华东政法大学学报，2020（2）.
[30] 王晓晔. 我国《反垄断法》修订的几点思考［J］. 法学评论，2020（2）.
[31] 叶明，李文博. 数字经济互联互通的实现方式——问题揭示、欧盟经验及调整方向［J］. 科技与法律，2023（2）.

[32] 郑翔．协调反垄断法与价格法关系的探讨［J］．北京交通大学学报（社会科学版），2007（3）．

[33] [美] 劳伦斯·莱斯格．代码2．0：网络空间中的法律［M］．李旭等译，北京：清华大学出版社，2018.

[34] Robert Pitofsky, Self–Regulation and Antitrust, Prepared Remarks in the D.C. Bar Association Symposium,1998.

[35] 侯利阳．数字经济对实体经济的冲击与应因：以社区团购规制为视角[J]．政治与法律，2022（10）．

[36] 张玫瑰．互联网平台反垄断法律规制的范式转型——反垄断法事前干预范式的构建［J］．政治与法律，2023（4）．

[37] 王首杰．激励性规制：市场准入的策略？——对“专车”规制的一种理论回应［J］．法学评论，2017（3）．

劳动保护对企业数字化转型：促进抑或抑制?

中共新昌县委党校　高亚佳

继 2008 年我国的《劳动合同法》后，2011 年《社会保险法》正式实施，极大提升了我国劳动保护的水平。本文以《社会保险法》的实施作为准自然实验，利用 2007—2018 年非金融类上市企业为研究样本，构建双重差分法模型，识别了劳动保护对企业数字化转型的因果效应。结果表明，强化劳动保护能够促进企业数字化转型，这一结论在系列稳健性检验下仍然成立，同时，该影响效应在非国有企业、融资约束强、成本粘性小的企业更为显著。机制分析发现，《社会保险法》一方面强化了社保费征管力度，提高了用人成本，倒逼企业数字化转型；另一方面，该法律的实施加速了企业的成长，为企业数字化转型创造条件。本文从劳动保护视角切入，有助于深入理解企业数字化转型的演变趋势，为相关政策制定提供参考。

一、引言

社保是民生之基。为进一步明确劳动合同双方当事人的权利和义务，保护劳动者的合法权益，我国在 2010 年通过了《社会保险法》，并于 2011 年正式实施。其主要涉及基本养老保险、基本医疗保险、工伤保险、失业保险等方面的内容，规定了用人单位要依照法律为劳动者办理社会保险登记并承担社会保险费的缴纳义务。这是一部具有社会保障制度的综合性法律，是继 2008 年《劳动合同法》后又一部提高劳动力保障的基本法，从根本上加强了社会保险缴费的征收力度（刘贯春等，2021）[1]，有效维护了劳动者基本权益，对改善劳动关系发挥了重要作用。同时，我国对劳动权益保障的实践也在纵深推进。党的二十大报告指出，要健全劳动法律法规，完善劳动关系协商协调机制，完善劳动者权益保障制度。

社会保障程度的强弱直接影响企业盈利能力（周小川，2000）[2]。企业承担的以工资总额为依据的社会保险费，既是员工的福利，亦是企业的用工成本（钱雪亚等，2018）[3]。同大部分围绕劳动保护政策、法律影响企业经营决策的分析一致，企业作为追求利益最大化的主体，在遵循成本收益规则的前提下对外部环境的变化进行调整。理论而言，劳动保护的强化对企业数字化转型的影响具有不确定性。一方面，劳动和资本存在替代关系，加强劳动保护所引致的用人成本提升将驱使企业提高资本劳动比率，以应对劳动要素价格的上涨，基于此，加大劳动保护力度有助于倒逼企业加快数字化转型。另一方面，面对生产成本冲击，企业可能在短时内难以消化政策带来的影响。数字化转型需要对生产过程、生产技术进行全面改造，必然需要现金流作为支撑，而劳动保护带来的劳动力成本挤占了部分投资支出，造成企业数字化转型变得困难。另外，数字化转型存在风险，不利于企业产品供给的稳定，微观主体对待数字化转型的态度表现的相对保守。劳动保护得到增强后企业的成本及收益将会发生怎样的变动，尤其是在数字化转型正逐步映射到企业具体的生产行为变革中（吴非等，2021）[4]，劳动保护对企业数字化转型产生什么影响，这是当前亟需回答的重要命题，然而现有研究并未作出充分的回答。

既有文献关注到了社会保险缴费对企业的雇佣影响（马双等，2014；宋弘等，2021）[5、6]，但因数据多以手工整理为主且以局部地区作为样本进行分析，实证的严谨性和样本的代表性有待提升。尽管有研究关注到了社保缴费对企业带来的多维影响（刘璐和杨明辉，2022；何子冕）[7、8]，然而，这些文献聚焦社保缴费负担下企业被动举措，并未尝试将企业主观能动性的长期挑战纳入分析框架。也有部分研究直接考察了养老保险缴费对企业数字化转型的影响，不过仅仅关注了企业的管理数字化（夏常源等，2022）[9]，无法从整体上把握企业数字化转型的本质。综合现有文献来看，社会保险缴费对企业数字转型影响效应的研究仍具有较大的推进空间。

2011 年中国实施的《社会保险法》为考察以社保缴费为代表的劳动保护与企业数字化转型的关系提供了难得的机会。因此，我们以《社会保险法》这一外生政策冲击，构建双重差分模型，基于 2007—2018 年非金融类上市企业的研究样本，系统识别了劳动保护对企业数字化转型的影响效应。实证结果表明，以《社会保险法》为代表的劳动保护政策显著促进了企业的数字化转型。在经过一系列稳健性检验的基础上，上述结论依然成立，这一影响效应在非国有、融资约束强、成本粘性小的企业更为凸显。机制分析发现，《社会保险法》促进企业数字化转型的核心逻辑在于企业用人成本和成长性，具体表现为，《社会保险法》的实施强化了社会保险费的征管力度，增加了用人成本以及提升企业成长性，促进企业数字化转型。

本文可能的边际贡献有以下几个方面：第一，识别了以《社会保险法》为代表的劳动保护对企业数字化的影响效应，丰富了劳动保护对企业数字化影响的相关研究。

既有文献对劳动保护经济后果的关注主要集中于企业雇佣行为、创新、避税等方面（葛结根，2018；李姝和田马飞，2022；魏志华和夏太彪，2020）[10、11、12]，对企业资本劳动比、自动化等数字化策略调整的研究尚不多见（唐珏和封进，2019；王小霞等，2021）[13、14]，而聚焦《社会保险法》为代表的劳动保护对企业数字化转型影响的研究更是稀少。夏常源等（2022）[15] 研究了社保缴费对企业管理数字化的影响。与之不同，企业数字化转型是一个系统性过程，简单采用是否运用某一项特定信息技术或执行数字化战略来表述企业数字化，难以刻画企业数字化全貌（戚聿东和蔡呈伟，2020）[16]，本文借助国家政策语义上关于数字经济的相关表述，利用文本分析法构建了一个较为全面反映中国上市企业数字化转型的指标，并以《社会保险法》为代表的劳动保护，从企业内部数字化转型角度补充了我们对《社会保险法》经济后果的认识。

第二，在研究视角方面，已有文献多以最低工资法、工会等作为劳动保护强度变动的代理变量并考察其对企业数字化方面的影响（綦建红和付晶晶，2021；明娟和胡嘉琪，2022）[17、18]，本文以 2011 年《社会保险法》的实施作为“准自然实验”，构建双重差分模型考察劳动保护对企业数字化的影响，对在数字经济与制造业深度融合背景下，企业如何通过数字化转型以应对劳动保护的强化提供了微观证据。

第三，不同于既有研究主要关注企业数字化的经济后果，本文重点考察企业数字化的决定因素，即企业内在成本压力的社保缴费如何影响企业数字化转型，结果表明企业为其雇员缴纳更高的社会保险有助于促进企业的数字化转型。本文的结论既补充了关于企业数字化转型影响因素的相关文献，也有助于决策部门进一步认识并权衡劳动保护的成本与收益，具有明显的现实参考价值和政策指导意义。

本文余下部分的安排如下：第二部分介绍社会保险法实施的制度背景和文献综述；第三部分是理论分析与提出假说；第四部分是研究设计；包括模型构建、变量构建和数据来源等内容；第五部分是实证结果与解读；最后是结论和政策含义。

二、制度背景、文献述评

（一）制度背景

1999 年，中华人民共和国国务院颁布了《社会保险费征收缴纳暂行条例》（以下简称《暂行条例》）。《暂行条例》是中国第一部关于社会保险缴费的规范性规定，但由于没有上级法律作为依据，很难确定不缴纳或少缴纳社会保险费是否是违法行为。2010 年 10 月 28 日，全国人民代表大会第十七次会议通过《中华人民共和国社会保险法》，于 2011 年 7 月 1 日正式实施。作为社会保障领域的第一部国家大法，《社会保险法》的施行，为我国社保制度的改革提供了基本法律依据，它以法律的形式确立了我国城乡全体居民的社保体系，实现了我国社保制度由试验性阶段向定型、稳定、可持续发展的转变。

这是一部重在执行的法律，40% 以上的条款是在说执行。根据《中国企业社保白皮书 2020》，自实行《社会保险法》以来，企业社保合规意识增强，合规比例持续提升。从险种覆盖面看，社会参保覆盖面 2020 年升至 93.9%。从基数合规性来看，2020 年社保基数合规的企业比例达到了 31%。从参保及时性来看，入职当月或次月缴纳社保的企业比例达到了 79.3%。重在执行的《社会保险法》确实规范了企业的用工，保障了员工的利益，但近一半企业的人力成本占总成本比重的 30% 以上，成本过高仍是企业社保管理面临的第一难题。

（二）文献述评

与本文密切相关的文献有三支，第一支是劳动保护的微观经济后果；第二支是企业数字化转型的决定因素；第三支是劳动保护对企业数字化转型的影响。

劳动保护对劳动供给方就业和劳动要素需求方用人成本的影响得到学界的广泛关注（Wiel，2010）[19]。就业方面，一种观点认为劳动保护政策会增加企业的解雇成本，降低失业，从而促进长期就业（Bentolila & Bertola，1990）[20]。另一种观点则认为，解雇费用限制了劳动力的自由流动，并未对就业发挥促进作用（Nickell，1997）[21]，劳动保护法的实施甚至有可能会降低社会就业水平和劳动生产率（Basley & Burgess，2004）[22]。还有学者关注劳动保护对弱势群体就业的影响，发现增强劳动保护能提升就业弱势群体的合同保障程度，但相对收入差距显著扩大（陈东和刘金东，2014；杜鹏程等，2018）[23、24]。用人成本而言，Carneiro（1990）利用巴西公司的数据，证实了劳动保护对工资的提升作用。Freeman & Li（2013）利用中国珠三角地区的数据，发现劳动保护降低了企业的工资拖欠概率，改善了劳动者就业保障和工资福利。进一步地，劳动保护对企业人工成本的影响不仅仅是简单的“加法”，还可能会加剧企业的成本粘性。Banker et al.（2013）验证 19 个 OECD 国家的上市公司数据发现，劳动保护法律指数的差异是影响成本粘性的重要因素。此外，还有学者认为劳动保护带来的影响具有不确定性，劳动保护能提高劳动者薪酬但也促使企业用机器替代人工（刘媛媛和刘斌，2014）[25]。既有文献对我们开展劳动保护的相关研究具有重要的参考价值，不同于这支文献，本文以既增加企业经营成本又有可能提高员工生产效率的《社会保险法》为研究对象，考察其对企业数字化转型的影响。

还有一支文献探究企业数字化转型带来的经济后果。数字化转型重构了企业的组织方式、生产方式、商业方式和组织边界，并深刻影响企业的生产、分配、交换和消费等经营活动（林琳和吕文栋，2019）[26]。企业数字化转型能显著改善公司经营绩效（何帆和刘红霞，2019）[27]、提升企业生产效率（刘飞，2020；刘淑春等，2021）[28、29]、缓解信息不对称问题（吴非等，2021）[30]，进而降低企业内外部沟通的信息交流成本，有助于企业创新（沈国兵和袁征宇，2020）[31]。上述研究关注了企业数字化转型的经济效应，却并未深入探讨诱发企业数字化转型的因素，部分文献聚焦数字化转型的决定因素。从宏观角度来看，有研究发现政府行为和基础设施条件对企业数字化转型发挥关键作用，王雪冬等（2022）[32] 的实证表明，直接政治关联和间接政治关联均有利于中小企业数字化转型。杨贤宏等(2021)[33] 却认为地方经济增长目标设定越高，从“投入—产出”两个维度对企业数字化转型能力形成挤出效应。邱洋冬（2022）[34] 以“宽带中国”表示网络基础设施建设,发现该试点政策有助于促进企业数字化转型。此外，毛宁等（2022）[35] 基于交通基础设施视角，发现企业数字化转型与距离高铁站的远近呈现反向关联。另外,也有文献从税费角度考察其对企业数字化转型的影响。曾皓(2022)[36] 指出税收激励对企业数字化转型有促进作用。成琼文和丁红乙(2022)[37] 更进一步论证研发费用加计扣除和税费减免这两种税收优惠政策都能有效驱动传统资源型企业数字化转型。余典范等（2022）[38] 发现政府对数字产业的扶持有助于推进企业数字化转型，并且表现为普惠性。具体到微观层面，有文献以公司治理视角研究其对数字化转型的影响。毛聚等（2022）[39] 研究发现，CEO 复合职能背景有助于企业的数字化布局和实践，进而提升企业价值。王新光（2022）[40] 认为管理者短视行为对企业数字化转型具有显著的抑制作用。还有研究考察了融资约束对企业数字化转型的影响（吴非等,2021）[41]。相比上述文献,本文从对企业绩效具有重要影响的《社会保险法》切入，识别劳动保护对企业数字化转型的影响。

与本研究关系最为密切的一支文献是关于劳动保护对企业数字化转型的影响，但是研究结论并不一致。一方面，有学者认为劳动保护会降低企业的数字化相关投资水平,间接影响企业数字化转型。卢闯等(2015)[42] 以《劳动合同法》实施衡量劳动保护，指出劳动保护过度会减少必要的投资，造成结构性转型难度加大，阻碍企业竞争力的提高。陆瑶等（2017）[43] 认为劳动保护会降低企业盈利水平。当企业盈利下降时，更倾向于减少对外扩张，最终抑制企业硬件投资（周伟贤，2010）[44]。在外部融资能力的下降约束下会造成企业投资主要依赖内部资金（王彦超，2009）[45]，内部有限的资金难以满足企业投资，不利于企业进行数字化转型。另一方面，部分学者认为劳动保护会促进企业数字化转型。劳动保护增强倒逼企业主动应对，基于要素替代理论，Cheng 等（2019）[46] 发现劳动力成本上升和劳动力短缺是中国企业使用机器人的根本原因。李后勤等（2018）的研究结果表明，最低工资标准上调会激励企业应用信息技术。綦建红和付晶晶（2021）更具体指出，最低工资政策显著促进企业机器人应用。杨飞和范从来（2020）[47] 也得出一致结论，认为劳动力成本上涨促进了人工智能的应用。戴华娟和李玉双（2021）[48] 也证实了上述观点。基于员工效率论，社会保险对员工来说是一项远期福利，能帮助企业吸引和激励更多高技能劳动力（程欣和邓大松，2020）[49]。林灵和曾海舰（2020）[50]研究发现，作为企业人力资本投资的重要体现，社保支出能够改善员工人力资本水平。另外，员工福利待遇的改善有助于吸引和留住人才，而高技能劳动力更具有主观能动性，为企业管理数字化应用场景的拓展和效果的提升创造基础条件，加速企业数字化转型（夏常源等，2022）[51]。在已有文献基础上，本文以2011年实施的《社会保险法》为政策试点，考察其对企业数字化转型的影响。

三、理论分析与假说提出

作为一种政策规制，社会保险费征缴带来的影响不仅局限于税收本身，也在诸多领域产生重要影响。社会保险缴费通过何种作用机制影响企业数字化转型，是数字经济与实体经济深度融合的背景下亟需回答的重要命题。对于企业而言，社会保险费征缴一方面会增加用人成本，促使企业调整生产经营方式，追加资本投资替代部分劳动；另一方面，从员工视角，社保缴费作为一项重要的福利，对其产生激励作用，员工将更主动地提升工作技能和创新能力，进而“倒逼”企业注重管理升级和技术研发以适应社会保险缴费改革对其产生的潜在影响（陈怡安和陈刚，2015）[52]，企业数字化转型进程也由此加快。

（一）社会保险缴费、劳动力成本与企业数字化转型

相较于我国现行社会保险制度，《社会保险法》从法律层面明确规定了用人单位和劳动者在社会保险缴费方面的权利和义务，企业是社会保险缴费的核心主体，社会保险缴费无疑构成了中国企业的一项重要劳动力成本。中国企业的社会保险支出已占劳动力成本的40%—50%（程欣和邓大松，2020）[53]，有50%的企业希望政府在社会保险等成本支出方面予以补贴或减免（朱武祥等，2020）[54]。既有研究普遍认为，沉重的社会保险缴费导致了企业劳动力成本高企（沈永建等，2017；赵健宇和陆正飞，2018）[55、56]。面对雇佣成本上涨，企业可能会通过将成本转嫁给员工（马双等，2014）[57]、避税（赵健宇和王文慧）[58]等策略应对，例如，沈永建等（2017）[59]发现为降低劳动力成本，企业将调整工资结构，改变员工福利保障。然而，随着政府部门和相关监管机构对劳动者权益的重视和劳动保护制度的完善，简单通过短期的策略性调整减少雇佣压力难以为继（李吉园等，2020）[60]。基于劳动力成本的上涨趋势和企业的长期生产目标，通过实质性地优化经营方式和转型升级，例如加大研发创新投入和引进更多先进数字设备，成为企业保持市场竞争力的关键（林炜，2013）[61]。

在企业收入相对不变的条件下，劳动力成本上升意味着企业的利润下降，弱化企业竞争力，短期内对其产生不利影响。通常而言，劳动力成本的持续上升将引发企业调整生产要素的配置比例，以缓解成本上升压力，大量文献证实了这一判断。当劳动力成本上升时，企业倾向于用资本替代劳动，增加固定资本投资（汪伟和张少辉，

2022）[62]，尤为重要的是，近些年企业采用机器换人和使用自动化设备实现转型升级的趋势愈发明显（朱兰和王勇，2022）[63]。基于上述分析，提出假设 H1。

H1：社会保险缴费增加了企业用人成本压力，促使其加快数字化转型。

（二）社会保险缴费、企业成长性与数字化转型

企业的发展需要充足、稳定的人力资本作为保障。规范社保缴费有助于引导企业更加重视人力资本投资，改善员工福利，吸纳高技能人才（Gibbs 等，1994）。一方面，社会保险缴费保障了劳动者的基本权益和福利。企业为员工缴纳的社会保险费含有医疗保险，不仅能降低员工就医成本，减少员工就医时对家庭经济造成的冲击，也能够保证员工及时利用医疗资源，进而提升员工的健康人力资本和工作效率。另一方面，社保收益的递延特征维护员工稳定性。社会保险红利的获取存在时间门槛，需满足规定的缴纳期限。另外，当前我国社会保险大多无法实现跨地区转移，这就确保了员工在某一企业工作的稳定性，减少离职成本，释放员工创新精神，促进企业成长性。

社保缴费作为员工的一项实质性的福利，激发员工的集体意识以及对企业利益的维护，促进企业成长性。成长性的提升是企业数字化转型价值实现的路径（谭志东等，2022）。首先，企业数字化转型并不是单纯的采用新技术或新设备，更多的是深层次的产业重组，需要大量的资金投入，营业收入增加是企业成长性提升的重要体现。其次，成长性高的企业往往具有更好的发展前景，容易得到投资人青睐和偏好，缓解融资约束，为数字化转型提供充足的外源性资金。基于上述分析，提出假设 H2。

H2：社保缴费能提升企业成长性促进企业数字化转型。

四、研究设计

（一）实证分析

《社会保险法》进行试点，这一政策在两个维度上有变异：在试点维度上存在试点企业和非试点企业差异。在时间维度上分政策实施前后的差异。我们利用这一准自然实验构建双重差分来识别以《社会保险法》为代表的劳动保护对企业数字化转型的影响，回归模型设定如下：

$$DT_{cit} = \beta_0 + \beta_1 Treat_i \times Post_t + \beta_2 X_{it} + \delta_i + \lambda_{ct} + \varepsilon_{cit} \qquad (1)$$

其中，DT_{cit} 表示 i 企业在 c 行业 t 年的企业的数字化转型程度，$Treat_i$ 是指识别实验组和控制组的虚拟变量，$Post_t$ 表示时间虚拟变量，2011 年之前赋值为 0，2011 年之后赋值为 1。X_{it} 是控制变量的集合，δ_i 表示个体公司的固定效应，λ_{ct} 是联合时间－行业固定效应，ε_{cit}是随机干扰项。在回归中，标准误差被聚类到公司层面。

（二）数据和变量

对数字化转型程度的评估来自于从上市公司年度报告中提取的指标。数字化转型

程度的评估来自于上市公司年报中提取的指标，而其他变量则主要收集自中国证券市场与会计研究（CSMAR）数据库，时间范围从2007年到2018年。为满足研究要求，对数据进行了预处理，采取了以下步骤：(1)剔除金融和房地产行业的样本；(2)剔除由ST和ST*识别的财务业绩异常的样本，排除由ST和ST*标签识别的财务业绩异常的样本；(3)删除没有核心变量的样本；(4)对所有连续变量进行顶部和底部1%的winsorization，以尽量减少极端值的影响。

本研究的因变量是企业的数字化转型，其衡量标准是用数字投资和数字应用的综合指数来衡量。数字化投资是用人工智能技术、区块链技术、云计算技术和大数据技术的词频来衡量。数字化应用是使用同一报告中的电子商务、移动支付和工业互联网的词频来衡量的。这些频率被汇总以创建数字化转型指数，其数值通过在对数上加1来处理。关键的自变量是社会保险缴费水平，用政策前两年企业社会保险费支出与职工薪酬的比例的滞后一期来衡量，如果社会保险缴费水平低于同期所有企业的平均水平，则该企业属于实验组，被赋值1，反之是控制组样本，赋值为0。对于Post变量，2011年及以后的数值为1，而2011年以前的数值为0。Treat和Post之间的交互项被生成为关键自变量。

回归分析中还包括几个控制变量。这些变量包括所有权属性（根据是否为国有企业构建的虚拟变量）、股权集中度（以持股比例衡量集中度，用前十大股东的持股比例来衡量）、政府补贴（用政府补贴/营业收入的比率来衡量）、财务状况（用年报中提供的资产负债率来表征）、企业价值（以托宾Q值衡量）、税收税负（用有效税率衡量），以及企业年龄（用每年与企业成立年份的差额来计算）。每个变量的描述性统计见表1。

表1 变量的描述性统计

Variables	Obs.	Mean	Std. Dev.	Min	Max
DT	18149	0.836	1.189	0.000	4.564
Treat × Post	18149	0.419	0.493	0	1
Ownership attributes	18149	0.461	0.498	0	1
Equity concentration	18149	0.566	0.154	0.221	0.899
Government subsidies	18149	0.012	0.020	0.000	0.128
Financial position	18149	0.461	0.213	0.050	0.956
Enterprise value	18149	2.042	1.275	0.891	8.321

续 表

Variables	Obs.	Mean	Std. Dev.	Min	Max
Tax burden	18149	0.168	0.177	−0.632	0.822
Firm age	18149	2.751	0.343	1.792	3.497

五、实证结果与分析

（一）基准回归

本文对模型（1）进行了回归分析，以检验 SIL 对企业数字化转型的影响。企业的数字化转型的影响。结果见表 2，每一列逐步加入控制变量、时间固定效应、行业固定效应和行业 × 时间联合固定效应。无论控制变量和固定效应如何调整，交互项的系数 始终是明显的正数，表明基线结果的可靠性。以列（4）为基准，Treat × Post 的系数为 0.142，通过了 1% 的显著性检验、提供证据表明，SIL 在推动企业数字化转型方面发挥了积极作用。

表 2　基准回归

变量	（1）	（2）	（3）	（4）
did	0.159***	0.303***	0.290***	0.142***
	（0.031）	（0.039）	（0.038）	（0.035）
sx	−0.011	0.009	0.026	0.085
	（0.062）	（0.062）	（0.058）	（0.057）
equity	−0.026	−0.191	−0.202	0.024
	（0.142）	（0.137）	（0.130）	（0.124）
gov1	−0.597	−0.237	−0.175	0.160
	（0.479）	（0.477）	（0.465）	（0.463）
A_lratio	0.195**	0.295***	0.263***	0.147*
	（0.097）	（0.093）	（0.088）	（0.082）
Q	0.014	−0.000	−0.003	−0.021**
	（0.009）	（0.010）	（0.010）	（0.010）

续 表

变量	（1）	（2）	（3）	（4）
tax	0.012	0.025	0.037	0.040
	（0.035）	（0.034）	（0.033）	（0.032）
lstart	1.814***	-0.080	-0.040	-0.074
	（0.057）	（0.191）	（0.191）	（0.183）
Constant	-4.314***	0.896	0.808	0.893*
	（0.195）	（0.547）	（0.544）	（0.515）
个体固定	YES	YES	YES	YES
时间固定	NO	YES	YES	YES
行业固定	NO	NO	YES	YES
行业 × 时间固定	NO	NO	YES	YES
样本量	18149	18149	18149	18081
R^2	0.700	0.721	0.729	0.765

注：标准误为聚类至企业层面的稳健标准误，***、**、* 表示 1%、5%、10% 的显著性水平。

（二）稳健性检验

1. 平行趋势检验

我们利用事件分析法作为平行趋势检验方法，模型设定如下：

$$DT_{cit} = \alpha_1 + \sum \rho_t Treat_i \times Post_t + \alpha_2 X_{it} + \gamma_i + \chi_{ct} + \omega_{cit} \quad (2)$$

其中，DT_{cit} 表示企业 i 在 t 年 c 行业的数字化转型程度，本文主要验证了政策实施前前年和后 7 年的政策效果。

图 1 显示了平行的趋势，在实施 SIL 之前，交互项系数显著异于 0。这表明，实验组和控制组在政策实施前没有系统性的差异，符合平行趋势。然而，互动性的系数在政策实施初期和之后的两年内没有通过显著性检验。政策的初期和此后的两年中，互动性系数没有通过显著性检验。政策效应在法律实施四年后才变得明显。这表明其

影响效果有一个时间滞后效应。

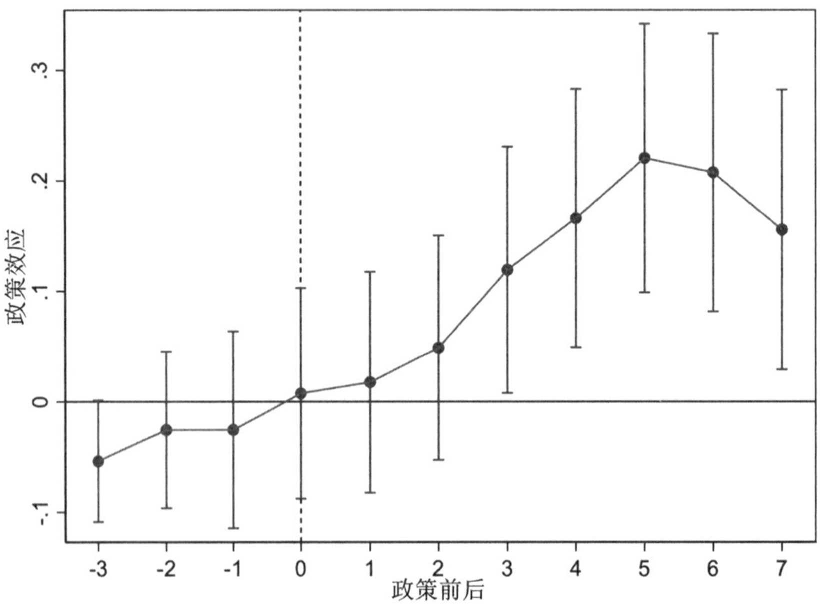

图 1　平行趋势检验

2. 其他稳健性检验

为了尽量减少遗漏变量的影响，我们在分析中加入了公司规模变量和城市时间联合固定效应，这一分析的实证结果可以在表 3 的第（1）栏中找到。此外，我们还进行了几个稳健性测试，以进一步检验我们结果的有效性。首先，我们排除了 2008 年的样本，以排除我们的研究结果受到金融危机在实施前对各种实体经济影响的差异影响的可能性。这一测试的结果可以在表 3 的第（2）栏中找到。其次，我们将结果作为一个平衡的面板来处理，以减轻企业进入或退出所造成的任何干扰。第三，我们通过结合倾向性评分匹配与差异分析（PSM-DID）来减少样本选择偏差，我们采用 1：1 的近似匹配，然后再进行回归，这一检验的结果可以在表 3 的第（3）列中找到。

表 3　稳健性检验

VARIABLES	（1）	（2）	（3）
did	0.128***	0.135***	0.152***
	（0.043）	（0.035）	（0.055）
控制变量	YES	YES	YES
个体固定	YES	YES	YES

续 表

VARIABLES	(1)	(2)	(3)
时间固定	YES	YES	YES
行业固定	YES	YES	YES
行业 × 时间固定	YES	YES	YES
城市 × 时间	YES	NO	NO
样本量	16516	16957	7700
R^2	0.805	0.771	0.763

注：列（1）为加入企业规模控制变量以及控制城市与时间交互固定效应；列（2）为删除2008年异常样本的回归结果；列（3）为将其处理成平衡面板数据的实证结果。

（三）机制分析

1. 用工成本的倒逼机制

劳动保护制度对企业的裁员行为有明显的抑制作用。为了应对劳动力成本的上升，企业在战略层面上倾向于增加对数字基础设施设备和数字技术的投资，从而缓解劳动力成本的压力。为了考察工资增长率对用工成本的中介效应，本研究将其作为用工成本变化的替代变量。表4第（1）和（2）栏列出了所采用的实证策略的结果，其中因变量对应于工资增长率和 企业的数字化程度。结果发现，《社会保障法》的实施显著提高了工资增长率。

社会保障法的实施显著提高了工资增长率和增加了雇佣成本，这一结论已被大量文献所证实。第（2）栏是将工资增长率变量纳入基线模型的回归结果。与表（1）相比，交互项的系数有所下降，表明工资增长率的变化是一个机制渠道，通过它，SIL影响了企业的数字化转型。

2. 公司增长的驱动效应

社会保险是员工的一项重要福利，并创造了积极的激励效应（Acharya等人，2014）。此外，加强劳动保护会鼓励企业在人力资本方面进行更多的投资（Liu & Lv，2022）。这两个因素都可以提高员工的生产积极性，并改善公司的人力资本结构，最终加速公司的发展。表4第（4）栏的结果显示，以公司发展为解释变量的政策变量的系数明显为正，表明SIL有助于提高公司发展。此外，第（5）栏的结果显示与表2的第（1）列相比，加速企业发展后，treat × did的系数明显下降。表2，表明SIL的实施增强了企业发展，而企业发展又推动了数字化转型。

表 4　机制分析

变量名	（1）	（2）	（3）	（4）	（5）
did	0.142***	0.005***	0.140***	0.004***	0.139***
	（0.035）	（0.001）	（0.035）	（0.001）	（0.035）
r1			0.426*		
			（0.240）		
tt					0.916***
					（0.231）
控制变量	YES	YES	YES	YES	YES
个体固定	YES	YES	YES	YES	YES
时间固定	YES	YES	YES	YES	YES
行业固定	YES	YES	YES	YES	YES
行业 × 时间固定	YES	YES	YES	YES	YES
样本量	18081	18081	18081	18081	18081
R^2	0.765	0.311	0.766	0.264	0.766

注：（1）1~5 列的因变量分别为：数字化转型、用人成本增长率、数字化转型、企业成长性、数字化转型；（2）r1 表示用人成本机制（支付给职工以及为职工支付的现金年变动率）、tt 表示企业成长性（营业收入的年变动率）；（3）采用的是三步法中介效应实现的机制分析。

（四）异质性检验

1. 所有权属性

表 5 的第（1）列和第（2）列分别列出了非国有和国有企业样本的回归结果。结果表明，SIL 显著鼓励具有不同所有权属性的企业进行数字化转型。然而，非国有企业的交互项的系数的交互项系数（0.140）大于国有企业的系数（0.085）。

2. 融资限制

参照 Hadlock & Pierce（2010），我们计算了企业融资约束（SA）指数。我们按年份对样本进行分类，并剔除中间的样本，将剩下的样本分为高融资约束和低融资约束两组。表 5 的第（3）列和第（4) 列显示了两组的实证结果。

该表显示，SA 对不同融资约束的企业的数字化转型有显著影响。融资约束程度不同的企业的数字化转型有显著影响，这两类企业都表现出正向影响。然而，高融资约束的企业与低融资约束的企业相比，交互项的系数更大。然而，与低融资约束的企业相比，高融资约束的企业的交互项系数更大，这有点出乎意料。

表 5　异质性检验

分组	所有制分组		融资约束分组		成本粘性分析	
变量名	（1）	（2）	（1）	（2）	（1）	（2）
did	0.140**	0.085*	0.166***	0.148***	0.167***	0.128***
	（0.069）	（0.045）	（0.052）	（0.040）	（0.047）	（0.044）
控制变量	YES	YES	YES	YES	YES	YES
个体固定	YES	YES	YES	YES	YES	YES
时间固定	YES	YES	YES	YES	YES	YES
行业固定	YES	YES	YES	YES	YES	YES
行业 × 时间固定	YES	YES	YES	YES	YES	YES
样本量	8215	9662	5701	11997	10437	7271
R^2	0.785	0.774	0.820	0.787	0.797	0.804

注：所有制分组：非国有、国有；融资约束分组：融资约束大、融资约束小；成本粘性分组：成本粘性小、成本粘性大。

六、结论

本研究的目的是评估实施 SIL 对企业数字化转型的影响和基本机制。本研究的目的是使用差异法（DID）评估 SIL 的实施对企业数字化转型的影响和基本机制。

本研究的主要结论如下：首先，SIL 所引发的劳动力成本的上升促使企业采用数字化转型，从长远来看，劳动保护对企业和工人都有利。劳动保护对企业和劳动者都有利。第二，劳动保护可以增强员工的稳定性，加快企业的发展。企业增长，从而促使企业加快数字化转型，以保持其竞争力。第三，非国有企业和融资限制较多的企业对 SIL 的实施更有反应。非国有企业和那些融资限制较多的企业对实施 SIL 的反应更加积极，更加关注数字化转型。

参考文献

[1] 刘贯春，叶永卫，张军．社会保险缴费、企业流动性约束与稳就业——基于《社会保险法》实施的准自然实验［J］．中国工业经济，2021（05）：152–169.

[2] 周小川．社会保障与企业盈利能力［J］．经济社会体制比较，2000（06）：1–5.

[3] 钱雪亚，蒋卓余，胡琼．社会保险缴费对企业雇佣工资和规模的影响研究［J］．统计研究，2018，35（12）：68–79.

[4] 吴非，胡慧芷，林慧妍，任晓怡．企业数字化转型与资本市场表现——来自股票流动性的经验证据［J］．管理世界，2021，37（07）：130–144+10.

[5] 马双，孟宪芮，甘犁．养老保险企业缴费对员工工资、就业的影响分析［J］．经济学（季刊），2014，13（03）：969–1000.

[6] 宋弘，封进，杨婉彧．社保缴费率下降对企业社保缴费与劳动力雇佣的影响［J］．经济研究，2021，56（01）：90–104.

[7] 刘璐，杨明辉．社会保险缴费压力与企业避税行为：促进还是抑制？［J］．保险研究，2022，No. 408（04）：111–127.

[8] 何子冕，江华，李雅楠．养老保险实际缴费率与企业创新——基于非线性关系的研究［J］．劳动经济研究，2020，8（04）：95–120.

[9] 夏常源，毛谢恩，余海宗．社保缴费与企业管理数字化［J］．会计研究，2022，No. 411（01）：96–113.

[10] 葛结根．社会保险缴费对工资和就业的转嫁效应——基于行业特征和经济周期的考察［J］．财政研究，2018，No. 426（08）：93–104.

[11] 李姝，田马飞．社会保险缴费率会影响企业创新产出吗？［J］．统计研究，2022，39（11）：59–72.

[12] 魏志华，夏太彪．社会保险缴费负担、财务压力与企业避税［J］．中国工业经济，2020，No. 388（07）：136–154.

[13] 唐珏，封进．社会保险缴费对企业资本劳动比的影响——以21世纪初省级养老保险征收机构变更为例［J］．经济研究，2019，54（11）：87–101.

[14] 王小霞，蒋殿春，李磊．最低工资上升会倒逼制造业企业转型升级吗？——基于专利申请数据的经验分析［J］．财经研究，2018，44（12）：126–137.

[15] 夏常源，毛谢恩，余海宗．社保缴费与企业管理数字化［J］．会计研究，2022（01）：96–113.

[16] 戚聿东，蔡呈伟．数字化对制造业企业绩效的多重影响及其机理研究［J］．学习与探索，2020（07）：108–119.

[17] 阳立高，黄浩乾．最低工资标准与工业智能化：基于替代效应与互补效应的分析［J］．长沙理工大学学报（社会科学版），2022，37（04）：49–64.

[18] 明娟，胡嘉琪．工业机器人应用、劳动保护与异质性技能劳动力就业［J］．人口与经济，2022.

[19] Wiel，K.,2010,Better Protected，Better Paid：Evidence on How Employment Protection Affects Wages，Labour Economics，17:16–26.

[20] Bentolila.S..and G.Bertola,1990.Firing Costs and Labour Demand:How Bad is Eurosclerosis？ ,Review of Economic Studies.57(3).381–402.

[21] Nickell,S..1997.Unemployment and Labor Market Rigidities:Europe Versus North America,Journal of Economic Perspectives,11(3),55–74.

[22] Besley.T.,and R.Burgess,Can Labor Regulation Hinder Economic Performance?Evidence from India,The Quarterly Journal of Economics,2004.119(1),91–134.

[23] 陈东，刘金东．劳动保护有助于缩小就业弱势群体的相对收入差距吗？——以新《劳动合同法》的实施为例［J］．财贸经济，2014（12）：111–120.

[24] 杜鹏程，徐舒，吴明琴．劳动保护与农民工福利改善——基于新《劳动合同法》的视角［J］．经济研究，2018，53（03）：64–78.

[25] 刘媛媛，刘斌．劳动保护、成本粘性与企业应对［J］．经济研究，2014，49（05）：63–76.

[26] 林琳，吕文栋．数字化转型对制造业企业管理变革的影响——基于酷特智能与海尔的案例研究［J］．科学决策，2019（01）：85–98.

[27] 何帆，刘红霞．数字经济视角下实体企业数字化变革的业绩提升效应评估［J］．改革，2019（04）：137–148.

[28] 刘飞．数字化转型如何提升制造业生产率——基于数字化转型的三重影响机制［J］．财经科学，2020（10）：93–107.

[29] 刘淑春，闫津臣，张思雪，林汉川．企业管理数字化变革能提升投入产出效率吗？［J］．管理世界，2021，37（05）：170–190+13.

[30] 吴非，胡慧芷，林慧妍，任晓怡．企业数字化转型与资本市场表现——来自股票流动性的经验证据［J］．管理世界，2021，37（07）：130–144+10.

[31] 沈国兵,袁征宇．企业互联网化对中国企业创新及出口的影响［J］．经济研究,2020,55(01):33–48.

[32] 王雪冬，聂彤杰，孟佳佳．政治关联对中小企业数字化转型的影响——政策感知能力和市场感知能力的中介作用［J］．科研管理，2022，43（01）：134–142.

[33] 杨贤宏，宁致远，向海凌，陈谨．地方经济增长目标与企业数字化转型——基于上市企业年报文本识别的实证研究［J］．中国软科学，2021（11）：172–184.

[34] 邱洋冬．网络基础设施建设驱动属地企业数字化转型——基于“宽带中国”试点政策的准自然实验［J］．经济与管理，2022，36（04）：57–67.

[35] 毛宁，孙伟增，杨运杰，刘哲. 交通基础设施建设与企业数字化转型——以中国高速铁路为例的实证研究［J］. 数量经济技术经济研究，2022，39（10）：47-67.
[36] 曾皓. 税收激励促进了企业数字化转型吗？——基于前瞻性有效税率的经验证据［J］. 现代财经（天津财经大学学报），2022，42（10）：38-55.
[37] 成琼文,丁红乙. 税收优惠对资源型企业数字化转型的影响研究［J］. 管理学报,2022,19（08）:1125-1133.
[38] 余典范,王超,陈磊. 政府补助、产业链协同与企业数字化［J］. 经济管理,2022,44（05）:63-82.
[39] 毛聚，李杰，张博文. CEO复合职能背景与企业数字化转型［J］. 现代财经（天津财经大学学报），2022，42（09）：37-58.
[40] 王新光. 管理者短视行为阻碍了企业数字化转型吗？——基于文本分析和机器学习的经验证据［J］. 现代经济探讨，2022（06）：103-113.
[41] 吴非,常曦,任晓怡. 政府驱动型创新：财政科技支出与企业数字化转型[J]. 财政研究，2021，No. 455（01）：102-115.
[42] 卢闯,唐斯圆,廖冠民. 劳动保护、劳动密集度与企业投资效率［J］. 会计研究,2015（06）:42-47+96.
[43] 陆瑶，施新政，刘璐瑶. 劳动力保护与盈余管理——基于最低工资政策变动的实证分析［J］. 管理世界，2017（03）：146-158.
[44] 周伟贤. 投资过度还是投资不足——基于A股上市公司的经验证据[J]. 中国工业经济，2010（09）：151-160.
[45] 王彦超. 融资约束、现金持有与过度投资［J］. 金融研究，2009（07）：121-133.
[46] Cheng,H.Jia.R.LiD.Li.H.,2019,The Rise of Robots in China［J］. Journal of Economic Perspectives Vol 33,No.2:71-88.
[47] 杨飞,范从来. 产业智能化是否有利于中国益贫式发展？［J］. 经济研究,2020,55（05）:150-165.
[48] 戴华娟，李玉双. 劳动保护影响了企业经营绩效吗？——来自我国最低工资标准调整的经验证据［J］. 财经理论与实践，2021，42（06）：139-146.
[49] 程欣，邓大松. 社保投入有利于企业提高劳动生产率吗？——基于“中国企业—劳动力匹配调查”数据的实证研究［J］. 管理世界，2020，36（03）：90-101.
[50] 林灵,曾海舰. 社会保险成本过高是否抑制企业投资？［J］. 管理科学学报,2020,23（07）:57-75.

动员式智治：农村矛盾调解体系重构探究

——基于绍兴新昌的实践案例思考

中共新昌县委党校　丁　丁

研究新时代“枫桥经验”与基层社会治理现代化，离不开对村级矛盾治理的探讨。村级调解是国家治理的“第一道防线”，本文关注到村级调解在乡村善治中的重要作用，认知农村矛盾调解体系式微难题，在数字化改革与“整体智治”背景下，尝试梳理动员理论、智治、农村矛盾调解三者之间的逻辑关系，提出“动员式智治”的概念，并以绍兴市新昌县的典型案例加以剖析，提供一种动员式智治的农村矛盾调解有效实践。接着，基于动员理论与实践探索，剖析动员式智治下农村矛盾调解体系的重构要素，即主体重构，体现动员性与整体性；规则重构，体现法治化与灵活性；平台重构，体现留痕性和数字化。最后，明确动员式智治的功能价值，同时针对其主体、规则、平台等要素重构中难以避免的内在困境深化再思考，提出农村矛盾调解体系的重构路径。

2021 年，中央全面深化改革委员会第十八次会议审议通过《关于加强诉源治理推动矛盾纠纷源头化解的意见》，矛盾纠纷源头化解理论研究的重要价值进一步凸显，而农村正是重要的源头化解场域。早在 2019 年关于浙江乡村振兴的报告中，“智治”已作为“四治结合”之一被着重强调，再加上“十四五”规划对“加快数字化发展”作出系统部署，浙江在治理领域又提出“整体智治”，农村基层矛盾的智治发展也呼之欲出。2022 年，党的二十大报告更进一步强调，“在社会基层坚持和发展新时代‘枫桥经验’”，“健全城乡社区治理体系，及时把矛盾纠纷化解在基层、化解在萌芽状态”。立足农村社会熟人关系、传统文化色彩浓厚的特点，兼顾农村社会现代化发展的特征，研究动员式智治的农村矛盾调解体系，这是矛盾源头治理的有效探索，一定程度能丰富矛盾溯源治理与非诉讼纠纷解决的制度供给。同时，在此过程中，对农村社会中群众利益诉求的表达和维护、公民意识的培育，以及对实现农村基层治理的法治化、社会化、现代化转型等，都具有积极现实意义。

一、农村矛盾调解体系式微与动员式智治的提出

（一）农村矛盾调解体系研究综述与现实困境

调解制度是维持社会秩序的补充力量，而村级调解被认为是“第一道防线”（黄宗智，2009），其研究价值显而易见。农村矛盾调解因其乡土社会历史发展基因，相较于城市社区有着不同的特点。学界对农村矛盾调解的研究近年来取得一些成果，有学者提出“语境化理解基础上的比较研究”概念（董磊明，2006），即关注历史维度、不同文化生态，来语境化地理解农村矛盾调解的实然状态及决定性因素，深入理解现代化对农村传统权威的冲击、外部制度供给与地方性知识的关系以及国家与社会在矛盾调解中承担的角色（李婷婷，2013）。进一步剖析，主体、规则与技术是重要的研究方向。主体研究方面，有学者认为农村社会矛盾起源于基层政府组织逐渐衍生的对农村资源的掠夺，因而改造乡镇政府组织成为化解农村矛盾冲突的核心环节（赵树凯，2003）。有学者认为村委会作为村级自治组织而承担矛盾调解责任，必须重视村干部在矛盾调解中的治理功能（赵晓峰，2015）。有学者根据私的广度与深度细化了矛盾纠纷控制单位，认为私化程度越高，控制单位越小，明确从家长、房头长到族长的调解层次（杨华，2008）。也有学者关注到农村精英的重要作用，通过“枫桥经验”论述矛盾调解机制需依靠群众（郭星华，2015）。规则研究方面，有学者主张普适性的法治化，认为矛盾调解应摆脱地方化治理特征（杨力，2007；季卫东，1999）。有学者则从唯法治论之外，寻找矛盾解决的本土资源（苏力，2000），并关注到民间规则的存在（梁治平，1997）。也有学者认为要依靠地方性知识来协调当地农民现实生活中的各个力量（贺雪峰，2008）。技术研究方面，有学者提出基于 SSH 框架，开发社会矛盾调解系统，实现流程再造与网络监管，将当事人、调解员、矛盾信息、调解协议等数据纳入系统，利用手机视频等网络通信技术实时调解（涂刚,2015）。也有学者将调解与互联网充分结合,提出“微调解”概念，深化农村振兴中智慧调解体系建构，强化矛盾监测、整合调解资源、规范调解员行为、提升调解过程便捷度（何阳，2019）。

基于以上综述，一方面，农村矛盾调解的主体研究、规则研究和技术研究三大向度研究，为梳理农村矛盾调解体系重构需包含主体、规则、平台等多元要素，打开了思路。另一方面，从农村矛盾调解的技术研究向度中，我们亦能捕捉到网络化、数字化、智能化显然已成为重要支撑和发展方向。然而回归农村矛盾调解的现实发展，就现阶段而言困难重重。面对矛盾，我国农村传统熟人社会历来有良好的调解传统，由此形成以民间力量调解为主，国家力量隐于其中发挥关键作用的调解结构，

并根据矛盾性质、大小形成多层次的调解体系。然而，随着现代化进程的推进，税费制改革、城市化和城镇化发展，利益日趋多元化，传统调解结构体系逐渐式微。一是调解主体缺乏，村委会缺少可依托资源。民间宗族力量在农村矛盾调解中权威性日渐降低，无力感扼杀其主动性，宗族中的头人一定程度或只成为形式上的存在，难以独立发挥实质作用，各类家庭纠纷、土地纠纷等向村委会集中。村委会属于自治组织，承担调解农村社会矛盾纠纷、协助维护农村治安稳定的重大职责。但问题在于，随着传统农村内生社会控制结构的松弛，传统主流秩序文化的式微，再加上城镇化带来的农村精英外流，原有调解主体与规则弱化使得村委会缺乏可依托的调解资源，面临尴尬境地。二是调解规则模糊，民间规则碎片化与国家法模糊化并存。一直以来农村矛盾调解是以国家法和民间规则相互融合为援引规则。然而，民间规则的碎片化与国家法的模糊化问题同时存在[①]。民间规则碎片化，即随着农村社会变革，原有秩序被打破，民间规则只在某些方面，对部分人起到作用，很多人在很多方面都游离在外，使得调解主体很难援引地方性知识为工具。国家法模糊化，即规范性的法律制度在面对不规则农村社会的情境性具体矛盾时，很难在合法基础上合理嵌入，削弱了其有效化解农村矛盾的力量；且法律认知模糊化的村民，在矛盾中往往容易趋向于立足自身利益断章取义地“切割”法律，法律正义难以真正发挥。尤其是民法典实施的新背景下，如何使规范性的法律制度合理嵌入不规则的农村具体矛盾调处，如何整合碎片化的民间规则，使两者灵活运用，都是需考虑的难题。三是调解平台受限，农村基层智治平台难搭建。县级矛盾调解中心在我省已普遍建立，但镇村两级矛盾调解平台，尤其是村级，因调解资源整合难等多重因素，各地仍在努力建立中。随着浙江将“智治”写入乡村振兴报告，农村矛盾调解平台如何整合调解资源纳入智治又是考验。农村基层矛盾兼具潜伏性、爆发性与累积性等特征，矛盾若无法及时化解、捕捉苗头，长期积累之下达到爆发临界点，影响的是农村稳定与发展局势，农村矛盾调解体系重构因而迫在眉睫。

（二）动员理论及动员式智治的提出

动员，可解释为三层内涵不同、外延交织的释义。一是流动。西方现代化理论语境中的 Social Mobilization，常被译作“社会动员”，意为社会结构层次的“社会流动化”（多伊奇，1961），而这显然并非中文语境中的常用涵义。二是集中。常用语境为军事动员、集体行动或社会运动，指人力、物力与财力等资源集中。而集中必然以流动为前提，因而前两种涵义有所交织（罗坎，1987）。三是鼓动。影响和改变具有能动性的行为主体的行为动机，常用语境为思想动员、群众动员等（汪卫华，2014）。厘

① 苏力. 送法下乡：中国基层司法制度研究 [M]. 北京：中国政法大学出版社，2000：193-254.

清动员的三层释义，可明确“动员”这一促成集体行动工作方法的本质。

而再到动员运用场域，目前学界的研究大致也有三方面。一是作为人现代化的动员。国内有学者认为，社会动员就是广义的社会影响，指人们在某些经常、持久的社会因素影响下，其态度、价值观与期望变化的过程（郑永廷，2000）。国外研究基本集聚于这一层面，将社会动员作为现代化的发展指标（亨廷顿，2008），且更多的是一种自发过程（多伊奇，1961）。二是作为政府治理方式的动员。国内外学者观点较为一致，认为政治动员是执政党和政府，以政治权力为后盾，利用政治资源，动员力量实现特定政治目标的行为和过程（汤森，2010；林尚立，2000；施学华，2001）。动员主体是政党、国家等政治集团，客体是社会力量，形式是主体动员客体实现特定目标，手段是压制、诱导和说服，其实质在于发挥人的主观能动性（关海庭，2002）。三是作为社会领域集体行动的动员。诸多学者认为社会动员是指政党、国家等政治团体以外的社会力量，为实现特定目标，调动社会资源进行集体行动的过程，也就是狭义的社会运动（彭红波，2013）。通常伴随着非正式网络、非制度化方式、制度外政治行为等用语（波普诺，2002）。进一步剖析动员理念内涵和运用场域，根据动员主体，可划分为国家动员与社会动员；根据动员领域，可划分为军事动员、政治动员、经济动员和社会动员（社会领域动员，区分于社会主体动员）；根据动员手段，可划分为说服认同型动员、强制压力型动员和利益诱导型动员；根据动员内容，可划分为人力动员、情感动员和物资动员等。

诚然，动员作为一种集体行动的方式和结果，在基层治理中发挥了重要作用（雷望红，2017）。动员理论运用到基层社会治理中，可充分践行作为政府治理方式的动员与作为社会领域集体行动的动员。当然，由此形成的动员式治理中的动员需是适度的，有学者从政府与社会关系角度切入研究，论证了动员存在于基层治理的合理性（彭红波，2013）。再延伸至动员理论在农村基层治理中的运用，也有学者关注到基层政府为实现农村社会的有效管理，体制外社会动员成为一种现实选择（吴思红，2001）。

基于以上综述，动员作为一种集体行动的方式和结果，在农村矛盾调解中发挥着重要作用。更进一步的，笔者尝试提出“动员式智治”的概念，期待动员理论在整体智治背景下的农村矛盾调解中发挥作用。所谓的动员式智治，是指以村级组织（村干部）为核心主体，充分动员多元调解主体，有效拼接利用民间规则与国家法律，借助标准化智治平台规范程序，化解矛盾纠纷当事人间的矛盾。动员理论、智治、农村矛盾调解三者之间的运行逻辑，即通过动员理论的运用，以行政动员、社会动员等多元形式，提升动员调解主体、规则及资源的实效性；而智治亦可以为动员及矛盾调解的深度、广度、效度赋能；从而将动员起来的主体、规则及资源纳入智治化的平台有痕调解，针对性解决农村矛盾调解体系的调解主体缺乏、调解规则模糊和调解平台受限等三重难题。

二、动员式智治的作用实践与要素剖析：农村矛盾调解体系的重构关键

（一）动员式智治的作用实践：一个农村矛盾调解的典型案例

动员式智治的作用效果如何，需在实践中加以验证。本文选取新昌县东茗乡矛盾调解体系案例①，该乡按照有牌子、有场地、有人员、有制度、有考核的“五有”标准，以行政村为基本单元，建立12个“握手言和”工作室，形成规范化、全覆盖的农村矛盾调解网络。其动员村干部、党员、乡贤“三支队伍”等系列做法更是曾得到浙江省领导的肯定批示，是动员式智治的典型代表。

1. 动员力量握指成拳，联动化解矛盾

一是乡政府提供动员支持，建立领导班子每月下访机制。规范乡领导班子每月14日入驻联系片“握手言和”工作室坐诊接访，召集其他调解力量参与，并召开每周问题例会，形成“一事一策一清单”，于今年7月15日首次实现县领导下访日“零接访”。二是以村干部为调解核心主体，充分动员三支队伍充实“握手人”人才库。通过组织推荐与个人自荐方式，组建一支以村干部、党员、乡贤为主体的握手人队伍，轮流入驻“握手言和”工作室。目前，已培养吸纳握手人79名，其中党员32人、干部25人、乡贤22人。村干部当好裁判员，秉公处理矛盾；党员当好老娘舅，引导其在矛盾调处中敢讲真话、拍板、打感情牌；乡贤当好和事佬，发挥人脉广、方法活的优势，兼顾双方情绪与意见。三是动员专业力量为依靠，因矛盾事项特殊性请部门站所随驻。邀请公检法相关力量、乡司法所、村法律顾问等入驻工作室主动参与矛盾调解，使部门调解力量进一步向基层倾斜，小微矛盾化解成功率基本维持100%。四是深化社会力量为支撑，动员心理咨询师、律师等充实握手人队伍。心理工作者入驻后，每周定期与预约排期相结合，为调解工作提供情绪疏导、心理辅导、危机干预和心理救援等服务，助推矛盾有效化解。

2. 综合多元规则方式，五步仪式调解

一方面，创设“握手言和”五步法程序，有效利用动员资源调解矛盾。第一步“棘手”，网格员、握手人主动摸排，并由工作室受理棘手矛盾。第二步“入手”，工作室入手实地走访，对主动摸排、群众反映举报或直接受理的矛盾分类建档，并动员、落实握手人。第三步“拉手”，握手人再充分动员多元调解力量，主动向双方拉手促成推动矛盾有效化解。第四步“伸手”，握手人经过细致工作，促使当事人互谅互让、清除隔阂，并在自愿的基础上伸手达成初步和解。第五步“握手”，双方当事人一起到握手言和工

① 资料来源：新昌县政法委、新昌县东茗乡提供的台账、总结等材料，部分由本文作者参与执笔。

作室握手，签订书面和解协议书，由双方当事人和握手人签章确认，并录入“握手言和”信息化系统。另一方面，动员起来的调解主体，结合自身角色特点运用调解规则。矛盾纠纷之所以很难调解，很多时候在于双方都占某种理。在该乡的矛盾调解实践中，动员起来的村干部、党员、乡贤等三支队伍，公检法司部门及其他社会力量等调解主体，充分结合自身角色特点运用调解规则。由此，既以法律为准绳，又灵活利用残存的乡村碎片规则和乡村社会舆论给予一定约束力。适当时候或通过规则悬置，从矛盾当事人市场化利益视角，且利用同理心逐个破题。

3. 搭建平台智治赋能，矛盾“码”上解决

一是搭建矛盾调解云平台。面对村情民意日益复杂、群众利益诉求多元、矛盾纠纷易发多发的实际，充分运用信息化手段，构建“握手言和”大数据分析网络平台，建立一网覆盖、一室受理、一线化解的工作机制，做到有平台支撑、有专职人员、有受理窗口、有闭环交办、有会商研判。二是探索一“码”握手云服务。立足乡村全域旅游发展中旅游纠纷较多的实际，创新扫码上报、乡中心云上流转、分村派单调解、反馈测评等一系列流程的“扫码调解”智能云服务系统，及时化解旅游纠纷及村民初信初访、小微矛盾。村民或游客随时随地可扫码进入登记纠纷、申请调解。乡工作平台第一时间与申请人取得联系，初步对接情况，并即时定位，精准分派至各村“握手言和”工作室，“一码一策”调解处置，事后进行满意度回访，矛盾调解实现“码”上解决。三是整合平台资源云联动。依托基层治理四平台，运用视联网终端技术，建成集视频会议、线上调解、远程指挥调度等功能于一体的县、乡、村三级调解线上工作云平台。“握手言和”线上调解工作室发布通知，纠纷双方当事人、握手人在屏幕前迅速集结，点对点对接、点对点互动。尤其是涉及行动不便群众的小微矛盾调解，真正做到“足不出户”便可实现高效调解。

（二）动员式智治的要素剖析：农村矛盾调解体系的重构关键

基于动员理论与新昌县探索实践，动员式智治的农村矛盾调解体系的重构要素有以下方面，要素之间相互作用共同形成体系，详见图 1。

1. 主体重构，体现动员性与整体性

在乡镇政府支持下，以村两委（村干部）为核心主体，针对不同矛盾事件和当事人，动员各类调解主体形成整体，充实数字化的调解人才信息库，便于即时线上统筹调配。或采用行政动员方式，借力政府权威，以农村秩序维系为目标导向，调动行政职能部门、公检法司体系的调解主体及资源；或采用社会动员方式，探索以利益互惠为策略选择，调动律师、心理专家、社会组织等社会专业调解主体及资源。

2. 规则重构，体现法治化与灵活性

动员起来的多元调解主体发挥各自角色特点与专业优势形成调解规则，充分利用公私关系，拼接国家法律与地方规则，法、情、理、利等多元规则融通运用[①]。可灵活利用残存的碎片规则和农村舆论给予一定约束力，适当时候通过规则悬置，从矛盾当事人市场化利益视角，且利用同理心逐个破题，在一定的合法性程序系统中，将矛盾源头调解于激化之前，实现情绪与利益、物质与精神上的均衡。

3. 平台重构，体现留痕性和数字化

将源头搜集的矛盾及动员起来的调解主体、规则等资源，纳入大数据分析网络平台，形成线上＋线下的一室受理、一网覆盖、一线化解的工作机制，实现有平台支撑、有专职人员、有受理窗口、有闭环交办、有会商研判。同时，整合原有的基层治理四平台、视联网终端等技术，加速形成集即时定位、视频会议、线上调解、远程指挥调度等功能于一体的县、乡、村三级调解线上工作云平台，可突破空间限制，留痕、高效源头化解农村矛盾。

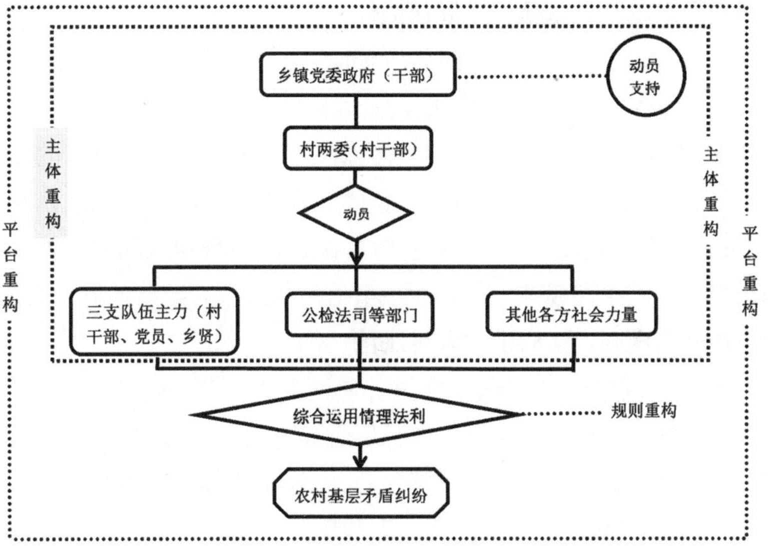

图 1　动员式智治的农村矛盾调解体系架构

三、农村矛盾调解体系的重构路径：基于动员式智治价值与困境的再思考

传统农村矛盾调解体系式微的情况下，语言混乱与结构混乱在调解中时而发生。由此，我们期待村级组织和乡村精英的出场，灵活运用各种知识与规则维持村庄秩序。[②]新昌县“握手言和”矛盾调解实践，形成了一套“动员式智治”的农村矛盾调解体系，

① 王汉生，王迪．农村民间纠纷调解中的公平建构与公平逻辑［J］．社会，2012（2）：171-198.
② 董磊明，陈柏峰，聂良波．结构混乱与迎法下乡——河南宋村法律实践的解读[J]．中国社会科学，2008（5）：87-100.

其功能价值明显的同时，也面临内在困境。在农村矛盾调解体系重构过程中，需兼顾功能价值与内在困境，深化再思考。

（一）动员式智治之于农村矛盾调解的功能价值

1. 回应整体智治背景，防止农村矛盾外溢

动员式智治，是在整体智治背景下，对如何打造农村治理新秩序进行了回应，提供了智慧化的矛盾调解策略。农村矛盾极具复杂性，若无法较快调解处理，情绪与利益夹杂作用下，一旦触发恶性社会治安事件，威胁一方平安稳定。动员式智治中，通过主体重构，濒临退场的调解力量被动员起来，村级组织不再是担负农村综治维稳的单一力量；通过平台重构，充分搭建起矛盾双方诉说与倾听的渠道，且以智治赋能突破空间限制使矛盾化解更为高效，由此从源头抑制基层矛盾的扩大与外溢，确保农村社会的秩序稳定。

2. 重塑村级组织权威，重拾积累群众信任

伴随税费制度改革，农村社会因而迈向资源输入时期，增强了村级组织对上的依赖程度。[①] 这一定程度上使得村级组织的群众取向淡化，村干部与群众的密切关系逐步疏离，随之而来的是群众信任感降低，长此以往不利于农村工作任务的推进。在动员式智治中，村干部是农村矛盾调解的核心主体，其在动员濒临退场的调解资源，化解村民间矛盾隔阂中积极发挥作用。随着有效解决群众切身利益问题的增多，或可重塑其作为调解核心主体的治理权威地位，逐步重拾税费改革后疏离的群众信任感。

3. 调适衔接两套规则，协同推进农村法治

在农村社会中，国家法与民间规则虽分属两套不同规则体系，但一直协同作用。就目前阶段而言，国家以送法下乡等载体，促进权力向农村有效渗透[②]；同时，熟人社会被打破，利益结构复杂化，农村社会日新月异，也催生了群众迎法下乡的渴求。[③] 由此，国家法的嵌入程度趋向越来越高，民间规则使用频度趋向越来越低。然而，农村社会的相对不规则性，使得国家法面临复杂农村实际时，有时无法彻底解决所有；且考虑到时间与经济成本，农村中细小琐碎的矛盾纠纷难以完全寻求法律途径解决，因而农村社会中民间规则的作用空间依然存在。动员式智治中动员起来的调解主体，乡镇干部、公检法司等部门的专业调解人士及党员、乡贤、其他社会力量参与农村矛盾调解，其结合各自专业优势与特点，既有国家法的有效嵌入，又不乏民间规则的灵活援引。村干部作为核心主体，更是成为国家法与民间规则的调适力量，一方面作为国家法律在

---

① 吴毅．小镇喧嚣：一个乡镇政治运作的演绎与阐释［M］．北京：生活·读书·新知三联书店，2007：605–614.

② 苏力．送法下乡：中国基层司法制度研究［M］．北京：中国政法大学出版社，2000：193–254.

③ 董磊明，陈柏峰，聂良波．结构混乱与迎法下乡——河南宋村法律实践的解读[J]．中国社会科学，2008(5)：87–100.

农村的传递载体，另一方面也是民间规则的践行人，由此，不断调适着国家法的有效嵌入与民间规则的灵活援引之间的协同作用空间，在民法典实施的背景下，矛盾调解过程中附加推进着村民普法教育与农村法治化发展。

（二）动员式智治的内在困境及农村矛盾调解体系重构路径

动员式智治农村矛盾调解体系的主体、规则、平台重构过程中，其内在困境也无法回避，重构路径需基于内在困境进行考量。

1. 动员式智治的基础：纾解调解主体动力缺乏之难

动员式智治农村矛盾调解体系的主体重构过程中，需解决调解主体能动性的问题，行政动员和社会动员等动员方式何以高效推进，如何调动村两委村干部、其他调解主体的调解积极性等问题。这些或成为动员式智治的基础。随着农业税取消，国家加大对农村社会的资源支持与输入，使得对其控制程度加大，村级组织的行政性事务也随之增多，一定程度挤压了自治空间。在农村矛盾调解中，村级组织是调解核心主体，当村干部在疲于应对行政性事务的同时，还需消耗大量精力及时间用于动员式矛盾调解，其调解全过程是否规范也不可避免受到乡镇政府等的审查，会较大程度制约村干部开展动员式矛盾调解的内生动力。就动员其他调解主体而言，在公共责任培育任重道远的现阶段，农村矛盾调解中若缺乏考核、激励，毕竟不是权宜之计，势必会影响调解主体热情。

基于调解主体动力缺乏之难，在行政动员中，可实施农村信访指数分色预警纳入乡镇、村干部绩效考核等行政鞭策举措。比如根据信访化解数、平安稳定等指标对各村分色预警。每月公开发布预警指数，预警情况直接纳入乡村干部绩效考核。对管控力指数连续 3 次红色预警的，村党组织书记直接列为村级换届“五不能、六不宜”人员，联系领导包村考核清零，真正形成乡村干部责任共担的工作机制。在社会动员中，可深化矛盾调解以案定补、金牌调解员评选等物质或精神激励。比如，根据矛盾纠纷调处的难易复杂程度，给予 100~300 元的分级奖励，实行“以案定补”。综合矛盾调解的活跃指数、星级评价和调处成功率，开展“金牌”评选活动，优秀者可优先推荐为县乡“两代表一委员”和村级后备干部，进一步激发社会参与积极性。

2. 动员式智治的核心：破解调解规则援引偏向之困

动员式智治农村矛盾调解体系的规则重构过程中，需解决如何约束动员起来的调解主体在援引规则时的主观性偏向，以确保公平性等问题。这些或成为动员式智治的核心。国家法与民间规则是动员式智治中可援引的调解规则。就国家法律而言，包括了宪法和诸多有关国家制度与社会制度等的法律。农村矛盾调解可能涉及的，有“民法典”“婚姻法”“村民委员会组织法”“土地管理法”“人民调解法”等一系列方方面面的法律。就民间规则而言，则更显情境性与特殊性，囊括情、理、利等。由于调解的规则体系庞大，且又模糊化与碎片化，动员起来的调解主体无法完全掌握运用。矛盾调解中，调解主体在援引规则时往往难以取舍，导致每次调解的标准没有统一，也无法考虑完整性，而是倾向于本身擅长或习惯形成的规则运用。且在实际调解中，无法避免主观的偏向性选择，在缺乏有效约束监督下，拥有一定的自由裁量空间。虽然矛盾顺利调解，但存在牺牲力量较弱一方利益的情况。

基于调解规则援引偏向之困，在提升调解规范化上，可通过参照最高人民法院指导性案例汇编举措，尝试编写农村典型调解案例汇编指引。比如围绕矛盾调解事前事中事后，制定纠纷登记、调解记录留存、调解协议书制作、统计上报平台等工作规范，收录涉及征地拆迁、家庭婚姻、邻里关系、工程建设等村级频发矛盾类型的典型案例，做好动员式智治的调解参考样本。同时，要加强对各调解主体的专业培训，尤其是对社会动员的调解主体，针对性培训法律法规，使其把握法律底线，把好天平，最大限度维护矛盾双方当事人合法权益。在技术赋能标准化上，可通过调解信息在技术平台留痕，结合考核激励制度，倒逼调解主体的主观严谨性。比如，将调解信息录入、流程管理、服务内容、监督考核等标准化，统一在调解平台上留痕管理，并使其与奖励补贴发放或评优激励挂钩等。

3. 动员式智治的支撑：缓解调解成本压力增加之艰

动员式智治农村矛盾调解体系的平台重构过程中，需解决如何缓解动员多元调解主体参与的成本增加压力，及数字化平台搭建带来的经费增加等问题。这些或成为动员式智治的支撑。动员式智治，与以往依靠国家权威力量与依托民间宗族等威望调解有较大差别，动员起来的诸多调解主体和矛盾双方当事人的关系，乃至各调解主体相互间的关系趋向于更加平等。因调解权威力量弱化，使得调解工作更难，调解成本增加。对矛盾双方而言，缺少权威地位依托，动员起来的调解主体需尝试多元方式，援引更多资源，从而找到有效途径打开矛盾主体的心结，精准切入矛盾调处。对于动员起来的调解主体而言，缺乏权威地位依托，村干部与其之间，很多时候矛盾调解需要靠所谓“面子”维系，增加隐形成本。随着农村熟人社会逐步瓦解，人口流动加速了不同价值体系在农村的形成[①]，可能在农村社会触发更尖锐的对立，对调解主体带来更大的挑战。动员式智治在动员更多的调解主体与调解资源中，势必产生更多调解成本。此外，随着数字化改革的深入，相比省市县，乡镇村一级在矛盾调解平台上的数字化基础设施、应用程序方面，经费投入相对显得乏力，很容易造成纵向间的矛盾调处标准不统一、业务不协同。村级是矛盾调解的第一道防线，动员式智治的村级平台建设成本压力亟需缓解。

---

① 朱晓阳．“语言混乱”与法律人类学的整体论进路［J］．中国社会科学，2007(2)：106-117.

基于调解成本压力增加之艰，整合共享平台上，可将原有基层治理平台资源有效整合予以共享，实现矛盾调解资源的碎片化到集中化。比如利用“互联网 +”思维，进一步延伸农村矛盾调解的时间和空间，降低资源供给成本。整合基层治理四平台、视联网终端等原有资源基础，或可将农村矛盾调解相关事项纳入“浙里办”应用程序并开设专区，减少重复建设。深化财政预算上，可深化矛盾调解相关项目的财政专项经费预算，探索政府购买等财政供给举措。比如县级政府可探索以专项资金形式，将村级矛盾调解资金作为政府财政预算的一部分，强化对实体平台、网络平台运行的经费支撑，适当调整动员起来调解主体的奖励补助资金额度，缓解成本压力，提升调解绩效。除政府财政投入外，矛盾调解类的社会组织等可探索社会化的资金吸纳路径加以融合互补，由此构建常态化、可持续的农村矛盾调解体系经费保障机制。

结语

现阶段经济社会各领域、各层面瞬息万变，农村社会逐步迈向“旧的规则已经解体，新的规则还未完全建立”的过渡阶段①，系统格局面临重整。在此背景下，农村矛盾调解体系也呈现式微状态，亟待重构。动员式智治是一种典型的农村矛盾能动治理。在动员式智治的农村矛盾调解体系中，并非单纯依靠单一调解主体或单一援引规则来实现治理，充分动员了国家力量与民间资源，有效重构了治理主体、规则与平台，推进着农村社会的有序发展。需要明确的是，动员式智治也非万能，其有内在困境需加以克服。在动员式智治农村矛盾调解体系的重构过程中，作为调解核心主体的村干部，需不断找寻农村矛盾调解规则之治与灵活之治间的均衡点；而国家也应在确保法律基础之上，一定程度上允许动员起来的调解主体在把握合法、公平、公正原则下灵活援引规则，给予相应的自主空间与必要的多元支持，从而促成农村矛盾调解的长效之治。

参考文献

[1] [美]曼瑟·奥尔森著，陈郁等译. 集体行动的逻辑[M]. 上海：上海人民出版社，1995.

[2] [美]塞缪尔·亨廷顿著，王冠华、刘为译. 变革社会中的政治秩序[M]. 上海：上海人民出版社，2008.

[3] [日]棚濑孝雄著，王亚新译. 纠纷的解决与审判制度[M]. 北京：中国政法大学

① 雷望红. 动员型调解：乡村纠纷调解体系的适应与重构[J]. 南京农业大学学报（社会科学版），2017（2）：59-69.

出版社，1994.

[4] 蔡志强. 社会动员论——基于治理现代化的视角［M］. 南京：江苏人民出版社，2013.

[5] 董磊明，陈柏峰，聂良波. 结构混乱与迎法下乡——河南宋村法律实践的解读 [J]. 中国社会科学，2008(5)：87–100.

[6] 郭星华，任建通. 基层纠纷社会治理的探索——从“枫桥经验”引发的思考 [J]. 山东社会科学，2015(1)：65–69.

[7] 贺雪峰. 认识农村调解制度的基本维度：村庄原因［J］. 云南大学学报(法学版)，2008（5）.

[8] 郝丽. 社会矛盾化解视域下公民有序政治参与机制探析［J］. 中国行政管理，2015（10）.

[9] 黄宗智. 从诉讼档案出发：中国的法律、社会与文化［M］. 北京：法律出版社，2009.

[10] 梁治平. 乡土社会中的法律与秩序 [M]// 王铭铭，王斯福. 乡土社会的秩序、公正与权威. 北京：中国政法大学出版社，1997.

[11] 王汉生，王迪. 农村民间纠纷调解中的公平建构与公平逻辑 [J]. 社会，2012(2)：171–198.

[12] 吴毅. 小镇喧嚣：一个乡镇政治运作的演绎与阐释［M］. 北京：生活·读书·新知三联书店，2007：605–614.

[13] 徐勇. 乡土民主的成长：村民自治 20 年研究集萃［M］. 武汉：华中师范大学出版社，2007.

[14] 应星. 超越维稳政治学——分析和缓解社会稳定问题的新思路［J］. 学术前沿 2012（7）.

[15] 朱晓阳. “语言混乱”与法律人类学的整体论进路［J］. 中国社会科学，2007（2）：106–117.

数字经济时代下农村电子商务合作研究
——基于四方主体演化博弈视角

浙江农业商贸职业学院 郭 浪

数字经济时代，农村电商发展迅速。针对农村电商长效合作机制问题，构建政府、电商企业、农户以及第三方企业的四方演化博弈模型，探讨各方行为演化规律及稳定策略，用 Matlab 进行数值仿真。结果表明：1. 演化系统存在着 12 个条件稳定点，即农村电子商务相关利益主体可能达到的 12 种稳定策略组合。2. 政府主要受电商企业和农户群体的策略影响，第三方企业的参与，对电商企业群体影响最大。3. 社会效益、违约罚金、可续持合作收益等因素影响系统的演化稳定结果。4. 存在演化稳定策略“政府监管、电商企业积极参与、农户积极合作、第三方企业参与”，当提升政府监管的社会效益，提高电商企业、农户的违约罚金，增加第三方企业的利润空间，可以实现系统帕累托效率。

一、引言

数字经济时代，农业农村现代化建设进程不断加快。作为中国数字经济最活跃的组成部分，农村电商发展迅速。一方面，农村电商是电子商务在农村地区的嵌入，能有效推动农产品上行，促进农业产业转型升级，加速“共同富裕”建设，是实施乡村振兴战略的重要手段和抓手。另一方面，数字经济时代下中国经济进入新常态，信息技术快速迭代不断催发新经济发展模式，开展农业数字化变革发展非常重要，有助于实现农产品安全高效流通，构建标准化、精益化、信息化农产品生产、销售模式[1]。数据显示，2021 年中国农村网民规模已达 2.97 亿，全国农村网络零售额达 1.79 万亿元[2]。

我国农村电子商务的发展伴随着政府、农民、电商企业、物流公司、金融公司等多元主体的参与过程，由于资源禀赋的差异和发展过程的不同，各地农村电商发展不平衡，不充分现象严重。农村电商体系建设不够健全，电商发展水平整体较低，问题仍有不少。统筹协调好政府、电商企业、农户、第三方企业等主体之间关系，建立农村电商各方主体长效合作机制很有必要。农村电商本质上也是一个经济问题，是各方行为主体在市场经济下的一种决策行为，是主体在一定时间受到各方因素影响下的策略演化。演化博弈论是不完全信息和有限理性参与主体下，解决决策问题的有效手段。结合演化博弈理论，对农村电商模式中的博弈问题进行分析，有利于完善农村电商合作的长效机制，推动农村产业转型升级，助力乡村振兴，意义重大。

通过文献情况分析，关于农村电商问题而言，学者们多侧重于对某一地区进行针对性研究、农村电商发展影响因素研究以及农村电商的发展模式、建议对策研究。如董坤祥等基于遂昌、沙集两种典型农村电商集群发展模式基础上，构建了以产品与生产创新、商业模式创新和金融模式创新为导向的农村电商集群发展模型 [3]。华慧婷等提出农村电子商务物流应以配送资源整合实现企业物流效率提升，选择差异化的物流模式，塑造双向、低碳与绿色物流价值链，建立第四方物流生态体系 [4]。梅燕等以 6 个电子商务发展阶段不同的典型区域为研究对象，探讨不同阶段的农村电子商务产业集聚与区域经济协同发展机制 [5]。在演化博弈理论及应用研究中，王莹利用智猪博弈模型，分析农村电商中企业和农户的角色分工，进而探讨两者之间的合作发展策略 [6]。林艳丽等构建了产业扶贫三方演化博弈模型，提出在长期演化博弈中可以达到“企业积极扶贫、贫困户主动参与、政府监督”的理想状态，实现可持续减贫 [7]。刘晓丽等运用演化博弈理论，通过构建合理的利益分配机制、良好的关系治理机制、有效的监督和惩罚机制和信息共享、沟通与协调机制，完善农户与农产品电子商务企业的合作机制 [8]。胡振华等在演化博弈的分析框架上建立电商平台、地方政府和贫困农户三方博弈模型，探讨在农村电商精准扶贫中各个利益主体的成本投入、净收益以及相关效用 [9]。孙淑慧等构建政府、医药产业联盟、媒体平台和群众四方演化博弈模型，发现政府增加惩罚额、提高专家辟谣以及群众理性辨别的概率等，均可以降低低质量医药研究报道的概率 [10]。

现有研究来看，关于演化博弈理论在农村电商领域的应用不多，进行四方博弈研究的更少。相较于其他博弈理论，演化博弈强调通过试错的方法来达到博弈均衡，其均衡点会受到社会背景、政策环境等各种外部因素影响，更具实际意义。农村电商的建设发展是一项复杂的系统性工程，涉及众多参与主体，主要包含推动者、生产者、消费者、中间者四大类，构建涵盖四方主体的演化博弈模型更具有说服力。文章将政府、电商企业、农户和第三方企业作为行为主体，建立四方演化博弈模型进行研究，探讨农村电商各方主体间决策行为的演化规律，以期更好地发挥农村电商作用，为完善农村电商合作提供理论支撑与实践指导。

二、博弈问题描述

博弈主体：农村电商问题主要涉及当地政府、涉农电子商务企业（以下简称电商企业）、当地农户以及物流、金融等第三方配套支撑企业四方主体。假定各方主体均为有限理性，以一种代表性的农村电商模式为例进行分析，电商企业与农户作为交易主体，将土地、农特产品、农技等农资作为交易对象，政府作为监管机构，物流、金融等第三方企业作为生态支撑，即“涉农电商企业 + 农户 + 第三方支撑企业”的农村电商模式[11]。各行为主体在多次博弈的过程中，不断寻找自身最有利策略，以达到“帕累托最优”。

策略选择：①政府的纯策略选择为“监管”和“不监管”。“监管”指当地政府对农村电商模式中各方主体进行积极监管，设立相应的惩罚制度（保证金等方式）；“不监管”指地方政府在整个农村电商过程中不作为，没有采取有效的监管机制。②电商企业可供选择的策略为：“积极参与”和“消极参与”。“积极参与”指认真对待农村电商项目，积极组织技术培训，进行农特产品标准化工作指导；“消极参与”指企业不采取可持续化策略，只关心短期利益，以合作为名，利用政府补贴进行项目之外的经营活动。③农户可选择的策略为：“积极合作”和“消极合作”。“积极合作”是指积极参加企业相关培训，配合企业标准化等工作。“消极合作”指不重视培训，排斥农资标准化，出现私自化经营情况。若电商企业与农户都采取积极参与合作态度，则视为合作可持续；只要出现有一方合作态度消极，则视为合作不可持续。可续持合作中，任何一方主体的收益、成本，均比合作不可持续时的高。④第三方企业主要指涉农物流企业、金融企业等为农村电商提供配套支撑的企业，可选择的策略有“参与”和“不参与”。第三方企业的参与，可以提升农村电商效能。若不参与，实际情况往往由电商企业来解决物流等问题，即更多影响电商企业的收益和成本，对农户的影响暂不讨论。

三、模型假设与参数设置

演化博弈模型摒弃了完全理性的假设，从系统论出发，把群体行为的调整过程看作一个动态系统。同时，通过相关文献，梳理借鉴了部分参数[5-9][12][12-13]。

假设 1：政府采用“监管”策略，政府会因公信力提升获得社会收益U。电商企业与农户合作可持续情况下，所带来的地方经济收益记为收益U_1；合作不可持续，所带来的地方经济收益记为U_2。政府所产生的监管成本为C。“不监管”时，政府将会损失社会声誉I。第三方企业的加入，对地方经济增长的带动系数为g，$g>1$。

假设 2：电商企业在合作可持续情况下的收益为P，合作不可持续下的收益为P_1

。电商企业选择“积极参与”，付出的成本为C_1（产品标准化、农户技能培训等合作所需的协作成本、保障生产经营的运营成本等）；选择“消极参与”，电商企业付出的成本为C_2。第三方企业的“参与”，以其专业化服务，协助电商企业解决上下游需求，降低成本，功能系数为n，$0<n<1$。“消极参与”时，政府“监管”下，则需扣除相应的罚款I_1。

假设 3：农户选择“积极合作”策略，付出的成本为S；“消极合作”时，农户所需的成本为S_1。与电商企业合作可持续，农户获得的收益为W；若合作不可持续，则获得收益W_1。“消极合作”时，政府进行“监管”，则需扣除相应的罚款I_2。

假设 4：第三方企业选择“参与”策略，在电商企业与农户合作可持续时，其收益为V，所需的成本为K；合作不可持续时，第三方企业的收益为V_1，所需的成本为K_1。当第三方企业“不参与”时，其收益和成本记为 0。

四、四方博弈模型构建与分析

基于以上分析和假设，构建关于政府、电商企业、农户、第三方企业四方主体的农村电商收益矩阵，如表 1 所示。

表 1　政府、电商企业、农户、第三方企业四方演化博弈收益矩阵

策略	支付收益			
（政府，电商企业，农户，第三方企业）	政府	电商企业	农户	第三方企业
（监管，积极参与，积极合作，参与）	$U+gU_1-C$	$P-nC_1$	$W-S$	$V-K$
（监管，积极参与，积极合作，不参与）	$U+U_1-C$	$P-C_1$	$W-S$	0
（监管，积极参与，消极合作，参与）	$U+gU_2-C+I_2$	P_1-nC_1	$W_1-S_1-I_2$	V_1-K_1
（监管，积极参与，消极合作，不参与）	$U+U_2-C+I_2$	P_1-C_1	$W_1-S_1-I_2$	0
（监管，消极参与，积极合作，参与）	$U+gU_2-C+I_1$	$P_1-nC_2-I_1$	W_1-S	V_1-K_1
（监管，消极参与，积极合作，不参与）	$U+U_2-C+I_1$	$P_1-C_2-I_1$	W_1-S	0

续 表

策略	支付收益			
（监管，消极参与，消极合作，参与）	$U+gU_2-C+I_1+I_2$	$P_1-nC_2-I_1$	$W_1-S_1-I_2$	V_1-K_1
（监管，消极参与，消极合作，不参与）	$U+U_2-C+I_1+I_2$	$P_1-C_2-I_1$	$W_1-S_1-I_2$	0
（不监管，积极参与，积极合作，参与）	gU_1-I	$P-nC_1$	$W-S$	$V-K$
（不监管，积极参与，积极合作，不参与）	U_1-I	$P-C_1$	$W-S$	0
（不监管，积极参与，消极合作，参与）	gU_2-I	P_1-nC_1	W_1-S_1	V_1-K_1
（不监管，积极参与，消极合作，不参与）	U_2-I	P_1-C_1	W_1-S_1	0
（不监管，消极参与，积极合作，参与）	gU_2-I	P_1-nC_2	W_1-S	V_1-K_1
（不监管，消极参与，积极合作，不参与）	U_2-I	P_1-C_2	W_1-S	0
（不监管，消极参与，消极合作，参与）	gU_2-I	P_1-nC_2	W_1-S_1	V_1-K_1
（不监管，消极参与，消极合作，不参与）	U_2-I	P_1-C_2	W_1-S_1	0

在博弈的初始阶段，假设当地政府选择“监管”策略的概率为 x，选择“不监督”策略的概率为$1-x$；电商企业选择“积极参与”策略的概率为 y，选择“消极参与”策略的概率为$1-y$；农户选择“积极合作”策略的概率为 z，选择“消极合作”策略的概率为$1-z$；第三方企业选择“参与”策略的概率为 r，则选择“不参与”策略的概率为$1-r$。其中 $x,y,z,r\in[0,1]$。

（一）政府策略稳定性分析

根据表 1，可得到政府“监管”策略下的期望收益E_x：

$$E_x = yzr(gU_1-gU_2)+yz(1-r)(U_1-U_2)-yI_1-zI_2+r(gU_2-U_2)+U+U_2-C+I_1+I_2 \quad (1)$$

政府“不监管”策略的期望收益E_{1-x}：

$$E_{1-x}=yzr(gU_1-gU_2)+yz(1-r)(U_1-U_2)+r(gU_2-U_2)+U_2-I \quad (2)$$

则政府“监管”与“不监管”混合策略的平均收益为$\overline{E}_x$：

$$\overline{E}_x=xE_x+(1-x)E_{1-x} \quad (3)$$

根据 Malthusian 动态方程原理，可得政府的复制微分动态方程如下[13]：

$$F(x)=\frac{dx}{dt}=x(E_x-\overline{E})=x(1-x)(E_x-E_{1-x})=x(1-x)(U+I+I_1+I_2-C-yI_1-zI_2) \quad (4)$$

公式（4）对x求偏导得：

$$F'(x)=\frac{\partial F(x)}{\partial x}=(1-2x)(U+I+I_1+I_2-C-yI_1-zI_2) \quad (5)$$

根据微分方程的稳定性定理，如果博弈主体所采取的某一策略为稳定状态，则需要同时满足两个条件：①$F(x)=0$；②$F'(x)<0$。[14]

令$F(x)=0$，解得：$x=0$，$x=1$，$y=\frac{U+I-C+I_1+(1-z)I_2}{I_1}$

（1）设$y0=\frac{U+I-C+I_1+(1-z)I_2}{I_1}$，若$y=y0$，对于任何的x，都有$F(x)=0$，无法确定其稳定策略。

（2）若$y\neq y0$，①当$0\le y<y0\le 1$时，$(U+I+I_1+I_2-C-yI_1-zI_2)>0$，则有$F(x)|_{x=1}=0$，$F'(x)|_{x=1}<0$。故$x=1$为稳定点，即政府选择“监管”的决策为演化稳定策略。②当$0\le y0<y\le 1$时，$(U+I+I_1+I_2-C-yI_1-zI_2)<0$，则有$F(x)|_{x=0}=0$，$F'(x)|_{x=0}<0$。故$x=0$为稳定点，即政府选择“不监管”决策为演化稳定策略。

政府的演化策略主要受到电商企业和农户的影响。政府监管时的社会收益增加，反之不监管时社会形象受损变大，政府监管成本下降，对电商企业和农户的罚款越严格，会使政府策略演化稳定“监管”。电商企业“积极参与”农村电商建设的概率越高，政府监管的机会成本增加，政府就会趋向选择“不监管”策略。农户“消极合作”的概率增加，政府需要进一步加强监管来保障地方收益，政策决策就会从“不监管”策略演化稳定于“监管”策略。

（二）电商企业策略稳定性分析

同上，得到电商企业“积极参与”策略的期望收益E_y，“消极参与”策略的期望收益E_{1-y}，以及平均收益$\overline{E}_y$：

$$E_y=r(1-n)C_1+z(P-P_1)+(P_1-C_1) \quad (6)$$

$$E_{1-y}=r(1-n)C_2-xI_1+P_1-C_2 \quad (7)$$

$$\overline{E}_y = yE_y + (1-y)E_{1-y} \tag{8}$$

复制微分动态方程如下：

$$F(y) = y(1-y)\{[r(1-n)-1](C_1-C_2) + z(P-P_1) + xI_1\} \tag{9}$$

公式（9）对y求偏导得：

$$F'(y) = (1-2y)\{[r(1-n)-1](C_1-C_2) + z(P-P_1) + xI_1\} \tag{10}$$

令$F(y)=0$，解得：$y=0$，$y=1$，$x=\dfrac{[1-r(1-n)](C_1-C_2)+z(P_1-P)}{I_1}$

（1）设$x=\dfrac{[1-r(1-n)](C_1-C_2)+z(P_1-P)}{I_1}$，若$x=x0$，对于任何的$y$，都有$F(y)=0$，无法确定其稳定策略。

（2）若 $x \neq x0$，①当 $0 \le x < x0 \le 1$ 时，$\{[1-r(1-n)](C_1-C_2)+z(P_1-P)\}<0$，则有$F(y)|_{y=0}=0$，$F'(y)|_{y=0}<0$。故$y=0$为稳定点，即电商企业选择“消极参与”为演化稳定策略。②当$0 \le x0 < x \le 1$时，$\{[1-r(1-n)](C_1-C_2)+z(P_1-P)\}>0$，则有$F(y)|_{y=1}=0$，$F'(y)|_{y=1}<0$。故$y=1$为稳定点，即电商企业选择“积极参与”为演化稳定策略。

电商企业的演化策略会同时受到政府、农户和第三方企业策略的影响。电商企业的合作收益越大，罚款力度越大，合作越可持续，会使电商企业演化稳定于“积极参与”策略。政府“监管”的概率越高，电商企业的罚款成本就增加，电商企业就会从“消极参与”策略趋向稳定于“积极参与”；农户“消极合作”的概率提高，可持续合作难度增加，电商企业就会演化稳定于“消极参与”策略；第三方企业“参与”概率增大，能够降低电商企业的成本，促使电商企业稳定于“积极参与”策略。

（三）农户策略稳定性分析

同理，得到农户“积极合作”策略的期望收益E_z，“消极合作”策略的期望收益$E_{1\text{-}z}$，策略的平均收益$\overline{E}_z$：

$$E_z = y(W-W_1) + W_1 - S \tag{11}$$

$$E_{1\text{-}z} = -xI_2 + (W_1 - S_1) \tag{12}$$

$$\overline{E}_z = zE_z + (1-z)E_{1\text{-}z} \tag{13}$$

复制微分动态方程如下：

$$F(z) = z(1-z)[y(W-W_1) + xI_2 - (S-S_1)] \tag{14}$$

公式（14）对z求偏导得：

$$F'(z) = (1-2z)[y(W-W_1) + xI_2 - (S-S_1)] \tag{15}$$

令$F(z)=0$，解得：$z=0$，$z=1$，$x=\frac{(S-S_1)-y(W-W_1)}{I_2}$

（1）设$x0=\frac{(S-S_1)-y(W-W_1)}{I_2}$，若$x=x0$，对于任何的$z$，都有$F(z)=0$，无法确定其稳定策略。

（2）若 $x\neq x0$，① 当 $0\leq x<x0\leq 1$ 时，$[y(W-W_1)+xI_2-(S-S_1)]<0$，则有$F(z)|_{z=0}=0$，$F'(z)|_{z=0}<0$。故$z=0$为稳定点，即农户选择“消极合作”为演化稳定策略。②当$0\leq x0<x\leq 1$时，$[y(W-W_1)+xI_2-(S-S_1)]>0$，则有$F(z)|_{z=1}=0$，$F'(z)|_{z=1}<0$。故$z=1$为稳定点，即农户选择“积极合作”为演化稳定策略。

农户的演化策略会受到政府、电商企业策略的影响。农户的合作收益越大，罚款越重，合作可持续，会使农户演化稳定“积极参与”策略。政府“监管”的概率越高，罚款成本就增加，农户就会从“消极合作”策略趋向稳定于“积极合作”策略；电商企业“消极参与”的概率提高，可持续合作难度增加，农户决策就会从“积极合作”演化稳定于“消极合作”。

（四）第三方企业策略稳定性分析

同理，得到第三方企业“参与”策略的期望收益E_r，“消极合作”策略的期望收益E_{1-r}，策略的平均收益$\overline{E}_r$：

$$E_r=yz(V-K)+(1-yz)(V_1-K_1) \tag{16}$$

$$E_{1-r}=0 \tag{17}$$

$$\overline{E}_r=zE_r+(1-z)E_{1-r} \tag{18}$$

复制微分动态方程如下：

$$F(r)=r(1-r)[yz(V-K)+(1-yz)(V_1-K_1)] \tag{19}$$

公式（19）对r求偏导得：

$$F'(r)=(1-2r)[yz(V-K)+(1-yz)(V_1-K_1)] \tag{20}$$

同理，可以看出，第三方企业“参与”与否，与政府关系不大，电商企业和农户的可持续合作对其有影响，合作越可持续，其收益越大，趋向于“参与”策略。主要看其本身的收益成本，收益大于成本（$V>K,V_1>K_1$），第三方企业就会演化稳定于“参与”策略；入不敷出（$V<K,V_1<K_1$），第三方企业就会演化稳定于“不参与”策略。

五、四方演化博弈稳定性分析

演化博弈中的复制动态方程系统反映的是群体的动态，单个复制动态方程求出的均衡点不一定是系统的演化稳定策略，根据 Friedman 结论[15]，四方共同作用的演化博弈各均衡点的稳定性需要进一步分析判断该系统的雅可比（Jacobi）矩阵的局部稳定性。通过公式（4）、（9）、（14）、（19），将 4 个种群的复制动态方程进行联立，得到政府、电商企业、农户和第三方企业的复制动力系统：

$$\begin{cases} F(x)=x(1-x)(U+I+I_1+I_2-C-yI_1-zI_2) \\ F(y)=y(1-y)\{[r(1-n)-1](C_1-C_2)+z(P-P_1)+xI_1\} \\ F(z)=z(1-z)[y(W-W_1)+xI_2-(S-S_1)] \\ F(r)=r(1-r)[yz(V-K)+(1-yz)(V_1-K_1)] \end{cases} \tag{21}$$

根据复制动态方程组可求得该系统的雅可比矩阵：

$$J_{(x,y,z,r)}=\begin{pmatrix} J_{11} & J_{12} & J_{13} & J_{14} \\ J_{21} & J_{22} & J_{23} & J_{24} \\ J_{31} & J_{32} & J_{33} & J_{34} \\ J_{41} & J_{42} & J_{43} & J_{44} \end{pmatrix}=\begin{pmatrix} \frac{\partial F_{(x)}}{\partial x} & \frac{\partial F_{(x)}}{\partial y} & \frac{\partial F_{(x)}}{\partial z} & \frac{\partial F_{(x)}}{\partial r} \\ \frac{\partial F_{(y)}}{\partial x} & \frac{\partial F_{(y)}}{\partial y} & \frac{\partial F_{(y)}}{\partial z} & \frac{\partial F_{(y)}}{\partial r} \\ \frac{\partial F_{(z)}}{\partial x} & \frac{\partial F_{(z)}}{\partial y} & \frac{\partial F_{(z)}}{\partial z} & \frac{\partial F_{(z)}}{\partial r} \\ \frac{\partial F_{(r)}}{\partial x} & \frac{\partial F_{(r)}}{\partial y} & \frac{\partial F_{(r)}}{\partial z} & \frac{\partial F_{(r)}}{\partial r} \end{pmatrix}=$$

$$\begin{pmatrix} (1-2x)(U+I+I_1+I_2-C-yI_1-zI_2) & x(1-x)(-I_1) & x(1-x)(-I_2) & 0 \\ y(1-y)I_1 & (1-2y)\{[r(1-n)-1](C_1-C_2)+z(P-P_1)+xI_1\} & y(1-y)(P-P_1) & y(1-y)(1-n)(C_1-C_2) \\ z(1-z)I_2 & z(1-z)(W-W_1) & (1-2z)[y(W-W_1)+xI_2-(S-S_1)] & 0 \\ 0 & r(1-r)z(V-K-V_1+K_1) & r(1-r)y(V-K-V_1+K_1) & (1-2r)[yz(V-K)+(1-yz)(V-K)] \end{pmatrix} \tag{22}$$

李雅普洛夫第一法则可知，多种群演化博弈中的稳定解为严格纳什均衡，而严格纳什均衡一定是纯策略[16]。在该系统中，令 $F(x)=F(y)=F(z)=F(r)=0$，可以得到 16 种纯策略均衡点及其特征值，如表 2 所示。

表 2　演化博弈均衡点及特征值

均衡点（x,y,z,r）	特征值 λ_1	特征值 λ_2	特征值 λ_3	特征值 λ_4
$E_1(0,0,0,0)$	$U+I+I_1+I_2-C$	$-(C_1-C_2)$	$-(S-S_1)$	V_1-K_1
$E_2(0,0,0,1)$	$U+I+I_1+I_2-C$	$-n(C_1-C_2)$	$-(S-S_1)$	K_1-V_1
$E_3(0,0,1,0)$	$U+I+I_1-C$	$(P-P_1)-(C_1-C_2)$	$S-S_1$	V_1-K_1
$E_4(0,0,1,1)$	$U+I+I_1-C$	$(P-P_1)-n(C_1-C_2)$	$S-S_1$	K_1-V_1

续 表

均衡点（x,y,z,r）	特征值λ_1	特征值λ_2	特征值λ_3	特征值λ_4
$E_5(0,1,0,0)$	$U+I+I_2-C$	(C_1-C_2)	$(W-W_1)-(S-S_1)$	V_1-K_1
$E_6(0,1,0,1)$	$U+I+I_2-C$	$\mathrm{n}(C_1-C_2)$	$(W-W_1)-(S-S_1)$	K_1-V_1
$E_7(0,1,1,0)$	$U+I-C$	$-[(P-P_1)-(C_1-C_2)]$	$-[(W-W_1)-(S-S_1)]$	$V-K$
$E_8(0,1,1,1)$	$U+I-C$	$-[(P-P_1)-\mathrm{n}(C_1-C_2)]$	$-[(W-W_1)-(S-S_1)]$	$K-V$
$E_9(1,0,0,0)$	$-(U+I+I_1+I_2-C)$	$I_1-(C_1-C_2)$	$I_2-(S-S_1)$	V_1-K_1
$E_{10}(1,0,0,1)$	$-(U+I+I_1+I_2-C)$	$I_1-n(C_1-C_2)$	$I_2-(S-S_1)$	K_1-V_1
$E_{11}(1,0,1,0)$	$-(U+I+I_1-C)$	$I_1+(P-P_1)-(C_1-C_2)$	$-[I_2-(S-S_1)]$	V_1-K_1
$E_{12}(1,0,1,1)$	$-(U+I+I_1-C)$	$I_1+(P-P_1)-n(C_1-C_2)$	$-[I_2-(S-S_1)]$	K_1-V_1
$E_{13}(1,1,0,0)$	$-(U+I+I_2-C)$	$-[I_1-(C_1-C_2)]$	$I_2+(W-W_1)-(S-S_1)$	V_1-K_1
$E_{14}(1,1,0,1)$	$-(U+I+I_2-C)$	$-[I_1-n(C_1-C_2)]$	$I_2+(W-W_1)-(S-S_1)$	K_1-V_1
$E_{15}(1,1,1,0)$	$-(U+I-C)$	$-[I_1+(P-P_1)-(C_1-C_2)]$	$-[I_2+(W-W_1)-(S-S_1)]$	$V-K$
$E_{16}(1,1,1,1)$	$-(U+I-C)$	$-[I_1+(P-P_1)-(C_1-C_2)]$	$-[I_2+(W-W_1)-(S-S_1)]$	$K-V$

当均衡点对应的雅可比矩阵的所有特征根均为非正时，该均衡点为系统的渐进稳定点。表2中均衡点E_3、E_4、E_5、E_6有特征根为正数，$(S-S_1)$、(C_1-C_2)、$\mathrm{n}(C_1-C_2)$为正数，不满足李雅普洛夫的稳定性条件，不是渐进稳定点；其余12个均衡点在特定满足条件下，可以成为演化稳定策略（ESS）。如$E_1(0,0,0,0)$均衡点，当$(U+I+I_1+I_2-C)<0$，$V_1<K_1$时，该均衡点为ESS。

本文着重研究如何实现多元主体协调配合下的可持续合作的农村电商问题，因此主要对均衡点$E_{16}(1,1,1,1)$组合稳定性分析，即政府、电商企业、农户和第三方企业倾向于（积极监管，积极参与，积极合作，参与）。需同时满足以下条件：

$$\begin{cases} -(U+I-C)<0 \\ -[I_1+(P-P_1)-n(C_1-C_2)]<0 \\ -[I_2+(W-W_1)-(S-S_1)]<0 \\ K-V<0 \end{cases} \tag{23}$$

$(U+I-C)>0$：政府采取监管行为，积极参与引导农村电商的建设，发挥其监管主体作用，保障市场合作行为，使其社会形象在群众中得到明显提升（U）；如不监管，市场行为主体就会消极对待，不公正现象就会出现，政府社会公信力便会大打折扣（I）。监管带来的正面效益和不监管带来的负面影响之和，要超过政府采取监管策略所付出的成本，政府便会积极监管。要求政府明确其市场行为监管主体职能职责，依法依规履行职责；其次，需要其上级部门的督查以及群众舆论的监督；接着通过科学有效的手段措施，降低其监管成本。要建立一整套完善的监管奖惩制度，有效调动各方企业与农户的积极性，对于合作主体积极、消极行为要有所奖惩，量度要科学，制度的保障才能持续推动经济的有序发展。

$[I_1+(P-P_1)-n(C_1-C_2)]>0$：电商企业积极参与农村电商，促成与农户可持续合作，从而使其收益之差$(P-P_1)$提升。同时，发挥与第三方物流、金融等企业的联动效应，降低其成本$n(C_1-C_2)$。另一方面，增加电商企业消极参与的惩罚力度，使它与两种合作模式下电商企业的收益之差的和，超过两种模式下的成本之差，电商企业便会采取积极参与的策略。

$[I_2+(W-W_1)-(S-S_1)]>0$：农户进行积极合作，主动参与企业政府组织的标准化、技能培训，降低自己的协作成本，间接降低企业的成本，促成与电商企业可持续合作，从而使其收益之差$(W-W_1)$提升，成本之差$(S-S_1)$降低。另一方面，增加农户消极合作的惩罚力度，使它与两种合作模式下农户的收益之差的和，超过两种模式下农户的成本之差，农户便会采取积极合作的策略。

$K-V<0$：第三方企业根据其自身特点，完善农村电商配套建设，利用其专业化服务，优化农村电商模式，促进电商企业与农户的可持续合作，使其成为农村电商环节中不提替代的一环。找准定位，使其收益大于成本，第三方企业便会选择“参与”策略。

六、演化博弈数据仿真模拟

经过演化博弈模型及其均衡点的稳定性的分析，可以知道在农村电商建设中，当地政府、电商企业、农户以及第三方企业在不同条件下，四方主体各自最终的演化稳定策略。现针对于四方主体协调配合（1,1,1,1）的博弈情境，运用 Matlab 进行数值仿真，模拟当地政府、电商企业、农户以及第三方企业四个群体在农村电商过程中（积极监管，积极参与，积极合作，参与）的演化稳定策略结果。结合实际情况，给出各参数初始值，具体参数设置如表 3 所示。

表 3　参数初始值设置

U	U_1	U_2	C	I	I_1	P	P_1	C_1	C_2	I_2
15	30	15	15	5	5	50	30	20	10	3
W	W_1	S	S_1	K	V	K_1	V_1	n	g	
10	5	5	3	5	10	6	8	0.7	1.3	

图 1 所示，是基于实际情况，确定了各参数值后，采用 Matlab 软件模拟各群体策略动态演化过程。该模拟中，分别改变某一群体的初始策略选择概率（取值为 0.1、0.3、0.5、0.7、0.9），其他群体初始意愿不变，考虑到一般性，取值代表各水平区间。从模拟结果看到，无论单个群体的策略初始意愿是多少，最终演化稳定于 1，即“政府监管、电商企业积极参与、农户积极合作、第三方企业参与”。提升某一群体的初始意愿，越快趋向于“1”，可以促使积极合作，提升合作效益。同时，随着的群体初始意愿的增加，收敛速度减缓。相较而言，四个主体中，农户群体收敛于“1”的时间最久，其次是第三方企业，然后是电商企业，最后是政府。农户受自身的初始意愿影响最大，政府受自身的初始意愿影响最小。

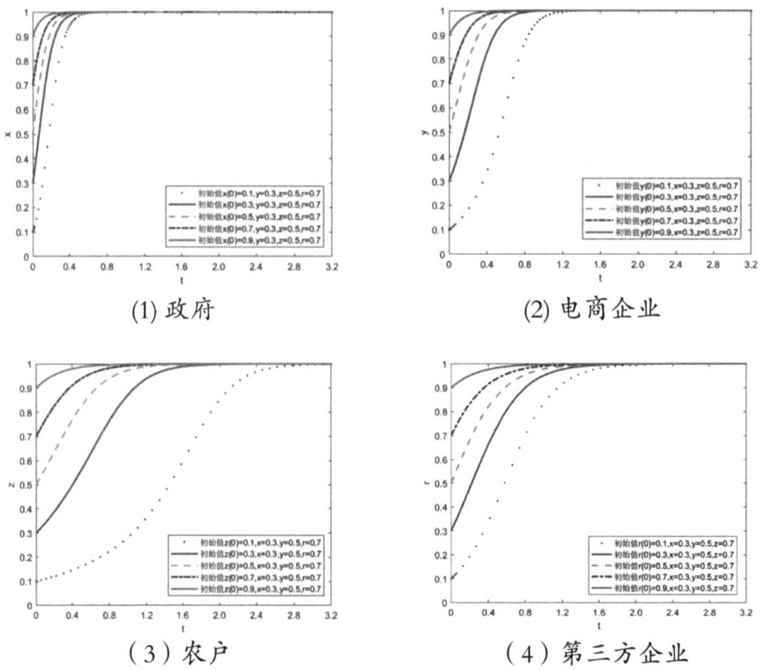

(1) 政府　　(2) 电商企业

（3）农户　　（4）第三方企业

图 1　各种群不同初始意愿的策略演化图

七、结论

本研究基于演化博弈，构建了当地政府、涉农电子商务企业、当地农户以及第三方配套支撑企业四方演化博弈模型，分析了各主体间的联动关系以及行为决策的演化趋势，通过对演化博弈模型推导求解以及数值模拟分析，得出如下结论：

（1）在以农资交易为主的农村电商的演化过程中，参与主体策略选择的影响因素很多，任何一个群体的策略演化会对其他群体的策略产生作用。如政府加强“监管”策略，农、企合作的违约成本上升，会影响电商企业、农户积极参与的策略选择。电商企业或者农户群体的“消极合作”策略，双方可续持合作的难度变大，合作成本增加，群体收益降低，会影响另一群体消极策略的选择。第三方企业的参与，对电商企业的影响最大。政府主要受电商企业和农户的策略影响，而电商企业与农户的可持续合作，又会对第三方企业的收益成本产生影响。

（2）可以看到，系统模型的各演化稳定策略中，存在稳定策略（1,1,1,1），四方主体可以实现“政府监管，电商企业积极参与，农户积极合作，第三方企业参与”的理想模型。系统可以达到“帕累托最优”：提升政府监管所带来的社会效益（U、I），同时通过科学合理的监管手段，降低监管成本（C），政府趋向于“监管”策略；电商企业积极落实培训，指导农户标准化生产，农户通过积极参与，降低协作成本，从而达成可持续合作，提高合作收益$(P-P_1)$、$(W-W_1)$，降低合作成本(C_1-C_2)、$(S-S_1)$，政府监管之下，电商企业和农户趋向于“积极参与”策略；第三方企业凭借其专业化的服务，赋能农村电商，收益(K)增加，趋向于“参与”策略。

（3）本研究仍有不足，有待改进。农村电商环境日益完善，可以将电商平台、上级政府等更多群体纳入模型进行讨论。本文假定的参数均为实数，但由于环境的不确定性，以及决策者认知能力的差异性，采用模糊数进行研究更符合实际情况。

参考文献

[1] 彭娟娟. 数字经济时代农村电商助力乡村振兴路径研究[J]. 农村经济与科技,2022,33(22):246-250.

[2] 中国互联网络信息中心（CNNIC）. 第48次《中国互联网络发展状况统计报告》[R/OL].（2021-09-23）.http://www.cnnic.cn/hlwfzyj/hlwxzbg/hlwtjbg/202109/t20210915_71543.htm

[3] 董坤祥，侯文华，丁慧平，王萍萍. 创新导向的农村电商集群发展研究——基于遂昌模式和沙集模式的分析[J]. 农业经济问题，2016，37（10）：60-69+111.

[4] 华慧婷，郝渊晓. 基于利润最大化的农村电商物流模式选择[J]. 中国流通经济，2018，32（04）：70-76.

[5] 梅燕，蒋雨清. 乡村振兴背景下农村电商产业集聚与区域经济协同发展机制——基于产业集群生命周期理论的多案例研究［J］. 中国农村经济，2020（06）：56−74.

[6] 王莹. 农村电商推进过程中的多主体博弈分析［J］. 重庆交通大学学报（社会科学版），2018，18（04）：55−61.

[7] 林艳丽，杨童舒. 产业精准扶贫中企业、贫困户和地方政府行为的演化博弈分析［J］. 东北大学学报（社会科学版），2020，22（01）：40−48.

[8] 刘晓丽，杨红. 基于关系契约视角的农户与农产品电子商务企业合作机制演化博弈分析［J］. 运筹与管理，2021，30（06）：96−102.

[9] 胡振华，彭凯敏. 基于演化博弈视角下农村电商精准扶贫机制研究［J］. 数学的实践与认识，2021，51（09）：72−79.

[10] 孙淑慧，苏强. 重大疫情期医药研究报道质量监管四方演化博弈分析［J］. 管理学报，2020，17（09）：1391−1401.

[11] 唐红涛，郭凯歌. 农产品电商模式能实现最优生产效率吗？［J］. 商业经济与管理，2020（02）：5−16.

[12] 黄海棠，李登峰，蔡创能，滕剑仑. 基于三方演化博弈模型的精准扶贫主体行为研究［J］. 电子科技大学学报（社科版），2020，22（02）：77−87.

[13] 郭浪，汪兰林. 基于演化博弈的废弃电器电子产品回收处理利益相关者行为分析 [J/OL]. 数学的实践与认识：1−9.

[14] 王丘. 电商平台与消费者隐私信息保护的演化博弈研究［J］. 安徽农业大学学报（社会科学版），2020，29（05）：45−52+112.

[15] Friedman D. Evolutionary game in economics[J]. Econometrica，1991，59(3)：637−666.

[16] Edondo F. Economics and the theory of games[M]. England: Cambridge University Press,2003.479−527.

基于 SFIC 修正模型的跨界临空经济区协同发展研究

——以杭绍临空经济一体化发展示范区绍兴片区为例

中共绍兴市柯桥区委党校　施关根　邱　昊

治理的复杂性和系统性表明，治理主体由单中心向多中心转变，传统单一主体或单一部门的分散型治理模式，会导致跨界经济合作收效甚微。本文以杭绍临空经济示范区为研究对象，参考国内外跨界经济合作区成功范例，在公共管理学科“协同治理”理论的基础上，通过构建和修正 SFIC 模型，以“外部环境—起始条件—催化领导—制度设计—协同过程—评估问责”六个要素为分析框架，从整体的视角出发系统研究分析杭绍临空经济协同发展的外部环境、存在的问题，并据此提出跨界临空经济协同发展的纾解方略。外部环境方面，杭绍良好的政治、经济、社会和技术基础能够有效支撑临空经济示范区一体化协同发展；但两地间起始条件不对等、催化领导力不充足、制度设计不精准、协同过程不顺畅、监督考核不到位等因素，也给临空经济示范区一体化协同发展带来限制。对此，提出从多途径增强杭绍平等信任、构建交流平台和长效机制、统筹招商引资和招才引智、以改革创新优化体制机制、建立监督和评估考核体系五个方面进一步完善协同发展路径。

一、问题提出

在当前全球化、数字化和以时间价值为基础的竞争体系中，航空物流正以其约占全球货物贸易 36% 的货值和 0.5% 的运量[1]，推动着枢纽机场及其临空经济区成为地方产业融入全球经济体系的关键节点，和拉动腹地区域经济发展的重要增长极。国际机场协会（ACI）的调查显示，平均 100 万人次的航空客运量可增加近 2500 个就业岗位数，带来 1.3 亿美元的经济效益[2]。近年来，我国航空运输发展迅速，2005 年便成为继美国之后的全球第二大航空运输市场，且与美国的差距在逐渐缩小。根据

2017 年《全国民用运输机场布局规划》，2025 年我国将形成 3 大世界级机场群、10 个国际枢纽和 29 个区域枢纽[3]。加之，“空中丝绸之路”成为“一带一路”的重要有机组成部分被纳入国家战略，临空经济模式也将有望成为“十四五”期间我国国民经济发展全新动力源。因此，近年来我国中央和地方关于支持和规划临空经济发展的政策文件陆续出台，如国务院办公厅《关于促进通用航空业发展的指导意见》，国家发改委、国家民航局《关于临空经济示范区建设发展的指导意见》等，这意味着我国已将临空经济区的建设和发展列入了国家区域经济发展战略。截至 2020 年底，中国临空经济区数量达到 90 余个，其中包括 17 个国家级临空经济示范区，我国临空经济进入快速发展期[4]。

杭绍临空经济示范区，在一定程度上缓解了两地没有铁路口岸和深水良港的困境，作为两地重要的开放门户，承载着航空物流、临空服务、智能制造等产业，链接国内外消费市场和生产网络，是杭州都市圈经济发展的重要引擎①。事实上，浙江省委、省政府早在“十一五”之初就制定了打造杭绍临空经济的战略构想，并在此后十余年持续在土地、资金、项目、人才、通关等要素上予以大力支持②。然而，在当前国内临空经济发展格局中，杭州还处于第二梯队，正处在快速成长期，要力争在更大范围进行要素、功能整合；同样，绍兴也处于结构和动能转化关键期，需抓住临空经济发展的战略机遇，加速高端要素集聚③。因此，杭绍临空经济示范区协同发展不但加快构筑“交通成网”“空间成片”“产业成链”“创新聚核”“生态成群”一体化格局，充分释放“临空经济 + 开放平台”发展新优势，而且可以为杭州湾协同打造长三角金南翼构筑核心平台，加速打通杭甬“双城记”，助力浙江加快建设世界级大湾区[5]。

二、已有相关研究

在中国知网（CNKI）中对关键词“临空经济（Airport Economy）”进行检索，共得到相关文献 1400 余篇。从文献趋势图可以看出，相关文献发表数量从 2000 年开始呈现出较大幅度增长，这与我国加入世界贸易组织后，机场开始属地化改革（2002—2004 年），机场作为企业开始追逐利润、发展辅业，机场辐射范围开始增大，临空经济区开始成长，机场逐渐完成从简单基础设施、服从经济发展的角色向推动区

---

① 改革体制机制，杭州临空经济示范区换挡提速 大马拉大车 打造新引擎 [EB/OL].http://zj.news.cn/2022-12/15/c_1129209773.htm，浙江日报，2022 年 12 月 15 日 .

② 战略布局 10 余年，国家级的杭州临空经济示范区获批 [EB/OL].https://mp.weixin.qq.com/s ？ __biz=MzA4ODY3MjkxNA==&mid=2651015538&idx=2&sn=db-8354b27f2aa18fc945d1f773c7fd35&chksm=8bd1768fbca6ff9969f355aadc278ea5da2b432d-d808af32741faf977e1a46bcb5b52cd4a04c&scene=27, 浙江发布 ,2017-05-23 20:04.

③《杭绍临空经济一体化发展示范区绍兴片区》规划出炉 [EB/OL].https://new.qq.com/rain/a/20210501A026X100,2021 年 5 月 1 日 .

域经济发展的重要角色转换[6]。临空经济，以机场为依托，因其具有产业关联强、项目品质优、经济贡献大等特点[7]，又被称为“速度经济”“黄金产业”“第五冲击波”①，正逐渐成为推动区域发展的重要引擎[8]。

由于临空经济最早开始于 1959 年爱尔兰香农国际航空港成立的自由贸易区②；因此，国外关于临空经济的发展与研究相对于国内来说起步要早，国内起初多是对外国研究成果的引介和汇总，主要包括以下四个方面：

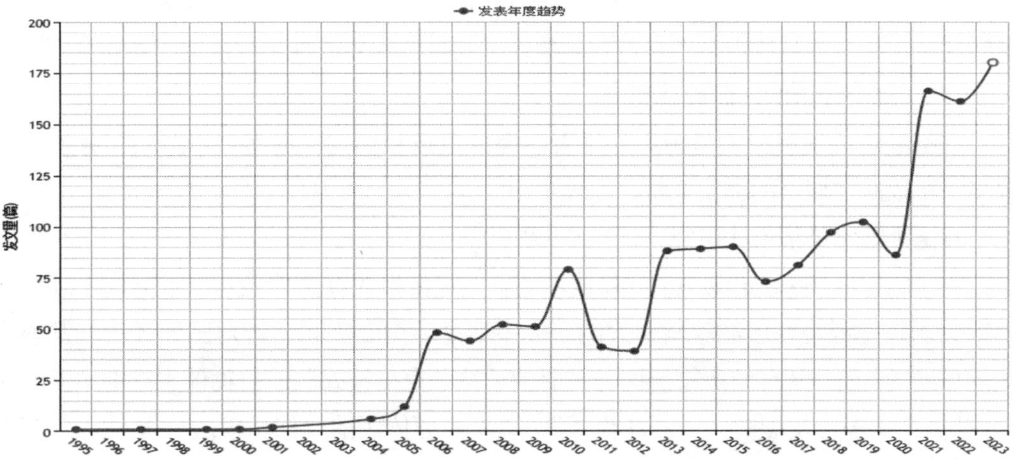

图 1 1995—2023 年“临空经济”文章发表年度趋势

（一）临空经济概念内涵的研究

1965 年 Mckinley Conway 在其发表的“*The Fly-in Concept*”一文中首次提出了航空综合体 (Airport Complex) 概念：以机场为核心综合开发航空运输、物流、购物、休闲及工业开发等多项功能为一体的大型机场综合体，被认为是最早的“临空经济”概念[9]。相较于国外对临空经济内涵描述性的界定，国内学者则从不同角度进行了较为系统的总结和概括[10]，主要可以划分为三个方面，即区域性概念[11-13]、产业性概念[14-16]和经济性概念[17-19]。综合而言，临空经济是依靠机场的吸引力和辐射力，资本、劳动力、技术、知识、管理等要素在机场周边聚集而形成的，由航空运输业、航空运输服务业和具有航空指向性的产业组成的，具有巨大影响力的新型区域经济形态[20]。

（二）临空经济发展阶段的研究

曹允春、踪家峰在对国内外主要临空经济区发展历程总结的基础上，认为从一个

① “第五波理论”，由美国学者 Kasarda 所提出指在过去的历史中，世界经济运行将依次由海运、运河和水运、铁道、高速公路四大撞击波驱动。在 21 世纪，空运和空港交通枢纽将形成推动地区国民经济发展的第五撞击波。

② 国外临空经济思索 [EB/OL]. https://www.gwyoo.com/lunwen/jjgl/jinji/201205/523459.html

功能简单的航空运输港要发展成具有综合性的、成熟的临空经济区，其所在区域通常需要经历三个重要的阶段：即航站区、航空港区、临空经济区[21]。相似的，刘雪妮根据产业集群的发展水平及其对区域经济的影响方式，认为临空经济发展可以划分为形成期、成长期和成熟期三个阶段[22]。王学东认为临空经济经历四个阶段，从最初围绕机场极化发展，产生机场功能，到最终形成扩散效应，覆盖城市功能[23]。

（三）临空经济的主要特征研究

梳理现有研究，临空经济的特征主要有以下六方面：一是临空指向性；二是市场速达性；三是全球易达性；四是产业聚集性；五是技术先导性；六是空间圈层性。[24][25]

（四）临空经济的发展模式研究

临空经济的发展模式是国内外学者研究的重点和热点，通常在于总结和分析某一或多个机场所在城市的临空经济，具体如下：

1. 国外临空经济模式研究

由于临空经济率先出现在国外，成功的临空经济最先在国外显示出示范效应，因此，早期关于临空经济发展经验与模式的研究主要是我国专家和学者对国外经验与发展模式的总结①。如井辉总结出物流商务并驱的“法兰克福模式”、航空物流主导的“孟菲斯模式”、产业多元发展的“史基浦模式”、重视商务休闲的“仁川模式”等[26]。杨友孝等在分析丹佛机场、爱尔兰香农机场等机场的基础上从发展阶段角度归纳出四种临空经济发展模式：渐进发展模式、跳跃发展模式、自我完善及更新发展模式和航空城发展模式[27]。整体而言，从开发角度来看，国外临空经济区主要存在三种模式：一是“仁川模式”，采用统一规划、统一开发，优点是政府的支持为临空经济区的发展提供充足的资源，机场主导开发能保证规划的有效实现，缺点是其实现需政府强力支持，难度很大；二是“戴高乐模式”，采用各自规划、单独开发模式，缺点是各自规划和开发导致临空经济区内部的竞争和牵制，发展并不理想；三是“史基浦模式”，采用统一规划、协调开发，当地政府和机场当局共同成立开发公司或开发机构，对临空区域进行统一规划开发，目前，史基浦机场已经成为欧洲最成功的机场之一，其临空经济区也成为全球领先的、大型的经济区[28]。从管理模式来看，国外临空经济区可按照机场的公益性与收益性的属性分为两大类：欧洲管理机制模式和北美管理机制模式。欧洲管理机制模式主要是由机场当局牵头，并与区域政府合作的管理模式；美国模式由于机场的公益性，临空经济区大多是由机场所在的城市主导建设发展[29]。

2. 国内临空经济模式研究

随着我国临空经济的快速发展，国内研究也不再局限于总结既有经验，而更多的

① 国外临空经济思索 [EB/OL].https://www.gwyoo.com/lunwen/jjgl/jinji/201205/523459.html

是结合地方实际，创新性地提出了一系列契合自身客观条件又独具地方特色的发展模式。如曹允春针对青岛临空经济区存在的机场规模不足、临空产业结构不合理、布局零散等问题，提出青岛应该采取在紧邻机场区发展航空核心产业、在机场相邻区发展航空关联产业、在外围辐射区发展航空引致产业的模式[30]。艾美芳等通过总结分析发达地区临空经济发展模式，提出河北应该采取“新区空港化，港城协同化”的模式发展临空经济[31]。吴国飞等基于广州临空经济发展的优势和面临的问题，提出广州应该采取以航空公司为主导的“一园三区”模式，以白云机场空港经济产业园为核心，协同发展产业集群区、总部商务区和休闲保障区[32]。龚峰等研究了包括上海旅游消费搭配外贸物流的临空商业模式、北京的工业园区和综合经济区模式、广州临空贸易外向型模式、郑州出口型产业集群模式、杭州萧山的物流经济模等[33]。

综上所属，我们可以看到近年来国内外关于临空经济的研究已取得了丰硕的成果，但相较于国外临空经济成熟的理论、模式和经验，国内相关研究起步较晚，前期主要是对国外研究成果的引介；近年来，随着我国临空经济的快速发展，国内研究开始将视野转移到国内，针对发展前景较好的临空经济区，进行了个例剖析，着重阐述了航空物流体系、临空产业和地方经济社会发展间的关联性等。虽然当前大多数学者已对临空经济，包括临空协同治理开展研究，但由于起步较晚，同时，现实状况下的临空经济协同治理的情况十分复杂，现有相关研究成果还有待于进一步挖掘和丰富。协同治理作为公共管理领域研究的重要研究趋势[34]，如何将这一理论应用于跨界临空经济，是社会治理创新的重要研究课题[35]。

三、SFIC 模型：杭绍临空经济示范区一体化协同发展的一个分析框架

（一）案例选择：杭绍临空经济示范区绍兴片区

案例研究是从现实案例出发，通过对案例的观察、整理、分析，研究者和研究对象彼此互动、共同理解，不断演化，进而得出结论的质性研究方法，有效促进科学的发展[36]。杭绍临空经济一体化发展示范区是浙江省深入推进“一带一路”、长三角一体化发展战略的开放平台，是杭绍两市共同谋划建设的一体化合作先行示范平台，包括杭州临空经济示范区、萧山区衙前镇、益农镇和钱塘区的临江街道（含围垦区），绍兴市柯桥区杨汛桥、钱清、安昌、华舍、齐贤和马鞍六个街道，规划面积约 650 平方公里①。在省发改委支持下，杭绍临空经济一体化发展示范区已列入省“十四五”《纲要》。其中，绍兴片区作为重要组成部分已列入省级开发区（园区）名录，是绍兴市“2+6+N”

① 浙江省人民政府关于同意设立杭绍临空经济一体化发展示范区绍兴片区的批复 [EB/OL].https://www.zj.gov.cn/art/2022/5/26/art_1229019364_2405876.html，2022-05-26.

平台体系中 2 个市级平台之一。2022 年 1 月 4 日，杭绍临空示范区绍兴片区筹备组全体专班人员（10 人）到岗到位，各项工作全面启动。2022 年 5 月 24 日，浙江省政府正式发文，同意设立杭绍临空经济一体化发展示范区绍兴片区，规划面积 115 平方公里，包括钱清街道、杨汛桥街道、华舍街道，辐射带动夏履镇；2021 年末，片区常住人口 30.5 万，2021 年 GDP 达 343.7 亿元，财政收入 67.16 亿元，分别占柯桥区的 28%、20% 和 30%，三产比重为 2.1：54.4：43.5。2022 年 9 月 9 日，绍兴市设立杭绍临空经济一体化发展示范区绍兴片区管理机构。2022 年 10 月 9 日，杭绍临空经济一体化发展示范区绍兴片区正式揭牌，省、市两级赋予绍兴片区的战略定位是：全国一流临空智造区、杭绍同城合作创新区、绍兴未来城市实践区[①]。

（二）理论模型选择：SFIC 模型

SFIC 模型是 Ansell 和 Gash（2007）针对全球 137 个不同国家和地区的不同政策领域的协同治理案例进行“连续近似分析”(successive approximation) 总结得出的协同治理的一般模型，突破了传统的协同治理理论局限于特定领域的“种类”研究[37]。SFIC 模型提出了影响协同治理效果的 4 个变量：起始条件 (starting conditions)、催化领导 (facilitative leadership)、制度设计(institutional design) 和协同过程 (collaborative process)，每一变量又都包含若干影响因素（详见图 2）在 SFIC 模型框架中：

起始条件 (starting conditions)：是达成合作关系时已具备的条件，是影响参与主体初始信任水平的关键因素；

催化领导 (facilitative leadership)：即保障过程有效协同的领导力量，是团结参与主体、调解协同过程的必要因素；

制度设计（institutional design)：指为协同过程设定基本行动规则，是多元主体参与程序合法性的制度保障；

协同过程 (collaborative process)：协同过程即前述三个影响因素共同导入所形成的闭合式循环过程，是该模型的核心，对最终产出的协同结果影响最大。

值得注意的是，协同过程是非线性的，每个环节都相互影响、环环相扣，因此将其表示为一个循环。[38]

---

① 杭绍临空示范区绍兴片区：临空智创城 杭绍光电谷 [EB/OL].http://web.csp.chinamcloud.com/cms/kqt_html/yw/4895077469.shtml，2023-01-10.

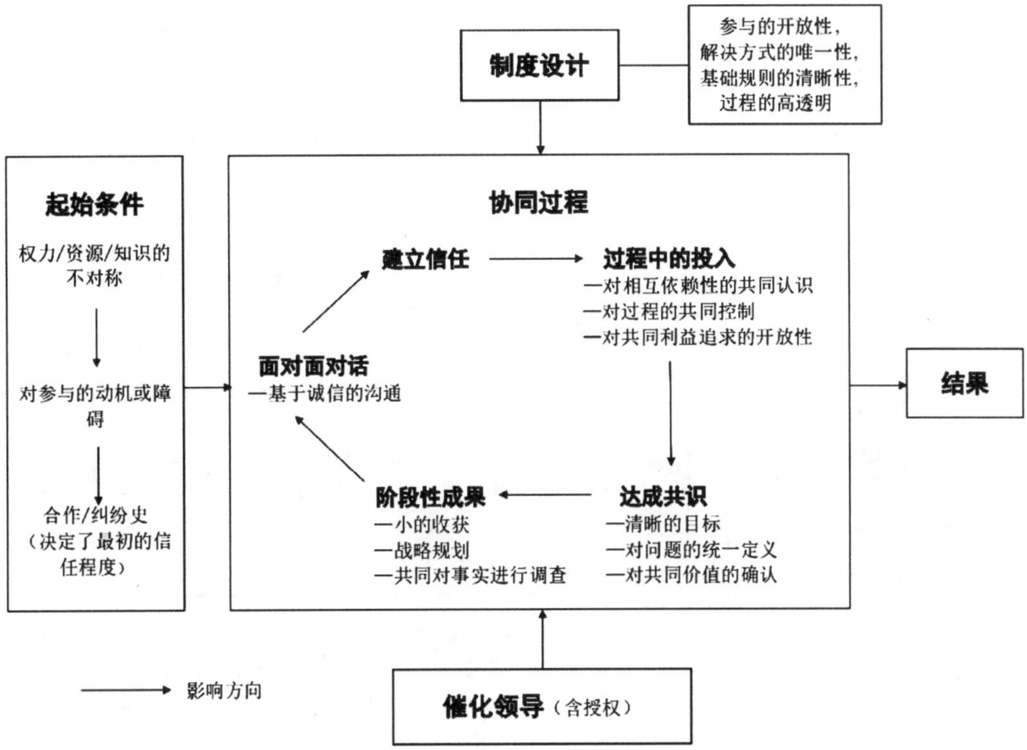

图 2　SFIC 协同治理模型

（三）SFIC 修正模型框架构建

SFIC 模型适用范围广，目前已被用于部分公共管理领域，但 SFIC 模型也存在一定局限性。首先，忽略了外部环境对协同治理的影响。由于 SFIC 框架的建立主要是基于文献资料和实证案例分析，整个研究过程比较封闭未能考虑到外部环境和市场形势的动态变化[39]。因此，本文对 SFIC 模型进行了扩展，结合对外部环境应用 PEST 模型进行分析。[40] 其次，协同过程只可意会难以描述，在实际决策协同过程只可意会难以言明，因为协同本是反复斗争、博弈、修正的过程，且阶段性成果会影响和刺激下一阶段协同的循环往复过程。[41] 最后，模型未涉及协同效果的评估与问责。在 SFIC 模型中，协同后果包括目标的完成情况及对协同各方的影响程度；评估问责能发现隐藏性问题，有利于促进下一步工作的开展。

基于此，文章将 SFIC 模型作为杭绍临空经济协同发展的基础模型，提出了“外部环境—起始条件—催化领导—制度设计—协同过程—评估问责”六方面的框架设计。基于 SFIC 修正模型，杭绍临空经济示范区协同发展的运作过程如图 3 所示。

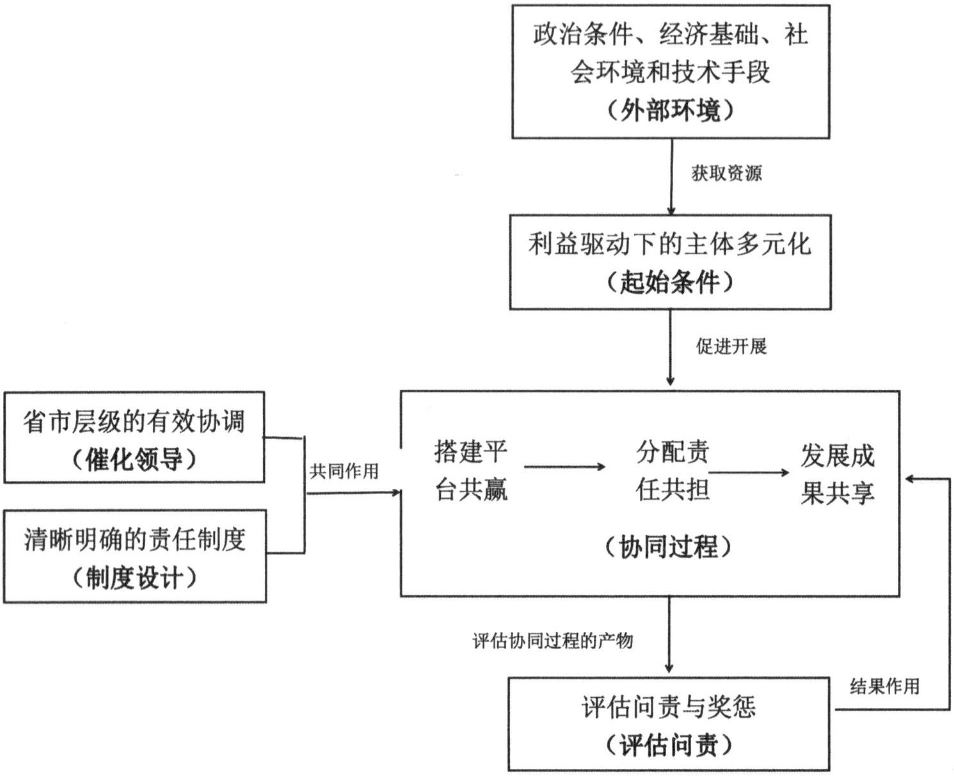

图 3　SFIC 协同治理修正模型

四、杭绍临空经济示范区一体化协同发展的进展与困囿

（一）外部环境——杭绍两地临空经济示范区协同发展的基础分析

通过 PEST 框架分析杭绍临空经济示范区的政治条件（P）、经济基础（E）、社会环境（S）和技术手段（T），是否可有效支撑跨界的杭绍临空经济示范区协同发展，并从中查摆阻滞因素。

1. 政治条件 (P)

（1）从国家层面看，杭绍临空经济一体化发展示范区已列入环杭州湾经济发展产业带重要发展平台。（2）从省级层面看，在浙江省十四五规划中提出，要推动杭绍、杭嘉等一体化合作示范区建设。2020 年 5 月浙江省出台《杭绍甬一体化发展实施方案》；2021 年 5 月，杭州、绍兴共同印发《杭绍一体化合作先行区建设方案》；2022 年 5 月，省政府正式发文批复同意设立杭绍临空经济一体化发展示范区绍兴片区。（3）从市级层面看，杭州正加快形成“东西并进、南北互动”的市域一体化格局，城西科创大走廊和城东智造大走廊将勇挑重担，而临空经济示范区正是城东智造大走廊制高点；绍兴在谋划建设高水平网络大城市过程中，把临空示范区绍兴片区这个平台，纳入“2+6+N”整体体系中最重要的“2”之一。由此可见，杭绍临空经济示范区一体化协同发展具有强有力的政策支持。①

2. 经济基础（E）

（1）杭州临空经济示范区，由国家发展改革委、中国民航局批准设立，为中国第九个国家级临空经济示范区，规划总面积约 142.7 平方公里。战略定位是面向全球的跨境电商标杆、亚太国际航空枢纽、全国临空产业高地、生态智慧航空都市。2020 年，杭州临空经济示范区实现生产总值 346.6 亿元，三次产业比重为 5.1 ：42.9 ：52.0；临空物流服务业主营业务收入 109.8 亿元，临空产业及关联制造业增加值 87.8 亿元，且两项指标近 5 年平均增幅都在 10% 以上，已经形成航空服务、跨境电商、临空物流、临空制造等临空产业快速增长的发展态势 [42]。（2）2022 年 5 月 23 日，杭绍临空经济一体化发展示范区绍兴片区获浙江省政府批复，规划面积 115 平方公里，战略定位是打造全国一流临空智造区、杭绍同城合作创新区和绍兴未来城市实践区。2021 年末，片区常住人口 30.5 万，2021 年 GDP 达 343.7 亿元，财政收入 67.16 亿元，分别占柯桥区的 28%、20% 和 30%，三产比重为 2.1 ：54.4 ：43.5。尽管绍兴临空经济区起步较晚，但坚持边筹建、边谋划、边建设，各项工作取得了良好成效，当年完成融资超 100 亿元，完成投资 27 亿元。由此，可以看出杭绍两地临空经济示范区都具有非常强大的经济基础，且发展势头都比较强劲。

3. 社会环境（S）

绍兴是杭州都市圈副中心城市，与杭州同处长三角“金南翼”。地域相邻、山水相依、人文相亲、经济相融，这是两地合作的“先天性”条件，更是“基础性”优势。目前，绍兴已会同杭州、宁波共同制定实施杭绍、甬绍一体化合作先行区建设方案，探索两市毗邻区域产业、交通、旅游、公共服务等跨区域深度融合机制和生态环境、社会治安等协同机制，率先实现 100 个高频事项杭绍甬通办②。2021 年 4 月，省发改委出台《关于推进大都市区建设共建省内一体化合作先行区的指导意见》，杭绍临空一体化发展示范区被明确为重点区块，同时已被写入浙江省、绍兴市两级“十四五”规划纲要③。“这将是一项双向赋能、两地共赢的合作，一体化是整个规划的关键词。”绍兴柯桥区发改局相关负责人介绍，该片区的战略定位设为杭绍都市区共享全球门户、临空生态圈产创协同枢纽，发展策略体现区域协同、分工合作。[43] 事实上，从“示范区”的先行先

① 杭州临空经济示范区建设提速，打造港产城人融合航空都市区 [EB/OL].https://new.qq.com/rain/a/20221215A06QQF00.html，中国日报中文网，2022 年 12 月 15 日 .

② 杭甬要想唱好“双城记”，音韵在弦外、关键在绍兴 [EB/OL].https://www.thepaper.cn/newsDetail_forward_19093214，澎湃新闻，2022-07-20.

③ 绍兴进入地铁时代 [EB/OL].https://zj.zjol.com.cn/news.html?id=1689055，浙江新闻客户端，2021-06-28.

试，到未来扩大版的“一体化”合作，从看得见、摸得着的交通、医保、教育，到看不见的制度协同、联手、重建……杭绍两地正不断深化“内聚外联”、放大“同城效应”，以高水平开放实现高质量发展，叠加形成杭州都市圈高质量发展新优势。[44]

4. 技术手段（T）

萧山机场是杭州的主要对外枢纽，也是浙江省乃至长三角地区的全球门户，在未来区域一体化发展进程中将发挥重要作用[45]。目前，长三角区域已运营民用运输机场23个，覆盖“三省一市”31个城市中的22个，机场群机场密度0.76个/万平方公里，是全国平均水平0.2个/万平方公里的四倍、高于美国0.6的平均水平，属全国机场密度最高地区之一[46]。其中，杭州萧山国际机场，可承载旅客吞吐量超9000万人次，货邮吞吐量位列全国第五，跻身中国十大机场，成为继北上广深四大国际枢纽机场之后，全国区域型枢纽机场梯队中的榜首。[47] 根据《2020年中国空港经济区发展蓝皮书》，杭州临空经济示范区综合竞争力排名全国第10(详见表1)。杭州萧山国际机场为两地临空经济区协同发展提供了有效载体。

表1　中国（大陆地区）空港经济区综合竞争力前10名

空港经济区	排名	综合竞争力（总分100）	枢纽机场（25分）	空港经济（25分）	腹地经济（25分）	交通体系（25分）
北京首都	1	91.33	24.69	27.41	22.55	16.68
上海虹桥	2	82.92	9.36	28.56	25	20.00
上海浦东	3	81.82	25.00	16.76	25	15.16
广州白云	4	77.45	19.06	30.00	14.33	14.06
重庆江北	5	66.0	9.57	25.86	16.09	14.48
成都双流	6	65.60	12.23	27.70	11.11	14.56
深圳宝安	7	64.87	13.42	19.81	16.40	15.24
天津滨海	8	55.93	5.67	26.26	11.40	12.60
郑州新郑	9	52.46	7.18	27.64	7.17	10.47
杭州萧山	10	52.4	9.71	26.55	9.09	7.05

资料来源：2020中国空港经济区（空港城市）发展蓝皮书。

（二）起始条件（S）：权力资源信息的不对等性，一体化发展“有共识难落实”

起始条件又叫协同动因、启动条件，包括各主体在权力、资源、信息等方面的不对称，以及各主体进行协同的动机、主体间的合作或纠纷史。一是协同地位的不对等性。各参与主体在协同前所获得的权力、资源和信息并不一定是完全对等的，如果一些参与主体权力不足，或没有获得相应资源和信息，那么，在协同过程中很容易处于劣势地位，这种失衡状态最终可能导致参与主体间的相互不信任和倦怠情绪。从目前来看，杭绍两地临空经济示范区中绍兴片区处于劣势地位。二是协同动机的差异性。各方参与的动机强弱是协同发展的基础条件。影响参与主体协同动机的因素主要有四个方面：（1）各参与主体间依赖程度的大小；（2）参与主体对协同结果预期的判断；（3）各参与主体间权力、资源和信息的平等性；（4）解决问题是否有多样化的方法。三是协同合作的纠纷史。各参与主体前期的合作和纠纷史会影响当前的协同进程。通常而言，前期成功合作的经历有助于建立各参与主体间的相互信任，进而促进当前的协同过程。反之，前期不平等、糟糕、不愉快的合作可能会成为新近协同过程的阻碍因素。由此可见，尽管杭绍两地都认可做大做强临空经济示范区，是一次双向奔赴，蕴藏着无限的发展潜力，对杭绍双方均有好处，但在具体操作的区县层面，由于双方片区的层级、自身资源以及前期“不公平”的合作经历等，杭绍省市层级的“共识”在柯萧区级层面很难“落实”。

（三）催化领导（F）：缺乏省市层级的机构统筹，一体化发展“高层热底层凉”

Ansell 和 Gash 认为，当参与的起始条件欠佳时，协同的领导者就显得格外重要，有效权威的领导可适当管理协同过程，维持“决策权威性”，确保整个协同过程顺利推进。[48] 杭绍临空经济一体化发展示范区是浙江省推进“一带一路”、长三角一体化战略的开放平台，是杭绍两市共同谋划建设的一体化合作先行示范平台。省市级层面均希望杭绍临空示范区能够整合资源，一体化协同发展，更好发挥辐射带动作用。① 因此，推进柯桥融入临空经济示范区建设已经成为杭州、绍兴两地政府的共识，并得到省政府的肯定与支持；其实，早在 2020 年 7 月，杭州市和绍兴市签订《长三角一体化战略背景下共建都市区合作框架协议》，就明确“支持绍兴融入杭州临空经济示范区”②。但就目前来说，杭绍两地合作机制还停留在起步阶段，主要由两市发改牵头，各部门条线同层级间相互沟通；省内跨市接壤地区无市级政府层面的宏观调控，建设存在无序情况。典型的表现就是杭绍两地在交通建设方面还存在“中间一公里”或“两端一公里”问题。由此可见，当前杭绍临空经济一体化示范区省市层面还是比较热衷推动的，只是落在具体管理负责的区县层面，出于自身利益考量，加之，缺乏省市层

① “临空”一跃 杭州“飞”出新格局 [EB/OL].http://news.sohu.com/a/647212690_120181137，2023-02-27.

② 关于加快融入杭州临空经济示范区打造杭绍一体化发展先行区的建议 [EB/OL]. http://wz.kq.gov.cn/art/2021/9/2/art_1606449_58940875.html，2021-09-02.

级强有力的统筹协调，一体化发展呈现“上热下凉”的情况。

（四）制度设计（I）：发展规划清晰精准度不够，一体化发展“有市场难开拓”

制度设计是协同过程的基本行为准则，是确保协同过程有序性和正当性的关键因素。应制定清晰、透明的准则，明确各方职责，以确保在协同过程刚开始的公平性。2021 年 5 月《杭绍一体化合作先行区建设方案》中，要求打造杭绍临空经济一体化发展示范区绍兴片区，加强与杭州的同城交通连接，深化城市品牌联创、公共服务共享、社会治理联动，培育通用航空、临空智造、现代物流、跨境电商、总部经济、生物医药、现代纺织等临空引领性、指向性产业[①]，但这些政策大多是原则性的、规划性的，在具体操作层面缺乏实际意义。加之，杭州实体经济外溢能力有限，以萧山、柯桥为代表的邻界地区发展缓慢。一方面，杭州都市区以劳动密集型制造业及服务业为主，实体经济较弱，缺乏成熟且带动力强的实体经济平台，近年来，杭州市滨江区、萧山区等均出台政策鼓励产业留在本区内，整体上杭州市的产业外溢呈现收缩趋势。另一方面，萧山和柯桥地区以乡镇经济为主导，均面临转型瓶颈、增速趋缓、排名下降的挑战。此外，周边缺乏高能级园区版块带动，示范区周边成为发展的“洼地”。以绍兴片区为例，片区内纺织产业是其支柱产业，275 家规上纺织企业占片区总企业数的 81.6%，带动 20 万人就业，贡献了 70% 的片区产值。但 2010 年以后，随着织造、印染等环节的外迁，片区内纺织业面临空心化的挑战。加之，片区内纺织行业龙头缺乏、规模偏小（纺织全链条环节产量平均下降 50%）、效益偏低（企业亩均税收不足 15 万，远低于全省 30.5 的平均水平，同时 1 万以下亩均税收不低于 25%；利润率不到 2%）、创新较弱（高新技术企业占比仅 7%），面临着从低端加工向高端智造的转型升级压力，难以独立引领片区长远发展。由此可见，目前关于杭绍两地临空经济虽然在政策和规划层面做出了指向性发展定位，但在具体执行操作层面还不够清晰明确，加之，当前杭绍临空经济示范区内新兴引领性指向性产业还未形成，传统产业又难以支撑引领片区长远发展，面临有“市场”难“开拓”的困局。

（五）协同过程（C）：体制机制衔接运转不顺畅，一体化发展“形式多成果少”

协同过程是从对话、建立信任、投入、达成共识再到产出成果的周期性过程，最终达成协同结果。杭绍两地，自古以来地域相连、人缘相亲，杭绍城际铁路的开通让杭绍一体化合作加快了进程，也奠定了杭绍临空经济协同的基础。但目前省内跨市接壤地区尚无市级政府层面的宏观调控机构，甚至相应的联席会议制度也没有建立，两地合作还停留在由两市发改委牵头，相关部门条线同层级间相互沟通；由于缺乏交流

① 绍兴市人民政府关于印发绍兴市国民经济和社会发展第十四个五年规划和二〇三五年远景目标纲要的通知 [EB/OL].http://www.sx.gov.cn/art/2021/2/22/art_1229265334_3854860.html，2021-02-22.

平台和长效合作机制，两地临空经济示范区建设存在无序、甚至内部相互竞争的情况，主要表现在以下几个方面：一是工作机制衔接不畅，行政管理壁垒突出。外部方面，杭绍临空经济示范区杭州片区和绍兴片区由于分属不同行政区划，自然产生的行政壁垒，对资源跨区域自由流动造成了阻隔和干扰，扼制了临空经济示范区内协同效应的发挥。内部方面，以杭绍临空经济示范区绍兴片区为例，由于其刚刚挂牌成立，管委会与市委市政府、管委会与区委区政府、管委会与镇街之间，管委会内部的职责分工、运行机制、管理职能尚未理顺，土地出让的税收分成以及规划、审批等经济管理权限下放不够明确。二是招商引资统筹不够，生产要素整合困难。杭绍两地为了吸引优质人才、资本企业投资落户，在税收、土地使用费、待遇等方面竞相开出优惠政策，这种竞争的态势及政策的差异化某种程度上为两地的合作与协调制造了障碍。三是协同规划布局不足，产业发展竞争激烈。从已经布局的主导产业看，杭州片区要构建“2+3”现代化临空产业体系，2 即生命健康、智能制造两大临空制造业，3 即做优航空服务、数字贸易、会展商务三大临空服务业[①]；绍兴片区要构建“1+1”的现代临空产业体系，即新一代光电信息和临空综合服务。由此可见，杭绍两地临空经济示范区发展的重点都聚焦在临空先进制造业和临空现代服务业，存在产业趋同的问题。因此，杭绍两地如果不能捋顺工作机制，协同规划布局，统筹招商引资，很可能造成重复建设和无序竞争，限制临空经济潜力的释放，一体化发展也将陷入多“形式”少“成果”困局。

（六）评估问责：监督考核反馈机制欠缺，一体化发展协同效果不佳

SFIC 修正模型认为，科学评估治理效能及其有效回应是螺旋式增强治理能力的手段；因此，治理结果的输出不是协同过程的终点而是新的协同过程的起点。[49] 目前，杭绍临空经济示范区还处于建设推进的初级阶段，两地的评估问责机制均是针对于自身片区内部建设、招商、拆迁等领域的赛比考核，对比的主体也是各自辖区内部的其他经济平台，未涉及杭绍两地在推进一体化过程中协同发展情况的深层次问责监督。以杭绍临空经济区绍兴片区为例，考核赛比柯桥区把临空经济示范区绍兴片区管委会放在与柯桥经开区、轻纺城建管委、兰亭度假区管委会、鉴湖度假区管委会等平台进行赛比。作为以追求“边界中介效应”为目的的临空经济示范区，杭绍两地之间的跨界合作，可以更好地实现发挥辐射带动作用。但是，跨界经济合作区建设过程中由于杭绍两地参与主体的复杂性，如何对杭绍两地，特别是柯桥、萧山两区一体化协同发展，以及跨界投入产出有效性进行评估和长效监督，是不容忽视的一个问题。

---

① 从“三力”看萧山经济“新气质”[EB/OL].https://www.163.com/dy/article/HR9H9I3V0552AD-WT.html，2023-01-17.

五、基于 SFIC 修正模型杭绍临空经济示范区一体化发展的纾解方略

（一）多途径增强杭绍平等信任，夯实一体化发展的初始条件

强烈的协同动机是促成协同关系建立的必要前提。目前，杭绍临空经济示范区一体化的发展，很大程度受到省市层级行政主导力量的影响，特别是省级层面的推动。省级层面的推动在初期确实对杭绍临空经济示范区一体化发展产生积极影响，但从长远来看，并不利于杭绍两地的协同发展。要实现杭绍两地临空经济示范区一体化协同发展，需要从杭绍两地，特别是从实际负责管理运作的柯桥、萧山两地政府角度出发，在建立信任的基础上，追求共同利益，凝聚共识，达成阶段性成果，如此循环往复，维护杭绍临空经济示范区协同发展的持续运行。为了实现上述目标，具体而言要做好以下几项工作：一是规划要协调联动。建议杭绍临空经济区要统一规划、科学编制示范区发展方案，制定统一的投资环境评价标准和产业入区遴选标准，避免重复建设和恶行竞争。二是产业要错位发展。结合杭绍两地产业同源集聚、优势互补的发展实际，按照互惠互利、平等公开原则，强化机制共商，深化产业协作，融合传统权属和现实友好认定，探索产业合作新模式。三是要基础配套共联。杭绍两地临空经济区要加强重大基础设施规划建设合作，形成规划一体、空间一体、功能一体的组团式发展格局。杭绍两地可以借鉴北部湾经验，探索共同组建投资公司解决基础设施建设、公共服务配套等方面的问题，实行互利共赢税收共享。四是建立利益协调机制。杭绍两地要摒弃传统的产业溢出和承接思维，把握好“赋能”“借力”“协同”三个关键词，共同推进产业互惠互利、合作共赢双赢、都市圈做大做强。杭绍两地可以借鉴高新区与双流区的合作经验，两区共建天府国际生物城时，探索经济区和行政区适度分离，建立成本分担和利益共享机制，并取得很好成效。

（二）构建交流平台和长效机制，加强一体化发展的催化领导

杭绍两地临空经济区要进一步探索构建沟通与对话的交流同台，建立联席会议机制，促进彼此间的相互信任，激发双方协同精神（详见图 4）。具体而言：一是要搭建沟通交流平台。建议形成“决策层”“协调层”“执行层”三级运作机制。决策层由杭州市、绍兴市委书记及市长以及萧山、柯桥区书记及市长组成，通过协同党政领导联席会议以及协同市长联席会议的方式对片区发展的方向、协调等战略性问题进行沟通商讨。协调层由两市发改、规土、交通、建设等建设相关区局委办以及杭州临空经济示范区管委会组成，通过签订三地全面合作协议、示范区全面合作协议，设立跨界区域合作协调管理机构的方式，对决策层相关决定进行沟通与协调。执行层由示范区绍兴片区管委会与下属萧山及柯桥相关乡镇街镇政府领导组成，对接重点项目、严格实

施规划、监督建设实施。二是构建长效合作机制。建议召开年度联席会议，一年召开1次，会议内容主要包括协同发展领导小组轮值组织，进行重大决策和年度工作安排。开展季度规划协商，一季度协商1次，主要由片区管委会常务办公室组织，主要解决衔接工作推进过程中的各类矛盾，及落实具体跨界事务。特别是，着力化解因体制机制混淆不清、管理现状不规范等，避免出现“三不管”现象，争取形成临空经济一体化发展最大效益，有效赋能两地产业高质量发展。三是理顺内部管理架构。重点要理顺示范区管委会和属地政府及镇（街道）关系，示范区管委会作为经济发展、城市建设、土地开发利用主体，承担区域内规划编制、开发建设、重大基础设施建设，招商引资、经济发展等职责，属地政府及镇（街道）承担行政区划范围内全域土地综合整治、生态修复、征地拆迁、环保、民生、安全等社会管理职责。针对各自职能定位，进一步优化工作推进机制，每个月召开一次联席会议，镇（街道）书记主任一起参加；针对，重大规划、项目等，要不定时召开联席会议，最好建立一种更加紧密的协作机制，双向赋能推动。四是成立两地党建联盟。杭绍两地通过组建跨区域党建联盟，为相关部门、企业和个人提供沟通交流平台，在有效帮助两地共同研究解决临空经济发展过程中各类问题的同时，也有助于两地临空产业生态圈的人才流、资金流、信息流、智慧流等资源的高效联通，进而推动杭绍临空经济示范区一体化发展[50]。

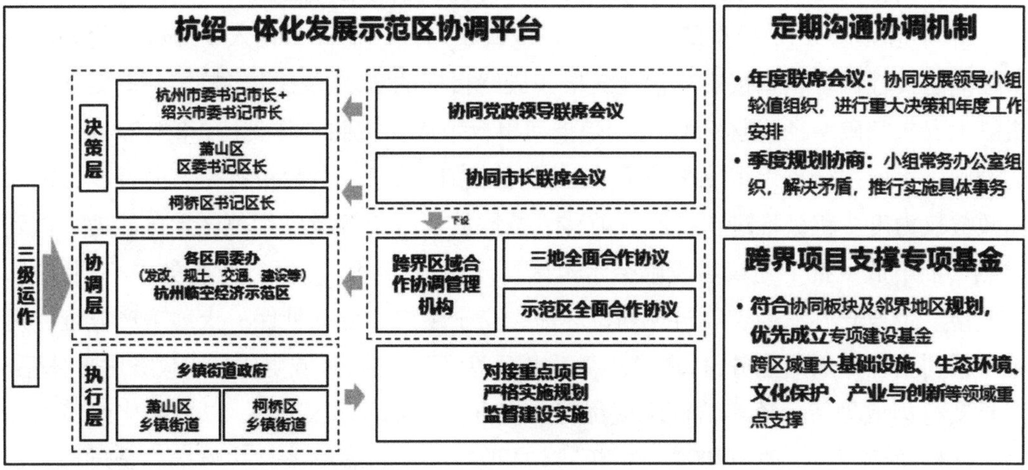

图 4　杭绍一体化发展示范区协调机制示意图

（三）统筹招商引资和招才引智，创新一体化发展的制度设计

合理的制度设计可以为临空经济一体化发展提供必要的制度保障，包含包容的参与过程、清晰的基础规则、科学的解决方式、高度透明的协同过程。[51] 具体而言：一是加强统筹招商。根据杭绍两地产业布局，创新实施“招、落一体”+“管委会、专班、公司联动”的立体招商模式，打好产业链招商、委托招商和基金招商等“组合拳”，进

一步深化产业链精准招商，持续定向招引一批引领、带动性强的头部企业和项目。针对目前，临空绍兴片区管委会刚成立、招商力量较弱阶段，市级招商部门要统筹重大招商项目，资源共享、一体招商。二是强化人才招引。（1）建议设立人才综合试验区，设立人才服务中心，尽快编制人才发展规划，在柯桥区人才新政基础上制定出台特色政策，加快“人才一件事”改革落地；（2）探讨两地协同推进人才发展体制机制方面的改革，推动杭绍临空经济区内人才合理流动；（3）深化杭绍两地干部交流，对口部门互派优秀人才挂职锻炼学习。三是加强片区交流合作。（1）探索共建数字经济、跨境电商等产业园、科技园、孵化器，共同打造杭绍临空经济一体化产业示范项目；（2）加强技术合作，聚焦两地优势产业领域，鼓励两地企业、高校、科研院所取长补短，加强科技合作，推动两地科研人才和科技成果资源开放共享；（3）探讨优质资源共享，整合杭绍两地的优质教育、医疗等资源，针对人才最为关心的子女就学问题，建议在片区设立两地优质学校分校，探索优质师资跨区流动，享受与杭同质、与绍同城待遇。四是建立跨界基金。杭绍两地要对符合协同板块及邻界地区规划的项目，优先成立专项建设基金。主要针对跨区域重大基础设施、生态环境、文化保护、产业与创新等领域重点支撑，引导银行、国企、社会资本参与同城化发展等方式拓宽投融资渠道，着力破解项目要素瓶颈。

（四）以改革创新优化体制机制，完善一体化发展的协同过程

协同过程是 SFIC 模型的核心部分，取决于对话、信任、投入、理解、阶段性成果之间的良性循环，直接影响治理效果和最终目标的实现。因此，杭绍两地要从体制机制上寻求突破路径，具体而言：一是推动事权下放。按照“省支持，市统筹，区为主”的原则，争取部分省市审批事项下放。同时，市区政府在行政审批上充分授权，加大简政放权力度，积极推进审批服务前移、按需放权，统筹考虑示范区承接能力，做到成熟一批下放一批；建议增设临空示范区行政服务中心，与区行政服务中心同级别，主要涉及企业开办注销、建筑规划、环保、安全生产、劳动社保、土地房产权证办理等一系列全生命周期业务，打造“办事不出示范区”“比同区域更优”的政务服务体系。二是实行集成创新。落实营商环境优化，提升“一号改革工程”，以数字化改革为牵引，深化“放管服”改革和“一件事”集成改革，推进全链条优化审批、全过程公正监管、全周期提升服务，争取和支持示范区在贸易便利化、投资自由化等重点领域和关键环节先行先试，如在现有“1+9”政策基础上，整合柯桥区及市级各部门的政策资源，出台支持示范区发展的若干政策举措，加强产业、科技、人才、金融等政策创新，集中力量促进示范区发展。三是优化精准服务。建立第三方服务平台，大力发展生产性服务业，在注册注销，建筑设计、能评环评安评、装饰装修等方面提供“一条龙”服务，起到企业安心主业、省心省力的效果。同时，建议采用送教上门等方式，加强产业发展、依法行政、服务意识等方面的培训，提升示范区干部职工特别是招商干部的职业能力。

（五）建立监督和评估考核体系，优化一体化发展的协同成果

杭绍临空经济示范区一体化发展需要强有力的监督和问责机制。杭绍临空经济示范区除强化两地自身内部考核监督外，还应做好以下工作：一方面，需要省级层面构建考核问责机制。建议杭绍两地临空经济示范区签订相关协议时明确约定双方权责，对于失责违约行为有明确的定义和划分，问责的主体也要明确，避免出现问责空白和问责缺失，减少合作的摩擦纷争[52]。具体而言：第一，省政府应将杭绍临空经济一体化发展工作完成情况作为对两地年度考核的重要内容，并每月进行督查和通报，年终进行考核，对工作推进不力的相关部门和个人进行问责。第二，制定出台杭绍两地临空经济区一体化发展年度工作清单，并动态更新各项工作开展进度，方便上级部门有效监督。第三，日常监督检查，省市层级相关领导通过定期不定期走访调研，在帮助解决工作推进过程中的问题的同时，监督督促两地协同发展工作的推进。另一方面，拓宽监督考核渠道，利用媒体平台等方式收集意见反馈。杭绍临空经济区一体化发展工作推进的好坏，生活、工作在其中的老百姓最有发言权，因此可以拓宽监督渠道，利用抖音、微信、微博等新媒体实时动态宣传临空经济一体化进程，方便老百姓监督反馈。此外，除了政府、群众外，还可以定期邀请第三方专家学者、非政府组织等发挥其监督作用。在具体实施过程中，由于临空经济示范区的特殊性，为确保公平，可由杭绍两地指定共同认可的第三方中介机构进行评估监督。

六、结论与讨论

通过以 SFIC 修正模型为分析框架对杭绍临空经济示范区进行分析研判，发现在外部环境中，杭绍两地良好的政治、经济、社会和技术基础，能够有效支撑杭绍临空经济示范区一体化协同发展；但由于两地间起始条件不对等、催化领导力不充足、制度设计不精准、协同过程不顺畅、监督考核不到位等因素，也给临空经济示范区一体化协同发展的推进带来限制。基于对杭绍临空经济示范区一体化发展实践的剖析，本文从多途径增强杭绍平等信任、构建交流平台和长效机制、统筹招商引资和招才引智、以改革创新优化体制机制、建立监督和评估考核体系五个方面提出进一步完善杭绍临空经济示范区一体化协同发展路径的思考。虽然 SFIC 模型具有典型性和适用性，本文也结合学界的主流观点对其进行了修正，但本文的论证过程仅主要基于与绍兴片区案例有关的实地调查，观点有缺憾在所难免。在接下来的研究中，应增加对杭州片区实践的比较，为杭绍临空经济示范区一体化协同发展路径的优化研究提供更有力的依据。

参考文献

[1] 王学东等. 国际空港城市——全球化生存和发展的平台［M］. 北京：经济管理出版社. 2020：20.

[2] 戴春晨，王鹏钧. 临空城市十强有哪些？城市间竞争，临空产业见高下［N］. 21世纪经济报道，2017年8月1日.

[3] 李铁成，刘力. 基于功能协同与空间整合的会展经济与临空经济融合研究［J］. 商业经济研究，2019（18）173.

[4] 何枭吟，梁欣悦. 中国临空经济区高质量发展：现实困境与对策[J]. 改革与战略，2021(8)：80–81.

[5] 付鑫鑫，刘海波. "一带两区多片"，杭绍临空经济一体化发展示范区绍兴片区开发建设［N］. 文汇报，2022年5月27日.

[6] 付京. 临空经济发展浅谈［J］. 民航管理，2019（10）：82.

[7] 陈卓. 中国临空经济发展问题研究综述［J］. 社会科学动态，2022（3）:86–87.

[8] JohnD.Kasarda,1999,Time–Based Competition & Industrial Location in the Fast Cemtury, R eal Estate Issues,Vol.23(04):24–29.

[9] MCKINLEY CONWAY.The Fly–in Concept.1965.

[10] 谭淑霞，逯宇铎，雒园园. 国内外临空经济研究综述［J］. 科技管理研究，2012（8）218.

[11] 曹允春等. 谈临空经济区的建立和发展［J］. 中国民航学院学报，1999（3）.

[12] 黄庭满. "临空经济"将成新的增长点［J］. 决策与信息，2006（7）.

[13] 曹江涛. 临空经济区与区域经济发展的互动关系研究［D］. 南京航空航天大学，2007.

[14] 李健. 临空经济发展的若干问题探讨与对策建议［J］. 科技进步与对策，2005（9）188–189.

[15] 沈露莹. 世界空港经济发展模式研究［J］. 世界地理研究，2008（3）.

[16] 李宏斌. 试论航空经济的概念与发展［J］. 北京航空航天大学学报（社会科学版，2014（2）.

[17] 祝平衡，张平石等. 发展临空经济充要条件分析［J］. 湖北社会科学，2007（11）95–97.

[18] 张军扩等. 临空经济的内涵及发展中国临空经济的重要性［N］. 中国经济时报，2007年2月6日.

[19] 曹允春等. 新经济地理学视角下的临空经济形成分析［J］. 经济问题探索，2009（2）.

[20] 吴国飞，陈功玉. 广州临空经济发展模式和具体思路研究［J］. 国际经贸探索，2014（12）：61.

[21] 曹允春，踪家峰. 谈临空经济区的建立和发展［J］. 中国民航学院学报，1999（03）：60–63.

[22] 刘雪妮. 我国临空经济的发展机理及其经济影响研究［D］. 南京航空航天大学. 2008.
[23] 王学东. 国际空港城市——在大空间中构建未来［M］. 社会科学文献出版社，2014.
[24] 魏杰. 三个标准界定临空经济［N］. 经济日报. 2004 年 06 月 1 日.
[25] 临空经济发展战略研究课题组. 临空经济理论与实践探索［M］. 北京：中国经济出版社. 2006.
[26] 井辉. 空港经济区的产业发展模式：国际经验及对郑州空港经济区的启示［J］. 改革与战略，201632（02）：37−42.
[27] 杨友孝，程程. 临空经济发展阶段划分与政府职能探讨［J］. 区域经济 2008（10）：69−73.
[28] 麻子建. 郑州航空港区临空经济发展模式研究［D］. 华中师范大学，2015：11−13.
[29] 应飞龙. 国内外临空经济区开发模式及管理体制论述［J］. 经贸实践，2018（8）265.
[30] 曹允春. 青岛临空经济发展模式研究［J］. 改革与战略，2010.
[31] 艾美芳等. 临空经济：发达地区经验与河北发展路径选择［J］. 河北学刊，2015（5）.
[32] 吴国飞等. 广州临空经济发展模式和具体思路研究［J］. 国际经贸探索，2014（12）.
[33] 龚峰，冯智贵. 国内外临空经济研究综述［J］. 物流工程与管理，2012（3）154−157.
[34] 金太军，鹿斌. 协同治理生成逻辑的反思与调整［J］. 行政论坛，2016，23（05）.
[35] 柴茂，刘璇. 跨域水污染协同治理 SFIC 修正模型研究———来自太湖流域的证据［J］. 湘潭大学学报（哲学社会科学版），2023（1）：99.
[36] FLYVBJE R G B. Five misunderstandings about case−study research[J]. Qualitative Inquiry，2006，12(2): 219 — 245.
[37] Chris Ansell，Alison Gash. Collaborative Governance in Theory and Practice[J]. Journal of Public Administration R esearch and Theory，2008,18(04) .
[38] 柴茂，刘璇. 跨域水污染协同治理 SFIC 修正模型研究——来自太湖流域的证据［J］. 湘潭大学学报（ 哲 学社会科学版），2023（1）：100.
[39] Walter Wymer. Addressing complex social problems with a multi−environmental stakeholder coalition[J]. International R eview on Public and Nonprofit Marketing,2021,18（1）1−16.
[40] 田培杰. 协同治理：理论研究框架与分析模型［D］. 上海：上海交通大学，2013.
[41] 孙荣，邵健. 基于 SFIC 的府际协同治霾研究［J］. 地方治理研究，2016（4）：71−79.
[42] 朱文佳，梁靖廷. “双循环”中的临空经济发展路径研究——以杭州市萧山机场为例［J］. 中共杭州市委党校学报，2022（5）：92.
[43] 汪浩. 绍兴柯桥：谱写“国际纺都、杭绍星城”新篇章［N］. 杭州日报，2022 年 1 月 13 日.
[44] 石慧等. 绍兴：融杭联甬接沪，建设高水平网络大城市［N］. 杭州日报，2022 年 5 月 20 日.

[45] 傅卿娜. 世界级城市群体系下的长三角机场群协同发展初探[J]. 民用航空,2018(11):48–51.

[46] 王蒙. 我国发达地区临空经济区产业发展研究——以宁波临空经济示范区为例［E］. 活力城乡 美好人居——2019 中国城市规划年会论文集（16 区域规划与城市经济），2019.

[47] 朱文佳，梁靖廷. “双循环”中的临空经济发展路径研究——以杭州市萧山机场为例［J］. 中共杭州市委党校学报，2022（5）：92.

[48] ANSELL C，GASH A. Collaborative governance in theory and practice[J]. Journal of Public Administration R esearch and Theroy，2008，18(4) : 543–571.

[49] 陈桂生，徐铭辰. 数字乡村协同建设研究：基于 SFIC 模型的分析［J］. 中共福建省委党校（福建行政学院）学报，2022（1）：138–146.

[50] 李青芮. 关于加快推进成渝两个临空经济示范区协同发展的路径研究［J］. 营销界，2021（6）：116–118.

[51] 何玲玲，梁影. 乡村振兴中的协同治理困境及破解路径选择——基于 SFIC 模型分析的广西例证［J］. 中国西部，2020（2）：56–64.

[52] 彭艳等. 基于 SFIC 模型的云南省跨境经济合作区协同治理研究［J］. 云南行政学院学报，2019（4）：125–130.

共建共治共享视域下基层治理现代化的普适性范式研究

——基于对绍兴市社会治理三种做法的经验分析

中共绍兴市越城区委党校　余晓平

社会治理是国家治理的基石，完善城乡社区治理，是实现国家治理体系和治理能力现代化的基础工程，也是探索中国式现代化治理体系，统筹推进“五位一体”的重要方面。党的二十大从推进国家安全体系和能力现代化的高度对社会治理提出了具体要求，综合性提出“健全共建共治共享的社会治理制度，提升社会治理效能”。共建共治共享成为社会治理现代化的实现途径和规律性认识，是当今中国社会学首要现实课题。作为习近平新时代中国特色社会主义思想发源地、现代化省域治理先行地，绍兴充分秉承和践行习近平同志关于社会主义社会建设的重要论述和基本观点，创新发展了新时代“枫桥经验”、党建引领社区“契约化”共建、“网格化管理、组团式服务”等三大治理模式，谱写了中国式现代化社会治理绍兴篇章。通过对上述三种模式比较分析，从“结构、机制、效能”三个维度，尝试建构共建共治共享基层治理现代化的普适性范式，为进一步丰富发展中国式现代化治理体系贡献绍兴经验。

一、引言：社会治理现代化是中国式现代化的重要组成、重要举措、重要保障

社会治理现代化是中国式现代化的重要组成部分。党的二十大报告着重强调了中国式现代化五个方面的中国特色、九个方面的本质要求和五个重大原则，深刻回答了中国式现代化“是什么”“干什么”“怎样干”等重大理论和实践问题，包含了：既要创造比资本主义更高的效率，又要更有效地维护社会公平，更好实现效率与公平相兼顾、相促进、相统一；要统筹发展和安全，贯彻总体国家安全观，健全国家安全体系、增强维护国家安全能力等一系列重大观点，一以贯之将社会建设纳入其中，成为“五位

一体”总体布局的重要场域。

社会治理现代化是中国式现代化的重要建设举措。党的十九届四中全会专门就坚持和完善中国特色社会主义制度、推进国家治理体系和治理能力现代化的若干重大问题作出决定，成为推进社会治理现代化的纲领性文献。党的二十大从推进国家安全体系和能力现代化的高度对社会治理提出了具体要求，综合性提出“健全共建共治共享的社会治理制度，提升社会治理效能”，擘画了在中国式现代化之背景下，坚持和完善社会治理的时代蓝图。

社会治理现代化是中国式现代化的重要发展保障。推进中国式现代化是一个系统工程，其战略目标统一于经济发展、政治清明、文化昌盛、生态良好之中，强调以保障民生福祉、实现社会公正、增强社会发展活力、人民安居乐业、社会安定有序、更高水平平安中国为丰富内容与时代特征的社会文明，[①] 这些目标与社会治理的方方面面相互交融，社会治理是实现这些目标的根与本，必须要通过不断加强和创新社会建设方略，社会治理现代化才能得以实现。

因此，以高水平社会治理保持社会和谐稳定，满足人民美好生活需要，保障人民主体地位，更好统筹发展和安全，实现社会良性运行和协调发展，是中国式现代化的题中之意，也是我们研究和创新中国式现代化理论体系的重要领域。

二、三个案例：共建共治共享理念在绍兴充分实践

浙江的社会治理工作从打造“平安浙江”开局起步，在“八八战略”指引下，绍兴市不断加强和创新社会治理举措，提高社会治理水平，实践发展了新时代“枫桥经验”、“契约化”共建、“网格化管理、组团式服务”等一系列具有典型意义的实践体系和制度规范，在坚持和完善共建共治共享社会治理制度上卓有成效，进入了党和国家及学术界的广泛视野，对我们理解习近平新时代社会建设理论，探索共建共治共享社会治理制度具有较大的借鉴意义和研究价值。

（一）以发动和依靠群众为推进途径的“枫桥经验”

20 世纪 60 年代初，诸暨市枫桥镇创造了发动群众、依靠群众，采取说理的方式教服“四类分子”,通过对所谓的改造对象“维权”来给予其“人的待遇”与保障其“安全感”，达到化解矛盾的最大效果。毛泽东同志总结为“矛盾不上交，就地解决”，并指示“要各地仿效，经过试点，推广去做”。2003 年，时任浙江省委书记的习近平同志指示，要充分珍惜“枫桥经验”，大力推广“枫桥经验”，不断创新“枫桥经验”。从改造“四类分子”的经验到社会治安综合治理的典范，再到社会管理综合治理的范例，“枫

---

① 徐汉明：《准确诠释中国式社会治理现代化的科学内涵》，2023 年 3 月 10 日，https://baijiahao.baidu.com/s?id=1759985147711904246&wfr=spider&for=pc

桥经验”向更高水平治理转型扩容。党的十九大以后，“枫桥经验”经过充分总结提升，持续发挥群众主体作用和首创精神，全面推广“三上三下”民主议决事制度，实施自治、法治、德治“三治融合”，迭代形成“党的领导、人民中心、三治融合、预测预警预防、基层基础建设”为主要内涵的新时代“枫桥经验”，为推进平安绍兴建设提供有力支撑和保障，在2022年度平安建设综合考评排名全省第二，获“一星平安金鼎”。“枫桥经验”以中共中央全会审议通过的形式写入党的十九届四中全会《决定》和党的二十大报告，代表其已成为坚持和完善中国特色社会主义制度，推进国家治理体系和治理能力现代化的有机组成部分，是习近平新时代中国特色社会主义思想的重要组成部分，成为引领平安中国建设和基层社会治理的一面旗帜。

（二）以党建引领为推进途径的社区“契约化”共建

党建引领社区“契约化”共建发轫于绍兴市越城区。通过把“契约精神”蕴含的“自由、平等、守信、救济”等民主法治基因，植入社会建设领域，在坚持党建引领的基础上，打造共建共治共享的全新社会运行机制。主要做法是在社区党委统筹下，社区与驻社区单位，梳理制定资源、需求、个性、服务等四张清单，按照平等自愿、互促互进原则，签订共建契约，履行共治义务，达到资源共享效果。该做法始于2008年，越城区按照“构建区域党建格局，提升社区服务水平”的要求，搭建“五约”流程、四类菜单、双向服务的“契约化”共建操作体系，并在越都社区试点推广。2010年越城区全面强化“共建共享”理念，吸纳300余名驻社区单位党组织负责人进入社区“大党委”，搭建五邻社社会组织936家，促进行业自律型、区域治理型、服务枢纽型社会组织参与社区共治。厘清治理服务清单，将平安建设、“五水共治”、环境整治等民生实事一揽子列入项目清单。[①] 引导和发动群众参与“人人契约”，积极认领“微心愿”，推动多元参与主体从组织向个体延伸。2019年越城区制定出台了全国首个社区“契约化”共建地方标准，[②] 入选全国城市基层党建创新优秀案例，获评第四批国家社区治理服务实验区、全国社会治理创新典范区。

（三）以网格管理为推进途径的“网格化管理、组团式服务”

对城市社区实行网格管理，各地多有实践，但形成“网格化管理、组团式服务”的整体范式，是舟山市在2007年底普陀区桃花镇先行试点的基础上提出，并于2009

---

① 五邻舍全称“五邻社”联合会，即将辖区单位、社会备案组织、个体工商户社区知名人士、社区志愿者等分散的社会力量整合起来，“拧”成一股绳，让各方力量有效参与社区治理和服务的制度和形式。

② “契约化”共建工作管理规范 DB330602/T009—2019 由绍兴市越城区市场监督管理局于 2019 年 7 月 18 日发布，分别从氛围、术语和定义、工作流程、工作原则、工作重点、工作机制六大方面对“契约化”工作作出规范。

年8月在全省范围内全面推进，成为基层社会治理的综合模式。[①]绍兴市对网格化管理进行了充分实践和数智创新，包括两个层面：第一，将城市管理辖区按照一定规模划分成为单元网格，使网格成为社会治理的最小单元；第二，在网格的基础上，组建由街道社区干部、群团组织、基层群众等组成的网格员队伍，依托浙江省平安建设信息系统、镇街“四个平台”、网格员“平安通”移动端等上下贯通的大数据平台，通过网格员日常巡查、群众反馈等渠道，实时收集、上报安全隐患、城市管理、便民服务、矛盾纠纷等事件信息，进行流转处理。该模式被一些省市不断应用推广，成功走向全国各地，成为基层社会治理的新品牌。

三、对三种治理方式的共性研究

三种治理模式在长期的发展中走向融通。“契约化”共建成为新时代“枫桥经验”在城市社区治理领域的探索和延伸，“网格化管理、组团式服务”是“枫桥经验”在治理方式上的拓展和深化。在逐渐融合的背景下，上述三种治理方式表达了以下共性经验。

（一）党建引领是共建共治共享的根本保证

党建引领基层治理是基于我国具体国情，具有中国特色的社会治理体系的核心理念之一，具有宪法赋予的法理性。中国共产党的领导是中国特色社会主义最基本的特征，我国《宪法》规定了党的领导和执政地位，赋予党统揽全局、协调各方的功能。党建引领基层治理被写入历次党代会报告中，成为加强和创新社会治理的行动纲领，深刻阐释了打造共建共治共享的社会治理格局，就要在党的集中统一领导下，将社会主义制度优势转化社会治理优势，建立有限政府和服务型政府，培育和引导各种社会力量参与社会治理，实现政府治理与社会调节、居民自治良性互动。新时代“枫桥经验”的第一个核心要素就是党建引领，通过加强基层党组织的政治引领、组织引领、能力引领、发展引领、服务引领，建立党建责任清单、搭建“返乡走亲、驻村联心、联户交心”等党员服务群众的平台，推出“党建＋社会治理”政策项目，推动党组织的政治优势向基层治理优势转化。[②]“契约化”共建中，党的基层组织承担联通和造血功能，发挥统筹、协调、示范、引领作用，带动多元社会主体共同参与基层治理，使社会不断向高度组织化靠拢。

（二）人民主体是共建共治共享的核心价值

社会治理核心在人，旨在满足人民群众日益增长的美好生活的需求。从社会运行

① 胡重明：《再组织化与中国社会管理创新——以浙江舟山“网格化管理、组团式服务”为例》,《公共管理学报》，2013年第1期，第66页。

② 田胡杰：《党建引领“枫桥经验”创新发展》,《新时代伟大工程的绍兴探索》，浙江人民出版社，2021年出版，第16页。

的纵向和横向来看，[①]一种社会治理的模式只有坚持人民利益，为人民群众服务，得到人民群众支持，才能得获得持久动力。发动和依靠群众是“枫桥经验”的精髓。“枫桥经验”既在自治中彰显了人民群众主体地位，同时又有效解决了特定历史阶段下人们最迫切的问题。习近平同志在担任浙江省委书记期间，以超高的理论素养对“枫桥经验”的人民性进行了提炼，指出“枫桥经验”的基本精神是强化基层基础，依靠和组织群众，就地解决矛盾，促进经济、社会和人的全面发展。在“契约化”共建中，社区党委通过民生实事票决制，以人民群众“满不满意、高不高兴、答不答应”作为衡量共建项目成效的基本标准，把群众最关心最直接最现实的利益问题通过民主决策转变成一个个具体的项目，切实保障人民利益。网格服务整合了社会公共资源，为网格群众提供多方位的动态管理和多元化、人性化、即时化、精细化服务。[②]

（三）结构协调是共建共治共享的运行机制

社会结构对社会运行状态起着根本性制约作用：良性运行必须建立在结构协调的基础上。[③]政府部门、市场部门和社会部门的协同是当代社会治理的标志。[④]急速城市化中，由于社会主体身份过快转变，相应社会建设没有及时跟进，会导致社会结构撕裂、断层，造成结构失调，从而滋生治理隐患。本文研究的三种治理模式，其本质是通过不同的方式重塑社会运行横向结构，达到社会各系统的活动和作用相互配合和相互促进。“枫桥经验”通过培育社会组织，将有相同特长和意愿的人重新组织在一起，实现群众自治。诸暨市以矛盾联调为主要功能陆续打造了一批以“红枫义警”“老杨工作室”为代表的品牌社会组织，目前全市共有各类社会组织 4767 家，平均每 4 个常住人口中就有 1 人参加社会组织。“契约化”共建创新使用契约精神的特质使社会主体间产生牢固的行动协同和结合形态。网格化管理通过网格的设置，使社会成员从“社会人”转变为“网格人”，随着地域空间的缩小，网格服务的推进，人与人的联结变得紧密，强化了归属和情感认同。

（四）数字治理是共建共治共享的重要手段

数字治理是现代化城市治理的未来趋势。信息技术可以有效破除时空限制，实现信息的实时收集、传导、交换和链接，有效保障社会公众的参与权、知情权和表达权，大幅度节约社会治理成本。如，新时代“枫桥经验”通过全省网上政务信息收集平台，

① 郑杭生“社会运行论”主张将社会运行的类型分为横向运行，即社会发展的某一阶段和纵向运行；和纵向运行，即社会的变迁与发展。

② 胡重明：《再组织化与中国社会管理创新——以浙江舟山“网格化管理、组团式服务”为例》，公共管理学报，2013 年第 1 期，第 66 页。

③ 郑杭生、李强等：《社会运行导论——有中国特色的社会学基本理论的一种探索》，中国人民大学出版社 1993 年出版，第 46-47 页。

④ 王诗宗：《平安浙江建设与社会治理》，2017 年 4 月 11 日，http://www.pazjw.gov.cn/pinganguandian/201704/t20170411_3443649.shtml

进行公告公示、意见征集、联合督办、回访督导。网格化管理打通省市区综合端——镇街分端——网格员移动端三个层次的纵向信息平台，网格员通过“平安通”手机移动端口录入事件信息，进入“基层治理四平台”网络系统，由镇街管理员对信息进行流转和督办，省市区分别建立“基层治理四平台”数字驾驶舱，综合研判全域治理信息。越城区打造了一整套的“契约共建”场景应用，在线提供资源活动清单，吸引社会团体和党员干部线上预约、线下共享、就近参与，累计注册用户数达 5.3 万名，发布共建活动 7978 场，点亮“微心愿”9699 个。①

四、结论与启示

本文结合绍兴实践案例与社会运行论相关理论，尝试建构共建共治共享基层治理范式的普适性框架，推动社会良性运行和协调发展。

（一）构建共建共治共享的横向社会结构——“一核多元”治理共同体

社会运行论认为，结构协调是指社会要素的联系具有较高的有序性、较合理的比例关系和排列方式、较严密的组织构成，是社会良性运行和协调发展的基础。②根据上述共性分析，以“一核多元”社会治理共同体来加固当前社会横向结构，符合我国社会实际。“一元多核”指以基层党组织为核心，以一定结构整合政府组织、市场组织、社会组织以及社会公众等多元化力量，有序参与社会治理。首先要强化社区党委主体地位。社会主体的市场化趋势，表明市场主体控制大量资源，极易导致资源分配的不平衡不充分问题。而党建引领可以较好整合各类社会主体，在市场化的基础上实现再组合化，使发展成果更公平地惠及全体成员。要强化社区党委地位，需要向社区党委下放职权、下沉资源，为社区党委赋权提能。强化社区党组织战斗堡垒作用和党员示范引领作用发挥，在具象的服务中推动党的组织力向治理效能转化。二是编织多元主体新的排列方式。当前社会成员参与社会治理的意识已经觉醒，但自觉性和自发性还不够高，需要政府赋予一定的社会角色，使之在新的社会身份的责任意识和职能定位驱使下，主动参与社会治理。如加强对社会组织和群众自治组织的孵化培育、能力建设等，切实发挥社会组织的群众性、专业性和公益性。三是打造全域覆盖的信息集成网。运用大数据、云计算、人工智能等手段，通过数据上网、信息入图，全量归集研判社会治理数据，达到一网联通，真正完成社会治理共同体的结构闭环。

（二）构建共建共治共享的社会运行机制——“五维合一”运行机制

社会运行机制是社会运行“带规律性的模式”，将社会结构比作社会治理的骨架，社

---

① 相关数据由绍兴市越城区委组织部提供，统计截止 2022 年 12 月。

② 郑杭生：《社会学视野中的社会建设与社会管理》，中国人民大学学报，2006 年第 2 期，第 5 页。

会运行机制就是社会治理的血脉。两者缺一不可。参照社会运行论观点，本文从动力、整合、激励、控制、保障等五个维度进行分析。[①] 动力机制要求为社会运行提供适度动力，动力源于人的需要，人本身的各种复杂需要是社会运行最基本的原动力，意味着共享的目标要符合人们生存和发展的需要，当前最大的动力应当满足人民群众日益增长的美好生活需要，这是由我国社会主要矛盾所决定的。整合机制强调社会利益的协调与调整，即社会共同体的各方都能获利，而不是通过牺牲一方来使另一方得益，这就要求共建共治的过程要遵循平等自愿、互惠互利的原则。激励机制要按照设定的标准和程序分配社会资源，以资源的稀缺性与有效性强化共建共治共享的行为方式和价值观念。控制机制通过规范人们行为维系社会秩序。参考“枫桥经验”法治、德治、自治相结合的做法，针对共建共治共享带来的新的人际关系和分配关系等，健全相应的法律体系，树立相应的民俗和风尚，从正反两面规范社会行为。保障机制是指社会有机系统对其自身运行安全的防护与保卫，不仅包含福利、保险、救济等，更加体现平安的极端重要性。五个维度的运行体制内容互补、结构协调、功能耦合，共同作用于共建共治共享的社会运行目标逻辑。

表 1　勾画社会运行机制体系的初步设想

机制	对象	作用原理	任务体系
动力	需求	满足人民群众日益增长的美好生活需要	共建共治共享的内容要着眼解决不平衡不充分的发展问题，更好满足人们在经济、政治、生态、文化、社会等各方面的需要，更好推动人的全面发展
整合	利益	多元主体在互惠共赢的基础上参与社会治理	一是强化整合中心，即树立社区党委核心地位。二是充分挖掘社会成员中相互需要、相互依赖的因素，以平等互惠为原则结成一定形态的社会关系，成员之间要充分认同沟通，及时调整反馈，参与社会实践
激励	资源	明确什么样的行为方式和价值观念能够给予社会主体一定的物质性社会资源和精神性社会资源，以强化该行为方式和价值观念	一是制定激励的规章制度，根据不同主体不同的社会需要，在治理共同体的中观层面和社会关系的微观层面，明确激励的方向、强度和方式。二是向社区下沉职权和下沉资源，使得社会拥有充足的公共资源

① 郑杭生、李强等：《社会运行导论——有中国特色的社会学基本理论的一种探索》，中国人民大学出版社，1993 年出版，第 355 页。

续 表

机制	对象	作用原理	任务体系
控制	秩序	以法治、德治、自治相结合规范社会行为	一是健全与共建共治共享新型社会结构相匹配的法律制度，强化制度控制。二是健全社会组织、群众自治组织等新型社会关系的法治规章，强化组织控制。三是营造共建共治共享导向的舆论、风俗、信仰、信念、价值观念、伦理道德、社会评价等，强化文化控制
保障	安全	提升群众安全感	一是将“老弱病残”社会救助作为共建共治共享的基础任务。二是重视社会安全阀的重要性，对社会不满情绪进行疏通、引导和排解，即保障主体的表达权、参与权和知情权。三是着重强化社会治安整体防控

（三）构建共建共治共享的效能评价体系——对指标体系的初步设想

社会治理共同体是否达到最优状态？运行机制在多大程度上发挥了推动治理共同体良性运行的作用？这些问题必须要通过反馈才能明晰。因此，有必要建立一套相应的效能评价体系，通过量化的评价结果掌握社会治理真实水平、压实各方责任、优化调整治理方略的科学依据。制定和完善具体可操作的效能评价指标体系，应当以人的全面发展为核心价值，具体依据党的十八大以来提出的社会治理的理念、目标和要求，将其分为“党建引领、社区自治、公共服务、平安建设、精神文化”五个一级指标。一级指标下分若干具体度量衡。“党建引领”主要考察治理单元的整体党建水平，即党组织对共建共治共享的参与度和作用度。“社区自治”主要考察社区履行行政职责的法治性和民主性。“公共服务”在本文的研究范围内，主要基于人的社会生活，考察社区为社会主体参与共建共治共享提供保障和创造条件，为社会主体提供基于保障机制的相关服务。“平安建设”包括社会安全和社会秩序两大领域，从客观安全和主观安全两个方面考察社会主体“安全感”的获得、保障与可持续度，作为底线指标在体系中占据较大比重。“精神文化”主要反映社会主体在参与社会治理过程中获得人的个性发展程度。上述效能评价体系是针对共建共治共享的社会目标、社会结构和社会运行提出的初步探索，还需要在实践中不断检验与完善。

表 2　共建共治共享治理制度效能评价指标的初步设想

维度	指标		占比
党建引领	社区党组织建设水平		25%
	辖区内其他单位党组织建设水平		
	党员先锋作用发挥		
社区自治	依法行政		20%
	政务公开		
	网格管理水平		
	发动群众		
	群众对社区工作的满意度		
	上级党委政府对社区的支持（资源、事权、政策、人才）		
公共服务	社会保障	社会福利	20%
		社会援助	
		社区养老	
		组织群众开展互助	
	社会组织培育	社会组织的数量规模	
		参与治理的有效性	
		社会组织的影响力和公益性	

维度	指标		占比
平安建设	社会安全	食品药品	20%
		住房	
		交通	
		治安（天网建设）	
	社会秩序	群众对社区工作的满意度	
		上级党委政府对社区的支持（资源、事权、政策、人才）	
		上访率	
	社会秩序	矛盾纠纷处理的及时性	
		犯罪率	
		邻里关系和谐度	
		社会主体安全感	
精神文化	开展个性化教育的水平		15%
	大众文化娱乐活动的开展		
	家风的培育和传承		
	民风民俗、社会风尚等社会文明程度		
	文体硬件配套度		

参考文献

[1] 习近平．高举中国特色社会主义伟大旗帜 为全面建设社会主义现代化国家而团结奋斗——在中国共产党第二十次全国代表大会上的报告（2022 年 10 月 16 日）.

[2] 郑杭生，李路路．社会结构与社会和谐［J］．中国人民大学学报，2005（2）.

[3] 李迎生．当代中国特色社会学理论的开拓者——郑杭生社会学探索历程［J］．社会科学战线，2007（1）.

[4] 宋世明，黄振威．在社会基层坚持和发展新时代“枫桥经验”［J］．管理世界，2023（1）.

[5] 胡重明．再组织化与中国社会管理创新——以浙江舟山“网格化管理、组团式服务”为例［J］．公共管理学报，2013（1）.

[6] 宁晚枚．坚持和完善共建共享共享的社会治理制度——“中国之治”的社会基础［J］．中学政治教学参考，2020（7）.

中国式现代化新道路的县域实践与探索

——基于浙江绍兴柯桥的实证分析

中共绍兴市柯桥区委党校 邱 昊 李 华 费 婷

习近平总书记在庆祝中国共产党成立100周年大会上指出我们创造了中国式现代化新道路。要坚定走好这条道路，需要在充分把握其深刻内涵的基础上，紧紧抓住县域这个国家最基本的行政和经济单元,确保在中国式现代化的新道路上“一个都不少”。柯桥区作为浙江省改革的试验地和集中地，素以改革起家、改革强区，经济实力强、发展均衡性好，被省委市委寄予“率先破题”的使命任务。柯桥以民营经济助推共同富裕实现社会主义现代化的县域探索，为中国式现代化县域道路注入鲜活经验。

“中国式现代化”，是党的二十大报告中最受关注的关键词之一。“郡县治，天下安”，县乃国之基。县域经济是国民经济的基本单元，县域现代化是中国式现代化的基础。浙江省作为中国改革开放的先行地，习近平新时代中国特色社会主义思想的重要萌发地，早在2003年，习近平总书记在浙江工作期间就作出“八八战略”重大决策部署，擘画出中国式现代化先行探索的宏伟蓝图。柯桥区作为浙江省改革的试验地和集中地，素以改革起家、改革强区，经济实力强、发展均衡性好，被省委市委寄予“率先破题”的使命任务。改革开放40多年，柯桥区从“河边布街”到“布满全球”，综合实力位居全国十强区，全省“农民收入第一区”，城乡居民收入比1.599，全面消除100万以下村集体经济薄弱村……当前，柯桥区立足新方位，牢牢把握深入实施“八八战略”、以“两个先行”打造“重要窗口”的大逻辑，坚决贯彻落实习总书记对柯桥区（绍兴县）重要指示批示精神，以更大力度实施省委三个“一号工程”，以澎湃动能“全省竞跑、示范先行”，在探索中国特色社会主义县域现代化道路上干在实处、走在前列、勇立潮头，努力闯出中国式现代化县域发展的新路子、新示范、新标杆，致力于为全省、向全国展现中国式现代化县域“柯桥样板”。

一、柯桥区（绍兴县）县域现代化发展沿革

（一）萌发阶段（1949—1978 年）：中华人民共和国成立至改革开放前，为柯桥区（绍兴县）现代化奠基、萌芽阶段

1. 主要成就

（1949—1978 年），柯桥区（绍兴县）建立各级党委和政府，完成三大改造，开展大规模的社会主义建设，政治、经济、社会发生了翻天覆地的变化，为现代化奠定了基础。这一时期，柯桥区（绍兴县）工农业生产总值从 0.91 亿元增长到 6.59 亿元，粮食总产量从 14.59 万吨增长到 45.06 万吨，总人口从 67.97 万增长到 108.74 万[1]。

2. 典型案例：围垦海涂

绍兴县东北部濒临钱塘江与曹娥江汇合处，由于受两江涌潮顶托，形成了大片滩涂。20 世纪 60 年代，随着全县人口迅速增加，人多地少的矛盾日益突出，加之当时萧山县已开始围涂，使得曹娥江入海口的潮涌和泥沙淤积更为严重。面对这一情况，县委决定向大海要良田，启动了围垦海涂计划。

1968 年 11 月 19 日，县革委会向省革委会提交《关于解决绍兴、萧山两县围垦海涂的行政问题的报告》，提出拟在姚家埠闸至丁家堰一带围垦海涂，初步勘测规划围垦面积 8400 亩。该报告得到省革委会支持后，县委、县革委会立即开展准备工作。12 月中旬起，陆续调集必要的器材、物资到海涂工地。1969 年 1 月 4 日，县革委会围垦海涂指挥部成立。1 月 8 日，来自全县各公社的 4 万名群众汇集马鞍公社童家塔、姚家埠、丁家堰、汤湾一带，用扁担、土筐、铁耙等工具，拉开了大规模围垦海涂的序幕。

此后 40 年时间，绍兴县共开展了 19 次围涂工程，至 2008 年共围成海涂 14.36 万亩，构筑堤坝近 90 公里。其中，从 1968 年至 1985 年主要为人工围涂，集中大量农村劳动力，用肩扛担挑的方式进行挖河筑堤，这也是最为艰苦的一段时期。由于围涂时间通常选在潮位较低、农活不紧的冬季，且要在退潮后的 7—10 天内一气呵成，所以广大围涂群众不顾数九寒天，赤脚踩在冰冷刺骨的水中，连续将上百斤的石块挑上海塘，因为路面冰冻湿滑，很多人掉下 4—5 米深的泥塘，依然轻伤不下火线，继续顶风冒雪劳动。据不完全统计，共有 46 万余人次参与其中，多次出现万人以上的围涂大会战；也涌现出了诸如徐长洪等一批为围涂奉献一切乃至生命的壮士。自 1985 年起，由于乡镇企业大发展，农村劳力开始紧缺，加之容易围垦的高滩基本围垦完毕，剩下都是难啃的硬骨头。围涂逐步由人力为主变为机械为主，即用泥浆泵冲填代替人工挑石筑堤，用巨型土工编织袋灌泥代替山石作为挡潮防冲的材料，工作效率大为提升，参与人数也大幅减少。

绍兴县在围涂的同时，也注重对海涂资源的综合性开发，主要包括“农垦”和“工垦”。农业综合开发始于70年代，以临时垦种队等形式开始试种粮油作物，并陆续移民居住。至1976年1月，共移民2172户9654人，并成立马海、新围两个公社。1978年，设立海涂区（后改为越北区），先后开办6个国营农场，成立17个临时垦种队。进入90年代，已围成的海涂面积全部得到开发利用。开发项目包括以稻谷、瓜果、糖蔗、油菜籽、蔬菜为主的种植业，和以淡水鱼、虾、河蚌等水产养殖为主的养殖业。“海涂瓜”“海图鱼”等称呼成为一代人的记忆。

工业综合开发从1976年以后开始，垦区出现一些区办、乡办、村办企业，主要经营食品、酿酒、建筑、纺织、针织等产业。2002年6月，滨海工业区正式挂牌成立，海涂区域的工业开发脚步大大加快，逐渐成为全县的工业集聚区。2010年，绍兴县启动印染产业集聚工程，滨海工业区又成为国际一流的绿色印染基地。

围垦海涂缓解了当时绍兴县人多地少的矛盾，为经济发展提供了资源和空间。围垦而成的面积占今天全柯桥区总面积近十分之一，且都为重要的工农业基地。同时，围垦过程中形成的“艰苦奋斗、团结拼搏、不怕牺牲、百折不挠”的精神，也成为绍兴县的一笔宝贵精神财富。

2003年围涂35周年之际，绍兴县开展“扬围涂精神，创时代业绩”的主题宣传活动，首次公开提出“围涂精神”的概念。2007年9月，县委、县政府召开庆祝治江围涂40周年报告会，正式将“围涂精神”的核心内涵确定为“尊重科学、艰苦奋斗、团结拼搏、百折不挠”。

（二）起步阶段（1978—2002年）：改革开放至中共十六大，为柯桥区（绍兴县）现代化起步和加速阶段

1. 主要成就

1978—2002年，柯桥区（绍兴县）实行改革开放，全面落实家庭联产承包责任制，推动乡镇企业快速发展，创立中国轻纺城市场群，以“大经贸”统率外向型经济。这一时期，柯桥区（绍兴县）经济发展速度空前。国内生产总值从2.61亿元增长到239.09亿元[2]，据《浙江日报》2000年1月4日头版报道，柯桥区（绍兴县）经济总量连续十五年位居全省首位。

2. 典型案例：乡镇企业

乡镇企业是指由乡镇农民创办的集体、合作企业，是20世纪80、90年代绍兴县最重要的经济实体。

1984年1月，县委组织有关部门和区、乡干部，到江苏省无锡、常熟、苏州等市、县考察学习苏南乡镇企业承包责任制的做法。考察结束后，县委、县政府开展“学江苏，找差距，立志改革创新路”的大讨论，制订了学江苏、赶江苏的规划和措施，主要涉

及四方面内容：一是抓企业整顿，合理调整行业和产品布局；二是改革完善经济承包责任制，调动职工的积极性；三是改革招工制度；四是改革供销机构。

1984年5月，县委、县政府正式出台《关于进一步发展乡镇企业若干问题的意见》，提出进一步发展乡镇企业的十项要求：(1)各行各业要把扶持乡镇企业的发展作为一项重要任务；(2)正确认识乡镇企业发展的基本方针；(3)进一步完善企业经济承包责任制；(4)加强企业整顿，提高企业素质；(5)抓好技术进步，广泛开展与大专院校、科研单位和大工厂的技术协作；(6)大力发掘人才，大胆落实人才政策；(7)充分尊重和维护企业自主权，增强企业活力；(8)正确使用乡镇企业的利润，逐步壮大企业的经济实力；(9)鼓励社员为乡镇企业发展集资；(10)加强乡村与乡村，乡镇企业与国营、城镇集体企业，乡镇企业与农户之间的协作与联合。是年底，县委、县政府决定从1985年起乡镇企业采用"一包三改"的方法，在乡镇企业推行第一轮承包改革，企业承包经营责任制由"一年一定"改为"一定三年"，厂长由任命制改为聘任制，职工由固定制改为合同制。

在各级党委和政府的支持推进下，全县各地乡镇企业先后改变原来社队统管、统收、统支的模式，实行厂长承包责任制，乡镇企业成为独立核算单位，从业人员直接从企业领取工资奖金，极大地调动了乡镇企业的活力。随后，县委又印发《绍兴县乡镇企业厂长职责权限的暂行规定》，共5章13条，明确了乡镇企业厂长的职责、权力和利益，各厂厂长在行使职权时有了依据，得以放开手脚经营，企业得到快速发展。

与此同时，绍兴县还抓住人才这一乡镇企业发展的关键环节，推行能人治厂、管厂。1984年4月，绍兴县在各地乡镇企业中普遍开展评选能人活动，共评选出乡级能人380多名，由乡党委、乡政府颁发"能人证书"；县级能人166名，由县政府召开表彰大会颁发"能人证书"。7月至11月，全县10个区先后成立乡镇企业能人协会，主要任务是研究探讨乡镇企业的经营管理、经济政策、人才选拔和市场信息，向有关部门提出决策建议。9月3日，浙江省第一所县级乡镇企业干部学校——绍兴县乡镇企业干部技术学校正式开学，学员均来自县域内的乡镇企业，学制3年，毕业后仍回原乡镇企业工作。1987年10月，县委又印发《关于县级企业家、能人管理工作的意见》，提出要加强对县级企业家、能人队伍的教育培训和管理工作，使其进一步成为深化改革的开拓者、精神文明的先行者；为企业家、能人建立档案，健全考核制度，做好政治和业务培训。

解除束缚后的乡镇企业厂长们，主动吸引能人参与企业治理，大胆革新技术和管理模式，根据市场变化调整产品线。广大购销人员发扬"四千精神"(涉尽千山万水，想尽千方百计，说尽千言万语，吃尽千辛万苦)，面向全国采购原料设备、推销产品，业绩斐然。许多乡镇企业因此转变亏损局面，从小到大、由弱变强，迅速崛起。据

1989年1月2日《绍兴经济报》报道，改革开放十周年前后（即1987年与1978年）相比，全县乡镇工业企业从1267家增加到2931家，职工从6万余人增加到24万余人；工业产值从0.83亿元增加到52.42亿元，增长62倍。整个80年代，全县乡镇企业的总产值、利润和上缴国家税金连续多年居全省首位、全国前列。

进入20世纪90年代后，绍兴县根据中央会议文件精神，对乡镇企业进行全面改制。1992年起，绍兴县在省内率先进行乡镇企业产权制度改革，“无名集团”“赐富集团”“永通染织集团”等一批先行企业，通过股份合作、产权出售等多种形式的改革，焕发出新的活力。1998年5月，绍兴县全面启动第二轮乡镇企业产权制度改革。按照“产权明晰、权责明确、政企分开、管理科学”的现代企业制度要求，根据不同企业的特点，采取一次性转让、股份合作制和公司制等3种形式，通过资产评估、产权转让、资金回收、贷款转移、执照变更和档案整理6个步骤推进乡镇企业改制。至2000年1月，全县2000多家乡镇企业基本完成改制工作。乡镇企业就此退出历史舞台。

绍兴县乡镇企业的大发展推动了全县经济的大发展和人民生活水平的普遍提高，很多乡镇企业通过改制，逐渐成为绍兴县各行业的龙头企业，对引领经济持续健康发展和产业转型升级意义重大。

3. 中国轻纺城：中国轻纺城的创立和发展

20世纪80年代初，以社队企业为主体的绍兴县传统纺织工业异军突起，各式纺织产品吸引越来越多的县内外客商，柯桥等地的纺织产品购销活动开始活跃起来。

1984年，在当时纺织工厂密集、交通便捷的柯桥镇老街逐渐形成一条由200多户从事布料、服装交易的经营者组成的百米长的“布街”，来自全国各地的客商川流不息，沿街的旅馆、饭店成为布商洽谈业务和交易布匹的场所，每天人流量达1600多人，这是中国轻纺城的雏形。为规范交易秩序，促进市场健康发展，1985年7月，县工商行政管理局和柯桥镇政府共同投资15万元，在柯桥镇西侧区公所附近建造了一个占地3500平方米的柯桥轻纺产品市场，内设交易房77间、摊位89个，时日客流量近4000人。

由于轻纺产品交易量不断增加，柯桥轻纺市场很快就不堪重负，摊位争抢、交通堵塞现象日益突出。1986年，县委、县政府顺势而为，决定扩建一个新的轻纺市场。1987年5月，绍兴县一届人大一次会议决定，异地重建多功能、封闭式的“绍兴轻纺市场”。1988年9月12日市场竣工，10月1日正式开业。绍兴轻纺市场占地面积1.7万平方米，建筑面积2.32万平方米，营业用房600间，是当时浙江省最大的轻纺产品交易场所。至年底，上市交易的纺织品达4000多种，市场成交额7600万元。

随着绍兴轻纺市场影响力不断扩大，外地商人开始大量涌入，市场竞争日趋激烈，本地商户盈利萎缩，社会治安问题日益突出。许多人对市场的前景持悲观态度，有人甚至提出取缔市场的建议。1990年7月，浙江省省长沈祖伦考察市场，肯定市场建设，说“绍兴轻纺市场不是办得不好，而是好得很。市场不但不能关门，而且要抓住机遇加快发展，把绍兴轻纺市场变成全国的轻纺市场”。

1992 年 1 月，一期扩建项目轻纺城东交易区建成开业，成为当时全国规模最大的现代化轻纺产品专业市场。同时，为筹集市场建设资金，5 月 8 日至 10 日，绍兴县对东交易区的 152 间门面 6 年期租赁权进行公开拍卖，开国内先河，也成为后来市场建设良性互动的基本模式。

1992 年 6 月 1 日，经国家工商行政管理局批准，绍兴轻纺市场更名为浙江绍兴中国轻纺城，这是全国首家以“中国”命名的专业市场。8 月，中国轻纺城管理委员会成立，专门负责市场的建设和开发。9 月，绍兴县乘势而上，提出“兴市建城”的战略，决定在柯桥开发建设一个面积相当于绍兴老城区的现代化中等城市——中国轻纺城。由此，柯桥走上了兴商建市、兴市建城的发展道路。

1994 年 4 月，总投资 1.8 亿元的中国轻纺城北交易区建成开业。至此，由东、西、中、北四大交易区构成的轻纺城市场初具规模，建筑面积超 20 万平方米，经营单位 7000 多家，从业人员 2 万余人，成为亚洲最大的纺织品集散中心。

中国轻纺城的发展壮大对外吸聚了全国乃至全世界的轻纺客商，形成巨大的人流、物流和资金流；对内拉动了绍兴县的经济发展，整个 80、90 年代，“到轻纺城市场去淘金”成为一股热潮，成就了一大批由布起家的富商巨贾。同时，也推动了印染、物流等上下游产业链的繁荣发展。

从 1996 年起，针对市场发展过程中出现的设施老化、卫生较差、分布散乱等问题，县委提出“二次创业”的设想，开始对市场的硬件设施进行改造，主要交易区均安装玻璃顶棚，配备电视监控和电子显示屏，引进电脑系统进行管理，现代化程度大幅提升。

2006 年，为进一步巩固轻纺城市场在全国的优势地位，县委、县政府启动中国轻纺城“二次创业”，提出“改造一个主体市场（中国轻纺城传统市场）、健全完善两个配套市场（钱清轻纺原料市场和中国轻纺城国际物流中心）、发展壮大三个要素市场（中国轻纺城网上市场、中国轻纺城人才市场和中国轻纺城科技市场）”。2007 年 10 月 21 日，国家商务部与绍兴县人民政府联合发布中国首个纺织品指数——中国柯桥纺织指数。2008 年，中国轻纺城东升路市场、柯东仓储中心、轻纺城服装市场相继建成开业。10 月 22 日，在第四届中国商品市场峰会上，中国轻纺城获改革开放 30 年中国浙江十大功勋市场称号。2009 年 8 月，中国轻纺城纺织创意中心正式运行。2011 年 6 月，全国唯一的纺织品网上交易市场——网上轻纺城正式上线。

2015 年，为适应经济转型升级的需要，中共柯桥区委又提出轻纺城“三次创业”的口号，全面推进市场智慧化提升、产业时尚化升级、城市国际化拓展。此后，柯桥区一方面压缩传统印染行业，另一方面开辟创意设计等新兴领域，国内、国外市场同步拓展，线上、线下销量齐头并进。时至今日，中国轻纺城已由单一的轻纺市场变成了包括坯布、服装、原料、纺机等在内的庞大市场集群，规模持续扩大，成为亚洲最大的纺织专业市场。2020 年，中国轻纺城市场群实现交易额 2163.25 亿元，同比增长 8.15%。

（三）成熟阶段（2003—2023 年）：习近平同志主政浙江提出“八八战略”至今，开启高水平全面建设社会主义现代化新征程。

1. 主要成就

2002—2022 年，柯桥区（绍兴县）地区生产总值从 235.1 亿元增加到 1901.4 亿元，人均生产总值（户籍）从 3.3 万元增加到 27.16 万元，一般公共预算收入从 10.5 亿元增加到 132.6 亿元，研究与试验发展经费支出占地区生产总值比重提高至 3%，城乡居民人均可支配收入分别从 12013 元和 6255 元，增加到 82528 元和 51605 元，城乡居民收入比缩小至 1.6，实现省平安区创建“十八连冠”，获全省首批“一星平安金鼎”，综合实力迈进全国十强区，连续十三年被评为“中国全面小康十大示范区”。

2. 典型案例：“亩产论英雄”

绍兴县在全国率先倡导并实施的“以亩均投入、亩均销售、亩均税收，和单位节能、单位减排、单位降耗”对企业进行考核排名的一系列做法，是引导企业节约集约用地的一次创新。

进入 21 世纪后，随着绍兴县经济社会的快速发展，土地资源短缺的问题日益凸现，2006 年初，全县人均耕地仅有 0.57 亩，可开发的土地储备资源越来越少。由此，在保持工业较快发展的同时，集约用地、提高单位面积产值成为必然选择。

2006 年 4 月，绍兴县专门制定《关于加强工业用地节约集约利用的若干意见》，提出要阶段性调整工业用地出让价，对投入强度不符合标准的项目不予审批；对投产后产出投入比未达到 1∶1 以上的工业项目，核减其用地面积或限期追加投资，促使其提高土地产出率。同时，积极引导企业少用地、高投入、高产出、多缴税，对保护生态环境、节约集约用地成绩突出的企业给予重奖。随后，县委将工业用地节约集约的做法，概括为“亩产论英雄”，并在工业领域首先推广实施。县政府设立“亩产英雄排行榜”，突出对土地利用率和产出率的考核，建立起“亩产论英雄”的引导机制；设立 1000 万元专项资金，重奖节约集约用地成绩显著的企业，建立“亩产论英雄”的激励机制；实行新上项目会审制度和工程开竣工履约保证金制度，逐步建立“亩产论英雄”的准入和约束机制。“亩产论英雄”实施第一年就成效显著，全县共盘活存量土地 3149 亩，其中 565 亩土地被收回后重新安排；单位土地投资强度和容积率分别由原来的每亩 80 万元递增到 150 万元、0.8 提升到 1.5。

2007 年 3 月，县委、县政府召开全县推进企业科学发展大会。会议提出必须把提高质量效益作为推进企业科学发展的首要任务，不断深化“亩产论英雄”的理念，进一步打响以“亩均投入、亩均销售、亩均税收”论英雄，以“单位节能、单位减排、单位降耗”论英雄的口号。11 月，县委、县政府出台《关于进一步深化“亩产论英雄”理念，加快推进节约集约用地工作的若干意见》，就如何深化“亩产论英雄”做出具体规定，提出要进一步完善招商投资项目综合管理机制，提高项目准入门槛，强化项目落户签约履约管理；进一步健全“亩产论英雄”的考评制度，继企业之后，将镇（街道）、开发区也纳入“亩产论英雄”考核当中，并定期通报排名；进一步加大对闲置存量土地的处置力度，对长期闲置土地的业主进行媒体公告，并实行闲置土地盘活存量与企业用地指标、参与经营性用地公开出让、新增工业用地项目“三挂钩”的倒逼机制。是年前 11 个月，全县在建的 790 只工业项目有 70% 以上是内部挖潜型技改项目，亩产效益前 100 位企业的亩均税收和亩均销售平均达到 10.77 万元和 339.89 万元，比去年同期分别增长 10.95% 和 35.71%。

2008 年 5 月，县委召开常委会议，指出要进一步拓展“亩产论英雄”的领域，包括从节约集约用地拓展到节能降耗减排，从第二产业拓展到第三产业，从单个企业拓展到行政区域，从经济领域拓展到社会领域，从经济社会建设拓展到政府服务。会后，“亩产论英雄”的应用领域得到大幅拓展和深化。是年，全县工业项目亩均投资强度达到 248.7 万元，同比增长 8.2%。

“亩产论英雄”强调土地利用的效益，对于推动绍兴县经济发展由粗放型向集约型转变起到积极作用。2006 年至 2008 年间，绍兴县的“亩产论英雄”引起《人民日报》、新华社、《经济日报》等国内主流媒体的高度关注，纷纷大篇幅予以报道，影响力波及全国。2008 年初，“亩产论英雄”被写入全省经济工作报告当中，在全省推广。2013 年前后，省委、省政府在绍兴县“亩产论英雄”口号的基础上，又综合全省各地的具体实践，提出了“亩均论英雄”，成为引导浙江省新旧动能转换、产业转型升级的改革方针之一。

3.“最多跑一次”改革

“最多跑一次”改革是通过“一窗受理、集成服务、一次办结”的服务模式创新，让企业和群众到政府办事实现“最多跑一次”的行政目标。浙江省在全国率先提出这一口号，并付诸实践，而柯桥区更是走在全省前列。

早在 2016 年初“最多跑一次”口号正式提出之前，柯桥区就被列为全省 4 个相对集中行政许可权试点地区之一，启动“一章审批”制度改革，即将全区大部分区级审批事项集中到一个部门，企业和市民办事只需跑一个地方。6 月 16 日，柯桥区总体框架性试点方案经省委、省政府批复同意。8 月 8 日，柯桥区行政审批局挂牌成立。审批局成立后，负责直接实施柯桥区 25 个区级相关审批职能部门的 218 项行政许可事项和

179 项其他各类权力事项；当年在顺利划转第一批投资项目审批涉及的 9 个部门 78 个审批事项的基础上，通过职能整合、流程优化、创新机制、精简成绩等举措，在全省率先实现投资项目审批从立项到许可证全流程“一章审批”，并将许多项目的审批时间压缩到 100 天之内。柯桥区的审批改革试点工作取得的成绩得到国务院常务会议和省委、省政府的肯定和表扬，为浙江省全面启动“最多跑一次”改革提供了参考。

2016 年 12 月，浙江省省长车俊在省委经济工作会议上提出“最多跑一次”的行政审批改革理念，强调要加大深化改革力度，深入推行“互联网 + 政务服务”，以“最多跑一次”倒逼政府部门简政放权、优化服务。

柯桥区及时跟进，于 2017 年 4 月印发《加快推进柯桥区“最多跑一次”改革实施方案》，明确全区“最多跑一次”改革的主要内容：对涉及单个部门（窗口）的办理事项，大力推行“跑一次”的服务模式；对涉及多个部门的办理事项，积极推行“一窗制”的服务模式；对涉及多个层级的办理事项，着力推行“一站式”的服务模式。配套措施包括：加强便民服务平台建设，加快推进更多服务事项网上办理，深化统一政务咨询投诉举报平台建设，推进“最多跑一次”事项办理标准化，建立容缺受理审批服务机制，深化“订单式”企业投资项目高效审批服务机制改革，加快推进审批中介服务市场化改革，深化相对集中行政许可权试点，探索企业投资项目承诺制试点，启动集成式审批改革。

至 6 月底，公布“最多跑一次”办理事项 1282 项，占区级部门权力事项的 97.05%；群众和企业到政府办事事项进驻公共审批中心 1304 项，占区级部门权力事项的 98.71%。

对进驻审批中心的事项，按照“前台综合受理、后台分类审批、统一窗口出件”的要求，围绕投资项目审批、不动产登记、商事登记、社会事务、公用事业、公安服务、社保医保等重点领域，设立 7 大板块综合窗口，对所有事项制定标准化的办事指南规范，并进行事项对比，确保要素齐全，网上网下一致。

8 月，柯桥区被列为全省一体化投资项目在线审批监管平台（2.0 版本）试点地区。通过平台升级改造、界面功能完善、流程优化设计等举措，将涉及投资项目审批的部门自建审批网与省平台直接对接，11 个部门 70 个投资项目审批事项“一网受理”，实现企业投资项目从立项、报建、到竣工验收，全流程、多部门、多层级审批事项信息一次录入、集成共享，在全省率先基本实现 100% 平台应用、100% 系统打通、100% 网上申报、100% 网上审批，161 个投资项目上线运行。

9 月 25 日，省委全面深化改革领导小组第十八次会议审议通过柯桥区企业投资项目行政审批集成式改革实施方案，柯桥区启动以“最多跑一次”“最多 100 天”为目标的企业投资项目行政审批集成式改革。围绕职能集成、系统集成、要素集成、制度集成“四大集成”，建立起“一主三副”（以2.0版投资项目在线审批监管平台为主平台，中介评估联系服务系统、施工图联合图审系统、竣工测验合一系统为副系统）投资项目审批集成平台,实现“一家审批”“一网办理”“一站服务”“一诺即办”。至2018年6月底，改革目标超额完成，一般企业投资项目审批的申报资料从之前的371项减少到151项，从项目立项到施工许可证申领时间（含中介服务时间）由之前的近100天缩短至47天。

2018年8月，柯桥区以绝对优势成为全省标准化战略重大试点项目应用示范单位，承担全省“最多跑一次”改革标准化编制任务。10月，全面完成政务服务“一窗办”改革，进入审批中心的全部办事事项按照相近、相通、“一件事情”的思路，分为经济发展、社会事务、人力社保、不动产综合受理等9个板块及2个专区，实行板块内“无差别全科受理”，让办事群众“只进一扇门”“最多跑一次”，为群众和企业办事提供优质高效、标准化、无差别的政务服务。

至2018年底,柯桥区各个领域都基本实现了“一章审批”“一窗受理”“一套资料”“一网通办”“一站式服务”等目标，“最多跑一次”改革领跑全省。全年，区行政服务中心办理各类审批事项103.21万件，日均办理4128.3件；行政许可准确率和承诺件按时办结率均达100%，提前办结率86.59%，每件承诺件实际平均办结时间为1.18天。并且随着统计数据对接共享、办事大厅线上线下联动、便民服务智能化等工作的相继展开，越来越多领域都出现了“一次都不用跑”的现象。

“最多跑一次”改革是政府一场“刀刃向内”的自我革命。根据人民群众的需求决定行政审批的改革内容，倒逼政府做好“瘦身”工作，真正放权、减权，实现从管理者向服务者的身份转变，让市场主体和人民群众感受到实实在在的便利，从而激发全社会创业创新的活力。

二、中国式现代化的县域探索——柯桥实践

（一）坚持高质量发展为主题，致力经济发展现代化

党的二十大报告提出，物质富足、精神富有是社会主义现代化的根本要求。多年来，柯桥区按照“以产兴城、以城促产、融合发展”的总体思路，大力推进实体经济、创新能力和市场开放，获国务院督查激励，全省共同富裕示范区建设工作蝉联优秀。

1. 经济实力不断强化

近年来，柯桥区按照“绿色高端、世界领先”方向，推动纺织数字化、低碳化转型，加快纺机装备、数码喷印、高端面料、服装服饰等延链补链，打造产业链最完整的世界级现代纺织产业集群；与此同时，柯桥区瞄准新材料、生物医药、泛半导体等“新赛道”，抢滩未来产业，抢占发展制高点，加快激发产业新动能。2022年，柯桥区

全年实现地区生产总值 1901.36 亿元，总量稳居全省前十，连续多年位居全国综合实力十强区，人均 GDP（户籍）271608 元（按年平均汇率折算为 40381 美元），位居全省第七，夯实高质量发展基本盘。2022 年，引进重大招商项目 63 个，总投资 967 亿元；全年固定资产投资近 600 亿元，比上年增长 10.1%；其中，高新技术产业投资增长 18.1%；建筑业总产值 1439 亿元，位居全省第一；外贸出口 1339 亿元，占全国份额 5.59‰；外资招引 5 亿美元，位居全省第一方阵。

2. 创新能力不断优化

一是产业创新。柯桥区按照“绿色高端、世界领先”的目标定位，全面实施印染集聚升级工程，成为传统产业改造提升的省域典范。通过 10 年集聚提升，全区 212 家规上整合为 108 家，印染产能占全省 2/3，每米印染布附加值提高 15% 以上，亩均税收从集聚前 13.47 万元提高到 23.5 万元；腾退工业土地 1.3 万亩，淘汰落后产能 11.6 亿米。同时，以数字化改革为牵引，创新“印染产业大脑”“浙里工程师”等场景，近半数规上工业企业完成智能化改造，发布全国首个“版权 AI”智审，成立省现代纺织技术创新中心（鉴湖实验室），全力推动纺织产业走向高端化，纺织行业改造提升综合指数全省第一。二是人才创新。近年来，柯桥区持续深化“鉴湖英才计划”、纺织创意人才“经纬计划”，全职引进院士团队 3 个，累计集聚省级以上高层次人才 288 名，全年引进大学毕业生 4.05 万名，新增高技能人才 6357 人，净增持有 AB 类工作许可的外国人才 415 人。外国高端人才创新集聚区成功列入全省首批“浙江院士之家”试点，入驻来自乌克兰、印度等国家 15 名院士。三是主体创新。柯桥区作为全国科技创新十强区。2022 年,荣获市科技进步目标责任制考核优胜单位,全区有效国家高新技术企业、省科技型中小企业数量分别突破 550 家、2200 家，增量、增速继续领跑全市；技术交易额总量 48.65 亿元，位居全市第一；规上工业企业研发费用支出 78.2 亿元，研发经费占 GDP 比重预计达 3%。

3. 开放程度不断深化

2022 年，柯桥区全年实现出口 1338.91 亿元，同比增长 23%，出口总量占全国份额提升至 5.59‰；其中，出口 100 万美元、500 万美元、1000 万美元以上企业分别有 2578 家、912 家和 483 家；阿里巴巴国际站、亚马逊等 B2B、B2C 平台活跃卖家达 2250 家。一是迈向国际纺织之都。30 年间，中国轻纺城由小到大发展、由内而外变革，吸引了无数海外客商就此追梦。截至目前，柯桥区已拥有国（境）外企业常驻代表机构 1597 家、外商投资商业企业 1168 家；在海内外布商的耕耘下，中国轻纺城已拥有五大市场群，建筑面积达 390 万平方米，经营户超 3.5 万家，日客流量达 10 万人次，境外采购商日均 1 万人，常驻外商超 5500 余人，经营纺织品种类 50 余万种，全球近四分之一的纺织品在此交易，产品远销 206 个国家和地区，对“一带一路”沿线国家出口增长 27.4%、RCEP 成员国出口增长 33.5%。如今中国轻纺城已是亚洲最大布匹专业市场，2022 年，中国轻纺城“线上 + 线下”年成交额突破 3400 亿元，成交额连续 31 年位居全国纺织品专业市场第一。二是开通义新欧班列。作为中国轻纺城所在地，柯桥区每年有 600 多亿元货物销往“一带一路”沿线。为了让企业更好地出海拓市，2022 年全市首个铁路海关口岸中欧班列“绍兴柯桥号”正式开通；截至目前，已累计有 5 列货值近 1000 万美元的面料通过中欧班列“柯桥号”发往“一带一路”沿线国家。三是加速推进融杭接沪。当前，柯桥区以“融杭接沪示范区”建设为依托，主动对接杭绍同城一体化，按下“融杭接沪”快捷键，加快柯桥城市国际化步伐。杭绍城际铁路、杭甬高速柯桥互通改扩建、杭绍台高速、31 省道北延线等一批项目正加快建设；推动与沪杭甬等城市异地就医门诊和住院直接结算，提升养老保险、医疗保险和失业保险在长三角城市间转移接续的便利化；积极探索行政服务一体化改革工作，目前 186 项涉民事项实现萧山—柯桥“跨区域通办”，切实让群众感受到融杭接沪联甬带来的获得感和幸福感。

（二）坚持办实办好民生实事，致力社会建设现代化

“民之所忧，我必念之；民之所盼，我必行之。”我们党的百年历史就是一部践行党的初心使命的历史，就是一部党与人民心连心、同呼吸、共命运的历史。柯桥区注重办好民生实事，2022 年，全年涉及老旧小区改造、教育、医疗、养老等民生类支出 108 亿元，占一般公共预算支出的 78.7%。

1. 加大民生保障

目前，柯桥区基本养老保险参保人数 68.75 万人，户籍基本参保率 99%。城乡居民最低生活保障标准由城乡居民不同标准提升至城乡一体化，由分档补差提升为统一标准，20 年来由城镇低保 220 元 / 人 · 月，农村低保 140 元 / 人 · 月增长至城乡统筹 1050 元 / 人 · 月，城镇低保增幅达 377%，农村低保增幅达 650%。关爱“一老一小”群体，按照“五有”建设标准，建成康养联合体养老机构 5 家，区老年康复医院 1 家，全面推进智慧养老；建立居家社区机构相协调、医养结合的多层次养老服务体系，镇村两级养老服务照料中心全覆盖，健康浙江考核连续三年优秀。成立 13 只规模达 1.29 亿元涉及乡村振兴项目的慈善基金，致力困难群众帮扶，“浙江城市慈善发展指数”排名全省第一。强化城乡教育共富。近两年，投入 22 亿元，完成全区中小学、幼儿园新建扩建、提升改造项目 33 个，新增学位 11100 个，实现义务教育“教共体”、学前教育“园际发展共同体”全覆盖，成为全国学前教育普及普惠示范区、全国义务教育优质均衡发展区先行创建区、全省首批体育现代化区，教育现代化发展水平监测成绩全省第一。2021 年、2022 年北大、清华录取人数分别为 14 人、15 人，特控线上线人数分别为 1251 人、1310 人，上线率高出全省平均 8.8、9.21 个百分点。

2. 拓宽就业渠道

通过党建统领，搭建“龙头农企、共富工坊、强村公司 + 农户”等多元化共富平台，加快农民增收步伐。培育共富工坊 109 个、强村公司 46 家，梳理总结出投资收益型、资产盘活型等 9 种就业增收模式，实现全区 16 个镇（街道）全覆盖。平水镇“海丰花卉”企业辐射农户约 800 户，种植年纯收益达 1.26 万元 / 亩，促农增收 4000 余万元。

3. 筑牢兜底保障

在低保标准提高到 1050 元的基础上，柯桥区大力实施强村富民集成改革，因地制宜打造共富项目 100 余个，总投资达 2 亿元。柯桥区平水镇利用山区闲置厂房可利用屋顶面积实施分布式光伏整体开发项目，并网发电 200 余万度 / 年，村集体年可得净收益 100 万元以上。此外，金融机构创设 10 万元以内免担保、免利息小额贷款项目，帮助低收入农户解决其创业融资难题，至目前，已贴息 56 户次，补助 11 万元。2022 年柯桥区低收入农户人均收入增长 18.5% 左右，农村居民人均可支配收入 5.2 万元，全体居民人均可支配收入 7.5 万元，10—50 万元中等收入群体占比达 80%，成功获评全省共同富裕示范区考评优秀。

（三）坚持以文化城以文塑城，致力文化发展现代化

柯桥区以文化事业更加繁荣、文化产业加速发展、文旅融合深入推进、文明新风全面提升为导向，以文塑城，致力城市文化发展现代化，建设商气与文气共进的品质之城。

1. 打造精品文艺剧目

制定《2022—2025 年文艺精品创作生产规划》，重点加强对 5 大门类 25 个文艺重点项目的跟踪服务，电视纪录片《我住江之头》成功登录央视一套首播，网络电影《聂隐娘之绝命刺杀》在爱奇艺平台播出，广播剧《不落的莲花》在全国 27 家电台及新媒体平台播出。复排、创排《李慧娘》《醉县令》等多个越剧、莲花落剧目，推动“老戏新排”“好戏移植”“新戏创排”，其中越剧《苏秦》入选第五届中国越剧节展演剧目。

2. 释放文化产业动能

一是抓“文化 + 旅游”，大力招引培育高端文旅项目，2022 年签约中南旷谷等重大文旅项目 43 个、总投资 437.8 亿元，文旅投资综合评价指数全省第一，获评 2022 年全国市辖区旅游综合实力十强区。二是抓“文化 + 媒介”，上演大型实景剧《鲁镇社戏》，开创绍兴高科技影画表演先河。发布全国首条网络文学 IP 游线，建成全省首个数字诗路体验馆。三是抓“文化 + 创意”，立足老绍兴文化本底，大力发展文化创意产业。柯桥纺织工业创意设计基地成功入选全国首批纺织服装创意设计示范园区、全省仅 2 个。

3. 谱写全域文明风尚

依托“智慧礼堂”，广泛开展“幸福水乡好声音”“民营剧团进礼堂”“精品文艺下基层”

等活动，文化礼堂成为大众“精神家园”，文明风尚新风吹遍街巷田野。快递小哥“文明轻骑兵”场景，得到省委省政府主要领导批示肯定。升级打造“浙江有礼·柯桥有爱”区域文明新实践，设置“文明实践地图”，只需微信扫描即可开展志愿活动，截至目前已开展 1.45 万余次。

4. 提升文化服务效能

2022 年，在全省县市区率先实现区有“五馆一院”，其中图书馆、文化馆均达到部颁一级标准，全区 16 个镇（街道）一级综合文化站率达 100%，城市书房等新型公共文化空间、村（社区）三星级以上文化礼堂（文化家园）实现全覆盖。全区共打造 122 个“15 分钟品质文化生活圈”，加强了公共文化服务的“精准供给”。

（四）坚持深化改革锐意进取，致力基层治理现代化

改革聚活力，改革促发展。在敢闯敢试、敢为人先的浙江，柯桥区凭借锐意进取的改革精神成为勇立改革潮头的擎旗者，正逐步打造成为高效和谐的“善治之城”。

1. 党建联建系统推进

柯桥区委主要领导亲自谋划部署，出台《关于深化推进党建联建高质量打造共富星村的实施意见》，综合集成党建力量向共富发展聚焦聚力，形成“5 带 16 片”党建联建总体布局。健全联建机制，强化统筹整合，以组织共建为链接实现资源优化组合。重点聚焦南部山区共富主战场，打破单打独斗局面，形成联建发展之势，通过“村村抱团”壮大集群效应。已实现茶园、香榧园等跨村连片种植超 2000 亩，引进各类绿色项目 19 只，引流资金超 2.1 亿元。坚持需求导向，依托预期成果、需求、资源、项目等“4 张清单”，抓实党建联建运转效度，已累计探索构建了 140 余个各种形态的党建联建实践项目。持续擦亮“驻村指导员”金名片，累计派出驻村指导员 19 批次、5900 余人次。2022 年以来，全区指导员共走访农户 2.53 余万户次，走访率 100%，记载民情日记 1.39 万篇。不断完善走访、共建、管理和研判等机制，累计调处矛盾纠纷 3 万余起。

2. 综合执法整体智治

以“县乡一体、条抓块统”县域整体智治改革省级试点为契机，以“大综合一体化”执法监管数字应用省级试点为抓手，以数据赋能为引擎，打造多跨协同应用场景，推进政府治理体系和治理能力现代化，以“大综合一体化”行政执法改革打造“基层智治”的县域典范。全区撤销 5 支专业执法队伍，形成“1+8”的“综合＋专业”执法队伍体系，以综合行政执法中队为主体，整合自然资源、生态环境、应急管理、市场监管和交通运输等 16 个领域 570 项执法事项至区综合执法局，执法机构精简率 37%，综合执法事项达 1355 项，占全部执法事项的 23.9%。全面铺开 16 个镇街营房改造，打造一个“专业安全、提升效能、便捷高效”的综合执法队，综合集成办事、处罚、监管等功能，实现“一站式”办案，力求“一支队伍”的功能最大化，实现综合执法队伍真正有效的融合。

3. 应急体系规范建设

区级财政投入330万元,完成326个社区(村)应急物资储备库(室)标准化配置,实现卫星电话、发电机、水泵等“三大件”和雨具、头盔、电筒、救生衣等“四小件”全覆盖。实施基层综合应急救援能力提升工程,以社区(村)干部、中共党员、退役军人为主,整合民兵、警务、医务、物业等有应急专业知识和相关经验的人员,建成24支基层综合应急救援队。全区1391个社区(村)基础网格网格员覆盖,基层治理体系和治理能力更趋现代化,成功创建国家级综合减灾示范区11个、省级14个。

(五)坚持人与自然和谐共生,致力生态保护现代化

“绿水青山就是金山银山”,柯桥区作为省级生态文明建设示范区始终践行新发展理念,编制《“十四五”柯桥区生态环境保护规划》,多管齐下绘制柯桥生态新画卷。

1. 印染产业绿色突围

由于“低散乱”的产业结构,拥有“中国最大染缸”之称的柯桥早在十年前便饱受高耗能、高成本、高污染的行业困扰,为打破困境,自2010年起先后开展三批产业集聚行动,将印染企业全部集聚至滨海工业区,印染企业由212家减少为109家,累计腾退土地1.3万亩,淘汰落后设备2000多台,高端设备普及率60%以上,每米印染布附加值提高15%以上,平均浴比由1:10提高到1:5,废水废气减少排放1/3,土地节约1/3。成立印染产业集聚升级服务中心,不断推进印染产业向“高新化、智能化、绿色化”迭代升级,截至2022年底,共解决企业个性化难题1700余个,实现“揭榜挂帅”成果21项,榜额2047.7万元,累计吸引6.5万余人和678家织造印染行业企业入驻。

2. 美丽乡村蝶变重生

从“岭上开遍映山红”的“云中丹家”到“澄江一碧映山峦”的时尚“鉴湖里”,再到“小桥流水、阡陌纵横”的富饶柯北,一处处“盆景”汇聚成一片片风景,创建省级美丽乡村示范镇10个、省级美丽乡村特色精品村27个、五星3A先行村2个、五星达标村232个、3A级景区化建设示范村30个,再现了“山阴道上行,如在镜中游”的全域美丽面貌。柯桥区连续多年保持农村人居环境整治常态化评估综合排名全市第一、全省前列,获评深化“千万工程”建设新时代美丽乡村(农村人居环境提升)工作优胜县和全省农村生活垃圾分类处理工作优胜县等荣誉称号。2022年被省委、省政府命名为首批浙江省“新时代美丽乡村示范县”,作为美丽乡村升级版的“共同富裕基本单元——共富星村”项目入选全省高质量发展建设共同富裕示范区第二批试点改革探索类名录。

3. 低碳生活共践共享

在政府端、企业侧,乃至偏远山区,掀起绿色发展新风潮。通过数字化改革,着手打造露天焚烧处置、处罚“双闭环”管理体系，开发“露天禁烧精密智控平台”，对原有的高空瞭望露天禁烧预警监测平台进行迭代升级，专门出台《柯桥区露天禁烧精密智控工作实施办法》，形成村规民约、行政执法、刑事处罚三级分类处置。以实现“数智治气”“数智无废”“数智环保码”等子场景建设为抓手，推动“数智蓝网”综合指挥平台建设。王坛镇蒋相村入选全省首批低（零）碳试点创建村，村党总支书记蒋婉芬带领村民建起了王坛镇首个“肥料银行”，成为实现农村生活垃圾减量化、资源化处理和解决外运垃圾成本过高、费时费力难题的“法宝”。

三、柯桥区县域现代化的特色、经验与启示

（一）柯桥在现代化建设方面的特色

一是推进富民强区，收入水平全省领先。2022 年，柯桥区全年实现地区生产总值 1901.36 亿元，总量稳居全省前十，连续多年位居全国综合实力十强区；柯桥区城镇居民人均可支配收入为 82528 元，居全省第六位；农村人均居民可支配收入为 51065 元，跃居全省第一位，全面消除 100 万以下村集体经济薄弱村。对比来看，柯桥城乡居民收入均跑赢了 GDP，充分体现了发展成果全民共享。二是促进共同富裕，城乡统筹协调发展。党的十八大以来，随着农业农村改革发展的深入推进，柯桥区农村居民收入增速始终快于城镇居民，城乡居民收入比从 2012 年的 1.87 缩小到 2022 年的 1.599，分别比全国（2.448）、全省（1.897）低 0.889、0.298，并且呈逐年缩小的态势，城乡融合发展、富民强村建设等重大战略让农村更加宜居、宜业，共同富裕成色十足。三是坚持绿色发展，加快新旧动能转换。柯桥区按照“绿色高端、世界领先”的目标定位，自 2010 年起，坚持供给侧改革，在全国率先建成创新、集聚、绿色、高端的印染产业转型升级示范区，人民日报头版《焦点访谈》等中央媒体对此纷纷进行专题报道。此后，根据设备提档升级、产业绿色发展要求，开展纺织印染产业改造提升。2022 年，全区印染行业实现销售 462.86 亿元、利润 47.41 亿元、税金 33.27 亿元，印染企业亩均税收达到 25 万 / 亩，同比增长 30%，单位能耗税收同比增长 30% 以上。四是筑牢精神家园，提升群众生活幸福感。越是物质充裕，越需要精神昂扬。2022 年，柯桥区在全省县市区率先实现区有“五馆一院”，其中图书馆、文化馆均达到部颁一级标准，全区 16 个镇（街道）一级综合文化站率达 100%，城市书房等新型公共文化空间、村（社区）三星级以上文化礼堂（文化家园）实现全覆盖；全区共打造 122 个“15 分钟品质文化生活圈”，加强了公共文化服务的“精准供给”，“五馆一院”成为群众想去愿去常去的“精神家园”。

（二）柯桥在加强党的领导方面的经验

一是政治领航更加坚定。持续推动总书记对柯桥区的驻村指导员制度、中国轻纺城、“红色网上游”等重要指示批示精神在柯桥的走深走实、见行见效，作为宝贵的政

治财富传承发扬,教育引导广大党员干部成为“两个确立”的坚决捍卫者和“两个维护”的坚定践行者。二是党建统领更加有力。首先，持续完善以“七张问题清单”为牵引的党建统领工作机制，高质量推进党建统领现代社区建设，不断扩大“县乡一体、条抓块统”改革、“大综合一体化”行政执法改革等工作成效。其次，实施党建引领共富行动，压茬推进“共富星村”建设并入选省共同富裕第二批试点。最后，深化党建联建机制，系统推进“5 带 16 片”总体布局，构建“四联四定”工作体系，加快形成党建统领先富带后富的机制路径。三是组织建设更加优化。首先，在社区“红色业委会”建设实现全覆盖，在农村常态化整转软弱涣散村社党组织，制定《柯桥区建强基本单元夯实基层基础工作规范 30 条》，不断夯实基层基础。其次，围绕“服务中心、建强队伍”两大核心任务，机关党建“灯下黑”“两张皮”问题得到有效解决。最后，深入优化两新党建品牌,“纺城有家”市场党建品牌持续擦亮。四是干部队伍更加硬核。首先，做好乡镇换届“后半篇文章”，加大干部考核中的党建比重，常态化开展对各级领导干部特别是新任干部的跟踪管理，重塑“领跑竞跑”实绩考核体系。其次，依托“干部数字实绩赋分系统”,变革考核方式,实现领导干部“人人有分数、个个有排名”。最后，实施“双强双先”计划，高规格举办村社党组织书记“领雁”擂台赛等活动，不断建强村社“头雁”队伍，以点带面、推动村社党组织书记整体素养变革提升、全面建强。五是智治效能更加突显。打响党建统领网格智治“五个一”工作体系、“红色业委会”等工作品牌，进一步规范网格党组织运作，发挥好党建统领的牵引性作用，选优配强网格团队力量，将智治触角向楼道、楼栋延伸，充分发挥网格在疫情防控、安全生产、矛盾化解等方面的重要作用。持续用好“浙里红色根脉强基工程”“浙里兴村治社”等应用，以“一张网”理念加强对各类落到基层应用场景的整合。

（三）柯桥在数字化改革方面的具体做法和经验

一是重点突破，打造典型应用。重点推进特色应用，加快打造了一批具有柯桥辨识度的标志性成果。如“县乡一体、条抓块统”改革和“纺织品花样数治”分别获全省改革突破奖金奖、铜奖；“纺织品花样数治”“浙里城市生命线”分别获评全省数字化改革“最佳应用”和中国信息协会“2022 数字政府创新成果与实践案例”，且均入选“一地创新，全省共享”。二是延伸扩面，撬动社会发展。围绕教育、医疗、金融机构、国有事业、事业单位等领域进一步延伸扩面。如在教育领域，打造“护翼天使”特殊学生关爱应用、“红色网上游”柯桥研学应用、“柯桥校园防疫服务”应用三大数改项目，均成功上架“浙里办”，为广大师生带来实实在在的便利；在医疗领域，打造“医保行业智律平台”，推进医保基金监管制度体系改革，相关做法被省府办专报刊登，获成岳冲副省长批示肯定；在金融领域，全市率先开展企业上市合法合规证明“一件事”集成改革，已为 25 家次上市公司、拟上市公司及其子公司完成“一件事”办理。三是承接贯通，多元渠道引流。首先，贯通省级应用。承接贯通 6 大系统中省级重大应用，做到应通尽通、应用尽用。浙里好干部、浙江质量在线等多个应用均完成区级模块建设、单位接入、推广应用等工作。其次，推进基层贯通。柯桥区“141”承接“1612”基层智治系统，4 个重点应用、15 个业务模块、5 个权责事项已实现省市区贯通，并通过省级部门验收，贯通率 100%。最后，加强应用推广。鼓励各部门探索应用推广模式。四是总结提炼，形成理论制度。在积极打造应用成果的同时，注重将实践经验上升为理论和制度，形成了一批理论成果和制度成果。首先，在理论成果上，《绍兴柯桥公安“驻村守望”制观察》《数字检察范式的实践应用》《“云帮办”服务提速更便民》等被新华社、《法治日报》等主流媒体报刊刊登；其次，在制度成果上，出台《关于深化实施社区民警驻村守望制全面提升基层治理现代化水平的意见》等 10 余项数字化改革工作制度；最后，在决策咨询上，《柯桥区全面推进“三治协同”提升有限空间安全治理水平》等多项改革案例被《浙江政务信息》刊发。

（四）柯桥在促进物质文明与精神文明协调发展方面的经验

一是着眼社会价值引领，推动“柯桥有爱”深入人心。首先，深化“有礼有爱”，打造微笑之城。打造“浙江有礼·柯桥有爱”区域文明新实践，设计品牌 LOGO，开展“十大行动”，每季度发布“有礼有爱”指数。其次，厚植道德品牌，选树身边好人。着力挖掘一批群众身边先进人物，发挥先进典型的示范带动作用。最后，重视未成年工作。深化文明校园创建，召开文明校园创建推进会。二是着眼弘扬时代新风，推动文明程度显著提升。首先，持续全域发动，动态创建管理。实施全域文明创建工程，注重文明单位、文明村镇、文明家庭创建示范典型培育，启动新一轮区级文明单位、文明村镇、文明家庭评选复评。其次，倡导乡风文明，推进移风易俗。精心组织“越文明越风尚”系列主题活动，广泛开展“写家书、诵家训、扬家风”“好家风春联送万家”及乡风评议等活动。最后，助力亚运行动，塑造“微笑”形象。开展“迎亚运·共文明”实践行动，广泛开展“文明出行”“文明就餐”“文明旅游”“文明礼仪”等系列活动，展示柯桥城市文明新风。三是着眼文化阵地建设，推动文明乡风赋能共富。首先，发掘区域特色，打造文化地标。出台《关于推进 2022 年农村文化礼堂建设的实施意见》，在全区培育一批具有文化辐射力和示范效应的文化礼堂、文化家园、文化俱乐部，对优质项目进行重点培育。其次，试点省市应用，实现“三级贯通”。推广使用省“礼堂家”和绍兴“数智礼堂”两大应用场景，在全市范围内率先实现三级贯通。最后，完善考核体系，拓展礼堂服务边际。继续深化文化礼堂星级动态考评和管理员队伍考核，加强数值化应用场景日常使用，各项数据位居全市第一。

（五）柯桥在建设人与自然和谐共生的现代化方面的经验

一是打好印染产业“绿色突围战”。针对印染行业“低散乱”的产业结构和高耗能、高成本、高污染的行业困扰，在2006年绍兴县提出的“亩产论英雄”基础上不断深化拓展，贯彻省委省政府“亩均论英雄”的理念，于2010年起先后开展三批产业集聚行动，将印染企业全部集聚至滨海工业区，不断深化“亩均论英雄”的理念，印染企业由212家减少为109家，累计腾退土地1.3万亩，淘汰落后设备2000多台，高端设备普及率60%以上，每米印染布附加值提高15%以上，平均浴比由1∶10提高到1∶5，废水废气减少排放1/3，土地节约1/3。二是铺就美丽乡村“蝶变重生路”。创建省级美丽乡村示范镇10个、省级美丽乡村特色精品村27个、五星3A先行村2个、五星达标村232个、3A级景区化建设示范村30个，已连续多年保持农村人居环境整治常态化评估综合排名全市第一、全省前列，获评深化“千万工程”建设新时代美丽乡村（农村人居环境提升）工作优胜县和全省农村生活垃圾分类处理工作优胜县等荣誉称号。2022年被省委、省政府命名为首批浙江省“新时代美丽乡村示范县”，作为美丽乡村升级版的“共同富裕基本单元——共富星村”项目入选全省高质量发展建设共同富裕示范区第二批试点改革探索类名录。三是打造花园城市“纺都样板”。近年来通过大力增绿，加快公园和绿地新建及提档改造，建成区绿地面积、绿地率、人均公园绿地面积等指标稳步提升，建成区绿地面积从2016年1983公顷增加到2022年3163.58公顷，增幅达59.5%；建成区公园绿地面积从2016年475公顷增加到2022年794.18公顷，增幅达67.2%；城区人均公园面积从2016年11.81平方米/人增加到2022年15平方米/人，增幅达27%。通过各项绿化建设，让城市环境更加绿色宜居。在后疫情时代，迎合人民群众对绿色生态空间的新需求，逐步推进先行试点公园绿地开放共享，坂湖公园和瓜渚湖公园成为全省首批响应绿地开放共享政策的公园。

（六）柯桥在建设共同富裕方面的经验

一是体制机制探索新招新法。在省市贯通组织架构基础上，成立区委直属事业单位—共富指导中心，配足配强工作力量，牵头推进共富示范区建设；邀请顾益康、刘亭等32位省市区专家组成共富顾问团，组建党建共富、扩中提低、民生补短、平安共富、三次分配、未来乡村等六大专班，建立月度例会、双月领导小组会议和每季顾问团集中调研等一批常态化机制，以“一组一办一团一中心六专班”组织体系系统推进共富示范区建设，成为全省推进共富示范区建设工作力量最强的区县市。二是富民增收全省领跑竞跑。谋划提出共富星村建设，申报列入全省第二批共富试点。首批8个共富星村创建村全部满星达标。坚持“做大蛋糕”强基础、“分好蛋糕”促共富，全区农村集体经济经营性收入同比增长13.27%，其中214个村平均经营性收入339.62万元，较2021年增长21.8%。在2021年全面消除年经营性收入50万元以下经济薄弱村基础上，实现全面消除100万以下的相对薄弱村。全体居民人均可支配收入达7.48万元，农民人均可支配收入达5.16万元、全省第1，城乡居民收入比大幅缩小至1.599。三是试点实践突出有声有色。“传承发扬驻村指导员制度，打造推进共富硬核队伍”和“以‘共富星村’省级试点，助推强村富民乡村集成改革”分别入选全省第一批、第二批共富最佳实践，系绍兴市唯一一个第一批、第二批全省共同富裕示范区最佳实践都“榜上有名”的区县市。教育现代化发展水平居全省第一，上榜全国义务教育优质均衡先行创建区、全省首批体育现代化区，健康浙江考核连续三年优秀。慈善发展指数居全省区（县、市）第一。2022 年 10 月成功入选国家乡村振兴示范县创建名单；全国首个市域跨区农村宅基地有偿选位做法得到浙江省徐文光常务副省长的批示肯定。

（七）柯桥在高质量发展和科技创新方面的经验

一是推进教育科技人才一体联动。构建教育科技人才工作一体协同机制，大力推进教育科技人才领导体制协同、工作机制协同、资源调配协同、工作力量协同、考核述职协同，着力构建全面创新的体制机制；构建教育科技人才规划一体统筹机制，坚持战略统筹、目标统筹、要素统筹、工作统筹，联动编制教育科技人才中长期发展规划，完善跨领域、跨部门落实推进机制；构建教育科技人才资源一体配置机制，完善产学研协同创新机制、创新平台协同共建机制，依托高校、科研院所、新型研发机构等创新平台，集聚培育战略科学家和高层次复合型人才，促进产业高质量发展。二是打造新时代“鉴湖英才”人才高地。打造战略科技人才力量，围绕重大攻关任务，支持顶尖科学家领衔进行原创性、引领性科技攻关，给予项目、平台、资金“一盘棋”支持；激发企业家创新活力和创造潜能，发挥企业家在技术创新中的要素集成和组织的主体作用，持续推进产品创新、技术创新、商业模式创新、管理创新、制度创新；深化人才发展体制机制综合改革，健全人才评价体系和激励机制，将科技成果转化情况作为科研人员评价考核的重要依据，探索支持有条件的用人单位自主制定高层次人才薪酬激励政策。三是深化数字经济创新提质。实施数字经济创新提质“一号发展工程”，加快推进高能科创平台建设，做强做优特色产业集群，协同推进数字产业化、产业数字化、治理数字化和数据价值化，健全数字经济发展制度规则体系，迭代完善数字经济发展扶持政策，加快构建以数字经济为核心的现代化产业体系；深化创新主体梯度培育机制，完善科技型企业创新发展激励政策，深入实施科技企业“双倍增”和科技领军企业，科技小巨人企业培育计划，健全“微成长、小升高、高壮大”梯次培育机制；构建创新链产业链深度融合机制，加快构建科技领军企业牵头，产业链上下游企业、高校院所、金融机构协同攻关的创新联合体，打造“科技领军企业 + 科技型中小企业 + 服务环境”的协同创新生态圈。

（八）柯桥在传承中华优秀传统文化方面的经验

一是推进文艺精品生产，艺术创作凸显新高度。开展精品文艺创优行动，加强对含有本土元素的文艺精品创作题材组织，整合利用文艺类基金、专项资金，加大文艺作品的创作生产投入和优秀文艺作品宣传，推出更多具有本地特色的优秀文艺作品；实施文艺精品提升工程，集聚培育更多名家大师，创作推出一批反映新时代特征的文艺精品，抓住重大时间节点，有目标、有步骤的推进文艺精品创作生产工作；文化艺术作品百花齐放，通过各级平台推广传播优秀的文艺作品，夯实地方戏曲曲艺传播基础，打造柯桥曲艺高地，“中国曲艺高峰论坛”永久落户柯桥区。二是传承传统戏曲文化，基层院团迸发新活力。抓核心院团引领，1986 年新组建成立绍兴小百花越剧团，通过传承创新，凭借强大的实力创造了一个区级剧团拥有“四人五梅”的神话，成为柯桥区地方文化的一张“金名片”；抓政策保障激励，区委区政府通过《关于加快柯桥区社会事业发展的若干政策意见》等政策激励，财政每年保障 3700 万以上专项资金，用于保障专业院团运作和戏曲传承发展、培育名团名院、激励名家名品等；抓发展成果共享，剧团剧目相继荣获了中国越剧艺术节金奖、中国戏曲学会奖、省“五个一工程奖”、省戏剧节优秀剧目奖、全国地方戏优秀剧目展演等数十项大奖，开展惠民演出及交流展演共 4200 场次，惠及百姓约 800 多万人次。三是加强文化遗产保护，利用弘扬迈上新台阶。弘扬宋韵文化，强化重点文物保护，开展越国贵族墓安防提升工程、舜王庙壁画修复工程，积极推动绍兴越国贵族墓群申报国家考古遗址公园。强化宋韵文化展示，解码柯桥宋韵文化基因，举办宋韵文化系列展览，强化文化地标建设，挖掘梳理柯桥宋韵文化代表性遗存遗迹，打造具有柯桥气象的宋韵文化地标；弘扬三缸文化，扩大安昌古镇影响，集聚柯桥古镇人气，推广黄酒小镇文化游线；弘扬诗路文化，巩固提升浙东唐诗之路柯桥段保护利用开发成果，建设“诗路 E 站”数字化文旅体验中心，创新推进诗路文化价值转化。

（九）柯桥在构建一带一路方面的经验

一是做大出口基本盘。总体上看，2022 年出口“一带一路”沿线国家经贸合作韧性强劲，出口产品结构稳定，纺织品占主导地位，全区出口“一带一路”沿线国家和地区的纺织品达 625.1 亿元，同比增长 23.3%，占“一带一路”出口总量的 79.7%。重点市场突出，印尼稳居首位，全年累计出口达 78.7 亿元，占“一带一路”出口总量的 10%。新兴业态支撑明显，市场采购贸易方式出口“一带一路”沿线达 107.4 亿元，同比增长 65.63%，占“一带一路”出口总量的 13.7%。二是做强企业外贸。2022 年全区有 4161 家企业出口到“一带一路”沿线国家，占全区出口实绩企业的 79%。从外贸出口情况看，重点企业占比大，出口前 30 强企业中有 20 个参与“一带一路”出口贸易。伴随“一带一路”中新兴国家市场的旺盛需求，我区出口“一带一路”国家全线增势强劲，59 个国家中实现正增长 45 个，同比增长 40% 以上国家 24 个，覆盖头部国家如印度尼西亚、巴基斯坦等和尾部国家如老挝、蒙古、文莱等。三是做精境外投资。全区涉及“一带一路”沿线国家投资的企业共 37 家，其中总投资 1000 万美元以上企业 3 家。其中，浙江凯利新材料股份有限公司在越南投资建厂，2022 年实现出口额 3.56 亿元，同比增长 6.51%，产品销往“一带一路”国家达 1.73 亿元，占全部出口额的 49%，该公司作为中国最大的薄膜出口商，致力于国内外市场的开发，生产的薄膜产品远销国内外，并已建立起与欧盟、美洲、日本、韩国、非洲、越南、印度等 70 余个国家及地区的业务网络。四是做实惠企举措。在“一带一路”框架内发挥纺织产业比较优势，面对中美贸易摩擦、全球经济衰退等突发因素的干扰，一方面出台一系列稳外贸政策，开展“丝路柯桥 · 布满全球”行动，提高商务开放型经济政策惠企力度，支持企业参展拓市，帮助企业不断挖掘市场潜力、拓展贸易空间；另一方面专班化推进海铁联运及内河码头，扩充钱清铁路货站运力、建设铁路海关监管点、开行中欧班列、设立杭绍临空经济一体化发展示范区绍兴片区等项目，加速形成与“一带一路”沿线国家和地区海、陆、空、铁“四位一体”的综合国际物流体系。

参考文献

[1]《中国共产党绍兴县历史第二卷（1949—1978）》，中共党史出版社 2015 年 11 月版 .

[2]《绍兴县统计年鉴》，绍兴县统计局编，2003 年 6 月印刷 .

[3] 王浩斌. 从“晋江模式”到中国式现代化新道路的“晋江经验”[J]. 福建论坛（人文社会科学版），2022(11)：5–13.

[4] 姜振安，陈良，刘洋. 中国式现代化新道路的县域实践探索[J]. 兵团党校学报，2021(12):29–33.

[5] 陆学艺：《晋江模式新发展——中国县域现代化道路探索》，社会科学文献出版社 2007 年版，第 12 页 .

[6] 周明长. 三线建设时期中国内陆农业县域现代化研究——以四川省江油县为例[J]. 宁夏社会科学，2022（5）：176–187.

[7] 县域现代化的太仓特色 [EB/OL].https://www.gmw.cn/01gmrb/2008-12/19/content_870677.htm, 光明日报 ,2008-12-19.

[8]“四敢”担当 昆山打造中国式现代化县域示范 [EB/OL].http://www.jiangsu.gov.cn/art/2023/1/27/art_84324_10733555.html, 新华日报，2023-01-27.

共同体理论视域下“乡贤带富”的有效路径研究
——以柯桥区“老绍兴回归工程”为例

中共绍兴市柯桥区委党校　费　婷

浙江省第十五次党代会提出实施“同心共富”工程，在推进共同富裕的时代背景下具有特殊意义。乡贤群体作为党和政府引领全社会画好“同心圆”、唱好“协奏曲”的重要纽带，在凝聚发展共识、促进“同心共富”上有无可比拟的优势。在现实实践中，基于优良的营商环境、强有力的社会支持和“家本位”的情感依托而回乡“带富”的乡贤掀起一阵阵“回归经济”的热潮，诠释了乡贤与家乡之间“共荣共生”的共同体关系。本文以名士之乡绍兴柯桥的“老绍兴回归工程”为研究案例，剖析了共同体理论视域下“乡贤带富”的支撑条件及面临的瓶颈，并从建立健全乡贤培育机制、服务机制、激励机制三个方面为更好发挥乡贤优势作用提供建议。

一、研究缘起：“乡贤带富”的重大意义

2021年，中央赋予浙江先行探索高质量发展建设共同富裕示范区的重大使命，浙江省积极响应，坚决扛起探路者责任，先行先试，不断探索共同富裕新理念、新思路。浙江省第十五次党代会顺应时代呼唤，提出实施“同心共富”工程，给统战工作提出要求、指明方向。乡贤群体作为重要的统战力量，是党和政府引领全社会画好“同心圆”、唱好“协奏曲”的重要纽带，在凝聚发展共识，助力“两个先行”上具有无可比拟的优势。把握好、利用好、发挥好这一优势，探索一条可复制、可推广、可借鉴的“乡贤带富”路径，对于扎实推动共同富裕、展现统战担当作为具有重大意义。

（一）“乡贤带富”是党的百年统战智慧在新时代的生动实践

1922年，中共二大通过《关于“民主的联合战线”的议决案》，开辟了党的统一战线事业从无到有的新局面，至今已有百年。从为救国聚力到为兴国献力、从为

富国努力到为强国奋力[①]，“搞统一战线是为了壮大共同奋斗的力量”[②]这一本质没有变。在党的十九届六中全会通过的《中共中央关于党的百年奋斗重大成就和历史经验的决议》中明确将“坚持统一战线”列入党长期实践积累的宝贵经验总结，并指出统一战线“是党和人民共同创造的精神财富，必须倍加珍惜、长期坚持并在新时代实践中不断丰富和发展”。乡贤作为“能人阶层”，在新的历史条件下被赋予了新的内涵和使命，是党领导中华民族伟大复兴不可或缺的重要力量，“乡贤带富”是党的百年统战智慧在中国特色社会主义新时代的生动实践，展现了新时代、新征程中的统战担当。

（二）“乡贤带富”是共同富裕的题中应有之义

共同富裕本质上是生产力和生产关系两方面特质的有机统一，是社会主义的本质规定和奋斗目标。乡贤作为一种“关系型”社会资本，是先进生产力的代表，在社会经济发展中具有一定的组织力和带动力。全国人大代表张天任在 2022 年浙江省“两会”上提出，乡贤是先富起来的群体，肩负着“先富带后富”的历史使命，是推动共同富裕不可或缺的重要力量,要深入实施“乡贤回归”“乡贤带富”工程,合力推进共同富裕。《浙江高质量发展建设共同富裕示范区实施方案（2021—2025 年）》也明确强调要实施“新乡贤带富工程”。“乡贤带富”不仅是贯穿浙江省高质量发展建设共同富裕示范区全过程的重要内容，同时也是浙江省“同心共富”工程的重要抓手，必将带动群众提升对共同富裕的认同感、参与感和获得感。

（三）“乡贤带富”是经济社会高质量发展的“新引擎”

“乡贤带富”的内核是行业里有名气、专业上有造诣、经济上有实力、社会上有声望的人回乡发挥智力优势、经验优势、资源优势和信息优势，带动群众一同致富。正如浙江省人民政府出台的《关于开展未来乡村建设的指导意见》中关于“打造未来治理场景”部分提到的，要“引导乡贤在党组织领导下依法依规参与乡村治理，促进项目回归、人才回乡、资金回流、技术回援、文化回润、公益回扶”。当前，我国经济社会正处在发展方式待转变、经济结构待优化、发展动能待转换的关键时期，而“乡贤带富”构建起了一个以乡情为纽带，以商机为前提，以要素为支撑，以环境为保障的“帮富”发展格局，天然地带有良性发展的属性，成为新时期实现社会经济高质量发展的重要途径。

二、理论溯源与文献回顾

“共同体”概念起源于古希腊，最早由亚里士多德定义为“所有城邦都是某种共同体，所有共同体都是为了某种共同的善而建立的”，在社会学领域，“共同体”一词起

---

① 宋玉．从百年统战的光辉历程中汲取智慧与力量［J］．四川省社会主义学院学报，2022(01)：3-14.
② 中共中央文献研究室．十八大以来重要文献选编（中）［M］．中央文献出版社，2016.

源于德国社会学家滕尼斯于 1988 年出版的《共同体与社会——纯粹社会学的基本概念》。共同体作为一种历史性的理论沿革，为人类社会交往文明发展提供了宝贵的思想理论资源。在传统社会，共同体被理解为一种原始的或天然状态的人的意志的完善的统一体[①]，是一种古老的，存在于传统社会中人与人之间守望相助的生存关系。在现代工业社会背景下，以韦伯、涂尔干为代表人物对共同体理论进行了深化研究，分别提出了经济共同体和职业共同体的概念。在后现代社会的共同体理论中，共同体的存在是脱离实体的，是“想象的”“精神上的”共同体。

在我国，费孝通最早翻译了“共同体”概念，后在此基础上产生了一系列本土化、中国化的理论研究。自 2013 年 3 月，习近平总书记在俄罗斯莫斯科国际关系学院首次向世界提出“人类命运共同体”重大倡议后，学界也从多维学科视角，对共同体理论进行了深刻研究。有的学者运用西方共同体理论，结合人类命运共同体提出的中国话语、世界潮流展开讨论，如陈须隆（2016）完整系统地梳理了人类命运共同体理论的提出与三次飞跃，并探讨了其深远的价值意义。赵永、秦龙 (2017) 梳理了习近平人类命运共同体论述中人与自然、国家与国家、民族与民族的内在逻辑。蒋昌建、潘忠岐（2017）讨论了我国人类命运共同体构建理论与西方共同体理论的相通之处以及超越之处。肖唤元、秦龙（2018）梳理了人类命运共同体的理论溯源、价值意蕴以及国际影响。有的学者把马克思共同体理论的研究，与人类命运共同体的讨论紧密结合。如薄海、文吉昌（2018）对马克思共同体理论进行双重维度讨论，并认为人类命运共同体是对马克思理论的部分继承；高惠珠、赵建芬（2017）追溯了“马克思共同体理论的思想发端，提出“人类命运共同体”是马克思共同体理论的当代拓新。也有学者将共同体理论应用于构建学习型社会的大背景中，提出学习共同体。如邵红万（2017）站在学习共同体理论的视域下，探究了英语学科学习中同伴互评的有效性；结合网络技术发展，郭玲玲（2016）则以网络学习共同体理论为依据，在兼顾学习者特征的前提下，以多样化发展的学习终端及日趋开放的网络社交社群为基础，设计出在线学习模式。

本文对共同体的探讨是基于乡贤群体与家乡之间相互联结的基础而展开的，从精神层面来看，乡贤与家乡是一个紧密联系的情感共同体，一方面，家乡的发展是乡贤的期盼，另一方面，乡贤的发展层次成为家乡对外的荣誉标签；从现实层面来看，乡贤与家乡是互相成就的经济共同体，一方面，家乡的兴衰影响着乡贤回乡意愿，另一方面，乡贤的发展与能力直接或间接连接着家乡的发展前景。因此，无论着眼于精神层面还是现实层面，乡贤与家乡都是不可分割的整体，而这也正是本文探讨以“乡贤带富”促进“同心共富”基础与前提。

---

① （德）费迪南·滕尼斯 . 共同体与社会：纯粹社会学的基本概念［M］. 林荣远译 . 北京：北京大学出版社，2010：19.

三、“老绍兴回归工程”：“乡贤带富”的柯桥实践

“回归经济”原意是指外出创业人员完成原始积累后，带着资金、技术、项目返乡创业，培育和发展总部经济所形成的一种经济现象。如今，乡贤群体反哺桑梓也掀起一阵阵“回归经济”的热潮，形成了经济社会层面“能人带头”的良好效应。绍兴市柯桥区着眼于“回归经济”这一优势，于 2022 年 2 月启动实施“老绍兴回归工程”，先后印发《柯桥区“老绍兴回归工程”行动方案》和《绍兴市柯桥区“老绍兴回归工程”行动考核激励实施细则》，积极鼓励和引导区内外、海内外优秀企业家、优秀人才回归。“老绍兴回归工程”以祖籍在绍兴的乡贤和外地户籍、但对绍兴（柯桥）有归属感的“新乡贤”为主体，着力优化投资创业和创业创新环境，旨在充分发挥“老绍兴”人脉优势、资源优势，为经济社会发展增添新动能、激发新活力。

（一）构建以“四大回归”为核心的“宽领域招引”格局

1. 多方联动，推进“信息、感情”回归

以乡贤大会等活动为载体，充分发挥商会、同乡会、联谊会等各种社会组织及驻点“双招双引”工作组的资源优势、人脉优势，开展多层次多方位联谊联络活动；在“老绍兴”人士相对集中区域，组建异地商会、联络处等，积极搭建拓宽与家乡互动的有效载体渠道；建立健全优秀企业、优秀人才信息库，多渠道摸排梳理、收集“老绍兴”“新柯桥”投资创业意向信息，主动对接联络，强化柯桥投资环境、投资政策宣传推介，积极推动“老绍兴”“新柯桥”在柯投资创业。2022 年至今，系统收录“老绍兴”乡贤人才类信息 500 余条，在成都、西安等地新建招商引才联络处 3 个。

2. 内提外引，推进“总部、机构”回归

积极引导一批符合柯桥主导产业发展方向、具有品牌优势和规模优势的本土企业做大做强、长高长壮，鼓励有实力的本土企业通过整合兼并、股权改革等手段，打造形成一批旗舰型龙头企业和集团总部。充分发挥“融杭接沪联甬”区位优势，借助亚运效应，大力招引实力型企业总部，鼓励企业建立区域总部、业务总部。大力引育现代纺织、建筑业及新材料、生物医药、泛半导体等新兴产业研发中心、总部企业、研究院总部基地。积极引育有影响力的国家级、国际性服务型机构。加强金融机构招引，多层次、多渠道吸引资本、资金投入柯桥。鼓励在外“老绍兴”企业将财务中心、销售中心、结算中心等回归到柯桥，培育新增税源。2022 年至今，通过“老绍兴”乡贤直接或牵线引进总部机构 2 个。

3. 招大引强，推进“产业、项目”回归

突出制造业“1+3”产业体系建设，积极引导区内外企业聚焦传统纺织产业与现代时尚产业有机结合，吸引一批以纺织新材料、高端智能装备和时尚创意为主的生产型、

平台型企业回归，共同推动现代纺织产业提升发展，打造世界级现代纺织产业集群；围绕产业链上下游，引进和培育一批以在外“老绍兴”、本地企业投资兴建的新材料、集成电路（泛半导体）、生物医药等新兴产业优质企业，打造产业集群，推动实现区域一体化发展。2022 年至今，共有 20 个“老绍兴”回归项目进行签约，总计划投资额 510.85 亿元，其中 100 亿元以上项目 3 个。

4. 合作共赢，推进“人才、技术”回归

深化人才强区、创新强区首位战略，突出“高精尖缺”导向，深化“鉴湖英才”计划，优化精准招才、以才引才，强化绍兴籍省级及以上领军人才、青年博士、海外高层次人才及创新团队等引进，建设新时代“名士之乡”人才强区。鼓励支持“老绍兴”“新柯桥”人才在柯桥成立高新技术企业、省科技型中小企业，积极引导“老绍兴”优秀人才与我区合作共建企业研发中心、重点实验室、企业研究院等科技创新平台载体，大力推进关键核心技术项目联合研发、联合攻坚，加快科技成果转化，切实推动创新链、产业链有效对接。

（二）打造以配套服务为抓手的“全方位推进”局面

1. 高位谋划部署，实施精准化推动

建立例会协调机制，区委、区政府主要领导定期听取“老绍兴回归工程”进展情况专题汇报，分管区领导根据需要不定期召开工作进展督查协调会。建立联动服务机制，协调解决、督促推动重点项目、重要活动推进过程中碰到的困难和问题。建立赛比通报机制，每月统计、每季度通报各责任单位和各镇（街道、开发区）完成情况，对排名落后单位及时跟踪督查。

2. 高标统筹规划，完善产业化配套

谋划设立回归企业总部园区、产业园区，加快园区内生活、商业等基础设施建设，完善相应配套设施；解决土地瓶颈制约，加大闲置土地和低效利用土地的清理盘活力度，腾出发展空间承接回归项目；保障落户项目的开工建设和投产速度，积极引导回归的项目、企业和人才向重点产业功能区、优势主导产业企业聚集。运用金融手段，加强产业与金融的融合度，加大金融对产业的扶持力度，推进产城、产融联动发展，打造“国际纺都、杭绍星城”现代城市新风范。

3. 高效对接落实，构建全程化服务

强化信息反馈和全过程服务。深入推进行政审批和公共服务制度改革，依法保护回乡投资创业者的合法权益，简化办事程序，提高服务效率，为“老绍兴”回乡投资创业建好服务绿色通道。教育、卫生、市场监管、公安、人社等部门在证照办理、户籍迁徙、社保缴纳、员工培训等方面提供最优质、最便捷的服务，为“老绍兴”回归人士落实好教育、医疗、租住房、养老等全方位保障。

（三）制定以政策激励为导向的“多层次考核”体系

1. 差异化分派目标任务指标

以机关部门（单位）、各镇（街道）、开发区（平台）的职能与工作侧重点为基础，将“四大回归”的招引任务进行差异化分派，以最大程度发挥职能优势，凸显工作成效。一是指标类型差异化。以系统协作为前提，由各平台及镇街作为产业项目回归推进主力，人才技术回归则采取组织部人才办牵头、各平台合力完成的方式推进；二是指标数量差异化。在机关部门层面，分别设定“信息感情”“总部机构”“人才技术”任务牵头单位及相应工作量，在平台及镇街层面则根据区位因素、综合实力等条件设定不同程度任务量。

2. 精细化制定考核认定标准

科学精细的考核认定标准是着力提升“老绍兴回归工程”质量，切实擦亮“乡贤带富”工作成色的必要举措，对“四大回归”成果的考核认定，形成兼具性质认定与数量认定双重属性的标准体系，共细化为 13 条。一是指标标准定性考核。针对回归乡贤信息、总部机构资质、及人才技术层次等参考性质认定标准，如总部金融机构回归的认定即以“当年在柯桥区新注册成立，经国家金融监管部门批准的银行、证券、保险、期货、公募基金管理、信托、金融租赁、消费金融、财务公司等持牌金融机构及金融配套服务机构”为标准。二是指标标准定量考核。对于总部企业回归、产业项目引进及落户等方面采用量化标准，如在引进项目的认定上，“1000 万元以上项目以落地为准；1 亿元以上项目以落地、或经区级会议审议为准；5 亿元以上以落地、或经区级会议审议、或签订正式协议为准”。

3. 科学化设置考核指标权重

对招引成果实行计分制考核，秉持“奖惩分明、按劳得分”原则分类别设置指标权重，充分发挥考核激励的“指挥棒”作用，力求形成既相互竞争又协调配合的工作局面。一是根据招引任务难度设置考核权重。根据机关部门（单位）、各镇（街道）、开发区（平台）的不同职能优势，采取“同一指标不同权重”的计分方式，如完成“信息感情”“总部机构”“产业项目”任务，开发区（平台）可计分 2 分、1 分、1 分，镇（街道）则相应为 1 分、0.5 分、0.5 分。二是根据任务招引配合度设置考核权重。权重设置向牵头部门及率先完成部门倾斜，配合部门按比例计分，未完成指标任务的单位作相应扣分，超额完成任务的单位按比例叠加计分。

四、共同体理论视域下“老绍兴回归工程”的运作机理

“老绍兴回归工程”本身就蕴含着“老绍兴”与家乡的关系性结构问题，换言之，正是基于这种关系性结构，“老绍兴”作为乡贤的代称才得以成立，“老绍兴”回归后的“带富”才有了明确的现实指向。从关系向度理论的视角来看，“老绍兴”与家乡具

有“长程性、低选择”[①]的“固定关系”属性,是一种“难以解体的关系连接”,而这种“关系连接”，也造就了“老绍兴”回归、落地、生根的基础。得益于优异的基础条件和相关主体的主动作为,“老绍兴回归工程”实施以来已初见成效。2022年1—12月已完成“四大回归”中“信息、感情回归”任务数237个，招引5亿以上项目24个，10亿以上项目19个。(见图1)

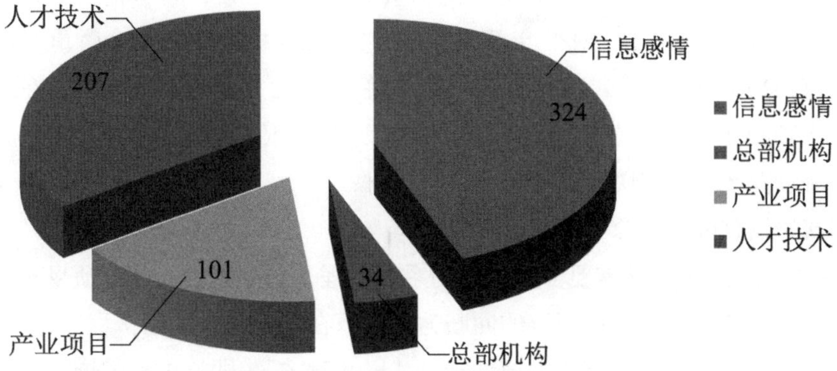

图1 2022年1—12月“老绍兴回归工程”招引成果数量

“老绍兴回归工程”的开展是乡贤与家乡双向吸引的过程，通过政府主导营造的优良的营商环境为乡贤回归创造了可为空间，来自民间(尤其是村居、社区)的关于乡贤的各类信息为党委政府联系乡贤提供了充足的、源源不绝的社会支持，而乡贤群体自身“家本位”的价值取向又成为回归过程中不可或缺的情感依托。

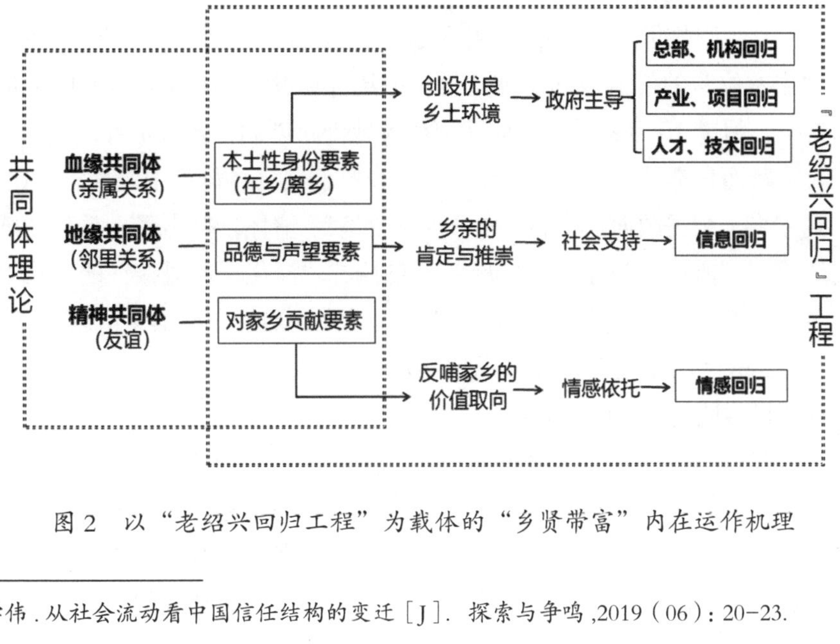

图2 以“老绍兴回归工程”为载体的“乡贤带富”内在运作机理

① 翟学伟.从社会流动看中国信任结构的变迁[J].探索与争鸣,2019(06):20-23.

（一）乡贤与家乡的相互吸引："老绍兴回归工程"的运作机理

1. 优良的营商环境

优良的营商环境是招商引才的宝贵资产，2022 年以来，柯桥区坚持推动"老绍兴回归工程""一把手"联系制，定期走访省外地市、重点越商，建立"老绍兴回归工程"绍兴籍人才信息库，充分发挥各驻点"双招双引"工作组的资源优势主动出击，开展回归企业总部园区和回归产业园区等招商引资引才平台建设，着力招引绍兴籍企业和人才经济回归和智力回归。2022 年 6 月 25 日，第二届柯桥乡贤大会暨重大招商项目签约仪式在绍兴国际会展中心举行，现场集中签约了 31 个重大招商项目。在政策配套上，对重大项目采取"一事一议"制度，实行因"项目"施策、因"人才"施策，力争打造一流营商环境，加快促进"老绍兴"回归。

2. 丰富的信息推荐来源

"老绍兴回归工程"是需要多方协作的系统工程，总部机构、产业项目和人才技术的回归无疑都需要以"信息感情"的回归为基础。在"老绍兴回归工程"开展过程中，乡贤信息的汇集具有十分丰富的渠道。一是"以才荐才"，即通过乡贤推荐乡贤，充分发挥"老绍兴"的人脉资源优势；二是村社推荐，即基层干部在走村入户时摸排到乡贤信息，甚至有村（社）民主动提及、推荐；三是在外商会组织项目回归，即以遍布各地的绍兴（柯桥）商会为平台，自发组织产业、项目回归。2022 年 1—7 月"老绍兴回归工程"共招引项目 246 个，其中由乡贤直接投资 136 个，由乡贤引荐 100 个，间接信息作用发挥显著。

3. "家本位"的价值取向

衣锦还乡、荣归故里是几千年来中国人特有的情结，"老绍兴"们走得再远，都很容易基于"家本位"的价值取向反哺桑梓。据统计，共有 8000 多名柯桥乡贤在天南地北闯荡打拼，超过 15 万家市场主体在柯桥大地创新创业，无论是否在此地出生，柯桥对于广大乡贤而言都具有家的归属感，也让乡贤们在寻寻觅觅中诚挚将产业、项目、技术回归到家乡。相关政府部门也切中了乡贤的家乡情怀，打出了一系列"感情牌"，如华舍街道采用"寄送一封家书""录制一首村歌""深化一次对接"的方式，利用全区乡贤大会的契机，搭上并畅通了乡情联络线，建立起更加深厚信息情感交流关系。

（二）"老绍兴回归工程"运行中面临的困境

1. 部分项目落地受到掣肘

"老绍兴回归工程"产业项目的引进涉及条线众多、手续繁杂，在具体实操过程中难免受到部分客观条件的制约，影响项目落地。一方面是土地空间有限，项目无处落地。位于城区的镇（街道）常因优异的区位条件受到项目青睐，但寸土寸金的地段却致使其陷入"项目来了，无处落地"的尴尬处境。另一方面是政策红线制约，项目无法落地。

在柯桥的南部三镇，因处于水资源生态保护区而受到众多政策红线的限制，大部分项目无法进入,致使不少乡贤“有心投资,无法使力”,较大程度影响了“老绍兴回归工程”产业项目的落地成效。

2. 考核认定标准有待细化

“老绍兴回归工程”的实施初衷是引导乡贤反哺，促进社会经济发展，因此考核认定标准的对象主要是以营利为目的总部机构和产业项目和社会组织。然而，在实际进行项目招引过程中，一些非营利性的公益社会组织也悄然成为乡贤反哺家乡的重要载体。如夏履镇成立了全国首家“双院士”级基层乡贤名医工作室，由夏履乡贤李兰娟院士和爱人郑树森院士亲自参与组建，并牵头组织从夏履镇走出去的 20 名乡贤名医定期到回乡开展健康义诊。该社会组织极大提升了当地百姓的就医就诊体验，并带动了当地医疗水平的整体提升，但其公益属性使得它无法被列入“老绍兴回归工程”考核对象。如何为回归的非营利性社会组织制定科学合理的考核标准和加分政策，是下一步需要解决的问题。

3. 乡贤对接工作有待提升

“老绍兴回归工程”既与以往的乡贤统战工作一脉相承，又需在后续凝心聚力久久为功，其中与乡贤的对接及关系维护是至关重要的一部分，但目前与部分乡贤的对接工作尚待提升。一方面是乡贤对接持续性问题。就目前来看，回归的“信息感情”虽已登记入册，却很难做到百分百激活、利用，部分信息甚至被束之高阁，成为镇（街道）及开发区（平台）上报得分的工具。另一方面是乡贤对接主动性问题。统战部门与乡贤取得联系的方式相对比较单一，尤其是在与外地柯桥商会的乡贤对接工作中，尚未十分充分地将本地的经济发展状况、需求以及“老绍兴回归工程”的相关情况进行有效传递，一定程度上影响了乡贤回归的成效。

五、新的历史条件下“乡贤带富”的有效路径思考

“国之称富者，在乎丰民”。在共同富裕进程中,“乡贤带富”是实现更快、更好地“丰民”的重要途径。柯桥区“老绍兴回归工程”的实施成效显示出“乡贤带富”的巨大力量,同时也在培育乡贤文化、服务回归乡贤、激励“乡贤带富”等方面积累了一定的实践经验,走出了一条实现“乡贤带富”的“柯桥路径”。

（一）健全乡贤文化培育机制，强化乡贤情感联结

做好乡贤文化培育，就是要充分挖掘具有本土特色的乡贤文化资源，加强与乡贤的沟通与交流，营造浓厚的敬乡贤、爱乡贤氛围，不断强化乡贤与家乡的情感联结与共鸣。一方面要树典型，立形象。针对乡贤主题精心策划采访系列活动，让乡贤的形象更加生动直观地展现在大众眼前，将特别优秀的、有突出贡献的乡贤写进地方年鉴

及史志材料中，强化乡贤的身份意识。另一方面要广宣传，重表彰。通过文化礼堂、远教广场等媒介广泛宣传乡贤事迹，举办“最美乡贤”表彰仪式，深化乡贤的情感共鸣，增强归属感。

（二）完善乡贤回归服务机制，提升乡贤反哺成效

要充分发挥“回归经济”效应，提升“乡贤带富”质量，就必须做好乡贤回归的配套服务，真正让乡贤“回得来、留得住”。一方面要创建乡贤服务机制。成立统筹协调整体乡贤回归服务事项的专班或机构，形成较为完善的点对点、线与线互动机制。制定主要领导联络制，争取“一把手”亲自联络对接，明确事项责任，形成“领导重视、协调顺畅”的工作格局。另一方面要提升乡贤服务质量。对于回归后的乡贤及产业项目等进行全流程跟踪服务，完善政策、平台等软硬件配套，针对重大项目实行专项议决制度，对有困难的回归项目或机构推行上门服务、帮办代办等制度，为乡贤回归营造开放、兼容、优良的营商环境。

（三）深化乡贤带富激励机制，激发乡贤价值认同

“乡贤带富”是一项持续性工程，合理的激励举措是增强乡贤群体价值认同感，激发其内生动力的有效途径。一方面要以政策激励强化价值认同。对回归乡贤“因人施策”，根据其不同情况，量身定制相关优惠政策。除乡贤直接投资的项目外，由乡贤引荐的项目、产业均可享受涵盖土地支持、研发创新奖励等同等优惠政策，提升乡贤回归、招引的积极性。另一方面要以制度优化激发身份认同。对于有突出贡献的回归乡贤要加强精神褒奖，赋予其一定的政治身份，允许列席相应级别的政府部门会议，凸显在其中的议事地位，以激发其身份认同，更好地融入当地社会经济发展，积极谋良方、献良策。

六、结语

在新的历史条件下，“乡贤带富”是缩小“三大差距”，实现全民共富的重要途径，具有重大的时代价值。然而，囿于政策制度、工作方法等主客观条件，“乡贤带富”还面临着不少挑战。唯有持续发力，在情感联结、营商环境等方面久久为功，方能善作善成，真正让“乡贤回归”为经济社会高质量发展增添新动能、新活力，在共同富裕的漫漫征程中画下浓墨重彩的一笔。

参考文献

[1] 宋玉．从百年统战的光辉历程中汲取智慧与力量［J］．四川省社会主义学院学报，2022（01）：3-14.

[2] 中共中央文献研究室. 十八大以来重要文献选编（中）[M]. 北京：中央文献出版社，2016.
[3]（德）费迪南·滕尼斯. 共同体与社会：纯粹社会学的基本概念[M]. 林荣远译. 北京：北京大学出版社，2010：19.
[4] 朱正平. 共同富裕视域下乡贤回归的价值意蕴与现实路径[J]. 观察与思考，2022（05）：57-65.
[5] 高惠珠. “人类命运共同体”理念是马克思主义交往理论的新时代创新[J]. 社会科学家，2021（07）：15-20.
[6] 桑明旭. 马克思“真正的共同体”思想的历史演变及其当代启示[J]. 求索，2022（05）：30-37.
[7] 贾莎. 从“真正的共同体”到“人类命运共同体”：马克思恩格斯共同体思想的逻辑理路与时代表达——基于《德意志意识形态》的文本考察[J]. 当代世界与社会主义，2022（04）：73-80.
[8] 姜亦炜. 桑梓荣誉、现实利益与权力规约——新乡贤组织慈善的历程与逻辑[J]. 浙江社会科学，2022（10）：92-100+158.
[9] 翟学伟. 从社会流动看中国信任结构的变迁[J]. 探索与争鸣，2019（06）：20-23.
[10] 刘小娟. 以经济结构性转型促高质量发展——经济结构性转型的国际经验及启示分析[J]. 西南金融，2022（07）：18-29.
[11] 郭忠华，夏巾帼. 国家如何塑造乡村精英？——关于乡村精英变迁中的国家角色述评[J]. 上海行政学院学报，2022，23（01）：99-111.
[12] 刘浩. 县域青年、精英再生产与乡村人才振兴[J]. 中国青年研究，2021（12）：81-89.
[13] 彭灵灵. 我国城市社区精英的社会面貌和实现因素[J]. 学术研究，2021（11）：84-88.
[14] 张陈一轩，任宗哲. 精英回乡、体系重构与乡村振兴[J]. 人文杂志，2021（07）：113-121.
[15] 薛琪薪. 流动的精英：教育精英人才流动研究综述[J]. 管理现代化，2021，41（01）：117-120.
[16] 李晓燕. 社会动员的双重逻辑：社会理性和精英治理[J]. 党政研究，2020（05）：109-118.
[17] 谢安民. 精英能动、双轨治理与新乡贤交往空间生产[D]. 浙江大学，2020.
[18] 刘伟安. 新乡贤引进因素分析及政策研究[D]. 河北农业大学，2021.
[19] 丁波. 嵌入与重构：乡村振兴背景下新乡贤返乡治村的治理逻辑[J]. 求实，2022（03）：100-108+112.
[20] 吴昀潇，梁海森. 城市社区精英的类型与结构特征潜类分析[J]. 领导科学，2018（26）：4-6.
[21] 王葳. 基于国家治理现代化的乡村精英流失与再造研究[D]. 浙江财经大学，2015.

马克思主义视域下中国式现代化的理论逻辑与实践价值

中共绍兴市上虞区委党校　胡立刚

中国式现代化是人类发展史上的一项伟大创举。中国式现代化对西方式现代化实现了五个方面的超越,即以“人民为中心的理念”对“资本为中心的理念”的全面超越、以“共同富裕为落脚点”对“两极分化发展结果”的全面超越、以“物质精神协调发展”对“片面重视物质增长”的全面超越、以“人与自然和谐共生”对“人与自然对立分裂”的全面超越和以“坚持和平发展道路”对“对外扩张掠夺道路”的全面超越。中国式现代化对西方式现代化的超越是共产主义理论的内在要求，因为共产主义是对人的本质的真正占有、共产主义是对私有制的真正扬弃、共产主义是人与自然之间矛盾的真正解决和共产主义是人与人之间矛盾的真正解决。中国式现代化的实践价值在于开启了人类文明新形态，为实现中华民族伟大复兴找到了道路、为证明社会主义理论科学进行了探索以及为解决人类发展问题提供了中国方案。

党的二十大报告指出：“从现在起，中国共产党的中心任务就是团结带领全国各族人民全面建成社会主义现代化强国、实现第二个百年奋斗目标，以中国式现代化全面推进中华民族伟大复兴”①。同时,党的二十大报告指出:“中国式现代化的本质要求是：坚持中国共产党领导，坚持中国特色社会主义，实现高质量发展，发展全过程人民民主，丰富人民精神世界，实现全体人民共同富裕，促进人与自然的和谐共生，推动构建人类命运共同体,创造人类文明新形态”②。党的二十大报告对中国式现代化的使命任务和

① 习近平. 高举中国特色社会主义伟大旗帜 为全面建设社会主义现代化国家而团结奋斗——在中国共产党第二十次全国代表大会上的报告［M］，北京：人民出版社，2022 年，第 21 页.

② 习近平. 高举中国特色社会主义伟大旗帜 为全面建设社会主义现代化国家而团结奋斗——在中国共产党第二十次全国代表大会上的报告［M］，北京：人民出版社，2022 年，第 23-24 页.

本质要求作出了规定,这些规定也使“中国式现代化”与“西方式现代化”相区别。那么,“中国式现代化”究竟在何种意义上区别于“西方式现代化”?这种区别其内在的理论逻辑是什么?同时,“中国式现代化”作为创造人类文明新形态的实践样态对于世界文明的发展或者其他国家现代化道路的选择又有什么样的实践价值?本文主要致力于探索回答以上三个方面的问题。

一、中国式现代化对西方式现代化的超越:五大全面超越

中国式现代化,简言之就是现代化的中国方案、中国道路。中国式现代化相对于西方式现代化而言,西方式现代化是现代化的西方方案、西方道路。两者的共同之处在于都是解答“如何实现现代化”这一课题的方案之一、道路之一,两者的区别在于中国式现代化可以说是对西方式现代化的积极扬弃,所谓扬弃并不是对旧事物的简单否定,而是在对旧事物的继承中实现创新,从而超越旧事物实现新发展。具体而言,中国式现代化对西方式现代化的超越主要体现在以下五个方面。

(一)以“人民为中心的理念”对“资本为中心的理念”的全面超越

“资本”是西方式现代化中的核心术语。那么,什么是“资本”?一言以蔽之,就是能够不断实现自己增值的货币。如果这个货币实现不了自己的增值,那就是消费基金。那么资本如何实现自己的增值?马克思认为这是通过资本家对劳动者剩余劳动价值的剥削来实现的,是抽象劳动对具体劳动的占有。一切外在的手段,如技术创新、制度设计等等都只不过是服务于实现或者更好地实现这一目的。包括资本家和劳动者本身,都只不过是实现资本增值的工具而已,都是资本自身增值的手段,而不是目的本身。换言之,资本家只不过是资本的代言人而已,劳动者只不过是资本增值的中介而已。由上可知,西方式现代化的整个发展目的和价值追求就在于实现资本的增值。同时,通过不断地追求资本增值,即在追求资本增值的过程中也推进了整个西方现代化的发展,包括经济、政治、科技和文化等方方面面。与此相反,中国式现代化发展进程中也有资本的元素,但中国式现代化并不以资本为中心,资本只不过是借以实现自身发展的工具和手段而已,而不是目的本身。习近平总书记深刻指出:“只有坚持以人民为中心的发展思想,坚持发展为了人民、发展依靠人民、发展成果由人民共享,才会有正确的发展观、现代化观”。显而易见,中国式现代化的道路是以人民为中心的发展道路,是实现人的自由而全面发展的道路。这是中国式现代化以“人民为中心的理念”对西方式现代化以“资本为中心的理念”的全面超越。

(二)以“共同富裕为落脚点”对“两极分化发展结果”的全面超越

物质财富两极分化是西方式现代化的基本特征,也是西方现代化发展的必然结果。如前所言,资本家通过剥削劳动者的剩余价值来实现物质财富的积累,即实现资本的

增值。这个物质财富的积累虽然是整个社会财富的增加，但并不是每个劳动者都能比较公平的分配到这些社会财富。相反，大部分社会财富聚集在一小部分人手中，即资本家手中；作为物质财富的实际生产者、劳动者只获得了维持自己生活所必需的生活资料，即劳动者的工资。而且，马克思在《1844 年经济学哲学手稿》中指出："工人生产的财富越多，他的生产的影响和规模越大，他就越贫穷。工人创造的商品越多，他就越变成廉价的商品"[①]。也就是说社会财富作为与工人相对立的东西而存在，工人生产的社会财富越多，工人就变得越贫穷，整个社会两极分化的情况就越严重。马克思把这种现象称之为"异化劳动"。同时，马克思说道"因此，我们通过分析，从外化劳动这一概念，即从外化的人、异化劳动、异化的生活、异化的人这一概念得出私有财产这一概念"[②]。也就是说，在马克思看来，私有财产是外化劳动即异化劳动的产物、结果和必然后果。通过异化劳动，导致社会财富在资本（即死劳动或者说是抽象劳动）手中的大量积累，生产了整个资本主义社会贫富的两极分化。换句话说，异化劳动以及异化劳动的必然后果私有财产是造成资本主义社会贫富悬殊的内在原因。相反，中国式现代化是全体人民共同富裕的现代化。这是中国特色社会主义的本质要求，也是我们发展生产力推进现代化建设的出发点和落脚点。"公有制为主体，多种所有制经济共同发展"的所有制结构也避免了西方生产资料私有制所带来的物质财富两极分化。因而，中国式现代化以"共同富裕为落脚点"是对西方式现代化"两极分化发展结果"的全面超越。

（三）以"物质精神协调发展"对"片面重视物质增长"的全面超越

西方式现代化是以资本和技术为主导力量所推进的现代化。资本和技术的强强联合实现了生产力的大发展、经济社会的大繁荣，正如马克思在《共产党宣言》中所说的"资产阶级在它的不到一百年的阶级统治中所创造的生产力比过去一切世代创造的全部生产力还要多、还要大"。这充分说明了西方式现代化对于促进社会物质财富增长的极大贡献和作用。但这种物质财富的增长、这种财富价值的创造是以实现资本增值为目的的。但资本增值是没有界限的，也就是说资本自身需要不断地实现自己的增值，以保持资本之为资本。因而，西方这种现代化模式中就非常明显地表现为对物质财富增长的偏执。西方近代以来所推动的工业革命，以及由此所开启的经济发展之路足以说明这一点，让"物的世界"代替了"人的世界"。对此，马克思在《1844 年经济学哲学手稿》中批判道："私有制使我们变得如此愚蠢而片面，以致一个对象，只有当它为我们拥有的时候，就是说，当它作为我们来说为资本而存在，或者它被我们直接占

① 马克思恩格斯选集（第 1 卷）[M]. 3 版. 北京：人民出版社，2012 年，第 51 页.
② 马克思恩格斯选集（第 1 卷）[M]. 3 版. 北京：人民出版社，2012 年，第 60 页.

有，被我们吃、喝、住等等的时候，简言之，在它被我们使用的时候，才是我们的”①，“因此，一切肉体的和精神的感觉都被这一切感觉的单纯异化即拥有的感觉所代替”②。也就是说，在西方式现代化中，对社会物质财富的占有成为整个社会的主导力量，人的世界逐渐被“物化”，即马克思所批判的“商品拜物教”。当然，中国式现代化也重视生产力的发展，重视社会物质财富的增加，我们始终坚持以“经济建设为中心”，因为物质贫困并不是社会主义。但与此同时，我们深刻地认识到精神贫乏也不是社会主义。物质富足、精神富有是社会主义现代化的根本要求。这就要求我们不断厚植现代化的物质基础，同时也要大力发展社会主义先进文化，促进物的全面丰富和人的全面发展。这是中国式现代化在物质精神协调发展方面对西方式现代化的全面超越。

（四）以“人与自然和谐共生”对“人与自然对立分裂”的全面超越

人与自然的关系问题在现代化进程中是一个比较突显的问题，也是非常引人关注的话题。西方近代以来所开启的现代化道路，在人与自然的关系问题上一度都非常紧张。其根源在于西方近代以来所主导的理性形而上学把主体和客体相分离并相对立而存在，客体是主体所改造的对象、所征服的对象，同时是为主体所服务的。因而在人与自然的关系上，就表现为人与自然是相对立而存在的，自然是人所征服和利用的对象，自然界对人而言是有待开发挖掘的一堆物质材料而已。特别是西方工业革命后通过技术进步极大地提高了人类开发利用自然的能力，更是证明了这一点。显而易见，在西方式现代化进程中，人与自然始终处于对立分裂的状态。在中国式现代化进程中虽然也开发利用自然界，但我们并不是把自然界当作无止境的索取对象，当作有待人类征服的外部对象，而是从生命共同体的视角来看待人与自然界的关系，人类与自然成为一个整体的命运共同体。党的二十大报告指出，中国式现代化是“坚持可持续发展、坚持节约优先、保护优先、自然恢复为主的方针，像保护眼睛一样保护自然和生态环境，坚定不移走生产发展、生活富裕、生态良好的文明发展道路，实现中华民族永续发展”③。也就是说，中国式现代化走的是一条人与自然和谐共生、发展和保护相结合的生态发展之路，其最终目的是为了实现中华民族的持续、长远发展。因而，中国式现代化以“人与自然和谐共生”的理念实现了对西方式现代化“人与自然对立分裂”理念的全面超越。

（五）以“坚持和平发展道路”对“对外扩张掠夺道路”的全面超越

西方式现代化走的是一条战争、殖民和掠夺的道路，通过对外扩张掠夺来完成资本的原始积累，开辟原料供给地和海外销售市场。西方式现代化之所以会走上这条道

---

① 马克思恩格斯选集（第1卷）[M]. 3版. 北京：人民出版社，2012年，第85页.
② 马克思恩格斯选集（第1卷）[M]. 3版. 北京：人民出版社，2012年，第85页.
③ 习近平. 高举中国特色社会主义伟大旗帜 为全面建设社会主义现代化国家而团结奋斗——在中国共产党第二十次全国代表大会上的报告[M]，北京：人民出版社，2022年，第23页.

路的根源在于西方国家是以资本为动力来推进现代化道路。如前所言，资本是要不断实现自身增值的，只有资本实现自身增值了，才可以说创造了社会财富。而资本实现自身增值，要满足两个前提条件：一是要有生产商品的原料；二是生产出来的商品要能成功的出售，即销售市场。基于资本这样的内在逻辑以及资本的逐利本性，必然会使西方国家走上对外扩张掠夺的道路，把自己生产的商品销售到海外市场，掠夺殖民地的资源。西方国家以鸦片撬开中国的大门开启掠夺殖民之路其背后深层的原因就在于为了满足资本的发展需要。中国自古就是一个爱好和平的国家，中国的现代化道路也决不走损人利己、充满血腥罪恶的西方式现代化之路，而是“坚定站在历史正确的一边、站在人类文明进步的一边，高举和平、发展、合作、共赢旗帜，在坚定维护世界和平与发展中谋求自身发展，又以自身发展更好维护世界和平与发展”[①]。也即说，中国式现代化道路是在维护世界和平中实现自身发展，又通过自身的发展来更加坚强有力地来维护世界和平，使自身发展和世界和平成为互利共赢的关系，而不是把自身的发展建立在殖民、战争等基础上。由此可见，中国式现代化坚定走和平发展道路是对西方式现代化走对外扩张掠夺道路的全面超越。

二、中国式现代化的理论逻辑：共产主义理论的内在要求

中国式现代化对西方式现代化在价值追求、发展目标、生态理念以及对外关系等方面的超越，这种超越得以可能的理论基础在于中国式现代化是以马克思主义理论为指导的。具体说来，中国式现代化对西方式现代化的超越是共产主义理论的内在要求，也是共产主义运动的本质规定。共产主义是对资本主义的扬弃，也是对西方式现代化道路的扬弃，所谓对西方现代化道路的扬弃，就是指在占有了西方现代化道路所开创的文明成果的同时扬弃了西方式现代化道路本身所带来的局限性，而中国式现代化正是在“占有现代文明积极成果的同时，正在突破并超越现代性本身”的一种实践运动。

马克思在《1844 年经济学哲学手稿》中指出：“共产主义是私有财产即人的自我异化的积极的扬弃，因而是通过人并且为了人而对人的本质的真正占有；因此它是人向自身、向社会的即合乎人性的人的复归，这种复归是完全的，自觉的和在以往发展的全部财富的范围内生成的。这种共产主义，作为完成了的自然主义 = 人道主义，而作为完成了的人道主义 = 自然主义，它是人和自然界之间、人和人之间的矛盾的真正解决，是存在和本质、对象化和自我确证、自由和必然、个体和类之间的斗争的真正

① 习近平. 高举中国特色社会主义伟大旗帜 为全面建设社会主义现代化国家而团结奋斗——在中国共产党第二十次全国代表大会上的报告［M］，北京：人民出版社，2022 年，第 23 页.

解决。它是历史之谜的解答，而且知道自己就是这种解答”[①]。马克思关于“共产主义”的这段描述能够很好地帮助我们理解为什么说共产主义理论是中国式现代化超越西方式现代化的理论基石。

（一）共产主义是对人的本质的真正占有

所谓“对人的本质的真正占有”，其实是说人的本质在共产主义中的真正实现，即在共产主义中人的劳动表现为能动的自主的活动，而不再是维持自身生存的谋生手段，不再与自己的劳动产品、与自身相异化。也就是说，此时人不再表现为手段，而是直接表现为目的本身，是为了人而对人的本质的占有。“对私有财产的扬弃，是人的一切感觉和特性的彻底解放”[②]。在这里，马克思已经说得非常明白，共产主义通过对私有财产的积极扬弃，此时人才真正的表现为自己、成为自己。与此同时，共产主义作为人向自身即合乎人性的人的复归是在以往发展的全部财富的范围内生成的，也就是说共产主义运动是人之生成为人的过程，并且这个生成过程包含着历史发展的全部社会财富。进一步说，共产主义作为人向人自身的复归，这种复归并不是对人的生物性的复归，而是在历史运动中生成着和包含着整个社会发展的丰富性，是人的本质的全面展开和生成。对此，马克思说道，“已经生成的社会，创造着具有人的本质的这种全部丰富性的人”[③]。这也是马克思恩格斯所说的实现人的自由而全面的发展，这个自由而全面的发展是以私有财产的历史运动作基础的。因而，作为马克思主义理论指导下的中国式现代化发展之路必然坚持以“人民为中心”的发展理念，把人民利益放在最高位置，坚持发展为了人民，发展成果惠及人民，始终把人民的利益作为思考问题的出发点和落脚点；而不是把实现资本的增值放在首要位置，作为一切工作的中心。再者，共产主义把实现人的自由而全面的发展作为追求的价值目标，因而推动物质文明和精神文明协调发展也必然是中国式现代化发展道路的应有之义，实现口袋富和脑袋富才是人的全面发展。

（二）共产主义是对私有制的真正扬弃

共产主义并不是对私有财产的抽象否定，而是对私有财产的积极扬弃，所谓积极的扬弃即是在对私有财产的否定中包含着肯定，也就是说承认私有财产在人类历史发展进程中的作用，虽然这种作用是以异化的形式实现的，而共产主义的使命就是要扬弃这个异化的表现形式。因而，共产主义包含着以往社会发展的全部财富，继承了以

---

① 余源培、吴晓明主编．马克思主义哲学经典文本导读（上卷），北京：高等教育出版社，2005，第 82 页．

② 余源培、吴晓明主编．马克思主义哲学经典文本导读（上卷）[M]，北京：高等教育出版社，2005，第 85 页．

③ 余源培、吴晓明主编．马克思主义哲学经典文本导读（上卷）[M]，北京：高等教育出版社，2005，第 85 页．

往社会发展的全部生产力，也就是说拥有高度发达的生产社会财富的能力和水平。同时，生产出来的社会财富不再以私有财产的形式呈现，劳动产品或者说社会财富分配不再受私有制这种所有制关系所制约，在未来社会“生产将以所有的人富裕为目的”，而不再以资本的积累即私有财产的积累为目的。也就是说，共同富裕是共产主义扬弃私有财产后其内在的本质要求。这样，一方面使贫富差距从现代劳动中生产出来成为不可能，另一方面，也彻底结束了为资本这个死劳动提供一切而为活劳动即劳动者提供其维持劳动所必需东西的局面，社会财富分配通过按需分配的方式进行，整个社会生产以所有人的富裕为目的，这是马克思在共产主义中所蕴含着的实现共同富裕的秘密。马克思恩格斯指出，“无产阶级的运动是绝大多数人的，为绝大多数人谋利益的独立的运动”①。由此也可见，为绝大多数人谋利益是无产阶级的价值追求，实现推动社会的共同富裕是共产主义社会的价值追求和重要特征。因而，中国式现代化必然是全体人民共同富裕的现代化，也必须把实现人民共同富裕作为奋斗追求的目标，把实现人民对美好生活的向往作为现代化建设的出发点和落脚点，持续促进社会公平正义，防止社会贫富两极分化，避免西方式现代化道路所带来的贫富差距问题。

（三）共产主义是人与自然之间矛盾的真正解决

关于人和自然的关系，马克思认为共产主义，“作为完成了的自然主义 = 人道主义，而作为完成了的人道主义 = 自然主义”，人与自然之间的矛盾在共产主义中的到真正的解决，问题的关键在于如何理解“作为完成了的自然主义 = 人道主义，而作为完成了的人道主义 = 自然主义”这句话。所谓“完成了的自然主义”并不是指对自然界完成开发，所谓“完成了的人道主义”也不是指抽象的人格道义，而是指人与自然以实践活动为基础，在共产主义社会中实现统一。此时，人与自然不再表现为主体和客体相对抗的关系，自然界也不再表现为作为与人相独立存在的客观世界。也就是说，破除了西方近代以来形成的理性形而上学的思维方式，把人和自然抽象的分离和对立起来。相反，此时自然界对人来说是另外一个存在的人，人对自然来说是另外一个存在的自然界，人与自然的关系通过实践活动在共产主义社会中统一，即中国传统文化所认为的“天人合一”思想。马克思对此说道：“因此，社会（共产主义）是人同自然界的完成了的本质的统一，是自然界的真正复活，是人的实现了的自然主义和自然界的实现了的人道主义”②。因而，在资本主义社会中人与自然相分离、相对抗的社会关系在共产主义社会中得到消解，即所谓的人与自然之间的矛盾在共产主义社会中的到解决。因而，

① 余源培、吴晓明主编. 马克思主义哲学经典文本导读（上卷）[M]，北京：高等教育出版社，2005，第 249 页.

② 余源培、吴晓明主编. 马克思主义哲学经典文本导读（上卷）[M]，北京：高等教育出版社，2005，第 83 页.

中国式现代化道路也必然追求人与自然的和谐发展之路，把人与自然当作一个生命共同体。

（四）共产主义是人与人之间矛盾的真正解决

如前所言，西方式现代化以资本增值为目标，资本作为积累起来的劳动（抽象劳动）支配着活劳动（具体劳动），劳动者受制于资本的力量，资产者和无产者处于敌对对抗的关系中。为什么说共产主义是人与人之间矛盾的真正解决？因为共产主义是对这种支配与被支配关系、这种敌对对抗关系的瓦解。关于此点，马克思恩格斯认为，“在共产主义社会里，已经积累起来的劳动只是扩大、丰富和提高工人的生活的一种手段”①。这是资产阶级社会和共产主义社会的一个重要区别，在资产阶级社会，活的劳动为积累起来的劳动提供了一切，工人的贫困从自己的劳动中生产出来，资产者和无产者相对立，社会贫富分化。而在共产主义社会中，积累起来的劳动为工人提供一切，成为了不断提高工人社会生活的一种手段，积累起来的劳动不再表现为主宰工人命运的抽象力量，通过积累起来的劳动而构建起来的人与人之间的对抗关系也因此得到消解。从此，人与人的社会关系表现为自由人的联合体，人与人之间的矛盾在共产主义社会中得到真正的解决。在此意义上,我们说中国式现代化道路也必然走和平发展之路，中国通过现代化建设在实现自身发展的同时，也通过自身的力量来推动世界发展以及和平，积极推动构建人类命运共同体。

三、中国式现代化的实践价值：积极开创人类文明新形态

综上所述，共产主义是中国式现代化道路的内在理论逻辑，走中国式现代化道路是马克思主义理论的本质要求。与此同时，我们也知道共产主义（社会主义）是对资本主义文明形态的扬弃，是对西方式现代化或者说西方现代性本身的全面超越，是资本主义文明后所开启的人类文明新形态。那么，我们走哪条道路可以在扬弃西方现代文明后通达共产主义（社会主义）人类文明形态？中国式现代化道路即是这种努力和探索，中国特色社会主义是中国式现代化的当代形态。以中国特色社会主义为引领和方向的中国式现代化正在积极地开创着人类文明的新形态。

那么，这种判断的根据在哪里？马克思认为所谓人类文明新形态在本质上是指新的社会形态是对旧的社会形态在有原则高度上的超越和扬弃，是新的生产关系和社会关系的全面构建。据此可知，中国特色社会主义以社会主义为基本原则，致力于建设一个富强民主文明和谐生态的现代化强国，积极占有现代化文明成果；同时，又以中国式现代化的方式实现了对西方式现代化的全面超越和扬弃，是新的生产关系和社会

---

① 余源培、吴晓明主编. 马克思主义哲学经典文本导读（上卷）[M]，北京：高等教育出版社，2005，第 251 页.

关系的塑造和构建，是对当下资本文明基本建制的突破和超越。因而，我们说中国式现代化道路的推进正在努力开启人类文明新形态，是共产主义理论在当代中国的生动实践，也是马克思主义中国化的最新成果。

这是从宏观的角度来分析中国式现代化的实践价值。具体而言，中国式现代化在开创人类文明新形态的重大意义主要表现在："中国特色社会主义进入新时代，在中华人民共和国发展史上、中华民族发展史上具有重大意义，在世界社会主义发展史上、人类社会发展史上也具有重大意义"①。也就是说，以中国特色社会主义为引领的中国式现代化道路对民族复兴、科学社会主义发展和人类社会发展都产生了巨大的历史性意义。

（一）为实现中华民族伟大复兴找到了道路

鸦片战争以来中国被迫打开了大门，从此卷入了西方资本文明的发展浪潮，进入了世界发展历史进程。与此同时，中国也从此开启了富民强国道路的探索，走上了努力实现中华民族伟大复兴的征程。但民族独立、民族复兴的道路并不是一帆风顺，而是久经磨难。无论是洋务运动在器具层面的改革，还是维新运动在制度层面的改革等等探索和努力，并没有实现民族的独立和国家的强盛。直至五四运动，传来了马克思主义理论，才使在黑暗的黎明中看到了一丝希望的曙光。1921 年，中国共产党成立。自此在党的带领下中华民族迎来了从站起来到富起来，再到强起来一个又一个的伟大历史性飞跃，特别是在 1978 年改革开放以来，在中国特色社会主义制度引领下，中国的现代化进程并联式的快速推进和发展，取得了举世瞩目的成就，迎来了实现中华民族伟大复兴的光明前景。

（二）为证明社会主义理论科学进行了探索

从世界社会主义发展史来看，在科学社会主义理论指导下的社会主义运动其发展历程也是跌宕起伏，充满坎坷。既有苏联时期的社会主义发展高潮，也有西方经工业革命后呈现出的大发展大繁荣从反面印证了科学社会主义理论的错误性，特别是在苏联社会主义阵营瓦解时所陷入的社会主义运动低潮，甚至似乎证明了科学社会主义不仅在理论上，而且在实践上都失败了，同时也似乎证明了资本主义的完胜，人们沉浸在"历史的终结"与希望的喜悦之中。福山在《历史的终结》一书中表达的就是这个观点，即苏联解体、东欧剧变等诸多事件无不标志着共产主义的终结、标志着社会主义的失败，历史的发展只有一条路，即西方的市场经济和民主政治，自由民主制度是"人类意识形态发展的终点"和"人类最后一种统治形式"。简言之，人类文明终结于资本文明，人类社会形态终结于资本主义社会。那么，科学社会主义理论是否科学有效，科学社

① 习近平. 决胜全面建成小康社会 夺取新时代中国特色社会主义伟大旗帜——在中国共产党第十九次全国代表大会上的报告［M］，北京：人民出版社，2017 年，第 12 页.

会主义理论是否还有生命力？中国特色社会主义以其生动的历史实践回答了这个质疑，使科学社会主义在二十一世纪的中国焕发出强大生机活力。

（三）为解决人类发展问题提供了中国方案

按照马克思主义理论的观点，人类历史发展的方向是原始社会、奴隶制社会、封建社会、资本主义社会以及社会主义（共产主义）等依次交替的几大社会社会形态。马克思认为，自西方近代资本文明以来，世界上每个国家和民族都被迫卷入到了“世界历史的发展进程”。所谓“世界历史的发展进程”其实就是指每个国家和民族都需要走上现代化的发展之路，都需要承担起实现国家现代化的任务。当然，马克思同时也指出，每个国家和民族需要结合自身特定的历史环境和自身条件来发展现代化。但历史发展至今，依然鲜有国家能够探索出一条具有本国特色的现代化发展之路，很多都是模仿或者照搬照抄西方发达国家的现代化发展道路，似乎除了西方式的现代化发展道路，其它没有什么更好地方式和途径来发展现代化。然而，中国特色社会主义的现代化发展之路以及“中国特色社会主义道路、理论、制度、文化不断发展，拓展了发展中国家走向现代化的途径，给世界上那些既希望加快发展又希望保持自身独立性的国家和民族提供了全新选择，为解决人类问题贡献了中国智慧和中国方案”①。

参考文献

[1] 习近平. 决胜全面建成小康社会 夺取新时代中国特色社会主义伟大旗帜——在中国共产党第十九次全国代表大会上的报告［M］，北京：人民出版社，2017 年.

[2] 习近平. 高举中国特色社会主义伟大旗帜 为全面建设社会主义现代化国家而团结奋斗——在中国共产党第二十次全国代表大会上的报告［M］，北京：人民出版社，2022 年.

[3] 马克思恩格斯选集（第 1 卷）［M］. 3 版. 北京：人民出版社，2012 年.

[4] 余源培、吴晓明主编. 马克思主义哲学经典文本导读（上卷）［M］，北京：高等教育出版社，2005 年.

[5] 吴晓明. 世界历史与中国式现代化［J］，学习与探索，2022（9）.

[6] 齐卫平，樊士博. 中国式现代化的理论回应、文明破解与世界意义［J］，上海市社会主义学院学报，2023（2）.

① 习近平. 决胜全面建成小康社会 夺取新时代中国特色社会主义伟大旗帜——在中国共产党第十九次全国代表大会上的报告［M］，北京：人民出版社，2017 年，第 10 页.

“枫桥式人民法庭”创建研究：理论与实践
——以浙江省绍兴市为线索

中共绍兴市上虞区委党校　林　洋　陈玉婧

“枫桥式人民法庭”是新时代“枫桥经验”在基层政法领域被进一步继承和发扬的产物，在加快实现基层治理体系和治理能力现代化的现实语境下，创建“枫桥式人民法庭”是各地法院集中力量和资源、打造好社会治理共同体的关键性支撑性工作。运用回应型法理论、矛盾普遍性和特殊性关系原理对“枫桥式人民法庭”创建活动进行学理诠释，以构建其理论基础。基于浙江省绍兴市的实践探索，“枫桥式人民法庭”创建活动主要从共建、共治、共享三条进路有序、有力、有效推进。这一实践样本也为“枫桥式人民法庭”创建提供重要经验，即坚持党的领导、提供法治保障、夯实文化基础、倡导社会本位和强化科技支撑。

基层治理是国家治理的基石，也是社会治理的一线，公安派出所、人民法庭、检察室、司法所等基层政法资源是实现基层治理体系和治理能力现代化的重要依托。为扎实推进高水平平安乡村、法治乡村建设，《中共中央国务院关于做好2022年全面推进乡村振兴重点工作的意见》着重要求，创建一批“枫桥式公安派出所”“枫桥式人民法庭”。结合《关于推动新时代人民法庭工作高质量发展的意见》，最高人民法院明确提出，在全国打造一批“枫桥式人民法庭”，全面提升基层司法能力。另一方面，现阶段，我国学界对于“枫桥式人民法庭”创建活动的研究尚处于起步阶段①，多停留在实践环节。例如，部分研究从加快构建大调解格局进程的需要方面强调“枫桥经验”融入基层审判的必要性（黄献安等[1]，2004；苏晓春[2]，2005；余建华[3]，2010）；再如部分研究从基层治理体系和治理能力现代化角度提炼地方创建“枫桥式人民法庭”的先进做法

① 截至目前，参照中国知网文献检索结果，关于政法领域枫桥式系列创建活动（“枫桥式公安派出所”“枫桥式人民法庭”“枫桥式检察室”“枫桥式司法所”）的研究成果仅百余篇。

（刘冰玉[4]，2021；于瑞荣[5]，2021；张婧等[6]，2022）。整体看，以上的应用研究呈现碎片化、零散化的基本特征，对“枫桥式人民法庭”规范化、长效化创建的问题未能有深入探讨，也缺乏理论分析视角，因而难以帮助我们全面地了解、有效地推进“枫桥式人民法庭”创建活动。

鉴于此，作者将尝试理解“枫桥式人民法庭”的基本内涵与本质所在，在此基础上，初步找寻新时代“枫桥式人民法庭”创建活动的理论依据。在获得相关理论支撑后，本文也将开展以“枫桥经验”发源地浙江省绍兴市作为特定对象的实证研究，不仅力求整体呈现该地在争创“枫桥式人民法庭”过程中的实践探索，而且积极总结提炼对国内其它城市创建“枫桥式人民法庭”具有一定借鉴和推广意义的经验启示。

一、“枫桥式人民法庭”的若干本体性问题

（一）“枫桥式人民法庭”的内涵探讨

“实践智慧融合了理论理性与实践理性，体现了说明世界与改变世界的统一。”[7]“枫桥式人民法庭”作为新近出现的名词，由于各地实际情况有差别，对它的定义、特征等本体性问题的认识和把握也有差异。同时，各地对于“枫桥式人民法庭”创建活动的具体操作、监督考核、迭代升级等实践标准未形成共识，“枫桥式人民法庭”创建活动范围虽然实现从区域到全国的变化，但该创建活动从规范化到体系化的跃升仍尚未实现，因而科学解读它确有必要。比照“新时代马锡五式好法官”，“马锡五式”意在说明这类法官的优良品质，它与人物马锡五①关联。“枫桥式人民法庭”一词的定语是“枫桥式”，中心词是“人民法庭”，“枫桥式”源于“枫桥经验”，基于审判体系和审判能力现代化等方面要求，“枫桥式人民法庭”应然出现。加以定义，“枫桥式人民法庭”是人民法院坚持和发展新时代“枫桥经验”的有形载体，是传承和弘扬新时代“枫桥经验”的有效平台，该创建活动契合“枫桥经验”的精髓要义，使党建统领、人民主体、多治融合等理念在审判、服务等基层事务中落细落小落实，使新时代“枫桥经验”立体化、可视化、形象化。可以说，“枫桥经验”是“枫桥式人民法庭”的灵魂和旗帜，离开“枫桥经验”，“枫桥式人民法庭”便是无源之水、无本之木。

进一步分析，基层治理“四化”过程中，“枫桥式人民法庭”具备“三个性”的特征。一是政治性。“依法治国作为基本方略始终依托‘党的领导’获得自身的正当性。”[8]“枫桥式人民法庭”创建活动与党的基本理论、基本路线、基本纲领、基本政策具有内在的一致性，人民法庭基层党组织和党员法官、党员法警等工作人员要不断增强政治判

① 马锡五是陕甘宁边区时期高等法院陇东分庭庭长，他长期巡回审理，就地办案，创立“马锡五审判方式”，即注重审判与调解结合，忠于事实和法律，深受人民群众欢迎，成为中国司法战线上的一面旗帜。

断力、政治领悟力、政治执行力，积极应对好各种政治风险和政治考验，这是检验“枫桥式人民法庭”创建成效的根本标准。二是专业性。人民法庭是基层法院的一部分，是健全专业化审判体系的“神经末梢”。“枫桥式人民法庭”必须坚持专业化建设，不仅突出专业能力的核心地位，更新理念观念，优化知识结构，加强队伍建设，提升审判质效；而且完善基础设施设备，丰富便民利民措施，升级改造人民法庭，打造综合性对外服务平台。三是群众性。群众路线是党的生命线。“枫桥式人民法庭”必须坚持群众路线，把解决好群众生产生活难题作为出发点、落脚点，积极发动群众、紧紧依靠群众，增强群众观念、群众本领和群众感情，厚植人民法庭工作的群众基础。

（二）“枫桥式人民法庭”的本质剖析

“枫桥式人民法庭”所处的基层社会是个复杂社会，受市场经济等因素驱使，趋利性、逐利性正在基层社会生产生活的一些领域和环节加速渗入，以致于部分社会成员的价值观念发生扭曲，利己主义错误思想不断蔓延，特别是劳动异化①的现象逐渐明显，基层社会成员交往行为表现出一定程度的物化倾向，这直接背离以共建共治共享为逻辑遵循的基层治理现代化道路。“继‘人类命运共同体’‘中华民族共同体’等‘共同体’系列政治话语提出后，‘社会治理共同体’话语在中国特色社会主义语境中应运而生。”[9]一定意义上，“枫桥式人民法庭”的本质是顺应基层治理重心下移趋向，打造有“枫桥味道”也有“法庭风采”的社会治理共同体，类似于“枫桥式检察室”是“枫桥味道”与“检察风采”兼具的社会治理共同体。概言之，该创建活动的旨趣在于通过人民法庭、有效市场、社会力量等多元主体间的行动协同，应对审判、服务等诸多事项，促使基层治理体系更实、更活、更强，筑牢共建共治共享的基层治理新格局，依法办事、遇事找法、用法解决问题、靠法化解矛盾的基层法治新生态也进一步涵养。

当然，“枫桥式人民法庭”承担诉讼服务、多元解纷等职能，对法院现代化建设、打造法治型社会具有现实意义。一方面，人民法庭处于基层治理最前沿，它的现代审判运行机制完善程度、现代司法管理模式优化程度及判决、裁定法律效果与社会效果统一程度，直接关乎法院改革进展和成效。大抓基层、大抓基础的创建导向，有利于激发法院活力，增强法院实力，提高法院向心力和战斗力。另一方面，“基层纠纷虽平常且琐碎，但潜含着‘气压’风险、暴力冲突风险和群体性事件风险等诸多社会风险”[10]。基层社会是风险社会，为迎合新变化、新特点，创建“枫桥式人民法庭”是配合全民守法工作、提升法治社会品质的关键环节。法官、法警等以“初心”的执着、“守心”的标准践行为民司法理念，有助于满足群众在民主、法治、公平、正义等方面的多种需求和多维期望。

---

① 劳动异化是马克思在《1844年经济学哲学手稿》中首提的概念，包括人与劳动活动相异化、人同自己的类本质相异化、人同自己的劳动产品相异化、人同人相异化等四重意涵。

二、"枫桥式人民法庭"创建活动的理论解释

(一)"枫桥式人民法庭"创建活动的法理彰显

"当下中国的治理目标是治理体系和治理能力的现代化，即国家治理现代化。"[11]基层治理现代化的诸多路向中，法治化进路是一项复杂性、系统性工程，涵盖治安、审判、检察、司法行政、综治维稳等多重任务，涉及体制优势、机制完善、制度设计等多个方面。时下，为把握基层法治规律、服务法治建设大局，能动司法①作为一种官方认可、民间信任的司法工作方法，已成为当代中国司法的必然选择，"枫桥式人民法庭"创建活动是实施能动司法审判的重要途径，正为推进中国特色社会主义审判制度更加成熟定型发挥作用、作出贡献。

"法律作为一种调整社会关系的手段，起源于社会，那么终将落脚于社会。"[12]法学理论中，法治可细分为压制型法、自治型法、回应型法②。压制型法强调司法的被动性，司法机关及其工作人员是被动地、机会主义地适应经济社会发展；自治型法则注重法律自我隔离，司法责任被狭隘地界定，保持司法机关的完整性才是目的设定。在司法实践环节，前两种法治与回应型法之间不是相互排斥、互不相容的关系，而是彼此交互、有序进阶的关系。"如果缺乏了'压制型法'和'自治型法'的前阶段积累，'回应型法'的构筑将是根基不牢、难以为继的。"[13]换而言之，回应型法需要把压制型法、自治型法作为基础和前提；相应地，回应型法兼具压制型法、自治型法的一些优点，是对这两种法治的"扬弃"。可以说，回应型法是主动适应新形势、新要求，借助各种方法、通过各种渠道回应社会压力、维护社会秩序的法治样式，也是时下基层治理"四化"之一法治化的发展趋向。

回应型法作为法律发展的顺常延展和法治建设的善治样态，为树立诉讼服务、多元解纷等能动司法导向的"枫桥式人民法庭"创建活动提供行动上的理论解释和科学指引，它是"枫桥式人民法庭"创建活动的重要法理支撑。具体而言，"枫桥式人民法庭"以能动司法为理念，以应对基层事务为己任，构建自觉的、持久的回应机制，具有回应基层社会所需的回应力，并直接体现服务群众、依法治理等实践特色。正因为如此，该创建活动要求各地法院认真落实《关于加强基层治理体系和治理能力现代化建设的意见》③，贴近基层、了解基层、便利基层，直击基层治理中法治理念、法治制度和法治

---

① 能动司法要求各级法院立足审判职能，发挥主观能动性以回应转型期经济社会发展的客观需要，审判机关及其工作人员履职尽责、捍卫法治是司法能动性最基本的体现形式。

② 回应型法理论由美国伯克利学派代表人物诺内特和塞尔兹尼克提出，主张"在法律中认识社会，在社会中改善法律"，该理论是美国解决社会骚乱、信仰危机等现代转型问题的思想武器。

③ 2021 年，《关于加强基层治理体系和治理能力现代化建设的意见》要求，坚持全周期管理理念，强化系统治理、依法治理、综合治理、源头治理，因而抓好人民法庭工作，就是为基层治理现代化夯实法治基础。

实践等方面的难点、痛点、堵点、卡点。同时，各地法院也在“点线面体”多向度发力，助力法治成为解决基层社会问题、回应中国社会转型的主要工具，从而在基层社会传递法治力量、建树法治权威。

（二）“枫桥式人民法庭”创建活动的哲理彰显

“政策和策略是党的生命。”[14] 乡村振兴战略是党的十九大作出的重大决策部署，它是做好新时代“三农”工作的总抓手；去年，全国两会上，最高人民法院工作报告提出，创建“枫桥式人民法庭”，服务乡村全面振兴。为落实好党的十九大精神和习近平总书记关于“三农”工作的重要论述，人民法庭被人民法院定位成保障基层群众法治需求、服务推进乡村振兴的前沿阵地，“枫桥式人民法庭”创建活动是各地法院切实维护农村社会平安稳定的制度安排，实施这项制度也蕴含着中央顶层设计与地方渐进建设相辅相成、互进共生的运行机理。

马克思主义哲学视域下，唯物辩证法认为，普遍性寓于特殊性之中，没有特殊性就没有普遍性；特殊性也离不开普遍性，不包括特殊性的普遍性是不存在的。“关于事物矛盾的问题的精髓，不懂得它，就等于抛弃了辩证法。”[15] 加以阐析，矛盾普遍性和特殊性关系原理是“枫桥式人民法庭”创建活动的重要哲理支撑。一者，该创建活动是由最高人民法院遵循党的主张、抓住历史机遇，擘画建设蓝图、进行顶层设计，产生为何创建“枫桥式人民法庭”、如何创建“枫桥式人民法庭”等方面的总体要求、一般原则和整体思路，这体现矛盾的普遍性。“习近平法治思想‘以人民为中心’的根本立场，来源于马克思主义理论的人民性、中国共产党的人民性、中国国情的人民性以及习近平实践经历的人民性。”[16]“坚持以人民为中心”的人民观是习近平法治思想的集中体现，在习近平法治思想指导下，“枫桥式人民法庭”创建活动把“以人文本”的要求、原则和思路贯穿法庭工作的“全生命周期”，不断提升基层治理效能，在为了人民、依靠人民、造福人民中开创法院社会治理的新局。

另一者，各地法院渐进式开展该创建活动时，要因时制宜、因地制宜、因人制宜，也要坚持稳中求进主基调、打出推陈出新关键招。同时，各地法院要按照具有中国特色的“政策试验”的实践范式，沿着“试点—推广”的政策扩散轨迹，对该创建活动过程中产生的种种做法、丰富经验复制推广哪些，以及在多大范围内复制推广等一系列关键问题进行具体分析、辩证取舍，这些都是矛盾特殊性的体现。从公共管理视角分析，为更好更快地推动“枫桥式人民法庭”创建活动，各地会选取具有较好基础、先发优势的“枫桥式人民法庭”作为示范，将它的创新经验塑造为政策热点之后大力宣传、推广并且在更大范围内试行、巩固。这些蕴含唯物辩证法智慧的创建举措不仅提高顶层设计的能见度，加速利好政策的扩散进程；而且促使地方法院积极学习系统内的先进做法、典型经验，为自身开展“枫桥式人民法庭”创建活动提供动态的合规的实施方案删减机制，引导自身采纳创新、重组优化、实现跃升。

三、个案分析：浙江省绍兴市"枫桥式人民法庭"创建活动

"只有基层社会治理得以创新发展完善，国家治理体系和治理能力现代化才能有质的飞跃。"[17]"枫桥经验"的生命力在于基层治理创新，让"枫桥经验"这张基层治理金名片在新时代闪闪发光，是基层治理决策者、执行者必须解决好的课题。近年来，浙江省绍兴市法院系统坚持强基导向，开展争创"枫桥式人民法庭"工作①，发挥人民法庭贴近基层、了解基层、便利基层的优势和服务乡村振兴、服务基层治理、服务人民群众的作用，使人民法庭各项工作体现时代性、把握规律性、富有创造性，实现人民法庭内涵式发展，推动事业整体提升，成为浙江省内人民法庭坚持和发展新时代"枫桥经验"的样板和窗口。

（一）"枫桥式人民法庭"创建活动的共建向度

体系推进党委领导、政府负责、社会与公众参与的社会建设制度，利用社会资源提高社会建设系统性、整体性，满足群众对美好生活需要，是推进基层社会稳定发展的前提。"在基层治理中，共建是人民改造社会的动态的实践活动。"[18]为创建"枫桥式人民法庭"，浙江省绍兴市法院系统融入共建导向下的基层治理，总的来说，该市"枫桥式人民法庭"共建特色体现在两方面。一是地区化共建，农村地区建设综合性人民法庭；都市区和城郊区人民法庭主要审理道路交通、劳动人事、金融商事、环境资源、少年、旅游等专门案件；产业集聚区人民法庭集中审理某一特定产业的民商事案件。例如，越城区袍江人民法庭为应对辖区企业多、商事纠纷多的挑战，建立"三联三室一中心"组织架构，实现涉企商事纠纷诉、调、审综合化解，纠纷收案数占比连续下降。再如位于兰亭风景区的柯桥区兰亭人民法庭设立"旅游巡回审判站"，负责审理辖区旅游纠纷案件,加强和创新旅游景区等旅游相对集中区的巡回审判工作。二是个性化共建，各县（市、区）把"一庭一品"作为该创建活动的突破口和着力点,立足优质资源禀赋，培育人民法庭工作品牌。越城区鉴湖人民法庭按照基层治理"契约化"共建模式②，把矛盾纠纷联合调处、物业纠纷协同处理等治理热点、难点纳入共建环节，仅 2021 年，辖区内物业纠纷调撤率就高达 94.12%，实现党建契约化共建与城市治理的深度融合。上虞区丰惠人民法庭依照基层治理"乡贤 +"共建模式③,配合"三师三员回归乡村""乡

① 2013 年是毛泽东同志批示"枫桥经验"50 周年，浙江省绍兴市两级法院以"全国优秀人民法庭"诸暨市枫桥法庭为样本，开展"克隆"枫桥法庭的专项行动，以延伸司法职能，提供司法服务。

② 2022 年，"中国改革 2021 年度地方全面深化改革典型案例"发布，绍兴市越城区"契约化"共建模式入选，该模式的精髓要义在于通过一定区域内党组织签订契约、各司其职，共同把党组织资源引入基层治理。

③ 绍兴市上虞区是"中国乡贤文化之乡"，依托乡贤研究会等专业机构，建立乡贤信息数据库，并引导乡贤力量下沉，广泛参与基层治理，形成乡贤力量助益平安建设、法治建设的善治机制。

警回归”等专项活动，激活乡贤独特的治理功能，组织具有法律特长和法律从业经验的乡贤，构建司法协助机制，实现诉前化解矛盾纠纷，减轻当事人的诉累，提高群众对审判、服务等事务的认可度满意度。

（二）“枫桥式人民法庭”创建活动的共治向度

“社会治理共同体概念的提出，正是包含了对个人和共同体关系的辩证理解。”[19]考察社会治理模式演变，合作治理已成为我国基层治理的重要范式之一，合作治理需要多元主体的治理主体结构，涉及官方与民间、组织与个体等；也需要行动协同的治理实现方式，包括中央与地方、与基层的合作治理，以及政府与社会、与市场、与市民的合作治理等。截止 2021 年底，浙江省绍兴市建成 16 家乡镇人民法庭、10 家城郊人民法庭、3 家城区人民法庭和 400 余个巡回审判站、诉讼服务站、法官联络点，数量众多的人民法庭及其附属站点为该市创建“枫桥式人民法庭”时，坚持共治导向打下坚实基础。首先，实施制度型共治。全市人民法庭对乡镇矛调中心①受理的矛盾纠纷进行专业法律指导，形成“社会调解优先、法院诉讼断后”的递进式矛盾纠纷分层过滤机制，使纠纷化解理念由“诉讼中心主义”转为“诉讼与非诉并行主义”。同时，设立“工会工作室”，“工会工作室”是总工会在法院设立的劳动争议调解平台，开展集约化、协同化业务，“法院 + 工会”劳动争议化解机制突破立案为界的司法惯习，使调解全面覆盖诉前、诉中、诉后。其次，实施文化型共治。嵊州市黄泽人民法庭发挥地处王羲之故里的特殊优势，创造性转化、创新性发展王羲之家训“上治下治、敬宗睦族、敦厚退让、积善余庆”中的“讼戒”文化，成立“羲之调解室”，汇集多元力量推进诉源治理，达到定纷止争的理想效果。新昌县沃洲人民法庭传承弘扬“红色法律专家”“革命的法学家”梁柏台的人民司法理念，设置梁柏台法律工作室，通过在巡回审判、下乡办案等核心业务中嵌入红色法治文化，打造红色人民法庭，实现地域优秀文化与人民法庭工作良好耦合。

（三）“枫桥式人民法庭”创建活动的共享向度

社会治理共同体是继行政发包制、分类控制模式、项目制之后的国家治理新范式，一核多元的主体、公共参与的过程、共同享有的结果是它的一般性要求。“人人有责、人人尽责，共建共治的社会共同体必然应该人人共享。”[20]在实现基层治理现代化的内容分层中，共建是重要保障，共治是实现方式，共享是价值指引。浙江省绍兴市法院系统顺应信息化发展趋势，推进数智“枫”景等数字化项目，把打造基层治理体系最

---

① 矛调中心也称之为“信访超市”，其建设重心是把场地设施、人员岗位和相关行政资源、司法资源、社会资源加以集中，为群众提供全覆盖、全领域、全过程的解纷服务，这也是“最多跑一次”改革理念向基层治理领域延伸的创新实践。

小支点“共享法庭”① 作为“枫桥式人民法庭”创建活动的总抓手和主方向，在“不增编、不建房”情况下，以能用、管用、好用为标准分层递进，利用“一屏、一线、一终端”汇集移动“微法院”、庭审直播、裁判文书公开、“浙江解纷码”等模块，网上立案、在线诉讼、调解指导、普法宣传等功能均具备，与地方的“一中心四平台一网络”全面“兼容”，促使法院系统的数字治理迈向智慧治理，助推绍兴市成为浙江省唯一从2019年以来一审民商事案件连续3年负增长的地区。比如柯桥区轻纺城人民法庭为解决全国规模最大、经营品种最多的纺织集散中心图案版权纠纷频发问题，研发首个“版权AI智审”系统，用溯源比对克服人力难以海量比对、有效认定的庭审障碍。再如《绍兴市中级人民法院关于在环境资源审判中坚持和发展新时代“枫桥经验”的十条措施》颁布后，诸暨市人民法院在部分人民法庭成立环境资源纠纷调解工作室，聘任一批环境资源纠纷特邀调解员，形成“法官+特聘人员”的调解力量，在环资类“共享法庭”层面实现该类纠纷源头预防化解。

四、经验启示：推进“枫桥式人民法庭”创建活动的路径选择

基于整体性治理理论视角，“多治融合”是实现有效治理、提升治理质量的可行性路径，包括多元主体、多种方式，并系统整合、全面优化，形成多元社会的协同治理，打造共建共治共享的基层治理共同体。当前，“枫桥式人民法庭”创建活动是整体性过程，也是系统性工程，该创建活动与其它的枫桥式系列创建活动相比，起步较晚、但进展很明显，规范化特别是体系化推进是该创建活动的未来走向。来自浙江省绍兴市的经验表明，遵循主体多元、方式多种及注重组合完善的实践逻辑创建“枫桥式人民法庭”，能助力人民法庭融入以县域为载体的城镇化建设和全面乡村振兴战略中，进而加快新时代人民法庭现代化建设进程。

（一）提升创建活动凝聚力的关键点在于党的领导

对社会治理体系② 的主体结构加以剖析，党建引领是“一核”，是“多元”的“主心骨”，“在我国完善共建共治共享社会治理制度的改革进程中，党建引领已成为推动多方主体协同共治和提升基层治理体系整体治理能力的重要制度安排”[21]。党的建设是关键，党的领导是根本，党的领导制度优势转化为基层治理效能是“枫桥式人民法庭”创建活动的本质要求。其一，观念层面。治理是侧重工具性的政治行为，要贯彻习近平总书记关于政法工作的重要论述以及关于基层治理的重要论述，提高政治站位、树

① “共享法庭”是浙江省继杭州互联网法院、移动微法院后推出的又一重大司法改革创新载体。截止2021年底，浙江省绍兴市“共享法庭”已达854家，共计接受群众咨询173次、指导开展诉前调解95次、法治教育286人次、培育法治带头人83人次。

② 党的十九届四中全会指出，完善党委领导、政府负责、民主协商、社会协同、公众参与、法治保障、科技支撑的社会治理体系，这是对强调政府主导的社会治理固有范式的突破和超越。

立政治意识，立足坚持和完善中国特色社会主义司法制度、推进人民法庭审判体系和审判能力现代化的高度深化认识；贯彻以人民为中心的发展思想，发扬人民司法优良传统，创建活动中贯彻全过程人民民主，维护基层群众合法权益，彰显司法为民本色，夯实思想政治基础，实现政治性和人民性统一。其二，实践层面。人力资本上，依据《中国共产党政法工作条例》，压实第一责任人责任，选优配强基层政法委员，相关的部门单位、乡镇街道要各司其职、建立小组、形成专班；夯实机构编制、财政资金、基础设施等保障，充实骨干力量，提升其理论素养、政治能力、实务水准，关心关爱法官、法警，建造"幸福法庭"，合力打造忠诚干净担当的司法队伍。客观环境上，对创建活动要全周期关注，形成"管理指导—督察考评"闭环体系，宣传表彰政治强、业务精、作风实的"枫桥式人民法庭"，形成"典型引领、示范带动"创建态势。由此，党的领导与基层治理更深度融合，资源和力量加速向基层汇聚。

（二）增强创建活动定向力的关键点在于法治保障

"现代法治为国家治理注入良法的基本价值，提供善治的创新机制，法治对于国家治理现代化具有根本意义和决定作用。"[22]"枫桥式人民法庭"创建活动实质上是复杂又交织的基层治理过程，法治是基层治理现代化的依托，基层治理法治化水平直接影响国家治理现代化水平，服务于基层法治是该创建活动的前进方向。一方面，依托法治，制度是前提。以习近平法治思想为科学指引，学习《中国共产党百年法治大事记》，借鉴最高人民法院发布的"打造枫桥式人民法庭服务全面推进乡村振兴"典型案例，按照全国高级法院院长会议精神以及省、市、区"枫桥式人民法庭"创建活动系列文件，在基层法治化综合改革之中狠抓人民法庭专项改革，并协助党委承担法治建设、协助政府承担法律事务，实现立案审判执行、服务监督保障等专业性、综合性制度环节重塑、流程再造。另一方面，依托法治，文化是根基①。"枫桥式人民法庭"创建各项制度成果迭代效应的释放需要借助法治文化，法治文化是该类制度更加成熟定型的土壤。弘扬现代法治精神，传播现代法治理念，使法治文化润养身心、熏陶行为，树立守法用法光荣、违法犯罪可耻的正反两方面典型；实施"八五"普法规划，运用传统媒体、新兴媒体，建立"平面 + 立体""线上 + 线下"全方位、宽领域、多层次的宣传矩阵；利用重大纪念日、传统节日等好契机开展群众性法治文化活动，使法治文化抓住眼球又入脑入心；拓宽创建渠道，促进法治文化与机关文化、企业文化、校园文化等融合，打造法治文化建设区域集群。

① 2021 年，《关于加强社会主义法治文化建设的意见》要求，加快社会主义法治文化建设，为全面依法治国提供坚强思想保证和强大精神动力，这是继党的十八届四中全会中央部署法治文化建设后的又一重要战略决策。

(三)激活创建活动内生力的关键点在于文化基础

基层治理是人心治理，价值共识作为凝聚认同、形成合力的支撑，是多元主体行动协同下达到"善治"这一治理最佳状态的柔性条件。文化具有价值引领功能，创设积极人文环境，引导人力、制度、技术等资源要素投入基层治理，有益于激发"枫桥式人民法庭"创建活动的内生活力。一者，就城市文化而言，它的现代气息浓厚，各地应建设新时代文明实践中心、国家文化公园，推进图书馆、文化馆、美术馆、博物馆、展览馆等公共文化场所免费开放和数字化发展，修复历史文化街区，打造网络文化等新型文化景区。其后，在以上城市文化空间内，植入现代法治元素、展现现代法治成果，增强市民对城市法治化实践的集体认同，为城区街道所属的"枫桥式人民法庭"创建活动奠定基础。"如何对中国传统文化资源进行现代性转换，这是未来基层治理的要义所在。"[23] 另一者，就乡土文化来说，它的传统底蕴深厚，各地也应建立村史场馆、编撰整理村史村志等文本，构建彰显乡村特色的文化符号；通过"文化下乡"等文化惠民活动，借助文化礼堂等文化传播载体，阐发乡土文化中和睦友善、隆礼重法等优良品德，发挥其道德教化、德法合治的基层治理功能，为农村乡镇所属的"枫桥式人民法庭"创建活动提供保障。进一步说，各地更应推进城市文化与乡土文化融为一体，为城乡法治一体化发展培根铸魂，用这两种文化力量引领基层治理，为推进该创建活动营造"软环境"，使实质法治、司法公正成为"地方价值观"的核心要素。

(四)保持创建活动源动力的关键点在于社会本位

"在党的政治领导和政府职能优化过程中引导社会力量有序参与治理，是中国社会治理的核心机制。"[24] 社会学意义上，社会治理涉及国家、社会、市场，社会力量被集约开发和综合运用，是应对基层事务和提供公共服务的本源。"枫桥式人民法庭"创建活动要优化法庭布局，考虑人口、案件、交通等因素，动态调整管辖区，使布局更优，落点更实；也要借助社会力量立足司法审判，延伸诉讼服务，强化多元治理体系。以"五社联动"模式为例，人民法庭可以加大社会力量参与基层治理的正向政策激励，加入社区、社会组织、社会工作者、社区志愿者、社会慈善资源的"五社联动"① 中。第一，联合公益性、服务性、互助性社会组织，引导其就地服务；依托社区社会组织联合会，开拓更多使社区社会组织有序参与该创建活动的渠道，在服务承接力和专业化水平双提升中打造社区社会组织品牌。如将民调组织与检察机关、审判团队、法律援助等专业力量串联应用，构建调、诉、审、援等合一的基层治理链条。第二，推进社会工作服务体系和综合能力建设，人民法庭主动嵌入基层社会工作服务网络，为其注入法治力量，传递法治温度。第三，吸纳司法相关专业的高校、党校、社科院所师生以及从

---

① 官方治理话语下，"三社联动"正向"五社联动"转变，新增社区志愿者、社会慈善资源两种联动力量，该跃升性变化是新时代整合社会资源、引导社会力量参与基层治理的必然选择。

事法律工作的退休人员加入社区志愿者群体，利用其专业知识、经验技能协助“枫桥式人民法庭”创建工作。最终，在党的全面领导下，该创建活动实现主体多元化、要素或子系统协同化、资源与服务共享化这三者之间的辩证统一。

（五）壮大创建活动助推力的关键点在于科技支撑

面向万物互联的数字浪潮，如何发挥现代科技对基层治理的促进作用，推动数字治理迈向智慧治理？这是值得深入研究的问题，答案之一就是利用互联网、大数据、区块链、人工智能等手段，实施科学柔性治理。“科技支撑社会治理现代化在我国的发展尤为突出，但依然面临不少挑战。”[25] 为增强基层治理实效性与精准度，建设智慧法①是“枫桥式人民法庭”“身处”算力时代②改革创新、求新求变的实践图景。具体举措有：首先，对在线诉讼模式及规则实施迭代升级后，落细落小落实在线诉讼规则、在线调解规则和人民法庭在线运行规则，为当事人行使诉权提供便捷服务。其次，拓展信息技术在司法领域的应用场景，推进5G等新技术，发挥海量司法大数据优势，深度研判基层治理领域重点案件，为矛盾纠纷化解、防范经济风险等提供决策参考。最后，优化人民法庭工作平台应用和人民法庭信息平台，进行人民法庭数据收集、填报、分析、运用工作，对办案数据实时监测，掌握工作动态，研判问题对策，增强信息化工作的针对性、实效性、预见性。如此以来，服务智慧化、治理智慧化、评判智慧化在该创建活动中同步展开，并借助数字化转型解决治理主体“碎片化”、治理对象“原子化”、治理效力“内卷化”等不同难题，扎实推动基层治理水平迈上新的台阶。

五、余论

基层治理现代化蕴含人人有责、人人尽责、人人享有的行动逻辑，这是治理理念中国化的具象表征。浙江省绍兴市是“枫桥经验”发源地，正以打造最具安全感城市为目标，广泛开展“枫桥式公安派出所”“枫桥式人民法庭”“枫桥式检察室”“枫桥式司法所”系列示范创建活动，全面加强和创新基层治理。相应地，通过建立、健全“枫桥式”系列示范创建活动的标准体系、制度体系、保障体系，夯实基层基础，提升治理能力，在全市形成党委政府主导、各方齐抓共管、群众积极参与的共建共治共享基层治理体系。特别是国家层面、省域层面各类“枫桥式”创建现场会相继在绍兴市召开，这是对绍兴市成功打造一批可学可看、精品精致、可借鉴可复制的特色品牌的认可和激励。“从传统社会向现代社会过渡的过程就是一个理性化的过程，或者说是一个由价

---

① 2022年，最高人民法院院长周强在最高人民法院工作报告中指出，加强智慧法院建设，完善互联网司法模式，实现我国互联网司法从技术领先迈向规则引领，为世界互联网法治发展贡献中国方案。

② 人类生产力发展由人力时代、畜力时代、动力时代进入第四个时代——算力时代，以芯片和软件平台为主的计算能力正改变人类生产方式、生活模式和科研范式，算力也代表人类智慧发展水平。

值理性、实质理性向工具理性、形式理性转变的过程。"[26]2023年正是"枫桥经验"60周年①。无论是绍兴市，还是浙江省②，乃至全国，基于基层治理现代化的向度，在更大范围、更宽领域、更深层次推进"枫桥式"系列示范创建活动③强基固本、守正创新、融合开放是实现中国式现代化、开创人类文明新形态的重要内容，"枫桥经验"会在更多场景应用和更细具体实践中获得丰富和发展，这一基层治理的中国方案也能为夯实"中国之治"根基、书写"中国之治"华章指明前进方向、明确行动指南。当然，这是个宏大课题，值得我们开展更加深入的研究。

参考文献

[1] 黄献安，费小余．"枫桥经验"薪火相传——记诸暨市枫桥人民法庭［N］人民法院报，2004-11-21（05）．

[2] 苏晓春．努力把"走在前列"要求落到法院工作实处［N］浙江日报，2005-04-08（01）．

[3] 余建华，孟焕良，柳雪等．浙江：人民法庭个个变"枫桥"［N］人民法院报，2010-08-10（07）．

[4] 刘冰玉．"一核四点五极"构建立体化"枫桥式人民法庭"［N］四川法治报，2021-10-19（06）．

[5] 于瑞荣．新时代"枫桥经验"在西宁法院落地生根［N］青海日报，2021-11-11（07）．

[6] 张婧，魏悦悦，郝飞．崇州打造"枫桥式"人民法庭［N］四川法治报，2022-02-11（07）．

[7] 杨国荣．实践哲学：视域与进路［J］．学术月刊，2013（05）：39-51．

[8] 莫纪宏．坚持党的领导与依法治国［J］．法学研究，2014（06）：41-46．

[9] 刘伟，翁俊芳．"社会治理共同体"话语的生成脉络与演化逻辑［J］．浙江学刊，2022（02）：24-36．

[10] 陆益龙．社会主要矛盾的转变与基层纠纷的风险［J］．学术研究，2018（06）：45-52+177．

[11] 彭凤莲，陈宏建．德法合治：国家治理现代化路径的反思与重塑［J］．安徽师范大学学报（人文社会科学版），2021（02）：66-75．

① 2022年，党的二十大报告提出，在社会基层坚持和发展新时代"枫桥经验"。浙江省绍兴市作为"枫桥经验"发源地，将坚持党建统领、人民主体、三治融合、整体智治、共建共享，把"枫桥经验"进一步坚持好、发展好、总结好、推广好。

② 2022年，浙江省第十五次党代会报告四次提到"枫桥经验"，涉及社会治理共同体、市域治理、基层治理、"枫桥经验"60周年纪念活动等内容，旨在使"枫桥经验"在服务保障"两个先行"中发挥更大作用。

③ 当前，除基层政法领域"枫桥式"系列示范创建活动之外，基层治理的其它领域也有类似的示范创建活动同步开展并逐步扩大，如"枫桥式退役军人服务中心（站）""枫桥式税务所""枫桥式社区"等等。

[12] 李晗. 回应社会，法律变革的飞跃：从压制迈向回应——评《转变中的法律与社会：迈向回应型法》[J]. 政法论坛，2018（02）：185-191.

[13] 梁平，张亦弛. “回应型法”的泛化应用及匡正［J］. 山东社会科学，2021（06）：163-170.

[14] 宋美贤. “枫桥经验”与基层社会治理现代化［D］. 济南：山东大学，2020.

[15] 涂小雨. 有机与冲突：社会治理理念、功能、框架的优化演变［J］. 中国治理评论，2022（01）：46-56.

[16] 郭晔. 论中国式社会治理现代化［J］. 治理研究，2022（03）：89-100+127-128.

[17] 郁建兴，任杰. 社会治理共同体及其实现机制［J］. 政治学研究，2020（01）：45-56+125-126.

[18] 黄晓春. 党建引领下的当代中国社会治理创新［J］. 中国社会科学，2021（06）：116-135+206-207.

[19] 张文显. 法治与国家治理现代化［J］. 中国法学，2014（04）：5-27.

[20] 赵秀玲. 习近平基层治理思想的特征及其价值［J］. 学习与探索，2016（05）：41-49.

[21] 张来明，刘理晖. 新中国社会治理的理论与实践［J］. 管理世界，2022（01）：20-35.

[22] 李建伟，王伟进. 理解社会治理现代化：内涵、目标与路径[J]. 南京大学学报（哲学·人文科学·社会科学），2021（05）：35-44+158.

[23] 尹保云. 什么是现代化——概念与范式的探讨［M］. 北京：人民出版社，2001：72.

数字经济赋能绍兴制造业高质量发展的策略研究

绍兴市社会科学院　徐　琪

制造业是立国之本、兴国之器、强国之基。在过去的数十年中，我国制造业一路高歌猛进，但“大而不强”“全而不优”的问题仍较为突出，而数字经济作为一种新型的经济形态，在培育和完善制造业的新技术、新业态、新模式等方面展现出了蓬勃生命力，牢牢抓住发展数字经济的机遇已然成为当下制造业高质量发展的必由之路。本文在厘清数字经济对制造业高质量发展的作用逻辑基础上，结合绍兴制造业发展现状，从体制机制、人才建设、创新意识三个维度提出对策建议，为数字经济赋能绍兴制造业高质量发展提供参考。

一、引言

制造业是立国之本、兴国之器、强国之基。在过去的数十年中，我国制造业一路高歌猛进，制造业增加值自 2010 年以来连续十多年稳居世界第一，是世界上工业体系最为健全的国家，但“大而不强”“全而不优”的问题仍较为突出，严重削弱了我国经济抗风险能力和国际竞争优势。而数字经济作为一种新型的经济形态，在培育和完善制造业的新技术、新业态、新模式等方面展现出了蓬勃生命力，牢牢抓住发展数字经济的机遇已然成为当下制造业高质量发展的必由之路。

在此背景下，本课题在厘清数字经济对制造业高质量发展的作用逻辑基础上，结合绍兴制造业发展现状，探究数字经济赋能绍兴制造业高质量发展的路径，对于推动绍兴制造业高质量发展，率先走出“腾笼换鸟、凤凰涅槃”的制造强市之路，具有现实的重要性与迫切性。

二、数字经济赋能绍兴制造业高质量发展的研究基础

（一）数字经济

追溯数字经济的发展脉络，可以发现数字经济是由信息经济发展而来的。1962 年，FritzMachlup 最早提出了信息经济这一概念，随着时代和科学技术的不断发展，逐渐渗透至经济社会的各个领域，赋予信息经济更丰富的内涵。直到 20 世纪 90 年代，数字技术从信息产业中凸显出来，这种由数字技术带来的经济发展模式的变化形成全新的一个概念，即数字经济。

关于数字经济的界定，学术界尚未给出统一的看法。除了早期从狭义上定义数字经济为信息通信产业，目前大部分学者均从广义角度出发定义数字经济，大致可分为两类。一类定义数字经济为一种新型经济形态。Carlsson（2004）将数字经济概括为信息数字化与互联网结合产生的一种新型通用技术的新型经济形式。邬贺铨（2016）提出数字经济是农业、工业等实体经济融合新的数字化技术形成的，从该意义上来说数字经济是数字化的实体经济。李英杰等（2022）界定数字经济为以可供使用的大数据作为关键生产要素，以互联网平台作为基础与载体，以云计算、人工智能等新型信息技术作为发展引擎，赋能实体经济，推动实体经济发展质量和生产效率快速提升的新型经济形态。另一类定义数字经济是与数字相关的一系列经济活动。Mesenbourg（2002）总结了数字经济的三个特征，一是基础设施的通信网络；二是电子商务在网络上开展的各种过程，如信息数字化；三是电子商务。逄健等（2013）结合各国政府对于数字经济的界定，认为数字经济是在信息和通信技术的基础上，借助互联网、物联网等实现交易、交流、合作的数字化，进而推动经济社会发展与进步的一系列过程。关会娟等（2020）在借鉴国际相关定义及结合我国发展现状和已有实践，提出数字经济是以数字设备制造、数字信息传输、数字技术服务等基础设施为核心支撑，高度数字化的媒体内容和互联网应用活动的集合。

（二）制造业高质量发展

在高质量发展概念方面，王春新（2018）提出高质量发展的内涵包括提质增效、创新驱动、绿色低碳和协调共享。王伟（2020）认为高质量发展是以满足人民美好生活需要为根本目标，促进生产力在生产关系不断优化和变革过程中的发展。具体到制造业高质量发展，马宗国（2020）从经济学角度出发，提出制造业高质量发展是指一个国家或地区经济社会整体进入工业化中后期之后，主动适应社会主要矛盾变化，不断推动制造业持续高级化的创新过程。余东华（2020）主张，制造业高质量发展是指在新发展理念指导下，制造业生产制造销售全过程实现生产要素投入低、资源配置效率高、品质提升实力强、生态环境质量优、经济社会效益好的

高水平可持续发展。

在制造业高质量发展评价方面，江小国等（2019）基于系统性、可比性和可量化性的原则，构建了涵盖经济效益、技术创新、绿色发展、质量品牌、两化融合、高端发展六大类共计 12 项指标的制造业高质量发展评价指标体系。苏永伟（2020）根据制造业高质量发展的内涵与要求，选取了经济效益、技术创新、绿色发展、质量品牌、信息化水平作为一级指标评价中部地区制造业高质量发展水平。刘国新等（2020）选取经济效益、创新发展力、产业结构、开放程度、生态环境评价制造业高质量发展。邹圆等（2021）在明确界定工业高质量发展内涵的基础上，设置涵盖效益、创新、协调、绿色、开放和共享六个维度的综合评价指标体系。魏修建等（2021）以西部地区工业作为研究对象，认为工业高质量发展包括效率改善、质量提升、动力转换、结构优化四个方面。

（三）数字经济与制造业高质量发展的关系研究

通过回顾既有研究可以看出，目前关于数字经济的研究仍处于探索阶段，较少分析数字经济对制造业高质量发展的赋能作用，大多关注数字经济与制造业发展的关系。

国外研究主要为信息通信技术从提升全要素生产率（Castigkione 等，2013）、增加制造业采购渠道（Rasal，2017）、促进就业（Falk 等，2017）、提高劳动生产率（Kilicaslan 等，2019）等方面，认为数字经济对制造业发展存在正向作用，推动了制造业质量变革、效率变革和动力变革。

国内研究主要包括以下三个方面：一是数字经济推动了制造业产业链的延伸。李馥伊（2018）通过构建固定效应回归模型论证了数字化对推动制造业部门全球价值链位置变化具有重要的驱动作用。二是数字经济催生了产业模式的变革。李永红等（2019）运用象限矩阵分析得到数字技术推动数字化产业发展，并通过与传统产业相融合促使产业升级，实现产业信息化融合和数字产业化信息增值。三是数字经济优化了制造业的组织形式。沈运红等（2020）基于浙江省 2008—2017 年的面板数据分析得到，数字经济通过提升数字基础设施建设水平、数字化产业发展水平和数字技术创新科研水平，能够优化制造业产业结构。

三、数字经济赋能制造业高质量发展的作用逻辑

制造业高质量发展是关系到经济高质量发展全局的重要内容之一。根据制造业高质量发展的内涵与要求，制造业要实现高质量发展就是要实现质量、效率、动力的有机结合。因此，该部分将从节约成本、优化配置、引领创新三个方面探讨数字经济赋能制造业高质量发展的作用逻辑。

（一）数字经济通过节约成本赋能制造业高质量发展

数字经济主要通过降低生产成本和交易成本赋能制造业高质量发展。一方面是降

低生产成本，促进范围经济。数字经济出现以前，降低生产成本往往是通过规模经济实现的，但规模经济并不是降低生产成本的唯一方式。由于互联网具有规模效应、协同效应、网络效应、双边市场效应等特征，可以有效降低企业多样化经营的生产成本，推动制造业生产销售更多个性化、差异化的产品，实现范围经济。另一方面是降低交易成本，促进产品多样性。伴随着数字技术的不断发展，各类消费平台不断涌现，消费者在线上搜索个性化需求的成本变低，使得企业能够更精确地对接目标需求；同时数字技术也使得交易双方进行信息沟通变得更为便捷，直接降低了企业的谈判成本、签约成本、监督成本等。

（二）数字经济通过优化配置赋能制造业高质量发展

一方面，数据作为一种新的生产要素催生了新产业新业态新模式。随着数字技术的不断发展和普遍应用，企业发展所需的要素不再局限于资本、人力、资源等传统生产要素，数据逐渐成为促进经济高质量发展的新型生产要素。相较于传统要素，数据要素在生产过程中可以进行多次循环使用，并且使用中还能使得数据量得到进一步扩大，充分利用数据要素推动数字产业化和产业数字化，能够极大地丰富制造业的应用场景，如工业互联网等，也能不断赋予制造业新的发展动能，为社会经济的发展培育新的增长点。另一方面，数据要素能有效推动要素体系的合理配置及利用效率的显著提高。具体来说，一是数字经济提高了要素的流动性，数字经济凭借智能化生产、大数据精准化营销等方式，让劳动、资本、技术等生产要素能够更快速、更低成本配置到效率高的地方，将制造业的闲置资产充分盘活起来，大大提高了资产的使用效率。二是数字经济加强了要素间的协调性。数据要素能够参与到生产活动中的各个环节，如在研发环节能够整合物流、开发等信息让研发部门实现协同开发；在生产环节能够实现实时调动生产资源、智能分配生产任务、全程监控产品质量；在流通环节能够与物流及时交流与配合使得商品能够快速送到消费者手中；在售后环节能够增强与消费者的交流反馈实提升服务质量。最后采集并整合研发、生产、流通、售后等环节的数据，形成有效信息反馈给生产者，进而提高资源之间的匹配度，让生产者决策更加科学精准。

（三）数字经济通过引领创新赋能制造业高质量发展

创新是制造业转型升级的重要动力，数字经济的高渗透性能够助力制造业更好地进行转型升级。一是产品得到创新升级。数字技术赋予传统制造产品更高的附加值和衍生价值，能够给企业带来更多的利润和数据资源，引领后续产品、技术、价值不断迭代升级。二是业态得到创新升级。数字技术的不断发展推动制造业不断革新和升级，使得制造业的边界也趋向模糊，对制造业的生产方式、组织形态、运行模式等均产生了深刻影响，最终促使制造业向技术密集型、知识密集型转变，实现产业链的价值提升。三是商业模式得到创新升级。数字经济时代环境不确定性明显提高，使得商业模式也随机多样。传统模式下，企业往往通过价值链内部的一系列活动完成价值创造进而驱动商业模式创新，但在数字经济时代，传统产业链形成闭环，数字技术打破了企业与消费者之间的交流壁垒，企业更加注重消费者的体验和需求，更强调以消费者和企业共同创造价值驱动商业模式创新。

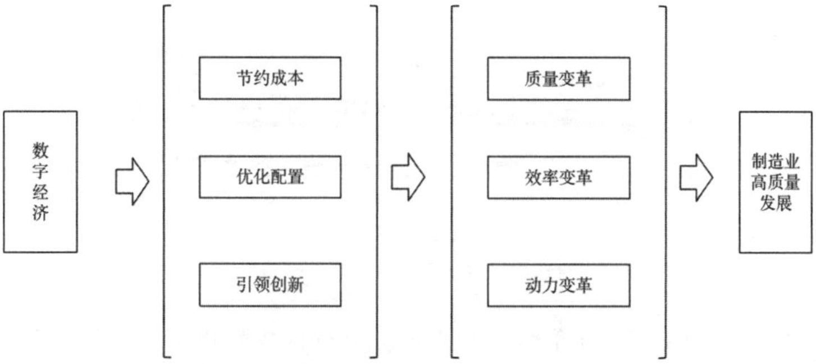

图 1　数字经济赋能制造业高质量发展的作用逻辑

四、绍兴制造业高质量发展现状

绍兴，地处长三角南翼，是中国制造业版图中一颗闪闪发亮的新星，是以传统制造业为主的民营经济大市。近年来，绍兴坚持念好“两业经”，一方面着力培育发展高端装备、电子信息、现代医药、新材料等四大新兴产业，另一方面倾力改造提升纺织、化工、金属加工三大重点传统产业，使得制造业在经济、就业等方面取得了许多引人注目的成就。但根据《2021 年浙江省制造业高质量发展评估报告》显示，绍兴排名第 8，位于全省第二梯队（《2021 年浙江省制造业高质量发展评估报告》中第二梯队包括温州市、嘉兴市、湖州市、台州市、舟山市、绍兴市），与两个第一梯队（《2021 年浙江省制造业高质量发展评估报告》中第一梯队包括杭州市、宁波市）的城市相比，绍兴制造业发展仍存在单位效能低、产业层次偏低、创新不足、配套不强等问题。该部分将根据制造业高质量发展的内涵与要求，在参考前人选用的评价指标基础上，结合与省内第一、二梯队设区市的比较，从规上工业增加值、利税总额、劳动生产率、研发投入等方面对绍兴制造业质量变革、效率变革、动力变革进行分析。

（一）规上工业增加值

规上工业增加值是指年主营业务收入在 2000 万元及以上的工业企业在报告期内所生产和提供的全部工业产品和服务的市场价值总和，能够反映制造业等工业的发展情况，是衡量质量变革的指标之一。

从下图 2 来看，杭州和宁波这两个第一梯队的设区市以绝对优势占据浙江规上工业增加值的第一位与第二位。第二梯队中，2016 年绍兴在六个设区市中排名第一，2017—2020 年排名第二，这与绍兴在纺织、印染、化工等传统制造业的发展优势密切相关。值得注意的是，虽然 2017 年绍兴的规上工业增加值有明显下降，但之后与嘉兴的差距逐渐缩小。

（单位：亿元）

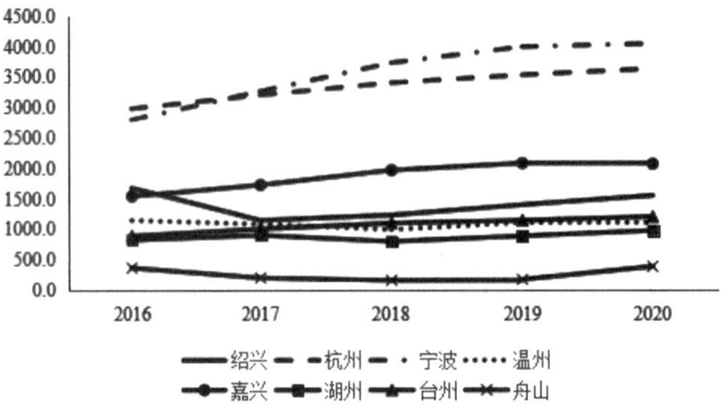

图 2　2016—2020 年绍兴和省内其他设区市的规上工业增加值

数据来源：根据各设区市统计年鉴、国民经济和社会发展统计公报整理所得。

进一步分析各城市 2020 年的高新技术产业增加值及同比变化，详见下图 3。2020 年浙江省高新技术产业增加值为 9960.5 亿元，同比增长 9.7%。绍兴高新技术产业增加值占浙江省的 8.37%，在八个城市中位居第四，同比增长 6.1%，引领全省高新产业增长作用不强。

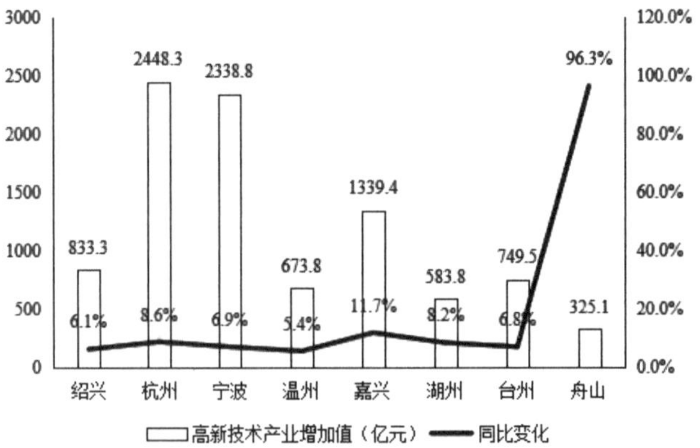

图 3　2020 年绍兴和省内其他设区市的高新技术产业增加值及同比变化

数据来源：浙江省科学技术厅。

（二）利税总额

利税总额是反映企业纯收入的重要指标，能够反映企业在一定时期内实现的利润额高低和量化企业对社会承担义务多少。

从图 4 来看，杭州和宁波这两个第一梯队的设区市利税总额位列省内第一、二名，均遥遥领先于其他六个第二梯队的设区市，且保持相对较快的上升速度，表明这两个城市工业具有较高的经济效益。绍兴的利税总额与嘉兴较为接近，但自 2016 年起呈下降趋势，这可能与绍兴“十三五”期间不断聚焦产业转型升级，推动产业结构由“二三一”向“三二一”转变有关。

（单位：亿元）

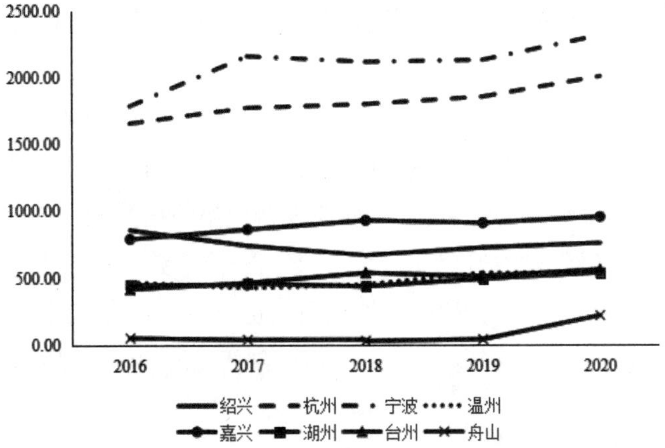

图 4　2016—2020 年绍兴和其他省内设区市的工业利税总额

数据来源：根据各设区市统计年鉴整理所得。

（三）劳动生产率

劳动生产率是指劳动者在一定时期内创造的劳动成果和其相对应的劳动耗量之比，是衡量效率变革的重要指标之一。一般来说，劳动生产率越高，当地的生产力水平越高。

根据 2020 年浙江省国民经济和社会发展统计公报数据显示，浙江省规上工业劳动生产率为 25 万元 / 人，从图 5 来看，第一、二梯队中只有杭州和宁波的劳动生产率高于全省水平。体现出了第一梯队两个城市较高的劳动力素质和生产效率。绍兴作为区域内制造业基础较好的城市，在八个城市中排名第四，没能体现出其产业传统优势，劳动效率水平有待提高。

（单位：万元 / 人）

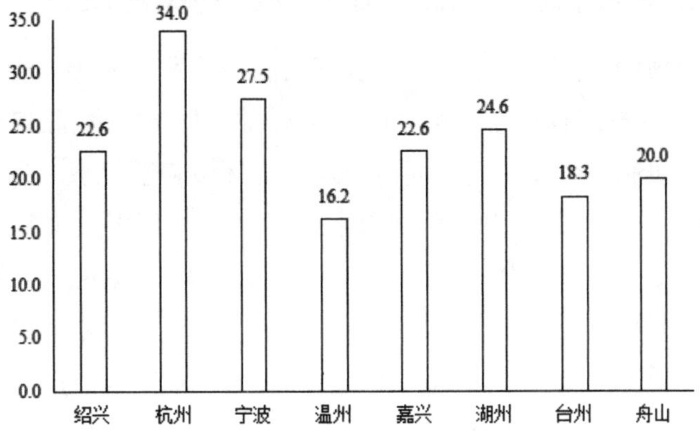

图 5　2020 年绍兴和其他省内设区市的规上工业劳动生产率

数据来源：根据各设区市统计年鉴整理、计算所得。

（四）研发投入

创新是推动高质量发展的关键引擎，而研发投入是衡量一个企业科技实力和创新能力的重要指标。本文从规上工业研发费用及其占营业收入的比例分析绍兴制造业高质量发展的创新程度。

从图 6 来看，全省第一、二梯队研发创新存在发展不平衡的情况，规上工业研发费用最高的杭州达 490.3 亿元，是最低的舟山 35.2 亿元的约 14 倍，区域内城市产业创新协同发展可能面临断层问题。绍兴的规上工业研发费用虽位居第四，但其占营业收入比重达 3.1%，为全省最高（图 5 中数据为四舍五入保留一位小数，2020 年杭州规上工业研发费用占营业收入比重为 3.06%，绍兴规上工业研发费用占营业收入比重为 3.10%，是全省 11 市中最高），展现出了较强的创新能力，为浙江创新发展起到了良好的示范作用。

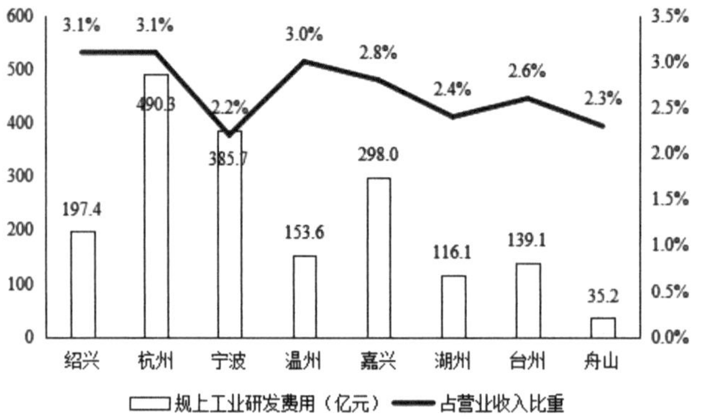

图 6　2020 年绍兴和省内其他设区市的规上工业研发费用及其占营业收入比重

数据来源：浙江省科学技术厅。

五、数字经济赋能制造业高质量发展的对策建议

在厘清作用逻辑的基础上，本文将结合绍兴制造业发展现状，从体制机制、人才建设、创新意识三个维度对数字经济赋能绍兴制造业高质量发展提出对策建议。

一是完善体制机制，优化制造业高质量发展的环境。近年来，绍兴主动拥抱数字技术，由数字经济“一号工程”1.0 版到数字经济“一号工程”2.0 版，城市发展各领域发生了深层次的变化。但作为一种新的经济形态，绍兴的数字经济还处于发展阶段，需要政府强化顶层设计，出台相应政策制度进行引导、规范，才能更好推动制造业迈向价值链中高端，赋能制造业高质量发展。首先，要把数字经济作为推动制造业高质量发展的重要战略，立足绍兴实际，聚焦数字产业化和产业数字化做好顶层设计。其次，要完善保障新型基础设施建设的相关制度政策，包括财政、投融资等政策推动数字经济做强做优做大，并合理规划好新型数字基础设施建设，由点及面，提高绍兴数字经济在制造业各领域、区域的渗透率。再次，要加大对中小微制造企业的扶持力度，安排专项经费、专项奖励和税收优惠，帮助中小微制造企业快速融入供应链创新链。最后，要重视知识产权保护，引导制造企业加强基础研究，促进科技创新，培育形成一批影响力强的龙头制造企业。

二是加强人才建设，夯实制造业高质量发展的基础。技术创新依赖于人才，制造业高质量发展离不开人才的重要支撑。当前绍兴数字经济和制造业融合发展态势良好，但仍存在总量上的欠缺和结构上的不合理，因此必须要重视人才建设。从企业内部来说，可以加强对企业技术人才的培训，结合一些数字产业化、产业数字化的课程帮助企业员工了解数字经济；可以通过校政企合作，由政府出面牵线搭桥，企业和高校通过联合培养、定向培养等形式，培育高质量的数字经济人才。从企业外部来说，可以加大对高层次数字经济人才的引进力度，完善科研经费、生活保障、晋升渠道等方面的服务保障体系；可以健全凝聚人才和激励人才的各项选拔和考核制度，充分激发人才干事创业的热情。通过内培外引的方式，打造高端数字经济人才集聚地，助力制造企业的转型升级。

三是培育创新意识，激发制造业高质量发展的活力。创新是推动制造业高质量发展的重要动力。一方面要聚焦技术攻关，建立以数字技术为核心的制造业共性技术体系，加大在关键数字技术方面的自主研发力度，加大在成果应用方面的科技研发投入的力度，打造一批在数字经济领域有引领性的原创成果，推动企业“制造”转向企业“智造”。另一方面要搭建创新平台，积极建设研究中心、实验室、工作站等科技研发平台，吸引集聚各类创新资源，深化产学研融合，优化制造业供给能力和供给水平，形成良好的创新氛围。

参考文献

[1] Carlsson B.The Digital Economy: Whatis New and What is Not？ [J]. Structural Change and Economic Dynamics,2004,15(3):245-264.

[2] MESENBO,T. L. Measuring Electronic Business[R].Washington,DC:US Bureau of the Census,2001.

[3] Zimmerman H D.Understanding the digital economy:challenges for new business models[J]. SSRN Electronic Journal,2000,5(8):729-732.

[4] 陈晓东，杨晓霞. 数字经济发展对产业结构升级的影响——基于灰关联熵与耗散结构理论的研究［J］. 改革，2021，(03)：26-39.

[5] 葛和平，吴福象. 数字经济赋能经济高质量发展：理论机制与经验证据［J］. 南京社会科学，2021，(01)：24-33.

[6] 焦帅涛，孙秋碧. 我国数字经济发展对产业结构升级的影响研究［J］. 工业技术经济，2021，40（05）：146–154.

[7] 焦勇. 数字经济赋能制造业转型：从价值重塑到价值创造［J］. 经济学家，2020，（06）：87–94.

[8] 江小国，何建波，方蕾. 制造业高质量发展水平测度、区域差异与提升路径［J］. 上海经济研究，2019，（07）：70–78.

[9] 廖信林，杨正源. 数字经济赋能长三角地区制造业转型升级的效应测度与实现路径［J］. 华东经济管理，2021，35（06）：22–30.

[10] 刘鑫鑫，惠宁. 数字经济对中国制造业高质量发展的影响研究［J］. 经济体制改革，2021，（05）：92–98.

[11] 马宗国，曹璐. 制造企业高质量发展评价体系构建与测度——2015—2018 年 1881 家上市公司数据分析［J］. 科技进步与对策，2020，37（17）：126–133.

[12] 任保平，何厚聪. 数字经济赋能高质量发展：理论逻辑、路径选择与政策取向［J］. 财经科学，2022，（04）：61–75.

[13] 沈运红，黄桁. 数字经济水平对制造业产业结构优化升级的影响研究——基于浙江省 2008—2017 年面板数据［J］. 科技管理研究，2020，40（03）：147–154.

[14] 苏永伟. 中部地区制造业高质量发展评价研究——基于 2007—2018 年的数据分析［J］. 经济问题，2020（09）：85–91+117.

[15] 余东华. 制造业高质量发展的内涵、路径与动力机制［J］. 产业经济评论，2020，（01）：13–32.

[16] 邹圆，唐路元. 中国工业高质量发展水平的统计测度［J］. 统计与决策，2021，37（18）：95–98.

“双碳”目标下完善生活垃圾处理收费机制研究

——基于浙江 S 市与国内外主要城市的对比分析

中共新昌县委党校　舒秀英

国内外城市在生活垃圾处理方面主要在收费方式分为定额征收、按量计费，分类计价、差别化收费不断完善，收费情况差异大，按量计费执行仍不到位等方面存在差异。本研究分析了浙江省S市生活垃圾处理及收费现状和收费现状，认为要完善生活垃圾处理收费机制，必须不断完善分主体按量计费机制、探索建立分类别差异化收费机制、建立完善分来源收费标准形成机制、建立完善分环节收付费流程机制、建立推进多部门协同工作机制。

实现碳达峰碳中和是新发展阶段的时代课题，也是推动经济结构转型升级、满足人民群众日益增长的对优美生态环境需求、促进人与自然和谐共生、实现可持续发展的必然选择。党的二十大再次把积极稳妥推进“双碳”目标实现列入中华民族伟大复兴和永续发展的战略部署。加快建立健全生活垃圾处理收费制度，构建激励与约束相结合的机制是构建“双碳”政策体系的重要组成部分，是建设生态文明的切实举措，也是深入打好污染防治攻坚战、改善生态环境质量、增进人民福祉的重要一环。当前，杭州市正处于高质量发展建设共同富裕示范区、建设现代化先行区的重要战略期，长三角一体化发展、亚运会召开等重大机遇期，同时也给实现“双碳”目标带来严峻考验。在此背景下，如何完善我市生活垃圾处理收费机制，更好发挥价格杠杆促进资源节约和绿色发展，将有利于完善我市绿色低碳发展政策体系，推进建设美丽杭州，为高效推进碳达峰中和提供科学参考。

一、国内外生活垃圾处理收费政策背景、比较分析

（一）历史沿革与政策背景

根据经济合作与发展组织（OECD，1972）提出的“污染者付费原则”（Polluter Pays Principle）及后来扩展的“污染者和使用者支付原则”（Polluter and User Pays Principle），污染者及污染治理的受益者需承担消除及减轻污染的费用。结合垃圾处理行业显著的外部性、规模经济等特征，各国普遍对垃圾处理服务收费实行政府定价管理。自 20 世纪 90 年代国外就开始广泛实行城市生活垃圾处理计量收费。我国从 1990 年开始尝试城市垃圾处理定额收费，目前全国设区城市垃圾处理费开征率在 90% 左右，以定额收费为主，按量计费仍处于探索实施阶段。1999 年，杭州市区出台实施垃圾处理收费政策，2009 年《关于杭州市区环卫有偿服务有关问题的通知》予以进一步明确，2017 年，市区进行非居民生活垃圾收费改革，实施基准量内按量收费、基准量外加价收费政策。

近年来，国家、省先后出台的《关于创新和完善促进绿色发展价格机制的意见》（发改价格规〔2018〕943 号）、《固体废弃物污染防治法》（2020）、《关于推进非居民厨余垃圾处理计量收费的指导意见》（发改价格〔2021〕977 号）、《关于加快推进城镇环境基础设施建设指导意见的通知》（国办函〔2022〕7 号）、《浙江省生活垃圾管理条例》（2020）等政策文件明确提出，创新资源环境价格机制，加快建立有利于促进垃圾分类和减量化、资源化、无害化处理的激励约束机制等。

（二）国内外城市比较分析

1. 收费方式分为定额征收、按量计费

国内外居民垃圾收费方式主要有定额征收和按量计费两种，杭州目前实行居民定额、非居民按量计费政策。一是定额征收。可按户、按住宅面积、随其他家庭支出（如水费、电费、房产税、市政税、物业费）征收，也可专项收取。新加坡等国家及国内多数城市主要采用每月每户定额征收，长沙等城市通过水消费系数折算得到吨垃圾处理费用。二是按量计费。遵循“谁污染谁付费、多污染多付费”，是对城市垃圾的精细化管理，有利于实现垃圾分类、源头减量目标。可分为按重量和按体积计费。按重量计费以芬兰首都赫尔辛基为例，居民住宅附近垃圾桶内垃圾被推上垃圾车时进行车载称重计量，相应数据就被数字化记录，作为居民、清洁公司结算费用依据。按体积计费可分为采用按桶计量、随袋征收或贴标签方式。其中，德国、美国部分城市等采用了按桶计量方式，具体见表 1。随袋或标签方式，通过居民购买专门的垃圾袋或标签进行收费。

表 1　部分国家和地区垃圾收费方式

国家 / 地区	征收方式	征收标准
日本	随袋征收	50L 的垃圾袋 30—50 日元 / 个居多，部分城市如北海道和多摩等 80 日元 / 个，大型垃圾单个定价
韩国	随袋征收	20L 的一般生活垃圾袋 500 韩元 / 个，2L 的食物垃圾费 200 韩元 / 个，大型垃圾单个定价
中国台北	随袋征收	生活垃圾按量收费，可回收垃圾免费回收。专用垃圾袋 6 种规格，价格从 2.5—46 新台币不等
德国	按量收费 + 超量高额收费	包装类垃圾免费回收（生产者负有回收责任），其余可回收和不可回收垃圾均收费，且超量高额收费
美国	随房产税或管理费征收	部分州将垃圾费含在房产税内征收。公寓楼垃圾费含在物业管理费内征收

定额征收方式操作简单、执行成本低，可为公用事业服务提供稳定的现金流，有利于在初级阶段培养居民付费意识，但交费金额与垃圾产生量并不存在必然关系，但无法通过收费实现倒逼分类减量。按量收费方式下用户付费多少与其垃圾产生量直接挂钩，可激励从源头上分类减量，但更需精细的行业管理及称重计量，在初始时征收管理难度较大。

2. 分类计价、差别化收费不断完善

运用价格杠杆，建立激励约束并重的生活分类计价、差别化收费管理政策，能够有效促进垃圾分类和源头减量。美国、德国等均实施了垃圾分类差别化收费。广西桂林市试点居民垃圾差别化收费，在垃圾分类示范片区范围内实行垃圾处理费由原 7 元 / 户・月降低至 5 元 / 户・月，未实施垃圾分类的按原标准收取。绍兴市将垃圾处理费与垃圾分类考核挂钩，对非居民用户生活垃圾分类考核优秀的，收费标准可下浮不超过 15%；分类考核不合格的，加收 30% 的二次分类费用。温州乐清市根据垃圾分类质量，试行分类垃圾与混合垃圾差别化收费，提高混合垃圾收费标准。另据了解，南京、成都等多个城市也在积极研究建立生活垃圾差别化收费政策。

3. 收费情况差异大

一是收费性质。杭州及西安、南宁等城市按经营服务性收费管理，南京、苏州、武汉、厦门、大连等多数城市按行政事业性收费管理，更具强制性；北京根据环节不同收费性质有所区别，清运费按经营服务性收费、处置费按行政事业性收费管理。二是收费占支出比例。从全球来看，政府财力都是垃圾治理的主要资金来源，据世界银行统计，全球垃圾服务的投资来源中，约有 50% 来自地方政府，20% 来自中央政府，仅有 10% ~ 25% 来自私人部门。根据国家发改委价格司 2021 年对全国设区市垃圾处理费调研情况，垃圾处理费占垃圾处理费用支出的 23.7%，据测算，杭州这一比例仅为两成左右，不足部分由市区两级财政给予补贴。三是收费方式和标准。居民及非居民垃圾处理收费方式均以定额为主。居民方面，北京、南京等按人、户计收，杭州收费标准处于偏低位次，合肥、南昌等城市实行随水的水消费系数法计征。非居民方面，重庆、南京等按营业场所面积、职工人数计征，除杭州外，仅上海、成都等少数城市按量计费；此外，仅北京、上海等个别城市按类别计征。长江经济带部分城市生活垃圾处理收费标准具体如表 2 所示。

表 2　部分长江经济带城市生活垃圾处理收费标准

<table>
<tr><th rowspan="2">城市</th><th colspan="3">收费标准</th></tr>
<tr><th>居民</th><th colspan="2">非居民</th></tr>
<tr><td rowspan="9">南京</td><td rowspan="9">住户（包括居民、暂住户、其他住户等）每月每户 5 元，已实施物业管理的小区，可由物业公司代收代缴，已缴纳物业管理费的住户减半收取</td><td colspan="2">单位：在职职工每人每月 4 元</td></tr>
<tr><td rowspan="8">行业</td><td>农贸市场 21.5 元 / 吨（立米方）</td></tr>
<tr><td>农副产品配送中心、食品加工店、超市、专业市场、旅游景点、单位食堂、废品收购站 30 元 / 吨（立方米）</td></tr>
<tr><td>宾馆、饭店、旅社、招待所（含部队所属）4 元 / 床・月</td></tr>
<tr><td>餐饮业 1.5 元 / 平方米・月</td></tr>
<tr><td>娱乐业一级以上（含一级）1000 元 / 户・月，娱乐业二级以上（含二级）800 元 / 户・月，二级以下 600 元 / 户・月</td></tr>
<tr><td>美容美发、洗染、照相等其他服务行业 40 元 / 户・月</td></tr>
<tr><td>长途汽车营运点（国营、社会）40 元 / 辆・月</td></tr>
<tr><td></td></tr>
<tr><td rowspan="2">成都</td><td rowspan="2">居民住户（含暂住户）8 元 / 户・月</td><td colspan="2">国家机关、事业单位、社会团体 2 元 / 人・月</td></tr>
<tr><td colspan="2">部队、学校、医院 110 元 / 吨</td></tr>
</table>

续 表

<table>
<tr><th rowspan="2">城市</th><th colspan="4">收费标准</th></tr>
<tr><th>居民</th><th colspan="3">非居民</th></tr>
<tr><td rowspan="7">成都</td><td rowspan="7">居民住户（含暂住户）8 元 / 户・月</td><td rowspan="6">企业及经营性单位、个体经营者（含独立对外经营的机动车停车场）</td><td colspan="2">按垃圾量征收 120 元 / 吨</td></tr>
<tr><td rowspan="5">按日产生量分段计收</td><td>5 公斤（含）以下，每月 18 元</td></tr>
<tr><td>10 公斤（含）以下，每月 36 元</td></tr>
<tr><td>20 公斤（含）以下，每月 72 元</td></tr>
<tr><td>30 公斤（含）以下，每月 108 元</td></tr>
<tr><td>30 公斤以上，以袋（30 公斤装）为一个计量单位计收，每月每袋 108 元</td></tr>
<tr><td colspan="3">自收自运地区、单位 45 元 / 吨</td></tr>
<tr><td rowspan="4">南昌</td><td rowspan="4">无物业管理类居民按每户每月 5 元的标准征收；物业管理类居民（含自行收集并运输到垃圾中转站的）按每户每月 2 元的标准征收</td><td colspan="3">自来水用户按实际用水量每吨水 0.2 元的标准征收</td></tr>
<tr><td rowspan="2">非自来水用户、以自来水为生产原料的用户、集贸市场等</td><td colspan="2">由市、区环境卫生部门收集并运输到中转站的垃圾按实际垃圾量每吨 100 元的标准征收</td></tr>
<tr><td colspan="2">自行收集并运输到中转站的垃圾按实际垃圾量每吨 70 元的标准征收</td></tr>
<tr><td colspan="3">经市环境卫生行政主管部门批准的市区单位自收自运进入处理场的垃圾，按实际垃圾量每吨 30 元的标准征收</td></tr>
<tr><td rowspan="2">重庆</td><td rowspan="2">居民 8 元 / 户・月，按户计征</td><td colspan="3">国家机关、事业单位、社会团体 2 元 / 人・月（按上年年末在册职工和临时聘用人员人数计征）</td></tr>
<tr><td colspan="3">学校、医院、部队、厂矿、集贸市场、批发市场 110 元 / 吨（按实际产生的生活垃圾量计征。自行将城市生活垃圾运至垃圾处理场的，按 65 元 / 吨计征）</td></tr>
</table>

续 表

<table>
<tr><th rowspan="2">城市</th><th colspan="3">收费标准</th></tr>
<tr><th>居民</th><th colspan="2">非居民</th></tr>
<tr><td rowspan="5">重庆</td><td rowspan="5">居民 8 元 / 户 · 月，按户计征</td><td rowspan="4">商业门店（网点）及其他商业用房：按经营面积计征</td><td>200m^2 以下，0.55 元 / m^2 · 月；不足 20m^2，按 20m^2 计征</td></tr>
<tr><td>200m^2 至 500 m^2，0.5 元 / m^2 · 月</td></tr>
<tr><td>500m^2 以上至 1000m^2，0.45 元 / m^2 · 月</td></tr>
<tr><td>1000m^2 以上，0.4 元 / m^2 · 月</td></tr>
<tr><td colspan="2">其他产生城市生活垃圾的单位和个人按照定额或计量的方式计征</td></tr>
</table>

数据来源：各地发改委官方网站，截至 2021 年年底。

二、浙江 H 市生活垃圾处理及收费现状

（一）生活垃圾处理行业特点与现状

生活垃圾处理服务是保障市民身体健康和城市正常运行的基本需求，由全体市民共同消费。城市垃圾处置场一般以城市为中心，固定资产资金投入巨大，并具有规模经济特点，单位成本随着处理规模增加而降低。生活垃圾处理行业有较强的专业技术性，且有显著的邻避效应。生活垃圾若处置不当，将对周边生态环境和居民健康产生严重威胁。2021 年全市清运生活垃圾 474.1 万吨，其中厨余 53.9 万吨、餐厨 33.7 万吨，其他 386.5 万吨，全市实现生活垃圾零填埋。

1. 生活垃圾处理环节

生活垃圾处理主要分为三个环节：一是清扫保洁。物业管理小区由物业管理公司承担并从物业管理费中开支，非物业管理小区由社区居委会承担。二是收集清运。主城区（上城区、拱墅区、西湖区、滨江区，下同）自 2010 年起实行垃圾清洁直运，将生活垃圾收集后直接运至减量综合体。三是处置。主要分为预处置（减量处理）、焚烧处置、卫生填埋处理、餐厨厨余资源化利用等。2021 年，全市共有减量综合体及末端处置设施共 21 座，处置能力为 16950 吨 / 天。

2. 管理体制机制

生活垃圾处理由市级政府、区两级政府、街道乡镇和社区按职责实行分级管理。市、

区两级政府层面，分别由市城管局、区城管执法局按职责管理环境卫生。街道乡镇层面，由环境卫生管理所负责辖区内垃圾收运、道路及公厕保洁，并在业务上接受上级环卫部门指导。社区层面，居委会受街道乡镇委托负责环卫日常管理，并向居民收取环卫有偿服务费。市、区政府按规定承担垃圾清洁直运及末端处置的资金保障。

3. 杭州市区生活垃圾产生、分类及处置

（1）垃圾产生及处置。2015—2021 年杭州市区生活垃圾清运总量、增长率如图 1 所示，2015—2020 年全国城市生活垃圾清运量、增长率如图 2 所示。暂不考虑受新冠疫情影响明显的 2020 年、2021 年，2016—2019 年杭州市区生活垃圾清运总量年均增长率为 4.09%，低于全国城市生活垃圾清运量年均增长率 6.04%。

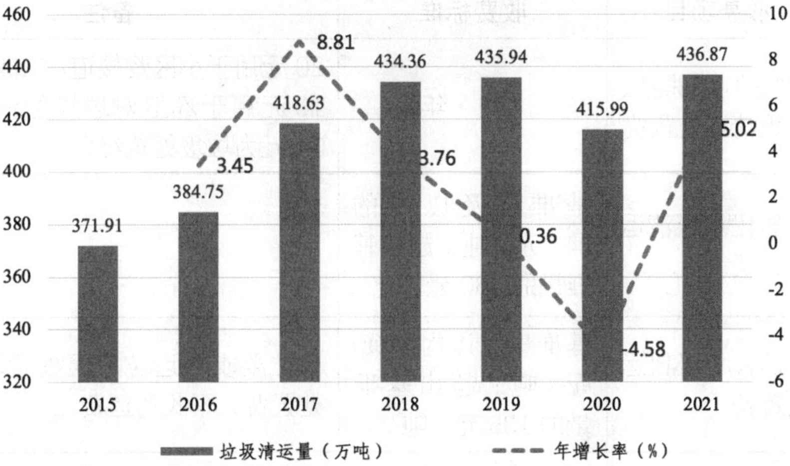

图 1　2015—2021 年杭州市区生活垃圾清运量及增长

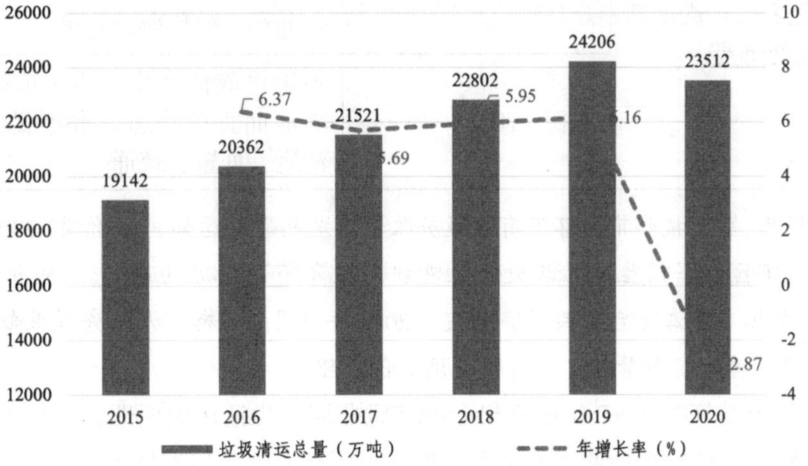

图 2　2015—2020 年全国生活垃圾清运量及增长

（2）生活垃圾分类。杭州市在 2002 年被建设部确定为全国 8 个生活垃圾分类收集试点城市之一，于 2010 年率先在部分小区开始进行垃圾分类试点，将生活垃圾分为可回收物、厨房（易腐）垃圾、其他垃圾、有害垃圾四类，分别设置蓝色、绿色、黄色、红色 4 种颜色的垃圾桶。截至目前，我市 4940 个居住小区、1918 个行政村及公共机构、企业已实现垃圾分类全覆盖。其中，已创省市示范小区为 2623 个，占比达 53%。

（二）生活垃圾处理收费现状

1. 收费机制

杭州市区（不含萧山、余杭、富阳、临安、钱塘）生活垃圾清运处置收费标准见表 3。

表 3　杭州市区生活垃圾处理收费标准

序号	收费项目	收费标准	备注
1	居民小区保洁、垃圾清运处置费	40 元 / 户 · 年	20 元用于小区及楼道清扫保洁经费；10 元用于环卫对垃圾的清运经费；10 元为垃圾处置经费
2	非居民垃圾清运处置费	基准量及以内的 240 元 / 吨；超出基准量的 360 元 / 吨	—
3	非居民垃圾自运处置费	基准量及以内的 90 元 / 吨；超出基准量的 135 元 / 吨	单位要求自运垃圾至处置场，只收处置费，不收清运费
4	化（贮）粪池清运处置费	非居民：1000 元 / 年 · 只	不论化粪池大小，常年服务，随时清运、处置、疏通。单位要求不实行常年服务的，可按每次清运、处置、疏通等工作量协商定价
		居民：10 元 / 户 · 年	不论化粪池大小、多少或有无建化粪池而直排管道，常年服务，随时清运、处置、疏通

注：根据《关于杭州市区环卫有偿服务收费有关问题的通知》（杭价费〔2009〕33 号），《关于杭州市区非居民生活垃圾处理收费机制改革有关情况的通知》（杭价资〔2017〕137 号）。另据《浙江省定价目录》规定，2015 年 9 月 1 日起，居民房屋装修垃圾清运处置费不纳入政府定价管理，实行市场调节价管理。

根据原市城管委 2017 年配套出台的市区非居民生活垃圾处理计量和收费管理办法，非居民生活垃圾处理费（含清运、处置）可按实际产生重量（吨）计量收取，也可按标准垃圾桶容积计量（桶）收取。生活垃圾（非餐厨）每吨换算为 10 桶（240L 桶），餐厨废弃物每吨换算为 10 桶（120L 桶），其他容积的垃圾桶按比例折算。此外，持有《杭州市困难家庭救助证》的居民，免交生活垃圾处理费。

2. 收费政策实施情况

一是居民生活垃圾收费。多个城区（如上城区、拱墅区、西湖区）物业管理小区居民垃圾清运处置费从物业费中开支，非物业管理小区由社区居委会委托收取。二是非居民生活垃圾收费。前述城区住宅小区、单位垃圾由直运公司负责清运，清运处置费由属地环卫所（站）或街道（乡镇）城管条线部门收取。三是部分城区积极探索非竞争性环节收费市场化。滨江区、钱塘区物业小区、单位垃圾由其委托招标产生的企业进行清运，按竞争性价格结算清运费用。四是部分城区创新垃圾费收缴机制。钱塘区垃圾清运处置费由属地环卫所（站）委托清运公司收取。垃圾清运处置费用由产废单位、清运公司双方协商确定，有利于提高垃圾费收缴率，推动按量计费政策落地。

3. 收费机制改革成效

一是助力杭州生活垃圾减量并实现零增长。2017 年市区实施生活垃圾收费改革后垃圾产生清运增速趋缓，2020 年实现垃圾总量零增长。二是垃圾处理费收入持续增长，有力保障垃圾处理设施正常运营（收费收入情况如图 3 所示）。

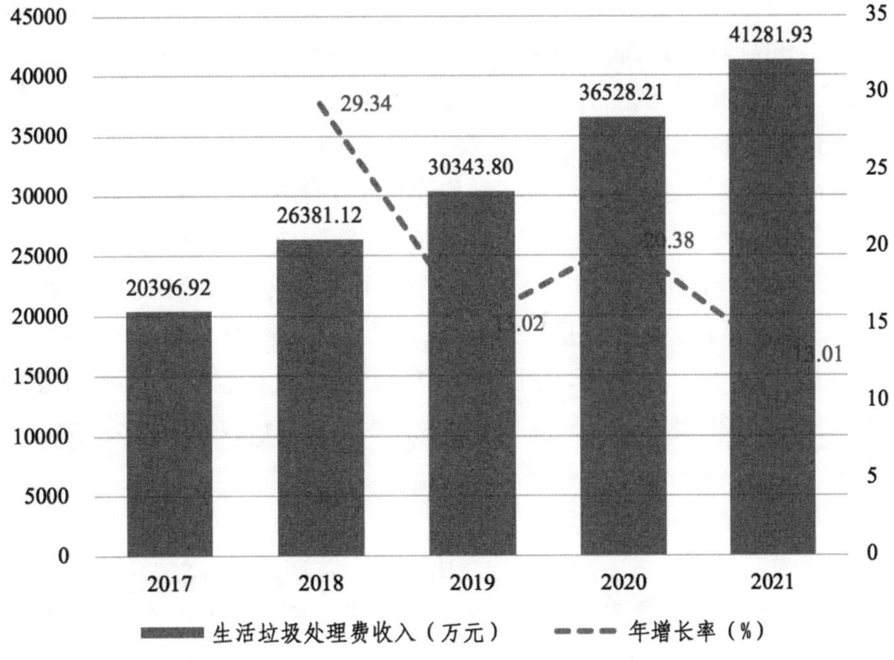

图 3　2017—2021 年杭州市区生活垃圾处理费收入及增长

4. 收入情况及支出费用分担

2021 年，杭州市主城区生活垃圾处理费收入为 41281.9 万元，居民、非居民垃圾处理费收入占比约分别为 16.8%、83.2%。据部分城区环卫部门反映，非居民单位垃圾费收缴率普遍在 90% 左右；非物业管理居民仅为 20%—50%。由于近年生活垃圾处理设施建设资金由处置企业自筹且费用增长较快，资产折旧因素导致结算价格居高不下。

垃圾处理费支出分担主要包括垃圾清、处置费用分担。一是垃圾清运费用分担。自 2010 年起全市垃圾清洁直运服务费为 175 元 / 吨，其中 150 元由各区承担，25 元由市财政按每月核定的垃圾直运量进行补贴（范围包括上城区、拱墅区、西湖区、钱塘区）。二是垃圾处置费用分担。2007 年起，主城区实行统一结算平台管理，即各城区按规定的结算价格（现行统一结算价格于 2021 年调整为 238.57 元 / 吨）将垃圾处置费缴至市统一结算平台，由市统一结算平台转移支付给各垃圾处置企业。同时明确，按 2005 年生活垃圾量按一次性增长 18% 为基数，基数内的垃圾处置费用由市级财政承担；超基数部分由各区财政承担。

（三）生活垃圾处理面临的困难和挑战

我市生活垃圾处理收费取得了阶段性成果，但也存在着一些问题需要重点关注。

1. 按量计费执行仍不到位

根据 2017 年杭州市区制定的现行非居民生活垃圾处理收费政策，实行按量计价、超量加价。但在实施执行层面，由于受计量称重未能实现、环卫体制机制尚未理顺等因素影响，垃圾按量计价未执行到位，超量加价未真正落地实施。

2. 差异化收费还需完善

我市现行收费政策促进垃圾源头减量和分类成效有限。一是尚未建立有效的居民按量计费机制、居民及非居民差别化收费机制。以已实行物业管理的住宅小区为例，居民生活垃圾清运处置费从物业服务费中开支不直接挂钩，收费机制激励约束不足。二是促进非居民生活垃圾源头减量和分类激励不足。根据市区垃圾处理计量和收费管理办法，可按照 24 元（36 元）/ 桶计，其中易腐垃圾及其他垃圾使用 240L 桶、餐厨谨废弃物使用 120L 桶实施。居民小区物业作为实施垃圾收集、分类主体，垃圾收费高低与是否进行垃圾分类、分类质量高低无关。

3. 收支差异明显

一是“收费”与“支出”严重倒挂。由于清运体制改革、处置技术改进、环保要求提高，我市生活垃圾处置成本快速增长。以市区统一结算价格为例，2012 年为 71.52 元，2021 年达 238.57 元 / 吨，近 10 年涨幅高达 233.57%。此外，垃圾收费收缴率偏低等因素作用下，市区垃圾处理费收入覆盖处理费用支出占比较低，远不能满足垃圾收集清运和处置费用支出，政府财政压力较大。二是生活垃圾处理成本回收补偿机制尚未理顺，垃圾处理行业收费标准形成机制有待建立。

4. 收费及精准计量方式有待优化

一是现行体制机制下收费收缴率有待提高。垃圾收费与垃圾收运主体分离机制、传统的社区及环卫工作人员上门收缴方式制约了收费收缴率的提高。二是计量称重手段欠缺成为按量计费推进的显著短板。要实现由传统的定额收费真正转变为按量计费，车载称重技术等垃圾计量称重相关问题亟待破题。三是生活垃圾定额管理有待加强。按照现行计量和收费管理办法，非居民生活垃圾以 12 个月为一个计费周期核定非居民用户年生活垃圾产生基准量，上一年度（前 12 个月）生活垃圾产生量作为本年度生活垃圾产生基准量。但是，若不考虑产废单位业务范围、性质、产品或服务能力等情况，一旦前述因素发生变化，产废单位或难以认同。

5. 收费政策社会认知度不高

社区居民方面，无物业小区居民垃圾处理费往往由社区以"卫生费"名义收取，有物业小区居民垃圾处理费纳入物业费，很多居民对垃圾需付费并无概念，甚至有很多居民认为个人无需对垃圾处理进行付费。

三、对完善绍兴市生活垃圾处理收费机制的建议

（一）不断完善分主体按量计费机制

1. 落实非居民垃圾按量计费和超量加价

一是推进垃圾计量称重。加强宣传教育，提高垃圾处理收费的社会认知度；创新理顺垃圾处理费用收缴体制机制，激励促进源头减量；着力加强垃圾定额管理，提高政策科学性；针对车载称重误差较大等问题，着力完善误差校验机制、加大技术升级力度提高垃圾车载称重技术。二是及时推广试点经验。在西湖区部分写字楼综合体、钱塘区部分高校实施以桶数计量或车载称重的计量收费方式比较成功的基础上，建议及时进行推广。三是推进按量计费、超量加价政策走深走实。在垃圾精准计量称重和试点经验成功推广的基础上，扎实落实市区非居民生活垃圾按量计费和超量加价政策。

2. 探索居民垃圾按量计费

积极借鉴日本、韩国、中国台北的做法，继续探索推行随袋征收按量计费方式，以家庭为垃圾计量单元，促进源头减量分类；结合杭州居住区楼幢、小区、社区的组织管理特点，可探索实行按桶计量、称重计量方式，以楼幢、小区、社区为垃圾计量单元，依托管理优势促垃圾减量。

（二）探索建立分类别差异化收费机制

1. 探索建立非居民生活垃圾收费与垃圾分类挂钩政策

基于垃圾差别化收费政策实施要以科学的垃圾分类考核为基础，结合杭州实际，

要健全完善垃圾分类考核机制，考虑疫情影响等因素，可先探索试点实施非居民用户生活垃圾分类考核优秀的收费标准适当下浮。

2. 探索建立激励约束并重的非居民易腐垃圾收费机制。

探索对实施非居民易腐垃圾定额管理的非居民单位执行差别化收费来促进垃圾源头减量。当实际垃圾清运量低于定额标准的执行较低价格，高于定额标准的部分实行加价，拉大价格级差，体现“有奖有罚”，引导非居民单位更好地进行垃圾分类、加装控水控杂设备、倡导“光盘行动”、合理配餐等，推动非居民易腐垃圾源头减量提质。

（三）建立完善分来源收费标准形成机制

1. 明确垃圾处理公益属性和收费目标导向

生活垃圾处理具有公共物品属性，是城市管理、环境保护、公共服务的重要内容，是各级政府的重要职责。建立健全生活垃圾处理收费机制并制定相应的政策措施，是政府实施生活垃圾管理工作的重要组成部分，也是政府责任的具体体现。因此，垃圾处理行业应当以政府为主、市场机制为辅，以倒逼垃圾减量为主要目标，兼顾弥补服务成本。垃圾处理收费应以节约资源和减少污染为导向，收费标准不应定得过高，利用价格杠杆促进垃圾减量化、资源化、无害化，不应以扩大财政收入和覆盖成本为目标，否则将增加执行难度。

2. 进一步理顺生活垃处理收费与政府投入关系

收费机制运行效果主要是通过产废主体的垃圾减量分类来体现，收费方式、收费内容、收费标准直接关系到产生垃圾的居民和单位利益，因此社会参与共同推动完善生活垃圾处理收费机制是实施收费的前提和基础。要明确各自补偿范围，合理制定收费标准。在收费政策制定中，要有利于环境资源的有效配置，有利于促进经济社会发展。借鉴国内外城市先进实践经验，结合杭州市区生活垃圾产生、收运、处置实际情况，在对本地区垃圾处理进行成本调查和定价成本监审的基础上，充分运用价格杠杆作用，遵循“谁产生谁付费”“多产生多付费、少产生少付费”“混合垃圾多付费、分类垃圾少付费”的原则，科学制定适合本地区的垃圾处理收费标准。

（四）建立完善分环节收付费流程机制

1. 强化环卫服务各环节监督管理

一是规范收费行为。遵循有利于生活垃圾减量、计费简便、易于收取的原则，尽量简化分类，规范计费方式，改进收费方法，防止重复收费，杜绝各类乱收费。对随意丢弃垃圾、故意不分类和乱投放等行为加大处罚力度。二是加强垃圾收费和清运的衔接。建议进一步探索推广钱塘区实行的非居民垃圾清运市场化并委托其进行计量收费的方式，推进清运工作。三是探索建立结算超量加价和动态调整机制。统筹考虑垃圾减量、垃圾处理成本、经济社会发展等因素，探索建立结算价格超量加价和动态调整机制，倒逼各区付费主体严格控制生活垃圾产生量增长。

2. 实施并完善非居民生活垃圾定额管理

加快推进及完善《杭州市区非居民生活垃圾处理计量和收费管理办法》关于计量称重、基准量（定额）的确定，可参照北京等其他城市的做法，除了历史垃圾产生量外，统筹考虑产废单位主营业务、产品或服务供给变化等变化情况予以核定；也可参考非居民用水定额管理的方法，统筹考虑行业情况、产品数量、用工人数等因素进行核定和动态管理。

3. 依托数字化成果，提高收缴率

调整环卫人员缴费单位上门收取费用方式，依托数字化改革的成果，便利收费，通过支付宝、微信或上门收缴等方式收取，进一步方便群众，以降低征收成本、提高收费征缴率。

（五）建立推进多部门协同工作机制

1. 强化顶层设计，系统推进改革

坚持高位统筹，全面系统推进改革，利用价格杠杆促进生活垃圾分类和源头减量工作，是实施生活垃圾收费改革能取得较好成效的坚实基础。一是强化顶层设计。加强顶层设计，明确工作总体思路和实施步骤，确保计量收费改革工作顺利推进。如北京市委市政府在市级层面先后召开10余次专题会议研究非居民厨余垃圾计量收费改革工作。二是统筹协调推进。由于垃圾处理收费改革涉及面广，特别是居民垃圾费调整需召开价格听证会、收费占比低，各地实施改革慎之又慎，我市需积极谋划，审慎推进，需凝聚多方力量、各部门密切配合，将价格调整与提升行业管理服务水平统筹推进。如北京市实施改革时，同步出台了计量收费管理政策和垃圾处理收费政策。三是完善相关法律法规，修订完善生活垃圾管理条例，建立完善非居民生活垃圾、非居民易腐生活垃圾定额管理办法等配套政策，为完善市区垃圾收费政策提供有力支撑。

2. 加强宣传教育，推动垃圾收费深入人心

加强政策宣传引导，推动公众转变观念、化为自觉行动和持续支持是国内外城市的成功实践经验。一是强化"产生者付费"意识。通过宣传教育培养树立全民垃圾分类和减量"从我做起，人人有责"的观念。突出宣传生活垃圾处理是城市社会文明和生态文明的重要标志，关系人民群众的切身利益，鼓励对生活垃圾进行主动分类减量，提高全社会的环境保护意识。二是以收费促分类和源头减量。通过宣传教育，让居民认识到产生垃圾行为增加了城市生态环境负担并需承担垃圾处理费用，从而自觉减少生活垃圾排放。要营造有利于实行垃圾收费、推动分类减量的舆论氛围，争取广泛的理解与支持，使缴纳城市生活垃圾处理费成为市民的自觉行动。

参考文献

[1] Lewin K. A Dynamic Theory of Personality-selected Papers [M]. New York: Read Books Ltd, 2013: 239-249.

[2] Saphores J D M, Ogunseitan O A, Shapiro AA. Willingness to Engage in a Pro-environmental Behavior: An analysis of E-waste Recycling Based on a National Survey of U.S. Households [J]. Resources, Conservation and Recycling, 2012, 60: 49-63.

[3] 陈飞宇. 城市居民垃圾分类行为驱动机理及政策仿真研究［D］. 徐州：中国矿业大学，2018.

[4] Mee N, Clewes D, Phillips P S, et al. Effective Implementation of a Marketing Communications Strategy for Kerbside Recycling: A Case Study from Rushcliffe, UK [J]. Resources, Conservation and Recycling, 2004, 42(1): 1-26.

[5] Wood W, Quinn J D, Kashy D A. Habits in Everyday Life: Thought, Emotion, and Action [J]. Journal of Personality and Social Psychology, 2002, 83(6): 1281-1297.

[6] Ma Y, Wang H L, Kong R. The Effect of Policy Instruments on Rural Households' Solid Waste Separation Behavior and the Mediation of Perceived Value Using SEM [J]. Environmental Science and Pollution Research, 2020, 27(16): 19398-19409.

[7] Elmore R F. Instruments and Strategy in Public Policy [J]. Review of Policy Research, 1987, 7(1): 174-186.

[8] 王凤. 公众参与环保行为影响因素的实证研究［J］. 中国人口·资源与环境，2008(6)：30-35.

[9] 陈绍军，李如春，马永斌. 意愿与行为的悖离：城市居民生活垃圾分类机制研究［J］. 中国人口·资源与环境，2015（9）：168-176.

[10] 问锦尚，张越，方向明. "源头分类"视角下农村生活垃圾治理的有效路径——基于全国五省的调查分析［J］. 农村经济，2021（3）：26-33.

数智技术赋能城市社区治理共同体建设的实践与启示

——以绍兴市大渡社区为例

中共绍兴市柯桥区委党校　张德政

城镇化进程的加速，给城市社区的治理及服务带来严峻挑战，也提出了更高要求。“坚持共建共治共享，建设人人有责、人人尽责、人人享有的基层治理共同体”，这是推进新时代基层治理现代化的工作原则。与此同时，信息化、数字化、智能化的时代潮流，也为建设城市社区治理共同体提供了技术条件。以数智技术赋能城市社区治理共同体建设，已然成为当今的时代课题。近年来，绍兴市大渡社区围绕“城市大脑＋未来社区”的总体思路，打造社区数智服务平台，统筹建设多跨场景应用，智治能力显著提升，形成了党建统领下多跨融合、数智赋能、共建共享的社区新格局。数智赋能社区治理共同体建设，大渡社区紧扣“共建”“共治”“共享”核心要义，聚焦多元“共建”、整合平台资源，聚焦协同“共治”、营造和美家园，聚焦服务“共享”、创新社区服务，形成了许多可借鉴、可复制、可推广的经验做法。

城镇化进程的加速，给城市社区的治理及服务带来严峻挑战，也提出了更高要求。问题就是时代的声音。党的二十大明确指出，“健全共建共治共享的社会治理制度”“建设人人有责、人人尽责、人人享有的社会治理共同体”[①]。近年来，“建设社会治理共同体”重大命题已然成为推进社会治理现代化的主旋律。2019 年党的十九届四中全会首次提出，“完善党委领导、政府负责、民主协商、社会协同、公众参与、法治保障、科技支撑的社会治理体系，建设人人有责、人人尽责、人人享

① 习近平：《高举中国特色社会主义伟大旗帜 为全面建设社会主义现代化国家而团结奋斗——在中国共产党第二十次全国代表大会上的报告》，《人民日报》2022 年 10 月 26 日，第 1 版。

有的社会治理共同体"①。2021 年中共中央、国务院印发《关于加强基层治理体系和治理能力现代化建设的意见》，将"坚持共建共治共享，建设人人有责、人人尽责、人人享有的基层治理共同体"②确立为推进新时代基层治理现代化的工作原则。早在 2014 年习近平总书记就明确指出，"社会治理的重心必须落到城乡社区"③。城市社区是社会生活和社会治理的基础单元，推进城市社区治理共同体建设，也自然是建设社会治理共同体的应有之义。与此同时，信息化、数字化、智能化的时代潮流，也为建设城市社区治理共同体提供了技术条件，拓宽了实现路径。2023 年 3 月，国务院发展研究中心就发布了题为"数智技术赋能城市社区治理共同体大有可为"的《调查研究报告》，指出"依托数智技术打造城市社区治理共同体，已成为我国推动基层治理现代化的主要方向和抓手"④。以数智技术赋能城市社区治理共同体建设，既是理论的开拓创新，也是现实的关切需要。聚焦这一时代命题，本文选择绍兴市大渡社区为研究对象，重点围绕大渡社区建设数智服务平台的实践做法与经验启示等展开研究，更好回应时代声音。

一、相关研究综述

（一）社区治理共同体相关研究

"社会治理共同体"概念提出后，许多学者从不同视角解读其内涵。认为社会治理共同体是政府、社会组织、公众自觉形成的以解决社会问题为共同目标的群体组织[1]；是基于地缘和利益，多元协商共治的生命有机体[2]；是"政治共同体""利益共同体"和"目标共同体"[3]。在此背景下，学界也相应聚焦于"社区治理共同体"，围绕其理论内涵、构建逻辑、实践路径等方面展开了研究。一是社区治理共同体的理论内涵。认为城市社区治理共同体是在城市社区空间内针对社区公共事务或公共服务供给而形成的多元主体平等参与、民主决策、资源配置与结果共享的社会团结[4]。二是社区治理共同体的构建逻辑。认为城市社区治理共同体要形成"网络—互构—团结"的行动逻辑[5]；要具备融利益整合、情感重塑与文化导向为一体的运行机制[6]。三是社区治理共同体的实践路径。认为推进社区治理共同体建设，要坚持人民至上、完善多元共治、

① 《中共中央关于坚持和完善中国特色社会主义制度 推进国家治理体系和治理能力现代化若干重大问题的决定》，《人民日报》2019 年 11 月 6 日，第 5 版。

② 《中共中央国务院关于加强基层治理体系和治理能力现代化建设的意见》，《人民日报》2021 年 7 月 12 日，第 1 版。

③ 《习近平在参加上海代表团审议时强调 推进中国上海自由贸易试验区建设 加强和创新特大城市社会治理》，《人民日报》2014 年 3 月 6 日，第 1 版。

④ 王炳文、李佐军：《数智技术赋能城市社区治理共同体大有可为》，国务院发展研究中心《调查研究报告》【2023 年第 50 号（总 6999 号）】，2023 年 3 月 17 日，国务院发展研究中心，https://www.drc.gov.cn/DocView.aspx?chnid=386&leafid=1339&docid=2906674

创新科技支撑、加强专业引领[7]；要以党建引领多元共治，协同推进技术治理和微治理[8]；要实现公共性追求、关系重塑、三治融合以及技术创新等[9]。由上可知，强化科技支撑与数智赋能，是推进社区治理共同体建设的重要路径。

（二）数智技术赋能社区治理共同体建设

"坚持共建共治共享，建设人人有责、人人尽责、人人享有的基层治理共同体"①，这是推进新时代基层治理现代化的工作原则。就有学者指出，"社区治理共同体的核心特征是共建、共治、共享"②。由此，数智技术赋能社区治理共同体的相关研究，也可以从共建、共治、共享三个方面来进行梳理。

第一，关于数智平台的共建。有学者基于技术赋能视角，系统探析城市社区智慧治理共同体的建构逻辑和运行机制，实证考察了成都市成华区"智慧·家空间"，其为"一中心＋三平台＋N 应用场景"的基层治理系统平台[10]；重点结合浙江省未来社区建设相关实践，系统阐述未来社区场景建设的内容与特征，从城市基层空间治理视角切入，构建"物理＋社会＋数字"三元空间的整体框架[11]；认为数据赋能社区治理是一个量变到质变的渐进过程，需要加强顶层设计，畅通各部门协调沟通，最大程度地实现硬件整合、数据整合、服务整合等[12]。

第二，关于多元协同的共治。有学者认为，社区事务从一方主导到多方协商，是"互联网＋城市社区治理"的发展趋势，社区数智平台方便了多元主体参与协商社区事务[13]；要以"智能化＋制度化"提升社区治理效能，借助网络将政府、企业、社会组织、社区居民等联结起来，横向到边、纵向到底，打造线上线下联动的行动共同体，进行跨部门、跨职能、跨业务的整体性治理[14]。

第三，关于社区服务的共享。有学者认为，社区数智服务平台建设目的是充分发挥数字化服务功能，为社区治理与公共服务提供有力支撑，从教育、文化、社会保障、养老助残、安全等方面全面提升社区居民的生活品质[15]；认为大数据分析能够对社区、居民进行精准画像，可在一定程度上将"居民找服务"转变为"服务找居民"，主动为相应群体提供服务，不断提升社区公共服务的人本化、精细化水平[16]。

综上可见，学界关于数智赋能社区治理共同体建设的研究取得了丰硕成果，但也存在着理念引领与基层实践结合不够紧密、缺少具体场景探讨等局限性。本文就基于数智赋能的视角，从具体个案切入，探究数智赋能社区治理共同体的实践做法与经验启示，促进理论与现实更好结合。

---

① 《中共中央国务院关于加强基层治理体系和治理能力现代化建设的意见》，《人民日报》2021 年 7 月 12 日，第 1 版。

② 周红云：《社区治理共同体：互联网支撑下建设机理与治理模式创新》，《西南民族大学学报》（人文社会科学版）2021 年第 9 期，第 200 页。

二、绍兴市大渡社区的背景情况

（一）社区基本概况

绍兴市大渡社区成立于2010年，位于绍兴市柯桥区柯桥街道东部，辖区面积111.7万平方米，下辖锦盛蝶庄、香水湾、润泽大院、香林花园、镜水湾等5个小区，有居民6332户，常住人口1.8万人，流动人口超7千人，总人口2.5万左右，是绍兴市柯桥区规模最大的城市社区。大渡社区也是浙江省最大的移民社区之一，居民来自五湖四海，其中新柯桥人占比70%以上，还有500多位外籍居民。社区划分为20个网格，121个微网格，网格党组织覆盖率为100%。大渡社区以"亲和大渡·和美家园"为主题，坚持党建统领，充分发挥党员、社区干部、居民代表"三支队伍"作用，健全社区治理体系和服务能力，努力打造安居乐业的和美家园。近年来，大渡社区先后获得"国家级气象社区""省级基层治理先进单位""省级绿色社区""省级书法社区""绍兴市新时代基层党组织"等荣誉。社区党总支书记张晓鸿先后被评为"全国抗击新冠肺炎疫情先进个人""全国优秀共产党员""全国五一劳动奖章获得者"。

（二）未来社区的创建历程

2019年3月，浙江省正式启动未来社区建设试点，发布《浙江省未来社区建设试点工作方案》（浙政发〔2019〕8号）。未来社区建设围绕"一统三化九场景"目标体系，坚持党建统领，坚持人本化、生态化、数字化三维价值导向，以和睦共治、绿色集约、智慧共享为内涵特征，构建未来邻里、教育、健康、创业、建筑、交通、低碳、服务、治理等九大场景应用，打造有归属感、舒适感和未来感的新型城市功能单元。对标未来社区建设要求，2020年5月柯桥区柯桥街道启动"智慧云社区"建设，大渡社区成为首批四个试点社区之一。大渡社区以创建"大渡红"党建品牌为抓手，推行"党建+数字+治理"新模式，着力打造党建、文化、健康、养老、教育等各类多跨场景应用。2021年5月，大渡社区成功入选浙江省第三批未来社区创建名单，属于整合提升类，重点建设邻里场景、服务场景、治理场景。

作为大型移民社区，大渡社区人口基数大、流动人口多、人员结构复杂，居民需求多元多跨，社区治理及服务面临许多困难挑战。为此，大渡社区以创建未来社区为契机，充分运用互联网、大数据、云计算、人工智能等信息技术，推进社区数字化智慧化建设，提升智治能力，促进自治、法治、德治与智治深度融合。2021年6月，大渡社区文化场景作为全省唯一县（市、区）级代表，在全省数字化改革工作推进会上作典型介绍，获省委主要领导肯定。2021年11月，大渡社区文化多跨场景被评为浙江省数字社会首批16个最佳应用之一。2022年4月，大渡社区成功入选为全省数字社会6个多跨应用场景先行先试社区之一。大渡社区不断迭代"大渡未来社区"多跨场景应用，九大场景已有86项应用落地，注册用户达5400余人。2022年5月，大渡社区创建未来社区工作顺利通过验收，在全省共同富裕现代化基本单元建设工作推进会上被正式命名，成为浙江省首批28个未来社区之一。一路走来，大渡社区着力打造日益完善的数智服务平台，数智赋能城市社区治理共同体建设，智治水平不断提升，形成了许多可借鉴、可复制、可推广的经验做法。

三、大渡社区建设数智服务平台的主要做法

大渡社区围绕“城市大脑 + 未来社区”的总体思路，坚持以居民为中心，运用系统分析“V”字模型，通过流程再造、多跨协同、制度重塑，统筹建设未来社区多跨场景应用。大渡社区数智服务平台的建设架构为“1+2+N”：“1”指一个“数字驾驶舱”，位于大渡社区党群服务中心；“2”指治理端、服务端两个端口，“浙政钉”治理端面向政府部门、物业，可查看社区整体概貌、实时动态及居民需求，为居民提供政策引导和需求反馈；“浙里办”服务端面向社区居民，可查询政策信息，办理相关事项，居民也可以通过微信公众号“亲和大渡”进行操作；“N”指落地未来社区的党建、文化、健康、养老、教育等N个子场景。

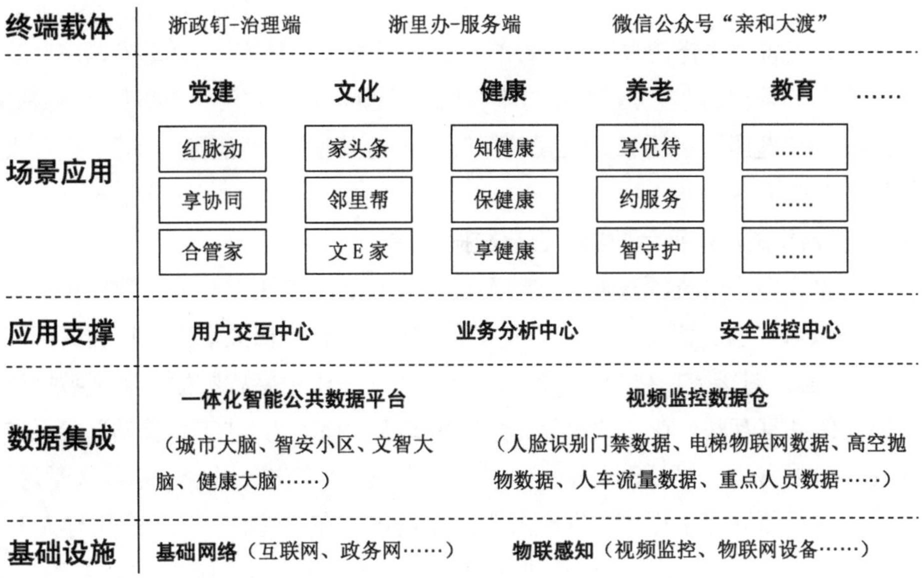

图1　大渡社区数智服务平台建设架构

（一）厘清社区治理及服务需求，明确场景任务

第一，系统厘清并准确把握社区的治理及服务需求。明确任务需求，是进行数字化改革的第一步，也是关键一步。大渡社区是典型的移民社区、“陌生人”社区，人口基数大、流动人口多、人员结构复杂，外来居民的归属感、融入感不强。而社区工作

也面临着机制不顺畅、统筹难度高、精力耗能大、服务碎片化等问题，设施水平和服务能力难以满足居民的多元化需求，亟需以数字化改革来提升社区治理服务效能。为此，社区结合工作实际，深入走访摸排，系统梳理社区治理及服务的难点堵点，列出任务清单。

第二，明确各个子场景的任务事项，并进行分解。将“党建”子场景分解成“红脉动”“享协同”“合管家”3项三级任务，“柯工慧”“伊柯有约”“党员管理”“社区共建”“特色党课”“先锋指数”等14项四级任务，并拆解为29项最小颗粒度事项。将“文化”子场景分解成“家头条”“邻里帮”“文E家”3项三级任务，“家关注”“家故事”“邻里车位”“一起拼多多”“大渡知乎”“中外邻里亲”“文e队”“e书房”等17项四级任务，并拆解为62项最小颗粒度事项。将“健康”子场景分解成设置“知健康”“享健康”“保健康”3项三级任务，“健康宣教”“重点人群管理”“医疗服务”“健康档案”“智能随访”等10项四级任务，并拆解为34项最小颗粒度事项。每个最小颗粒度事项均明确业务流程、责任单位。

第三，设置评价指标，对场景任务进行整体画像。针对“党建”“文化”“健康”等应用场景，共设置26个指标项，进行量化分析、跟踪比对，监测运行效能。各场景模块的数据同步共享，在“数字驾驶舱”进行数据归集，为社区、物业提供可视化画像。“党建”子场景，设置“先锋指数”“党课培训频次”“维权办结率”“活动参与率”等7个指标；“文化”子场景，设置“新闻点击率”“新闻更新率”“群众参与率”“资源覆盖率”等12个指标；“健康”子场景，设置“保健知识普及率”“智能随访率”“重点人群覆盖率”等7个指标。

（二）整合集成多类平台数据，强化数据支撑

第一，整合多平台资源数据，推动系统互联互通。依托省一体化智能化公共数据平台，共享城市大脑、智安小区、文智大脑、健康大脑等相关数据，打通跨部门、跨层级系统14套，对接数据接口57个，共归集共享501个字段数据，实现数据资源跨部门、跨层级共享互联。在“党建”场景应用导入“微动力”“工晴驿站”等系统，通过线上召集开展各类党员活动，举行“微党课”；在“文化”场景应用导入学习强国、今日头条、笛扬新闻等小程序，发布各类信息资讯；在“健康”场景应用导入HIS医疗信息系统、电子健康档案系统等，加强重点人群健康管理。目前已导入党建、文化、健康、养老、教育等数据资源2万余种，有效实现了数据资源的集成和共享。

第二，归集社区各类监控数据，掌握实时动态。适应社区治安防控要求，完善基础设施建设，安装高空抛物摄像头、楼道充电监测仪等物联感知设备。通过接入调用、交互共享、自动采集等方式归集监控数据，包括人脸识别门禁监控、人车流量和重点人员监控、高空抛物摄像头、电梯物联网监控、垃圾分类箱监控、楼道充电监测仪等各类数据。通过“数字驾驶舱”和治理端，可以实时查看各类监控数据，监测社区运转状态，实现“一屏可达、一屏统揽”。当人脸识别系统、高空抛物摄像头等监控端口发现异常情况时，会将预警信息实时传送至“数字驾驶舱”和治理端，以及时作出相应处置。

（三）完善子场景的内容建设，共享优质资源

围绕文有所化、病有所医、老有所养、事有所便等数字社会建设 12 个“有”要求，构建“党建”“文化”“健康”等 N 个多跨子场景，加强社区的惠民服务能力。自上线以来，共发布生活资讯、健康宣传、电信反诈、微心愿等各类信息 1 万余条。

第一，“党建”场景强化党建引领社区工作事务。“党建”场景完善社区治理基本架构和组织体系，创新组织生活，深化社区党建契约化共建，打造红色物业、红色业委会，实现社区党务工作数字化、智慧化。集合红色智囊团、红色物业、社区商户联盟等契约化共建单位，实现人才、技能、场地、物品的共享，通过定制服务及相关活动，满足居民多样化需求。

第二，“文化”场景促进社区形成学习共同体。围绕“家头条”“文 E 家”“邻里帮”3 个场景，为居民推送新闻、交通、教育、购物优惠、文体活动等信息，让社区居民享受更多优质文化资源，并向居民提供自主发布“故事”的空间。截至去年，“文化”场景集合大渡书法协会、鸿雁歌咏协会等协会团体 32 支，上线本地戏曲等视频 285 个，影视剧 6500 余部，举行智慧讲堂等直播活动 572 个。还有 300 多户居民线上分享自家“故事”，报道了 50 多位“社区好人”和 22 个“美丽楼道”。

第三，“健康”场景提升社区康养服务水平。“健康”场景为居民提供挂号、儿童免疫规划接种等线上预约服务，联合会诊、慢病长处方、云检验、健康评估等线上医疗服务，孕产妇管理、疫情防控、健康档案管理、特殊人群监测等智慧提醒服务，心理咨询、残疾康复、自助体检等线下医护服务。“健康”场景应用集合乡贤名医工作室、青少年心灵驿站、“康养联合体”等资源，让居民享受就近就医、医疗咨询、老年病康复护理等便捷服务，上线以来系统访问量达 2 万余次。

（四）线上线下密切配合，提升社区治理服务水平

第一，充分发挥“三支队伍”作用，纾解社区治理的难点堵点。线上开设“我要上报”应用功能，对于社区内环境卫生、私搭乱建等问题“随手拍、随手报”，并打通基层治理四平台，线下充分发挥党员、社区干部、居民代表“三支队伍”的协调解决作用，健全问题反馈处置的闭环机制，截至目前已处理上报问题 180 余件。成立“红色物业调解委员会”，由具备法律、工程、财务等专业知识的居民和社区工作者共同组成，并注重吸纳具备党员身份的成员。“红色物业调解委员会”是让专业的人做专业的事，主要职责包括化解物业、业委会和业主间的矛盾，监督物业做好日常维护和保洁美化工作，至今已解决小区公共收益、大额资金使用、高空抛物、停车位占用、外墙维修等问题120余件，成效惠及社区2万余居民。

第二，组织开展各类服务及活动，增强居民的获得感、幸福感。设立24小时智慧便民服务站，全天候为居民提供共享资料柜、共享工具箱、自助打印以及多类证明打印，方便居民在非工作时间办理事务。配合“双减”政策，通过“小DO假日乐园”开展线上报名，为社区孩子提供创意绘画、户外农耕、生物探秘等非学科周末课程，举办各类活动32场。通过线上召集，组织开展“夏夜朗诵会”“越读越有味”等文体活动28场。在线登记专业人才、志愿服务者1208人，日均提供志愿服务数10人次。设立智慧化卫生服务站，居民可通过无人医保售药机自助购药，还可以进行自测体检。在社区内组建一支院前急救志愿者队伍，以应对紧急情况。线上线下相配合，社区提供失智干预、康复护理、送教上门、志愿帮扶等服务惠及3000余人次，居民的获得感、幸福感明显提升。

四、数智赋能城市社区治理共同体建设的经验启示

推进数智赋能城市社区治理共同体建设，大渡社区紧扣“共建”“共治”“共享”核心要义，统筹打造数智服务平台，建设多跨场景应用，形成了党建统领下多跨融合、数智赋能、共建共享的社区新格局。其中的经验启示，也可以从“共建”“共治”“共享”三方面进行归纳。

（一）聚焦多元“共建”，整合集成平台资源

第一，政府有为推动，整合多部门公共资源。制定多部门单位资源开放协同方案，整合组织、宣传、文旅、传媒、教育、公安、卫健、医保、残联、妇联、民政、信访、人社、司法、应急管理等部门单位资源，实现省市区级资源整合下沉，推动平台互通、信息共享。第二，打通数据平台，集成多平台数据资源。推动数智服务平台与城市大脑、智安小区、文智大脑、健康大脑等公共数据库对接，实现数据资源开放兼容、智慧互联，省、市、区、街道、社区等跨层级实时互动。第三，汇聚社会力量，集合多领域社会资源。“党建”场景集合了多家契约化共建单位的人、财、物等资源；“文化”场景集合了多家协会团体的优质文化资源；“健康”场景集合了相关组织的医疗健康资源。

（二）聚焦协同“共治”，共同营造和美家园

第一，以“契约化共建”引入政府部门力量。社区党总支与区发改、民政、卫健、教体、信访、人社、司法、市场监管、综合执法等部门党组织签订党建共建契约，加强与共建单位互动交流、互利互惠，推动社区治理及服务从以往的单向模式向双向互动转变。第二，以“红色物业调解委员会”协调社区各方关系。遴选高素质居民代表组成“红色物业调解委员会”，协调物业公司、业委会、业主三方关系，审查小区公共收益及重

大支出项目，监督物业及业委会日常履职，协调解决社区重点疑难问题。第三，以“共建积分”调动居民参与社区事务的热情。社区充分整合周边商户、社会组织、公益团体等资源，创新“共建积分”制度，实行服务换积分、积分换服务。居民参与社区治理和志愿服务即可获得“共建积分”，积分多少取决于活动类别、难易程度、活动频率等，获取积分后即可在社区内使用。

（三）聚焦服务“共享”，融合创新社区服务

第一，“楼道指导员 + 四平台网格员”在线联合服务。建立居民与楼道指导员、四平台网格员之间双向联系，变“层层传达”为“一键直达”“上门直达”，落实文化活动组织、美丽楼道创建、文明家庭创建、电信反诈宣传、疫情防控服务等工作。居民通过“我的楼道指导员”模块，就能实现线上互动。第二，“服务应用商城 + 社区智慧服务系统”网络融合服务。推动“浙系列”“邻系列”“享系列”应用落地社区智慧服务系统。从省级服务应用商城甄选掌阅科技、喜马拉雅、中国知网等供应商资源，开设“星空书房”，上线电子书籍。引进触控一体机，让居民能便捷共享文化、医养等数字化资源。第三，“线上互助解困 + 线下志愿帮扶”有机结合服务。通过“大渡知乎”“大渡贴吧”在线答疑、协调，帮助解决居民问题。在线登记专业人才、志愿服务者上千人，在社区内提供志愿服务。招募志愿者成立“秋香陪聊团”等邻里陪聊团，陪伴空巢老人谈心聊天。招募有专长的居民组建“乐善达人”工作室，以成本价为居民提供缝纫、修鞋、磨剪刀、配锁等服务。推出“邻里车位”，促进空闲时段车位共享，缓解社区内停车难问题。

五、继续提升社区数智服务能力的路径探索

（一）推进数智基础建设，线下线上协同融合

基于社区已有数字化基础设施建设成果，依托数智技术的迭代更新，扩大社区数字化建设覆盖面，更加全面系统地采集社区各类数据。提升社区数智平台的数据响应能力，更全面、准确、实时地对社区进行整体画像。数字驾驶舱目前主要是展示社区的实时动态数据，但还不具备交互式的场景应用功能。数字驾驶舱在汇集居民需求或反馈之后，仍主要依赖人工响应并派发操作任务，智能化程度明显不足，处理效率仍有提升空间。下一步的建设重点，要对社区物联设备进行全域串联升级，整合智联感知设备和平台数据，完善物联数据实时收集与快速响应机制，提高数据采集与社区智治的融合程度，不断加深线上与线下的协同融合。

（二）完善数据处理系统，拓展升级场景应用

充分整合数智服务平台的各类数据资源，加强数据间的开放兼容、互联互通，完善数据处理系统交互设计，充分发挥平台的数据集成和协同智治作用。优化社区内部

工作流程，提升数据处理的智能化水平，探索建立数据自动监测分析机制，自动生成、报送工作台账，提高社区工作效率，促进跨部门、跨层级协同。以居民对美好生活向往为导向，在比较成熟的党建、文化、健康等场景应用基础上，推动数据价值再挖掘，拓展养老、交通、低碳等各类新场景。进一步为居民参与社区事务提供更多机会和更广空间，降低居民参与社区事务的成本，增进居民间交流互动，更好促进邻里和睦、社区和谐。

（三）聚焦用户高频需求，精准提供数智服务

坚持以居民需求为核心，形成全方位、整体性的公共服务方案。加强应用大数据技术，整合社区用户数据和物联感知数据，对用户行为数据进行深度分析，用大数据全面准确捕捉居民群体需求，及时为居民提供个性化、差异化、智能化的公共服务。探索开发个性化、定制化的应用页面，服务不同类型用户，形成精准服务、有效直达的运作模式。在前期调研论证的基础上，目前平台服务端的数据信息与服务项目能够较好满足用户需求。但随着社区用户情况变化以及用户反馈数据持续回流，将会出现新的用户需求，由此前台服务项目也要适时更新迭代，以便为居民提供更普惠、更精准的数智服务。

参考文献

[1] 郁建兴．社会治理共同体及其建设路径［J］．公共管理评论，2019（3）：59–65.

[2] 张磊．社会治理共同体的重大意义、基本内涵及其构建可行性研究［J］．重庆社会科学，2019（8）：39–50.

[3] 高晓波．中国特色社会治理共同体的内涵、理论与构建［J］．甘肃社会科学，2021（2）：40–48.

[4] 李永娜，袁校卫．新时代城市社区治理共同体的建构逻辑与实现路径［J］．云南社会科学，2020（1）：18–23.

[5] 陈秀红．城市社区治理共同体的建构逻辑［J］．山东社会科学，2020（6）：83–89.

[6] 张艳，曹海林．社区治理共同体建设的内在机理及其实践路径［J］．中州学刊，2021（11）：64–69.

[7] 任克强，胡鹏辉．社会治理共同体视角下社区治理体系的建构［J］．河海大学学报（哲学社会科学版），2020，22（5）：99–105.

[8] 江小莉，王凌宇，许安心．社区治理共同体的动力机制构建及路径——破解“奥尔森困境”的视角［J］．东南学术，2021（3）：105–114.

[9] 张等文，解秀丽．从碎片化治理到共同体构建：新时代社区治理的路径转向［J］．中共

天津市委党校学报，2022（5）：54-63.

[10] 胡卫卫，张迪．城市社区智慧治理共同体的建构逻辑及运行机制研究——基于成都市成华区“智慧·家空间”的实证考察［J］．电子政务，2022（9）：15-26.

[11] 邹静,沈费伟,汤蓬涛,严锦程,张宇．城市未来社区的场景建设、居民融入与数字治理 [J/OL]. 电子政务 .https://kns.cnki.net/kcms/detail//11.5181.TP.20230119.1004.009.html

[12] 沈莉，吴玮莹．数据赋能视角下“智慧社区”建设的瓶颈与出路——以 H 社区为例［J］．公共治理研究，2022（4）：53-60.

[13] 宗成峰．中国“互联网 +”城市社区治理：挑战、趋势与模式［J］．城市发展研究，2020,27（10）：23-27+46.

[14] 周红云．社区治理共同体：互联网支撑下建设机理与治理模式创新［J］．西南民族大学学报（人文社会科学版）,2021（9）：199-205.

[15] 张艳国，朱士涛．大数据融入智慧社区建设：时代价值与现实路径［J］．江汉论坛，2021（11）：117-124.

[16] 赵欣．数字技术驱动社区治理的转型研究［J］．地方治理研究，2022（4）：26-36.

杭州建设全国数字经济第一城对绍兴发展数字经济的启示：基于税收数据分析

中共绍兴市柯桥区委党校　杨晓辉

近年来，杭州市深入实施省委、省政府数字经济“一号工程”，数字经济已成为杭州经济社会高质量发展的“金名片”。面对全球数字经济竞争的大背景和长三角一体化建设的重大战略机遇，如何巩固好杭州数字经济的先行优势，突破制约数字经济增长的障碍和瓶颈，进一步推进数字经济高质量发展，成为我们亟需关注的问题。绍兴需要从激励数字经济不断提升“硬”实力、提升数字经济发展基础能力、提升数字经济创新能力、增强数字经济人才吸引力、促区域数字经济协同发展、护航数字经济高质量发展等几个方面加快追赶。

目前，我国数字经济发展取得重大成就和进展，推动数字经济发展已经成为我国的重大战略。为深入学习贯彻习近平总书记关于发展数字经济的重要论述，贯彻落实省委、省政府实施数字经济“一号工程”升级版部署，在 2022 年 9 月底召开的杭州市数字经济高质量发展大会上，杭州提出高水平重塑全国数字经济第一城，力争到 2025 年，全市数字经济核心产业营收突破 2 万亿元，增加值超过 7000 亿元，占 GDP 比重超过 30%。然而，推进杭州数字经济向纵深发展，还存在营业收入增长乏力、数字制造业薄弱、发展规模两级分化等一系列隐忧。本文依托税收大数据，通过市场主体调研，从对杭州市数字经济的基本情况、产业发展面临的问题入手，深入研究剖析，并在此基础上提出进一步推进数字经济高质量发展的意见建议。

一、相关概念

数字经济是继农业经济、工业经济之后的主要经济形态，是以数据资源为关键要素，以现代信息网络为主要载体，以信息通信技术融合应用、全要素数字化转型为重要推动力，促进公平与效率更加统一的新经济形态①，包括数字产品制造业、数字产品服务业、数字技术应用业、数字要素驱动业、数字化效率提升业等 5 个大类。

数字经济核心产业是指为产业数字化发展提供数字技术、产品、服务、基础设施和解决方案，以及完全依赖于数字技术、数据要素的各类经济活动，包含上述 5 个大类中的前 4 类。②

二、杭州市发展数字经济主要做法和经验

（一）杭州市数字经济发展情况

1. 稳进提质贡献显著，稳居数字经济“第一城”

2018—2021 年，杭州市数字经济核心产业主营业务收入和增加值年均增速分别达 18.5% 和 13.7%；增加值占地区生产总值比重连年攀升，2021 年达到 27.1%，创历史新高。大企业集团优势凸显，2021 年，数字经济领域营业收入千亿级企业达 3 家，百亿级企业从 2018 年的 13 家增加到 20 家。近期发布的《浙江省数字经济发展白皮书（2022 年）》显示，2021 年杭州数字经济核心产业营业收入、增加值分别达到 16331 亿元、4905 亿元，占全省比重分别高达 55%、58.8%；数字经济产业链企业数量超过 7 万家，占全省总量的 48%；数字经济领域授权发明专利在全省占比超 72%，产业融资金额占全省 78%，已成为浙江省数字经济产业高地。

表 1　2018—2021 全市数字经济核心产业增加值

	数字经济核心产业增加值（亿元）	增速（%）
2018 年	3286	15
2019 年	3795	15.1
2020 年	4290	13.3
2021 年	4905	11.5

2. 核心产业持续壮大，打造产业集群“主阵地”

2021 年，云计算与大数据、数字内容、软件与信息服务产业增加值规模分别达 1615 亿元、3548 亿元、3933 亿元。数字安防产业市场占有率居全球第一、云计算基础设施即服务（Iaas）市场份额亚太第一、电商平台交易量和第三方支付能力全国第一。

① 《“十四五”数字经济发展规划》。
② 根据《数字经济及其核心产业统计分类（2021）》（国家统计局令第 33 号）。

2021 年，10 家杭企入选全国软件与信息技术服务综合竞争力百强榜单，云计算大数据产业国内市场份额第一，区块链应用综合实力排名全国第四。2021 年，杭州获批全国首批“千兆城市”，建成 5G 基站超 2.9 万个，获工信部 5G 网络覆盖最佳城市称号。全国首家新型互联网交换中心在杭启用，算力中心、数据中心建设不断强化，服务器总量达 48.8 万台。

3. 转型升级迸发活力，构筑数字赋能“硬实力”

2021 年，杭州全面启动“未来工厂”建设，大力培育聚能工厂、链主工厂等 5 类未来工厂，推进企业组织形态变革重构。目前，已累计实施“机器换人”5607 项、工厂物联网项目 1737 项、数字化攻关项目 713 项，培育省级“未来工厂”11 家，评定市级“未来工厂”48 家。杭州已集聚各类数字工程服务商超 800 家，覆盖智能硬件、网络设施、云服务和大数据等领域。

（二）税收视角下数字经济核心产业发展特点

1. 拉动税收增长贡献显著

近年来，数字经济凭借其非接触性、跨界融合性，在疫情冲击下强势逆风而上，获得爆发式增长，逐步成为经济发展的新引擎。2019—2021 年杭州市数字经济核心产业税收收入的增长率分别为 9.02%、27.22%。2022 年 1—7 月，全产业税收收入合计 716.38 亿元，同比增长 1.21%，在全市税收总量中占比 21.31%，其中软件和信息技术服务业税收贡献占比最高，达到 17.07%，数字经济已经成为全市税收收入构成中的重要力量。

2. 服务经济社会持续有效

从销售发票开具情况看，2022 年 1—8 月，杭州市数字经济核心产业的主要服务行业为交通运输、仓储和物流业，科学研究和技术服务业，文化、体育和娱乐业，信息传输、软件和信息技术服务业，制造业以及批发和零售业 6 大行业，其中面向信息传输、软件和信息技术服务业开票额为 7065.44 亿元，同比增长 11.03%，面向制造业开票额为 2972.82 亿元，同比增长 3.06%，说明数字经济服务下游产业范围逐步延展，服务能力持续增强。

3. 带动产业研发作用明显

2022 年上半年，杭州市数字经济核心产业研发费用合计 421.11 亿元，同比增长 72.41%，其中制造业研发费用增速最快，为 92.18%，反映出杭州数字经济和实体经济融合向好，产业研发强度持续提升。从数字经济购入项目发票数据来看，在固定资产项目上，数字经济核心产业购入机械、设备类产品 2468.81 亿元，同比增长 43.41%；在无形资产项目上，购入技术 6.78 亿元，同比增长 174%，购入商标 8878.68 万元，同比增长 79.65%，为杭州数字经济产业持续引领创新打下坚实基础。

三、从税收视角看杭州市数字经济产业发展面临的问题

通过调研发现，随着杭州数字经济发展不断向纵深推进，内部结构性矛盾、区域同质化竞争等问题日益突显，甚至成为制约数字经济健康发展的障碍和瓶颈。

（一）营业收入“增长乏力”，市场份额提升势头不足

近年来，杭州市数字经济继续呈现较快增长态势，但总体增速有所放缓，在2022年尤为显著。从行业整体发展来看，杭州市数字经济核心产业2019—2021年营业收入分别为13714.89亿元、16094.85亿和19368.06亿元，近两年增速分别为17.35%、20.34%，但2022年1—7月营业收入增速为3.55%，增长明显放缓。

从龙头企业发展情况看，浙江数字经济龙头企业的增速均处于回落状态，其中数字安防两大龙头——浙江大华技术股份有限公司和杭州海康威视数字技术股份有限公司2019—2021年的营业收入三年平均增长率[①]分别为7.88%和12.19%，较上三年（2016—2018年）的平均增长率分别回落13.2%和3.81%；通信设备制造龙头——新华三技术有限公司2019—2021年的营业收入三年平均增长率为11.2%，较上三年回落了17.62%；数字经济领头梯队阿里系企业受反垄断、外部竞争对手挤压等因素影响，叠加疫情反复对物流的冲击，在2022年上半年实现销售收入3187.8亿元，同比下降4.1%。

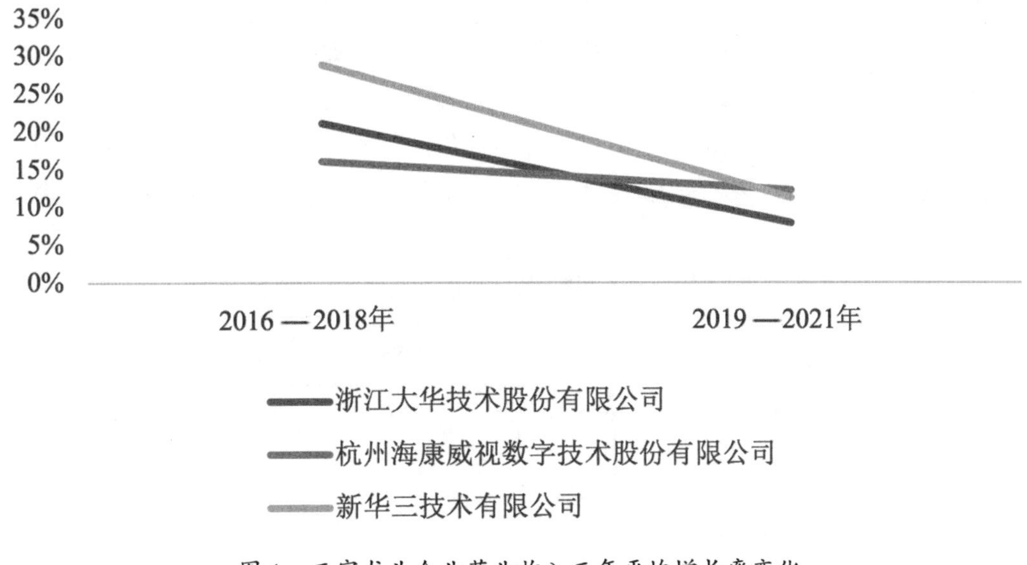

图1　三家龙头企业营业收入三年平均增长率变化

① 营业收入三年平均增长率表明企业营业收入连续三年的增长情况，反映企业的持续发展态势和市场扩张能力。

（二）数字经济“总体偏软”，产业结构优化能级不足

数字经济软、硬件创新和供应能力上存在明显失衡，在硬件产品的生产能力和市场份额上仍有缺失。从产业分类看，根据国家统计局发布的数字经济及其核心产业统计分类（2021）标准进行统计，截至2022年9月，杭州市全市共有数字经济企业151539家，其中三产144271家，占比95.2%；二产7252家，占比4.8%；一产企业数量为0,其中软件和信息技术服务业占比最高,为85.09%。从税收收入看，2022年1—7月，在数字经济7大核心产业中，互联网及其相关服务业，文化数字内容及其服务业，电信、广播电视和卫星传输服务业，软件和信息技术服务业等软件部分合计税收占全产业的90%。从销售商品发票明细看，2022年1—8月，杭州市数字经济产业销售现代服务5428.37亿元，占全部销售额的52.59%；销售机械、设备类产品3276.11亿元，占全部销售额的31.74%，服务类销售额远高于硬件销售额。

（三）发展规模“两级分化”，产业成长储备动能不足

数字经济领域内头部企业能力突出，其余企业大部分是创新型小微企业，发展动能有限，共享经济、直播经济等新模式虽发展迅速，但受自身规模限制，对于经济发展支撑作用有限。2022年1—7月，杭州市151103家数字经济企业中，有51405家产生了税收，其中87.74%的税收集中在前200家企业，头部效应显著；小型微利企业占全部数字经济企业数量的62.02%，税收入库35.04亿元，占数字经济产业税收总量的4.89%，研发费用36.42亿元，占数字经济产业研发总投入的8.65%,可见小微企业虽数量多,但总量偏小,创收水平偏低,数字经济潜能储备不足。以杭州魔筷科技有限公司为例，其是直播电商供应链管理行业中的明星企业，但公司盈利状况并不乐观，从2020年到2022年上半年，公司持续亏损，累计亏损已达202.09万元。

表2　2022年1—7月数字经济小型微利企业相关数据

指标	数量	税收入库	研发费用
绝对数	93719家	35.04亿元	36.42亿元
占比	62.02%	4.89%	8.65%

（四）销售范围“本地集聚”，省外市场拓展维度不足

长三角、珠三角地区在全国数字经济领域占据第一梯队，数字经济发展势头迅猛，具有广阔数字经济产业市场，但浙江省数字经济企业销售主要集中于本地市场，外地市场拓展存在局限。从开票数据看，纵向上，2022年1—8月杭州市数字经济核心产业主要面向省内、上海市、广东省、北京市、江苏省进行销售，销售金额占比分别为 51.02%，10.48%，8.94%，7.98%，4.82%，合计占比 83.24%，本省市场占据主导地位。

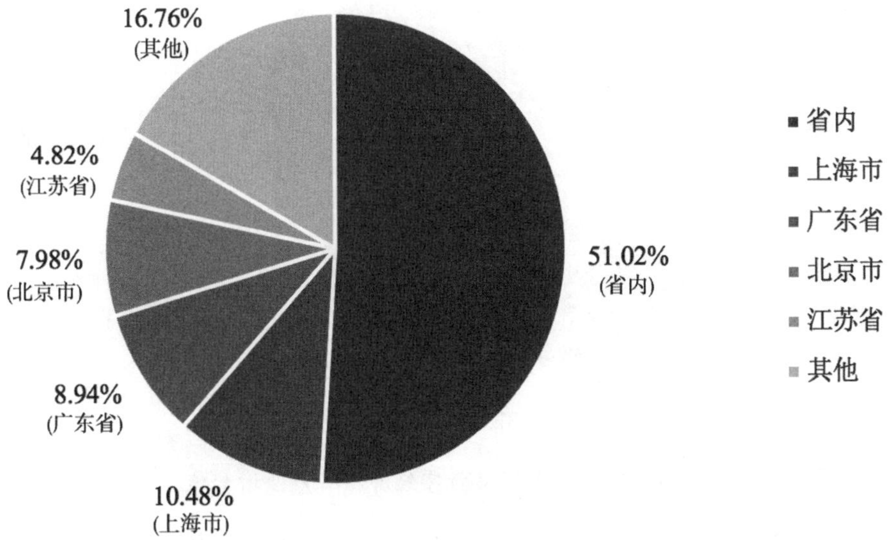

图 2　2022 年 1—8 月杭州市数字经济核心产业销售省份占比

横向上，2021 年 8 月，杭州市数字经济核心产业向省内、上海市、广东省、北京市、江苏省销售占比分别为 49.41%、10.78%、8.37%、8.78%、4.71%；2022 年 8 月，这五项数据分别为 54.22%、9.42%、8.26%、7.86%、4.58%，市场向省内进一步集聚，我省数字经济产品在省外市场竞争力仍然有限。

表 3　杭州市数字经济核心产业销售占比变化

时间	省内	上海市	广东省	北京市	江苏省	其他
2021 年 8 月	49.41%	10.78%	8.37%	8.78%	4.71%	17.95%
2022 年 8 月	54.22%	9.42%	8.26%	7.86%	4.58%	15.66%

（五）区域发展“冷热不均”，空间协同布局优化不足

杭州市 13 个区、县（市）之间的“数字鸿沟”明显。从数字经济核心产业增加值来看，2021 年全市实现 4905 亿元，其中余杭区和滨江区分别实现 1605.7 亿元和 1596.2 亿元，合计 3201.9 亿元（占全市比重 65.28%），而排名第三的西湖区为 790.5 亿元，不到前者的一半，其余 10 个区、县（市）合计占比仅为 18.6%。

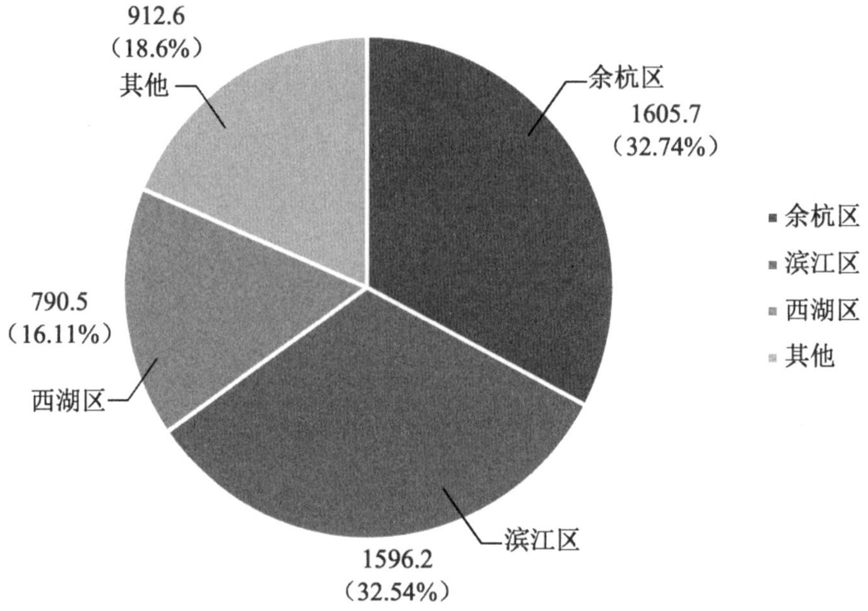

图 3　2021 年各区县数字经济核心产业增加值

从数字经济核心产业入库税收来看，2022 年 1—7 月，余杭区、滨江区和西湖区入库数合计 622.52 亿元（占全市比重 86.90%），以上三区数字经济核心产业占本区总税收收入比重分别为 58.92%、57.70% 和 46.47%，而排名第四的拱墅占比为 5.05%。这说明杭州数字经济产业存在集中度过高的情况，区域间发展不平衡问题突出，在地区协同发展方面仍待加强，在空间布局上仍有较大优化空间。

表 4　2022 年 1—7 月 4 区县数字经济核心产业入库数及占比

区县	余杭区	滨江区	西湖区	拱墅区
数字经济核心产业入库数	273.99	178.50	170.04	13.81
占总税收比重	58.92%	57.70%	46.47%	5.05%

（六）数字升级“赋能不畅”，行业融合发展能力不足

囿于数字化改造初始投入和追加投资成本大、回报周期长、试错成本及风险大等因素，传统产业利用数字技术的动力仍显不足，产业数字化推进有待加强。从销售发票开具情况来看，2022 年 1—8 月，杭州市数字经济核心产业面向信息传输、软件和信息技术服务业开票额占全部开票额的 68.54%，面向制造业开票额占比 28.84%，面向其他行业开票额仅占 2.62%，可见杭州市数字经济产业服务对象主要聚焦于本行业内，除制造业外，其他行业对数字化升级的需求并不旺盛。以杭州五星铝业有限公司为例，该公司通过数字化升级降低污染排放成本，已投入700万元用于建设废水、废气和噪声在线监测系统，投资回收周期预计在5年左右，公司表示数字转型投资负担较重，近两年暂无进一步升级计划。

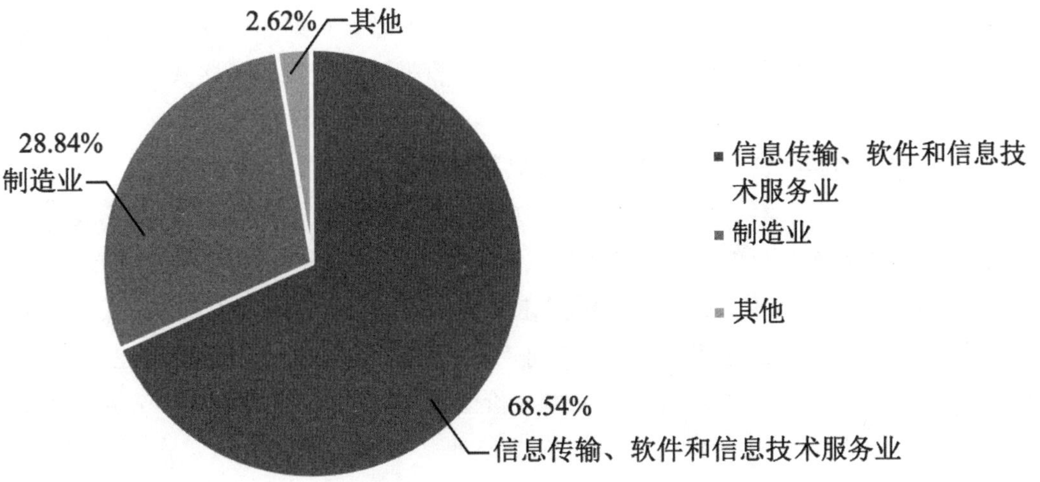

图4 数字经济核心产业面向各行业开票占比

四、对绍兴做优做强数字经济的意见建议

（一）出台新政：激励数字经济不断提升“硬”实力

一是实施智能制造专项激励政策。深入挖掘产业潜能，推动“制造业+”和“产业数字化”深度融合，聚焦物联网、集成电路、智能硬件、柔性电子等基础性、战略性制造产业，制定数字技术升级改造激励奖补政策，鼓励数字经济核心技术在制造业、服务业等领域融合升级，实现与深圳等制造业强市的错位竞争和弯道超越。二是优化政府产业基金投资方向。充分发挥绍兴在数字安防、云计算、网络通信等领域优势，重点关注电子终端、网络服务基础设施等领域，补齐优势产业下游硬件产业链条，着力建设“云、网、端”一体化新型基础设施，提高绍兴数字经济核心制造业的产业竞争力。三是持续培育壮大硬件产业龙头企业。对全市现有数字经济硬件龙头企业建立跟踪服务机制，根据市场主体成长的阶段性需求，整合相关部门职能、政策、服务等资源，支持龙头企业发挥创新技术优势，结合智慧城市建设、未来工厂建设等，进一步提升企业价值链和核心竞争力。税务部门以组建专业团队、定期高层对话、事前风险纠偏等形式，与龙头企业、重点企业建立及时、长效的沟通联系与服务机制，针对大企业业务复杂、管理繁杂等情况提供内控建议、规范财务等个性化辅导方案，帮助

大企业健康发展。四是加大对中小企业扶持力度。正视中小企业发展困境，设立企业创新孵化基金，充分利用财政资金的撬动作用，汇集社会资本和金融资本，引导资金流向种子期、初创期企业，推动独角兽型企业孵化发展。税务部门要在鼓励加大对数字产业直接投资、鼓励企业加大固定资产投资力度、落实研发费用加计扣除政策、鼓励传统产业加大技术投资促进产业升级等方面大力提供税收支持，为加力推进数字经济新旧动能转换、创新创业创造厚植土壤，“育小育新”，在细分领域培育一批专精特新“小巨人”和“单项冠军”企业，形成项目培育梯队和企业成长梯队，为全市数字经济的持续发展注入更多后劲。

（二）推动数实结合：提升数字经济发展基础能力

一是推动数字产业化。分类推进产业数字化。推动建立产业数字化技术标准体系，根据不同行业、细分领域的产业特点和数字化程度，推行“一行一策”数字化升级计划，分门别类推进产业数字化进程。大力推进“未来工厂建设”。重点面向工业、农业、服务业、信息业等领域，依托工业互联网应用，推进产业大脑建设，鼓励支持龙头企业建设“未来工厂”，增强产业链协调功能，实现数字化价值链全面连接。二是做大一流数字企业。聚焦互联网、云计算、人工智能、数字安防、智能计算等优势领域，迭代实施“雄鹰”“凤凰”等行动，打造具有产业链控制力的生态主导型企业，支持优秀数字经济企业在境内外上市，提升我市数字经济产业国际竞争力。三是发展数字制造业。做强产业集群。以培育世界级产业集群为核心，深入实施先进制造业集群培育行动，做大做强数字安防与网络通信、智能光伏、高端软件、云计算与大数据等千亿级特色产业集群，面向人工智能、智能网联汽车、第三代半导体等前沿领域，加快培育数字经济领域“新星”产业集群，建设一批先进数字装备制造产业园，提升产业链供应链韧性。提升服务举措。聚焦物联网、集成电路、智能硬件、柔性电子等基础性、战略性制造产业，实施智能制造专项激励政策；对全市现有数字经济硬件龙头企业建立跟踪服务机制，持续培育壮大硬件产业龙头厂商，进一步提升企业价值链和核心竞争力。四是支持中小企业数字化转型。实施培育计划。实施中小型企业数字化项目培育计划，建立中小企业数字化转型发展基金，引导银行等金融机构推出专项金融支持项目，增强中小企业数字化转型动力，推动形成一批具代表性的中小企业数字化转型成果，增强数字经济发展潜能。构建支持体系，编制发布中小企业数字化水平等级评测指标和数字化发展指数，指导中小企业合理评估自身数字化水平，通过对标对表找准不足，明确数字化转型路径。以中小企业全方位需求为抓手，遴选和推广一批“用得起、用得上、用得好”的优质数字化服务产品，提升中小企业开展数字化转型的积极性和主动性。

（三）注重创新平台与环境建设：提升数字经济创新能力

一是进一步形成基础创新环境。发挥高能级创新平台作用，突出技术研发、成果转化、开放创新功能，对接国家科技创新战略，加强原始创新和关键核心技术攻关，突出突破世界前沿技术、卡脖子技术和应用型关键共性技术，在法律法规、政策扶持、人才激励、社会导向等各方面，进一步形成基础创新合力。二是搭建科技创新服务平台。聚焦研发设计、检验检测、知识产权、科技金融、技术转移、创业孵化、科技中介、国际合作等领域，打造功能与配套完备的科技创新服务平台，更好推动形成创新创业和成果转化链条。如支持数字经济股权基金投资，对天使投资基金、创业投资基金、产业投资基金，以股权投资方式投资未上市数字经济企业等，给予政策支持，鼓励社会资金进一步向技术创新型数字经济产业汇聚。对利用新一代信息技术、先进制造技术、自动化设备、工业软件、工业互联网等对研发设计、生产制造、经营管理、运维服务等各环节进行智能升级和集成应用项目，对数字技术在智慧城市、数字乡村、智慧海洋等领域的创新应用示范项目，给予新增投资补助，支持创新应用转化等。三是加强知识产权保护力度。只有切实保护好创新主体的知识产权，才能真正激发其创新积极性。一方面，要完善数字经济专利申报制度，提升专利申请质量，规范数字经济领域的专利创新，尤其重视将数字经济的创新成果转化为各种形式的知识产权。另一方面，要完善数字经济相关法律和监管制度，根据数字经济产业特征，针对数据资源、软件算法、人工智能等内容规范其基本市场秩序规则，并形成完善的省、市、县三级政策体系。市场监管、司法、税务等部门加强日常沟通与信息交换，在提升数字化监管水平上形成合力，精准监管，促进数字经济持续健康发展。四是挖掘新业态增长点。采取包容态度，鼓励数字经济制度创新，采取包容审慎监管，着力消除阻碍新业态发展的各种行业性、经营性壁垒，增强数字经济企业创新活力，探索新增长点。鼓励我省数字化企业积极开拓外地市场，在全国数字经济体系建设中贡献“浙江方案”。培育产业新业态。依托企业平台化发展，通过资源集成共享，实现系统性优化，赋能数字经济新兴业态成长，积极引导工业、农业、商贸等领域市场主体利用数字技术推动业务流程再造、组织形态重组、业务模式重塑，破除固有模式限制，为新业态创新发展夯实基础。

（四）完善体制与制度建设：增强数字经济人才吸引力

一是建立多样化人才培养体系。支持“政、产、学、研、资”深度融合。鼓励校企联合开展定向人才培养，参照深圳模式，以引进高等院校分校或研究生院等方式，对国内外有重要影响力的高水平大学和科研院所，进一步加大引进力度，做好人才培育。二是优化人才引进导向。各地在人才引进政策设置上已打出“差异化”组合拳，如深圳聚焦高端人才引入，优化人才政策体系，仅 2020 年就新引进人才 120 万人，全职院士增加到 61 人，人才集聚态势明显；成都的人才新政十二条则侧重吸引青年人才，累计吸引 41 万青年人才落户。绍兴也应在人才引进中发挥绍兴特色，从“扬优势、补短板”的角度设计人才引进政策，如提高集成电路等方面的人才引进，增强数字经济核“芯”竞争力。三是完善人才引进配套政策。从人才安居落户，子女入学、入托，亲属安置等多方面入手，创造“此心安处是吾乡”的优质工作生活环境，确保人才“引得进、留得下”。税务部门可以进一步做深做细个人所得税及相关税收优惠政策的梳理分析，加强意见反馈和跟踪落实，为进一步完善个税税制，以及地方人才引进相关优惠政策出台等出谋划策，为创新人才、高端人才的引进注入更多的“税”动力。四是加强核心技术攻坚。实施关键技术攻坚，推行“揭榜挂帅”“赛马制”等攻关模式，在智能安防、先进计算、新型存储、射频芯片、工业互联网等关键领域，实施多领域、多部门、多形式联合攻关，突破关键核心技术，补齐数字技术短板。提供政策资金支持，建立一批企业申报、政府支持或由外引入、政府推动的数字经济核心技术研发攻坚项目，特别是对战略性技术、前沿技术、关键技术等给予最高优先级的政策与资金支持。支持企业与高校、科研院所等开展产学研合作，推动产学研项目成果转化。做强数字科创平台，围绕产业链部署创新链，建设开源项目，集聚创新合力，构建共创、共享、共生的创新生态体系，打造开放型数字高地。

（五）注重顶层设计与统筹规划：促区域数字经济协同发展

一是结合培育产业生态统筹区域功能定位。根据现有数据，进一步做好全市数字经济生产力布局，支持各区县（市）发挥优势，错位发展，从龙头带动、智能产业、融合发展等不同角度发力，不断缩小区域间数字经济发展差距。以区域特色优势为基础，全面发展上下游产业链，促进形成适合自身的产业生态，这样既能增强持续竞争力，也能保证协作便捷性，提升创新能力快速落地量产的可能性，减少企业市域内政策“洼地”寻租带来的经济内耗。以信息软件、大数据等优势产业为基础构建数字产业发展体系，稳步推进“一圈两镇三园”等产业平台。出台《加快5G先导区建设若干政策》，支持5G基站建设、5G通信制造企业招引和5G产业生态打造等。税务部门可以着眼全市数字经济发展大局，深入挖掘税务登记、开票信息、纳税申报等税收数据价值，通过横向、纵向的综合比对，开展区域性、产业性、行业性税收经济联动分析，为进一步做好全市数字经济生产力布局提供参考。二是因地制宜支持数字乡村建设。立足全市数字化转型大局，将税收服务融入区域数字化协同应用平台，针对城乡数字差距较大的现象，一方面依托数字化服务平台提供直达快享的涉农税收优惠政策支持，以及简捷高效的纳税服务体验。另一方面发挥税收职能作用，推进产业数字化，尤其加大对农业数字化、服务业数字化的扶持力度。支持各区县（市）应用前沿技术，对生产、储运、流通、配送、加工、服务等整个产业链、产业群进行改造重构，结合自身区位条件、产业基础、资源禀赋等，探索具有当地特色的数字经济发展道路。如运用政策直通车、税务“店小二”、税务顾问等形式，提供贴近式、进驻式的税收政策与服务支持，助力各地充分利用“互联网+”、大数据等信息技术，拓展休闲、养生、教育等多种动能，推动农业、旅游、休闲、电商、养老等一、二、三产业的深度融合发展，培育数字乡村新业态。例如淳安县可进一步打造“飞地经济”，发展特色数字经济产业。三是实现优势互补。基于区域功能定位和作用，进一步做好数字经济生产力布局，培育产业生态，从智能产业、智能港口、乡村振兴、文旅融合等不同角度发力，扩大数字经济发展空间，支持不同区域发挥优势，错位发展。四是强化区域协同。加快构建现代产业体系，发挥数字经济的产业带动升级作用，推动数字经济与实体经济深度融合，开展区域统筹和协作，通过资源交互、共同合作、成果同享，在提升经济发展质量中逐步缩小现有差距，促进各区域数字经济协同发展。

（六）加强数字政务建设：护航数字经济高质量发展

一是进一步完善“亲清在线”平台功能。构建“一台牵两端”新型政商关系数字新格局，企业端按照自身实际需要随时随地通过平台将诉求一键直达政府，政府端拓展平台办事功能，强化数据应用监管，做好各部门数据的接入与比对，通过流程再造后确保各项服务在线落地。二是深入推进智慧税务建设。结合落实中办、国办发布的《关于进一步深化税收征管改革的意见》，深入打造智慧、数治的税收执法、纳税服务体系，更加高效地实现简政放权、放管结合，持续优化营商环境，助力数字经济与实体经济融合发展。依托深入挖掘税收数据价值，精准聚焦，高效落实加快对新兴高科技企业留抵退税、促进技术转让软件销售类税收优惠落实、推动集成电路产业链持续投入协调发展、落实高端人才引进税收激励、助力提升科技成果转化收益、加大数字经济重点平台建设等方面的税收优惠政策，切实释放政策红利，降低数字企业税费负担，激发数字经济市场活力。三是全面推动政务信息实时共享。打通部门之间的数字鸿沟，由市政府统筹协调数据的汇集、整合、接口开放等，各部门负责推进办事材料的电子化、问题数据的处理修正、共享数据的申请和审核等，进一步深化政务数据跨部门、跨层级、跨领域共享，建立多元化、便捷化、定制化的公共数据工作平台，推进各项政策与服务兑现的提速增效。四是健全政务信息共享制度。在数据提供、数据使用、共享监管等方面，规范数据发布、数据使用、数据销毁等各环节管理，进一步提升政务数据安全性。

参考文献

[1] 高慧. 数字经济产业发展的相关问题及对策［J］. 现代工业经济和信息化，2022，12（09）：158-160.

[2] 张晓莉，段洪成，渠帅. 我国数字经济新业态发展现状及对策研究［J］. 现代审计与会计，2022（10）：42-44.

[3] 李超.“后疫情时代”我国数字经济高质量发展研究［J］. 中国商论，2022（17）：14–16.

[4] 刘家旗，周桂芝，茹少峰. 我国区域数字经济发展不平衡性对经济高质量发展的影响［J］. 统计与决策，2022，38（16）：108–112.

[5] 陈昭，陈钊泳，谭伟杰. 数字经济促进经济高质量发展的机制分析及其效应［J］. 广东财经大学学报，2022，37（03）：4–20.

[6] 浙江省经济和信息化厅.《浙江省数字经济发展“十四五”规划》. 2021 年 6 月. 1–6.

[7] 浙江省市场监督管理局.《数字化改革术语定义》. http：//data.zjsis.com/

[8] 中国电子技术标准化研究院，中科大智慧城市研究院，CIO 时代研究院.《重点城市大数据发展指数报告》. 2021 年 7 月. 14–16.

[9] 数字经济研究中心.《长三角数字经济发展月度动态》. 2021 年 7 月. 7–8.

[10] 新华三，中国信息通信研究院.《中国城市数字经济指数蓝皮书（2021）》. 2021 年 4 月. 13–15.

[11] 中国信息通信研究院.《中国数字经济发展白皮书（2021 年）》. 2021 年 4 月. 9–12.

[12] 中共浙江省委办公厅，浙江省人民政府办公厅.《浙江省数字乡村建设实施方案》.http：//www.cac.gov.cn/

[13] 彭有为，管永昊. 应对数字经济发展的税收政策研究. 税收经济研究. 2018（03）. 15–20.

[14] 胡连强，杨霆钧. 基于数字经济的税收征管探讨. 税收研究. 2019（05）. 119–122.

绍兴文化旅游产业数字化改革路径探究

绍兴文理学院　葛天博

日益增长的互联网用户驱动数字化与文化旅游产业的高度融合，目前我市文化旅游产业遇到文化旅游产业基本要素配置与市场存在供需错位、文化旅游产品市场价值溢出存在实现瓶颈和文化旅游扶持性政策难以落地的瓶颈。解决这些问题亟待在文化旅游产业领域内一场深刻革命，从市域文化旅游要素数字化统筹、文化旅游产品市场数字化营销、政策支持打通数字化渠道等实施数字化改革，推进文化旅游产业高质量快速发展。

引言

数字化 3.0 时代的到来，特别是我国互联网用户的迭代增加，截至 2022 年 5 月末，移动互联网用户数达 14.4 亿户，[①] 驱动数字化正与文化旅游等拉升经济增长的产业要素融合，赋能文化旅游产业新发展。2019 年与 2021 年，国务院连续印发《关于进一步激发文化和旅游消费潜力的意见》《"十四五"数字经济发展规划》，2021 年文化和旅游部印发《"十四五"文化和旅游发展规划》，上述政策文件为文化旅游产业数字化改革提供了顶层政策支持。数字化为以文化资源为禀赋优势的地方文化旅游产业提供了前所有未有的创新发展契机，推动文化旅游产业实现从高速发展转向高质量发展，再转向高附加值溢出发展。目前，为数不多的文化旅游产业数字化改革研究，主要围绕文化旅游产业与数字融合及其配套设施完善方面，成果价值在于理论探讨。[②] 一方面，

---

① 《我国移动互联网用户数累计达到 14.4 亿户》，中国产业经济信息网：http://www.cinic.org.cn/hy/tx/1312005.html，2022-7-4，最后访问日期：2023 年 2 月 7 日。

② 参见周湘鄂：《文化旅游产业的数字化建设》，《社会科学家》，2022 年第 2 期；汪玉杰、郭辉：《文游兴疆战略背景下新疆文化旅游融合数字化转型问题及对策研究》，《新疆社科论坛》，2022 年第 3 期；徐玲玲：《安徽省文化旅游产业数字化转型研究》，《安顺学院学报》，2022 年第 6 期。

说明文化旅游产业数字化改革的研究尚未关注市域层面，另一方面，说明市域空间内文化旅游产业数字化改革亟待从理论与实践两个维度提出针对性与可行性相结合的对策建议。本文从文化旅游服务供需机制、文化旅游产品市场消费、文化旅游政策地方支持三个维度，提出绍兴市文化旅游产业数字化改革的理论思路与实践进路。

一、绍兴文化旅游产业高质量发展的现实困境

绍兴文化旅游产业经过数十年发展，取得了长足进步和经济效益。2021 年，绍兴与 7 座国内外城市竞争，以 92.21 分的第一名成绩当选“东亚文化之都”，[①] 当年全市实现旅游总收入 380.8 亿元。[②] 然而，文化旅游产业基本要素配置与市场存在供需错位、文化旅游产品市场价值溢出存在实现瓶颈和文化旅游扶持性政策难以落地，形成绍兴市域文化旅游产业发展特别是高质量快速发展难以纾解的困境。

（一）文化旅游产业基本要素配置与市场应求存在供需错位

文化旅游产业的市场运行需要诸多要素协同发力，从国内外和省内类似文化旅游生态产业来看，这一产业的基础要素包括六个方面，可以分为三大类，即食宿、游购娱和交通。基本要素是食宿，拓展要素是游购娱，保障要素是交通。相同条件下，食宿作为基本要素是否能够满足市场不断变化的需求，直接决定旅游地文化旅游产业的发达与否。

游客规模和来源分布直接决定旅游地旅游要素配置，比如，省内游客占比高意味着过夜可能性很小，酒店压力很大，然而，餐饮业压力很大；如外地游客占比高意味着本地酒店压力大，然而，餐饮业与文化旅游产品销售额可能上升。因此，游客组团伊始人员构成信息能够反馈到地接地，那么，旅游要素配置能够实现针对性配置。

2022 年我市某一文化旅游国企公司通过某宝后台根据游客手机号码统计，数据表明，在 2022 年春节来绍旅游的游客总量排名前 12 位的分布地区中，本省本市占据绝对量，充分显示要素配置信息隔断对于食宿基本要件配置形成了强烈的外部性。比较表一与表二中的数据，不难管窥，绍兴市文化旅游产业影响半径已经达到北京地区，这从 2023 年春节北京客源从 77 人猛增到 3118 人、山东济南客源从零起步直接上升到 1422 人可以得出结论。一方面，绍兴文化旅游市场突破华东界限已成定局，意味着远方游客来绍“过夜团”呈现上升趋势[③]；另一方面，人数增量上虽然不高，但是与周边地区如上海游客叠加，对于绍兴市旅游型酒店床房安排带来直接的压力。

---

① 《向世界讲好绍兴文化旅游故事》，绍兴市人民政府网，http://www.sx.gov.cn/art/2021/3/30/art_1229354839_59249150.html?ivk_sa=1023197a，2021 年 3 月 30 日，最后访问日期：2023 年 2 月 7 日。

② 绍兴市统计局，国家统计局绍兴调查队编：绍兴统计年鉴：2022，中国统计出版社 2022 年版，第 8 页。

③ “过夜团”为业内行话，即在旅游地点停留住宿的旅行团。

逐渐开拓的外围市场，对于酒店提出了更高的要求。2023年初，柯桥区，新昌市，诸暨市同时对外发布旅游奖励金活动。与政府奖励性政策呼应，客流量集中进入，个别旅行社一天的最高接待量超过2000人，导致宾馆内水、电等均无法承重，断电、热水供应不足等情况不少，引起游客投诉。

表1　游客数据

地区	游客数量
绍兴	2242
杭州	273
宁波	226
嘉兴	87
上海	77
金华	68
温州	41
台州	39
北京	26
湖州	24
苏州	22
丽水	17

图1　游客分布对比

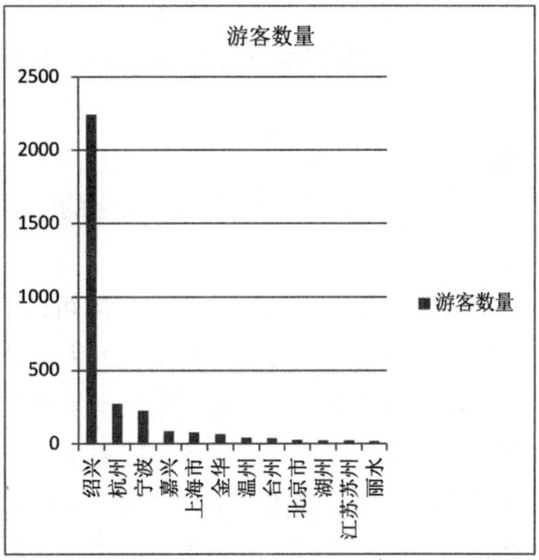

数据来源：绍兴市Y国有文化旅游公司统计信息。

表2　游客数据

地区	游客数量
绍兴	16252
杭州	10636
宁波	9928
嘉兴	5767
台州	3929
上海	3118
金华	2719
济南	1422
温州	913
苏州	734
湖州	641
无锡	415

图2　游客分布对边

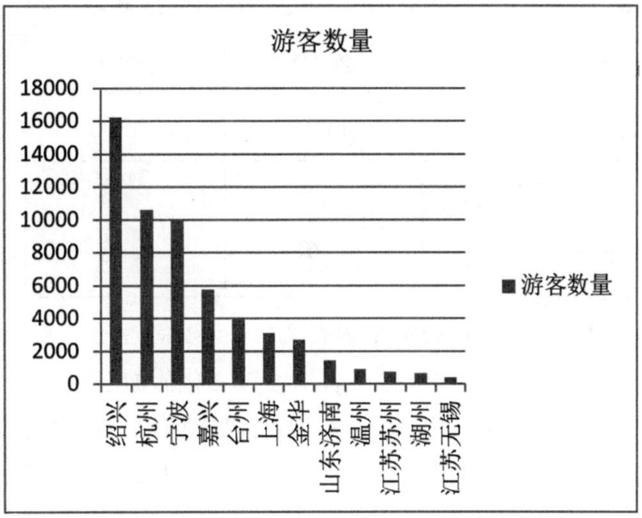

数据来源：绍兴市Y国有文化旅游公司统计信息。

绍兴在浙江省内尽管不属于目的地旅游城市，然而，从上海与济南发出的高铁、动车与航班时间来看，基本上落地时间为当天午后。因此，来自上海、山东济南的旅游团无特殊情况，应在绍兴入驻酒店。从该集团运营部反馈的投诉种类来看，酒店设备运转与住宿条件保障乏力，如床房数量不够、热水供应、路牌指示、服务不足等问题。尽管在餐饮方面投诉案例远远低于住宿保障方面不足导致的纠纷，然而，在早餐方面北方人独特的要求不能以南方小食全部代替，部分来自北方地区的游客有所口头反映，这就要求酒店要考虑北方地区特别的面食习惯。

（二）文化旅游产品市场价值溢出存在实现瓶颈

文化旅游产业的一个显著特征就是文化旅游产品的市场化，即从乡村土家的小作坊产品转化为文化旅游的高大尚商品。文化旅游产品不仅有力促进旅游地产品市场的开发与持续，而且有力持续旅游地文化的传承与创新，从而提高中华文化的影响力与竞争力。

文化旅游产品市场价值实现的程度可以通过游客人均商贸消费佐证。一般而言，选择文化旅游的游客，对旅游地文化绝大多数情有独钟，至少有所了解。因此，旅游过程中购买一定数量的文化旅游产品实属情理之中。采取不同模式旅游的游客，在购买文化旅游产品方面具有不同的心理要求。对于自驾游散客而言，采购文化旅游产品在市场价格可被接受的情况下，喜欢就是购买的理由。然而，对于团队游客而言，不仅把喜欢、价格作为购买的动力，而且把携带、文品等外在要素考虑其中。因此，游客商贸人均消费额度不仅能够反映文化旅游产品市场的活跃度，而且折射出文化旅游产品被受度比较低。

表 3　2019 年、2021 年、2022 年、2023 年春节绍兴市某景区游客与商贸消费统计

项目＼年度	2019	2021	2022	2023
游客数量	38050	26275	5631	110418
商贸总额（万元）	4.55	6.65	1.48	11.18
人居消费（元）	1.20	2.53	2.63	1.01

数据来源：绍兴市 Y 国企文化旅游公司 Y 景区统计数字（2020 年春节该景区关闭）

自 2019 年至 2023 年春节，该文化旅游公司共接待游客 180374，商贸总收入为 23.86 万元，平均年度人均商贸消费额为 1.32 元；2023 年春节客流量是 2019 年客流量的 2.9 倍，然而，2023 年春节商贸人均消费低于 2019 年人均消费 2 角钱。尽管 2021 年、2022 年春节期间商贸人均消费上升至 2.53 元、2.63 元，但是，在绍兴市文化旅游产业中商贸消费总额所占比例仍然很低。

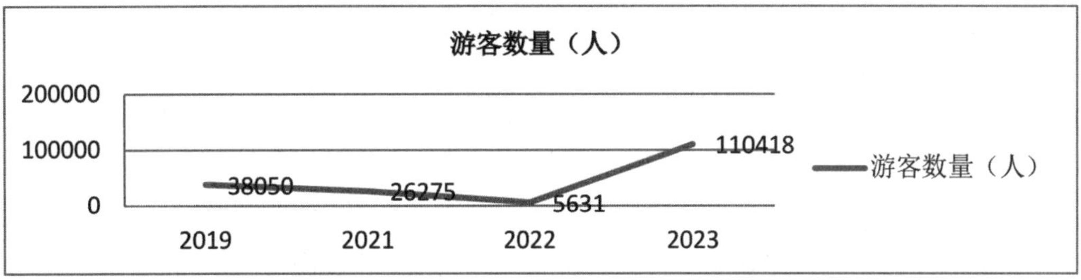

图 3　2019 年、2021 年、2022 年、2023 年春节绍兴市某景区游客趋势折线图

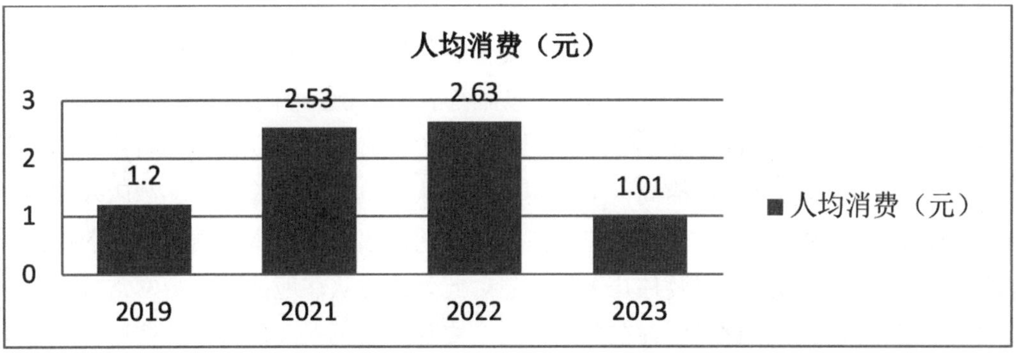

图 4　2019 年、2021 年、2022 年、2023 年春节绍兴市某景区商贸人均消费额

数据来源：绍兴市 Y 国企文化旅游公司 Y 景区统计数字(2020 年春节该景区关闭)。

上述两个计算结果表明，一方面，绍兴市文化旅游产品市场长期处于低迷状态，至少景区商贸并未成为文化旅游产业的主要经济支柱，游客购买欲极其淡泊；另一方面，市场上能够商品化的文化旅游产品在一定程度上被各类网络平台销售挤兑，加上越来越发达的快递业务全覆盖，旅游地文化旅游产品的线下直接销售受到严重影响。

（三）文化旅游产业发展扶持性政策难以落地

文化旅游产业与第一产业、第二产业具有的实体性不同，虚化性是文化旅游产业的独有特点，这也是旅游产业与文化建设融合成为文化旅游产业这一新兴业态的根本原因。旅游过程的实质是开眼、观赏和回忆的过程，由于文化元素的融合，旅游不再是自然山水和人工造物的浏览，而是在文化历史长河畅游并因此而得到人生体悟。也正是由于文化旅游产业的“软体性”特点，更需要来自国家和地方政府的政策支持。

绍兴市“十四五”规划以及绍兴市文化广电旅游局针对文化旅游产业发展制定了目标和专门的政策。如绍兴市文化广电旅游局分别于 2021 年 11 月发布《关于贯彻〈绍兴市加快现代服务业高质量发展若干政策〉的通知》、2022 年 8 月发布关于贯彻《绍兴市加快现代服务业高质量发展若干政策》的补充通知，在争创国家文化和旅游消费试点城市期间，对于旅行社一次性组织 200 人以上的大型团队来绍旅游的“大团”及“年度直通车”给予单笔最高 10 万元、总额度 500 万元的激励性奖励，有力地激活了文化旅游产业疫情之后的活力。

良好的激励政策在实际操作中遇到了程序瓶颈。Y 文化旅游公司是一家国企，文化旅游是其下属公司核心业务。其中，该集团公司中 S 子公司根据政府奖励政策，推出团队补贴政策。S 公司根据政策和市场，量体裁衣向旅行社投放产品，截至政策奖励额度用完之日 S 公司在整个活动期间共计营收约 350 万。参与活动的旅行社共计组织团队 334 个，游客数量达到 2 万人。根据政策规定，S 公司可以拿到政府补贴，实现 2023 年文化旅游市场开门红。政策规定是一回事，政策兑现则是另外一回事，奖励兑现程序繁琐呈现政策中的“政策”。

根据相关部门审核要件规定，兑现奖励佐证材料繁多。除了提交旅行社确认单或旅游合同、行程单、团队成员的名单表（包括名字、身份证号码、手机号码）、旅游意外保险名单、景区和酒店发票（须备注日期和人数），还包括团队的集体合影、酒店入住流水单；材料规格标准门槛高，不仅要审查团队名单表与保险名单、酒店入住名单是否一致，还要审查合影中是否有包含指定字样的横幅，更要审查酒店发票的备注是否标明几号入住几号退房以及住几天等信息。此外，团队在地接过程中常常接到线路变更的指令，事后上报材料则存在预约线路与实际线路不一致现象。这些过程中变化不仅弱化了政策鼓励功能，而且降低了政策公共信用。

二、文化旅游产业数字化改革困境的原因

文化旅游产业数字化改革已经从趋势转变为现实，数字化改革困境并非产业自身问题，而是文化旅游产业链及其业态系统发展中存在的整体性问题。这些影响数字化改革的问题因地区文化旅游资源配置差异而体现个性，对产业数字化改革带来的困难程度亦不尽相同。

（一）基础要素配置信息隔断

绍兴地处长三角地区，属于长三角 25 个城市中率先不如发达地区的城市之一，其居于宁波、杭州、武汉、南京、苏州、上海的几何中心，便利的海陆空形成绍兴独特的旅游“洼地”，千年越国文化与近现代名人效应推动绍兴成为中高档游学一体的旅游“高地”。独特的地理位置与优秀的历史文化，提升了绍兴市域学研游的文化档次和旅游内涵，自然而然形成了绍兴团队旅游的持续业态。因此，对于食宿与游购娱提出了更高的市场要求。

团队旅游对于食宿要求体现在酒店床位的数量与功能上面，旅游团队成员多数是结伴而来，除老年人结伴之外就是家庭团队，无论是哪一种团队都希望互相有个照应。因此，住宿酒店一般要求双人床。目前，绍兴市域内酒店一直坚持商务型理念。商务型酒店以大床房为主，一般占比房间总量 70% 左右。业界人士认为，绍兴作为文化旅

游型城市，商务型酒店在全部酒店数量中占比 30% 比较适宜，且其中双床房占比在 70% 左右；团队旅游型酒店在全部酒店总量中占比 70% 左右适宜，双床房占比可以比商务型酒店双床房更高些。

2023 年绍兴市 Y 文化旅游集团根据有关部门市场投放优惠券政策，在春节放假期间共接纳旅游团上百个，其中 Y 风景区初三单日客流量达到 3 万人。人流爆满面临最大的问题，就是住宿安排。实际上一家拥有 50 间房间的酒店，可以安排 100 人团队，然而由于主要以单床房为主，只能安排 60 人左右，这就迫使旅游团队不得不分开住宿。各旅行社为了避免团队成员在安排住宿过程中发生的纠纷，不得不压缩团队成员数量。如此一来，旅行社利润下降，自然就会转移市场；风景区接纳能力不够，游客自然止步前行。总体上，降低绍兴市文化旅游产业的人流量，从而间接延缓甚至阻碍文化旅游产业链的闭环形成与产值溢出。

在 Y 景区接到的投诉中，主要针对住宿安排。2020 年以来持续三年疫情防控政策，来绍出差人员规模化降低，以商务为主流的酒店无论是营业额还是利润额处于低谷状态。从商务型酒店转向旅游型酒店，在入不敷出的情况，难以投入大量资金改造床房和其他辅助设备。包括酒店服务人员，因为 2023 年春节的疫情政策放宽，很大一部分经济型酒店员工提前返乡，导致酒店服务处于空缺状态。从根本上讲，游客信息隔断即旅行社组团信息与地接相关文化旅游接待部门预知信息之间未能实现共享，导致仓促地接，不仅降低了绍兴市文化旅游声誉，而且收缩了文化旅游产业经济附加值溢出。

2022 年春节国内各地疫情防控政策逐渐宽松，文化旅游产业有所从低谷向上趋势，文化旅游模式主要为本地游或者就近一日游，现有省际游团队跨省旅游。因此，2022 年春节绍兴市商务型酒店尚未显现床房配置低于市场需求的隐性不足。与此同时，一日游或者本地游基本上弱化餐饮要求，游客往往是随遇而安，因此，无论是酒店农庄，还是交通运输以及文化旅游产品市场都未能经历大规模组团的考验，自然存在的一些问题也都在水平面以下。然而，2023 年春节疫情褪去，大规模组团旅游呈现近三年井喷，旅游基础要素配置与市场需求之间因为信息隔断而发生的不对称显而易见。

（二）文化旅游产品性价比低

绍兴文化历史悠久，经过千年积淀的各种工艺留下来诸多带有久远回忆的特色产品。与省外城市相比，绍兴文化旅游产品更具有文化与历史的同一性；与省内城市相比，绍兴文化旅游产品更具有不可复制性。选择绍兴作为文化旅游之地，绝大多数来自绍兴文化。文化的有形携带自然依托文化产品，不同层次、不同年龄、不同职业、不同理念的游客，对于文化产品的欣赏口味与购买欲望各不相同。但是，其中有两点具有普遍性，即物美价廉的文化内涵与方便携带的品质造型。

目前国内文化旅游产品市场基于交通便利和边界快递，在形成全国统一大市场的同时，也形成了线上市场挤兑线下市场的业内生态。然而，文化旅游产品由于其自身的文化地方性而具有现场交易特点，因此，文化旅游产品市场化的交易空间主要仍然还是旅游地。作为旅游途中的消费行为，文化旅游产品的文化内涵是消费者购买动机的主要原因，其次则是便于携带。另外一点，文化旅游产品还具有馈送功能、收藏功能，具有促进社会关系和谐的意义，这都对文化旅游产品提出了很高的消费要求。

与杭州购物店里呈现的丝绸、官窑瓷器、云思贝、茶叶等文化旅游产品比较，绍兴文化旅游产品相对来说具有品种少、造型土、重量大、受众少、价值低的不利特点。以绍兴黄酒为例，无论是花雕、女儿红还是现代的兰亭、本酒等，都属于黄酒，且重量之重难以随身携带，与之搭配的则是茴香豆；从造型上看，女儿红外观艺术感十足，微小坛装依然不适合游客旅游途中的携带，虽然可以现场快递，但是，国内市场一体化已经为黄酒提供了更为方便的购买渠道；从受众和价值上看，饮用黄酒人数在绍兴之外并不多见，且黄酒作为商品的单位价值很低。

观察是社会学的经典研究方法，也是从侧面粗略评价商业行为的一种方法。从行业经营销售的数据与鲁迅故居步行街的观察来看，2023 年春节外地来绍游客中无论是散客还是团队，购买的商品从数量上来看主要为街边臭豆腐、餐桌上会稽山黄酒、少量小包装茴香豆等即食食品。在随访调查中一般而言，希望能够买到名人微雕像、乌篷船、文化口袋书以及具有绍兴地方特色的手工艺品。选择文化旅游模式的游客，希望带有具有旅游地文化旅游内涵的纪念品几乎是所有人的期盼。然而，由于文化旅游产品开发、生产、经营与设计感等方面的不足，制约了绍兴市文化旅游产品市场化，自然也就制约了文化旅游产业规模化发展。

（三）奖励政策单一量小

国家宏观政策关注文化旅游产业具有框架性和指导性，地方政府特别是设区的市政府发布的相关文化旅游产业政策，对于促进当地文化旅游产业发展具有直接的影响。政策效果的关键在于政策实施，而政策实施带来的短期效应是文化旅游企业争先组团来绍，然而，一旦政策实施具有不确定性，那么，长期来看，文化旅游企业组团来绍热情就会减半。这种现象的背后是政策实施信用，即政策公信力。从绍兴市到各区县，两级政府与文化旅游产业主管部门均能制定奖励性政策，但是，针对大团以及过夜团的奖励，由于奖励程序与奖励支付以及实际操作上存在信息孤岛现象，导致文化旅游企业预期奖励处于不稳定状态。

针对大团和过夜团的奖励政策难以落地，而针对散客以及其他形式的激励政策缺失，比如自我组织的亲人团、师生团、朋友团以及网友团等，这些小规模的微团，团小量大。然而，类似针对这些团队的激励性政策尚处于空白。这种政策缺位的现象反映出绍兴市文化旅游产业政策有高位，缺少全要素站位。文化旅游产业政策的单一，导致文化旅游产业产品由于得不到充足的政策靠山而只能从选择团队到被团队选择，不利于年度文化旅游产业 GDP 的稳步提升。

文化旅游产业属于纯消费产业，随着国内外各种模式的文化旅游产业链的出现与更新，采取政策扶持是目前地方政府振兴本地文化旅游产业的主要举措。2021 年绍兴市文化旅游产业经济总收入达到 380 多亿元，然而，各级政府勇于文化旅游产业的政策性扶持资金占比很低。政策性奖励低导致大量准备进入绍兴地接的团队不得不转入其他地区，与此同时，由于政府政策发布信息与信息解读仅限于本地文化旅游企业，绍兴市外旅游机构往往依靠本地同行友情知会才能启动组团工作。信息不对称不仅导致迟缓外地旅行社组团进入绍兴的时间，错过领取奖励的机会，而且因为奖励额度的有限导致一些旅行机构看不到领取奖励的希望或者机会成本过高，直接关闭来绍旅游通道，而转向其他旅游景区。

政策单一量小的根本原因不是因为公共产品生产不足，而是有关部门与旅行社、文化旅游机构、游客之间存在信息隔断，即相互之间处于封闭状态。政策制定部门参照是历年统计报表或者本地文化旅游机构的经验总结，这些静态的已经被历史化的信息难以反映旅行社、游客安排而形成现实的、动态的数据。因此，政策奖励额度、确定公共产品种类以及政策实施程序与标准等存在“试试看”，虽然如此一来政策不会“失灵”，然而，文化旅游商机因此而“祛魅”。

三、文化旅游产业数字化改革的思路对策

2021 年 8 月绍兴市政府发布《绍兴市文化和旅游“十四五”规划》，力争到 2025 年，全市旅游产业增加值达到 670 亿元以上，旅游产业增加值占 GDP 比重达到 7.8% 以上。2022 年 4 月 12 日，绍兴市数字化改革领导小组第七次全体（扩大）会议召开，会议强调全市各部门要“谋划建设好数字化改革重大场景应用”，这为文化旅游产业数字化改革提供了思路。2022 年 4 月 28 日上午，绍兴文化旅游大数据实验室成立，该实验室成立，对于推动绍兴文化旅游产业数字化具有场景体验先行的功能，[①] 开启了文化旅游产业数字化改革之门。

（一）市域文化旅游要素数字化统筹

文化旅游产业数字化改革的核心是建立共享数据库，功能在于旅行社机构、地接

① 绍兴文化旅游大数据实验室将以“科技 + 文化旅游”为优势，以数据采集的方式，推进实验成果的转化，为文化旅游产业的转型升级激发新活力。重点创新拓展“数据 + 景区”“数据 + 乡村”“数据 + 文博”“数据 + 文物”“数据 + 文化资源”等场景应用，推动旅游产业向数字化管理转变。汤桂平：“文化旅游大脑”赋能全域旅游：绍兴文化旅游大数据实验室成立，绍兴网：http://www.shaoxing.com.cn/xinwen/p/2932726.html，2022 年 4 月 28 日，访问日期：2023 年 2 月 7 日。

机构与基本要素提供机构之间能够建立实时动态信息获得，从而形成市域统一、高效的文化旅游资源市场配置系统。

首先，各景区数字化是市域文化旅游产业数字化的基础工作。市域范围内各国有文化旅游单位根据自身经营项目、影响范围、景区特点、文创产品、接待能力等要素，构建独立的数据库。市级文化旅游行政主管部门在此基础上，通过端口对接，建成市域范围内文化旅游资源数据库，形成开放性文化旅游资源采购、咨询与预定平台。同时，各区（县）文化旅游行政主管部门根据市级文化旅游行政主管部门垂直管理构建子目录，建成景区、景点动态运转数据库。

其次，市级文化旅游行政主管部门统筹市域范围内各类宾馆酒店与餐饮馆舍数字化。一方面，通过数据统计将宾馆酒店床位数字化入库，各宾馆前台客人入住信息与数据库对接，实现实时信息更新，入住床位与剩余床位为后续游客住宿安排选择提供可视化方案；另一方面，按照与客房管理同样的算法逻辑，把餐饮馆舍的菜谱、餐位、定位、交通、价位、环境以三维可视图形式输入数据库，为散客或者团队建立多元化选择就餐提供了面板化方案。

最后，构建全市范围内市域交通数字化平台。在绍兴市现有定制微公交的基础上，把各景区自备车辆、来绍团队自备车辆等信息纳入共享数据库，解决旅游线路因为车辆同向而造成拥堵问题。与此同时为了方便散客、团队掉队成员以及缓解景区景交运行压力，把全市公交公司车辆作为预备交通力量，形成景区景交、团队自备车辆、公交定制车辆三位一体的交通运动保障网络，实现市域全线路景交调配与公交补充数字化数据库实时调度，满足各种条件下旅游交通需求。该数据库为了更好理顺交通秩序，面向自驾游游客开放，通过身份验证与预计前往景区两个关键词，指导自驾游避开交通拥堵高峰，均匀分布游客。

（二）文化旅游产品市场数字化开发

文化旅游产品市场化不仅要遵循基本的供需关系，而且要遵循文化旅游产品内在的文化内涵与产品创意。文化旅游产品的纪念意义、收藏价值与馈赠意蕴对文化旅游产品不仅提出原产地证明的要求，而且对鲜明的地方性文化更是提出了浓缩高品质要求。

首先，把绍兴原产地文创产品实现数字化。文化需要切身体悟才能感受文化的内在影响力，而文创产品可以远距离欣赏并从中得到美的感受。从文化旅游产业的发展轨迹来看，文化传播影响推进了地方自然山水旅游与本地文化的融合。通过文创产品现场数字化制作与编辑，具有原汁原味的绍兴地方文创产品依托网络平台推送外地游客的可视范围，以 3D 技术为载体发挥 VR 视觉功能，增强来绍游客的文化感性认识，促进游客亲临现场体悟的主体性意识。

其次，绍兴文创产品开发推广数字化。文创产品的市场吸引力在于产品内在的文化内涵，一方面，凸显传统文化的文创产品能够提升产品的收藏价值；另一方面，体现现代文化潮流的文创产品能够提升产品的馈赠价值。收藏价值与馈赠价值双要素叠加不仅提升产品的文化内涵，而且提高产品的市场转化。政府应当推出文创产品全民参与开发政策，以专项资金挖掘民间工艺、依托大中院校开发文创现代技术、面向国内外引入文创产品开发竞争机制，运用大数据技术和原产地知识产权保护，以体验式数据库面向大众开放，形成文化旅游产业数字化与文创产品显性化相结合的现代文创产品市场数字化系统。

最后，开发文创产品原产地原材料制作工艺。文创产品的一个显著特点是文创产品原产地材料体征，原产地材料既是保证文创产品地方品质的制作保障，也是原产地文创产品知识产权保护的重要权利描述。如绍兴黄酒、香榧、名人影像、乌篷船微雕、乌毡帽、孔乙己蜡像，以及绍兴文化中场景人物故事的浮雕艺术品、人物造型群像等，其制作材料的绍兴原产地不仅内蕴文创产品的文化意涵，而且还原旅游地的文化意境。原产地材料的数据化与文创产品获得身份二维码，以数据形式把游客与绍兴文创产品的记忆融为一体。

（三）配套政策推进文化旅游市场数字化发展

2021 年国务院印发的《“十四五”数字经济发展规划》强调了文化旅游产业数字化改革的必要性与紧迫性。绍兴文化旅游产业业内评价很高，然而，尚未突破华东地区的界限。尽管 2023 年来自山东与北京的游客数量激增，然而，能否抓住疫情管控政策释放后的跃升期，以及在进入华东文化旅游市场之后左转角度继而进入西南文化旅游市场，政府政策鼓励支持不仅要在品种上多元投放，而且在额度上更要大幅度提升。其关键在于文化旅游产业空间内各种信息共享，实现实施动态调整与配置，一方面，体现“有为政府”在产业发展过程中的宏观调控作用；另一方面，赋权“有效市场”根据供需关系配置资源的微观决定作用。

首先，出台文化旅游产业专门人才数字化建设政策。建立长效机制，改革获全国导游资格证（初级、中级、高级）一次性奖励为终身受益，作为人才数据库中元素与职业年金、社保缴纳、退休金计算之间建立起数字化关联，确保充足的职业人才队伍建设；在市域范围内构建文化旅游产业人才数字化培养机制，通过政府专项财政投入，联合大中院校旅游管理专业师资，采取进阶制整体提升专业人才数字化水平。

其次，出台文化旅游资源全域数字化建设政策。文化旅游与传统的自然风光或者由来的历史文化旅游的本质区别在于文化资源与自然资源的融合，文化旅游与市场运作的一体。依托绍兴文化旅游大数据实验室数据库，建成市域文化旅游要素全周期数字化。建立市域文化旅游资源数据采集专项资金，不断丰富实验室数据库建设。一方面发布绍兴文化旅游资源服务 APP，形成地域文化旅游资源国际化；另一方面，授权文化旅游机构权限，满足线路、景区、景点需求与食宿、购物、交通、文教、娱乐互相嵌入的多重数据化面板，促进文化旅游产业数字化。

最后，出台文化旅游基础设施改造扶持政策。商务型酒店的商务属性难以适应和满足疫情防控政策日渐宽松的文化旅游产业发展需求，改造现有房间的商务气息为旅游家居气息，包括室内床位改扩建的成本投入需要多元支持。如采取地方商业银行贷款补息、政府购买公共服务、级差性奖励等，无偿帮助商家入驻数据库；探索旅游型餐馆统一定价与一定幅度内灵活定价相结合原则，建立数字化菜单；尝试 3D 打印市场化，以文创产品数字化为基础，根据旅游路线投放 3D 打印机，并在客流量聚集地区，增设文创产品快递窗口，降低游客携带难度。

党的二十大之后开启了中国式现代化之门，文化旅游产业数字化改革是产业领域里一场深刻的革命。后疫情文化旅游数字化改革的方向，无疑是赋能文化旅游产业助推共同富裕，既是文化旅游产业数字化的发展选择，也是文化旅游产业现代化的开放要求。

参考文献

[1] 徐玲玲. 安徽省文化旅游产业数字化转型研究［J］. 安顺学院学报，2022(6)：13-17.

[2] 魏鹏举. 数字时代旅游产业高质量发展的文化旅游融合路径——以文博文创数字化发展作典范［J］. 广西社会科学，2022（8）：1-8.

[3] 周湘鄂. 文化旅游产业的数字化建设［J］. 社会科学家，2022（2）：65-70.

[4] 董思梦，董露. 日本旅游产业数字化转型的思考［J］. 中外文化，2021（2）：236-242.

[5] 魏琼. 旅游产业数字化转型的发展路径［J］. 当代旅游，2021（20）：61-63.

[6] 宋乐，刘阳阳. 旅游产业数字化转型发展路径研究［J］. 产业创新研究，2021（13）：68-70.

[7] 钱坤，杨莉萍，吴云鹏，胡宗华. 旅游产业数字化转型发展路径研究［J］. 绿色科技，2020（15）：191-193+198.

数字贸易研究热点与可视化分析

——兼谈中国与非洲大湖区国家数字贸易前景与建议

浙江越秀外国语学院 逯宇铎 高志栋 杨小平

随着数字经济的蓬勃发展，国际贸易也经历了从传统贸易过渡到全球价值链（GVC）再发展到数据驱动贸易的演化。数字贸易的演化是企业、商业以及国际贸易整体的创新，运用 Citespace 可视化工具对国内外自 2000 年至今的相关研究进行分析，研究发现：研究热点聚焦在数字经济、国家规制权、数字贸易规则、数字技术、数字贸易壁垒与贸易创新等几大领域。数字贸易的内在逻辑，主要体现在贸易形态的变化上。在中非加强合作交流的大背景下，对非洲大湖区的研究非常有必要。非洲有 55 个国家，是 13 亿用户量级的蓝海市场，非洲本地商品中有 90% 来自中国制造。劣势是支付与物流问题仍待进一步解决。肯尼亚、南非、乌干达、安哥拉等国家在大湖区成员国中其互联网发展是最前沿的。

引言

随着信息技术和网络新技术革命的发展，以移动互联网、云计算、大数据分析和人工智能等新一代技术为代表的数字经济应运而生。党中央、国务院高度重视数字经济发展，作出了一系列重大决策部署。“十四五”规划纲要提出，迎接数字时代，激活数据要素潜能，推进网络强国建设，打造数字经济新优势。

数字贸易是 2001—2003 年美国提出的概念，当时美国国会推出了一个贸易促进的法案，提出了 Digital Trade 的概念。狭义的理解就是电子产品和数字服务在网上的交易和交付。美国提出数字贸易的概念，是因为美国本身在互联网服务、电影、娱乐以及演出等这种数字产品上是具有优势。美国国会提出贸易促进法案，主要目的就是要促进网络的这种数字产品和数字服务在全球推广，消除全球贸易在数字产品和数字服务等方面的壁垒，包括互联网的壁垒。

为了较为全面地探究数字贸易的研究现状，本文运用 Citespace 可视化软件[①]，分析了目前国内外学术界对数字贸易的相关研究，试图量化分析数字贸易的演进趋势，并深入探究其研究热点。并对中国与非洲大湖区国家数字贸易前景进行了探讨。

一、研究设计

（一）研究方法

本文采用 Citespace 分析软件对 2000 年至今的数字贸易相关文献进行可视化分析，这款软件可以通过对文献进行计量分析来展现学科领域内的研究热点和演化趋势。利用机构分析、关键词共现分析、时间线等功能，以知识图谱的方式呈现数字贸易研究的演变趋势和热点领域，以期预测数字贸易的发展方向。

（二）文献来源

本研究综合分析了国内、国外数字贸易的相关文献，其中，中文文献来源于中国学术期刊网络出版总库（CNKI），检索条件：主题 = “数字贸易”；时间跨度 =2000—2021；期刊来源 = 核心期刊 +CSSCI。按条件检索后，共获得文献 332 篇（检索时间为 2021 年 8 月 19 日）。外文文献来源于 web of science，检索条件：title= “digital trade”；时间跨度 =2000—2021；期刊来源 =articles。按条件检索后，共获得文献 203 篇（检索时间为 2021 年 8 月 19 日）。为了确保分析结果的准确性，我们对文献进行了去除重复记录操作。

二、演进历程分析

通过对关键词时区分布的研究，我们会发现一段时间内某领域研究的演进历程。这里，我们保持了 Citespace 的其他设置，选择 timezone 功能对数字贸易的相关文献研究进行时区图谱分析。

图 1 显示的是国内学者关于数字贸易研究的时区分布，通过时区图可以发现，国内对数字贸易的研究大致可以划分为三个阶段。

在 2000 年数字经济刚刚萌芽，随着数据的跨境流动，数据安全、数据主权、数据治理、数据监管等领域引起了学者的广泛关注。为了促进经济的高质量发展，数字基础设施、数字贸易规则逐步成为了研究热点，数字贸易开始进入广大研究者的视野。

---

① 陈悦，陈超美，刘则渊，胡志刚，王贤文 .CiteSpace 知识图谱的方法论功能［J］. 科学学研究，2015，33（02）：242-253.

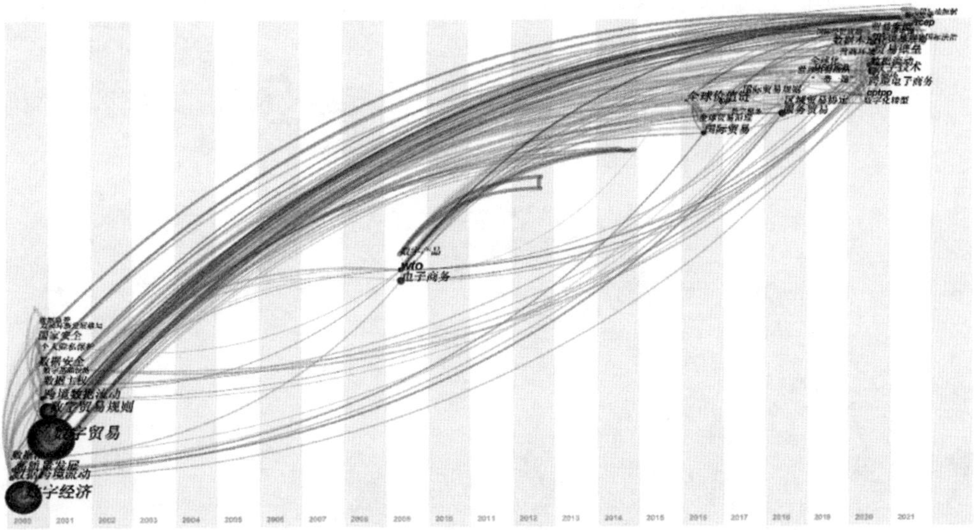

图 1　国内数字贸易研究时区图

经过近十年的发展，人们对数字贸易的理解也进一步演化。WTO 世界贸易组织、OECD 等组织对数字贸易进行了诠释，国际社会对数字贸易的理解也变得宽泛了。数字贸易的概念也和电子商务一样，经历了人们不同的解读。一般而言，数字贸易包括传统贸易、产品交易、跨境电商三个层面。尽管跨境电商不能在互联网上实现实体产品的交付，但在国际组织的报告中，跨境电商仍被纳入数字贸易的统计和数字贸易的含义中，广义的数字贸易包括数字产品、数字服务和跨境电商[①②]。

随着国际贸易的蓬勃发展，自 2016 年始全球价值链、数字服务、服务贸易、全球化、跨境电子商务等领域成为了新的研究热点。随着数字技术的不断升级，关于数字贸易的研究则主要聚焦在数据流动、数据本地化、贸易壁垒、贸易规则、数字化转型、双循环、数字贸易自由化、全球数字贸易等众多领域。而 2020 年的新冠疫情更是加剧了数字经济的发展，数字贸易研究开始逐步渗透到各个领域[③④⑤⑥]。

① Abeliansky A L , Hilbert M . Digital technology and international trade: Is it the quantity of subscriptions or the quality of data speed that matters?[J]. Telecommunications Policy, 2016, 41(1):35−48.

② Shamel A , Christopher F , Jaime E . The International Trade Regime and the Quest for Free Digital Trade[J]. International Studies Review, 2019(3):3.

③ 李忠民，周维颖，田仲他．数字贸易：发展态势、影响及对策[J]．国际经济评论，2014(06):131−144+8.

④ 赵新泉，张相伟，林志刚．“双循环”新发展格局下我国数字贸易发展机遇、挑战及应对措施[J]．经济体制改革，2021(04)：22−28.

⑤ 韩剑，蔡继伟，许亚云．数字贸易谈判与规则竞争——基于区域贸易协定文本量化的研究[J]．中国工业经济，2019(11)：117−135.

⑥ 刘斌，甄洋，李小帆．规制融合对数字贸易的影响：基于 WIOD 数字内容行业的检验[J]．世界经济，2021,44(07)：3−28.

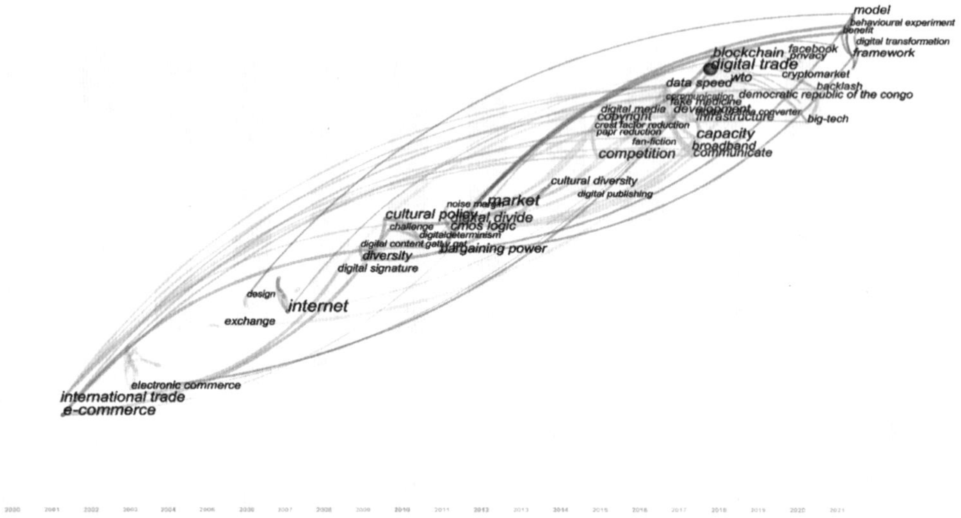

图 2　国外数字贸易研究的时区图

图 2 呈现的则是国外对于数字贸易研究的时区图，纵观国外数字贸易研究的演进脉络，我们可以发现国外对数字贸易的研究最早始于 2001 年，随后也大致经历了三个阶段。

第一阶段为数字贸易概念提出与界定阶段（2001—2005 年）。数字贸易的相关研究可以追溯到电子商务，最早的商业和商务本身就是交易。从最早的交易扩展到所有的商业领域对信息网络技术的应用，都可以把它认为是电子商务。在国际上，电子商务被理解为在商业上最广泛的运用信息网络技术的领域。随后美国提出了 Digital Trade 的概念，也即数字贸易，此后学者们开始不断深化探究数字贸易的内涵及其外延。第二阶段为数字贸易平稳发展阶段（2006—2014 年）。这一阶段关于数字贸易的相关研究有条不紊地继续向前推进。数字鸿沟、数字决定性、数字出版、文化多样性等阶段性成果较为突出，国外学者这一阶段开始注意到现代化信息技术的重要作用，试图寻找为经济发展新技术新道路。第三阶段为数字贸易深化发展阶段（2015 年至今）。数字经济的蓬勃发展，给国际学者提供了新的研究方向和思路，激发起数字贸易领域研究的高潮，学者们从不同维度探索数字贸易，研究成果愈加丰硕。数字产品、知识产权、大数据、通信技术、区块链、数据传输等内容引起了学者广泛的关注，开始展开系列深入研究[①②③]。

根据中共中央、国务院《推动贸易高质量发展中的界定的指导意见》，数字贸易应

① 夏杰长．数字贸易的缘起、国际经验与发展策略［J］．北京工商大学学报（社会科学版），2018，33（05）：1-10.

② 周念利，包雅楠．数字服务贸易限制性措施对制造业服务化水平的影响测度：基于 OECD 发布 DSTRI 的经验研究［J］．世界经济研究，2021（06）：32-45+135-136.

③ 马述忠，房超，梁银锋．数字贸易及其时代价值与研究展望［J］．国际贸易问题，2018（10）：16-30.

指被列在服务贸易下的数字贸易以及贸易数字化。《数字贸易术语定义》团体标准（t/zadt 0001-2021）中，数字贸易是针对实物商品、数据、数字产品、数字化服务等贸易对象，采用数字技术进行研发、设计、生产，并通过互联网等信息通信技术手段，为用户交付产品和服务的贸易新形态[①]。

三、研究热点分析

对数字贸易的研究热点进行分析，我们选用了关键词共现功能，通过对比分析国内和国际学术界对数字贸易研究的关键词共现图谱，同时结合关键词共现结果进行聚类分析，我们可以发现目前国内外对数字贸易研究的热点较为集中，主要体现在以下几方面。

（一）数字经济研究

这一类研究的关键词主要包括数字经济、高质量发展、国际数字资本主义、数字金融、数字贸易、跨境电子商务、经济增长、数字基础设施、双循环新发展格局、营商环境等。这类研究主要从宏观经济的视角，探讨了在数字经济快速发展的背景下，数字资本主义、跨境电子商务等如何有效促进经济高质量发展，数字基础设施、营商环境如何建设、优化等。

（二）国家规制权研究

数字贸易成果中关于国家规制权的研究主要涉及了国际贸易规则、数字权利管理、WTO 改革、数字贸易议程、开放贸易、区域贸易协定、双边贸易协定、美日数字贸易协定、全面与进步跨太平洋伙伴关系协定、美加墨三国协议、服务贸易总协议、跨大西洋贸易与投资伙伴关系协定等相关的条例。这类研究围绕着数字贸易的内涵，聚焦国家的规制权，探究各项国际贸易的新规则。

（三）数字贸易规则研究

这一类研究的关键词主要包括数字贸易规则、算法规制、软件类数字产品、源代码规则、国际法规制、国际经济理论、电子商务条款、电子商务谈判、制造业智能化、通用数据保护条例、数字版权管理、知识产权保护等。相较于国家规制权的相关研究，数字贸易规则侧重研究的则是数字产品、数字规则、电子商务条款和数据保护等方面[②③④⑤]。

（四）数字技术研究

对于数字技术的研究，其研究对象主要为数据，围绕着数据来进行相关交叉问题的

① 《数字贸易 通用术语》（ZADT 0001-2021）.

② 李俊，李西林，王拓．数字贸易概念内涵、发展态势与应对建议［J］．国际贸易，2021（05）：12-21.

③ 张卫华，梁运文．中国数字贸易发展水平省域分异与空间效应［J］．贵州社会科学，2020（12）：129-138.

④ 张宇，蒋殿春．数字经济下的国际贸易：理论反思与展望［J］．天津社会科学，2021（03）：84-92.

⑤ 赵瑾．数字贸易壁垒与数字化转型的政策走势——基于欧洲和 OECD 数字贸易限制指数的分析［J］．国际贸易，2021（02）：72-81.

研究。该类研究的关键词集中在数字鸿沟、可访问性、数据监管、数字化转型、数据流动、隐私数据、文化贸易、交易规模、电子商务法律、新一代信息技术、共享经济等。

（五）贸易壁垒与贸易创新研究

随着学术界对数字贸易内涵的进一步探究，数字贸易的外延研究不断拓展。目前对贸易创新的研究已经深入到数字贸易壁垒、价值链贸易、贸易摩擦、关税征收、中美关系、中国服务贸易、贸易地位、服务贸易、贸易结构、要素市场等国际贸易的各维度。可以预见，数字贸易作为贸易创新的新形式未来将会融入国际贸易的各个领域。

（六）量化模型分析

目前，学术界在理论层面上对数字贸易已经展开了系列研究，但因为数字经济刚刚起步，经验分析尚不充分。既有研究中，仅有少数研究者运用随机前沿引力模型、多期双重差分等量化方法，对数字贸易效应、跨境数据自由流动及其调节效应等进行了实证检验。

四、理论研究小结

本文以 CNKI 数据库和 web of science 数据库中 2000—2021 年的相关文献作为基础数据，分析了自数字贸易概念提出以来相关研究的发展，具体得出以下结论：

纵观国内和国际，数字贸易研究刚刚开始起步，研究呈稳步发展的态势。随着数字经济的飞速发展，相信数字贸易的研究也将会呈现飞跃式的发展。数字贸易概念演化的过程背后所反映的是企业、商业以及国际贸易整体的创新，而这个演化过程，是从传统贸易到全球价值链（GVC）到数据驱动贸易的演化。数据驱动的贸易让服务环节和生产环节解绑，也对产品、服务和互联网之间进行捆绑。未来大数据、区块链、人工智能很可能会再引发我们跨境电商实物交易的转型。在贸易的演化过程中，从生产到消费的全链路贸易活动解绑，也是传统贸易演化到全球价值链的解绑。贸易数字化的结果将会导致数字贸易。

从研究主题来看，数字贸易的内在逻辑，主要体现在贸易形态的变化上。目前，学术界对数字贸易的研究主要集中在数字经济、国家规制权、数字贸易规则、数字技术、数字贸易壁垒与贸易创新等几大领域。随着技术的不断发展，数字贸易研究的内涵和领域也将会随之不断丰富。

五、中国与非洲大湖区国家数字贸易前景

（一）中国与非洲合作背景

习近平主席在中非合作论坛第八届部长级会议开幕式上主旨演讲中提出，此前中非双方共同制订了《中非合作 2035 年愿景》，作为愿景首个三年规划，中国将同非洲

国家密切配合，共同实施“九项工程”。包括：数字合作驱动非洲加速转型。中非拓展在频谱管理、5G、卫星互联网、大数据、电子商务、智慧城市、航空航天、卫星遥感应用等领域合作，支持非洲建设新型基础设施，发展数字产业，弥合数字鸿沟。其中，中国将为非洲援助实施10个数字经济项目，建设中非卫星遥感应用合作中心，支持建设中非联合实验室、伙伴研究所、科技创新合作基地。中国将同非洲国家携手拓展“丝路电商”合作，举办非洲好物网购节和旅游电商推广活动，实施非洲“百店千品上平台”行动。2020年中非在数字经济合作方面取得了喜人成果。大数据、云计算、人工智能等技术在非洲疫情形势追踪、检测分析、病毒溯源、防控救治和资源调配等方面发挥了重要作用。疫情期间，中非数字经济合作迎来了快速发展契机。中国企业积极通过多双边渠道，与非方分享利用数字技术支持“云抗疫”、发展“云经济”的经验。各类数字合作平台、线上推介会、直播带货等新业态合作蓬勃发展，有效服务中非企业对接，带动非洲特色产品对华出口。近年来，该地区随着政治安全形势不断改善，市场潜力、投资环境越来越受到中国企业的重视，成为中国“一带一路”倡议的重要合作伙伴。发展数字经济，合作共赢是唯一正道。全球数字经济该如何发展？习近平总书记强调：“全球数字经济是开放和紧密相连的整体，合作共赢是唯一正道，封闭排他、对立分裂只会走进死胡同。”在此次亚太经合组织领导人非正式会议上的讲话中，习近平为数字经济发展提出了一系列中国倡议：“加强数字基础设施建设，促进新技术传播和运用，努力构建开放、公平、非歧视的数字营商环境。”中国以自己的实际行动为世界数字经济发展贡献“中国力量”。

（二）中国与非洲大湖区国家合作前景

非洲是中国最重要的经贸合作伙伴之一，中非贸易是双方最重要的经济交流方式。国家主席习近平在2015年中非合作论坛约翰内斯堡峰会上提出中方“愿同非洲国家和区域组织商谈包括货物贸易、服务贸易、投资合作等全方面自由贸易协定，扩大非洲输华产品规模。支持非洲国家提高海关、质检、税务等执法能力、开展标准化和认证认可、电子商务等领域合作”。

据中国海关统计，2019年中国与非洲国家进出口总额为2,068.32亿美元。其中，中国对非出口1,128.60亿美元，自非进口939.72亿美元。大湖区国家肯尼亚、南非、安哥拉、刚果金和刚果布占五位。肯尼亚进入前十[①]，出口USD179百万，进口USD4993百万，进出口总额达到USD5173百万。非洲大多数国家的电商发展及数字化程度明显落后于世界平均水平。为消除非洲“数字鸿沟”，随着中非贸易及数字技术、跨境电商等外贸新业态的发展，发展中非数字贸易、跨境电商的需求越来越强烈。但

① 中国海关官网新闻发布网页 http://www.customs.gov.cn/customs/xwfb34/302425/index.html

由于非洲数字经济尚处于起步阶段，中非数字贸易发展尚未形成一定规模，仍旧面临较大的发展问题。

中国是撒哈拉以南非洲国家最重要的经济合作伙伴。其中，非洲大湖区得益于丰富的自然资源和重要的地缘战略位置，使其能够从自然资源的生产加工、贸易便利化和旅游业中获取巨大的经济收益，中国对该地区的贸易也呈现出明显增长的趋势。由2000年最初的42.94亿美元增加到2019年899亿美元，增长了20多倍。从进出口结构来看，中国对非洲大湖区的贸易主要以进口贸易为主，进口额占到贸易总额的68.53%。与此同时，中国对非洲大湖区的出口贸易也呈现出明显增长的趋势，由2000年最初的13.25亿美元增加到2019年的257亿美元。本文的研究结论是：新常态下的中国与非洲贸易需要重新定位，实现与国内和国际战略的相互协调和促进。根据当前国家工作重点，中国对非贸易需要与“一带一路”和国际产能合作相结合，深化与非洲国家的经济往来，实现中非经贸合作的全面升级。从促进中非贸易深入、健康、可持续发展，推进21世纪“海上丝绸之路”建设，推动中国外贸“优进优出”，以及非洲经济长远发展来看，中国政府在制定对非援助政策时要充分考虑非洲国家经济规模差异的现实，准确定位对非援助的目标，促进中非双边经贸往来。从而最大限度地发挥各自的比较优势，相应地进一步提升中非贸易的档次和水平。中国对非洲大湖区国家的贸易对非洲既是机遇也是挑战。尤其是对于自然资源丰富的非洲国家，如何利用从贸易中获得的资金对该国未来的发展至关重要。非洲国家应该把资金投入到基础设施的建设和教育上能够更好的推动国家的长期发展。同时通过从中国进口技术类产品，包括数字贸易技术，实现技术溢出，带动本国相关产业的发展，为最终实现非洲经济的腾飞打下坚实的基础[①②]。

（三）关于非洲市场的思考与建议

当下的非洲电商市场，就像10年前的中国一样，没有想象中的复杂，竞争也不激烈，需求也没有那么高大上。可以考虑从家居、3C品类着手，或是将一些正在其它平台上肉搏的品类放到这个市场来。

目前整个非洲大陆13亿人中已经有3亿电子商务用户，预计到2022年将有27%网上购物的用户增长，平均在线消费为189.47美元，并且有知名咨询机构分析整个非洲大陆在2025年预计交易额能达到750亿美元。因此，有商业眼光的跨境电商公司，能很明显看出非洲的电子商务行业的增长数据是不容忽视的巨大市场。

国外知名数据统计的最新公布显示，非洲电商到2022年市场规模预计将达到220

① 汪文卿，赵忠秀，中非合作对撒哈拉以南非洲国家经济增长的影响——贸易、直接投资与援助作用的实证分析，国际贸易问题，2014年第12期：68-79.

② 非洲大湖地区期待与中企加强合作.环球网，2019-12-22 环球网官方帐号.

亿美元，而这一数据在 2020 年为 180 亿美元。无论是南非还是尼日利亚、肯尼亚、加纳或整个非洲来说，电子商务是一个新兴市场，当地网民大部分年轻化，且热衷于 3C 类产品，也喜欢追求时尚、突显自己个性，当然因贫富差距大，非洲这些发达国家中既有高品质生活追求的中等阶级人群，同时还有追求物美价廉商品的一般消费用户人群。

近两年来，非洲互联网入网用户增长势头强劲，主要是智能手机普及率增长以及当地电子商务的快速发展推动，使用手机浏览网页或应用程序进行购物已经成为越来越多的非洲人喜欢的购物方式，同时为实体零售业、服装业等带来了更多销售渠道与发展机遇。国外知名咨询公司麦肯锡咨询预测，到 2025 年，整个非洲大陆所有 200 多家电子商务平台销售总额将达到 750 亿美元。

这几年，非洲跨境电子商务的吸引力越来越大，其中也包括南非等中产阶级人口不断增长的非洲国家。根据麦肯锡的一项研究，预计到 2025 年非洲大陆的消费者支出将达到 2.1 万亿美元。根据联合国贸易和发展会议（UNCTAD）数据，2017 年非洲至少有 2100 万在线购物者，其中 50%分布在尼日利亚、南非和肯尼亚。尽管这只是非洲十亿人口中的一小部分，但自 2014 年以来，这一群体每年以 18%的速度增长，比全球平均增速高出 6%。与巨大潜力相对应的是现有非洲电子商务市场的不成熟和相对空白。除了南非，其他所有非洲国家的正规零售业都相对欠发达。目前美国和英国的零售商中有 90%尚未在非洲开展销售，基础设施不足和腐败问题是国际公司对非洲市场持保留态度的主要原因。这些劣势也为 AFCFTA 生效后企业开拓非洲电子商务市场提供了空间。

麦肯锡报告预测：到 2025 年，电子商务在非洲主要市场零售总额中将会占据 10% 的比例，也就是 3000 亿美元。而另一份预测则指出，在接下来的 10 年，非洲网络零售额会以每年 40% 的速度增长。其中，南非洲会是未来的关键市场。

国家政策扶持。由于中国内贸市场及欧美等市场接近饱和，中国政府鼓励企业走出去，销售到一带一路相关地区和国家。非洲是“一带一路”倡议的重要方向，在政治人文经济等方面都是有重要战略意义的地方。

现在，非洲的互联网市场仍然是极具潜力的市场，如果电商能够迅速和果断地采取措施，仍然可以捕获大量的机会。在非洲互联网用户日益增多的情况下，未来通过进驻电商平台实行跨境销售产品，值得深入研究。

参考文献

[1] 陈悦，陈超美，刘则渊，胡志刚，王贤文. CiteSpace 知识图谱的方法论功能［J］. 科学学研究，2015，33（02）：242-253.

[2] Abeliansky A L , Hilbert M . Digital technology and international trade: Is it the quantity of

subscriptions or the quality of data speed that matters ? [J]. Telecommunications Policy, 2016, 41(1):35−48.

[3] Shamel A , Christopher F , Jaime E . The International Trade Regime and the Quest for Free Digital Trade[J]. International Studies Review, 2019(3):3.

[4] 李忠民,周维颖,田仲他. 数字贸易：发展态势、影响及对策［J］. 国际经济评论,2014（06）: 131−144+8.

[5] 赵新泉，张相伟，林志刚. “双循环”新发展格局下我国数字贸易发展机遇、挑战及应对措施［J］. 经济体制改革，2021（04）：22−28.

[6] 韩剑，蔡继伟，许亚云. 数字贸易谈判与规则竞争——基于区域贸易协定文本量化的研究［J］. 中国工业经济，2019（11）：117−135.

[7] 刘斌，甄洋，李小帆. 规制融合对数字贸易的影响：基于 WIOD 数字内容行业的检验［J］. 世界经济，2021，44（07）：3−28.

[8] 夏杰长. 数字贸易的缘起、国际经验与发展策略［J］. 北京工商大学学报（社会科学版），2018，33（05）：1−10.

[9] 周念利，包雅楠. 数字服务贸易限制性措施对制造业服务化水平的影响测度：基于 OECD 发布 DSTRI 的经验研究［J］. 世界经济研究，2021（06）：32−45+135−136.

[10] 马述忠,房超,梁银锋. 数字贸易及其时代价值与研究展望［J］. 国际贸易问题,2018（10）: 16−30.

[11]《数字贸易通用术语》（ZADT 0001−2021）.

[12] 李俊,李西林,王拓. 数字贸易概念内涵、发展态势与应对建议［J］. 国际贸易,2021（05）: 12−21.

[13] 张卫华,梁运文. 中国数字贸易发展水平省域分异与空间效应［J］. 贵州社会科学,2020（12）: 129−138.

[14] 张宇,蒋殿春. 数字经济下的国际贸易：理论反思与展望［J］. 天津社会科学,2021（03）: 84−92.

[15] 赵瑾. 数字贸易壁垒与数字化转型的政策走势——基于欧洲和 OECD 数字贸易限制指数的分析［J］. 国际贸易，2021（02）：72−81.

[16] 习近平主席在中非合作论坛第八届部长级会议开幕式上（2021 年 11 月 29 日）主旨演讲。

[17] 中国海关官网新闻发布网页 http://www.customs.gov.cn/customs/xwfb34/302425/index.html

[18] 汪文卿，赵忠秀. 中非合作对撒哈拉以南非洲国家经济增长的影响——贸易、直接投资与援助作用的实证分析. 国际贸易问题，2014（12）：68−79.

[19] 非洲大湖地区期待与中企加强合作. 环球网，2019−12−22 环球网官方帐号.

数字赋能乡村振兴：村域实践与思考建议
——基于绍兴市首个数字乡村 Z 村的个案分析

中共绍兴市上虞区委党校　赫　林

民族要复兴，乡村必振兴。数字乡村是乡村振兴的战略方向，也是数字中国建设的重要内容。上虞作为浙江省首批确定的 11 个数字乡村试点示范县（市区）之一，“数字张村”是其重点打造的一张名片。目前“数字张村”已搭建“一舱、一图、一码”基本架构、“数字党建、数字治理、数字文旅、数字服务”等八大应用场景，实现了党建引领、指数先行、品牌强化、治理有效和掌上生活移动管理。与此同时，基础设施配套不足、村民数字意识不强、数据集成不够精准等已成为阻碍“数字张村”推进的主要因素。基于此，本文提出加快基础设施建设，提升信息承载能力；完善数据资源体系，融合相关平台载体；构建多元融资体系，做好政策资金保障；加大人才扶持力度，抓好人才队伍建设等举措，为更好地实现乡村全面振兴提供地方经验。

一、问题提出：数字乡村与乡村振兴

“乡村兴则国家兴。”党的十八大以来，中共中央高度重视农业农村信息化建设，作为重要抓手的“数字乡村”建设为乡村经济社会发展提供了强大动力，成为乡村振兴战略和数字中国建设的重要结合点。2018 年，中央“一号文件”首次提出“实施数字乡村战略”。2019 年 5 月，中共中央办公厅、国务院办公厅印发《数字乡村发展战略纲要》，指出要以推进数字乡村战略为抓手，加强新一代信息技术与农业农村发展相融合，进一步推动城乡融合发展和现代化建设进程。[①]2020 年，中央“一号文件”提出，开展国家数字乡村试点，依托现有资源建设农业农村大数据中心，加快物联网、大数据、

① 中共中央办公厅、国务院办公厅．数字乡村发展战略纲要［M］．人民出版社，2019 年．

区块链、人工智能、第五代移动通信网络、智慧气象等现代信息技术在农业领域的应用。2021 年，中央“一号文件”再次提出“实施数字乡村建设发展工程”。为贯彻落实中央精神，近些年，不少省份结合自身实际，陆续出台相应的实施意见，并启动数字乡村试点建设工作。如 2019 年 12 月，浙江省确定杭州市等 4 个市、绍兴市上虞区等 11 个县（市、区）为数字乡村试点示范市县。2021 年 1 月，中共浙江省委办公厅、浙江省人民政府办公厅印发《浙江省数字乡村建设实施方案》，提出未来数字乡村建设的总体要求、总体框架、重点任务、保障措施等，为浙江省推动数字乡村建设提供了重要指导和根本遵循。2020 年 8 月，广东省出台《广东省数字乡村发展试点实施方案》，确立了 10 个试点县（市区）和 20 个试点镇（街道）。2020 年 10 月，中央网信办、农业农村部、国家发展和改革委员会、工业和信息化部、科技部、市场监管总局、国务院扶贫办联合印发《关于公布国家数字乡村试点地区名单的通知》，公布首批国家数字乡村试点地区名单，共有 117 个县（市、区）入围。

数字乡村是以互联网平台为载体，利用大数据、云计算、人工智能、区块链等数字技术，为农业农村经济社会发展提供动力，数字乡村既是乡村振兴的战略方向，也是数字中国建设的重要内容。当前国内学界关于数字乡村的研究主要有三大视角：一是数字乡村的内涵外延，阐释数字乡村建设的现实必要性。《数字乡村发展战略纲要》（2019）指出，数字乡村是伴随网络化、信息化和数字化在农业农村经济社会发展中的应用，以及农民现代信息技能的提高而内生的农业农村现代化发展和转型进程。学者陈潭（2020）在《信息鸿沟与数字乡村建设的实践症候》中认为，数字乡村就是最大化发挥数字红利的普适、普惠作用，使农村、农民都能享受到数字福利。[①] 学者王胜等人（2021）在《数字乡村建设：作用机理、现实挑战与实施策略》中认为，数字乡村不仅是数字技术的简单叠加，更是指依托数字经济的发展，以现代信息网络为重要载体，以现代信息技术为重要推动力，重构乡村经济发展的一种手段、过程和状态。二是构建数字乡村的内容框架，分析数字乡村建设的现实障碍。学者曾亿武等人（2021）在《中国数字乡村建设若干问题刍议》中建议，数字乡村建设要坚持顶层设计、试点探索与基层创新相结合的方法，加强对试点实践的理论总结与经验辨识，逐步探索形成全国层面的统一化框架和标准体系。[②] 学者冯朝睿、徐宏宇（2021）在《当前数字乡村建设的实践困境与突破路径》中谈到，农业数字化转型难推进、城乡数字鸿沟难破除、乡村数字治理体系难形成等实践困境，已成为阻碍数字乡村建设的主要因素。三是具体分析数字乡村建设与其他领域建设的内在联系和作用机制。如数字乡村与农村农业

---

① 陈潭，王鹏 . 信息鸿沟与数字乡村建设的实证症候 J. 电子政务，2020（5）：2–12.
② 曾亿武等 . 中国数字乡村建设若干问题刍议 J. 中国农村经济，2021（4）：21–35.

信息化建设[①]、数字乡村与乡村经济发展[②]、数字乡村与乡村治理实践 c、数字乡村与城乡信息鸿沟弥合等。

综上所述，国内学术界对数字乡村建设进行了积极的探索和研究，提出了一些建设性论断，为本课题研究提供了有益的借鉴与参考。但从现实来看，"数字乡村"建设的研究仍处于初步阶段，主要的成果集中在近几年，相关研究多是从整体上把握数字乡村内涵，阐述数字乡村建设可能面临的问题，而针对数字乡村的作用机理和应用场景还不够明晰。基于此，本文选取绍兴市首个数字乡村——Z 村为研究对象，通过调查研究，深入分析该村在"数字乡村"推进过程中的创新实践、现实挑战，并提出新时期高质量推进数字乡村建设的实践路径，以期为深入推进数字乡村发展战略提供有益参考，更好地助推乡村全面振兴。

二、数字乡村与乡村振兴战略之间的耦合分析

乡村振兴战略是以习近平总书记为核心的党中央领导集体，在中国特色社会主义进入新时代、全面开启建设社会主义现代化强国征程上，推动我国从农业大国向农业强国转变的重大举措。具体而言，乡村振兴战略包括以下 5 个方面的内容：第一，产业兴旺。产业是乡村振兴战略的核心，深入实施乡村振兴战略，根本是加快产业转型升级，以产业兴旺带动事业兴旺，以事业兴旺支撑乡村兴旺。第二，生态宜居。环境就是民生、青山就是美丽、蓝天也是幸福。[④]实施乡村振兴战略，必须牢固树立"绿水青山就是金山银山"的理念，加强生态宜居建设，打造自然环境优美、社会环境和谐的美丽乡村。第三，乡风文明。乡风文明是乡村文化的一种形态，既是一种有别于城市文化，也是有别于以往农村传统文化的一种新型乡村文化，建设文明乡村，就是要倡导良好乡风民俗，消除各种陋习，培育和谐家庭、和谐村组，打造文化繁荣、乡风文明的现代乡村。第四，治理有效。治理有效是乡村振兴的基础，要坚持自治、法治、德治"三治结合"，进一步密切党群、干群关系，保证乡村社会充满生机、和谐有序。第五，生活富裕。乡村振兴战略最终的实施效果要以农民生活富裕程度来衡量和评价，收入稳定、经济宽裕、生活便捷、精神丰富等是广大农民对美好生活的向往和追求，通过乡村振兴战略，要把乡村建设成为幸福美丽的新家园。在上述理念的指引

---

① 王耀宗，牛明雷 . 以"数字乡村"战略统筹推进新时代农业农村信息化的思考与建议 J. 农业部管理干部学院学报，2018（3）：1–8.

② 崔凯，冯献 . 数字乡村建设视角下乡村数字经济指标体系设计研究 J. 农业现代化研究，2020（6）：899–909.

③ 刘俊祥，曾森 . 中国乡村数字治理的智理属性、顶层设计与探索实践 J. 兰州大学学报（社会科学版），2020（1）：64–71.

④ 习近平 .《在省部级主要领导干部学习贯彻党的十八届五中全会精神专题研讨班上的讲话》[M]（2016–01–18）. 人民出版社，第 19 页 .

下，乡村振兴事业在农民增收、生态保护、文化发展、社会保障等方面取得了显著成效，但在实践中还存在组织协调不够到位、资源统筹不够科学、治理机制不够完善等问题，需要不断创新乡村发展理念、转变乡村发展方式，以新的治理方式带动乡村振兴系统提质升级。

数字乡村与乡村振兴战略都是关涉我国农业农村发展的重大决策部署，虽然侧重点不同，但都是系统性的国家工程。在数字化改革时代，数字乡村建设是对乡村振兴战略深入推进的有益探索，数字乡村建设覆盖乡村振兴战略领域的产业、生态、治理、文化、服务等多个方面。在乡村产业发展方面，数字乡村通过引进先进的技术设备、组织模式、经营体系等，实现农业生产物联网和产业链管理的智能化，推动乡村产业的高质量发展。在乡村生态保护方面，数字乡村通过建立农村生态系统监测平台、人居环境监测平台等，实现对乡村生态的全方位监测，推动乡村生态资源的数字化、环境治理的高效化、绿色生产的智能化。在乡村有效治理方面，数字乡村强调运用技术为个人发展和组织协调赋能，通过实施乡村治理数字化建设，推进农村网络化管理，促进人口管理、综治工作、污染防控等基层治理的精细化、精准化。在乡村文化发展方面，在数字乡村建设背景下，农民可借助数字化平台，获取更多的外界信息，学习现代信息技术，提升自身数字化素养，改变生产、消费、就业等观念，进一步培育文明乡风、良好家风和淳朴民风。在乡村便民服务方面，随着互联网在农村的推广普及，村民通过手机、电脑获取信息已成常态，数字乡村建设可以为农民提供智慧医疗、智慧党建、智慧教育、数字文化娱乐、数字社会保障等智能化生活服务。总之，数字乡村建设通过多领域、多层次、全范围的数字赋能，进一步激活乡村的各个要素，推动农业生产经营管理现代化、农村治理精准化、公共服务在线化和农民生活数字化，为乡村振兴战略提供强大的数字动力，最终实现激活农业、服务乡村、重塑农民的应用价值。

三、个案研究：数字乡村建设的“张村模式”

张村位于绍兴市上虞区章镇镇东南首，全村 1012 户农户，总人口 2776 人，地域面积 16.2 平方公里，是上虞第一大村、首批乡村振兴示范村，也是上虞“南花园”“诗画曹娥江”文旅融合发展的核心区块和重要阵地。[①] 近年来，张村因樱花节而声名鹊起，民宿、酒店、休闲旅游项目纷至沓来，催生孕育了一批直播带货、电商经营、文旅创客等新业态和手机银行、网上政务等“云”服务，“数字张村”应运而生。

（一）“数字张村”基本架构

“数字张村”建设，旨在融入农村决策、管理、服务的每个场景，着力改变群众生

① 宋彦佩．数字乡村，开启全域智治新模式 N. 上虞日报，2021-05-11，第 1 版．

产生活的点点滴滴。目前已搭建“一舱、一图、一码”基本架构。

“一舱”，即数字张村指挥驾驶舱。依托云服务器、物联感知和网络设备，集海量数据采集、检测、运维于一体，实现数据标准化建设和“大数据”分析，打造功能齐备、反应迅速、可全天候运行的数字张村“智慧中心”。

“一图”,即数字张村管理全景图。利用无人机航飞获取村庄全域最新数字正射影像，并通过倾斜摄影技术进行三维模型，推动乡村规划、乡村建设、乡村治理、乡村民生、乡村文旅等多图合一，打造数字乡村一张图，实现云眼观张村。

“一码”，即数字张村业务应用码。涵盖党建引领、综合治理、民生服务、文旅融合等方面多个业务应用，只要用手机扫一下二维码，就可以登陆查询各类实时信息，享受更多数字化即时服务。

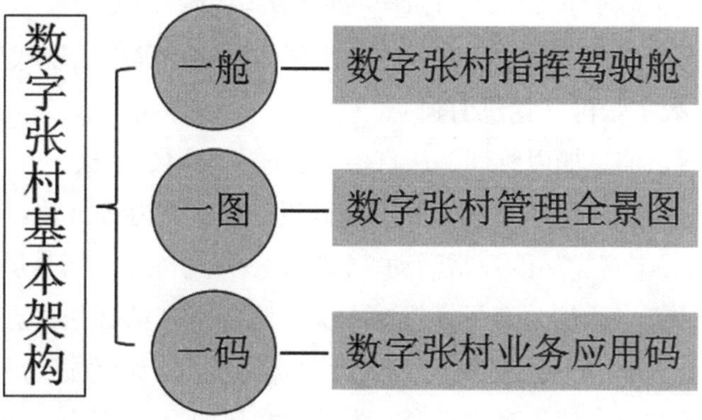

图 1　“数字张村”基本架构

（二）“数字张村”应用场景

2019 年以来，张村坚持数字转型、乡村振兴，构建“数字张村”八大应用场景，实现党建引领、指数先行、品牌强化、治理有效和掌上生活、移动管理。

1. 场景一：“数字张村”指数设计

该可持续发展指数包括产业繁荣度、环境宜居度、社会文明度、生活富足度和数字融合度五个模块，通过大数据分析，从生产、生活、管理等多角度评价张村乡村振兴战略落地成效，将复杂的乡村发展变化和可持续发展趋势综合、直观地展现出来，为政府决策、企业生产经营等提供数据支撑，激发乡村发展的内生动力，并及时发现发展过程中的薄弱点，解决难点，持续助力产业增效、农户增收。

2. 场景二：“数字张村”智脑分析

利用人工智能、大数据、物联网等先进技术，基于张村所产生的数据资源，通过对大量数据的分析和整合，对张村进行全局的即时分析、指挥、调动、管理，最终实现对乡村的精准分析、整体研判、协同指挥。建立农业农村数据归集体系，通过接口、数据库、excel/csv 导入等多种方式进行数据归集，实现农业农村各类数据归集。通过大屏聚合生产监管展示、视频展示、数据分析展示，为乡村治理提供有效的服务和指导，如利用物联网传感技术进行指导管理、利用视频监控技术为农户提供农技培训和生产管理协助，帮助农民增产；利用互联网技术为农民搭建营销网络，帮助农民增收；利用汇总监测到的数据进行远程会商指导，给乡村建设管理带来全方位的能力提升。

3. 场景三："数字张村"地图应用

通过数字张村一张图，围绕张村文旅、民生、治理三大服务，实现数据上墙，便于数字化管理。结合地空星一体化监测，全域感知张村发展动态，按照顶层设计及数据资源规划的要求，从数据组织、分类、展示与应用等角度，提供统一的时空信息"一张图"基础应用平台。主要包含了党建引领、综合治理、民生服务、文旅融合等板块功能，为党建管理、张村旅游管理、农村土地规划分析与监管、环境监测与整治提升、危房监管提供直观的可视化分析，推动实现乡村治理体系和治理能力现代化。

4. 场景四："数字张村"党建引领

主要对张村党员信息加以管理，从宣传、管理、学习、考核、互动服务、监管（数据统计）等方面进行党建动态管理；完善基础设施，优化办公环境，结合信息化技术，打造党员活动阵地，丰富党员的日常活动。以党建 + 为引领，发扬基层党组织带头作用，依托大数据、云计算、微信公众号开发等相关技术，紧密结合张村党建工作实际需要，以服务党员教育、管理与基层党组织、党员群众为重点，着力打造在信息、宣传等方面服务党员工作的综合党建信息化平台，为基层党建加上互联网的翅膀。

5. 场景五："数字张村"治理服务

通过河道水位监测、视频监控，实现河道治理，防汛管理。接入河道监测手机端上传的数据，对河道保洁情况、巡查情况进行展示，实时掌握河道情况。通过环境监测功能，实现垃圾、污水、危房、安全治理和森林消防监测，通过在垃圾车安装 GPS 定位系统，对其工作情况进行实时监管。通过将张村污水处理厂数据进行对接，可实时反应张村污水处理量、污水处理后水质情况，一旦出现问题，就能够及时发现和反馈，同时在系统设有污水处理指标，当污水处理不达标时，进行自动预警提醒。针对农村危房管理的需求，建立农村危房数据库，直观掌握危房的位置、现状，实现危房的动态监管。

6. 场景六："数字张村"便民服务

基于村民村情概况、住宅情况、农业企业管理，实现张村民生一张图分析，为村民自治、结队帮扶、优化生产经营结构等提供重要的数据支撑，提升张村基层建设分布、应急指挥调度水平。同时通过平台，能够快速反应张村党建情况，在党建一体机上，也能够实现党员签到、党课学习等功能。开展村域涉农服务事项在线办理，提供信息发布、智慧普法、智能缴费、数字金融等服务。

7. 场景七："数字张村"文旅服务

通过文旅资源一张图，可以简单掌握当地的景点景区、餐饮美食、精品民宿的分布情况，掌握已布局完成的旅游资源分布情况，对旅游业态的分布及经营情况的分析，有助于对乡村产业转型、乡村经济转型提供支持。除此之外，建设 e 游张村平台，为村民和游客打造了一个覆盖衣食住行，信息实时发布、景点漫游、民宿预订、VR 漫游等本地化服务，让游客关注张村。通过 e 游张村平台获取大量优质的游客用户，为后期平台的运营提供基础，并依托用户群体更好地吸引头部电商公司主动入驻与合作。

8. 场景八："数字张村"品牌运营

制作 MG 动画，内容包括张村风情风貌展示、张村数字化建设展示、张村总体未来规划展示等内容。建设直播间，包含直播定制主机、高清摄像头、高清采集卡、灯光、环形补光灯、麦克风、声卡、三脚架、支架、直播操作台、高清视频线等设备，提供直播服务。通过本项目的技术带动、现代化设施带动和经营思路、经营模式的带动，推动张村产业科技与生产相结合，促进张村数字化转型升级。

表 1 "数字张村"八大应用场景

场景	基本维度	主要方面
场景一	"数字张村"指数设计	产业繁荣度、环境宜居度、社会文明度、生活富裕度、数字融合度
场景二	"数字张村"智脑分析	人工智能、大数据、物联网
场景三	"数字张村"地图应用	党建引领、综合治理、民生服务、文旅融合
场景四	"数字张村"党建引领	党员教育、党员管理
场景五	"数字张村"治理服务	河道水位检测、视频监控，环境功能检测，污水处理，农村危房管理
场景六	"数字张村"便民服务	信息发布、智慧普法、智能缴费、数字金融
场景七	"数字张村"文旅服务	民宿预订、景点漫游、VR 漫游、餐饮美食
场景八	"数字张村"品牌运营	制作 MG 动画，建设直播间

（三）"数字张村"运营成效与现实挑战

"数字张村"的实施建设，加快了张村全域旅游的发展进程，对张村旅游业和农村经济结构的调整起到良好的示范和带动作用，对农业农村现代化和农村经济可持续发展有着十分重要的意义，具有明显的经济效益和社会效益。在经济效益层面，通过数字驾驶舱、数字化治理、数字化党建以及便民服务等让数据流通减少了重复性工作，线上平台也让管理更加便捷，从而减少了人力投入，提高了工作效率；通过数字驾驶舱以及数字治理平台的建设，将张村所有基层数据运行起来，在很大程度上减少了每年数据采集和运营管理费用。在社会效益层面：一是加强数据共享协作，提升数据服务能力。通过建立统一的数字乡村相关基础数据采集、整合、分析、管理及共享的数据服务，用于支撑各部门之间的协同合作，减少了重复投资，提升了数据服务能力，实现了基层治理在乡村服务中的高效运用。二是深度融合信息技术，提升产业决策能力。加强农业与信息技术深度融合，实现数据兴农、信息强农、智慧助农，助推农业精品化、品牌化发展。三是加强农村人居环境整治，提升农村居民幸福感。通过数字化建设，大力推行绿色生产生活方式，加强了环境卫生整治，改善了农村的人居环境。四是数字化党建，引领乡村服务治理。“数字张村”智慧中心党建引领模块，为广大党员提供了一体化的宣传、教育、互动、服务、管理、监管平台，此外，村民还可以通过语音或随手拍，随时反映问题、表达建议，参与村庄管理。

“数字张村”的建设运行，增强了张村党建工作水平，改善了张村人居生活环境，方便了村民和外来游客相关业务的办理，有效提升了张村的综合治理能力。同时调研发现，“数字张村”在建设和推进过程中也遇到不少挑战。

1. 基础设施配套不足

“数字乡村”建设的基础是对数据进行采集、分析和处理，这些离不开数字设备、通讯信号等基础设施建设，从目前来看，张村还存在一些不足：在网络基础建设方面，乡村信号基站布局密度不高，未实现无线网络全覆盖，不论是本地村民还是来访游客需要自费流量成本才能实现数字平台的智慧服务，难以满足乡村全域信息化的需求，2020 年樱花节期间，张村共接待游客超过 6 万人次，导致村内出现手机信号弱化、通讯受阻等情况。在数据采集设施方面，“数字张村”平台目前共设监测点 140 余个，其中涉及农业种植、林业生产的仅 5 个，占比不到 4%，大量收集数据偏向旅游和基层治理等领域。在数字交互设备方面，数字电视等数字交互设备数量不多，目前张村仅设有 2 台数字电视和 1 台数字平台操作机器，村民、游客与数字化智慧服务保持链接的方式较为局限。

2. 村民数字意识不强

数字乡村建设离不开广大村民的积极参与，从当前乡村社会来看，村民信息化素质还难以适应数字乡村建设的需要。一是数字技术认知较少。因缺乏广泛的数字化要义宣传和足够的信息化技能培训，村民整体上数字化意识不高，对现代信息技术、数字化设备的实践不多，对数字化应用、数字化治理的认识不深。二是数字技术融合较浅。不少乡镇的数字乡村建设以旅游发展为主，未涉及种植业、畜牧业、渔业等经济发展板块，未深入污水治理、垃圾整治、养老医疗等民生服务领域，导致数字乡村发展片面化、同质化。三是数据安全防范较弱。“数字张村”中包含全域村民的基本信息，涉及大量个人隐私和村级发展规划，且未形成数据安全操作规范，在传输过程中存在着一定的安全隐患。

3. 关键要素比较匮乏

数字乡村建需要资金的大量投入、人才的数字素养。目前来看，无论是资金还是人才，都存在一定的匮乏。一是缺资金。由于村级集体收入有限，张村数字乡村治理均是属地乡镇占主导，缺少全区专项资金统筹保障。二是缺盈利。张村产业以休闲农业、观光旅游为重点，“数字张村”投入经费高，研发周期长，整体投入产出比不平衡，缺少盈利点和有效投资，无法快速产生经济效益。三是缺人才。目前“数字张村”暂时由村干部负责操作和数据摸排、杭州技术团队负责运维和数据更新录入的模式，自主开展系统更新、运维和操作的专业性人才短缺，本地自主运营能力弱。村民参与度和积极性不强，大多数村民数字乡村只是略有了解，村民提出的意见建议往往不具普遍性和可行性，从而难以被采纳，导致村民对数字乡村建设的获得感不多、主动参与性不强。

4. 数据集成不够精准

受制于技术和人力限制，目前数据集成还不够精准。表现在：一是数据收集不全面。现有“数字张村”平台数据主要靠自有资料的转化录入和部门资料的核查录入，导致数据收集不全面，未能真正实现一张数据网全覆盖。二是数据更新不及时。由于系统局限性和数据化应用技术不成熟，“数字张村”部分数据仍靠手动更新为主，导致数据更新不及时，存在人为出错情况，未能真正为后期数据分析研判做好保障。三是数据内容不精确。因平台数据受获取途径局限，数据内容往往不够精确。如“数字张村”文旅数据中的游客数量来源、年龄构成、驻留时间等采集，仍是依靠手机信号捕捉、监控车牌抓取等方式，数据真实性容易出现偏离，影响数据的整合预判。

四、现实路径：“数字张村”运营的政策建议

“数字张村”运行过程中出现的突出问题，也是我区其他村镇“数字乡村”建设存在的普遍性问题，针对这些问题，课题组经过调研分析后认为，可以从以下几个方面来疏通数字乡村与乡村振兴的融合通道，实现“数字乡村”建设的优势扩散。

（一）建议一：加快基础设施建设，提升信息承载能力

数字乡村建设应当注重“软硬兼施”。一方面，夯实数字基础设施“硬件”。要加快传统基础设施的数字化升级，加强数字电视、微信平台、移动 APP、站点屏幕等智能终端和便民服务终端建设，推动乡村数字治理、数字交通、数字服务、数字电网等全面数字化发展。另一方面，提升数字信息服务“软件”。及时加强与各大网络运营商

合作沟通，支持部分有条件有需求的地区，加快实现乡村 5G 网络的全覆盖，加大 5G 网络技术在农业生产、加工、销售等环节的应用，推动“互联网 + 医疗”“互联网 + 教育”“互联网 + 治理”“互联网 + 产业”等体系建设，推广公共服务数字化应用。

（二）建议二：完善数据资源体系，融合相关平台载体

一是建立物联感知网。可采用环境数字化模块，除监控探头外，布设污水监测、智能井盖、智能垃圾桶、智能灯杆等物联感知设备，形成触达乡村各个角落的物联感知网，提升基层治理的科学性和有效性。二是建立防护网络。由区大数据中心牵头，联合各相关部门，在全区搭建自主网络安全框架，构建信息保密制度，采用信息安全专用设备，落实信息安全监管责任人。三是搭建溯源体系。要从源头完善大数据资源获取体系，拓宽公众参与渠道，充分发挥广大人民群众的监督作用。这不仅有利于群众快捷地了解到乡村各类事项信息，也方便地将自己的建议或意见传送至综合指挥中心，并能及时地接收到综合指挥中心的反馈，形成良性闭环。

（三）建议三：构建多元融资体系，做好政策资金保障

建立“政府 + 企业 + 社会组织”的融资合作方式。一是强化区内保障。各级财政要加大对于数字乡村的资金保障力度，统筹安排专项项目资金，及时将数字乡村发展计划列入年度资金预算安排。二是吸引外来资本。要加强对社会资本的招商引资，以创建 A 级旅游景区为契机，营造良好营商环境，布局数字战略规划，加强数字商业合作，鼓励多元化主体参与，将数字乡村作为亮点、卖点引入优质资源项目。三是发挥乡贤力量。镇、村干部要充分发挥乡贤联结纽带作用，及时反馈、报告数字化建设相关重要信息，吸引乡贤资本反哺家乡、建设家乡，做好数字乡村建设的坚强后盾。

（四）建议四：加大人才扶持力度，抓好人才队伍建设

“数字乡村”建设要高度重视人才的作用，以多重政策引才、多种手段用才、多种通道留才。一是引进“外来人才”。政府要加大政策与资金保障力度，与 e 游小镇等单位或周边高校开展人才和团队培育招引，鼓励具有大数据专业技能的大学生参与数字乡村建设。二是培养“本土人才”。乡镇要重点关注农村社区专职工作者、青年党员等群体，开展乡土人才学历技能提升培训，培养一批既熟悉农业农村发展规律又掌握大数据等现代信息技术的复合型人才。三是用好“现有人才”。与区大数据服务中心等单位协商，选派专业信息人员驻点农村，为数字乡村推行与应用提供有关培训和智力支持，组织志愿者团队开展服务活动，点对点解决数字化平台普及问题。

参考文献

[1] 中共中央办公厅、国务院办公厅．数字乡村发展战略纲要．2019 年 5 月 16 日．

[2]《国务院关于印发“十四五”数字经济发展规划的通知》(国发〔2021〕29号). 2021年12月12日.
[3] 肖若晨. 大数据助推乡村振兴的内在机理与实践策略［J］. 中州学刊，2019（12）：48-53.
[4] 陈潭，王鹏. 信息鸿沟与数字乡村建设的实践症候［J］. 电子政务，2020（5）：2-12.
[5] 温涛，陈一明. 数字经济与农业农村经济融合发展：实践模式、现实障碍与突破路径［J］. 农业经济问题，2020（7）：118-129.
[6] 候志阳. 数字乡村有助推进乡村治理现代化. [EB/OL].[2020-05-15]https://www.gmw.cn/xueshu/2020-05/15/content_33833571.htm
[7] 傅昌銮，史新杰. 数字张村建设的浙江经验［N］. 农民日报，2020-08-27，第3版.
[8] 殷浩栋，霍鹏，汪三贵. 农业农村数字化转型：现实表征、影响机理与推进策略［J］. 改革，2020（12）：48-56.
[9] 赵早. 乡村治理模式转型与数字乡村治理体系构建［J］. 领导科学，2020（14）：45-48.
[10] 王小兵，康春鹏. 探索中国特色数字乡村发展道路［J］. 中国领导科学，2021（3）：84-89.
[11] 曾亿武，宋逸香，林夏珍，傅昌銮. 中国数字乡村建设若干问题刍议［J］. 中国农村经济，2021（4）：21-35.
[12] 王胜，余娜，付锐. 数字乡村建设：作用机理、现实挑战与实施策略［J］. 改革，2021（4）：45-59.
[13] 沈费伟，叶温馨. 数字乡村建设：实现高质量乡村振兴的策略选择［J］. 南京农业大学学报（社会科学版），2021（5）：41-53.
[14] 冯朝睿，徐宏宇. 当前数字乡村建设的实践困境与突破路径［J］. 云南师范大学学报（哲学社会科学版），2021（5）：93-102.

数字时代“枫桥经验”视觉叙事传播研究

绍兴职业技术学院　柳国伟

“枫桥经验”是书写“中国之治”浙江篇章的样板，其内涵随着时代发展与时俱进、守正创新，逐步成为基层社会治理的中国方案。数字时代，应科学解读“枫桥经验”新内涵，探究其传播之源，夯实传播之基，创新传播之径，利用融合传播新格局，发挥视觉思维在推进社会治理现代化发展中作用,探索“枫桥经验”视觉叙事传播新路向，构建传播新范式，打开现代法治文明传播新格局。

（本文为浙江省哲社规划课题《视觉叙事范式下的“枫桥经验”传播研究》（编号：20NDJC228YB）成果之一，主持人：柳国伟。）

“枫桥经验”是书写“中国之治”浙江篇章的样板，是基层社会治理的中国方案[1]，其核心内涵和时代价值已远远超出了“经验”二字，是习近平新时代基层治理思想的集中体现和实践运用[2]。传播与推广新时代“枫桥经验”，不仅是培育和弘扬社会主义法治精神与法治文化的成功经验，更是不断推进社会治理体系与治理能力的现代化发展的源动力。

一、“枫桥经验”新内涵

“枫桥经验”根植枫桥，辐射全国，坚持党建引领，走群众路线。50 多年来，不断创新发展，在时代发展“变”与“不变”中积极探索基层治理新理念、新方法、新载体。迈进新时代，“枫桥经验”实现了从“小事不出村、大事不出镇、矛盾不上交”到“矛盾不上交、平安不出事、服务不缺位”的跨越[3]，“传统 + 智能”的现代化治理方式与“三治融合”①“四防并举”②的现代治理体系不断完善,形成了共建共治共享的时

① 戴大新．新时代绍兴坚持发展“枫桥经验”的实践与思考[J]．绍兴文理学院学报（人文社会科学）．2019，39（02）：30-35.
② 之江平．枫桥经验：薪火相传显担当 [EB/OL]. 浙江新闻客户端，2018-11-12.

代特征。“枫桥经验”内涵不断延伸，广泛适用于政治、经济、社会、文化、生态等领域，推动了“枫桥经验”从“小治安”向“大平安”的转变。

二、融合传播新格局

“枫桥经验”得到国家、社会的广泛认可与关注，央视、人民网、光明日报等主流媒体都积极开展了宣传与报道。近年来，“两微一抖多端”粉墨登场，报刊杂志、视频影音、网站直播、VR 和 H5 等融媒产品百花齐放，传播媒介与媒体格局日新月异，信息传播多维多向，全方位、立体化的传播模型日趋完善，形成了“全程”“全息”“全员”“全效”的“四全媒体”新格局[4]。如何在融媒体时代，更高效地传播“枫桥经验”，促进百姓和顺、城乡和美、社会和谐①，推进新时代平安中国建设，这不仅是法制工作者与传媒人的历史使命，也是视觉传达设计工作者的时代课题。

三、“枫桥经验”视觉叙事传播新范式

随着“平安中国、法治中国”建设进入新征程，国家法治的形象塑造与传播也迈上了新台阶。如何顺应时代需求，塑造新时代的法治形象，推进“平安中国、法治中国”理念、政策与举措的全面落实与推广，“枫桥经验”的视觉叙事传播无疑是一种有效载体与实践范式。“枫桥经验”法治形象的塑造，将刚性的宣传标语转化为柔性的传播交流，更能引发人民群众的心理共鸣与共情，为传播带来能量与温度，有助于“平安中国、法治中国”建设的传播与推广。读图时代，全媒体传播矩阵的构建，在法治形象的传播中，“枫桥经验”的视觉叙事必然成为信息传播的主要阵地。

（一）视觉叙事新发展

视觉叙事传统由来已久，从原始岩画到图腾、从象形文字到青铜纹样、从画像砖到壁画，从宗教绘画到杨柳青年画、从月份牌到解放区木刻版画、从连环画到广告宣传画再到主旋律主题绘画、从电视到电影、从动图到短视频、从 H5 到 VR，视觉叙事贯穿于人类文明的发展过程，见证了社会风貌与民俗风情的时代变迁。随着信息传播技术的发展实现了多元艺术形式的融合，视觉叙事成为传播行业的绝佳注脚，被广泛运用于广告、宣传等传播领域。多元、多维的媒介可以有效地融合人们的视、听、触、读等感观，深刻影响着人们对社会的认知方式，各大主流媒体纷纷推出了内容叙述和呈现方式可视化的图解新闻样式，读图式的视觉传播成为一种主流传播方式，传播中的信息内容从“视看”编码变成一种常用的“叙事”程式。

① 金伯中，蒋国长．坚持创新发展新时代“枫桥经验”加快推进基层社会治理现代化——纪念毛泽东同志批示学习推广“枫桥经验”55 周年暨习近平总书记指示坚持发展“枫桥经验”15 周年大会精神综述［J］．社会治理，2018（12）：36-39.

（二）“枫桥经验”视觉叙事范式建构意义

新媒体时代的到来，促使图形、影像成为意识形态传播的重要媒介，视觉叙事更是成为意识形态与价值观念传播的重要途径。在“枫桥经验”的传播过程中，通过视觉叙事从不同角度活化视觉符号，塑造传播形象，丰富视觉样式，构建传播系统。从理念到形象、从思想到生活，不断激活“枫桥经验”的视觉意向，增强法治文明传播效果。

第一，塑造法治文明传播形象。“枫桥经验”理论而抽象，通过视觉叙事丰富的传播媒介将相对抽象的文字语境转化为民众喜闻乐见的视觉形式，将抽象的“枫桥经验”变得有血有肉、有声有色的法治形象，让民众目有所见、心有所感。创新性利用视觉叙事传播“枫桥经验”，将抽象的“枫桥经验”转化为生动、丰富、可感可触的内容图像，使其更好的融于社会生活，通俗易懂、润物无声、内化于心、外化于行，有效提升“枫桥经验”的传播与推广效果。

第二，构建法治文明传播系统。在媒体多元化的时代，微博、微信、抖音等自媒体精彩纷呈，照片、图像、海报、H5、短视频、公益广告、电影电视纪录片、歌舞剧等丰富的视觉媒介构建出一个高速、多维、多源的信息传播体系。在这个体系中，传播主体与客体不在有明确的界限，多渠道、多样化的传播裂变过程中，不仅推进了传播内容表达的通俗化与大众化，同时也能将抽象的精神、理念、思想、经验更好地融入民众的地域文化与民俗风情中，通过受众耳熟能详的方式加强其对“枫桥经验”的感知、感触与感悟。

第三，增强法治文明传播效果。通过具象化的视觉形象塑造与系统化的传播体系构建，“枫桥经验”的传播充分发挥视觉叙事在信息传播中的优势，以通俗、生动的视觉形象与简洁凝练的文字，语图共文的传播方式营造让受众“感同身受”舆论环境与共情体验，潜移默化地将法治文明核心理念与思想精髓传递给民众，内化于心，外化于行，提升了社会主义法治文明的传播深度与广度，促使大众自觉践行法治文明建设，自发传播社会主义法治文明理念。

（三）“枫桥经验”视觉叙事传播新路向

随着5G时代的到来，人工智能纵深发展，深度融入融媒体矩阵，实现了信息的全方位、多渠道的覆盖与更精准个性化的传播效果。置身于全媒体舆论阵地中，“枫桥经验”遵循读图时代的视觉传播规律，深挖“枫桥经验”本质与精髓，结合实践经验，不断拓展内涵与外延，通过视觉叙事丰富作品表现内容形式，将隐藏的理性判断转化为生活化、通俗化的形象认知方式，让大众可观、可感，便于人民群众形成价值判断、选择与认同，更好地实现“枫桥经验”的有效传播。

1. 探究“枫桥经验”传播之源

紧密联系生活，深挖社会现实故事，溯源“枫桥经验”的本质，解码新时代“枫桥经验”

内涵，探究中国乡村治理中“自治、法治、德治”的内在逻辑，在社会实践中提取“矛盾不上交、平安不出事、服务不缺位”的典型形象，塑造角度叙事与艺术审美兼具视觉形象，将抽象的法治思想等信息隐匿在可视信息之中，通过视觉图片、影像等视觉载体，详尽、真实通俗化地显现，迎合观众的心理印象和审美认知，构绘视觉形象、升华情感认同、传播价值观念。

2. 夯实“枫桥经验”传播之基

深化“枫桥经验”理论研究与实践成就，其内涵在不断实践创新中得到充实、丰富与拓展，体现枫桥地域文化传统内生性演绎、创造性转化、创新性发展的结果[5]。明确新时代“枫桥经验”核心内涵，深化“枫桥经验”的“五个坚持”社会实践，建构“枫桥经验”视觉叙事传播的资源库，丰富传播内容与手段，增强视觉叙事传播的现实性、沉浸感与互动性，引发受众的共情与共鸣，促使他们更加认同“枫桥经验”的理论意义与实践价值。

3. 创新“枫桥经验”传播之径

智能媒体传播时代，视觉叙事逐步成为意识形态传播领域主流呈现方式。时代发展不断推动视觉传播体制、机制、传播方式和方法的变革，推进媒体融合，丰富传播路径，多维呈现、多屏互动、多元传播，全面与精准互补、权威与个性融合，找共鸣、多互动，突显新时代“枫桥经验”传播的路径创新，使“枫桥经验”更好地实现润物无声的传播效果。

第一，多维呈现，可视化叙事。借助智能化新媒体，“枫桥经验”的传播与推广，呈现出更多的叙事形态。在借助新科技、新媒介基础上，将“枫桥经验”法治形象更多的以图像、影像等直观、具体的可视化叙事形式，多样化、多维度的展现于公众面前。代表着“枫桥经验”代言人的Q版的“平安小师爷”可爱萌趣，调皮诙谐的表情包传递着平安的社会共同期盼与心声；而以“平安小师爷”为主视觉形象的公益海报，则语图共文地宣传与传递着“法治中国、平安中国”的建设与“枫桥经验”践行与发展；莲花落等地方剧种，则以群众喜闻乐见的形式再现“老杨调解中心”“老朱调解工作室”“江大姐调解室”等为代表的新型人民调解组织的经典故事，传播“四延伸、四服务、四到场”工作机制与“五心”调解法等将矛盾化解于民间的“枫桥经验”创新发展方法与案例；《坚持发展“枫桥经验”》宣传片和《枫桥派出所的故事》《枫桥故事》电视剧、《情暖明月山》《校园降“龙”记》和《“枫桥经验”55周年》微电影、《鸡毛蒜皮也是事》电影等影视作品构成的传播矩阵，大屏小屏交相辉映，宣传了新时代“枫桥经验”在基层治理中的传承与发展；“枫桥经验”公众号和视频号、“枫桥APP”、“平安诸暨”微博等自媒体，都从不同领域，运用不同视觉叙事形式，针对不同受众群体，创作了大量的“枫桥经验”视觉形象，动静结合，构建了“枫桥经验”视觉叙事传播全方位、多维度的立体传播模型，推进视觉叙事建构呈现出一种范式的转变，也推动了“枫桥经验”裂变式传播，将法治文明理念融入公众生活的方方面面，凝聚更多平安建设的新生力量，同心筑梦，共建和谐社会。

第二，多屏互动、跨媒介叙事。发挥不同媒体的优势，在多个平台上运用不同的剧本、不同的表现形式，开展同一主题的跨媒介叙事传播，实现“听、说、读、写、看”的融合传播，打开更加广泛的受众群体，构建更加完整的主流价值观，让“法治中国、平安中国”的法治文明深入群众中去。智能传播新时代，新媒体充分展现了“创意 + 技术 + 美学”的新特征，H5、短视频、虚拟现实等新的数字影像技术推动了可视化表现的发展与创新，推进了理念的变化与革新、内容的拓展与外延。例如，最新建成的“枫桥经验”陈列馆，就充分利用科技力量，增加艺术造景、全息影像、电子互动等新媒体，丰富了“枫桥经验”展现形式，使“枫桥经验”的叙事传播更加立体化、可视化。在这里，参观者可以通过短视频，见证“枫桥经验”起草人之一的董光先生的风采；可以通过 3D 造景技术观看“枫桥经验”的初期实践；通过全息影像了解基层治理的典型案例故事；通过“一证通办”机体验“最多跑一次”的服务理念；通过电子互动屏的互动了解浙江各地坚持与发展“枫桥经验”的典型做法与实践成效。这种“内容即界面”的传播形式，将内容生产与传播提升到更高的维度，它强调信息内容的呈现形态，更注重界面与观众的友好与互动，帮助公众更好地理解与把握“枫桥经验”的精髓和现代法治理念的价值内涵，逐步形成主流价值观舆论生态。

第三，多元传播、交互性叙事。多种媒介融合，大屏小屏联动，信息传播的可视化、跨媒介多维呈现，不断推动传播主题的内容创新、视角融合、流程再造。交互性叙事式年轻态传播的一个重要特征，人工智能重新定义了算法与媒介，重构了信息传播与交流方式。视觉叙事的多维呈现，满足了不同受众对信息接受形式的多样选择，体现了用户的主动性；视觉元素的交互建构，通过受众自主选择智能交互呈现，提升了用户的参与感。在融媒体交互叙事语境下，通过整合资源，实现文本、影像等多种视觉元素的跨媒介叙事，让内容更加生动有趣，让用户有所听、所看、所感，让受众成为内容的记录着、参与者与传播者。例如《平安绍兴》H5 作品，以平安小师爷为主视觉形象，让小师爷置身于“矛盾不上交、平安不出事、服务不缺位”不同语境、不同场景中，通过多碎片化的多条故事线，让不同文化背景的用户，根据不同的视角，自主选择进入不同的场景，感受新时代法治文明的案例现场，感悟“枫桥经验”的时代内涵。这种多线索、多视点的交互传播形式，在内容与情节设计上更加生动有趣，吸引受众主动参与，积极互动，成为内容的创作者与传播者，达到有效信息多次分享传播目标，引导公众不断增强对于“枫桥经验”现代法治理念的认知认同、情感认同与行为认同，助力形成共有的国家法治形象认同。

四、结语

智能化媒体传播新时代，信息传播多维呈现、多屏互动、多元传播，更多的叙事形态交相辉映，可视化、跨媒介、交互性的叙事形式，不断拓展了信息传播的广度与深度，推动了"枫桥经验"内容的拓展与外延，推进"平安中国、法治中国"理念的变化与革新。社会不断变化发展，多元文化交融碰撞，人们对社会的认知方式更加的开放、自由。在融合传媒时代，构建现代法制传播领域新格局，切实维护法治领域意识形态安全，这是举旗定向，凝心聚力，建设"法治中国"重要窗口的使命担当。

参考文献

[1] 陆健，严红枫．"枫桥经验"：基层社会治理的中国方案［N］．光明日报，2021-3-17(5).

[2] 王昌荣．新时代"枫桥经验"的深刻意蕴［N］．浙江日报，2018-06-11(6).

[3] 王懂懂．新时代"枫桥经验"视角下社区警务的创新研究——以茅家埠警务室 120 工作法为例［J］．湖南警察学院学报．2018．30(04)：17-23.

[4] 燕道成，刘世博．加快构建全媒体传播新格局［N］．中国社会科学报'2020-10-15(1).

[5] 陈立旭．现代治理与传统的创新性发展——"枫桥经验"的启示［J］．治理研究．2018,(5)：11-18.

新时代“枫桥经验”：中国式基层社会治理现代化的绍兴实践

中共绍兴市委党校　尹华广

新时代“枫桥经验”是十八以来“枫桥经验”创新发展的最新成果。其内涵是：坚持和贯彻党的群众路线，在党的领导下充分发动群众、组织群众、依靠群众解决群众自己的事情，做到“小事不出村、大事不出镇、矛盾不上交”。新时代“枫桥经验”推进基层社会治理现代化的实践主要包含了党建统领推进基层社会治理的现代化；基层社会治理的社会化；基层社会治理的法治化；基层社会治理的智能化；基层社会治理的专业化五个方面。新时代“枫桥经验”推进基层社会治理现代化的启示是：要始终围绕党和国家中心工作而动，紧紧把握时代脉搏；要始终坚持群众路线。

引言

党的二十大报告明确提出：“在社会基层坚持和发展新时代‘枫桥经验’”。2023年中央一号文件指出：“坚持和发展新时代‘枫桥经验’，完善社会矛盾纠纷多元预防调解化解机制”。新时代“枫桥经验”已经成为推进中国式基层治理现代化的典范。

一、新时代“枫桥经验”的内涵、特征

20世纪60年代初，浙江诸暨枫桥干部群众创造了“发动和依靠群众，坚持矛盾不上交，就地解决，实现捕人少，治安好”的“枫桥经验”。[①] 此后，“枫桥经验”在实践中不断丰富发展，[②] 特别是中共十八大以来形成了特色鲜明的新时代“枫桥经验”。其内涵是，坚持和贯彻党的群众路线，在党的领导下充分发动群众、组织群众、依靠群

① 学术界一般将此阶段的“枫桥经验”称为本源意义上的“枫桥经验”。
② 学术界一般将此阶段的“枫桥经验”称为新“枫桥经验”。

众解决群众自己的事情，做到“小事不出村、大事不出镇、矛盾不上交”。[①]

上述定义揭示了“枫桥经验”经历了本源意义上的“枫桥经验”、新“枫桥经验”、新时代“枫桥经验”三个发展阶段的历程。新时代“枫桥经验”的特征，可以从其与本源意义“枫桥经验”、新“枫桥经验”的比较中得出，它们之间既有共同性，又有特殊性。

新时代“枫桥经验”与本源意义上“枫桥经验”、新“枫桥经验”相比较，其共同的特征在于：始终坚持党的领导；始终坚持围绕党和国家的中心工作而动，把握时代脉搏；始终坚持党的群众路线；始终坚持实事求是，与时俱进，不断创新。

新时代“枫桥经验”与本源意义上“枫桥经验”、新“枫桥经验”相比较，其特征在于：

第一，新时代“枫桥经验”是处于我国社会主要矛盾新阶段的经验。新“枫桥经验”阶段社会主要矛盾是“人民日益增长的物质文化需要同落后的社会生产之间的矛盾”；新时代“枫桥经验”阶段社会主要矛盾是“人民日益增长的美好生活需要和不平衡不充分的发展之间的矛盾”。

第二，新时代“枫桥经验”是推进基层社会治理现代化的经验。本源意义上的“枫桥经验”是把地主、富农、反革命分子、坏分子等“四类分子”改造成新人的经验；新“枫桥经验”是进行社会治安综合治理的典型经验；新时代“枫桥经验”则是推进基层社会治理现代化的典型经验。

第三，新时代“枫桥经验”是以共建共治共享为工作方法的经验。本源意义上的“枫桥经验”其改造“四类分子”的方法主要是“专群结合”。这里的“专”主要指公安机关，“群”主要指基层群众，也包括治保会等基层组织。新“枫桥经验”其进行社会治安综合治理的主要方法是“群防群治”，政法综治部门是群防群治的主体。新时代“枫桥经验”其推进基层社会治理现代化的方法主要是共建共治共享，它的主体已经包含了所有党政部门、企事业单位、社会组织与公民个人。

第四，新时代“枫桥经验”具有明显的治理特征。本源意义上的“枫桥经验”改造“四类分子”，具有明显的管制特征；新“枫桥经验”进行群防群治，具有明显的管理特征；新时代“枫桥经验”推进基层社会治理，具有明显的治理特征。

二、新时代“枫桥经验”推进基层社会治理现代化的实践

（一）以党建统领推进基层社会治理现代化

其一，产业党小组的设立。枫桥镇很多村在很多年前，党员主要从事商贸业，基本上没有种地的党员了。在这种情况下，很多村两委会决定将农民土地承包使用权以

① 习近平：《习近平谈治国理政》（第三卷），外文出版社 2020 年版，第 224 页；《习近平谈治国理政》（第四卷）外文出版社 2022 年版，第 62 页。

一定费用收归村集体，然后对这些土地经过整理加工后再以更高价格发包给种粮大户。在此基础上，村支部采用了以产业为主划分党小组的新方式，如其中一个村将全村党小组划分为废钢收购与加工产业党小组、防水材料生产党小组、汽车运输产业党小组、商贸服务业产业党小组、种粮大户产业党小组、老党员党小组、流动党员党小组等党小组。

其二，党员联系群众的网格化管理。枫桥镇各村采用党支部委员联系党员、党员联系群众的网格化管理制度。目前，一般每村 3 名支委，每名支委联系若干名党员，每名党员联系 7、8、9 名数量不等的农户。每个党员家门口都钉有“党员之家”的门牌，且将其所联系的农户的姓名做成一个牌子钉在其家门口。党员要经常走访其联系的农户，支委也要经常关心其联系的党员。在“四色榜单”亮分制度重要组成部分的农村党员日常量化管理考核中，对这项内容有不同方面的考核。如是否挂牌、牌子是否有损坏，联系农户对联系党员的考评等各方面都有相应的分值考核。

其三,“四色榜单”亮分制度。根据中共诸暨市委的《农村党员日常量化管理办法》，中共枫桥镇党委制定了《农村党员日常量化管理办法实施细则》，村党支部根据《农村党员日常量化管理办法》《农村党员日常量化管理办法实施细则》将党员的日常量化管理按季度进行。每名党员年初认定的基础分为 60 分，对认定情形实行每季度累计加分扣分制度，上季度得分为下季度基础分，累计超出 100 分的计算为 100 分。第四季度得分为该党员当年度日常表现量化管理得分的总分。

得分在 90—100 分的党员，其个人头相张贴在红榜中；得分在 70—89 分的党员，其个人头相张贴在黄榜中；得分在 60—69 分的党员，其个人头相张贴在蓝榜中；得分在 60 分以下的党员，其个人头相张贴在灰榜中。个人头相被张贴在灰榜中的党员又被称为“警示党员”，其党组织关系被转到枫桥镇党委为全镇所有“警示党员”专门成立的“警示党员”支部中。该党员要在“警示党员”支部接受为期一年的警示教育。一年期满后，如果该党员测评成绩在 60 分以上，则其党组织关系可转回到村支部，如果测评成绩在 60 分以下,则继续留在“警示党员”支部中。如果连续两年留在“警示党员”支部，第二年年底测评成绩仍然是 60 分以下，则镇党委将找该名党员谈话，根据《中国共产党章程》第九条的规定，劝其退党，如其坚决不愿意退党，则将其清除出党。

其四,五星达标、3A 争创。2017 年 7 月绍兴市出台《关于基层党建引领基层治理促进农村各项工作全域提升的实施意见》，专门成立由市委组织部牵头抓总、21 个涉村部门为成员的创建工作领导小组，将“五星达标、3A 争创”列为市县“一把手”工程、加强农村工作的总抓手。计划通过 3 年时间，全市 1000 个以上村实现五星达标，100 个以上村达到国家级 3A 景区标准，打造党建引领乡村振兴的绍兴样板。2017 年第十二届中国全面小康论坛在北京举办，浙江省绍兴市党建引领乡村振兴“五星达标、

3A 争创”工作机制荣获“2017 年度中国十大社会治理创新”奖。“五星”指的是党建星、富裕星、美丽星、和谐星、文明星，对标的是全面建成小康社会；而在“五星”的基础上向更高的标准努力，那就是争创国家 3A 级景区村，不一定是做旅游，而是其基础设施、村民生活水平、文明程度都达到了 3A 级景区的标准。

（二）基层社会治理的社会化

枫桥镇目前有专门的“枫桥镇社会组织服务中心”，镇级社会组织共有 58 家。其中枫桥红枫义警协会在社会中影响很大，受到《人民日报》等新闻媒体的报导，受到相关领导和学者的高度关注。

在村一级，枫桥镇实行了“5+X”的标准化构建模式。亦即在枫桥镇的每个村，都必须建立以下五个社会组织：乡贤参事议事会、乡风文明理事会、红枫义警协会、580 志愿服务会、邻里纠纷调解会。除了这五个社会组织外，每个村还可根据自己的实际情况来建立别的社会组织，如枫源村就另外建立了红十字会、枫桥经验宣讲队、文艺宣传队、篮球队。

同时，枫桥镇在每个村还广泛实施了“三上三下三公开的民主决策机制”。枫桥镇对基础设施项目招标、工程质量、财务管理等村民密切关注的问题，推行了“三上三下”民主议事规范制度，即“一上一下”征求意见，对村级重要事务或建设项目由村“两委”提出规划方案，送发村民征求意见；“二上二下”酝酿论证，对征求到的村民意见或建议由村“两委”集体汇总分析，将修改方案提交党员议事会和村民代表恳谈会酝酿论证，形成共识；“三上三下”审议决策，将经过村“两委”酝酿完善后的方案，提交全体党员和村民代表联席会议审议表决后组织实施。然后表决结果公开、实施方案公开、测评情况公开。

（三）基层社会治理的法治化

1. 农村法律顾问制度

枫桥镇一般每两个村共同聘用一名专职律师作为农村法律顾问，对于重点村则一村最多可以聘用两名专职律师作为农村法律顾问，对法律顾问实行“六个一”制度。枫源村由两名专职律师作为村里的农村法律顾问，其职责是：(1) 每月一次走访。每月 10 日在所联系村开展一次农户走访，听取民情民意，询问法律需求。(2) 每季度一次法治大讲堂。以群众关心和常用法律法规为主要内容，每次讲堂要有不同重点。(3) 每季度一次村务法律审查。对当季度所联系村的重大村务工作进行审查，提出规范要求。(4) 每年一次法律援助。每年为村民提供一次免费的法律援助和咨询服务。(5) 每年一份村“法治提升”建设报告。通过走访、村务审查等多种途径，为所联系村提供一份提升法治建设工作建议报告。(6) 每年一卷法治档案。包括走访记录、大讲堂内容、法治建设建议报告、村评价反馈测评表、免费诉讼服务情况表等。

2. 农村法治大讲堂

枫桥镇每个村都有法治大讲堂，每个月都有法治讲座。每堂法治讲座的内容都不一样，会根据当时当地的实际情况开设不同法治课程。如每年征兵的时候会讲《中华人民共和国兵役法》，每年 12 月 4 日“宪法日”前后，会讲《中华人民共和国宪法》。也会根据每个村社会治安与矛盾纠纷的不同情况开设不同的课程。如有些村在一个时期土地纠纷比较严重，则会专门讲《中华人民共和国土地法》，有些村一般性矛盾纠纷特别多，则会重点讲解《中华人民共和国调解法》。

3. 调解法治化

枫桥镇一直以来就非常重视调解工作，为了更好发挥品牌调解的作用，枫桥镇设立了“老杨调解工作室”，由杨茂夫、杨光照两位老同志在同一个办公室办公，专门调解疑难、复杂矛盾纠纷。杨茂夫是枫桥镇退居二线的党委书记，能力强、威望高，调解案件老百姓愿意听。杨光照是枫桥派出所一位普通民警，但非常善于调解矛盾纠纷，在枫桥老百姓中间有很大的威望。2013 年后，以杨光照为核心，在枫桥派出所专门设立了一个“老杨调解中心”。“老杨调解中心”在国内外都有很高的知名度。浙江大学法学院国际法律硕士的留学生们专门到“老杨调解中心”听老杨讲怎样调解案件。杨光照曾被人民日报专门进行报导，中央电视台以他为原型，拍过电视连续剧。习近平总书记曾两次接见他。2018 年他又被评为 CCTV 中国十大法治人物。

现在在枫桥镇的调解中，出现了调解法治化的趋势。具体表现为五个方面：一是调解主体的法治化，也就是调解人员特别是专业调解委员会的调解员一般会聘请部分专业法律人员（主要是退休的法官、警察等）担任；二是调解手段的法治化，村一级无法聘请专业法律人员担任调解员的，就通过法官（农村法律顾问、司法助理员等）指导调解 QQ 群的形式指导村一级调解员调解案件；三是调解依据的法治化，现在的矛盾纠纷一般都是经济型的纠纷，其调解必须要在法律的框架下，严格依照法律的规定进行调解；四是调解结果的法治化，是指对分期付款、标的额较大、疑难复杂等案件，一般都要求双方当事人在调解成功后进行司法确认；五是调解目标的法治化，亦即希望通过前述方式的调解，让老百姓明白，法律才是解决问题的最佳途径。当其再次发生矛盾纠纷或其亲人发生矛盾纠纷时，首先想到的是用法律的方式解决，而非信访乃至暴力的方式解决。

4. 枫桥“人民法庭”的实践

它主要体现在“枫桥式”法庭的创建上。其工作目标是提供优质服务、便利群众诉讼，源头预防纠纷、就地化解矛盾。其工作模式是“一中心四站点”的工作模式。即法庭诉讼便民中心，内设“诉前劝导站”“诉讼引导站”“法律指导站”和“信访疏导站”。

诉前劝导站：是对前来起诉的案件，了解纠纷产生的原因，区分案件实际，引导当事人先进行诉前调解程序。为当事人指定人民调解员、联系对方当事人进行调解。对涉及婚姻家庭、子女抚养、邻里矛盾等具有一定人身依附性的案件，在调解纠纷的同时，对双方当事人开展教育，引导当事人正确对待矛盾，灌输"以和为贵"的理念，避免因生活琐事引发不必要的矛盾。

诉讼引导站：指对诉前调解不成的案件，由诉前劝导站的人民调解员填写《调解情况告知表》，详细记录纠纷双方当事人的纠纷发生经过及调解意愿、差距，移送诉讼引导站。由引导站的工作人员针对当事人的主张情况及案件实际，审查是否属于"人民法庭"受理案件的范围。对符合"人民法庭"受案范围的，向当事人发放《立案须知》和《诉讼指南》，详细告知立案的注意事项及诉讼、执行的相关法律程序规定，提示诉讼风险。对不符合"人民法庭"受理案件范围的案件，告知当事人向有关部门申请处理。

法律指导站：指针对部分案件当事人文化程度低、诉讼能力较弱，不清楚如何起诉、应诉的实际，在站内对其开展法律指导工作。帮助原、被告双方对其提交的诉讼材料进行归类整理、初步审查，并针对其法律适用方面的疑问当场进行解答，详细告知其相应的法律法规规定。对符合法律援助条件的当事人，在征求其本人意愿的情况下，为其联系司法行政部门申请法律援助。

信访疏导站：指"人民法庭"审理的案件往往诉讼标的较小、法律关系较为简单，为避免多次诉讼激化当事人的矛盾，同时减少当事人的讼累，法庭改变以往处理案件一判了之、不服上诉的做法，在"人民法庭"内设立信访疏导站，对经"人民法庭"依法判决的案件，当事人不服或者不理解的，主动对当事人开展面对面的判后答疑、释法明理的工作，告知其裁判的依据及理由，引导当事人正确面对判决结果，并告知其相应的司法途径。

（四）基层社会治理的智能化

在"枫桥经验"中，它主要表现为充分利用信息平台，利用 QQ、微信、互联网等信息化手段开展社会治理。它是智能化手段在基层治理中的充分运用。

党务、村务、财务"三务公开"，是基层社会治理中的一个非常重要的内容。枫桥镇不仅做到了"三务公开"上墙，而且做到了"三务公开"上电视。每家每户的有线电视机顶盒中都有该村"三务公开"的具体情况，每个村民都可以随时进行查寻。

2013 年诸暨市法院立案庭的陈建丽法官创建"陈法官调解 QQ 群"，以 QQ 语音视频的形式对诸暨市各专业调解委员会的调解工作进行网上指导，线上解答调解当事人的疑问，取得了很好的效果，当时的《人民法院报》《法制日报》都进行了报导。现在这样的调解 QQ 群不仅普遍用于指导专业性调解委员会，而且也推广至由法庭指导基层的人民调解委员会的调解。

除了调解 QQ 群以外，现在诸暨市专业调解委员会还广泛利用微信手段来调解案件。在诸暨市交通事故调解委员会有专门的微信调解员，通过微信调解轻微的交通事故案件。

枫桥镇的四个平台则是综合运用电视、QQ、微信等多种智能化的手段。

（五）基层社会治理的专业化

基层社会治理的专业化，一方面体现在专业组织、人员参与基层社会治理。在基层社会治理中，枫桥镇有公安、法院、检察院等政法部门的专业组织与人员参与到基层社会治理中来，同时也有心理咨询师等专家参与到基层社会治理中来。

基层社会治理的专业化，另一方面体现在基层社会治理的标准化。基层没有立法权，不能制定更为细化的法律条款，因此可以通过“标准化建设”形成一套制度体系，作为基层意义上的“立法”。枫桥镇在 2014 年向国标委申报成功了全国首批社会管理和公共服务综合标准化试点，这是首批试点项目中唯一以基层社会治理为试点内容、以乡镇为申请单位的项目。通过近 2 年的项目实施，枫桥镇从“矛盾化解、公共安全、违法监管、公共服务、民主自治”5 大方面制定了一整套可操作、有实效的基层社会治理标准体系，具体又包括《基层社会矛盾纠纷大调解建设规范》《信访事项办理工作规范》《社会治安防控体系建设规范》《网络舆情处置规范》《突发事件管理规范》《特殊人群管理规范》《村务公开和民主自治管理规范》《村规民约制订修订工作规范》《违法监管规范》等 23 个子标准。经过 3 年的标准化建设，枫桥镇逐步实现了全镇基层治理各环节标准齐全、各项管理服务行为规范、人民满意度提升的目标，初步彰显出标准化建设的“类法律”作用。

三、新时代“枫桥经验”推进基层社会治理现代化的启示

（一）始终围绕党和国家中心工作而动，紧紧把握时代脉搏

从“枫桥经验”走上新时代“枫桥经验”的发展历程来看，无论是产生阶段的改造“四类分子”的经验；发展阶段的社会治安综合治理的典范，还是创新阶段的基层社会治理创新的经验，它都有一个共同特点，那就是始终围绕党和国家中心工作而动，紧紧把握时代脉搏。正是因为它始终围绕党和国家中心工作而动，紧紧把握时代脉搏，所以它才会有切实的社会需求，才会能适应时代的要求，也因此才会有强大的生命力。同时代与之相提并论的“工业学大庆”“农业学大寨”不再学了，而“枫桥经验”还在学，还越来越势，越来越焕发出强大的生命力，始终围绕党和国家中心工作而动，紧紧把握时代脉搏是其重要原因之一。

（二）始终坚持群众路线

在新时代，“枫桥经验”基层社会治理创新中的“三上三下”民主决策机制、乡规民约、以农村基层党建引领农村基层治理的现代化等，无一不是坚持群众路线的结果。

（三）始终坚持实事求是、与时俱进、不断创新

这是“枫桥经验”的灵魂，也是其能历久弥新的最为重要原因之一。以基层社会治理智能化为例，在有线电视广为运用时，枫桥镇实行了“三务公开上电视”；在电脑广泛使用时，诸暨市法院创造了“陈法官调解 QQ 群”；在微信广泛运用时，诸暨市交警队创设了“微信接警员”；现在枫桥镇利用“四个平台”进行基层社会治理，其中综合运用了电视、电脑、微信。这是实事求是、与时俱进、不断创新的最好例证。

（四）始终坚持理论与实践相结合

第一，坚持把党的领导作为根本保证，努力形成共建共治共享的基层社会治理新格局。第二，坚持把以人民为中心作为根本立场，努力满足人民群众美好生活新需要。第三，坚持把自治、法治、德治作为根本方式，努力构建基层社会善治新体系。第四，坚持把预测预警预防作为根本任务，努力打造矛盾风险防控新模式。第五，坚持把基层基础建设作为根本支撑，努力激发基层社会治理新动能。

结语

不忘初心，砥砺前行。“枫桥经验”必将在习近平新时代中国特色社会主义思想的指引下，不断创新发展，使中国基层社会稳如磐石，为实现中华民族伟大复兴的中国梦谱写新的篇章！

参考文献

[1] 中国法学会“枫桥经验”理论总结和经验提升课题组.“枫桥经验”的理论构建［M］. 法律出版社 ,2018.

[2] 汪世荣. 枫桥经验：基层社会治理的实践［M］. 法律出版社，2018.

[3] 赵义. 枫桥经验：中国农村治理样板［M］. 浙江人民出版社，2008.

[4] 尹华广.“枫桥经验”与基层社会治理法治化［M］. 中国人民公安大学出版社，2020.

[5] 张文显. 习近平社会治理思想引领“枫桥经验”创新发展［J］. 国家检察官学院学报，2019(3).

[6] 金伯中. 论“枫桥经验”的时代特征和人本思想［J］. 公安学刊——浙江公安高等专科学校学报，2004(5).

数字经济背景下绍兴农业产业现代化发展路径探析

——基于漓渚镇兰花产业数字化发展的实证研究

中共绍兴市柯桥区委党校　李伟娟　邱　昊
绍兴市柯桥区漓渚镇　陈俊杰

数字农业是农业现代化的高级阶段，是我国由农业大国迈向农业强国的必经之路。近年来，我市数字农业，如漓渚镇兰花产业发展取得了明显成效，但也面临着兰花产业数字经济人才欠缺、兰花产业发展智力支持不足、兰花产业龙头带动能力乏力等诸多亟待解决的问题；针对上述问题，本文提出应培育壮大兰花数字化全产业链、加速“互联网＋兰花”销售模式、打造漓渚兰花品牌形象重要标志等对策建议。

一、问题提出

农业的根本出路在于现代化，实现国家的现代化，农业现代化不能“拖后腿”。因此，在2004至2023年，中央一号文件，都是以“三农”为主题，显示“三农”工作在国民经济中的首位度。特别是党的十八大以来，“发展现代农业、推进农业现代化”始终是近几年中央一号文件的核心内容。《中华人民共和国国民经济和社会发展第十四个五年规划和2035年远景目标纲要》也明确要求坚持农业农村优先发展，全面推进乡村振兴，加快农业农村现代化。[1]但在这个日益数字化的时代，发展数字经济已是把握新一轮科技革命和产业变革新机遇的战略选择。从国务院印发《“十四五”数字经济发展规划》，到多部委及各地纷纷出台支持数字经济发展的政策，我国大力发展数字经济的号角已经吹响。党的十九届五中全会也明确指出，要加快农业数字化发展。近年来，随着数字化的不断发展，数字技术已向农业农村各领域不断渗透，数字农业已然成为当前我国推进乡村振兴的重要驱动力，为农业高质量发展培育新动能，展现新成果。同样，伴随着数字化发展进程的快速推进，浙江数字化改革浪潮向漓渚兰花产业卷席而来。数字经济作为高质量发展的新引擎，数字化发展与兰花产业发展交织融合，产生了神奇的化学反应，一朵小小的兰花成为了漓渚百姓手中的致富花，漓渚兰花产业也走上了科技化、专业化、规模化、数字化的现代农业发展之路。

二、已有相关研究

"三农"由来已久，围绕这一主题，关于农业产业现代化的研究一直都是众多学者关注的焦点，研究成果丰硕。

（一）国外研究动态

国外学者关于农业产业现代化研究起步较早，上世纪五十年代美国学者 John M. Davis 和 Roy A. Goldberg 便开始系列研究，其逻辑观点为，国家要想经济循环增长，就需保持农业的有序发展，而传统农业并不符合其发展需求，因此亟需用现代农业来替代,进而完成农业的现代化 [2]。总体看来,国外研究主要集中在三个领域 :（1）技术领域。环境因素（Steven Archambault，2004）[3]、可再生能源（P.J.Turyareeba，2001）[4]、机械技术和生物化学技术（费农·拉坦和速水佑次郎，2000）[5] 等可以促使农业现代化向更高的水平发展。（2）结构层面。农业发展分为传统农业、低资本技术农业和高资本技术农业 3 个阶段（约翰·梅尔，1988）[6]。发展中国家的农业现代化进程具体又可分为维持生存、混合和多种经营及专业化农业三个发展阶段（托达罗，1988）[7]。（3）制度层面。减贫、收入分配政策和农业制度建设等是否合理会直接影响资源配置的有效性，影响生产者的生产计划和市场交易成本（Reardon 和 Barrett，2000）[8]。此外，金融体系（Davis and Goldberg，1957）[9]，农业产业链（Decio Zylbersztajn，1998）[10]，农业政策与农业科研工作是否协调发展（雷纳，2000）[11]，都会影响农业产业现代化。

（二）国内研究动态

国内学者关于农业产业现代化的研究主要集中在四个方面 :（1）概念特征。农业现代化是集农业生产全过程为一体的完整的产业链（高万林，2010）[12]，是持续运用农业科技，提升农业生产的物质装备水平，优化农业产业布局，来持续提升农业生产效率的过程（顾焕章，1997）[13]，且在不同阶段农业现代化的衡量标准不一致（张红宇等,2015）[14]。农业产业体系是由相关涉农主体通过一定利益机制衔接的有机整体(曹利群，2007）[15]，且随着经济的不断发展，现代农业产业体系已经逐渐演变成一种新型的农业组织形式，它囊括农产品的生产、农产品深加工和农产品出售一整套流程（张学鹏，2009）[16]。（2）影响因素。随着工业化和城市化进程的加快，农业现代化水平不断提高,产业体系不断完善（谢杰,2012）[17],农业的多种功能特性得到充分发挥（李炳坤，2007；叶少荫，2009）[18][19]。在此过程中，现代农业的发展离不开金融政策的支持（顾宁，2013）[20]。当然，也要兼顾好农业产业体系与农业经营组织之间的微妙关系（蒋永穆和高杰，2013；张俊强，2018）[21]。（3）路径选择。我国的农业现代化要构造一套符合中国特殊情况和市场经济的制度体系（陈锡文，2012）[22]，切忌原封不动地参照欧美和日本的模式（郑高强等，2008；王迪等，2012；高翔鹏；2017）[23]，要在确保国家粮食安全的基础上发展农业现代化，不断提高农业社会化服务水平，完善相关配套设施建设（毛飞和孔祥智，2012）[24]。具体而言，可以从生产结构、技术、制度、物流体系、产业链、市场和服务等方面入手（刘涛，2013；张克俊和张泽梅，2015；李儆扬，2018）[25][26]。（4）评价体系。针对我国农业产业现代化程度，可以采用灰色优势分析法（李丽纯，2013）[27]，专家评价法和层次分析法（辛岭等，2010）[28]等进行效益指数测量。

综上所述，国外学者研究起步较早，且成果丰硕。但其研究多是建立在土地制度私有化的基础上，与我国土地公有制和集体所有制存在显著差异，可供参考借鉴价值受限。国内学者研究虽起步较晚，但问题意识较强，特别是对农业产业现代化的概念特征、影响因素、路径选择、评价体系等的深入探讨，具有很高的应用价值。整体而言，当前国内外研究成果显著，应用价值较高。但在数字经济背景下研究区域内农业产业现代化还可以进一步丰富和挖掘。

三、案例介绍：漓渚镇兰花产业的个案分析

（一）漓渚镇兰花产业概况

漓渚镇位于鉴湖水系源头，为绍兴市西南部半山区镇，距绍兴市区 12 千米，距柯桥城区 18 千米。行政区域面积 36.64 平方千米，户籍人口 21685 人，辖 11 个村、2 个社区。2020 年全镇地区生产总值突破 30 亿元，财政收入 1.5 亿元。先后荣获“中国花木之乡”“中国针织名镇”等称号。兰花产业作为漓渚镇的传统产业和特色产业，漓渚镇党委政府始终把它作为一项强村富民工程来抓。2017 年 8 月，漓渚镇在上级党委、政府的领导下，立足资源禀赋、生态条件、产业基础，成功申报了一个集循环农业、创意农业、农事体验于一体的国家级首批田园综合体试点项目——柯桥区花香漓渚田园综合体。柯桥区花香漓渚田园综合体试点自建设以来，以产业振兴为龙头，通过建设“千亩花市、千亩花苑、千亩花田”三个千亩项目，实现“产业兴旺、生态宜居、乡风文明、治理有效、生活富裕”的总目标，有效促进了漓渚镇兰花产业从小打小闹到大规模基地种植，从传统庭院种兰到智慧温室育苗的转变，走上了科学化、规模化、精品化、信息化的产业发展之路，助推了美丽乡村建设和乡村振兴战略实施。

（二）漓渚镇兰花产业做法

1. 依托“三个千亩”，助推兰花产业集聚

一是“千亩花市”。“千亩花市”以建设展示展销、观光休闲、文化体验于一体的

宜业宜游综合性花市为目标。目前千亩花市连栋大棚一期60亩24家商户已入驻营业，月平均销售额在120万左右，二期100亩已有43家商户入驻营业，月平均销售额在160万左右，三期94亩已建设完工。精品盆景区一期440余亩完成建设，近50家商户入驻种植，二期180亩正在推进园区道路建设及相关配套施工。二是“千亩花田”。“千亩花田”以建设土地常绿、四季花开的美丽田园为目标。目前，已开辟花海619亩，通过土地整理、花海种植，将过去普通的种植场所打造成了四季常青的农业旅游胜地，成为赏花赏景、摄影交友、休闲游玩的新场所，有力推动了漓渚农文旅产业融合发展。自2018年以来，共计接待游客累计1800余批次，近13万人。三是“千亩花苑”。“千亩花苑”旨在打造规模效应显著、品牌影响深远、行业优势明显的高端兰花种植基地，是助推漓渚兰花产业实现腾笼换鸟、跨越式发展的浓重一笔。该项目是以漓渚镇棠二村为核心区块推进兰花产业集聚，建设集兰花培育、花卉展销、休闲观光、科普教育于一体的花卉种植产业基地，同时引进人才开发精品兰花新品种，与专业机构合作推广绍兴兰文化及兰花收藏，提高农业现代化水平和效益。2019年，漓渚镇在已有兰苑300多亩的基础上，新建成430亩兰花温室大棚，加快了兰花的培育周期和流通周转，有效地发挥了规模效应，增强了产业集聚效能，提高了产业现代化水平和效率，改变了过去低效低档的种植局面，较传统培育模式提高收益达80%，促进兰农大幅增收。

2. 推广科学管护，提升兰花产业价值

鼓励兰农加大科技创新投入，走品牌化、规模化的现代兰花发展之路，改变以往小规模靠经验的育兰模式。一方面，鼓励推广科学管护育兰技术，组织兰农学习考察广东、福建等科技育兰先进技术与经验，扶持兰农建起智慧温室兰花大棚，与省市农科院专家、技术人员对接，指导兰农提高兰花的发芽率和成苗率，提高兰花产量。另一方面，推进兰花数字工厂建设，通过引进专业技术设备和人才，进行科技育兰，组织培养，不断繁育出新品、佳品兰花，让科技赋予漓渚兰花更高附加值。

3. 深耕展会经济，激活兰花产业商气

近年来，漓渚镇以展会经济为抓手，积极搭桥，通过“展会+”这一载体，强势推动兰花产业化发展。从2018年的浙江省兰花博览会、2019年的华东地区兰花博览会、浙江省蕙兰博览会，到首届中国春兰节，以展示兰花产业发展新技术新成果、加强兰文化研讨交流为主旨，共襄兰花盛宴，共享兰花技术成果，共谋产业合作大计，合力谱写兰、文、商、旅等多产业融合发展新篇章。2019年，经中国花卉协会兰花分会批准，绍兴市被确定为中国春兰节永久举办地，2021年首届云上中国春兰节开幕式现场，中国春兰研究院正式落户漓渚，为绍兴这个中国春兰节永久举办地再次注入兰花产业创新发展的动力。以会为媒，以会促商，一年一个台阶。可以说，这不仅是一场场精品兰花的展览、兰文化交流的盛宴，更是一场场兰花产业转型升级的经贸洽谈。随着田园综合体项目的推进，漓渚镇花市商圈正在逐渐形成，兰花培育也趋于规模化，兰花产业走上了高质量发展的道路。

四、漓渚兰花产业数字经济发展现状

目前，漓渚镇已有1000余户农民种兰卖兰，其中专业兰农300余家，上规模的兰花大户27家，2020年实现了兰花销售超亿元。具体如下：

（一）发挥数字化对兰花创新培育的引领作用

近年来，漓渚镇鼓励兰农加大科技创新投入，走品牌化、规模化、数字化的的现代兰花发展之路，改变以往小规模靠经验的育兰模式。一方面，鼓励推广科学管护育兰技术，多次组织兰农赶赴广东、福建等科技育兰先进地区学习考察技术与经验，通过政策扶持当地兰农建起了智慧温室兰花大棚，与省市农科院专家、技术人员对接，指导兰农提高兰花的发芽率和成苗率，提高兰花产量。另一方面，抓住兰花数字工厂建设项目，镇企合作组建数字化兰花组培中心，首期投入500万元，通过引进专业技术设备和人才，由专业团队进行科技育兰，通过一改以往的分株扩盆培育，从兰花种子进行组培，通过技术杂交，不断繁育出新品、佳品兰花，让科技赋予兰花更高附加值，目前兰花数字工厂已收集有近百个兰花新品种的基因数据，1600余瓶组培苗成型，新品种的培育，让兰花产业突破了同质化竞争的难题。

（二）发挥数字化对兰花规模生产的赋能作用

得益于“花香漓渚”国家级田园综合体的建设，漓渚镇成功打造了近千亩集兰花培育、花卉展销、休闲观光、科普教育于一体的综合性兰花种植产业基地。目前该基地已呈现出一幅规模效应显著、品牌影响深远、行业优势明显的发展势头，是助推漓渚兰花产业实现腾笼换鸟、跨越式发展的浓重一笔。漓渚镇在已有兰苑300多亩的基础上，通过流转土地，鼓励兰花经营户新建数字兰花温室大棚，规模化种植培育兰花，陆续新建成430亩数字兰花温室大棚，运用自动控温、控湿系统、自动喷淋系统、自动遮阳系统，控制光照、气温、水分等条件，通过智能化、精细化的管理，数字化技术设备的系统运用，全面完成兰花培育基地的数字化打造，数字系统贯穿兰花培育全过程。从而加快了兰花的培育周期和流通周转，进一步较低了人力成本，有效地发挥了规模效应，增强了产业集聚效能，提高了产业现代化水平和效率，改变了过去低效低档的种植局面，较传统培育模式提高收益达80%，促进兰农大幅增收。

（三）发挥数字化对兰花网络销售的撬动作用

随着近几年兰花产业规模的不断壮大，漓渚深耕展会经济，激活兰花产业商气，漓渚兰花的影响力不断攀升。随着华东地区兰花博览会、浙江省蕙兰博览会以及2021中国首届云上春兰节的成功举办，兰花销售也随着兰花品牌影响力的提升不断增量增速，在当前经济低迷，特别是花卉产业众芳摇落的大气候下，漓渚兰花却一枝独秀、产销两旺，这也得益于兰花网络销售的兴起。兰花经营户通过不断改良销售模式，走起了电子商务、数字销售的道路，而电子商务也带动了兰花产品网络销售的新局面，直播带货新方式成为兰花销售新模式，通过网络销售的数额、数量、品种，可以第一时间获取品种销售业绩，及时优化种植结构，为兰花经营户规避了一些投资风险。兰花销售也从过去一根扁担跑天下转变为一根网线卖天下。目前，漓渚镇涉及兰花的电商已有 20 多户。

五、漓渚兰花产业发展数字经济面临的问题

漓渚虽是千年兰乡，兰花名声在外，极具特色和优势，但与国内一些兰花发达地区例如福建、云南、台湾等相比，仍存在不少差距，尤其是在数字化建设上还需要进一步发力。具体如下：

（一）兰花产业数字经济人才欠缺

目前，绝大多数兰农是直接从种植蔬菜、粮食和苗木转移到兰花生产上来的，未能接受系统的生产技术、营销管理方面的培训学习，虽然有较为丰富的实践经验，但运用数字化技术生产销售的知识仍有欠缺，同时农业生产的高科技人才也同样缺乏，电商经营销售人才不足，缺乏人才科技支撑。“我们（漓渚）镇很多花农从事花卉苗木行业并不长，很多都是近些年才‘洗脚上岸’种植兰花，现在经过多年摸索好不容易有点起色，又碰到销售问题。现在是互联网 +、数字经济时代，我们花农文化素质本就不高，电商、直播又做不来，但现在花卉市场又高度依赖这些（电商、直播）网络平台，而且有明显的季节性，高度依赖节日带动，如果花农不能精准有效利用（数字网络交易平台提供的）这些供需信息，花农变相会遭受不少经济损失。可以说，因为我们花卉苗木交易数字化程度不够，造成信息不对称、供需不平衡，成为当地行业痛点。（访谈编号：20220912LZC）”

（二）兰花产业发展智力支持不足

目前，政府、兰花企业与高职院校之间的合作交流仍不够紧密，漓渚兰花企业当前通过实训、在岗实习、产学研结合的方式开展合作的屈指可数，需要进一步打造产学研结合的校企技术创新体系。“产学研结合大家（镇里和花农）都比较重视，我们（镇里）每年也会组织花农赶赴广东、福建等科技育兰先进地区学习考察技术与经验；与省市农科院专家、技术人员对接，指导兰农提高兰花的发芽率和成苗率，提高兰花产量；首期就投了 500 多万元，引进兰花人才；但光靠我们这些人（乡镇和兰农）还不够，而且靠每年为数不多的几天考察参观，开开眼界还行，但是要提升自身能力水平还远远不够；特别是，和国内其他先进育兰地区相比还有明显差距。（20220912LZS）”

（三）兰花产业龙头带动能力乏力

漓渚兰花长期以来，靠祖传技术、自身实践和自我积累发展，虽有一大批种兰大户和兰花龙头企业，但相互间缺少沟通联合，技术上秘而不传，销售上各自为政，合作仅于亲缘关系和圈内从业人员，因而带动作用不强。“我们这里兰花产业发展都是亲戚带亲戚、朋友带朋友相互之间带出来的，有的去北方售卖兰花，有的去南方，像云南远的甚至去印尼、马来西亚等地包地育兰，但基本上都走出去，在外地，平时像我们几个兰花种植的主要村（如棠棣村）人是不多的，只有过年大家才会回来。所以，本地留下来的兰花企业本就不多，更不要说龙头企业。走出去当然是好事，但是本地因为缺少龙头企业带动作用，规模响应和品牌形象就难以形成，这也是当前的一个问题。（20220912LZG）”

六、漓渚兰花产业发展数字经济的对策建议

（一）培育壮大兰花数字化全产业链

一是建议通过政府部门政策的扶持，将兰花产业作为产业振兴乡村振兴的重要发展内容，通过扶持兰花龙头企业、推广兰花数字工厂、打造兰花主题文旅项目，充分挖掘兰文化内涵，传承和弘扬兰文化，进一步打造兰花数字化产业链。二是每年安排一定的科研经费支持兰花技术研究，既要关注名贵稀缺兰花品种，也要重视经济效益高的科技兰开发，丰富品种类别的同时，拓展兰花从下到上纵向经济链。三是在引进兰花人才的基础上，要鼓励本地兰企加强与大专院校、科研单位的合作交流，融合漓渚的资源优势和传统技术优势，扩展兰花科技链。

（二）加速“互联网 + 兰花”销售模式

一是推进“互联网 +”，加强培育新型职业农民，提升兰农更快地学会利用互联网销售技术，使其具备掌握互联网络信息技术和新媒体平台的能力，掌握运用农产品市场营销、电商平台运作和物流网络交易信息系统的能力，借助现代网络和营销手段销售。二是支持和鼓励兰企借助网络电商平台，如抖音、快手等直播平台，聘请知名大V、网红推介绍兴兰花，创造流量经济，打响漓渚兰花品牌。三是政府部门要为率先示范，镇长要做兰花形象代言人，通过自身形象和资源为兰企服务，把漓渚的兰花推向更广的国内外市场。四是成立本地兰花协会，组建兰企股份公司，使兰农之间实现资金、技术、市场、收益等共建共享。

（三）打造漓渚兰花品牌形象特色标志

兰花是绍兴市花、是浙江省地理标志产品。漓渚镇作为中国兰文化的发祥地、绍兴兰花的集散中心，必然也将迎来更好的发展机遇，这是漓渚的一张金名片，漓渚镇将围绕兰、文、商、旅等多产业融合为目标，不断汇聚人气、激活兰花产业商气，进

一步扩大漓渚兰花品牌影响力。具体而言：一是政府部门要持之以恒地抓好兰花节展活动，尤其是抓牢中国春兰节这块金字招牌，把兰花影响力推向全国。二是政府部门对漓渚兰花要进行品牌化运营，设计漓渚兰花 LOGO 以区别市场其他兰花品牌，做精做优漓渚兰花品牌。三是政府部门要做好兰花经济服务员，可以借助“淄博烧烤”模式，为当地兰企服务。

七、讨论与结论

“花香漓渚”田园综合体，作为“乡村振兴”战略背景下农业现代化在基层最具活力、最为生动的实践，已经初见成效。在“花香漓渚”田园综合体的带动下，漓渚镇兰花产业步入数字化、专业化、标准化、规模化生产。但农业现代化，特别是兰花数字产业发展，是一个长期复杂的过程，还需加大推广力度，持续招商，丰富销售内容，同时，完善市场管理、优化经营环境，推动市场稳定、有序发展；不断拓展产业链，积极发展创意农业、休闲农业、乡村旅游、农村电商等新业态新模式，推动传统单一的兰花种植业向兰花加工业和服务业延伸，推动花市经营多元化发展；引导科技、资金、人才等资源要素流入，加大科技投入，深化科技育兰，增加传统兰花产业科技附加值；大力发展会经济，通过展会，汇聚人气、激活商气，扩大漓渚兰花品牌影响力等。

参考文献

[1] 中华人民共和国国民经济和社会发展第十四个五年规划和 2035 年远景目标纲要 [EB/OL].http://www.capwhale.com/newsfile/details/20210313/beb6ec57390b445d8b2eceb29e8c56b3.shtml

[2] Decio Zylberstajn,Elizabeth M MQ,Farina.Agri-systems Management Recent Developments and Applicability of the Concept[J]. Proceedings of the 3rd International Conference on Chain Management in Agribusiness and the Food Industry,1998.

[3] Steven Archambault. Ecological modernization of the agriculture industry in southern Sweden: reducing emissions to the Baltic Sea. Journal of Cleaner Production，2004，(12):491-503.

[4] P.J.Turyareeba. Renewable energy: its contribution to improved standards of living and modernization of agriculture in Uganda. Renewable Energy，2001，(24):453-451.

[5] 速水佑次郎，弗农·拉坦. 农业发展的国际分析［M］. 北京：中国农业出版社,2005：17.

[6] 约翰·梅尔. 农业经济发展学［M］. 北京：农村读物出版社，1998.

[7] 迈克尔·P·托达罗. 经济发展［M］. 北京：中国经济出版社，1999.

[8] Reardon,T,Barrett,C.B,2000,Agroindustrialization,globalization,and international development:an over view of issues,patterns,and determinants.Agric.Econ.23.

[9] John Herbert Davis,Ray Allan Goldberg A Concept of Agribusiness,Division of Research, Graduate School of Business Administration[J]. Harvard University. 1957.

[10] Decio Zylberstajn,Elizabeth M MQ,Farina.Agri-systems Management Recent Developments and Applicability of the Concept[J]. Proceedings of the 3rd International Conference on Chain Management in Agribusiness and the Food Industry,1998.

[11] A·J. 雷纳，D. 科尔曼. 农业经济学前沿问题［M］. 北京：中国税务出版社，2000.

[12] 高万林，李桢，于丽娜，王进. 加快农业信息化建设与促进农业现代化发展［J］. 农业现代化研究，2010，(5)：257-261.

[13] 顾焕章，王培志. 论农业现代化涵义及其发展［J］. 江苏社会科学，1997，(1)：30-35.

[14] 张红宇，张海阳，李伟毅，李冠佑. 中国特色农业现代化：目标定位与改革创新［J］. 中国农村经济，2015，(1)：04-13.

[15] 曹利群. 现代农业产业体系的内涵与特征［J］. 宏观经济管理，2007：40-42.

[16] 张学鹏. 构建现代农业产业体系——加快推进现代农业发展［J］. 长春理工大学学报，2009，(3)：234-236.

[17] 谢杰. 工业化、城镇化在农业现代化进程中的门槛效应研究[J]. 农业经济问题，2012，(4)：84-90.

[18] 李炳坤. 加快构筑现代农业产业体系［J］. 农业经济问题，2007，(12)：04-08.

[19] 叶少茵. 邢台市现代农业产业体系建设问题研究［D］. 河北：河北师范大学，2009：1-66.

[20] 顾宁，余孟阳. 农业现代化进程中的金融支持路径识别［J］. 农业经济问题，2013，(9)：58-64.

[21] 蒋永穆，高杰. 农业经营组织与农业产业体系的多层级共同演化机理［J］. 财经科学，2013，(4)：93-100.

[22] 陈锡文. 中国特色农业现代化的几个主要问题［J］. 改革，2012，(10)：05-08.

[23] 郑高强，付静，钟海国. 中国特色农业现代化道路模式的选择［J］. 农业现代化研究，2008，(7)：390-394.

[24] 毛飞，孔祥智. 中国农业现代化总体态势和未来取向［J］. 改革，2012，(10)：09-21.

[25] 刘涛. 现代农业产业体系建设路径选择——基于农业多功能性的视角［J］. 现代经济探讨，2011，(1)：79-82.

[26] 张克俊，张泽海. 农业大省加快构建现代农业产业体系的研究［J］. 华中农业大学学报，2015，(2)：25-32.

[27] 李丽纯. 后现代农业视角下的中国农业现代化效益水平测评［J］. 农业经济问题，2013，(12)：07-14.

[28] 辛岭，蒋和平. 我国农业现代化发展水平评价指标体系的构建和测算［J］. 农业现代化研究，2010，(11)：646-650.